# Erfurt
# Geschichte und Gegenwart

Herausgegeben
von
Ulman Weiß

1995
VERLAG HERMANN BÖHLAUS NACHFOLGER
WEIMAR

MIT FINANZIELLER FÖRDERUNG DER THÜRINGER STAATSKANZLEI,
DER STIFTUNG MITTELDEUTSCHER KULTURRAT BONN
UND DER STADTVERWALTUNG ERFURT

Die Deutsche Bibliothek – CIP-Einheitsaufnahme

*Erfurt – Geschichte und Gegenwart* / hrsg. von Ulman Weiss. – Weimar: Verlag Hermann Böhlaus Nachfolger Weimar, 1995
(Schriften des Vereins für die Geschichte und Altertumskunde von Erfurt; Bd. 2)
ISBN 3-7400-0952-7
NE: Weiss, Ulman [Hrsg.]; Verein für die Geschichte und Altertumskunde von Erfurt: Schriften des Vereins...

ISBN 3-7400-0952-7
ISSN 0943-4720

Erschienen im Verlag Hermann Böhlaus Nachfolger Weimar GmbH & Co.


Dieses Buch ist aus säurefreiem Papier hergestellt und entspricht den Frankfurter Forderungen zur Verwendung alterungsbeständiger Papiere für die Buchherstellung.
Printed in Germany
Gesamtherstellung: M. Liehners Hofbuchdruckerei GmbH & Co. Verlagsanstalt, Sigmaringen

L.-Nr. 2789

# *Inhalt*

## HUMANISMUS UND REFORMATION



## DAS ERFURTER BUCHWESEN IM 15. UND 16. JAHRHUNDERT

## KUNST UND DENKMALPFLEGE



## ERFURTER GEWERBE UND HANDEL IM MITTELALTER UND IN DER FRÜHEN NEUZEIT

# Vorwort

1992 beging Erfurt ein Doppeljubiläum: das der ersten urkundlichen Erwähnung im Jahre 742 und das der Universitätsgründung im Jahre 1392. Aus diesem Anlaß veranstaltete der wiederbegründete Verein für die Geschichte und Altertumskunde von Erfurt gemeinsam mit dem Magistrat der Landeshauptstadt ein Kolloquium zum Thema „Erfurt – Geschichte und Gegenwart". Der Untertitel kündigte an, worauf sich das Erkenntnisinteresse richten sollte: auf „Bindungen und Verbindungen in Deutschland und in Europa". Das entsprach, zumal im Jahr von Maastricht, durchaus dem Zeitgeist, der sich während des Kolloquiums auch deutlich zu artikulieren wußte.

Vom 22. bis 24. Juni 1992 wurden im Plenum und in elf Arbeitskreisen etwa 100 Vorträge und Diskussionsbeiträge gehalten, ergänzt durch ein Podiumsgespräch, das sich am Beispiel der Stadt Erfurt den „Religionsgemeinschaften in der DDR" widmete. Die Referenten dieses Kolloquiums kamen aus Deutschland und, was nahelag, aus verschiedenen europäischen Ländern, aus Italien, Österreich, Polen und der Schweiz. Eine Auswahl ihrer für den Druck überarbeiteten Referate enthält der vorliegende Band. Bereichert wird er durch die anderweitig entstandenen Beiträge von Frau Dipl.-Kunsthistorikerin Helga Hoffmann sowie der Herren Professoren Dr. Karl Heinemeyer und Dr. Peter Moraw – dafür auch an dieser Stelle ein herzlicher Dank!

Überhaupt sei allen gedankt, die dem Ganzen Gestalt gaben: den Autorinnen und Autoren für ihre Mitarbeit und ihre Geduld bei vielen Verzögerungen; dem Verlag für eine zuverlässige Zusammenarbeit; der Thüringer Staatskanzlei, der Stiftung Mitteldeutscher Kulturrat Bonn und dem Magistrat der Landeshauptstadt Erfurt für die finanzielle Förderung.

Erfurt, im März 1995 Ulman Weiß

ULMAN WEISS

# Erfurt in Europa – Erfahrungen und Erwartungen

Erfurt in Europa: Ein Thema, das die Umbrüche der Gegenwart diktiert. Erstaunliche Eruptionen, mit denen niemand, der als Realist bezeichnet werden wollte, wirklich rechnete, erschütterten und erschüttern Europa. Im November 1989 fiel die Mauer in Berlin, die Mauer in Deutschland, die Mauer in Europa: Wird sie zu einem identitätsstiftenden Mythos der Deutschen und der Europäer werden? Kurze Zeit in jenem Herbst 1989 (und auch etwas später noch) sah es so aus. Unterdes hat sich die Einheitseuphorie verflüchtigt, und Ernüchterung und Enttäuschung sind eingezogen. Keine großen Konzeptionen, bloß politischer Pragmatismus. Etwas anderes, nimmt man Europa in den Blick, ist wohl auch nicht möglich: Das Europa des Westens – von nicht endender Uneinigkeit über die zu erstrebende Einigkeit heimgesucht; das Europa des Ostens – von Krisen und Kriegen geschüttelt. Und dies gewiß noch längere Zeit.

So mag man sich auch nicht vorstellen, daß am Ende des Jahrhunderts ein Gedanke Gestalt gewinnen könnte, mit dem, zeitgemäß gewandet, bereits die zwanziger Jahre umgingen: die Einheit Europas. Damals, im Gefolge der Umbrüche nach dem Ersten Weltkrieg, sah manch einer das Schicksal Europas als das einer „Wirtschaftskolonie Amerikas" oder einer „Militärkolonie Asiens".[1] Zwischen Scylla und Charybdis galt es Kurs zu nehmen auf die Vereinigten Staaten Europas. Dies war das Losungswort der Paneuropäischen Bewegung, deren maßgebliche Männer freilich England ebenso ausschließen wollten wie Sowjetrußland, was andere indes widerrieten – zumindest was England anging. Man sprach schon (und zwar 1926) vom ersten paneuropäischen Kongreß, man dachte an ein paneuropäisches Büro, an eine paneuropäische Zollunion, an ein paneuropäisches Parlament und sah zum Greifen nahe das staatlich geeinte Europa. Nur wenn dies gelinge, werde Europa, so glaubte man, seine Zukunft haben: politisch, wirtschaftlich, militärisch, geistig. Das „Vereinigte Europa" – dies die Überzeugung Heinrich Manns – „ist Sicherheit und gemeinsames Gedeihen, größere Freiheit des Körpers und der Seele, als die eingeengten, aus Not tyrannischen Einzelstaaten gewähren können. Es ist Wiedervereinigung derselben Kraft, die zerrissen war, desselben Menschentums, das endlich ganz werden will." Und dies vor allem: es ist die „Wiederversammlung der einst getrennten Glieder einer geistigen Einheit."[2]

---

1) So Heinrich Mann, V.S.E. In: Sieben Jahre. Chronik der Gedanken und Vorgänge. Berlin/Wien/Leipzig 1929, S. 193.

2) Ebd., S. 202, 195.

Es kam anders, wir wissen es. Wie es heute kommt, wissen wir nicht. Zu wünschen wäre freilich, daß sich die Geschichte nicht selbst zitiere. – Wenn man heute die Einheit Europas postuliert, wird man wohl die historische Identitätsstiftung unterlassen und bloß mit Bedacht Verbindungslinien von der Gegenwart in die Vergangenheit ziehen.[3] Die Verführung indes ist groß: Daß etwa die Ochsen, die man im späten Mittelalter aus den Weidegebieten Ungarns quer durch Europa ins thüringische Buttstädt zu Markte trieb, dem gemeinsamen europäischen Markt von heute zur historischen Verzierung dienen.[4] Vor soviel Vordergründigkeit wird man vermutlich nicht gefeit sein. Was jedoch wirklich not tut, ist der europäische Aspekt, von dem aus Geschichte – auch die deutsche – betrachtet und beurteilt wird.[5] Zumal von uns sogenannten Ostdeutschen, die wir nach Europa aufbrechen oder, richtig gesagt, zurückkehren. Nach Jahrzehnten der Randlage an der Grenze zweier gegensätzlicher Weltsysteme beginnen wir, uns der Mittellage in Europa wieder bewußt zu werden. Und indem wir das tun, werden wir, was unabdingbar ist, zu einem neuen Selbstverständnis gelangen: Wir und die Stadt, in der wir leben.

Sie ist die älteste Stadt Thüringens, und sie war stets auch der natürliche, wirtschaftliche und kulturelle Mittelpunkt der Landschaft, nicht aber der politische. Erst jetzt, bedingt durch den Umbruch in Deutschland, hat Erfurt als Hauptstadt des Landes Thüringen eine neue politische Position bekommen. Deshalb, und angesichts des Wandels in Europa, wird die Stadt zu einem anderen Verständnis ihrer selbst finden müssen. Dabei kann sie ihrer Geschichte nicht entraten. Nur sie lehrt, was das Eigene und Unverwechselbare unserer Stadt ausmacht. Es ist über Jahrhunderte hinweg gewachsen, und es kann, wenn man dazu tut, weiter wachsen. Dies ist die Aufgabe, die es gleichsam zu leben gilt: das Proprium der Stadt Erfurt bewahren und bereichern und es einer künftigen Generation übergeben. Nur dann wird die Stadt ihre eigene Zukunft haben – auch unter dem Zeichen einer wie auch immer sich gestaltenden Europäisierung.

Gemeinhin werden Erwartungen an die Zukunft von Erfahrungen der Vergangenheit gespeist. Uns geht es um europäische Erfahrungen und um europäische Erwartungen, aber nicht schlechthin um d i e europäischen Erfahrungen der Stadt Erfurt, sondern, was authentischer ist, um die europäischen Erfahrungen eines bestimmten Menschen zu einer bestimmten Zeit: die Erfahrungen des Vikars Konrad Stolle, niedergelegt ausgangs des 15. Jahrhunderts in dem Denkbuch seines Lebens und seiner Zeit, *Memoriale* genannt.[6]

---

3) Zur historischen Identitätsstiftung vgl. Wilhelm Ribhegge, Erasmus: Europa als Lebensform. In: ders., Europa – Nation – Region. Perspektiven der Stadt- und Regionalgeschichte. Darmstadt 1991, S. 4.

4) Hierzu vgl. Franz Lerner, Die Bedeutung des internationalen Ochsenhandels für die Fleischversorgung deutscher Städte im Spätmittelalter und der frühen Neuzeit. In: Internationaler Ochsenhandel (1350–1750). Hg. Ekkehard Westermann, Stuttgart 1979, S. 197–217.

5) Stark betont von Ribhegge, Erasmus (wie Anm. 3) besonders S. 4 f.

6) Memoriale thüringisch-erfurtische Chronik von Konrad Stolle. Bearb. Richard Thiele, Halle 1900. Zum Folgenden vgl. die biografische Einleitung von Thiele, ebd., S. 1–10.

Konrad Stolle erblickt im Jahre 1430 in dem erfurtischen Dorf Niederzimmern das Licht der Welt. Seine Eltern geben ihn, als er heranwächst, zum Kirchner in die Schule und flüchten mit ihm, als der sächsische Bruderkrieg tobt, hinter die schützenden Mauern der Stadt. Konrad Stolle ist nun 16. Er wird Scholar an der Severischule und später (wir wissen nicht, wann) zum Priester geweiht. 1438, spätestens in diesem Jahr, reist er nach Italien, er kommt nach Mantua, Florenz und Rom, und sein Gesichtskreis wird weit. Vier Jahre darauf ist er wieder in Erfurt. Er wird Vikar in St. Severi, erwirbt noch drei andere Vikarien und hat ein auskömmliches Leben in seiner Kurie am Domberg. Am 30. Dezember 1505, wie sein Epitaph in der Severikirche vermeldet, stirbt er. Nur einmal wird das kanonische Gleichmaß seiner Tage unterbrochen, als er im Jahre 1477 (nun in Begleitung eines Mitvikars) seine zweite Italienreise unternimmt.

Zu diesem Zeitpunkt arbeitet er bereits an seinem Chronikbuch, das er sinnigerweise *Memoriale* nennt: ein Denkbuch all dessen, was des Merkens und mithin des Notierens wert ist. – Er beginnt – wie könnte es anders sein – nicht gerade bei der Weltschöpfung, aber beim Bau der Arche Noahs und schreibt fort und fort getreu der Chronik des Priesters Johannes Rothe[7] bis in seine Gegenwart. – Das Geschichtsbild, das er solcherart nachmalt und mit eigenen Pinselstrichen versieht, ist kirchlich geprägt, und das heißt: es hat europäische Weite. Die Begebnisse, über die Konrad Stolle als Historiograph berichtet, tragen sich in einem Raum zu, der von Italien bis nach Skandinavien, vom Grab Jesu Christi in Jerusalem bis zum Grab des Apostels Jakobus in Santiago reicht. – Natürlich interessiert ihn die Geschichte seiner Heimat ganz besonders. Was er über sie erzählt, ist das, was als allgemeine Ansicht gilt: Es ist die Geschichte von dem thüringischen König Merwig, der dort, wo sich zu Konrad Stolles Zeit das hochangesehene Benediktinerkloster St. Peter erhebt, eine Burg errichtet, zu deren Füßen ein Dorf liegt und in deren Nähe ein Müller namens *Erff* wohnt – unweit einer Flußfurt: *da vone nannte man es erffsfort.*[8] Später, im Jahre 706, zieht der fränkische König Dagobert (ein *cristen man,* wie ihn Konrad Stolle nennt) nach Thüringen und nach Erfurt; er zerstört die Burg Merwigs und baut an ihrer Statt das Peterskloster. Bonifatius (722–754) trifft erst 746 in *erffsfort* ein und gründet die Marienkirche – mehr nicht: kein Wort über die Errichtung des Bistums im Jahre 742.[9]

---

7) Volker Honemann, Johannes Rothe und seine »Thüringische Weltchronik«. In: Geschichtsschreibung und Geschichtsbewußtsein im späten Mittelalter. Hg. Hans Patze, Sigmaringen 1987, S. 497–522.

8) Memoriale (wie Anm. 6) S. 61.

9) Ebd., S. 70, 114, 111–121. Auf Richtigstellungen, soweit überhaupt möglich, wird hier verzichtet. Nur dies: Stolle meint Dagobert I. (623–638/639), nicht Dagobert III. (711–715/716), der als Kirchengründer gilt (vgl. Franz Staab, Noch einmal zur Gründungstradition des Erfurter Petersklosters. Mit zwei Exkursen über den Neuanfang im 11. Jahrhundert. In: MVGAE NF 1 [1993] S. 35 f.). Verwiesen sei auf die umfangreiche Literatur zur Frühgeschichte von Erfurt, besonders auf die Beiträge von Michael Gockel, Karl Heinemeyer und Wolfgang Timpel/Roland Altwein in diesem Band. Wie sehr die Frühgeschichte von Erfurt weiterhin zu Forschungskontroversen Anlaß bietet, zeigt neuerdings Staab, Gründungstradition.

Wohl aber notiert Konrad Stolle die fabelhafte Überlieferung, derzufolge Kaiser Otto I. (936–973) dem Mainzer Erzbischof Wilhelm (954–968) Hessen und Thüringen überträgt, woraufhin Wilhelm die Länder einnimmt und namentlich in Erfurt *vele erbar manschafft* stationiert, auf daß er, wie es heißt, die *Besitzunge deste baß behalde kan.*[10]

Durch die geschichtsmächtigen Legenden schimmert, was für uns entscheidend ist: Konrad Stolle (wie alle Zeitgenossen) weiß offensichtlich um die Dimension des Reiches, in dem *Erphesfurt* überhaupt erst zu einem geographischen Begriff wird und der Ort seine christlichen Anfänge erlebt, und er weiß um die naturgegebenen Vorzüge: die Fruchtbarkeit des Bodens, den Wasserreichtum des Flusses mit seiner immerhin namengebenden Furt[11] und die hier sich kreuzenden hochwichtigen Handelsstraßen. Freilich, diese Vorzüge sind, in Abwandlung eines Dichterwortes, nur die „geprägte Form, die lebend sich entwickelt".[12]

Daß dies geschieht, ist den Mainzer Erzbischöfen zu verdanken. Ihre siedlungspolitischen Maßnahmen locken Fremde an und stellen sie den Einheimischen rechtlich gleich. Einem jedem, *cuiuscumque nationis aut conditionis* (gleich welcher Herkunft und welchen Standes er sei), wird ein Freigut zuteil.[13] So vollzieht sich lange Zeit ein Neben- und Miteinander von Flamen, Friesen, Juden, Slawen und Thüringern[14] zu aller Vorteil – immer wieder aber auch ein Gegeneinander. Konrad Stolle weiß es: es ist nicht nur das fürchterliche Judenschlagen des Jahres 1349, über das er in seinem Chronikbuch schreibt.[15]

Am interessantesten wird dieses Chronikbuch, wo er in die Gegenwart kommt und eigenes Erleben erzählt. – Von seiner Kurie am Domberg sieht er die Kaufmannswagen, die in manchen guten Erntejahren die Stadt verlassen und das Korn bis nach Friesland und Brabant transportieren, und dies in so großer Zahl, daß er es für nötig hält zu

10) Memoriale (wie Anm. 6) S. 78. Vgl. hierzu die Erwägungen von Werner Mägdefrau (Geschichte der Stadt Erfurt. Hg. Willibald Gutsche. 2., bearb. Aufl., Weimar 1989, S. 51).

11) Vgl. Heinrich Tiefenbach, Erfurt (Namenkundliches). In: Reallexikon der Germanischen Altertumskunde. Bd. 7, 2., völlig neu bearb. Aufl., Berlin/New York 1989, S. 488f.

12) Johann Wolfgang Goethe, Poetische Werke (Berliner Ausgabe). Bd. 1, Berlin 1965, S. 549.

13) UB I Nr. 9 (1108). Zur politisch-administrativen und wirtschaftsfördernden Tätigkeit der Mainzer Erzbischöfe vgl. Ulman Weiss, Sedis Moguntinae filia fidelis? Zur Herrschaft und Residenz des Mainzer Erzbischofs in Erfurt. In: Südwestdeutsche Bischofsresidenzen außerhalb der Kathedralstädte. Hg. Volker Press, Stuttgart 1992, besonders S. 102–112.

14) Werner Mägdefrau (Geschichte der Stadt Erfurt [wie Anm. 10] S. 40) erwähnt für die karolingische Zeit auch Ansiedlungen von Griechen, Italienern und Syrern (vgl. auch S. 47 [erneut betonte Beziehungen zu Deventer] und S. 56 [Ansiedlung flämischer Tuchmacher und Weber im 12. Jh.]).

15) Memoriale (wie Anm. 6) S. 201. Über ein wohl aus wirtschaftlichen Gründen begangenes Judenmorden *a Frisionibus peregrinis et ab aliis Christianis* im Jahre 1221 berichtet die Peterschronik (Monumenta Erphesfurtensia saec. XII, XIII, XIV. Hg. Oswald Holder-Egger, Hannover/Leipzig 1899, S. 225).

beteuern: *Das habe ich geseen, der dits ge schreben had.*[16] Gewiß sind diese Getreidetransporte etwas Außergewöhnliches; doch der überregionale Fernhandel als solcher gehört nach wie vor zum Wirtschaftsalltag der Stadt, die immer noch ein „Stapel-, Umschlag- und Handelsplatz von europäischer Bedeutung" ist.[17] Das betrifft nicht zuletzt auch einheimische Produkte, namentlich Waid und Tuche, die (um nur diese eine Richtung zu nennen) von Hamburg und Lübeck übers Meer geschickt werden nach Flandern, England, Schweden und ins Baltikum.[18]

Von seiner Kurie am Domberg sieht Konrad Stolle aber auch die hohen Herren aus ganz Europa, die mitunter in die Stadt kommen oder durch sie hindurchreisen. Mit manchen von ihnen wird er wohl auch bekannt, und manche, wie den Abt aus dem burgundischen Arras, sieht er Jahre später wieder in Rom.[19] – Zuweilen sind auch die sächsischen Fürsten da und geben ihren Gästen aus fremden Ländern ein Fest im Erfurter Ratssaal, der anscheinend mehr Prunk bietet als der fürstliche Hof. Den Erfurter Magistratsmännern kommt das zupaß: Können sie doch bei solchen Gelegenheiten Kontakte knüpfen, die ihren politischen Bestrebungen dienlich sind. Denn ihr außenpolitischer Aktionsradius reicht weit über das Reich hinaus, bis an die Kurie, und dies schon seit langem. Seit den Tagen des staufisch-päpstlichen Machtkampfes haben die Beziehungen des Rates zur Kurie ein festes Fundament gefunden.[20] Immer hat es der Rat verstanden, zwischen Gunst und Ungunst kirchenpolitischer Gegebenheiten den

16) Memoriale (wie Anm. 6) S. 458 (1493). Ähnlich notiert Stolle für 1491, daß täglich 40 bis 50 Wagen mit Korn beladen nach Hessen, Franken, Holland, Brabant und an den Rhein gefahren seien, und er vermerkt, daß *in allen landen ture das brod* (ebd., S. 445, 451).

17) So die wohl etwas überschätzende Wertung von Werner Mägdefrau, Überregionale Kontakte und Fernhandelsbeziehungen thüringischer Städte im späten Mittelalter. In: Alt-Thüringen 13 (1975) S. 261. Zutreffender wird die Stellung Erfurts im Handelsnetz sicher als Vermittlerort zwischen den süddeutschen und den norddeutschen Wirtschafts- und Handelsgebieten gekennzeichnet (vgl. etwa Ekkehard Westermann, Zu den verwandtschaftlichen und geschäftlichen Beziehungen der Praun, Froler und Mulich von Nürnberg, Erfurt und Lübeck in der zweiten Hälfte des 15. Jahrhunderts. In: Hochfinanz – Wirtschaftsräume – Innovationen. Festschrift für Wolfgang von Stromer. Hg. Uwe Bestmann [u. a.] Bd. 1, Trier 1987, S. 521–540).

18) Hierzu Fritz Wiegand, Über hansische Beziehungen Erfurts. In: Hansische Studien. Heinrich Sproemberg zum 70. Geburtstag. Berlin 1961, S. 398–408; Mägdefrau, Kontakte (wie Anm. 17) S. 230–272. Zu frühen, nach Italien gehenden Handelsbeziehungen vgl. UB I Nr. 352 (1284).

19) Memoriale (wie Anm. 6) S. 270f.

20) Vgl. etwa UB I Nr. 89 (1223): *Ea propter, dilecti filii, vestris precibus grato concurrentes ...;* Nr. 143 (1250): päpstlicher Schutzbrief für die Erfurter Bürger, ebenfalls aufgrund ihres Anersuchens *(vestris precibus)* bewilligt; Nr. 144 (1250): päpstliches *privilegium de non evocando* für die Erfurter Bürger (vgl. hierzu Georg May, Die geistliche Gerichtsbarkeit des Erzbischofs von Mainz im Thüringen des späten Mittelalters. Leipzig 1956, S. 32f.; allgemein vgl. Bernhard Töpfer, Stellung und Aktivitäten der Bürgerschaft von Bischofsstädten während des staufisch-welfischen Thronstreites. In: Stadt und Städtebürgertum in der deutschen Geschichte des 13. Jahrhunderts. Hg. Bernhard Töpfer, Berlin 1976, S. 13–62; Ulman Weiss, Die frommen Bürger von Erfurt. Die Stadt und ihre Kirche im Spätmittelalter und in der Reformationszeit. Weimar 1988, S. 283f.). Umgekehrt wandten sich auch die Päpste mit der Bitte um Unterstützung und Treue an *dilectis filiis universitati opidi Erfordensis* (UB II Nr. 574 [1364]; vgl. auch Nr. 859 [1382]).

städtischen Vorteil im Auge zu behalten, und so hat er viele Male an der Kurie appelliert, protestiert, suppliziert und hat manch bedeutsames Privileg erlangt.[21]

Auch ein Privileg (ein Privileg anderer Art) ist es, wenn päpstliche Legaten, worum dem Rat allerdings sehr zu tun ist, ihre Reiseroute durch Erfurt nehmen. Zu Konrad Stolles Zeiten geschieht das dreimal: 1451, als Nikolaus von Cues den Jubiläumsablaß des Papstes Nikolaus V. (1447–1455) verkündet und – dies vor allem – die Klosterreform ins Werk setzt; 1488, als der Kardinal Raimund Peraudi neue Ablaßgnaden spendet; und 1502, als er das gleiche noch einmal tut.[22]

Vielleicht sind die Aufenthalte der Legaten von Erfurter Geistlichen vermittelt worden. Für gewöhnlich betraut der Rat jedenfalls Männer der Kirche mit seinen Geschäften an der Kurie,[23] wobei es sich als günstig erweist, daß zwischen Rom und den meisten kirchlichen Einrichtungen in der Stadt viele feste Fäden gespannt sind. Daß dies das ganze späte Mittelalter hindurch so ist, gibt der städtischen Kultur ohne Frage einen gewissen geistigen Glanz. Immerhin ist es die Strahlkraft aus dem Mittelpunkt der Christenheit, als der Rom nach wie vor gilt, wenn Bullen nach Erfurt gesandt und hier promulgiert werden sollen, wenn Kirchen und Klöster mit Papstprivilegien ausgezeichnet werden,[24] wenn päpstliche Legaten in die Stadt reisen, um mit einheimischen Stiftsprälaten außergewöhnliche Aufträge zu erledigen,[25] wenn Äbte und Prälaten als päpstliche Konservatoren wirken[26] oder wenn die begehrten Prälaturen der Stifte St. Mariae und St. Severi direkt vom Papst besetzt werden,[27] und zwar mit Günstlingen seines Hofes, die selten oder nie nach Erfurt kommen, aber um so wirksamer an der Kurie Erfurter Belange verfechten können.

---

21) Beispielhaft ebd., Nr. 209 (1341), 366 (1351), 1088 (1396), 1111 (1398).

22) Erich Meuthen, Die deutsche Legationsreise des Nikolaus von Kues (1451/52). In: Lebenslehren und Weltentwürfe vom Mittelalter zur Neuzeit. Politik – Bildung – Naturkunde – Theologie. Hg. Hartmut Boockmann [u. a.] Göttingen 1989, S. 421–499; Bernd Moeller, Die letzten Ablaßkampagnen. Der Widerspruch Luthers gegen den Ablaß in seinem geschichtlichen Zusammenhang. In: ebd., S. 539–567; Weiss, Bürger (wie Anm. 20) S. 39–44, 59, 63f.

23) Klar heißt es bei Stolle im Memoriale (wie Anm. 6) S. 397f.: *die von erffort … schickten keyn rome ören stad schriber doctorem hermannum steinbergk, eyn techant zu sant sever zu erffort.*

24) Vgl. u. a. UB I Nr. 162 (1256) und UB Stifter I Nr. 344–345 (1259) (Marienmagdalenenkloster), UB Stifter III Nachtrag Nr. 4 (1302) und 9 (1317), Nr. 13 (1334), 143 (1388) (Augustinereremitenkloster).

25) Vgl. z. B. UB Stifter I Nr. 1064 (1318), vgl. auch UB II Nr. 783, 785–787 (April bis Mai 1377).

26) Vgl. u. a. UB Stifter II Nr. 623 (1366), 643 (1367), 707 (1371), 734 (1373); Kleineidam I S. 217–220.

27) Vgl. z. B. UB Stifter I Nr. 1308 (1327), II Nr. 9 und 10 (1331), UB II Nr. 87 (1330), UB Stifter II Nr. 684–688 (1371). In bezug auf St. Mariae vgl. Josef Pilvousek, Die Prälaten des Kollegiatstiftes St. Marien in Erfurt von 1400–1555. Leipzig 1988, S. 79, 82, 85, 87, 89, 94, 101f., 103f., 105, 110, 129, 134.

Einer dieser Provisoren, der das vortrefflich versteht, ist Franziskus Kardinal Moricotti,[28] seines Zeichens Vizekanzler der römischen Kirche und Propst von St. Mariae in den Jahren 1384 bis 1394, genau in der Zeit, als der Rat energisch die Errichtung der Universität betreibt. Er, Moricotti, ist es schließlich auch, der die Gründungsurkunde der *alma mater Erffordensis* aus dem Jahre 1389 gratis registriert.[29] – In dieser Urkunde wird der Hoffnung Ausdruck gegeben, daß Menschen *de diversis mundi partibus* (aus den verschiedenen Teilen der Welt) nach Erfurt *ad studium* kommen, eine Hoffnung, die sich sehr schnell schon erfüllt.[30] Und viele, die von weither kommen, werden auch in Erfurt graduiert und studieren oft noch an einer der höheren Fakultäten. Von den 1256 Magistern, die bis zum Jahre 1521 in Erfurt promoviert werden, stammen nicht wenige aus mitunter fernen Gegenden, etwa aus Dänemark, Schweden, Finnland, Livland, Schlesien, Böhmen: es ist das bekannte Gefälle nach Westen und nach Süden, dessen Tendenz die vereinzelten Magister aus Österreich, aus der Schweiz und aus den Niederlanden nur bestätigen.[31] Zu Konrad Stolles Zeiten indes ist dieses ausgedehnte Einzugsgebiet der Universität schon geschrumpft, und es schrumpft noch weiter. Die Universität, der die „Überregionalisierung" mißlungen ist, sieht sich künftig auf die ihr angestammte Region verwiesen.[32] – Was aber bleibt und was vorerst noch wächst, ist die geistige Weite. Sie gibt der *alma mater,* die mit Gelehrten auf dem ganzen Kontinent in Kontakt ist, eine gewisse Internationalität. Der Stadt kommt das zweifellos zugute, und es täuscht wohl auch eine Zeitlang darüber hinweg, daß ihr politischer und wirtschaftlicher Aktionskreis kleiner wird. Konrad Stolle, wie sein *Memoriale* zeigt, bemerkt es, und wir, die wir seine Chronik lesen, vernehmen ihre Molltöne.

Sie sind auch dort zu hören, wo der Historiograph das europäische Geschehen seiner Zeit beobachtet und beurteilt. Der Vormarsch der Türken und die Hussiterei in Böhmen sind die großen Themen, die nicht nur ihn mit Sorge erfüllen. – Vor allem die Türkengefahr. Der Fall von Konstantinopel im Jahre 1453 ist eine Katastrophe, die Verteidigung von Rhodos im Jahre 1480 ein Hoffnungszeichen.[33] Über beide Ereignisse schreibt Konrad Stolle so, wie er sie erfährt. Das tut er auch sonst, wenn ihm Begebenheiten berichtet werden, *in gutlicher meynunge,* zuweilen aber mit Zweifel an

28) Zu ihm vgl. Franz Peter Sonntag, Das Kollegiatstift St. Marien zu Erfurt von 1117–1400. Leipzig 1962, S. 123–125 (aber ohne Berücksichtigung der Bemühungen um das Gründungsprivileg für die Universität); Kleineidam I S. 16.

29) *Re*[ta] *gratis Franciscus* (vgl. die Edition der Urkunde bei Erich Kleineidam, Die Gründungsurkunde Papst Urbans VI. für die Universität Erfurt vom 4. Mai 1389. In: Erfurt 742–1992. Stadtgeschichte – Universitätsgeschichte. Hg. Ulman Weiss, Weimar 1992, S. 138). Dieser Umstand wurde vielleicht berücksichtigt, als der erste Rektor, Ludwig Mulner aus Arnstadt, gewählt wurde: er war Generalvikar des Kardinals (Kleineidam I S. 322).

30) Kleineidam, Gründungsurkunde (wie Anm. 29) S. 137.

31) Kleineidam II S. 341–344.

32) Vgl. den Beitrag von Rainer Christoph Schwinges in diesem Band.

33) Memoriale (wie Anm. 6) S. 291 f., S. 420–422.

der Wahrhaftigkeit.[34] Deshalb ist er um Authentizität bemüht und kopiert (sofern erreichbar) Akten und Dokumente. – So auch, als er 1471 über den Tod des böhmischen Utraquistenführers Johann Rokycana schreibt: es ist der Bericht, den ein Prager Domkapitular namens Sigismund an die Kurie richtet und den Konrad Stolle (wer weiß, wie) in die Hände bekommt.[35] Anderes, was die Verhältnisse in Böhmen betrifft, kennt er nur vom Hörensagen und manches schon seit seiner Kinderzeit,[36] gleichwohl aber gut genug, um sich ein Urteil bilden zu können.

In diesen Jahren nach dem Tod des utraquistischen Bischofs Johann Rokycana und des böhmischen Königs Georg Podiebrad (1458–1490) blickt Konrad Stolle sowohl nach Böhmen als auch nach Burgund, und in beide Richtungen sorgenvoll: nach Böhmen, wo der ungarische König Mátyás I. Corvinus (1458–1490) und der Sohn des polnischen Königs Każimierz III. (1447–1492) Ansprüche auf die Krone des Landes erheben, sich acht Jahre lang bekriegen und dabei auch die deutschen Städte in der Oberlausitz bedrohen; nach Burgund, von wo Herzog Karl der Kühne (1467–1477) an den Niederrhein marschiert, die Stadt Neuß belagert und in seinen Besitz bringen will und nur vor der Übermacht des Reichsheeres, in dem auch die Erfurter ein kapitales Kontingent stellen,[37] letztlich zurückweicht. In beiden Ereignissen, denen Konrad Stolle reichlich Raum gibt, sieht er eine Bedrohung der deutschen Lande, die im Westen und im Osten *in grosser besorgunge unnd noten* gelegen hätten, wenn die Fürsten siegreich gewesen wären.[38]

Zur gleichen Zeit, da Konrad Stolle die Reichsgrenzen bedroht sieht, erhält er zwei Berichte, die seine Aufmerksamkeit auf Italien lenken: der eine wird von einem Florentiner Bürger an den Bischof von Meißen gesandt und kommt dann nach Erfurt, der andere indes wird direkt von Florenz *in die stete nurenberg unnd erforte geschreben.*[39] Beide betreffen den Putsch der Pazzi gegen die Medici, eine greuliche Geschichte von Messerstecherei und Mord im Angesicht des Altars, in die die Franziskaner von Florenz, der Erzbischof von Pisa und selbst der Papst verwickelt sind. Es ist allerdings ein die Zeitgenossen erregendes Ereignis, allein für Konrad Stolle gibt es noch einen

34) So mit Blick auf den Neusser Krieg: *protestacio mea in hac parte de veritate* (ebd., S. 308), und: *Ab es war sy, wirt eyn iglicher noch wol er fare. Ich habes durch merkunge willen gesatczt und bitte dor inne unvordacht zu sine in gutlicher meynunge* (ebd., S. 309f.).

35) Ebd., S. 278–281 mit Anm. 1. Zu Johann Rokycana vgl. LThK Bd. 5, Sp. 1076.

36) Vgl. Stolles Bericht über die Schlacht bei Aussig (Ustí nad Labem) am 16. 6. 1426 mit seinen genauen Angaben etwa über die Teilnahme einer *manschaft ... uss der stad salcza*, wo er damals wohnt (Memoriale [wie Anm. 6] S. 219f., 220).

37) Carl Beyer, Johannes Biereye, Geschichte der Stadt Erfurt von der ältesten bis auf die neueste Zeit. Erfurt 1935, S. 206f.

38) Memoriale (wie Anm. 6) S. 308–374, 329f.

39) Ebd., S. 387f. – auch ein Beleg für die insbesondere durch Nürnberg vermittelten unmittelbaren Kontakte von Erfurt nach Italien.

persönlichen Bezug: hat er doch, da er *zu florencz unnd rome wonende was,* die beiden Medici-Brüder Lorenzo und Guiliano *dicke unnd wol ge seen.*[40]

Das ist schon Jahre her, während seiner ersten Italienreise, über die wir nur wenig wissen – im Unterschied zu seiner zweiten, über die er so anschaulich schreibt: der Weg nach Süden, wie ihn die Romwegkarte, die Erhard Etzlaub entwerfen wird, *von meilen zw meilen mit puncten verzaichnet,*[41] für Konrad Stolle und seinen Freund, da sie mitten im Winter reisen, ein überaus beschwerlicher Fußmarsch, denn der *snehe ist tiff bis an den gortel,* und es herrscht solche *grosse kulde, das is nimant gloubet.*[42] Sie erreichen Rom, erleben hier die Fastenzeit, die Karwoche und das Osterfest und wandern wieder zurück in die Heimat. Über frommen Eifer, der sie diese Fahrt hat unternehmen lassen, erzählt Konrad Stolle auch sonst, etwa bei Gelegenheit der Wallfahrt Herzog Wilhelms III. (1440–1482) nach Jerusalem zum Heiligen Grab, an der auch reiche Erfurter teilnehmen:[43] Lockt sie Neugier auf ferne Länder und fremde Menschen? Ist es die Ehre, in der Grabeskirche zum Ritter geschlagen zu werden, überhaupt die Ehre, einer fürstlichen Reisegesellschaft anzugehören? Treibt sie Frömmigkeit? Sicher all dies zusammen.

Konrad Stolle, wie gesagt, reist aus frommem Eifer nach Rom. Das ist – für einen Geistlichen zumal – nicht ungewöhnlich. Rom ist der Mittelpunkt der Christenheit, und die Stadt hat auch für einen kirchenkritischen Christen wie den Severivikar durchaus etwas Erhebendes. Hier erlebt er, als er das erste Mal in Italien weilt, die höchst feierliche Übertragung des Hauptes des Apostels Andreas, das seinerzeit, als die Türken Konstantinopel erobert haben, gesichert worden ist und nun von Papst Pius II. (1458–1464) in der Peterskirche aufgestellt wird, eine Zeremonie mit viel Volk, mit 24 Kardinälen und 44 Bischöfen und mit dem Vikar aus Erfurt, der stolz betont, daß er es gesehen und gehört habe.[44]

Gewissermaßen als Kontrapunkt zu dieser Kirchengläubigkeit steht im *Memoriale* die Papstattacke des Andreas Craynensis.[45] Er ist Erzbischof von Krania und lange Zeit Diplomat Kaiser Friedrichs III. (1440–1493), in dessen Dienst er auch nach Rom kommt, wo er viele Mißstände sieht und anprangert, und dies wohl so nachdrücklich, daß Papst Sixtus IV. (1471–1484) die Abberufung des Gesandten verlangt und ihn, als

40) Ebd., S. 388. Hinsichtlich des allgemeinen Zusammenhanges der Tyrannenmorde in Italien vgl. Jakob Burckhardt, Die Kultur der Renaissance in Italien. Berlin o. J., S. 60–64.

41) Martin Luther und die Reformation in Deutschland. Ausstellung zum 500. Geburtstag Martin Luthers. Hg. Gerhard Bott, Frankfurt/M. 1983, Nr. 114, S. 109f. (mit Literatur). Vgl. unten S. 473 Abb. 69.

42) Memoriale (wie Anm. 6) S. 374.

43) Ebd., S. 276–278. Als Motiv wird genannt: *umme ablus unnd gnade willen.* Als Erfurter Bürger werden Rudolf Ziegler und Hans Hottermann erwähnt (zur Sache vgl. Johann Georg Kohl, Pilgerfahrt des Landgrafen Wilhelm des Tapferen von Thüringen zum heiligen Lande im Jahre 1461. Bremen 1868).

44) Memoriale (wie Anm. 6) S. 291f.

45) Zu ihm vgl. LThK Bd. 10, Sp. 1307f.

das geschehen ist, verhaftet. Der Kaiser interveniert, Andreas wird freigelassen und geht nach Basel. Hier nun, von einigen Papstfeinden unterstützt, verkündet er kraft seiner Vollmacht als Kardinal und als kaiserlicher Gesandter die Wiedereröffnung des Basler Konzils. Es ist eine Ankündigung, die ehrerbietig mit *Beatissime pater* anhebt und die Notwendigkeit dartut, die römische Kirche zu erneuern, zumal Sixtus, der Papst, es sei, der die Kirche ins Verderben geführt habe; und nun, Schlag auf Schlag, folgen die Anklagen: Du, Sixtus, gelangtest durch Simonie auf den Stuhl Petri; Du, Sixtus, verschleudertest Kirchengut; Du, Sixtus, erregst Kriege ... – eine lange, in ihrer Substanz kirchenpolitisch ausgerichtete Anklagenreihe, die die Ränke des Papstes in der europäischen Politik geißelt und mit der Aufforderung an den Papst schließt, vor dem Konzil zu erscheinen und sich seinem Urteil zu unterwerfen. Dazu kommt es nicht. Stattdessen wird der Erzbischof verhaftet und eines Tages tot aufgefunden. – Daß Konrad Stolle die authentische Ankündigung in die Hände bekommt und sie für wert achtet, Wort für Wort in sein *Memoriale* zu schreiben,[46] ist in mancher Hinsicht bemerkenswert; es zeugt von einer konziliaren und kirchenreformerischen Einstellung, der man auch sonst in Erfurt begegnet[47].

Ob Konrad Stolles kirchenkritischer Geist während seiner Reisen nach Italien gestärkt worden ist, können wir nicht sagen. Möglich ist es. Immerhin ist er auf seiner ersten Reise mehrere Jahre im Lande, in Rom, in Florenz und in Mantua, und dies sicher auch studienhalber. In Mantua, das wissen wir, kopiert er 1458 die Legende einer Weltkarte,[48] die ihm – vielleicht zum ersten Mal – ein Bild der Welt vermittelt: eine kreisförmige, vom Ozean umflossene Erde, an deren Ende das Paradies liegt, von unüberwindlichen Bergen umschlossen und von einem Engel mit einem Schwert in der Hand bewacht; Inseln im Meer, die von außergewöhnlich reichen Frauen beherrscht werden; andere, auf denen Einfüßige mit acht Zehen leben; Gegenden, in denen Frauen verbrannt werden ... Je näher die Legende Europa rückt, um so verläßlicher wird sie. Aber es fehlen, obgleich schon bekannt, die Inseln im Atlantik, die Canaren, Madeira und die Azoren. Vielleicht ist Konrad Stolle auch gar nicht auf die neueste *mappa mundi* erpicht. Denn sein Interesse ist allein auf Europa gerichtet. So verwundert es auch nicht, daß er des weiter werdenden Weltbildes seiner Tage keine Erwähnung tut: Kein Wort über die Umseglung des Kaps der Guten Hoffnung im Jahre 1487, kein Wort über die Ozeanreise nach Indien im Jahre 1497 und kein Wort auch über die Landung des Christoph Columbus auf den Bahamas im Jahre 1492 – eine Landung, die den Ureinwohnern das bringt, was Franz Kafka auf beklemmende Weise in der Erzählung „Die Verwandlung" beschreibt: Ähnlich wie sich Gregor Samsa in einen Käfer verwandelt sieht, sehen sich die Menschen der Karibik nach der Berührung mit den Europäern

46) Memoriale (wie Anm. 6) S. 423–432.
47) Vgl. KLEINEIDAM I S. 137, 141, 189–200.
48) Memoriale (wie Anm. 6) S. 296–307 mit Anm. 1.

in „Indios" verwandelt. Sie verlieren ihre wirtschaftliche, politische und kulturelle Identität. Die Kolonialisierung[49] eines Teils der Welt beginnt.

„Die Verwandlung" von Franz Kafka, glaube ich, dürfte ein Schlüsseltext sein für „Ostdeutsche" und für jene, die „Ostdeutsche" verstehen wollen. – Wir „Ostdeutschen"[50] kehren nach Europa zurück. Dieses Europa, zu dem wir zurückkehren, soll, wie uns das Motto des Stadtjubiläums suggeriert,[51] das Selbstverständliche sein. Allein es gibt doch sehr viel Bedenklichkeiten: Daß dieses Europa so wird, wie es eine Versvision in Arthur Rimbauds „Trunkenem Schiff" sagt: „Mir graut vor der Mauer, die Europa umschnürt."[52] Und daß dieses Europa auch im Innern eine Mauer errichtet, die Wohlhabende und Arme trennt.

Welche Chancen hat da eine mitteleuropäische Stadt wie Erfurt? Auf jeden Fall die Chance einer Mittlerschaft zwischen Ost und West, wie sie in der Geschichte begründet ist und wie sie zeitgemäß wiederbelebt werden kann, ja, muß. Dies allerdings unter den Rahmenbedingungen der sich vollziehenden „Europäisierung".[53] Daß sie föderal und subsidiär ausgerichtet sein sollte, bleibt eine Forderung[54] – auch im Sinne zu bewahrender kommunaler Selbstverwaltung.[55] Daß sich ihr gedankliches und praktisches Bezugssystem europaweit vergrößert, ist zwar offenkundig, wird aber noch kaum berücksichtigt. Dabei ist dies die Voraussetzung, daß sich Erfurt auf sinnvolle Weise Europa öffnen kann. Gewiß wird es hier nie eine Beratungsstelle der Europäischen Gemeinschaft geben, aber die Etablierung eines Europa-Instituts ist ebenso denkbar wie die europäische Orientierung der wiederzubegründenden Universität.[56] Sie bedarf der großen europäischen Themen in Forschung und Lehre sowie der Studenten und

49) Zum Problem der Kolonialisierung vgl. Albert Memmi, Der Kolonisator und der Kolonisierte. Frankfurt/M. 1982; Frantz Fanon, Das kolonisierte Ding wird Mensch. Leipzig 1986.

50) Erwägungen zum historisch und geografisch fragwürdigen aktuellen Gebrauch von „ostdeutsch" bei Hartmut Boockmann, Wo liegt Ostdeutschland? Die Deutschen und ihre Geschichte im östlichen Mitteleuropa. In: Nordost-Archiv NF 1 (1992) S. 7–19. – Die Distanz wird hier durch Redezeichen verdeutlicht.

51) „Aufbruch zum Selbstverständlichen – Erfurt 1250 Jahre in der Mitte Europas" (vgl. 1250 Jahre Erfurt. Chronik, Veranstaltungen, Tourist-Informationen. Hg. Magistrat der Stadt Erfurt, Erfurt 1991, S. 21.

52) Arthur Rimbaud, Œuvres complètes. Ed. Antoine Adam, (Paris) 1972, S. 66–69, 68: Je regrette l'Europe aux anciens parapets! (vgl. auch die „notices" S. 917–919).

53) Joachim-Jens Hesse, Stadt – Staat – Europa. Zur Maßstabsvergrößerung des Denkens und Handelns. In: Die Zukunft der Städte. Hg. Karl Ganser [u. a.], Baden-Baden 1991, S. 185–205.

54) Vgl. hierzu Fritz W. Scharpf, Entwicklungslinien des bundesdeutschen Föderalismus. In: Die alte Bundesrepublik. Kontinuität und Wandel. Hg. Bernhard Blanke, Hellmut Wollmann, Opladen 1991, S. 146–159.

55) Angela Faber, Die Zukunft kommunaler Selbstverwaltung und der Gedanke der Subsidiarität in den Europäischen Gemeinschaften. In: Deutsches Verwaltungsblatt 106 (1991) S. 1126–1135; Walter Leitermann, Subsidiarität und kommunale Selbstverwaltung in der Europäischen Gemeinschaft. In: Der Städtetag 44 (1991) S. 753–755.

56) In diesem Sinne erklärt sich u. a. Harm Klueting, Für eine Europäische Universität in Erfurt. Denkschrift zur Wiedereröffnung der Universität Erfurt, Köln 1990 (Typoskript).

Dozenten aus ganz Europa. Auch dies wäre Mittlerschaft zwischen Ost und West. Sie könnte im übrigen von vielen Erfurtern geleistet werden, indem zum Beispiel Interessengruppen oder Freundschaftskreise die unterschiedlichsten Verbindungen etwa zwischen Vilnius und Lille oder Kalisz und Piacenza vermitteln würden.[57] Vorerst gibt es allenfalls zage Hoffnungszeichen, eines der schönsten indes ist die „Galerie Raissa" in der Michaelisstraße oder das Europäische Kulturzentrum Thüringen auf dem Anger.[58]

Entscheidend ist freilich, ob es gelingt, eine Stadtkultur im Geiste dieser Mittlerschaft zwischen Ost und West zu gestalten. Was zunächst einmal heißt, Erfurt als einen von bürgerschaftlicher Beteiligung bestimmten Wirtschafts- und Lebensraum auszuprägen, der dann auch anziehend wäre für Fremde, sofern sie hier ihre kulturelle und nationale Andersartigkeit leben könnten. Eine Bereicherung für die Stadt wäre das allemal.

57) Zu den Möglichkeiten der Städtepartnerschaft vgl. den Beitrag von RONALD LUTZ in diesem Band.

58) Vgl. JÖRG-HEIKO BRUNS, Russische Malerei bei Raissa. In: Thüringer Allgemeine, Erfurt, 2.6.1992. – Nachtrag September 1994: Das von verschiedenen Seiten finanzierte Europäische Kulturzentrum ist inzwischen zu einer Institution mit weitreichenden, festen Verbindungen, namentlich zur Gorbatschow-Stiftung, geworden; es gibt monatlich die Zeitschrift „Via regia" heraus und organisiert eine Fülle von Veranstaltungen, unter denen die jeweils einem europäischen Land gewidmeten Kulturtage und die alljährliche „Europa-Werkstatt" sicher die wichtigsten sind; die dritte „Europa-Werkstatt" vereinte am 6.9.1994 prominente Persönlichkeiten der europäischen Politik zu einem Gespräch über das Thema „Europa auf dem Weg ins 21. Jahrhundert: Gibt die demokratische Wende in Osteuropa Impulse für eine neue Entwicklung auf dem Kontinent?" (vgl. PETER-ALEXANDER FIEDLER, Impulse für ein neues Zusammenleben. Gespräch mit Dr. Jürgen Fischer. In: Thüringische Landeszeitung, Weimar, 3.9.1994).

# Erfurt – Zentralort, Residenz, Hauptstadt

JÜRGEN JOHN

# Erfurt als Zentralort, Residenz und Hauptstadt*

Das Thema berührt sachlich und historisch sehr unterschiedliche Aspekte Erfurter Geschichte und Gegenwart. Dabei kann die Reihenfolge der Begriffe kaum als zeitliche Abfolge verstanden werden. Erfurt wuchs keineswegs linear aus der Funktion eines „Zentralortes" in die einer „Residenz" und „Hauptstadt" hinein. Dazwischen lagen tiefe Brüche. Ohnehin hat Erfurt nur in einem sehr eingeschränkten Sinne Residenz- und Hauptstadtfunktionen ausgeübt. Seine „Zentralort"-Funktionen[1] unterlagen – darin den Bedeutungswandel historischer Funktionen in Zeit und Raum widerspiegelnd – beträchtlichen Veränderungen.

## *I. Perspektiven und Bezugsebenen*

„Zentralort" meint zunächst vor allem die zentrale geographische Lage Erfurts in Thüringen, Deutschland und Europa. Damit ist ein relativ konstanter Faktor angesprochen. Erfurt bildete von jeher die Mitte Thüringens und damit einer Region, die ihrerseits „die Mitte der Mitte Europas" darstelllte.[2] Der Begriff bezieht sich darüber hinaus auf Erfurts vielfältige und wechselnde Siedlungs-, Wirtschafts-, Sozial-, Bildungs- und Kulturfunktionen im regionalen und überregionalen Maßstab als frühes Siedlungs- und Christianisierungszentrum, mittelalterliches und frühneuzeitliches Wirtschaftszentrum, als Mittler bedeutender Wirtschafts-, Handels- und Kulturströme, als Kirchen-, Kultur- und Wissenschaftszentrum, Universitäts-, Akademie- und Hochschulstandort sowie als Industriestandort, Gartenbauzentrum, Verkehrsknotenpunkt,

*) Bearbeitete und gekürzte Thesen für den Arbeitskreis 3. Für wertvolle Hinweise ist der Vf. Herrn Dr. Ulman Weiß (Erfurt) und Herrn Prof. Ulrich Knefelkamp (Frankfurt/O.) dankbar. Aus Platzgründen werden nur Zitate und spezifische Sachverhalte belegt, ansonsten auf die Standardliteratur zur Erfurter Stadtgeschichte sowie auf die ausführliche Fassung dieser Thesen verwiesen – vgl. Jürgen John, Erfurt als Zentralort, Residenz und Hauptstadt. In: Zeitschrift des Vereins für Thüringische Geschichte 46 (1992) S. 65–94.

1) Vgl. u. a. Michael Mitterauer, Das Problem der zentralen Orte als sozial- und wirtschaftshistorische Forschungsaufgabe. In: Vierteljahresschrift für Sozial- und Wirtschaftsgeschichte 58 (1971) S. 433–467; Peter Schöller (Hg.), Zentralitätsforschung. Darmstadt 1972; Stadt-Land-Beziehungen und Zentralität als Problem der historischen Raumforschung. Hannover 1974; Emil Meynen (Hg.), Zentralität als Problem der mittelalterlichen Stadtgeschichtsforschung. Köln/Wien 1979.

2) Ernst Kaiser, in: Die Einheit Thüringens. Ein Beitrag zur Reichsreform. Erfurt 1933, S. 13.

regionales Dienstleistungszentrum und größte Stadt Thüringens im 19. und 20. Jahrhundert. Diese zentralörtlichen Funktionen ergaben sich aus Langzeittrends, unterlagen aber wechselnden Konstellationen. Mit ihnen hat Erfurt in historisch unterschiedlichem Maße sein thüringisches Umfeld vor allem wirtschaftlich geprägt, zeitweise aber auch für die Weltwirtschaft und für die deutsche und europäische Geistes- und Kulturgeschichte maßgebliche Bedeutung erlangt.

Zum anderen meint „Zentralort" in Verbindung mit „Residenz" und „Hauptstadt"[3] die Herrschafts- und Verwaltungsfunktionen Erfurts im regionalen und nationalen Maßstab. Sie unterlagen im Zuge allgemeiner Entwicklung von der Reiseherrschaft des Mittelalters über neuzeitliche Residenzvielfalt bis zur Herausbildung moderner Reichs- und Landeshauptstädte beträchtlichen Wandlungen. In dieser Perspektive haben wir es im Falle Erfurts eher mit der Geschichte verhinderter und begrenzter Hauptstadt- und Residenzfunktionen zu tun.

Im 8. Jahrhundert war Erfurt offenkundig als Bistumssitz vorgesehen. Doch wurde es Mainz zugeschlagen. Im Mittelalter entwickelte sich Erfurt zur Großstadt und zum „Rom Thüringens". Es wurde zu einem wichtigen Stützpunkt der Reichs- und Königsgewalt, nicht jedoch Reichsstadt. Zwar erreichte das Gemeinwesen einen hohen, fast reichsstädtischen Grad von Autonomie. Gerade dies geriet ihm aber zum Verhängnis, als es neuzeitlich-absolutistischer Staatsbildung ins Gehege kam. 1664 wurde Erfurt dem kurmainzischen Staat einverleibt. Damit verband sich die neue Funktion einer Statthalterresidenz, die Erfurt jedoch mit dem Verlust der Selbständigkeit bezahlen mußte. Durch den Anschluß an Preußen verlor die Stadt diesen ohnehin begrenzten Residenzstatus. Sie galt nun als die „Hauptstadt" des preußischen Thüringens, bildete aber nur das Verwaltungszentrum eines Regierungsbezirkes. 1918/1919 konnte sich Erfurt Chancen als Landeshauptstadt des angestrebten „Großthüringens" ausrechnen. Doch kam nur die „kleinthüringische" Lösung mit Weimar als Hauptstadt zustande. Daran änderte sich auch mit dem Anschluß an das Land Thüringen 1945 nichts. Erst nach der DDR-Gründung trat Erfurt Weimars Nachfolge als Landeshauptstadt an. Da zeichnete sich jedoch bereits das Ende der Länder ab. Nach der Verwaltungsreform 1952 verblieb nur die Funktion einer Bezirks-„Hauptstadt" im zentralistischen Einheitsstaat.

Sieht man von der kurzen und weitgehend kompetenzlosen Periode 1950 bis 1952 ab, wurde Erfurt erst nach dem Ende der DDR und der Wiederherstellung der 1952 beseitigten Länderstruktur reguläre Landeshauptstadt Thüringens, Regierungs- und Landtagssitz. Erfurts „Hauptstadt"-Funktion ist folglich eher eine der Gegenwart denn der Vergangenheit. Sie ergibt sich aus den Möglichkeiten und Grenzen der heutigen

3) Vgl. an neueren Darstellungen u. a. Bodo-Michael Baumunk/Gerhard Brunn (Hg.), Zentren, Residenzen, Metropolen in der deutschen Geschichte. Köln 1989; Peter Johanek (Hg.), Vorträge und Forschungen zur Residenzfrage. Sigmaringen 1990; Brigitte Streich, Zwischen Reiseherrschaft und Residenzbildung: Der wettinische Hof im späten Mittelalter. Köln/Wien 1990; Residenzstädte und ihre Bedeutung im Territorialstaat des 17. und 18. Jahrhunderts. Gotha 1991.

bundesstaatlichen Ordnung Deutschlands mit ihrem stark eingeschränkten Föderalismus, der seine Perspektive in einem „Europa der Regionen" erst noch sichern muß. Um die tatsächliche Rolle Erfurts als „Residenz" und „Hauptstadt" in historisch unterschiedlichen Situationen genauer zu bestimmen, dürften vor allem drei Perspektiven und Bezugsebenen in Anschlag zu bringen sein.

### Erfurt in der Nations- und Reichsgeschichte

Die günstige geographische und strategische Lage und die wirtschaftliche Bedeutung ließen Erfurt zu einem wichtigen reichspolitischen Faktor früher und mittelalterlicher deutscher Geschichte werden. In der Napoleonischen Zeit, in der 48er Revolution und im Rahmen der preußischen Unionspolitik geriet es in die Nähe zentraler Funktionen oder wurde zumindest dafür erwogen. Im späten 19. und 20. Jahrhundert hat Erfurt für die politische Organisationsgeschichte als zentraler Tagungs- und Programmort sowie 1970 als Schauplatz des ersten Regierungschef-Treffens der beiden deutschen Staaten Bedeutung erlangt.

Von den mittelalterlichen Reichs- und Hoftagen über Napoleons „Erfurter Fürstentag" (1808), das preußische „Erfurter Unionsparlament" (1850), den „Erfurter Gewerkschaftskongreß" (1872) und das sozialdemokratische „Erfurter Programm" (1891) bis zum „Erfurter Treffen" 1970 ist der Name der Stadt gleichsam programmatisch mit deutscher Reichs- und Nationsgeschichte verbunden. Andere, nicht im gleichen Maße mit Erfurts Namen geschmückte Ereignisse wie die Gründung des Evangelischen Bundes (1886), der radikalen Antisemitischen Partei (1890) und des Nationalsozialen Vereins Friedrich Naumanns (1896), wie das kommunistische Arbeitersportlertreffen 1930 oder die Erfurter LDP- (1946) und CDU- (1948) Parteitage der sowjetischen Besatzungszone lagen ebenso in dieser Perspektive wie 1929 die eigenartig anmutende Erfurter Gründung einer „Wära-Tauschgesellschaft" durch Anhänger der „Freigeld"-Theorie Silvio Gesells, die eine eigene Hilfswährung ausgab und bis zu ihrem Verbot 1931 eine reichsweite Organisationsstruktur zustandebrachte. Hingegen blieb Erfurt 1919, als wesentliche und im Falle Weimars sogar namengebenden Gründungsentscheidungen der Republik in den thüringischen Orten Weimar, Schwarzburg und Jena fielen, außerhalb dieses Prozesses.

Bisher hat die Forschung kaum nach den zufälligen oder strukturellen und sachlichen Zusammenhänge Erfurts mit der deutschen Reichs- und Nationsgeschichte gefragt. Auch hat sie bisher keine befriedigende Antwort auf die Frage gegeben, ob die jeweiligen Ereignisse für Erfurt selbst folgenreich oder episodisch blieben, ob und inwieweit sie also zur Stadtgeschichte im engeren Sinne zu rechnen sind oder nicht. Manche der genannten oder ähnliche Ereignisse sind in den Darstellungen zur Erfurter Stadtgeschichte ausführlich behandelt oder zumindest erwähnt worden, andere überhaupt nicht und folglich nur über allgemeine Darstellungen und Nachschlagewerke zu erschließen.

## Erfurt in der mainzischen und preußischen Territorialgeschichte

Die geistliche Bindung Erfurts an Mainz datiert seit dem 8., die politische seit dem frühen 11. Jahrhundert. Mit dieser „Westbindung" waren bis ins Zeitalter der Reformation engere Kontakte zum benachbarten Hessen verbunden.[4] Doch hatten die Mainzer Erzbischöfe im Mittelalter nur eine sehr eingeschränkte bzw. nominelle Stadtherrschaft über Erfurt inne, das eher eigene denn erzbischöfliche Herrschafts- und Verwaltungsfunktionen ausübte.[5] Allein kirchlich war es fest in das Mainzer Bistum eingebunden. Wirtschaftliche Stärke, die herausragende Position in Thüringen und die relative Abgelegenheit von Mainz begünstigten bis zum 17. Jahrhundert die Selbständigkeit Erfurts.

Sie verlor es im Gefolge des 30jährigen Krieges 1664 durch die sogenannte Reduktion – die „Rückführung" der Stadt ins Mainzer Erzstift.[6] Damit geriet Erfurt unmittelbar in die mainzische bzw. (seit 1802/1814) preußische Territorialgeschichte. Der neue Residenz- und Festungsstatus trug dem immer noch großen Gewicht der Stadt und ihrer strategischen Bedeutung Rechnung. Er lag aber unter dem der viel kleineren thüringischen Residenz- und Reichsstädte. Im Unterschied zu Aschaffenburg und Mainz fungierte Erfurt lediglich als Statthalter- und Ausweichresidenz der Erzbischöfe bzw. in preußischer Zeit als Verwaltungszentrum eines Regierungsbezirkes der Provinz Sachsen. Doch führte die relative Abgelegenheit Erfurts von den mainzischen bzw. preußischen Zentren zu einem neuen regionalen Funktionszuwachs im modernen Flächen-, Verwaltungs- und Industriestaat. Der Verlust einstiger kommunaler Größe, Wirtschaftskraft und Selbständigkeit konnte durch diesen unterschiedlich gelagerten Funktionszuwachs und die daraus resultierenden neuen regionalen zentralörtlichen Funktionen durchaus wettgemacht werden.

Diese Funktionsveränderungen hingen mit den Territorialstaats-, Zentralisierungs- und regionalen Umstrukturierungsprozessen im Gefolge des 30jährigen Krieges, der Napoleonischen Expansion, des Untergangs des Alten Reiches und der kleindeutsch-

---

4) Vgl. u. a. Karl Heinemeyer, Hessen und Thüringen im frühen und hohen Mittelalter. In: Blätter des Vereins für Thüringische Geschichte e. V. 1 (1991) H. 2, S. 5–17; Michael Gockel (Hg.), Aspekte thüringisch-hessischer Geschichte. Marburg/L. 1992; Achim Güssgen/Reimer Stobbe (Hg.), Hessen und Thüringen. Die Geschichte zweier Landschaften von der Frühzeit bis zur Reformation. o. O. (1992).

5) Johannes Kadenbach (Die Gründung des Erfurter Petersklosters im Jahre 1060. Zur Herrschaft der Mainzer Erzbischöfe im mittelalterlichen Erfurt. In: Aus der Vergangenheit der Stadt Erfurt NF 1 [1985] S. 71–86) geht allerdings von einer relativ straffen erzbischöflichen Stadtherrschaft aus. Vgl. insges. Ulman Weiss, Sedis Moguntinae filia fidelis? Zur Herrschaft und Residenz des Mainzer Erzbischofs in Erfurt. In: Volker Press (Hg.), Südwestdeutsche Bischofsresidenzen außerhalb der Kathedralstädte. Stuttgart 1992, S. 99–131.

6) Vgl. Wilhelm Johann Albert Freiherr v. Tettau, Die Reduction von Erfurt und die ihr vorausgegangenen Wirren (1647–1665). Erfurt 1863 sowie Volker Press in: Ulman Weiss (Hg.), Erfurt 742–1992. Stadtgeschichte. Universitätsgeschichte. Weimar 1992, S. 385–402.

preußischen Reichsgründung zusammen. Sie ebneten frühere regionale und territorialstaatliche Strukturen ein, schufen aber neue, zumal Deutschland den föderativen Weg der Reichseinigung beschritt und sich die deutsche Geschichte des 19./20. Jahrhunderts in einem permanenten und konfliktreichen Reich-Länder-Spannungsverhältnis bewegte. Auch ohne direkten Anteil an der Multizentralität der Hauptstadtfunktionen drückte dieser gegenläufige Gesamtprozeß Erfurts Geschichte in kurmainzischer und preußischer Zeit seinen Stempel auf.

Er brachte Erfurt in eine periphere Rolle, prägte aber gerade wegen der relativen Abgelegenheit von den jeweiligen politischen Zentren seine Regionalfunktionen aus. Von den drei mainzischen Territorialkomplexen wies der thüringische nicht nur in geographischer Hinsicht die größte Ferne und Selbständigkeit auf. Auch im Verbund der preußischen Provinz Sachsen fühlte man sich in Erfurt eher als Thüringer denn als Preußen. In der kleinteiligen Staatenfülle Thüringens konnte Erfurt seinen regionalen zentralörtlichen Vorteil wahren und erneut ausbauen. Als nach wie vor größte Stadt der Region übte es hier eine beträchtliche Sogwirkung aus, ohne jedoch zur thüringischen Landeshauptstadt aufsteigen zu können. Erfurt blieb von „fremden" Staaten und Residenzen umgeben und war dann im 20. Jahrhundert mit der viel kleineren und nahegelegenen thüringischen Landeshauptstadt Weimar konfrontiert.

Die Situation Erfurts als von den kurmainzischen und preußischen Staatszentren abgelegenes regionales Zentrum in Thüringen – einer bis ins 20. Jahrhundert staatlich zersplitterten Region – wies zahlreiche Parallelen zu vergleichbaren historischen Landschaften auf – etwa zur Stellung Frankfurts in Hessen. Dies spiegelte sich auch in der Historiographie wider, die Erfurt für das 19. und 20. Jahrhundert eher als thüringische denn als preußische Stadt begriffen und untersucht hat.[7]

## Erfurt in der thüringischen Landesgeschichte

Hier ist vor allem nach Erfurts Entwicklung von der „heimlichen" zur wirklichen Hauptstadt Thüringens zu fragen. Als heutige Landeshauptstadt und jahrhundertelanges geographisches, wirtschaftliches und bis zur Reformation auch kirchliches Zentrum Thüringens ist Erfurts Geschichte engstens mit der thüringischen verbunden. Die zentrale Lage hat Erfurt von jeher als Zentralort, Wirtschafts- und Verkehrszentrum der Region begünstigt. Auch als Bildungs- und Kulturzentrum erlangte es Bedeutung, ebenso in militärischer und strategischer Hinsicht. Wie kaum in einer anderen histori-

---

7) Vgl. z. B. Hans Patze/Walter Schlesinger (Hg.), Geschichte Thüringens: Politische Geschichte der Neuzeit. Bd. 5/1/2, 5/2. Köln/Wien 1984, 1978; Hans Patze/Peter Aufgebauer (Hg.), Thüringen. 2. Aufl., Stuttgart 1989, S. 100–121; Ulrich Hess, Geschichte Thüringens 1866 bis 1914. Aus dem Nachlaß Hg. Volker Wahl, Weimar 1991; aber auch Willibald Gutsche (Hg.), Geschichte der Stadt Erfurt. 2. Aufl. Weimar 1989. Anders hingegen früheren Verwaltungsstrukturen folgende Darstellungen wie Erich Keyser (Hg.), Deutsches Städtebuch. Handbuch städtischer Geschichte. Bd. II: Mitteldeutschland. Stuttgart/Berlin 1941, S. 478–485; Walther Hubatsch (Hg.), Grundriß zur deutschen Verwaltungsgeschichte 1815–1945. Reihe A (Preußen), Bd. 6 (Provinz Sachsen). Marburg/L. 1975, 1983.

schen Landschaft prädestinierte dies Erfurt als Metropole Thüringens. Als Großstadt, Industrie- und Verkehrszentrum haftete es seit dem 19. Jahrhundert wie ein „Pfahl im Fleische" dieser Landschaft.[8] Doch blieb es lange Zeit außerhalb des politischen Thüringens und wurde erst sehr spät Landeshauptstadt. Insofern spiegelt Erfurts Geschichte als „verhinderte Hauptstadt Thüringens" die Problematik und die Eigenarten thüringischer Landesgeschichte wider.

Thüringen weist im streng eigenstaatlichen Sinne erst im 20. Jahrhundert eine eigene Landesgeschichte auf. Jahrhundertelang trat es vor allem als kleinstaatliche Region in Erscheinung. Während Erfurt und das übrige nunmehr „preußische Thüringen" nach 1800 in die staatlichen Zentralisationsprozesse eingebunden waren, blieb das kleinstaatliche Thüringen der ernestinischen, schwarzburgischen und reußischen Staaten davon weitgehend unberührt. Zwar gab es hier Zusammenschlußtendenzen und eine deutliche „Zentralisation in der Dezentralisation". Doch überstand die kleinstaatliche Struktur des nichtpreußischen Thüringens die in anderen Regionen tiefgreifenden territorialen „Flurbereinigungen" des 19. Jahrhunderts. Sie prägte den thüringischen Weg in die Moderne und fand im bundesstaatlichen Kaiserreich eine Perspektive. Auch wirkte sie in der „kleinthüringischen" Landesgründung 1920 nach.

Infolgedessen zeichnete sich Thüringens Landesgeschichte im weiteren Sinne durch Vielfalt und kleinteilige Dichte aus. Dies wirkte aber eher innovativ als hemmend, eher identitässtiftend als trennend. Die Enge und Begrenztheit der Verhältnisse erzwang geradezu die Weite des Denkens und die Suche nach angemessenen Innovationswegen. Dabei fand man in kultureller, wirtschaftlicher, sozialer und demographischer Hinsicht zu recht ausgeglichenen und leistungsfähigen Strukturen. Thüringen entwickelte sich zu einer relativ dichten und auch verkehrsmäßig gut erschlossenen Kultur-, Agrar- und Industrieregion, in der Großgrundbesitz und Großindustrie eine vergleichsweise untergeordnete Rolle spielten. Die meisten der thüringischen Kleinstaaten suchten ihre Perspektive unter dem Dach des Reiches und eines Nationalstaates und nicht durch partikulare Engstirnigkeit zu sichern. Im Unterschied zu manchen Mittelstaaten erwiesen sie sich eher als zentripetale denn als zentrifugale Kräfte.[9] Das alles hat Thüringens Weg in die Moderne nicht – wie frühere macht- und großstaatliche Verdikte glauben machen wollten[10] – blockiert, sondern in einer Weise geprägt, die diese Region von manchen Deformationen der Moderne verschonte.

Im Unterschied zu anderen historischen Territorien hat Thüringen niemals eine politische, kulturelle und wirtschaftliche Metropole mit entsprechend strukturschwa-

---

8) ERNST JAHN, Kann das Land Thüringen seine Eigenstaatlichkeit bis zur Bildung von Reichsprovinzen behaupten? Vortrag, gehalten am 20. Januar 1929 in Weimar auf dem ordentlichen Parteitag des Landesverbandes Thüringen der Deutschen Demokratischen Partei. Weimar 1929, S. 33.

9) Vgl. dazu JÜRGEN JOHN (Hg.), Kleinstaaten und Kultur in Thüringen vom 16. bis 20. Jahrhundert. Weimar/Köln/Wien 1994.

10) Vgl. z. B. WALTER SCHMIDT-EWALD, Grundlagen und Wendepunkte der Thüringischen Geschichte. Jena 1934; WILLY FLACH, Stamm und Landschaft Thüringen im Wandel der Geschichte. In: Blätter für deutsche Landesgeschichte 84 (1938) S. 171–187 sowie Anm. 30.

chem Hinterland ausgebildet. Erfurts entsprechende zentralörtliche Funktionen beschränkten sich weitgehend auf das agrarische Umfeld im mittelthüringischen Raum. Auch als Verwaltungs-, Bildungs- und Industriezentrum des 19. und 20. Jahrhunderts überragte es die anderen administrativen, kulturellen, intellektuellen und wirtschaftlichen Zentren Thüringens bestenfalls quantitativ. Als „verhinderte Landeshauptstadt" stand Erfurt neben der „geistigen Doppelstadt Weimar-Jena", in der sich Weimar als Kultur- und Landeshauptstadt, Jena hingegen als intellektuelle und – im Falle des Zeiss-Schott-Komplexes – auch als späte industrielle Hauptstadt Thüringens profilierten. Allerdings repräsentierte Erfurt seit 1815/1816 als Mittelpunkt des preußischen Thüringens gleichsam das regionale Gegenstück zum kleinstaatlichen Thüringen.

In diesem Spannungsverhältnis Erfurts zum übrigen Thüringen gab es verbindende wie trennende Elemente. Vor allem im 19. und 20. Jahrhundert hat Erfurt – etwa durch Zollverein und Eisenbahnnetz oder in den thüringischen Einigungsbestrebungen 1848/1849 und 1918/1919 – integrierend auf die thüringische Landesgeschichte eingewirkt. Dabei spielte der geographische Faktor eine beachtliche Rolle. Zweifellos unterhielt das preußische Thüringen engere Beziehungen zu den angrenzenden ernestinischen und schwarzburgischen als zu den entfernteren reußischen Staaten. Dort waren zudem – namentlich in Reuß ältere Linie (Greiz) – die antipreußischen Ressentiments besonders krass ausgeprägt.

Bei all dem dürfte der Vergleich mit anderen kleinstaatlichen bzw. bis 1945 in Länder und preußische Provinzen gespaltenen Regionen wie Hessen und Sachsen-Anhalt ebenso aufschlußreich sein wie der Vergleich Erfurts mit den Residenzstädten der thüringischen Staaten, mit Jena als Standort der ernestinischen bzw. thüringischen Landesuniversität sowie der thüringischen Oberlandes- und Oberverwaltungsgerichte, mit der Landeshauptstadt Weimar und dem Landeskirchensitz Eisenach.

### *II. Zur Chronologie der Zentralorts-, Residenz- und Hauptstadtfunktionen Erfurts*

Dank seiner günstigen klimatischen, geographischen und Verkehrslage gehörte der Erfurter Raum zu den bevorzugten vor- und frühgeschichtlichen Siedelgebieten Thüringens. Er ist auch für die Zeit des Königreiches der Thüringer um 500, mit dem die Landschaft erstmals als politischer Raum in Erscheinung und in den Bereich schriftlicher Überlieferung trat, als Siedlungsschwerpunkt archäologisch ausgewiesen. In der anschließenden fränkischen Zeit wuchs Erfurt vermutlich in jene Siedlungs-, Befestigungs- und schließlich auch Missionsfunktion hinein, die in der Bistumsgründung und der Feststellung des Bonifatius aus dem Jahre 742, es sei einst ein Vorort der Heiden gewesen,[11] ihren Ausdruck fand.

Zwar ist die Lokalisierung der von Bonifatius erwähnten *erphesfurt* an der Gera infolge spärlicher schriftlicher und archäologischer Befunde immer noch umstritten.

11) UB I 1 (742).

Auch hat sich die auf das Jahr 706 datierte angebliche Gründung des Erfurter Petersklosters als spätere Fälschung erwiesen.[12] Doch sprechen zu viele Gründe für Erfurt als Zentralort des westsaalischen Thüringens in fränkischer Zeit, als frühes Königsgut, Missionsstützpunkt und Sitz des bereits 724 in Aussicht genommenen Bistums. So dürfte mit einiger Gewißheit die erste schriftliche Erwähnung von *erphesfurt* und des Bistums 742 auf das heutige Erfurt zu beziehen sein. Daß diese thüringische Diözese knapp zehn Jahre später in der Mainzer aufging, hat die entsprechende regionale Zentralfunktion Erfurts nur gemindert, nicht aber aufgehoben. Ob man diese kurze Bistumszeit als verfehlten Ansatz oder als Beweis für die frühe Bedeutung Erfurts wertet,[13] ist für die hier zu behandelnde Thematik letztlich unerheblich.

## Das mittelalterliche und neuzeitliche Erfurt

Der seitdem datierende kirchliche und seit dem frühen 11. Jahrhundert nachweisbare territoriale Verbund zu Mainz förderte die Integration Thüringens in das Frankenreich und in die deutsche Staatsbildung sowie die entsprechende Regionalfunktion Erfurts. Als Kloster-, Kirchen- und Burgstandort mit beginnender Marktsiedlung, Königspfalz (802) und karolingisch privilegierter Grenzhandelsplatz (805) ist sie hinreichend nachgewiesen.[14] Der Hoftag Ludwigs des Deutschen (852), die erzbischöfliche Synode im Beisein König Heinrich I. (932), die Designation Ottos I. (936) sowie die mehrfachen Aufenthalte Ottos II. (973 bis 975) unterstreichen die Bedeutung Erfurts für die frühe deutsche Reichsgeschichte.

Wenn auch die Geschichte Erfurts vom 8. bis 10. Jahrhundert weitgehend im Dunkel schriftlicher Überlieferung und der Besitzwechsel an Mainz infolge der mainzischen „Überlieferungskatastrophe" unklar bleiben, ist Erfurt doch im 11. Jahrhundert als kirchliches und frühstädtisches Zentrum Thüringens nachweisbar. Wie Thüringen insgesamt geriet auch Erfurt in die Machtkämpfe und Aufstandsbewegungen der Salierzeit. Das im 11. Jahrhundert gegründete Peterskloster wurde zu einem herausragenden Bildungszentrum und war als *monasterium regale* zur königlichen Hofhaltung verpflichtet. Neben der nordsüdlichen Zentrallage gelangte Erfurt im Gefolge von Ostexpansion und -kolonisation auch in west-östlicher Richtung aus der Grenz- in die Mittellage. Das hat die Entwicklung Erfurts zum wichtigsten Gewerbe- und Handelsplatz Thüringens ungemein gefördert.

Seit dem 11. Jahrhundert wuchs Erfurt zur mittelalterlichen Groß- und Messestadt, zum Mittelpunkt der dichten thüringischen Städte- und Siedellandschaft, zum Waid-

---

12) Vgl. Matthias Werner, Die Gründungstradition des Erfurter Petersklosters. Sigmaringen 1973 sowie dessen Thesen relativierend Franz Staab, Noch einmal zur Gründungstradition des Erfurter Petersklosters. In: MVGAE NF 1 (1993) S. 19–53.

13) Vgl. hierfür und für den Gesamtkomplex im einzelnen den Beitrag von Michael Gockel in diesem Band.

14) Vgl. Michael Gockel, Erfurt. In: Die deutschen Königspfalzen. Repertorium der Pfalzen, Königshöfe und übrigen Aufenthaltsorte der Könige im deutschen Reich des Mittelalters. Bd. 2, Göttingen 1984, S. 103–148.

und Handelszentrum Thüringens, zum Knotenpunkt mitteldeutscher Handels- und Verkehrswege, zum Kirchen-, Architektur- und Bildungszentrum und damit auch zu einem wichtigen Machtfaktor in Thüringen und in der Reichspolitik. Neben der herausragenden Stellung des Petersklosters unterstreichen mehrere Klostergründungen, der Wirkungsbereich der Archidiakonate St. Marien und St. Severi und das in Erfurt ansässige erzbischöfliche Generalgericht die kirchliche Bedeutung Erfurts ebenso wie das Wirken Meister Eckharts, mit dem Erfurt zum Zentrum der deutschen Mystik wurde.[15]

Trotz der Bindung Erfurts an Mainz wahrte die Reichsgewalt ihren Anspruch auf Erfurt als königlichen Aufenthalts- und Festort. Sie fand hier namentlich in staufischer Zeit festen Rückhalt und dies in zahlreichen Aufenthalten Friedrichs I. oder der Unterwerfung Heinrichs des Löwen 1181 in der Peterskirche seinen Ausdruck. Mit dem mehrmonatigen Reichstag von 1289/1290 wurde Erfurt noch einmal für längere Zeit Mittelpunkt der Reichsverwaltung. Erst die Macht- und Territorialentscheidungen des 14. Jahrhunderts ließen Erfurt und Thüringen zu eher königsfernen Gebieten werden. Doch vermochte Erfurt seine Stellung auch in den Machtkämpfen des 13./14. Jahrhunderts zu wahren und zu mehren.

Durch eine geschickte Politik zwischen den Mächten, ein dichtes Handels- und Bündnissystem,[16] mit Messeprivilegien (1331, 1473) und auf das Waidmonopol gestützten Stadt-Land Beziehungen,[17] *studium generale* und Universitätsgründung (1379/1392)[18] sowie durch den Erwerb eines umfangreichen Territoriums[19] sicherte sich Erfurt Eigenständigkeit, politisches Gewicht und relative Autonomie. In wechselnden Bündniskonstellationen konnte sich Erfurt neben dem großen wettinischen Komplex als relativ eigenständige Territorialgewalt behaupten. Im 15. Jahrhundert war es auf den Reichstagen vertreten und wurde unter den Frei- und Reichsstädten geführt.

Die Schwelle zur Neuzeit überschritt Erfurt als ein geistiges Zentrum des Humanismus und des Buchdrucks und als ein früher Vorort der Reformation, die schließlich die bisherige kirchliche Vorrangstellung in Thüringen beseitigte. Als Universitätsstadt

---

15) Vgl. u. a. GEORG MAY, Die geistliche Gerichtsbarkeit des Erzbischofs von Mainz im Thüringen des späten Mittelalters. Leipzig 1956; HANS EBERHARDT, Erfurt als kirchliches Zentrum im Früh- und Hochmittelalter. In: Fundamente. Berlin 1987, S. 11–28; DERS., Archidiakonate und Sedes im mittleren Thüringen. In: Hessisches Jahrebuch für Landesgeschichte 39 (1989) S. 122; ULMAN WEISS, Die frommen Bürger von Erfurt. Die Stadt und ihre Kirche im Spätmittelalter und in der Reformationszeit. Weimar 1988.

16) Vgl. u. a. WERNER MÄGDEFRAU, Der Thüringer Städtebund im Mittelalter, Weimar 1977; HANS EBERHARDT, Erfurt im Netz der mittelalterlichen Handelsstraßen. In: Urgeschichte und Heimatforschung 18 (1981) S. 40–53, 19 (1982) S. 16–31.

17) Vgl. WIELAND HELD, Zwischen Marktplatz und Anger. Stadt-Land-Beziehungen im 16. Jahrhundert in Thüringen. Weimar 1988.

18) Vgl. SÖNKE LORENZ, Erfurt – die alteste Hochschule Mitteleuropas? In: MICHAEL GOCKEL, Aspekte (wie Anm. 4) S. 139–146; ERICH KLEINEIDAM, Universitas studii Erffordensis. T. I–IV, Erfurt 1964–1988; ALMUTH MÄRKER, Geschichte der Universität Erfurt 1392–1816. Weimar 1993.

19) Vgl. GEORG OERGEL, Das ehemalige Erfurtische Gebiet. In: MVGAE 24 (1903) S. 159–190.

wurde Erfurt bald durch die aufstrebenden neuen Reformations- und Landesuniversitäten Wittenberg und Jena in den Schatten gestellt. Auch verlor es durch die Verlagerung der Handelswege, den Aufstieg Leipzigs als Messestadt, den allgemeinen wirtschaftlichen Strukturwandel und die Verdrängung des Waids als Farbrohstoff seine überregionale wirtschaftliche Position. Der Vorteil einer auf Waidanbau, -verarbeitung und -handel gegründeten, hochspezialisierten, von Erfurt beherrschten regionalen Wirtschaftsstruktur schlug in sein Gegenteil um.

Zwar blieb Erfurt ein wichtiges Wirtschafts- und Handelszentrum Thüringens, geriet aber ansonsten an die Peripherie. Auch in Thüringen selber veränderte sich seine Wirtschaftsposition. In den thüringischen Kleinstaaten – nicht nur an ihren vielen Residenzen – bildete sich eine dichte und recht moderne Gewerbelandschaft heraus, die Erfurt zum Strukturwandel zwang. Noch vermochte es sich – auch durch die Einführung der Reformation – gegen die territorialstaatlichen Ansprüche von Mainz zu behaupten. Anders als auf dem Eichsfeld kam die katholische Gegenreformation in Erfurt nur begrenzt zum Zuge. Doch verlor es schrittweise an Selbständigkeit, Territorium und Wirtschaftskraft. Vor allem der 30jährige Krieg und die schwedische Besatzungs- und Statthalterzeit schwächten die Stellung Erfurts.

Mit der Reichsexekution und „Reduktion“ von 1664 fand die Selbständigkeit Erfurts definitiv ihr Ende. Damit erfuhr es ein ähnliches Schicksal wie Münster (1661), Magdeburg (1666) und Braunschweig (1671). Erfurt wurde in den kurmainzischen Territorialstaat eingegliedert und einem erzbischöflichen Vizedom (1665) bzw. Statthalter (1675) unterstellt. Relativ abgelegen von Mainz, konnte es als Statthalterresidenz begrenzte „höfische“ und kulturelle Funktionen ausprägen und einen produktiven wirtschaftlichen Strukturwandel einleiten. Der Aufstieg der 1754 begründeten Akademie[20] – der drittältesten im deutschen Reich – kompensierte in gewisser Weise den Niedergang der Universität.

Unter dem bedeutenden Statthalter Karl Theodor von Dalberg (1772–1802)[21] – dem späteren Fürstprimas des Rheinbundes und Großherzog von Frankfurt – wurde Erfurt zu einem herausragenden und kulturellen Zentrum im Umfeld des klassischen Weimars. Mit gutem Grund werden die Dalberg-Zeit als ein neuer geistiger Pietismus beschrieben und neuerdings auch die zentralörtliche Funktion Erfurts für die Erziehungsreform der Aufklärung hervorgehoben.[22] Auch war Dalberg neben dem Markgrafen von Baden und dem Fürsten von Anhalt-Dessau maßgeblich an dem Fürstenbund-Projekt des Weimarer Herzogs Carl August zwischen 1783 und 1790 beteiligt, das die Perspektive der Klein- und Mittelstaaten unter dem Dach und durch Reform des Reiches sowie in

---

20) Vgl. zuletzt die Darstellung von Jürgen Kiefer in: Weiss, Erfurt (wie Anm. 6) S. 441–460, 599–612 (mit Lit.).

21) Vgl. Klaus Rob, Karl Theodor von Dalberg 1744–1817. Eine politische Biografie für die Jahre 1744–1806. Frankfurt/M. [u. a.] 1984.

22) So von Günter Mühlpfordt in: Weiss, Erfurt (wie Anm. 6) S. 461–494 und von Paul Mitzenheim in: Blätter des Vereins für Thüringische Geschichte e. V. 3/1 (1993) S. 46–51.

enger Anlehnung an Preußen sichern sollte und das trotz seines Scheiterns in der späteren Politik thüringischer Staaten nachwirkte. In der Dalberg-Zeit rückte Erfurt durch die kulturellen Querverbindungen zu den Höfen von Weimar und Gotha und durch die Mitwirkung am Fürstenbund-Projekt sehr eng an die thüringische Staatenwelt heran.

## Das preußische Erfurt

Um so trennender wirkten dann der Anschluß an Preußen und die Territorialveränderungen seit 1802. Säkularisationsmaßnahmen und Verwaltungsreformen veränderten das gesellschaftliche Klima in der Stadt. Königsbesuche (1803, 1805) unterstrichen die Bedeutung der zentral gelegenen Festung für Preußen. Doch wurde nicht Erfurt, sondern das eichsfeldische Heiligenstadt, das zuvor Exilresidenz des Mainzer Erzbischofs gewesen war, Sitz der für die neuerworbenen, ehemals mainzischen und reichsstädtischen Gebiete Thüringens geschaffenen Kriegs- und Domänenkammer. In der Konfrontation zu Frankreich fungierte Erfurt 1806 zeitweise als königliches Hauptquartier, Schauplatz preußischer Kriegsdispositionen und Heeresaufstellung.

Nach der preußisch-sächsischen Katastrophe von Jena und Auerstedt 1806 und der Kapitulation der Festung Erfurt spielte die Stadt im strategischen und politischen Kalkül Napoleons eine besondere Rolle. Im Unterschied zum Eichsfeld und den ehemals reichsstädtischen Gebieten Thüringens wurde es 1808 nicht dem Königreich Westfalen zugeschlagen, sondern als „Fürstentum Erfurt" unmittelbar dem Kaiser unterstellt und Sitz einer eigenen Kriegs- und Domänenkammer. 1808 war es Schauplatz des spektakulären „Erfurter Fürstentages". Am Rande dieser Napoleonischen Machtpräsentation kam es zu jenem Zusammentreffen Goethes und Napoleons, das als Begegnung von Geist und Macht, von geistigem Weltbürgertum und europäischer Großmachtpolitik in die Geschichte einging. Der von Goethe überlieferte Ausspruch Napoleons, man solle ihm nicht von Schicksal reden, „Politik ist das Schicksal",[23] hat bis ins 20. Jahrhundert das gesellschaftspolitische Denken und z. B. die Debatten um das Primat der Politik oder Wirtschaft in der Weimarer Republik beeinflußt.[24]

Daß sich die französische Festung Erfurt noch weit in das Jahr 1814 hinein und über die Abdankung Napoleons hinaus hielt, veranlaßte Preußen umso mehr, den strategisch noch wichtigen Platz gegen weimarische und andere Ansprüche fest in den nunmehr großflächigen Staat einzubinden. Während die ehemaligen Reichsstädte Mühlhausen und Nordhausen auf den Stand preußischer Landstädte gerieten, wurde Erfurt nach dem Wiener Kongreß und der Gründung des Deutschen Bundes 1816 Bestandteil der Provinz Sachsen und Verwaltungszentrum des neugebildeten Regierungsbezirkes

---

23) Zit. nach PATZE/SCHLESINGER, Geschichte (wie Anm. 7) Bd. 5/1/2, S. 761. Vgl. auch ALFRED OVERMANN, Die ersten Jahre der preußischen Herrschaft in Erfurt 1802 bis 1806. Erfurt 1902.

24) Vgl. u. a. Veröffentlichungen des Reichsverbandes der Deutschen Industrie 17 (1921) S. 20; 19 (1922) S. 65; Berichte der Vereinigung der Deutschen Arbeitgeberverbände 20 (1922) S. 61.

Erfurt.[25] Er umfaßte neben den bereits 1802 erworbenen Gebieten auch die vom Königreich Sachsen an Preußen abgetretenen um Langensalza, Suhl, Schleusingen und Ziegenrück. Die Verwaltungsintegration dieser historisch unterschiedlich gewachsenen und auch konfessionell heterogenen Gebiete erwies sich besonders beim katholischen Eichsfeld als Problem. Hingegen vollzog sich die Integration der protestantischen Kirche in die 1817 geschaffenen preußisch-uniierte Kirchenprovinz Sachsen vergleichsweise reibungslos. Erfurt wurde Propsteisitz für den Regierungsbezirk.

Dieser unterstand nicht nur der preußischen Staatsregierung, sondern auch den provinzsächsischen „Hauptstädten" Magdeburg (seit 1816 Sitz des Oberpräsidenten) und Merseburg (seit 1825 Sitz des Provinziallandtages und der 1875 in ihren Rechten erheblich erweiterten Provinzialselbstverwaltung).[26] Im Unterschied zu den kleinen thüringischen Residenzstädten wurde Erfurt weder Regierungs- noch Landtagssitz. Es hatte in preußischer Zeit keinen Anteil an einzelstaatlichen konstitutionellen bzw. parlamentarischen Hauptstadts-, Regierungs- und Repräsentativfunktionen. Dadurch wurde es aber auch kaum von den Souveränitäts- und Kompetenzverlusten der Gliedstaaten des Deutschen Kaiserreiches bzw. der Länder der Weimarer Republik betroffen.

Diese Struktur überdauerte im Rahmen des Königreiches bzw. Landes Preußen Deutschen Bund, Norddeutschen Bund, Kaiserreich und Weimarer Republik und fand erst in der NS-Zeit ihr Ende. Für Erfurt brachten der neue Verwaltungsstatus, der Ausbau der Stadt zur „Festung I. Ranges" und die beginnende Industrialisierung einen kräftigen Funktions- und Strukturwandel mit sich. 1820 entstanden ein Lehrerseminar und eine Provinzial-Gewerbeschule. Die lange Zeit rückläufige Einwohnerzahl begann deutlich anzusteigen. 1822 erhielt Erfurt die kommunale Selbstverwaltung. 1816–1818 und seit 1872 besaß es den Status eines Stadtkreises.

Das preußische und das kleinstaatliche Thüringen traten zur Zeit des Deutschen Bundes in ein widersprüchliches Verhältnis. Zwangsläufig mußten sich die thüringischen Kleinstaaten stärker als bisher auf das ihnen nunmehr auch geographisch näher gerückte Preußen ausrichten. Dynastische Verbindungen (Weimar), Zollintegration (gemeinsamer „Thüringischer Zoll- und Handelsverein" 1833, der 1834 im Deutschen Zollverein aufging) und Eisenbahnbau (1840/1844 Thüringischer Eisenbahnverein, Sitz Erfurt, 1846/1848 Linie Halle-Erfurt-Eisenach) förderten diese Annäherung. Die thüringischen Staaten folgten in vieler Hinsicht preußischen Reformmaßnahmen. Doch wahrten sie genügend Distanz und Eigenständigkeit und widerstanden – anders als Anhalt – der „Verpreußung". Auch unterschieden sich die

25) Vgl. WALTER FRIEDENSBURG, Die Provinz Sachsen, ihre Entstehung und Entwicklung. Halle 1919, DERS., Hundert Jahre preußischer Verwaltung in Thüringen. Halle 1920 sowie Anm. 7.

26) Vgl. HERMANN GIESAU, Geschichte des Provinzialverbandes von Sachsen 1825–1925. Merseburg 1926; DERS., Der erste Provinziallandtag der Provinz Sachsen im Jahre 1825. In: Thüringisch-Sächsische Zeitschrift für Geschichte und Kunst 20 (1931) S. 1–61.

meisten thüringischen Staaten durch einen frühen, bahnbrechenden konstitutionellen Weg von Preußen.[27]

Anders als die Universität Jena, die um 1800 ihre Glanzzeit hatte, die allgemeine Strukturkrise der Universitäten überstand und Anschluß an den in der Berliner Gründung (1810) verkörperten modernen Universitätstyp fand, fiel die schon seit längerem kränkelnde Erfurter Universität dem verbreiteten Universitätssterben zum Opfer. Sie wurde 1816 zugunsten der von Halle–Wittenberg aufgelöst.[28] Damit verlor Erfurt eine wichtige bildungspolitische Funktion, während die Jenaer Universität im Umfeld der Burschenschaftsgründungen (1815/1818) und des Wartburgfestes (1817) im Zentrum der national orientierten Studentenbewegung stand und spätestens seit 1850 einen neuen Aufschwung nahm.

In der Revolution 1848/1849 bildete Erfurt eines der regionalen Zentren der republikanischen Bewegung, die auf ihren „Thüringer Volkstagen" die Einigung Thüringens im Rahmen einer deutschen Republik verlangte. Dieser Druck von unten zwang die thüringischen Kleinstaaten ebenso wie die von Sachsen und Preußen ausgehenden Anschluß-Pläne oder der Frankfurter „Reichsterrorismus" zu Zusammenschlußverhandlungen, um der drohenden Mediatisierung zu entgehen.[29] Das Ende der Revolution und die Wiederherstellung des Deutschen Bundes machten diese sich ohnehin am Rande des Scheiterns bewegenden Verhandlungen schließlich gegenstandslos.

Erfurt selbst wurde eine Zeitlang anstelle Frankfurts als Sitz der Nationalversammlung und der Reichsgewalt erwogen und 1850 Schauplatz des Unionsparlaments.[30] Die Weichen für diesen ersten – wenn auch scheiternden – nachrevolutionären Versuch einer kleindeutsch-preußischen Reichseinigung waren bereits während der Revolution maßgeblich unter dem Protektorat des liberalen, nationalstaatlich gesinnten Herzogs Ernst II. von Coburg-Gotha[31] gestellt worden. So standen 1849/1850 das kleinstaatli-

---

27) Vgl. zusammenfassend Herbert Gottwald/Gerhard Müller, Zur Geschichte des Parlamentarismus in Thüringen. Ein Abriß. In: Schriften zur Geschichte des Parlamentarismus in Thüringen 1 (1992) S. 8–41; Reinhard Jonscher, Thüringische Verfassungsgeschichte im 19. Jahrhundert – Ein Abriß. In: Schriften zur Geschichte des Parlamentarismus in Thüringen 3 (1993) S. 7–48.

28) Vgl. Alfred Overmann, Die letzten Schicksale und die Aufhebung der Universität Erfurt. In: Thüringisch-Sächsische Zeitschrift für Geschichte und Kunst 9 (1919) S. 77–103; Thomas Pester, Zwischen Autonomie und Staatsräson. Studien und Beiträge zur allgemeinen deutschen und Jenaer Universitätsgeschichte im Übergang vom 18. bis 19. Jahrhundert. Jena/Erlangen 1992.

29) Vgl. Paul Wentzcke, Thüringische Einigungsbestrebungen im Jahre 1848. Ein Beitrag zur Geschichte der deutschen Einheitsbewegung. Jena 1917; Fritz Hartung, Thüringen und die deutsche Einigungsbewegung im 19. Jahrhundert. In: Blätter für deutsche Landesgeschichte 84 (1938) S. 3–17.

30) Vgl. die Beiträge von Walter Schmidt in diesem Band und in: Weiss, Erfurt (wie Anm. 6) S. 525–546 sowie ders., Die deutsche Hauptstadt-Diskussion in der Revolution von 1848/49. In: Beiträge zur Geschichte der Arbeiterbewegung 35 (1993) S. 3–23.

31) Vgl. Elisabeth Scheeben, Ernst II., Herzog von Sachsen-Coburg und Gotha. Studien zu Biographie und Weltbild eines liberalen deutschen Bundesfürsten in der Reichsgründungszeit. Frankfurt/Main (u. a.) 1987; Herzog Ernst II. von Sachsen-Coburg und Gotha 1818–1893 und seine Zeit. Coburg/Gotha 1993.

che Gotha und das preußische Erfurt geradezu symbolisch für einen Weg, der 15 Jahre später zur Reichseinigung von oben führte.

In ihr fanden Reichsgewalt, Preußen, Klein- und Mittelstaaten und das in Thüringen dominierende liberale Wirtschafts- und Bildungsbürgertum einen tragfähigen Kompromiß und die in den Machtkonflikten lavierenden thüringischen Staaten als Gliedstaaten des Kaiserreiches eine Perspektive. Das im Abseits der großen Entscheidungen gelegene Thüringen wurde von den Territorialveränderungen kaum berührt. Der ehemals hessische Kreis Schmalkalden ging in der neuen Provinz Hessen-Nassau auf. Das politische Klima im preußischen Thüringen unterschied sich zunächst erheblich von dem der tonangebenden ernestinischen Staaten. Während diese ihre relativ liberale politische Kultur wahrten und maßgebliche Gründungsentscheidungen des deutschen Liberalismus und der Sozialdemokratie zwischen 1858 und 1875 in Gotha, Eisenach, Coburg und Weimar fielen, bildete der Erfurter Gewerkschaftskongreß 1872 eher eine Ausnahme. Erst im Rahmen des allgemeinen politischen Wandels nach dem Fall des Sozialistengesetzes glich sich das politische Klima im preußischen und kleinstaatlichen Thüringen an. So fanden denn die richtungsweisenden Kongresse der Sozialdemokratie und der freien Gewerkschaften 1890 bis 1892 in der preußischen Provinz Sachsen statt – in Halle, Erfurt und Halberstadt.

## Erfurt als Industriestadt

In preußischer Zeit wuchs Erfurt zu einem herausragenden und vielseitigen Industriestandort vor allem des Maschinenbaus und der Bekleidungsindustrie, zum neben Suhl und Sömmerda wichtigsten thüringischen Gewehrproduzenten Preußens (1862) sowie zum Eisenbahnknotenpunkt (1847, 1869, 1879). Damit und als Handelskammer-, Bahn- und Postdirektionssitz übernahm Erfurt qualitativ und quantitativ zentralörtliche Funktionen vor allem in Mittelthüringen. Als Verkehrsknotenpunkt stellte Erfurt den Zentralort Thüringens dar. Die Industrialisierung und Verkehrsentwicklung und der entsprechende Strukturwandel[32] sprengten den Rahmen der alten Stadt und der Festung (1873 aufgehoben). Sie ließen Erfurt zur mit Abstand bevölkerungsreichsten Stadt Thüringens wachsen. Als vielseitig strukturierter Industriestandort hob sich Erfurt von den übrigen Industriestädten Thüringens deutlich ab. Zur eigentlich bestimmenden industriellen Potenz Thüringens entwickelten sich aber die um die Jenaer Carl-Zeiss-Stiftung gruppierten Betriebe und Unternehmen. Sie gaben auch im 1909 gegründeten Verband Thüringer Industrieller (Sitz Weimar) den Ton an. Die Erfurter Industriellen hingegen suchten ihre Interessenvertretung eher im preußischen Raum – in Frankfurt/Main und Halle.

Neue industrielle Entwicklungstrends nach 1900 und die Kriegswirtschaft des Ersten Weltkrieges bewirkten erhebliche Konzentrationstendenzen in der Erfurter Industrie.

---

32) Vgl. u. a. Willibald Gutsche, Die Veränderungen in der Wirtschaftsstruktur und der Differenzierungsprozeß innerhalb des Bürgertums der Stadt Erfurt in den ersten Jahren der Herrschaft des Imperialismus (Ende des 19. Jahrhunderts bis 1914). In: Jahrbuch für Geschichte 10 (1974) S. 343–371.

Sie nahmen in der NS-Rüstungs- und Kriegswirtschaft vor allem durch die Ansiedlung großer elektrotechnischer Werke (Siemens, AEG) hypertrophe Formen an.[33] Diese Tendenz setzte sich nach den Struktureinbrüchen und Demontagen der Nachkriegszeit in der disproportional-extensiven, auf Autarkie bedachten und den RGW-Wirtschaftskreislauf ausgerichteten Industriepolitik der DDR-Zeit bis zur Großansiedlung mikroelektronischer Industrie der 1980er Jahre fort. Dadurch ist Erfurt gegenwärtig zu einer strukturellen Problemzone geworden. Auch wuchsen der Stadt mit Flugplatz (1925) und Autobahnbau der 1930er Jahre neue überregionale Verkehrsfunktionen zu, die die Stadt und den Raum Erfurt angesichts sprunghaft steigender Mobilität hohen ökologischen Belastungen in Gegenwart und Zukunft aussetzen. So bietet Erfurt ein markantes Beispiel dafür, wie sich übertriebene zentralörtliche Funktionen gegen die Eigeninteressen einer Stadt richten und der einstige Segen günstiger Raum-, Wirtschafts- und Verkehrslage durch die Deformationen des 20. Jahrhunderts zum Fluch gereichen kann.

## Erfurt und das Land Thüringen

Seit der Jahrhundertwende mit ihren tiefgreifenden Wandlungsprozessen wurden die Spaltung Thüringens in einen preußischen und in einen kleinstaatlichen Teil sowie namentlich die Fortexistenz der thüringischen Staaten mit ihrer verwirrenden Gemengelage von Staats- und Verwaltungsgrenzen zum Problem und eine Territorialreform überfällig. Ohnehin schränkte der Erste Weltkrieg durch Kriegswirtschaft, reichspolitische Ermächtigungen und faktische Militärdiktatur den einzelstaatlichen Spielraum erheblich ein. So mehrten sich die Stimmen, die – oft unter Rückgriff auf die Pläne der 48er Revolution – große Wirtschafts- und Verwaltungsräume, zumindest aber die thüringische Einigung verlangten. Damit rückte Erfurt als der geographische, wirtschaftliche und verkehrstechnische Mittelpunkt Thüringens ins Zentrum der thüringischen Einigungsbewegung und ihrer verschiedenen Konzepte.

Doch machten erst die Revolution 1918, die Abdankung der Fürsten und der Übergang zum „freistaatlichen", parlamentarisch-republikanischen Regierungssystem in den Kleinstaaten den Weg zur Landesgründung frei.[34] Bezeichnenderweise gingen die wichtigsten Initiativen zunächst von Erfurt aus. Hier berieten am 10. Dezemeber 1918 Vertreter der thüringischen Arbeiter- und Soldatenräte sowie der einzelstaatlichen Regierungen über eine „Provinz Thüringen als Teil der Einheitsrepublik Deutschland" und bildeten einen Ausschuß zur Vereinigung Thüringens.[35] Die Räteinitiative wurde zunächst von den Wirtschaftsverbänden aufgegriffen. Diese führten am 5. Januar 1919

---

33) Vgl. JÜRGEN JOHN, Die Industrie in Thüringen Mitte der zwanziger Jahre und 1933 bis 1939. In: Jahrbuch für Regionalgeschichte 8 (1981) S. 18–52.

34) Vgl. zusammenfassend JÜRGEN JOHN, Grundzüge der Landesverfassungsgeschichte Thüringens 1918 bis 1952. In: Schriften zur Geschichte des Parlamentarismus in Thüringen 3 (1993) S. 49–112; BEATE HÄUPEL, Die Gründung des Landes Thüringen. Weimar/Köln/Wien 1995; Thüringen-Handbuch. Territorien, Wahlen, Verfassung, Regierung und Verwaltung in Thüringen 1920–1995 (erscheint 1996 im Verlag Hermann Böhlaus Nachfolger Weimar).

35) Vgl. Thür. HStA Präsidialabteilung, Nr. 1, Bl. 4–12.

in Erfurt eine stark besuchte Tagung „Großthüringen“ durch. Sie sprach sich nach Referaten des Zeiss-Geschäftsführers Max Fischer über „Thüringen als wirtschaftliche Einheit“ und des Museumsdirektors und späteren Reichs-Kunstwartes Edwin Redslob über „Die kulturelle Einheit Thüringens“ für den „großthüringischen“ Zusammenschluß des Regierungsbezirkes mit den Einzelstaaten und für die Erweiterung des Vereinigungsausschusses durch Vertreter der thüringischen Wirtschaft aus.[36]

Diesen Erfurter Beratungen folgten mannigfache, von Interessenkonflikten unterschiedlichster Art, politischen Gegensätzen und den allgemeinen Reichsreformdebatten geprägte Einigungspläne und -verhandlungen. Während sich Erfurt – mit deutlichen Hauptstadtambitionen und der programmatischen Publikationsreihe „Das neue Thüringen“ (1919/1920) – für die „großthüringische“ Lösung einsetzte, drängte man in Halle („Die thüringische Frage“, 1919/1920) auf eine Erfurt und die Kleinstaaten einbeziehende preußische „Provinz Thüringen“ oder gar auf eine noch weiter greifende „mitteldeutsche“ Einigung. Dies löste in den thüringischen Staaten Furcht vor einer „Verpreußung“ aus. In Weimar wuchsen die Vorbehalte gegen ein „Großthüringen“, weil „dann ja Erfurt als Hauptstadt in Frage käme“.[37] Auch die preußische Staatsregierung widersetzte sich einer solchen Lösung. So kam schließlich 1920 nur die „kleinthüringische“ Landesgründung durch den Zusammenschluß der Einzelstaaten – ohne Coburg – mit Weimar als Landeshauptstadt zustande. Mit dieser – neben der Gründung Groß-Berlins (1920) – wichtigsten deutschen Territorialreform seit 1866 fand das kleinstaatliche Thüringen sein Ende, nicht aber die Spaltung Thüringens.

So lebten mit den anschwellenden Reichsreformdebatten der späten Weimarer Zeit auch die „Großthüringen“- und „Mitteldeutschland“-Planungen[38] wieder auf, scheiterten jedoch. Auch und gerade in Erfurt setzte man sich in dieser Zeit entschieden für die „Einheit Thüringens“ und – nachdem Erfurt 1928 Sitz des Landesarbeitsamtes geworden war – für einen „mitteldeutschen“ Wirtschafts- und Verwaltungsraum ein,[39] immer noch in der Hoffnung, auf diese Weise eine der Bedeutung Erfurts als Großstadt, Industrie- und Verkehrszentrum Thüringens angemessene Hauptstadtfunktion zu erlangen. Blieben doch die derzeitigen administrativen Funktionen und Handlungs-

---

36) Vgl. ebd. Bl. 21, 28–31; Edwin Redslob, Die Thüringer Einheitsbewegung. Erfurt 1919; vgl. auch Karl-Heinz Haina, Zur Auseinandersetzung um die Überwindung der Kleinstaaterei in Thüringen unter Einbeziehung des Regierungsbezirkes Erfurt und anderer preußischer Gebietsteile 1918 bis 1920. In: Aus der Vergangenheit der Stadt Erfurt NF 1 (1985) S. 33–55.

37) Bundesarchiv Koblenz, R 43 I, Nr. 2313, Bl. 22.

38) Vgl. zusammenfassend Jürgen John, Die Reichsreformdiskussion in der Weimarer Republik. In: Jochen Huhn/Peter-Christian Witt (Hg.), Föderalismus in Deutschland. Traditionen und gegenwärtige Probleme. Baden-Baden 1992, S. 101–126; Ulrich Reuling, Reichsreform und Landesgeschichte. Thüringen und Hessen in der Neugliederungsdiskussion der Weimarer Republik. In: Gockel (Hg.), Aspekte thüringisch-hessischer Geschichte, S. 257–308.

39) Vgl. Die Einheit Thüringens (wie Anm. 2); Karl-Max Lüttgens (Hg.), Mitteldeutschland. Erfurt 1931. Diese vom Landesarbeitsamtdirektor herausgegebene Schrift enthielt die Vorträge einer im November 1929 von der Akademie gemeinnütziger Wissenschaften in Erfurt veranstalteten »Mitteldeutschen Woche«.

räume weit unter denen der Weimarer Landespolitik und der provinzsächsischen Verwaltungszentren Magdeburg und Merseburg. Auch im Geistesleben Thüringens und Mitteldeutschlands war Erfurt gegenüber der thüringischen Landesuniversität Jena und der preußischen Universität Halle ins Hintertreffen geraten. Um so mehr drängte die Erfurter Gelehrtenakademie darauf, die erste provinzsächsische Pädagogische Akademie in Erfurt einzurichten.[40] 1929 wurde das Erfurter Pädagogicum in eine solche Akademie umgewandelt. Sie bestand aber nur bis 1932.

Wie die seit 1918 erwogene Auflösung Preußens blieb die „großthüringische" Landesgründung der umfassenden Länderneuordnung nach 1945 vorbehalten. Die NS-Gleichschaltungs- und Zentralisierungspolitik bereitete dafür in vieler Hinsicht den Boden. Sie entzog den gleichgeschalteten Ländern weitgehend die Existenzgrundlage und schränkte auch die Kompetenzen der regionalen preußischen Staats- und Selbstverwaltung ein. Mit der Gleichschaltung Preußens zum Reich wurden die preußischen Ober- und Regierungspräsidenten zu dem Reichsinnenminister nachgeordneten Beamten. Dies und die späteren kriegsbedingten Struktureingriffe nivellierten die Unterschiede zwischen den Ländern und Provinzen. Auf der Grundlage des ganz Thüringen umfassenden NSDAP-Gaues versuchte der Weimarer Gauleiter und Reichsstatthalter für Thüringen Sauckel auch die Befugnisse des Erfurter Regierungspräsidenten im Rahmen eines „Reichsgaues Thüringen" an sich zu ziehen.[41]

Dies mißglückte zwar. Doch richteten die kriegswirtschaftlichen Struktureingriffe fast alle regionalen Verwaltungsstrukturen auf den Gau Thüringen (Gauleitung und Reichsstatthalterschaft Weimar) aus. Seit der Bildung des Reichsverteidigungsbezirkes beim Wehrkommando IX (1939) bzw. beim NSDAP-Gau Thüringen (1942) unterstand der Regierungsbezirk Erfurt der zivilen Befehlsgewalt Sauckels als Reichsverteidigungskommissar, der zudem seit 1942 als General- bzw. Gaubevollmächtigter für den Arbeitseinsatz die gesamte Arbeitseinsatzpolitik in der Region kontrollierte. Bis 1943 wurde der Regierungsbezirk schrittweise in die auf Gaubasis neugebildeten Verwaltungsreformen – Landesernährungsamt (1939), Bezirks- bzw. Landeswirtschaftsamt (1939/41), Gauwirtschaftskammer (1942), Gauwohnungskommissar, Gauarbeitsamt (1943 aus dem bisherigen Landesarbeitsamt und der Dienststelle des Reichs-Treuhänders der Arbeit gebildet) – einbezogen. Die 1929 gebildete Landesplanungsstelle für den Regierungsbezirk Erfurt war bereits 1936 in der Landesplanungsgemeinschaft Thürin-

---

40) Vgl. Erfurt im Geistesleben Mitteldeutschlands. Eine Entschließung der Akademie gemeinnütziger Wissenschaften zu Erfurt in der Frage der Pädagogischen Akademie (Erfurt 1928).

41) Vgl. hierfür und für das Folgende u. a. Peter Hüttenberger, Die Gauleiter. Studie zum Wandel des Machtgefüges in der NSDAP. Stuttgart 1969; Dieter Rebentisch, Führerstaat und Verwaltung im zweiten Weltkrieg. Stuttgart 1989; Ulrich Hess, Geschichte der Behördenorganisation (wie Anm. 42) S. 197–266; Jürgen John, Grundzüge, (wie Anm. 34) S. 66–72; Willy A. Schilling, Die Entwicklung des faschistischen Herrschaftssystems in Thüringen 1933–1939. Diss. Jena 1991 (MS); Detlev Heiden, Gunter Mai (Hg.), Nationalsozialismus in Thüringen. Weimar/Köln/Wien 1995 sowie die Aktenbestände „Reichsstatthalter in Thüringen", „Landesarbeitsamt/Gauarbeitsamt" und „Landesplanungsgemeinschaft" im Thür.HStA.

gen aufgegangen. Bei der Teilung der Provinz Sachsen 1944 in die Provinzen Magdeburg und Halle wurden der Regierungsbezirk Erfurt und der hessen-nassauische Kreis Schmalkalden faktisch zu einer eigenen „Provinz Erfurt“ zusammengefaßt und die Oberpräsidentenbefugnisse gegen den Widerstand des Erfurter Regierungspräsidenten ebenfalls Sauckel übertragen. Damit verlor Erfurt seine verbliebenen Verwaltungskompetenzen weitgehend an die thüringische Gauleitung und Reichsstatthalterschaft in Weimar. Am Ende des zweiten Weltkrieges und der NS-Herrschaft bestanden nur noch geringe administrative Unterschiede zwischen dem preußischen und dem Land Thüringen.

Die Befreiung und Besetzung Thüringens durch amerikanische Truppen machten im April 1945 den Weg zu einer territorialen Neuordnung und zum Zusammenschluß des Landes Thüringen mit der „Provinz Erfurt“ frei. Damit lebten auch die alten Hauptstadt-Rivalitäten wieder auf. Sowohl Erfurt als auch Weimar beanspruchten den Status der künftigen Landeshauptstadt. Doch hatte Weimar von Anfang an die besseren Chancen. Schon die Not der Stunde gebot eine pragmatische Lösung zugunsten Weimars. Hier saßen die für Thüringen zuständigen amerikanischen bwz. seit Juli 1945 sowjetischen Militärregierungen. Die im Aufbau begriffene kommissarische Weimarer Stadtverwaltung wurde zur administrativen, das nahegelegene, am 11./12. April 1945 befreite Konzentrationslager Buchenwald zur politischen Keimzelle der neuen Landesverwaltung.[42] In Weimar sammelten sich jene aus Buchenwald kommenden Politiker um Hermann Brill, die einen Neuaufbau Deutschlands aus dem zentral gelegenen Thüringen heraus planten und dabei an die demokratischen Gründungstraditionen Weimars und an frühere unitarisch ausgerichtete Reichsreformpläne anknüpften.

Als Berater der amerikanischen Militärregierung entwarf Brill Verwaltungspläne für eine territorial weitgreifende „Provinz Thüringen“, die sich gegen konkurrierende, ebenfalls auf Erfurt reflektierende Pläne des provinzsächsischen Landeshauptmanns Erhard Hübener größtenteils durchsetzten. Vergeblich wollte man sich in Erfurt zumindest einen eigenen Regierungsbezirk sichern und erklärte beim Besatzungswechsel Anfang Juli noch einmal kategorisch „Erfurt ist Haupstadt und nicht Weimar“.[43] Das Erfurter Verwaltungsgebiet wurde im Juni 1945 in die unter Brill als Regierungspräsidenten gebildete „Provinz Thüringen“ bzw. nach dem Besatzungswechsel Anfang Juli in das Land Thüringen unter dem Landespräsidenten Rudolf Paul eingegliedert, die zeitweisen Erfurter Regierungs- zu Abwicklungsbehörden. Diese Integration war längst beendet, als der Alliierte Kontrollrat 1947 das Land Preußen offiziell auflöste.

42) Vgl. hierfür und für das Folgende besonders Ulrich Hess, Landespräsident, Ministerpräsident und Landesregierung in Thüringen 1945–1952. Weimar 1959; ders., Geschichte der Behördenorganisation der Thüringischen Staaten und des Landes Thüringen von der Mitte des 16. Jahrhunderts bis zum Jahr 1952. Berlin 1958 Teil 2, S. 267–345; Volker Wahl, Der Beginn der antifaschistisch-demokratischen Umwälzung in Thüringen. Die Organisation der gesellschaftlichen Kräfte und der Neuaufbau der Landesverwaltung 1945. Diss. Jena 1976; Jürgen John, Grundzüge, (wie Anm. 34) S. 72–99.

43) Übergabeprotokoll vom 4./5. 7. 1945, S. 8 (Thür. HStA, Büro des Ministerpräsidenten (MP), Nr. 1678.

Nur kirchlich blieb das Erfurter Gebiet im Verbund der nun selbständigen Evangelischen Kirche der Kirchenprovinz Sachsen.[44]

Diese Eingliederung bedeutete für Erfurt einen Funktionsverlust. Doch blieb es Sitz der regionalen Oberpost- und -bahndirektionen. Zudem ließen sich in Erfurt die Landesleitung der Gewerkschaften, die neue Landesversicherungsanstalt (bis 1947) und das neugebildete Landesarbeitsgericht nieder, später auch die Industrie- und Handelskammer für Thüringen. Die Erfurter Betriebsräteinitiativen vom Sommer 1945 signalisierten eine zumindest zeitweise Abkehr der KPD von ihrer bis dahin betriebsrätefeindlichen Haltung und wurden zum Ausgangspunkt des am 10. Oktober 1945 in Thüringen erlassenen ersten deutschen Nachkriegs-Betriebsrätegesetzes.[45] Bedeutung erlangte Erfurt zudem als Tagungsort für Thüringen und – wie etwa bei der Presse-Zonentagung vom Juli 1947 und bei den LDP- und CDU-Parteitagen 1946 bzw. 1948 – für die gesamte sowjetische Besatzungszone. Wie das Thüringen der „Ära Paul" (1945 bis 1947) insgesamt spielte Erfurt auch in gesamtdeutschen Plänen eine Rolle – so im Sommer 1947 als möglicher Sitz eines Obersten Gerichtshofes der vier Besatzungszonen.[46]

Schon bald zeigte sich, daß die 1945 getroffene pragmatische Entscheidung für Weimar als Landeshauptstadt nicht von Dauer sein konnte. Vielen erschien es als ein Anachronismus, daß die Landesbehörden ihren Sitz in dem kleinen und zudem überlasteten Weimar und nicht „in der Stadt Thüringens – Erfurt"[47] hatten. Schon 1946 häuften sich die Pläne, die Landesverwaltung dorthin zu verlegen. Die Landesverfassung vom 20. Dezember 1946 enthielt keine Aussage über die Landeshauptstadt. Ein Landtagsgesetz vom März 1947 erlaubte lediglich, einzelne Dienststellen zu verlegen. Die sowjetische Besatzungsmacht wollte – offenbar um die noch um Selbständigkeit bemühte Landesregierung und das Parlament unter direkter örtlicher Kontrolle zu halten – zunächst „grundsätzlich kein Ministerium aus Weimar verlegt sehen".[48]

Ein Gesetzentwurf über Erfurt als Landeshauptstadt wurde vertagt und erst im Juli 1948, als die Länder der sowjetischen Besatzungszone bereits beträchtliche Kompetenzen verloren hatten, wieder auf die Tagesordnung gesetzt. Während die Erfurter

---

44) Vgl. dazu auch den Beitrag von Hans Jochen Genthe in: Ulman Weiss, Erfurt (wie Anm. 6) S. 613–634.

45) Vgl. Stiftung Parteien und Massenorganisationen der DDR beim Bundesarchiv. Zentrales Parteiarchiv (ZPA), NL 182, Nr. 856, Bl. 1–3 (Direktiven vom 10. 8. 1945 für die Erfurter Tagung der Gewerkschaftsausschüsse); Regierungsblatt für Thüringen 1945. Teil I, S. 41–43; Siegfried Suckut, Die Betriebsrätebwegung in der sowjetisch besetzten Zone Deutschlands 1945–1948. Zur Entwicklung und Bedeutung von Arbeiterinitiative, betrieblicher Mitbestimmung und Selbstbestimmung bis zur Revision des programmatischen Konzeptes der KPD/SED vom „besonderen deutschen Weg zum Sozialismus". Frankfurt/M. 1982.

46) Vgl. Hessisches Hauptstaatsarchiv Wiesbaden, Abt. 508, Nr. 4575, Bl. 164; vgl. auch Manfred Oversch, Gesamtdeutsche Initiativen. Hessisch-thüringische Beziehungen 1945/46. In: Nassauische Annalen 91 (1980), S. 247–258.

47) ZPA (wie Anm. 45) NL 182. Nr. 952, Bl. 23 (Bericht über eine Inspektionsreise nach Thüringen 15.–17. 4. 1946).

48) Thür. HStA, MP, Nr. 647, Bl. 112.

Stadtverwaltung in einer ausführlichen Denkschrift die Notwendigkeit begründete, Erfurt zur Landeshauptstadt zu erheben,[49] setzten sich die bürgerlichen Parteien und namentlich der liberaldemokratische Finanzminister Leonhard Moog unter Verweis auf ähnliche Lösungen in Westfalen und Mittelfranken für die bisherige Trennung der wirtschaftlichen und administrativen Hauptstadtfunktionen ein.

Obwohl das Gesetz nicht zustandekam und sich die bürgerlichen Parteien einem Hauptstadtwechsel ohne gesetzliche Legitimation widersetzten, begann die Landesregierung Eggerath 1949, einzelne Ministerien nach Erfurt zu verlegen. Sie berief sich dabei auf das Gesetz vom März 1947 und auf einen Befehl der sowjetischen Militäradministration. Neben pragmatischen machte sie nun auch politische Argumente – Erfurt als Arbeiterzentrum – geltend. 1950/1951 schließlich verlegte sie den Regierungs- und Landtagssitz sowie das Oberlandesgericht gänzlich nach Erfurt.[50] Auch die SED-Landesleitung siedelte nach Erfurt um. Nur wenige Behörden blieben bis zu ihrer Auflösung 1952 in Weimar.

1952 wurden die Länder aufgelöst und in zentral kontrollierte Bezirke umgebildet. Aus dem Territorium des Landes Thüringen entstanden die Bezirke Erfurt, Gera und Suhl, aus Landesbehörden und Landtagsabgeordneten ein Erfurter Rat des Bezirkes und Bezirkstag.[51] Auch die SED-Landesleitung bildete sich zur Bezirksleitung um. Die übrigen Parteien und Organisationen richteten in Erfurt Bezirksbüros ein. Als Bezirksstadt, Verwaltungszentrum eines Industrie-Agrar-Bezirkes und herausragender Industrie- und Verkehrsstandort zog Erfurt zahlreiche administrative, wirtschaftliche, soziale und kulturelle Funktionen an sich. 1972 überschritt die Einwohnerzahl die 200000-Grenze. Erfurt wurde Sitz mehrerer sogenannter Kombinate, die Industriebetriebe auf dem gesamten DDR-Territorium umfaßten. Aus der 1950 erstmals veranstalteten überregionalen Gartenschau erwuchsen seit 1961 Internationale Gartenbauausstellungen im RGW-Maßstab. Neue Bildungseinrichtungen entstanden (Philosophisch-Theologisches Studium als einzige akademische Ausbildungsstätte der katholischen Kirche in der DDR 1952, Pädagogische Hochschule 1953/1969, Medizinische Akademie 1954). Auch blieb Erfurt Sitz einer bischöflichen Administration der katholischen Kirche.

Mit dem Ende der DDR und ihrem Anschluß an die Bundesrepublik Deutschland wurden die Bezirke 1990 aufgelöst und die 1952 beseitigte Länderstruktur wiedereingeführt. Dies ebnete Erfurt den Weg zur nunmehr auch gesetzlichen Hauptstadt Thüringen. „Der Regierungssitz des Landes Thüringen ist Erfurt", bestimmte die am 7. November 1990 erlassene vorläufige Landessatzung.[52]

---

49) Ebd., MP, Nr. 452, Bl. 152–168.

50) Vgl. Thür. HStA MP, Nr. 198, 451, 452, 1099 u. 1876; Thüringer Landtag, Nr. 91–93; Volker Wahl, Blätter zur Landeskunde: Thüringens Landeshauptstadt. Erfurt 1992.

51) Vgl. Karl-Heinz Hajna, Zur Entstehung des Bezirkes Erfurt 1952. In: Aus der Vergangenheit der Stadt Erfurt NF 5 (1988) S. 21–34.

52) Zit. nach: Thüringer Landtag. 1. Wahlperiode 1990–1994. Weimar 1991, S. 144.

KARL HEINEMEYER

# Erfurt im frühen Mittelalter*

Erfurt, seit alters die Metropole Thüringens und seit 1990 Hauptstadt dieses Bundeslandes, beging im Jahre 1992 das Jubiläum der 1250. Wiederkehr seiner ersten Erwähnung in der schriftlichen Überlieferung. Mit Arnstadt, Mühlberg und Großmonra, die bereits im Jahre 704 urkundlich erwähnt werden,[1] gehört Erfurt damit zu den am frühesten genannten Plätzen Thüringens. Seine Ersterwähnung findet sich in einem Schreiben des großen angelsächsischen Missionars, Kirchenreformers und -organisators Winfried-Bonifatius an Papst Zacharias in Rom aus dem Jahre 742.[2] Darin teilte Bonifatius dem Papst mit, er habe für die Völker Germaniens drei Bischöfe geweiht und das Land in drei Diözesen eingeteilt, und bat um schriftliche Bestätigung der neuen Bischofssitze. Es handelte sich um die Bistümer Würzburg für Mainfranken, Büraburg bei Fritzlar für die Hessen und Erfurt für die Thüringer. Bonifatius hatte sie zum Abschluß seines 20 Jahre währenden Missions- und Organisationswerkes in Mitteldeutschland errichtet.[3]

---

*) Der Beitrag sei dem Altmeister der thüringischen Landesgeschichte Herrn Staatsarchivdirektor i. R. Dr. Hans Eberhardt (Weimar) in langjähriger Verbundenheit als nachträgliche Gabe zu seinem 85. Geburtstag am 25. September 1993 gewidmet. – Die folgenden Ausführungen beruhen auf einem Vortrag, der in wiederholt veränderter Gestalt und unter verschiedenen Titeln an mehreren Orten in Thüringen und Hessen gehalten wurde, zuerst am 3. Februar 1992 in Erfurt in der Pädagogischen Hochschule Erfurt/Mühlhausen. Die Vortragsform wurde in ihrer letzten Fassung beibehalten; hinzugefügt wurden die Nachweise der zugrunde liegenden Quellen sowie in knapper Auswahl und – aus Zeitgründen ohne Einzeldiskussion – die wichtigsten bzw. neuesten Arbeiten, über die sich die übrige Literatur unschwer ermitteln läßt.

1) Schenkung des Würzburger Herzogs Heden II. für Erzbischof Willibrord, 704 Mai 1: Camillus Wampach, Geschichte der Grundherrschaft Echternach im Frühmittelalter. Bd. 1, 2. Luxemburg 1930, Nr. 8.

2) Die Briefe des heiligen Bonifatius und Lullus. Hg. Michael Tangl. (MGH Epp. sel. 1) Berlin 1916, Nr. 50, S. 81.

3) Theodor Schieffer, Angelsachsen und Franken. Zwei Studien zur Kirchengeschichte des 8. Jahrhunderts. Mainz 1950; ders., Winfrid-Bonifatius und die christliche Grundlegung Europas. Freiburg/Br. 1954 (Neudruck mit Nachwort Darmstadt 1972); Sankt Bonifatius. Gedenkgabe zum 1200. Todestag, hg. von der Stadt Fulda mit den Diözesen Fulda und Mainz. 1954; Heinz Löwe, Vom Bild des Bonifatius in der neueren deutschen Geschichtsschreibung. In: Geschichte in Wissenschaft und Unterricht 6 (1955) S. 539–555; Dieter Grossmann, Wesen und Wirken des Bonifatius, besonders in Hessen und Thüringen. Literatur- und Forschungsbericht. In: Hessisches Jahrbuch für Landesgeschichte 6 (1956) S. 232–253; Erich Wiemann, Bonifatius und das Bistum Erfurt. In: Herbergen der

Papst Zacharias entsprach am 1. April 743 der Bitte seines Legaten und Missionserzbischofs und bestätigte die drei neuen Bischofssitze.[4] Doch hob wahrscheinlich noch Bonifatius selbst nach wenigen Jahren die Bistümer Erfurt und Büraburg wieder auf und vereinigte sie mit der Diözese des Bistums Mainz,[5] dessen Leitung er 746/747 übernommen hatte. Damit legte er den Grund für die künftige Ausdehnung des Mainzer Erzbistums vom Mittelrhein bis zur Saale und ebenso für die später so bedeutende Rolle der Erzbischöfe von Mainz in der hessischen und thüringischen Geschichte.[6] Allein das Würzburger Bistum hatte auf die Dauer Bestand.

Mit der Gründung der drei sogenannten mitteldeutschen Bistümer durch Bonifatius ist eine Reihe von Fragen verbunden, die die Forschung schon seit langem beschäftigen, ohne daß sie bisher abschließend beantwortet werden konnten. Das gilt etwa für die Frage nach dem Datum der Gründung[7] – 741, wie heute wohl meist vertreten wird, oder 742? – oder die nach der Person des Erfurter Bischofs, nach der Ausstattung vor allem der aufgehobenen Bistümer Büraburg und Erfurt oder nach der Abgrenzung ihrer Diözesen.

Die meisten dieser Fragen müssen hier beiseite bleiben. Vielmehr soll es uns vor allem um die – gleichfalls schon wiederholt aufgeworfene – Frage gehen, von welcher Art die drei Plätze waren, die Bonifatius zu Bischofssitzen bestimmte. Ausgelöst wurde sie dadurch, daß Bischöfe regelmäßig ihren Sitz in Städten, lat. *civitates,* hatten, daß Bonifatius aber diesen Begriff in seinem Bericht nicht verwandte und der Papst daher bei seiner Bestätigung in diesem Punkt gewisse Bedenken zu haben schien. Deshalb

---

Christenheit 2 (1957) S. 9–33; Karl Heinemeyer, Die Gründung des Klosters Fulda im Rahmen der bonifatianischen Kirchenorganisation. In: Hessisches Jahrbuch für Landesgeschichte 30 (1980) S. 1–45. Vgl. auch Wilhelm Classen, Die kirchliche Organisation Althessens im Mittelalter. Marburg 1929; Hans Eberhardt, Zur Frühgeschichte des Christentums im mittleren Thüringen. In: Mosaiksteine. Zweiundzwanzig Beiträge zur thüringischen Kirchengeschichte. Berlin 1981, S. 64–78; Matthias Werner, Iren und Angelsachsen in Mitteldeutschland. Zur vorbonifatianischen Mission in Hessen und Thüringen. In: Die Iren und Europa im frühen Mittelalter. Hg. Heinz Löwe. Bd. 1, Stuttgart 1982, S. 239–318; Hans Eberhardt, Archidiakonate und Sedes im mittleren Thüringen. In: Hessisches Jahrbuch für Landesgeschichte 39 (1989) S. 1–22.

4) Briefe (wie Anm. 2) Nr. 51.

5) Wolfgang Fritze, Bonifatius und die Einbeziehung von Hessen und Thüringen in die Mainzer Diözese. In: Hessisches Jahrbuch für Landesgeschichte 4 (1954) S. 37–63.

6) Karl Heinemeyer, Hessen im Fränkischen Reich. In: Das Werden Hessens. Hg. Walter Heinemeyer. Marburg 1986, S. 125–155; ders., Mainz, Kurfürstentum I. In: TRE 21 (1991) S. 710–717; Walter Schlesinger, Das Frühmittelalter. In: Geschichte Thüringens. Hg. Hans Patze und Walter Schlesinger. Bd. 1, Köln/Graz 1968, S. 316–380, 429–435; Karl Heinemeyer, Territorium ohne Dynastie. Der Erzbischof von Mainz als Diözesanbischof und Landesherr. In: Hessisches Jahrbuch für Landesgeschichte 44 (1994) S. 1 — 15.

7) Kurt-Ulrich Jäschke, Die Gründungszeit der mitteldeutschen Bistümer und das Jahr des Concilium Germanicum. In: Festschrift Walter Schlesinger. Hg. Helmut Beumann. Bd. 2, Köln/Wien 1974, S. 71–136; Helmut Michels, Das Gründungsjahr der Bistümer Erfurt, Büraburg und Würzburg. In: Archiv für mittelrheinische Kirchengeschichte 39 (1987) S. 11–42; Franz Staab, Die Gründung der Bistümer Erfurt, Büraburg und Würzburg durch Bonifatius im Rahmen der fränkischen und päpstlichen Politik. In: Archiv für mittelrheinische Kirchengeschichte 40 (1988) S. 13–41.

stimmt die Forschung weitgehend darin überein, daß die Vorsicht des Papstes zu Recht bestand, da es eben außerhalb der Grenzen des einstigen Römischen Reiches keine den antiken Städten vergleichbaren Ortschaften gegeben habe. So habe, wie sogar vermutet wurde, Bonifatius bewußt dem Papst gegenüber den drei Plätzen einen stadtartigen Charakter beigelegt, den sie in Wirklichkeit gar nicht besaßen.[8]

Sollte es nun gelingen, hier einer Lösung näher zu kommen, würde damit nicht nur Licht auf die äußeren Bedingungen fallen, denen sich die frühmittelalterliche Kirche beim Aufbau ihrer Organisationsformen außerhalb des ehemaligen Römischen Reiches in den germanischen Gebieten gegenübersah, sondern ebenso auf die frühmittelalterliche Siedlungsgeschichte dieser mitteldeutschen Landschaften, insbesondere auf die Frage nach Burg und Stadt im frühen Mittelalter und nicht zuletzt auf die Verhältnisse in Erfurt. Dafür ist es erforderlich, alle drei Bischofssitze gemeinsam vergleichend zu betrachten.[9]

## *I.*

Auszugehen ist von den zeitgenössischen schriftlichen Quellen: dem erwähnten Schreiben des Bonifatius von 742 und der Antwort des Papstes Zacharias vom 1. April 743. Bonifatius bat den Papst um schriftliche Bestätigung der drei *oppida sive urbes*, die er als Bischofssitze festgelegt habe;[10] und zwar solle einer bestehen *in castello, quod dicitur Uuirzaburg* (im „Kastell", das Würzburg genannt wird), der zweite *in oppido, quod nominatur Buraburg* (im „Oppidum", das Büraburg genannt wird) und der dritte *in loco, qui dicitur Erphesfurt* (in dem „Ort", der Erfurt genannt wird), *qui fuit iam olim urbs paganorum rusticorum* (der schon seit langer Zeit eine „Urbs" der heidnischen Landleute – oder der ländlichen Heiden – war).[11] Abschließend faßt er die drei Plätze zusammen als *haec tria loca* (diese drei „Orte").[12]

Papst Zacharias antwortete: Er habe zur Kenntnis genommen, daß Bonifatius drei Bischöfe *per loca singula* (an einzelnen „Orten") eingesetzt und um Bestätigung ihrer

8) Edith Ennen, Frühgeschichte der europäischen Stadt. Bonn $^{3}$1981, S. 49.

9) Von anderem Ansatz aus behandelte vergleichend die drei Plätze bereits Walter Schlesinger, Städtische Frühformen zwischen Rhein und Elbe. Wiederabdruck in: Ders., Beiträge zur deutschen Verfassungsgeschichte des Mittelalters. Bd. 2, Göttingen 1963, S. 148–212, 265–268.

10) Briefe (wie Anm. 2) Nr. 50, S. 81, Z. 16–20: ... *quia ... Germaniae populis ... tres ordinavimus episcopos et provinciam in tres parrochias discrevimus; et illa tria oppida sive urbes, in quibus constituti et ordinati sunt, scriptis auctoritatis vestrae confirmari et stabiliri precantes desideramus.*

11) Ebd., Z. 20–24: *Unam esse sedem episcopatus decrevimus in castello, quod dicitur Uuirzaburg; et alteram in oppido, quod nominatur Buraburg; tertiam in loco, qui dicitur Erphesfurt, qui fuit iam olim urbs paganorum rusticorum.*

12) Ebd., Z. 24–28: *Haec tria loca propria carta auctoritate apostolatus vestri roborare et confirmare diligenter postulamus, ut ... per auctoritatem et preceptum sancti Petri iussionibus apostolicis fundatę et stabilite sint tres in Germania episcopales sedes, ...*

Sitze gebeten habe.[13] Er spricht die Bestätigung aus und wiederholt dabei die Begriffe aus dem Schreiben des Bonifatius: *in castello, quod dicitur Uuirzaburg, et alteram in oppido, quod nominatur Buraburg, tertiam in loco, qui dicitur Erpfesfurt* – nur der Zusatz über die dortige „Urbs" der heidnischen Landleute wird nicht wieder aufgenommen.[14]

Vor der Bestätigung aber fordert der Papst Bonifatius auf, er möge reiflich überlegen und sorgfältig entscheiden, ob es zweckmäßig sei oder die Plätze *(loca)* bzw. die Bevölkerungszahlen sich als derart erwiesen, daß sie verdienten, Bischöfe zu haben.[15] „Denn du erinnerst Dich, Teuerster," fährt Zacharias fort: „Wir sind durch die heiligen Canones zu beachten gehalten, daß wir nicht in kleine Dörfer oder bescheidene Städte *(in villulas vel in modicas civitates)* Bischöfe einsetzen, damit der Bischofstitel nicht Schaden nehme." Jedoch habe Bonifatius' aufrichtiger Bericht ihn veranlaßt, unverzüglich seiner Bitte nachzukommen.[16]

Diese letzte Passage des Papstschreibens war Anlaß für die wiederholt geäußerte Vermutung, Papst Zacharias habe den Maßnahmen des Bonifatius skeptisch gegenübergestanden; ihm sei bewußt gewesen, daß die ausgewählten Bischofssitze eigentlich nicht den kanonischen Vorschriften entsprochen hätten.

Seit langem ist bekannt, daß der eben zitierte Satz des Papstes über die Bestimmungen der Canones – also des Kirchenrechtes – auf dem zweiten Teil von Canon 6 der Beschlüsse des Konzils von Serdica aus dem Jahre 342/343 beruht. Er besagt, Bischöfe seien weder einzusetzen in einem Dorf *(in vico aliquo)* noch in einer kleinen Stadt *(in modica civitate)*, für die ein einzelner Priester genüge, damit Namen und Autorität des Bischofs keinen Schaden erlitten.[17] Doch auch der erste Satz der zitierten Passage des Papstbriefes über die Art der Plätze oder die Bevölkerungszahlen greift auf den Beschluß des Konzils von Serdica zurück – was meist übersehen wird. Dessen can. 6 bestimmt nämlich weiterhin, daß Bischöfe nur in solchen Städten eingesetzt werden

---

13) Briefe (wie Anm. 2) Nr. 51, S. 86, Z. 23–27: *Ubi et tres episcopos per loca singula secundum seriem syllabarum tuarum te ordinasse cognovimus, qui eidem populo … preesse debeant. Et petisti, ut per auctoritatem nostrę sedis episcopales ibidem sedes firmentur.*

14) Ebd., S. 87, Z. 5–11: *Et statuimus per apostolicam auctoritatem episcopales illic esse sedes, qui per successionem episcopos mereantur et populis presint atque verbum predicationis subiectis insinuent: id est* … [siehe das wörtliche Zitat oben im Text].

15) Ebd., S. 86, Z. 28–30: *Sed tua sancta fraternitas pertractet mature et subtili consideratione discernat, si expedit aut si loca vel populorum turbae talia esse probantur, ut episcopos habere mereantur.*

16) Ebd., S. 87, Z. 1–5: *Meminis enim, carissime, quid in sacris canonibus precipimur observare, ut minime in villulas vel in modicas civitates episcopos ordinemus, ne vilescat nomen episcopi. Sed nos tuis sincerissimis atque a nobis dilectis syllabis provocati que poposcisti absquę mora concedi patimur.*

17) Die Canonessammlung des Dionysius Exiguus in der ersten Redaktion. Hg. Adolf Strewe. Berlin/Leipzig 1931, S. 21 (hier als can. 5): *Licentia uero danda non est ordinandi episcopum aut in uico aliquo aut in modica ciuitate cui sufficit unus presbiter, quia non est necesse ibi episcopum fieri, ne[c] uiliscat nomen episcopi et auctoritas.*

sollen, die bereits früher Bischöfe besessen hatten, oder wenn die Stadt derart oder so volkreich ist, daß sie verdient, einen Bischof zu haben.[18]

Die umständlichen Ausführungen Papst Zacharias' geben somit insgesamt diesen Abschnitt von can. 6 des Konzils von Serdica inhaltlich, teils sogar im wörtlichen Zitat wieder,[19] und zwar aufgrund der lateinischen Fassung, die in der ersten Hälfte des 6. Jahrhunderts Dionysius Exiguus in seine Canones-Sammlung aufgenommen hatte.[20] Die Worte des Papstes scheinen freilich weniger skeptischer Vorbehalt in diesem Einzelfall zu sein als vielmehr die amtliche Äußerung des für die Beachtung der kirchlichen Rechtsvorschriften Verantwortlichen, zu der er sich bei einer derart grundsätzlichen Frage wie der dauernden, rechtsverbindlichen Bestätigung neuer Bistümer verpflichtet sah.

Leider ist es nicht möglich, dies durch Vergleiche zu stützen, da vergleichbare Quellen aus dieser Zeit nicht zur Verfügung stehen. Immerhin dürfte dafür sprechen, daß Papst Zacharias' Vorgänger Gregor III., als er schon um 732 Bonifatius zum Erzbischof ernannte, ihm das Pallium übersandte und ihn beauftragte, in seinem Arbeitsgebiet Bischöfe einzusetzen, hinzufügte: dies solle er tun „entsprechend den Vorschriften der heiligen Canones", wo die Menge der Gläubigen derart angewachsen ist, freilich mit „frommer Beachtung, damit die Würde des Bischofsamtes keinen Schaden nehme".[21]

---

18) Ebd. *Non debent illi ex alia prouincia inuitati facere episcopum, nisi aut in his ciuitatibus, quae episcopos habuerunt, aut si qua talis aut tam populosa est ciuitas, quae meretur habere episcopum.*

19) Dies zeigt die Gegenüberstellung beider Texte:

| | |
|---|---|
| Serdica can. 6: | Bonifatius Brief Nr. 51, S. 87, Z. 2f.: |
| *...Licentia uero danda non est ordinandi episcopum aut in uico aliquo aut in modica ciuitate, ... ne[c] uiliscat nomen episcopi et auctoritas.* | *... ut minime in villulas vel in modicas civitates episcopos ordinamus, ne vilescat nomen episcopi.* |
| *... aut si qua talis aut tam populosa est ciuitas, quae meretur habere episcopum.* | *S. 86 Z. 29f.: ... aut si loca vel populorum turbae talia esse probantur, ut episcopos habere mereantur.* |

20) Die Beschlüsse des Konzils von Serdica wurden vermutlich sogleich sowohl lateinisch als auch griechisch protokolliert (H. Hess, The canons of the council of Sardica a. d. 343. A landmark in the early development of canon law. Oxford 1958, S. 41ff., 47f.). Die ursprünglichen Fassungen in: Ecclesiae Occidentalis Monumenta Iuris Antiquissima. Canonum et conciliorum Graecorum interpretationes Latinae. Hg. C. H. Turner. 1 Fasc. 2 T. 3, Oxford 1930, S. 459f. und S. 500f. Zur Fassung des Dionysius Exiguus siehe Hess S. 153, zu can. 6, der sich inbesondere gegen die Chorbischöfe richtete, ebd., S. 100ff.

21) Briefe (wie Anm. 2) Nr. 28, S. 50 Z. 7ff.: ... *precipimus, ut iuxta sacrorum canonum statuta, ubi multitudo excrevit fidelium, ex vigore apostolicae sedis debeas ordinare episcopos, pia tamen contemplatione, ut non vilescat dignitas episcopatus.*

## *II.*

Was können wir nun, was konnte Papst Zacharias aus den Worten des Bonifatius über die drei Orte im einzelnen entnehmen? Bonifatius verwendet für sie insgesamt vier Begriffe: *castellum, oppidum, urbs* und *locus;* außerdem nennt er ihre Namen: Würzburg, Büraburg und Erfurt. Zwei der Namen enthalten das althochdeutsche bzw. germanische Grundwort *-burg;* es kennzeichnet diese Orte in erster Linie als Befestigungen.[22] Würzburg bezeichnet Bonifatius als *castellum,* Büraburg als *oppidum.* Beide lateinischen Begriffe bezeichnen ebenfalls gewöhnlich befestigte Plätze; da sie hier für zwei Orte gebraucht werden, deren Namen mit demselben Grundwort *-burg* gebildet sind, scheinen auch sie beide dasselbe zu bedeuten, eben eine Befestigung, eine „Burg". Dann aber erhebt sich die Frage, warum Bonifatius für dieselbe Sache zwei Begriffe verwendet: Dient dies nur der Variation im Ausdruck, oder sollte doch ein Unterschied zwischen beiden Orten bestanden haben? Der Wortlaut des Schreibens gestattet hierauf keine Antwort.

Erfurt, an dritter Stelle der Aufzählung, wird als *locus* bezeichnet. Mit demselben Wort faßt Bonifatius abschließend alle drei Plätze zusammen: *haec tria loca;* hier dient es also als gemeinsamer Oberbegriff. In der Tat handelt es sich bei *locus* um einen neutralen Begriff, der nichts über die tatsächlichen Eigenschaften eines Platzes aussagt und daher auf die unterschiedlichsten Siedlungen angewandt werden kann; es war eben ein „Ort", jedenfalls aber ein besiedelter Ort. Freilich fügt Bonifatius hinzu, Erfurt sei schon seit langer Zeit eine *urbs* der heidnischen Landleute gewesen. *urbs* wird an dieser Stelle in der Forschung gewöhnlich mit „Burg" wiedergegeben. Doch anders als Würzburg und Büraburg enthält der Ortsname Erfurt hierauf keinen Hinweis. Denn er ist mit dem Grundwort *-furt* gebildet, bezeichnet also einen Flußübergang. Der Name stellt somit eine Eigenschaft des Geländes heraus und weist auf die Verkehrslage der Siedlung hin. Das Bestehen einer Befestigung auch an diesem Orte ist damit nicht ausgeschlossen; sie dürfte aber nicht wie bei den anderen beiden Plätzen im Vordergrund gestanden haben; jedenfalls wurde sie hier nicht namengebend.

Der erste Bestandteil des Namens Erfurt übrigens, das Bestimmungswort, das früher auf einen Personennamen zurückgeführt wurde, gilt heute eher als alter Gewässername für diesen Abschnitt der Erfurt durchfließenden Gera; es wird von der Sprachforschung

---

22) Allgemein vgl. WALTER SCHLESINGER, Burg und Stadt; zuletzt in: DERS., Beiträge zur deutschen Verfassungsgeschichte des Mittelalters. Bd. 2, Göttingen 1963, S. 92–147. DERS., Stadt und Burg im Lichte der Wortgeschichte. In: Die Stadt des Mittelalters. Hg. CARL HAASE. Bd. 1, Darmstadt 1969, S. 95–121; GERHARD KÖBLER, burg und stat – Burg und Stadt? In: Historisches Jahrbuch 87 (1967) S. 305–325; DERS., *Civitas* und *vicus, burg, stat, dorf* und *wik.* In: Vor- und Frühformen der europäischen Stadt im Mittelalter. Hg. HERBERT JANKUHN, WALTER SCHLESINGER, HEIKO STEUER. Bd. 1, Göttingen 1975, S. 61–76.

als germ. **Erpisa* zu **erp(p)a* = dunkelfarbig, bräunlich erklärt, dürfte also „braunes Wasser“ o. ä. bedeutet haben.[23]

Somit scheinen zumindest zwischen Würzburg und Büraburg einerseits und Erfurt andererseits gewisse Unterschiede bestanden zu haben. Vor ihrer Nennung im einzelnen faßt Bonifatius sie – wie eingangs erwähnt – als *haec tria oppida sive urbes* zusammen. Auch hier legt die Wortwahl die Vermutung nahe, daß Bonifatius selbst sie nicht als völlig identisch ansah.

Entscheidend aber war für Bonifatius, daß auch der Papst die so bezeichneten Plätze als geeignet anerkannte, zu dauernden Bischofssitzen erhoben zu werden. Die Frage ist also, wie er wohl die von Bonifatius dabei benutzten Begriffe verstand. Hier kann ein Blick in die päpstlich-kirchliche Überlieferung weiterhelfen. Die Bezeichnung *oppidum* war für einen Bischofssitz mindestens seit der Mitte des 5. Jahrhunderts in der Terminologie der Kirche nicht ungewöhnlich. So nannte Papst Leo I. im Jahre 450 in der gallischen Kirchenprovinz Vienne die Metropole zwar *civitas,* die Bischofsstädte Valence, St-Paul-Trois-Chateaux (Département Drôme), Genf und Grenoble aber als *oppida.*[24] Bei ihnen handelte es sich um Hauptorte von *civitates,* jenen Grundeinheiten der spätrömischen Provinzorganisation, die jeweils aus einem städtischen Mittelpunkt und einem zugehörigen Landgebiet mit ländlichen Siedlungen bestanden. Als *civitates* erscheinen die genannten Orte denn auch um 400 in der sogenannten *Notitia Galliarum,* einer Art „Statistik“ der gallischen Provinzen des Römischen Reiches aus der Staatsverwaltung.[25]

Noch einfacher war es im Falle des Wortes *urbs.* Denn dieser Begriff, der im klassischen Latein bekanntlich häufig der Stadt Rom beigelegt wurde, aber auch jede andere Stadt bezeichnen konnte, wurde seit langem in den kirchlichen Quellen, nicht zuletzt wiederum für Gallien, gleichbedeutend mit *civitas* benutzt. So teilte Papst Zacharias selbst im Jahre 747 dem Hausmeier Pippin can. 13 der Beschlüsse der Synode von Neokaisareia von 314/325 mit. Hier wird in der lateinischen Übersetzung des ursprünglich griechisch abgefaßten Protokolls, die um 530 von Dionysius Exiguus angefertigt wurde, in demselben Satz das zweimal für die Bischofsstadt verwandte

23) Vgl. Michael Gockel, Erfurt. In: Die deutschen Königspfalzen. Repertorium der Pfalzen, Königshöfe und übrigen Aufenthaltsorte der Könige im deutschen Reich des Mittelalters. Hg. Max-Planck-Institut für Geschichte. Bd. 2, Göttingen 1984, S. 103 (mit Quellen und Literatur).

24) Epistolae Arelatenses genuinae. Hg. Wilhelm Gundlach. In: Epistolae Merowingici et Karolini aevi, Bd. 1 (MGH Epp. 3) Berlin 1892, Nr. 13, S. 21, Z. 12: *Unde Viennensem civitatem, …* Z. 15–18: *Qui [Viennensis episcopus] … vicinis sibi quattuor oppedis praesedebit, id est: Valentiae et Tarantasiae et Genavae et Gratianopoli, ut cum eis ipsa Vienna sit quinta …* Z. 19: *Relique vero civitatis [= -tes] eiusdem provinciae …* – St-Paul-Trois-Chateaux gehörte später zur Kirchenprovinz Arles.

25) Notitia Galliarum. In: Chronica minora saec. IV. V. VI. VII. Hg. Theodor Mommsen. Bd. 1 (MGH Auct. Ant. 9), Berlin 1892, S. 600f.: *Provincia Viennensis, civitates numero XIII: metropolis civitas Viennensium, civitas Genavensium, civitas Gratianopolitana, … civitas Valentinorum, civitas Tricastinorum, …* Zur Notitia Galliarum vgl. Karl Heinemeyer, Das Erzbistum Mainz in römischer und fränkischer Zeit. Bd. 1, Marburg 1979, S. 22f.

griechische Wort πόλις einmal mit *civitas* und einmal mit *urbs* wiedergegeben.[26] – Demgegenüber erscheint die bis zum frühen 12. Jahrhundert geläufige Bedeutung von *urbs* als „Burg" ebenso wie für *civitas* zuerst in den althochdeutschen Glossen der zweiten Hälfte des 8. Jahrhunderts; allgemein üblich wurde sie erst seit dem 9. Jahrhundert. Für die bonifatianische Zeit dagegen, für die diese Gleichsetzung *urbs* = „Burg" – wie gesagt – in der Forschung üblich ist, nicht zuletzt im Falle von Erfurt, läßt sie sich noch nicht belegen. Die Worte *urbs* und *oppidum,* mit denen Bonifatius die drei Plätze zunächst zusammenfaßte, waren also zu seiner Zeit durchaus nicht ungewöhnlich als Bezeichnungen für Bischofssitze.

Nunmehr zeigt sich: Für Papst Zacharias bestand in der Tat kein Anlaß, aufgrund des Berichtes von Bonifatius und seiner Wortwahl an der Eignung der ausgewählten Orte als Bischofssitze zu zweifeln. Vielmehr entsprachen die Begriffe *oppidum,* mit dem er den Begriff *castellum,* wie gezeigt, nahezu synonym verwandte, und *urbs* durchaus der an der Kurie für Bischofssitze üblichen Ausdrucksweise. Daß sich Bonifatius dabei um die möglichst genaue Kennzeichnung der einzelnen Plätze bemühte, erkannte Zacharias an. Über die Tatsache, daß es sich bei den ausgewählten Orten nicht um Städte im antikmediterranen Sinne handeln konnte, war sich nicht nur Bonifatius, sondern ebenso der Papst völlig im klaren. Deshalb erinnerte dieser seinen Legaten im Anschluß an can. 6 von Serdica daran zu prüfen, ob die *loca* (die Orte) oder die Bevölkerungszahlen von solcher Art seien, daß sie Bischöfe verdienten, zögerte aber nicht, sie sogleich als Bischofssitze zu bestätigen. Es handelte sich bei der Bemerkung des Papstes also in der Tat, wie oben vermutet, nicht um einen Vorbehalt in diesem besonderen Fall, sondern um den pflichtgemäßen Hinweis auf die bestehenden kirchlichen Rechtsvorschriften.

## *III.*

Nach diesen theoretischen Erörterungen bleibt die Frage: Wie sahen denn nun Würzburg, Büraburg und Erfurt um 740 wirklich aus? Es sei im folgenden versucht, ein Bild von den drei Plätzen nach dem heutigen Stand der Erkenntnisse zu skizzieren. Hierfür kommen, da andere schriftliche Zeugnisse fast völlig fehlen, vor allem die Ergebnisse der Archäologie in Frage.

Beginnen wir mit dem *oppidum* Büraburg (Abb. 1–2). Es lag im althessischen Gebiet rund 3 km südwestlich von Fritzlar (25 km südwestlich von Kassel) am Westrande des weiten, seit der Jungsteinzeit dauernd besiedelten Fritzlar-Waberner Beckens (Abb. 1). Am Südufer der Eder besetzt die Büraburg, mit einer relativen Höhe von etwa 100 m die Ebene weithin beherrschend, einen ausgedehnten Bergsporn. Nördlich, jenseits des Flusses, liegt das Dorf Geismar (heute Fritzlar-Geismar). Bei ihm wurde unlängst eine

26) Codex Carolinus Nr. 3. Hg. Wilhelm Gundlach. In: Epistolae (wie Anm. 24) S. 481 Z. 36 ff.: *Presbiteri ruris in eclesia civitatis, episcopo praesente vel presbiteris urbis ipsius, …*

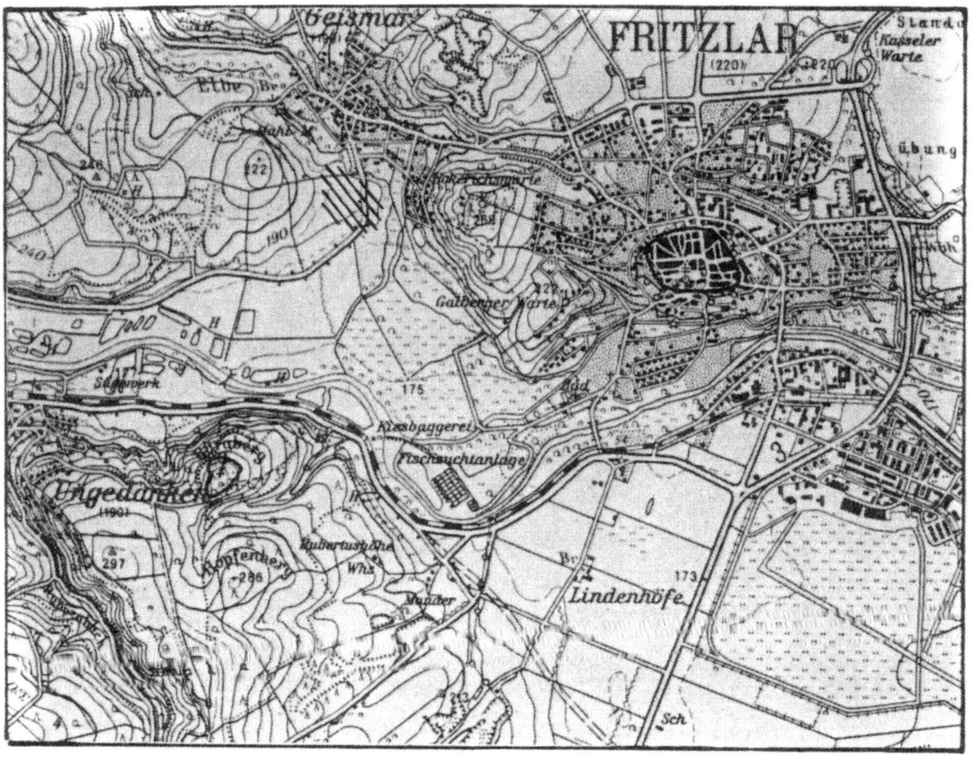


1 Fritzlar, Geismar und Büraburg. Die Schraffur südlich von Geismar bezeichnet die Lage der frühgeschichtlichen Siedlung

ausgedehnte chattisch-hessische Großsiedlung ergraben[27]. Sie bestand seit der Zeit vor Christi Geburt kontinuierlich bis in das 10. Jahrhundert hinein und besaß neben bäuerlichen Gehöften auch Handwerksbetriebe, die Eisen, Bronze und Glas verarbeiteten, und verfügte über weitreichende, sozusagen internationale Handelsbeziehungen – eine außerhalb des Römischen Reiches im frühgeschichtlichen Germanien bisher offenbar einmalige Siedlungsstruktur. Deutlich handelte es sich hier um ein Zentrum ersten Ranges.

Dies war übrigens jener Ort Geismar, bei dem Bonifatius nach dem Bericht seines Biographen Willibald 723/724 eine dem heidnischen Gott Donar geweihte Eiche fällte, aus deren Holz er sodann eine Peterskirche – wahrscheinlich im nahen Fritzlar – errichtete.[28] Sie wurde mit ihrer vermutlich sogleich begründeten „Missionsstation",

27) Vgl. Rolf Gensen, Die chattische Großsiedlung von Fritzlar-Geismar, Schwalm-Eder-Kreis. Wiesbaden 1978; ders., Die frühgeschichtliche Siedlung von Fritzlar-Geismar. In: Der Schwalm-Eder-Kreis. Bearb. Landesamt für Denkmalpflege Hessen. (Führer zu archäologischen Denkmälern in Deutschland. 8) Stuttgart 1986, S. 114–124.

28) Willibald, Vita Bonifatii. In: Vitae sancti Bonifatii archiepiscopi Moguntini. Hg. Wilhelm Levison. (MGH SS rer. Germ.) Hannover/Leipzig 1905, cap. 6, S. 31 f.

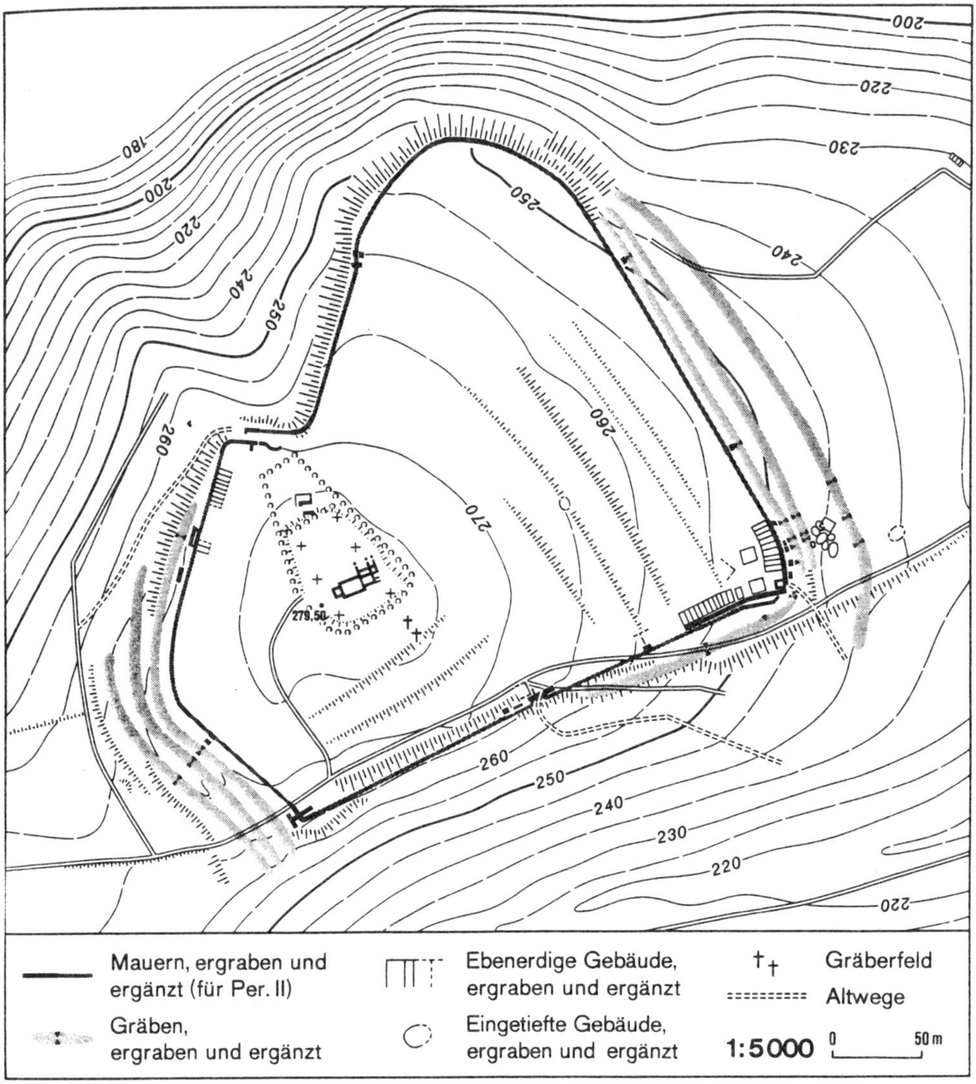


2 Plan der Büraburg

besetzt mit Mönchen und Weltgeistlichen, und der bald an ihr ebenfalls eingerichteten Schule zum Mittelpunkt des Wirkens von Bonifatius in Hessen.[29] Den Platz für den Kirchenbau hatten ihm sehr wahrscheinlich einheimische christliche Grundherren zur Verfügung gestellt, wie diese ihn auch sonst bei seinem Missions- und Organisationswerk in Hessen und Thüringen tatkräftig unterstützten.

29) Fred Schwind, Fritzlar zur Zeit des Bonifatius und seiner Schüler. In: Fritzlar im Mittelalter. Festschrift zur 1250-Jahrfeier. Hg. Magistrat der Stadt Fritzlar mit Hessischem Landesamt für Geschichtliche Landeskunde Marburg. Fritzlar 1974, S. 69–88.

Unmittelbar südlich des offensichtlich in chattischer und auch noch in althessischer Zeit zentralen Ortes Geismar erhebt sich der Büraberg.[30] Die Ergebnisse eingehender archäologischer Untersuchungen zeigt der Plan in Abb. 2: Eine Mörtelmauer, zunächst 1,50 m, nach einer zweiten Bauperiode 1,80 m und nach einer Reparatur- und Verstärkungsphase schließlich bis zu 3 m stark, schloß mit einer Länge von rund 1100 m eine etwa 8 ha große Fläche ein. Drei stark befestigte Tore vermittelten im Nordwesten, Süden und Südosten den Zugang. Die höchste Stelle des Berges nimmt auf einem kleinen Plateau eine der heiligen Brigida geweihte Kirche ein; die Fundamente des heutigen Baus, der in den ältesten Teilen aus der Zeit um 1000 stammt, trugen schon die 741/742 von Bonifatius zur Kathedrale bestimmte Kirche. Ihr erst im Spätmittelalter bezeugtes Brigidenpatrozinium ist freilich nicht, wie früher meist angenommen, auf eine – in Althessen nicht nachweisbare – iroschottische Mission zurückzuführen, sondern beruht entweder auf fränkischem Einfluß oder löste erst später, zwischen dem 9. und 13. Jahrhundert, ein älteres, unbekanntes Patrozinium ab.[31] Jedenfalls war die Kirche sicherlich bereits in vorbonifatianischer Zeit in der Burg errichtet worden. Neben der Kirche wurden zudem die steinernen Fundamente einiger weiterer Gebäude nachgewiesen.

Eine Anzahl von Pfostenbauten, Ständerbauten auf Steinfundamenten, Grubenhäusern und steinernen Kellern konnte besonders beim Südosttor sowie nahe des Nordwesttores aufgedeckt werden; sie deuten teilweise auf kasemattenartige Gebäude, die auf die Befestigung bezogen erscheinen. Immerhin ist mit einer dauernden Innenbesiedlung der Befestigungsanlage zu rechnen, doch sind – dies sei nicht verschwiegen – die hierfür bisher untersuchten Flächen noch sehr klein, gemessen an der Gesamtfläche der Burg. Außerdem wurde im Osten außerhalb des Mauerrings eine Art *Suburbium,* also eine Vorburg, nachgewiesen; sie war offensichtlich recht dicht besiedelt. Doch läßt sich diese Siedlung bisher noch keiner der drei Befestigungsphasen befriedigend zuordnen.

Die erste Befestigung auf dem Büraberg – abgesehen von den älteren aus vorgeschichtlicher Zeit – entstand gegen Ende des 7. Jahrhunderts; im Laufe des 8. Jahrhunderts wurde sie weiter ausgebaut. Es handelte sich um eine jener großen Festungen, die zweifellos der Fränkische Staat zum Schutz vor den Einfällen der Sachsen errichtete – die hessisch-altsächsische Grenze verläuft circa 30 km nördlich. Ihre Aufgabe erfüllte die Büraburg sozusagen planmäßig bei dem großen Sachseneinbruch des Jahres 774: Während das offene Land verwüstet und Fritzlar verbrannt wurden, konnte die Büraburg gehalten werden; in sie hatten sich die Bewohner des offenen Landes vor den anrückenden Sachsen geflüchtet. Die Befestigung diente also zum einen als Zuflucht für die Bevölkerung der Umgegend; daneben ist mit einer ständigen fränkischen Besatzung

30) Zum Folgenden Norbert Wand, Die Büraburg bei Fritzlar. Burg – „oppidum“ – Bischofssitz in karolingischer Zeit. Kassel 1974; ders., „Oppidum Buraburg“ – der Beitrag der Büraburg bei Fritzlar zur frühen Stadt östlich des Rheins. In: Vor- und Frühformen der europäischen Stadt (wie Anm. 22) S. 163–201; ders., Der Büraberg bei Fritzlar. o. O. 1974.

31) Vgl. zuletzt Werner, Iren (wie Anm. 3) S. 250 ff., 274.

zu rechnen und auch eine zivile, vielleicht nicht sehr zahlreiche Einwohnerschaft anzunehmen. Schließlich dürften auch zentrale Verwaltungsaufgaben für die Landschaft von hier aus wahrgenommen worden sein.

So also sah die von Bonifatius als *oppidum* bezeichnete Büraburg zu seiner Zeit aus, wobei auch die Nähe zu der – unbefestigten – zentralen Siedlung Geismar und dem adlig-kirchlichen Zentrum Fritzlar nicht zu übersehen ist (vgl. Abb. 1). Diese Qualität nun verbindet sie in gewisser Weise durchaus mit jenen erwähnten Römerstädten Galliens, die im 5. Jahrhundert als *oppida* erscheinen. Auch sie waren längst stark befestigt, auch sie dienten in den Stürmen der Völkerwanderung als Rückzug für die umwohnende Bevölkerung. Freilich: Steinbauten, mit Ausnahme der Ringmauer und der Kirche, und ein in Resten noch immer vorhandenes städtisches Leben im Sinne der antiken Stadt können wir in der Büraburg nicht erwarten. Dennoch: Gemeinsam war ihr mit jenen Plätzen die dauernde zentrale militärische und zivile Rolle in ihrer Landschaft. Und diese Rolle wurde im gemeinsamen Begriff *oppidum* ausgedrückt.

Nun zum *castellum* Würzburg (Abb. 3).[32] Der gleichfalls 100 m über den Main und das altbesiedelte Würzburger Becken aufragende Bergsporn des Marienberges trug schon in der Hallstattzeit einen Herrensitz. Im frühen Mittelalter wird Würzburg zuerst als Burg eines hier ansässigen Herzogsgeschlechtes genannt: Bereits in den achtziger Jahren des 7. Jahrhunderts kam der aus Irland stammende heilige Kilian mit seinen Gefährten zum *castellum, quod nominatur Wirciburc* (zum „Kastell“, das Würzburg hieß)[33] und erlitt mit ihnen hier um 689 unter Herzog Gozbert den Märtyrertod.[34] Gegenüber diesen erst später überlieferten Nachrichten steht als erster authentischer Beleg, daß schon 704 Gozberts Sohn Herzog Heden II. *in castello Virteburch* urkundete.[35] Er benutzte also denselben Begriff wie später Bonifatius. Die Herzöge herrschten über Mainfranken, ja vermutlich bis nach Fulda und anscheinend zuletzt auch bis nach Thüringen. Zwischen 717 und 720 verschwindet das Geschlecht spurlos aus der Überlieferung.

Die Frühgeschichte Würzburgs ist seit langem bei Archäologen und Historikern heftig umstritten. Es sei daher versucht, einen knappen Überblick des gegenwärtigen Standes der Erkenntnis zu geben.[36] An der Lokalisierung der Burg Herzog Hedens auf

---

32) Vgl. Klaus Lindner, Untersuchungen zur Frühgeschichte des Bistums Würzburg und des Würzburger Raumes. Göttingen 1972; Winfried Schich, Würzburg im Mittelalter. Studien zum Verhältnis von Topographie und Bevölkerungsstruktur. Köln/Wien 1977; Konrad Weidemann, Frühmittelalterliche Burgen als Zentren der Königsherrschaft in den Mainlanden. In: Führer zu vor- und frühgeschichtlichen Denkmälern. Bd. 27, Mainz 1975, S. 134–165.

33) Passio Kiliani martyris Wirziburgensis. Hg. Wilhelm Levison. In: MGH SS rer. Merov. 5. Berlin 1910, cap. 3, S. 723.

34) Ebd., cap. 9, S. 725.

35) Hier wurde die oben mit Anm. 1 erwähnte Schenkungsurkunde für Erzbischof Willibrord ausgefertigt (Wambach, Echternach [wie Anm. 1]).

36) Zu den im folgenden zusammengefaßten Ergebnissen der archäologischen Forschungen vgl. Ludwig Wamser, Castellum, quod nominatur Wircibuc. In: Kilian, Mönch aus Irland, aller Franken Patron. Aufsätze. Hg. Johannes Erichsen. München 1989, S. 173–226; ders., Die Würzburger

3 Topographische Übersicht des Würzburger Beckens mit der linksmainischen frühmittelalterlichen Höhenbefestigung auf dem Marienberg und der rechtsmainischen Talsiedlung. A: Dom; B: Neumünster; C: St. Martin; D: Mariae Verkündigung

dem Marienberg, der am linken Mainufer aufragt, wird wohl nicht mehr gezweifelt. Sie nahm aber nur den östlichen Teil ein, während der größere Teil des Berges, der zuvor

Siedlungslandschaft im frühen Mittelalter. Spiegelbild der naturgegebenen engen Verknüpfung von Stadt- und Bistumsgeschichte. In: 1250 Jahre Bistum Würzburg. Archäologisch-historische Zeugnisse der Frühzeit. Hg. Jürgen Lenssen, Ludwig Wamser. Würzburg 1992, S. 39–48.

eine Großbefestigung getragen hatte, damals schon als eine Art Vorburg abgetrennt war. Die herzogliche Burg wurde nach dem Untergang des Geschlechtes offenkundig weiterbenutzt. Die von Herzog Heden errichtete Marienkirche, die seine Tochter Immina ebenso wie den Berg insgesamt als ihr Erbe betrachtete und mit diesem zusammen auf Veranlassung des Hausmeiers Karlmann dem ersten Bischof Burchard überließ, konnte archäologisch noch nicht nachgewiesen werden. Sie ist möglicherweise unter der heutigen, jetzt in ottonische Zeit datierten Rundkirche in der neuzeitlichen Festung, jedenfalls aber im Bereich der einstigen Herzogsburg, zu suchen.

In jüngster Zeit wurde am Fuß des Marienberges entlang des Mainufers eine frühmittelalterliche Talsiedlung aufgedeckt, die gleichfalls bereits mindestens seit dem 7. und im frühen 8., möglicherweise bis in das 9. Jahrhundert befestigt war. In ihr fand sich an der Stelle des späteren Andreasklosters der früheste bisher in Würzburg archäologisch nachgewiesene Kirchenbau. Diese umwehrte Talsiedlung stand offensichtlich in engster Verbindung zu der Befestigung auf dem Berge über ihr.

Etwas mainabwärts, durch eine Furt erreichbar, befand sich auf der anderen Seite des Flusses im Gebiet der heutigen Altstadt bereits in vorkarolingischer Zeit auf einem flachen, durch Wasserrinnen und sumpfige Senken geschützten Hügel ein größerer, unbefestigter Siedlungsbereich. Es handelte sich anscheinend um mehrere Einzelgehöfte, die sich um eine engere Kernsiedlung gruppierten. Auch dieser Siedlungsbereich stand – daran besteht kein Zweifel – in engem Zusammenhang mit den Befestigungen auf der anderen Mainseite. Bonifatius gründete sein Bistum jedoch nicht hier, wo der mittelalterliche Dombezirk liegt, sondern in dem hochgelegenen befestigten Bereich links des Maines, auf dem Marienberg. Erst später, entweder noch im späteren 8. oder auch erst im 9. Jahrhundert, wurde die Kathedrale an ihren späteren Platz verlegt. Doch behielt die Befestigung auf dem Marienberg weiterhin ihre wichtige schützende Aufgabe auch für die rechtsmainische Siedlung, bis diese wohl zu Beginn des 10. Jahrhunderts durch eine erste eigene Befestigung, das spätere „Fünfeck", gesichert wurde.

Würzburg umfaßte also schon um 700 insgesamt drei aufeinander bezogene Siedlungsteile beiderseits des Maines, wobei die Befestigungen links des Flusses auf dem Marienberg wie zu seinen Füßen vermutlich den Schwerpunkt bildeten. Der Platz war ein Herrschersitz und dadurch Herrschafts-, Verwaltungs- und militärisches Zentrum für das mittlere Maingebiet. Diese Mittelpunkt-Funktion spiegelt sich über 20 Jahre nach dem Ende des Herzogtums in der Erhebung des *castellum* zum Bischofssitz durch Bonifatius.

Nun zu Erfurt, dem natürlichen Zentrum des weiten und fruchtbaren Thüringer Beckens. Hier fehlen wie im Falle der Büraburg ältere schriftliche Zeugnisse völlig; auch hier ist wie in Würzburg vieles noch unklar oder umstritten.[37] Die Stadt liegt beiderseits

37) Allgemein zuletzt Werner Mägdefrau, Erfurt in der Geschichte Thüringens 742–1392. In: Erfurt 742–1992. Stadtgeschichte, Universitätsgeschichte. Hg. Ulman Weiss, Weimar 1992, S. 21–37; Hans Eberhardt, Erfurt als kirchliches Zentrum im Früh- und Hochmittelalter. In: Fundamente. Dreißig Beiträge zur thüringischen Kirchengeschichte. Berlin 1987, S. 11–28.

der Gera in einer flachen Mulde vor den nördlichen Ausläufern des Thüringer Waldes an besonders günstigem Platz im Schnittpunkt wichtiger alter Fernstraßen: von Westen die Hohe Straße aus der Kölner Gegend und dem Rhein-Main-Gebiet, die weiter nach Osten verlief, eine zweite Straße von Süden aus Nürnberg und Würzburg, die nach Norden zog. Die Gera tritt zwischen dem Steigerwald und der Fahner Höhe in das Thüringer Becken ein, das sich hier nach Norden als weite Ebene öffnet. Charakteristisch ist der weite Bogen, den die Gera um den die Stadt im Westen beherrschenden Petersberg beschreibt; geteilt in mehrere Arme, konnte sie von den Fernwegen an mehreren Stellen bequem überschritten werden.

Wie die Vor- und Frühgeschichtsforschung nachgewiesen hat, war die Erfurter Landschaft seit der Jungsteinzeit ununterbrochen reich besiedelt. Im engeren Stadtgebiet, das in den vergangenen Jahren besonders intensiv beobachtet und untersucht wurde,[38] finden sich mehrere vor- und frühgeschichtliche Fundplätze, so germanische Siedlungsplätze des 1.–4. Jahrhunderts südlich des Fischmarktes und vor allem rechts der Gera – in auffallendem Bezug zu den drei Flußübergängen.

Seit der Mitte des 5. Jahrhunderts dann zeichnet sich bis zum 8. Jahrhundert Erfurt als ein Schwerpunkt der Besiedlung ab. So stammen aus dem 5. und 6. Jahrhundert, also aus der Zeit des thüringischen Königreiches, Bestattungsplätze am Südwestabhang des Petersberges und am Anger (vgl. Abb. 6); weitere 18 Gräberfelder legen sich um das engere Stadtgebiet. Insbesondere sind die ungewöhnlich prunkvoll ausgestatteten Gräber von Gispersleben (im Norden des heutigen Stadtgebietes) zu erwähnen; die hier Bestatteten werden dem hohen Adel der Königszeit, teilweise dem Königshaus selbst zugerechnet. In jüngster Zeit nun konnte auch erstmals in der Schlösserstraße eine Siedlung des 6. Jahrhunderts ausgegraben werden; ohne Zweifel gehörten auch zu den Gräbern am Hang des Petersberges und am Anger Siedlungsplätze, auch wenn sie noch nicht aufgedeckt sind. Wir haben somit in Erfurt schon zur Königszeit einen herausragenden Platz zu sehen; nach Ansicht von Wolfgang Timpel im Anschluß an Günter Behm-Blancke deuten die Grabfunde auf „ein politisches und kulturelles Zentrum mit einer Burg oder einem bedeutenden Hof".[39]

Die anschließende fränkische Zeit ist ebenfalls durch Funde belegt, doch zunächst anscheinend nicht aus dem eigentlichen Stadtgebiet. Das Gräberfeld von Gispersleben läßt aber zunehmenden fränkischen Einfluß erkennen, und ein bedeutender fränkischer Bestattungsplatz aus der Zeit um 700 fand sich am Ostrand von Alach (westlich Erfurt). Besonders bemerkenswert sind hier die zwei adligen Herren in ihre Gräber beigegebe-

---

38) Vgl. zum Folgenden Wolfgang Timpel, Aufgaben, Stand und Ergebnisse der Stadtkernforschung in Erfurt. In: Aus der Vergangenheit der Stadt Erfurt N.F. 6 (1989) S. 33–46; ders., Neue archäologische Forschungsergebnisse zur Frühgeschichte Erfurts. In: Erfurt 742–1992 (wie Anm. 37) S. 11–20; ders., Roland Altwein, Das alte Erfurt aus archäologischer Sicht (in diesem Band).

39) Timpel, Forschungsergebnisse (wie Anm. 38) S. 12.

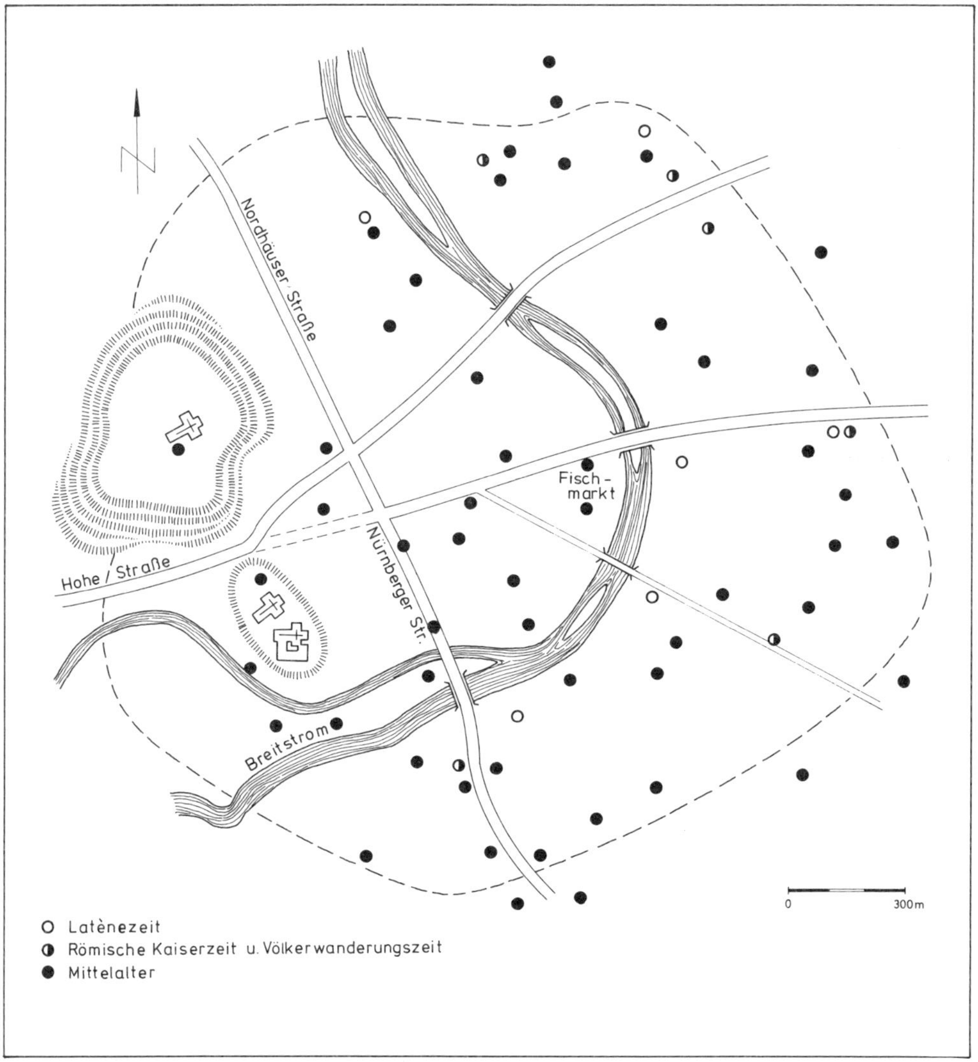


4 Archäologische Fundplätze im Stadtgebiet von Erfurt

nen Münzwaagen – ein eindeutiger Hinweis auf frühen Fernhandel, an dem die Herren offensichtlich beteiligt waren.

Bisher wurde angenommen, das frühmittelalterliche Erfurt (vgl. Abb. 4–6) habe innerhalb des Gerabogens, geschützt zu Füßen des Petersberges mit einem frühen Handelsplatz auf dem heutigen Domplatz gelegen, während das rechte Geraufer versumpft gewesen und erst seit dem 10. Jahrhundert für die Besiedlung erschlossen worden sei. Demgegenüber konzentriert sich nach den jüngsten archäologischen und geologischen Untersuchungen die frühmittelalterliche Besiedlung in der Altstadt

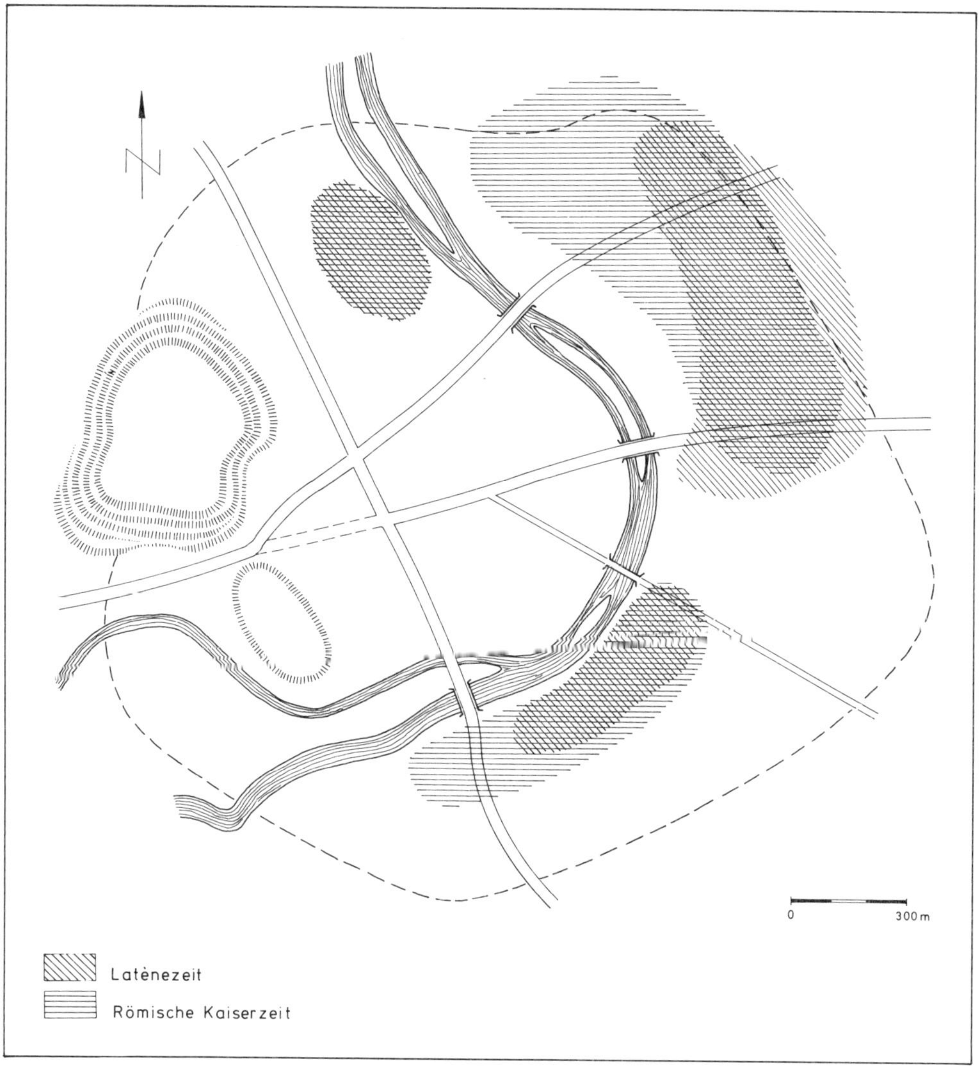


5 Frühgeschichtliche Siedlungsstellen im Gebiet von Erfurt

zunächst vor allem auf das Gebiet rechts der Gera, und zwar im Süden vor der Langen Brücke schon seit dem 8. sowie seit dem 9. Jahrhundert anscheinend mit einem besonderen Schwerpunkt im Norden vor der Lehmannsbrücke; hier wurden sogar Spuren einer Befestigung für diese Siedlung aufgedeckt. Bald kamen aber auch links der Gera einige Plätze hinzu, so im Bereich des Fischmarktes. Deutlich wird dabei jedenfalls die überragende Bedeutung der Flußübergänge für die Siedlungsentwicklung; hierauf weist – wie wir sahen – auch der Ortsname hin. In diesem Zusammenhang ist

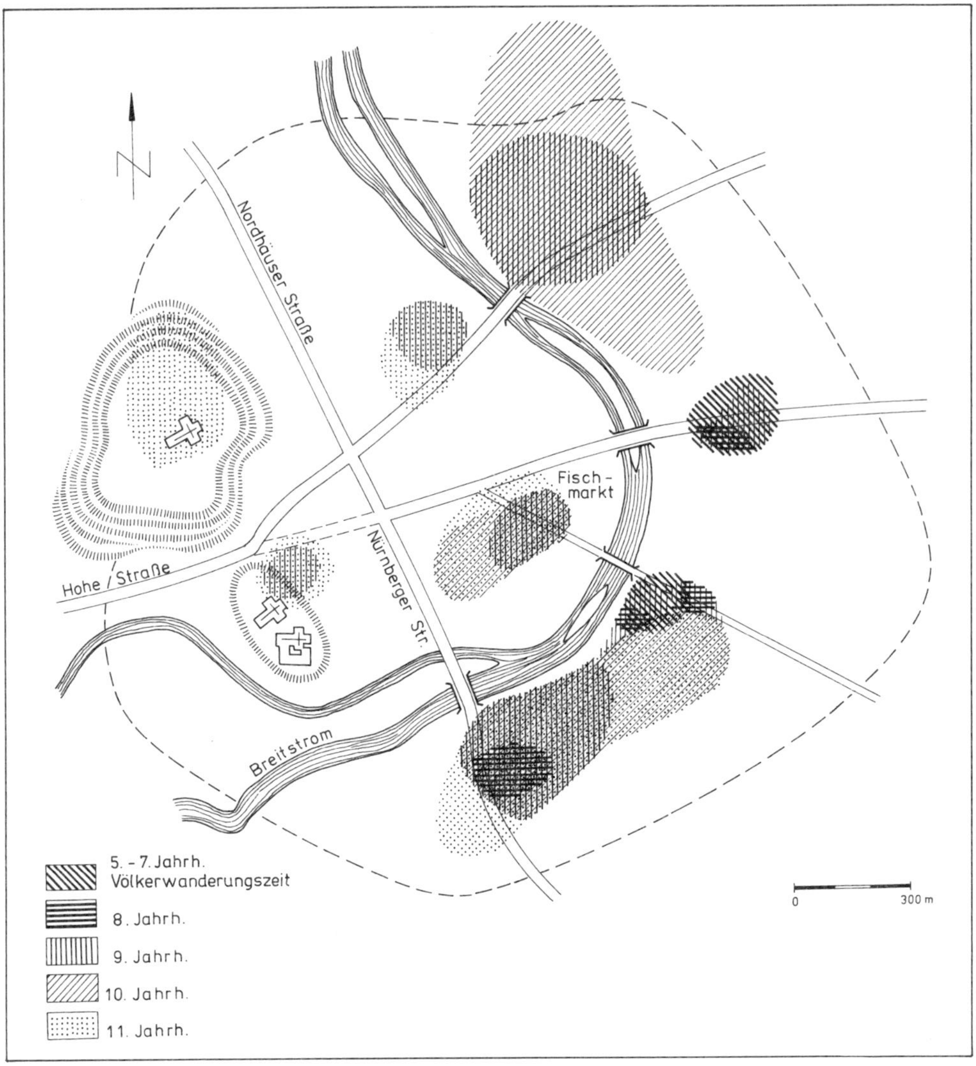


6 Besiedlung von Erfurt im 5.–10. Jahrhundert (nach archäologischen Fundplätzen)

auch die Rolle des Ortes im frühen Fernhandel zu sehen, auf den schon die erwähnten „adligen Fernhändler" aus Alach hindeuten.

Eine Befestigung, ein „fränkisches Kastell",[40] vielleicht in der Nachfolge einer älteren sogenannten Volksburg, wird meist – sicherlich zu Recht – auf dem Petersberg

40) Gockel, Erfurt (wie Anm. 23) S. 142.

vermutet. Sie ließ sich aber archäologisch bisher nicht nachweisen; denn die spätere Nutzung des Berges als neuzeitliche Festung hat fast alle Spuren beseitigt. Vielleicht können aber Ausgrabungen innerhalb der Peterskirche doch noch Aufschlüsse erbringen. Sie könnten auch zu der Frage einer frühen Kirche auf dem Berge beitragen. Zwar galt die spätere Überlieferung, hier sei bereits im Jahre 706 unter König Dagobert I. vom elsässischen Kloster Weißenburg aus ein erstes Kloster gegründet worden, in der Forschung seit längerem als unzutreffend,[41] doch wird sie neuerdings auch wieder – abgesehen von dem Bezug auf Dagobert – als glaubwürdig angesehen.[42] Jedenfalls legt der Vergleich mit Büraburg und Würzburg nahe, in einer fränkischen Befestigungsanlage auch in Erfurt mit einer frühen, d. h. vorbonifatianischen, Kirche zu rechnen.

Jene Kirche dagegen, die Bonifatius nach Liudgers Bericht in seiner Vita Gregors von Utrecht vermutlich bereits um 725 in Erfurt errichtet hat,[43] wird meist an der Stelle der Marienkirche, des späteren „Domes", auf dem Untersberg gesucht. Bei archäologischen Untersuchungen der jüngsten Zeit nun wurden unter dem heutigen Bau die Reste des bisher frühesten Kirchengebäudes in Erfurt entdeckt; es stammt aus dem 8./9. Jahrhundert und könnte, wie schon jetzt vermutet werden kann, auch wenn die Datierung durch weitere Grabungen noch gesichert werden muß, in die Zeit des Bonifatius zurückreichen.[44] Unterschiedlich wird auch die Frage beantwortet, wo die Kathedrale des 741/742 errichteten Bistums zu suchen ist – hier, d. h. im späteren „Dom", oder – wiederum wie in Büraburg und wohl auch in Würzburg – in der vermuteten Befestigung auf dem Petersberg.

Dies war nach dem heutigen Stand unserer Kenntnis, die wir – wie noch einmal betont sei – allein der Archäologie verdanken, der *locus* Erfurt: Eine alte und recht große Siedlung, die in ihren Teilen deutlich von jeher auf die Flußübergänge bezogen war, die früh Bedeutung im überregionalen Fernhandel besaß und zu der vermutlich auch eine Befestigung gehört hat. Sowohl hieraus als auch aus dem Hinweis des Bonifatius auf die Bevölkerung ergibt sich, daß Erfurt unter den drei Bischofssitzen einen eigenen Rang einnahm. Hier erinnern wir uns an die Übersetzung des griechischen Wortes πόλις durch *urbs* im Schreiben des Papstes Zacharias an den Hausmeier Pippin von 747; Bonifatius rückte die *urbs paganorum rusticorum,* d. h. also den Platz Erfurt insgesamt, in die Nähe der πόλις bzw. *civitas* – und dies finden wir zumindest im Hinblick auf die Siedlungsstruktur, auf die Bevölkerungszahl und auf die offenkundige Mittelpunktfunktion für die thüringische Landschaft bestätigt.

---

41) Matthias Werner Die Gründungstradition des Erfurter Petersklosters. Sigmaringen 1973.

42) Franz Staab, Noch einmal zur Gründungstradition des Erfurter Petersklosters. Mit zwei Exkursen über den Neuanfang im 11. Jahrhundert. In: MVGAE 54 N.F. 1 (1993) S. 19–53.

43) Liudger, Vita Gregorii abbatis Traiectensis. Hg. Oswald Holder-Egger. In: MGH SS 15,1. Berlin 1887, cap. 3, S. 70.

44) Vgl. Timpel, Erfurt (wie Anm. 38).

## *IV.*

Wenn wir nun zum Ausgang unserer Betrachtung über die von Bonifatius ausgewählten Bischofssitze zurückkommen, so ergibt sich: Bonifatius und Papst Zacharias waren sich bewußt, daß für den Aufbau der Kirchenorganisation außerhalb der Grenzen des alten Römischen Reiches in Germanien den besonderen Bedingungen Rechnung getragen werden mußte. Dazu war es nicht erforderlich, den Canon von Serdica zu verlassen oder grundsätzlich abzuändern, wohl aber ihn zeitgemäß zu interpretieren. Bonifatius berichtete über die vorgesehenen Bischofssitze korrekt, indem er gewissenhaft differenzierte; dies wurde von Zacharias gewürdigt, dem es infolgedessen nicht schwer fiel, den Wünschen seines Legaten zu entsprechen und die drei neuen Bischofssitze zu bestätigen. Von einem „Hinbiegen" der Tatsachen, um sie den Vorschriften des Kirchenrechts anzupassen, kann keine Rede sein.

Es handelte sich im einen Falle um eine Großburg – das *oppidum* Büraburg – mit weitreichenden militärischen und Verwaltungsaufgaben, in enger Verbindung mit einem zentralen offenen Platz der einheimischen Bevölkerung (Geismar) und einem weiteren, neuen, vor allem durch Bonifatius selbst geschaffenen kirchlichen Mittelpunkt, der aber gleichfalls unbefestigt war (Fritzlar). Im zweiten Falle handelte es sich um einen ehemaligen überregionalen Herrschersitz – dem *castellum* Würzburg –, zu dem eine befestigte Siedlung im Tal diesseits und eine etwas lockerere offene Siedlung jenseits des Maines gehörten. Und im dritten Falle – Erfurt, der alten *urbs* der heidnischen Landleute – war es ein seit alters wirtschaftlich und wohl auch politisch zentraler Ort des inneren Thüringens. Die Struktur der drei Plätze, so unterschiedlich sie auf den ersten Blick erscheinen mag, war doch auch wieder vergleichbar. Es handelte sich in allen Fällen um Orte, die sich in mehrfacher Hinsicht weit über die üblichen ländlichen Siedlungen der Zeit hinaushoben und ihresgleichen in der näheren und weiteren Umgebung nicht hatten. Sie waren die wirklichen Mittelpunkte ihrer Landschaften und nahmen so eine Rolle ein, die gewöhnlich schon die antiken und ebenso die mittelalterlichen Städte ausfüllten. Auch wenn dies nichts zu tun hat mit dem hochmittelalterlichen Stadtbegriff, der Stadt im Rechtssinne, wie er seit dem 12. Jahrhundert geläufig ist, so können Büraburg, Würzburg und Erfurt durchaus für die erste Hälfte des 8. Jahrhunderts als stadtartige zentrale Orte bezeichnet werden.

## *V.*

Wie für die beiden anderen neuen Bistümer hatte Bonifatius auch für Erfurt einen seiner angelsächsischen Helfer als Bischof ausersehen. Assistiert von den Bischöfen von Büraburg, Witta, und von Würzburg, Burchard, weihte er Willibald in der Kirche zu Sülzenbrücken, an der Willibalds Bruder Wynnebald als Priester tätig war.[45] Zunächst

45) Hugeburg, Vita Willibaldi episcopi Eichstatensis. Hg. Oswald Holder-Egger. In: MGH SS 15,1 (wie Anm. 43) cap. 5, S. 102, 104f.

kehrte Willibald jedoch nach Eichstätt zurück, wo er soeben erst begonnen hatte, ein Kloster zu errichten. Auch wenn der mainzische Biograph des Bonifatius schon um 765 – gleichsam hinterher – berichtete, Willibald sei als Bischof für Eichstätt bestimmt gewesen,[46] und bis heute die Person des Erfurter Bischofs in Zweifel gezogen wird, darf doch an Willibalds Weihe für Erfurt festgehalten werden.[47] Er blieb aber dann auf die Dauer in Eichstätt, als sich herausstellte, daß in Erfurt kein Platz für einen kanonischen Bischof mehr sein würde († 787). Denn wahrscheinlich bereits Bonifatius selbst hob, wie schon eingangs gesagt, die Bistümer Büraburg und Erfurt wieder auf und vereinigte sie mit seinem Mainzer Bistum.

Da der Bischof bzw. (seit 780/782) Erzbischof von Mainz die Rechtsnachfolge des bisherigen Erfurter Bischofs angetreten hat, wird er auch sogleich die schon vorhandenen Kirchen in Erfurt, soweit es sich nicht um Eigenkirchen Dritter handelte, und insbesondere die bisherige Kathedrale übernommen haben. Freilich berichten die Quellen hierüber nichts, wie Erfurt überhaupt nach der Bistumsgründung durch Bonifatius für den Rest des 8. Jahrhunderts nicht mehr genannt wird. Doch bleibt festzuhalten, daß damals die enge Verbindung des thüringischen Mittelpunktes zur Metropole am Mittelrhein begründet wurde.

Zu Beginn des 9. Jahrhunderts erscheint der Platz dann in ganz anderem Zusammenhang. Jetzt sehen wir ihn erstmals in Verbindung zum fränkischen Königtum: Vor allem ist das sogenannte Diedenhofener Capitular vom Jahre 805 zu erwähnen.[48] In dieser umfassenden Instruktion für die Königsboten, die Karl der Große in seiner Pfalz Diedenhofen in Lothringen erließ, wurde u. a. der Außenhandel mit Slawen und Awaren auf nur insgesamt neun Plätze vor der Ostgrenze des Frankenreiches beschränkt, unter strenger Aufsicht eigens dafür Verantwortlicher, um vor allem ein striktes Waffenembargo durchzusetzen. Zwischen Magdeburg und Hallstatt bei Bamberg wurde allein Erfurt hierfür bestimmt – ein klares Zeugnis für die hervorragende Bedeutung des Ortes um 800 als führender Handelsplatz für ganz Thüringen und darüber hinaus.

Zu derselben Zeit (802) wird erstmals eine Königspfalz für Erfurt bezeugt,[49] und wenig später (836) erscheint Erfurt als *locus regalis,*[50] als königlicher Ort. Die Lage der

---

46) Willibald, Vita Bonifatii (wie Anm. 28) cap. 8, S. 44.

47) Vgl. Gerhard Pfeiffer, Erfurt oder Eichstätt? Zur Biographie des Bischofs Willibald. In: Festschrift Walter Schlesinger (wie Anm. 7) S. 137–161; Heinemeyer, Fulda (wie Anm. 23) S. 29f.; Gerhard Pfeiffer, Das Problem der Konsolidierung des Bistums Eichstätt. In: Der hl. Willibald – Klosterbischof oder Bistumsgründer? Hg. Harald Dickerhoff, Ernst Reiter, Stefan Weinfurter. Regensburg 1990, S. 237–244; Harald Dickerhoff, Stefan Weinfurter, Summa historica. In: ebd., S. 245–261.

48) Capitularia regum Francorum. Bd. 1. Hg. Alfred Boretius (MGH LL 2) Hannover/Leipzig 1883, Nr. 44, cap. 7, S. 123.

49) 802 März 3: Urkundenbuch der Reichsabtei Hersfeld. Bd. 1, 1. Bearb. Hans Weirich. Marburg 1936, Nr. 21: *Actum ad Erfesfurt in palatio publico.* Vgl. zuletzt Gockel, Erfurt (wie Anm. 23).

50) Translatio s. Severi. Hg. Oswald Holder-Egger. In: MGH SS 15,1 (wie Anm. 43) cap. 3, S. 292 zu 836: … *in Thuringiam ad locum regalem qui vocatur Erphesfurt.*

Pfalz ist nicht überliefert; sie wird wohl überwiegend auf dem Petersberg angenommen, im Zusammenhang mit der dort vermuteten fränkischen Burganlage. Verhältnismäßig selten aber wurde Erfurt in der älteren Zeit von den Königen aufgesucht – aus dem gesamten 9. Jahrhundert ist nur ein Aufenthalt König Ludwigs des Deutschen im Jahre 852 bekannt.[51] Dennoch ist an der fortdauernden Bedeutung des zentralen Ortes Thüringens für die karolingischen und ottonischen Könige wohl nicht zu zweifeln, und der König muß als sein Herr angesehen werden.

Dies änderte sich jedoch spätestens im frühen 11. Jahrhundert. Denn damals gingen, ohne daß wir es im einzelnen in den Quellen verfolgen könnten, die königlichen Rechte in Erfurt an den Erzbischof von Mainz über. Er war schon seit Bonifatius hier kirchlich bestimmend; nunmehr wurde er auch zum weltlichen Herrn des Ortes.

Sogleich – schon unter Erzbischof Aribo (1021–1031) – setzte die besondere Förderung Erfurts durch die Mainzer Erzbischöfe ein. Sie ließ in der Folgezeit hier neben der Metropole Mainz und neben Aschaffenburg in Franken das dritte Zentrum des Erzbistums und die bis heute bedeutendste Stadt Thüringens entstehen. – Doch das ist ein anderes Thema.

51) Annales Fuldenses. Hg. Friedrich Kurze (MGH SS rer. Germ.) Hannover 1891, S. 43 zu 852: … *Thuringiam ingreditur. Ubi apud Erphesfurt habito conventu decrevit* …

WOLFGANG TIMPEL, ROLAND ALTWEIN

# Das alte Erfurt aus archäologischer Sicht

Die historische Forschung stützt sich bei der Behandlung von Fragen und Problemen zur Frühzeit der Stadt Erfurt zunehmend auf die Ergebnisse der stadtarchäologischen Forschung, die seit der Formulierung erster Aufgaben durch Behm-Blancke im Jahre 1961[1] eine Vielzahl neuer Erkenntnisse und ein kaum noch zu übersehendes gegenständliches Material erbracht hat. Seit 1976 werden Grabungen in vielen Erdaufschlüssen und gezielte Untersuchungen an verschiedenen Stellen im Stadtgebiet durchgeführt, um systematisch die Herausbildung der Stadt und ihre Wachstumsphasen in vorstädtischer Zeit sowie die vielschichtigen Aspekte des Lebens im hohen und späten Mittelalter zu erhellen.

Die herausragende Stellung Erfurts in Mitteldeutschland wird im hohen und späten Mittelalter durch die urkundliche Überlieferung überzeugend dokumentiert.[2] Das geborgene archäologische Material entspricht in Umfang und Qualität dem einer bedeutenden Stadt mit weitreichenden Handelsbeziehungen. Anders ist dagegen die Quellenlage für die präurbanen Entwicklungsabschnitte. Hier bilden die umstrittene Nennung des frühen Klosters St. Petri[3] Anfang des 8. Jahrhunderts und die erste Erwähnung von *Erphesfurt* durch Bonifatius im Jahre 742 die einzigen Nachrichten, die vor allem die kirchenpolitischen Verhältnisse schlaglichtartig beleuchten.[4] Weitgehend offen bleibt dagegen die Frage nach der Siedlung *Erphesfurt* selbst, nach ihrer Lage, Ausdehnung und inneren Struktur, nach ihren Ursprüngen und ihrer Entwicklung bis zur mittelalterlichen Stadt. Historiker mehrerer Generationen haben versucht, aufbau-

---

1) GÜNTER BEHM-BLANCKE, Aufgaben und erste Ergebnisse der Stadtkernforschung in Erfurt. In: Ausgrabungen und Funde 6 (1961) S. 256–266.

2) MICHAEL GOCKEL, Erfurt. In: Die deutschen Königspfalzen. Repertorium der Pfalzen, Königshöfe und übrigen Aufenthaltsorte der Könige im Deutschen Reich des Mittelalters. Bd. 2, Göttingen 1984, S. 103–148.

3) Nachdem MATTHIAS WERNER, (Die Gründungstradition des Erfurter Petersklosters, Sigmaringen 1973) in einer umfassenden Untersuchung die Existenz des Petersklosters nach einer gefälschten Urkunde von 706 in Frage gestellt hat, kommt FRANZ STAAB (Noch einmal zur Gründungstradition des Erfurter Petersklosters. In: MVGAE 54 [NF. 1] [1993] S. 19–53) zu neuen Ergebnissen und nimmt am Anfang des 8. Jahrhunderts ein Kloster in Erfurt an.

4) Neuere Arbeiten zur Geschichte des ostfränkischen Reiches zeigen, daß über die Einbindung der Regionalgeschichte in einem größeren Zusammenhang interessante Aspekte zur Gesellschafts- und Machtgeschichte auch des thüringischen Raumes erschlossen werden können; vgl. z. B. REINER BUTZEN, Die Merowinger östlich des mittleren Rheins. Würzburg 1987.

end auf der dürftigen Quellenbasis und mit den Methoden der vergleichenden Stadtgeschichtsforschung, Licht in das Dunkel der Frühgeschichte Erfurts zu bringen. Ein großer Teil der so gewonnenen Ergebnisse mußte zwangsläufig hypothetisch bleiben. Neuerdings wurde sogar bezweifelt, daß *Erphesfurt* mit dem heutigen Erfurt gleichzusetzen sei und der urkundlich genannte Ort in die Nähe von Sülzenbrücken bei Arnstadt verlegt, wo Bonifatius den ersten und einzigen Erfurter Bischof weihte. Die gewagte, ja absurd erscheinende Theorie, die nicht zuletzt darauf zielt, die historischen Wurzeln der alten thüringischen Metropole zu untergraben, kann jedoch nicht einfach ignoriert werden. Zu ihrer Entkräftung lassen sich eine Reihe neuer archäologischer Quellen ins Feld führen. Wie mit deren Hilfe eine Annäherung an die frühe Siedlungsgeschichte des heutigen Erfurter Stadtgebietes zu erreichen ist, soll im folgenden gezeigt werden.

Grundlage für die Beurteilung des frühmittelalterlichen Siedlungsbildes bildet die Kartierung aussagefähiger archäologischer Fundplätze und deren zeitliche Untergliederung (Abb. 4*). Bei der Suche nach den Keimzellen für das älteste Erfurt werden hier die spätlatènezeitlichen und kaiserzeitlichen Fundplätze mit einbezogen. Bereits eine erste Vorlage dieses Materials, das in den Zeitraum vom letzten Jahrhundert vor der Zeitenwende bis zum 4. Jahrhundert unserer Zeitrechnung datiert werden kann, hat eine intensive Besiedlung an mehreren Stellen des Stadtgebietes erkennen lassen.[5] In den letzten Jahren wurden unter anderem in der Regierungsstraße, am Anger, in der Schlösserstraße, am Huttenplatz, in der Johannesstraße und im Andreasviertel durch die Untersuchung von Siedlungsschichten und Grubenhäusern weitere Hinweise auf eine Besiedlung in der Latène- und Römischen Kaiserzeit gewonnen. Auch die Einbeziehung der neuen Fundplätze in das germanische Siedlungsbild läßt deutlich erkennen, daß der überwiegende Teil der Siedlungsstellen außerhalb des Gerabogens in der Nähe der auch noch im Mittelalter genutzten Flußübergänge angelegt wurde (Abb. 5*). Dieses Bild ändert sich im frühen Mittelalter kaum, wenn auch aus dem 5.–9. Jahrhundert bisher vergleichsweise nur wenig Funde zur Verfügung stehen. Erstmals wurde 1992 im Stadtgebiet eine Siedlung des 6. Jahrhunderts in der Schlösserstraße archäologisch erfaßt. Damit wird bewiesen, was von der archäologischen Forschung längst erwartet wurde: Daß sich nahe der Gera im zeitlichen Anschluß an die germanische Besiedlung auch Thüringer der Völkerwanderungszeit niedergelassen hatten. In dieser Zeit kennzeichnen reich ausgestattete Gräber vom Kleinen Roten Berg bei Gispersleben die besondere Stellung des Erfurter Raumes.[6] Auf weitere Siedlungsplätze im heutigen Stadtgebiet lassen Gräber vom Anger und vom südwestlichen Hang des Petersberges schließen.[7]

---

5) Horst Stecher/Ilona Nestler, Germanische Siedlungsreste im Stadtgebiet von Erfurt. In: Ausgrabungen und Funde 30 (1985) S. 219–226; Horst Stecher, Neueste Forschungsergebnisse über die früheste Besiedlung des Altstadtgebietes vom 1.–4. Jahrhundert. In: Veröffentlichungen zur Stadtgeschichte und Volkskunde 3 (1988) S. 46–57.

6) Wolfgang Timpel, Das altthüringische Wagengrab von Erfurt-Gispersleben. In: Alt-Thüringen 17 (1980) S. 181–238.

7) Berthold Schmidt, Die späte Völkerwanderungszeit in Mitteldeutschland. Katalog Südteil. Berlin 1970.

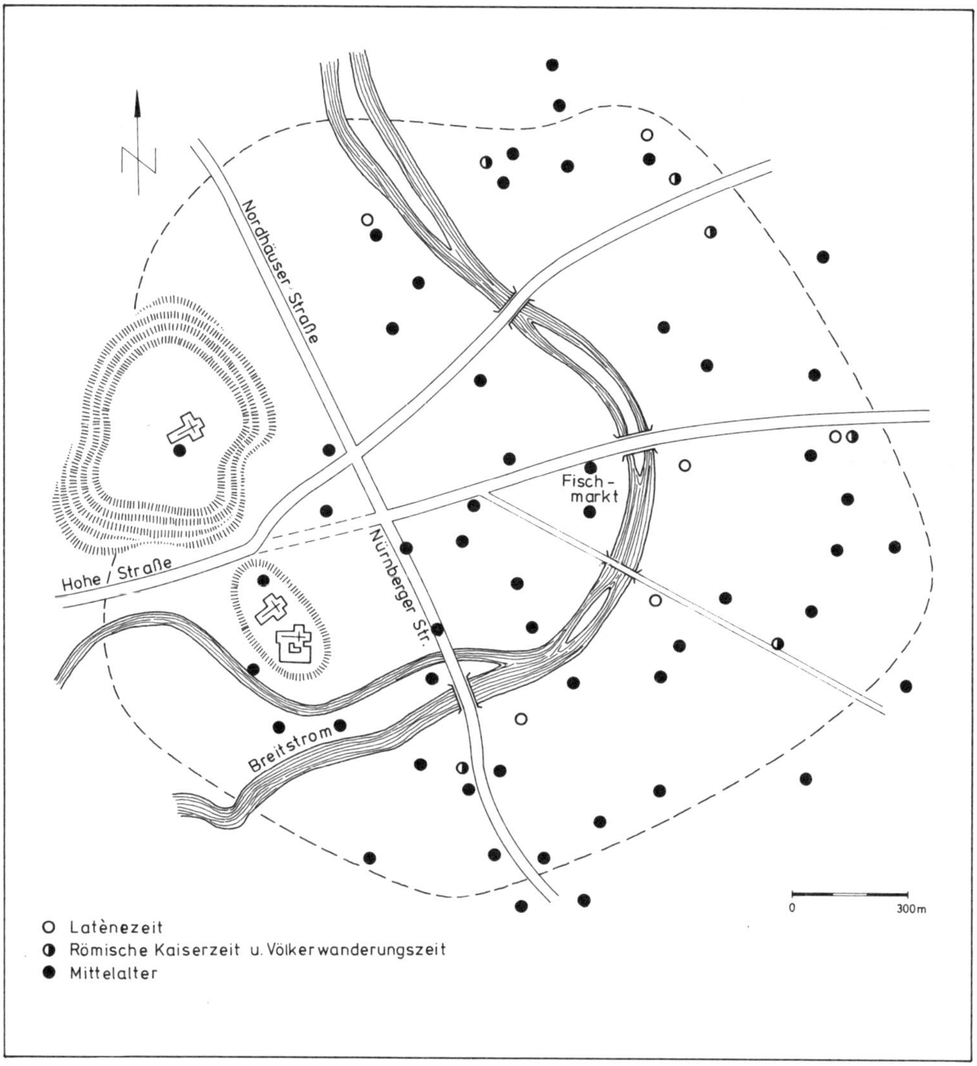


4* Archäologische Fundplätze im Stadtgebiet von Erfurt

Für das 7. Jahrhundert fehlen Siedlungsbelege aus dem Stadtgebiet,[8] doch weisen Gräberfelder um Erfurt auf die Anwesenheit fränkischer Bevölkerungsteile hin. Mit

8) Wie Untersuchungen an anderen Orten zeigen, kann das Fehlen von Siedlungen in Niederungsbereichen im 7. Jahrhundert auf siedlungsungünstige klimatische Bedingungen zurückzuführen sein (vgl. ARNDT GÜHNE und KLAUS SIMON, Frühe Siedlungsspuren am Elbübergang in Dresden-Neustadt. In: Arbeits- und Forschungsberichte zur sächsischen Bodendenkmalpflege 30 (1986) S. 187–343, bes.

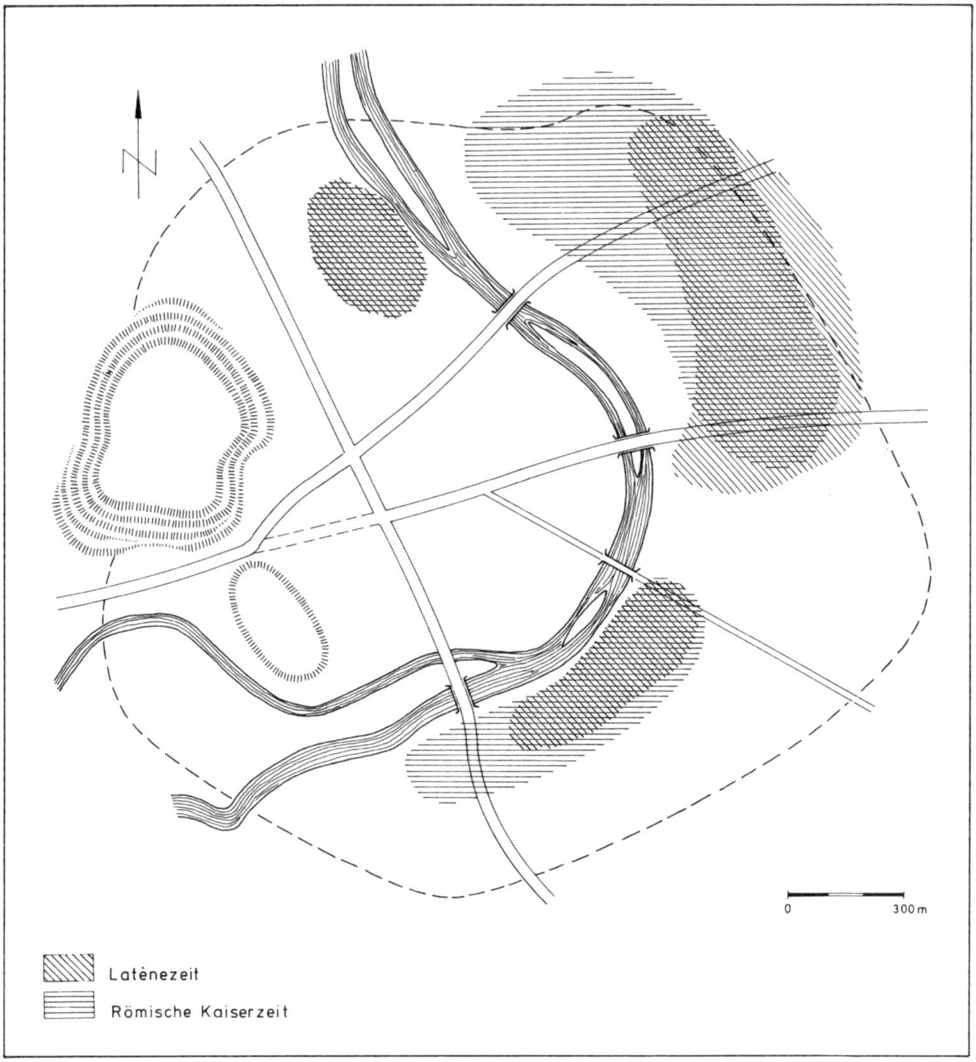


5* Frühgeschichtliche Siedlungsstellen im Gebiet von Erfurt

Waffen und Feinwaagen ausgestattete Gräber von Alach bei Erfurt[9] geben Zeugnis davon, daß hier an der Wende vom 7. zum 8. Jahrhundert Menschen beigesetzt wurden,

S. 308 ff. und Tab.). Ähnliche Feuchtphasen im 9. oder im 13. Jahrhundert konnten vielleicht bereits durch regulierende Maßnahmen ausgeglichen werden.

9) Wolfgang Timpel, Das fränkische Gräberfeld von Alach bei Erfurt. In: Alt-Thüringen 25 (1990) S. 61–155.

die einem offenbar militärisch organisierten fränkisch-alamannischen Handelsplatz angehörten. Von diesem bestanden zweifellos Verbindungen zum nahegelegenen Petersberg, auf dem in dieser Zeit ein befestigter Verwaltungssitz der fränkischen Reichsgewalt vermutet wird.[10] Die Siedler von Alach waren nach den Beigaben in den Gräbern am Fernhandel dieser Zeit beteiligt, dem mit der Lage am Rande des ostfränkischen Reiches und im Kreuzungsbereich wichtiger Fernverbindungen für die Erfurter Region herausragende Bedeutung zukam.

In den ersten Jahrhunderten nach der Zeitenwende läßt sich demnach mit den bisher vorliegenden archäologischen Quellen eine kontinuierliche Besiedlung des späteren Erfurter Stadtgebietes nachweisen bzw. erschließen,[11] die, ausgehend von vorteilhaften natürlichen Bedingungen und einer günstigen Verkehrslage, die Basis für die Entstehung der Stadt Erfurt und ihrer Entwicklung im Mittelalter bildete.

Für die nachfolgende Zeit des 8. bis 12. Jahrhunderts, für die weiterführende schriftliche Überlieferungen auch weitgehend fehlen, haben die Grabungen der letzten Jahre ebenfalls neue Ergebnisse erbringen können. Entgegen der bisherigen Annahme, daß das frühmittelalterliche Siedlungszentrum innerhalb des Gerabogens aus mehreren Siedlungen entstanden sei, wurden Fundplätze mit Keramik des 8./9. Jahrhunderts bisher vor allem außerhalb des Gerabogens erfaßt. Sie liegen – wie die älteren germanischen Siedlungen – auffallenderweise in der Nähe der später durchBrücken erschlossenen alten Gerafurten, die auch von den frühmittelalterlichen Handelsstraßen genutzt wurden (Abb. 6*). Die Befunde beweisen in Übereinstimmung mit geologischen Untersuchungen, daß diese Gebiete nicht, wie bisher angenommen, in frühmittelalterlicher Zeit prinzipiell zu feucht für eine Besiedlung waren. In zahlreichen Erdaufschlüssen innerhalb und außerhalb des Gerabogens, am Predigerkloster, auf dem Anger und in der Futterstraße konnten dagegen wechselnde Folgen von stark differenzierten fluviatilen Ablagerungen und Kulturschichten beobachtet werden. Sie lassen periodische Überschwemmungen von großen Siedlungsbereichen im frühen und hohen Mittelalter erkennen, doch wurden diese Gebiete in relativ trockenen Klimaphasen immer wieder neu aufgesucht und weiter bewohnt.[12]

Die frühmittelalterlichen Grubenhäuser und Siedlungsgruben mit Keramik des 8./9. bis 11. Jahrhunderts in der Nähe der alten Furten durch die Gera sind ein Beleg dafür, daß sich hier schon sehr früh Siedlungen auf älterer Grundlage herausgebildet hatten.

---

10) In jüngster Zeit wird zunehmend deutlich, daß der teils rivalisierende fränkische Adel einen offenbar bislang unterschätzten selbständigen Anteil an der fränkischen Kolonisation Thüringens hatte. Es erscheint daher nicht abwegig, den Petersberg zu Beginn des 8. Jahrhunderts in adligem Besitz zu vermuten. Solcher ist bereits im Zusammenhang mit der ersten Kirchengründung des Bonifatius 725 für Erfurt überliefert. Auch die Problematik der Bistumsgründung und der vieldiskutierten Bischofsweihe könnte dadurch eine neue Betrachtungsweise erfahren.

11) Eine detaillierte Aufarbeitung der umfangreichen Keramikkomplexe und vor allem deren zeitliche Differenzierung steht noch aus; erst dadurch kann sich ein wesentlich genaueres Bild der Siedlungsentwicklung ergeben, als es in diesem allgemeinen Überblick möglich ist.

12) Vgl. Anm. 7.

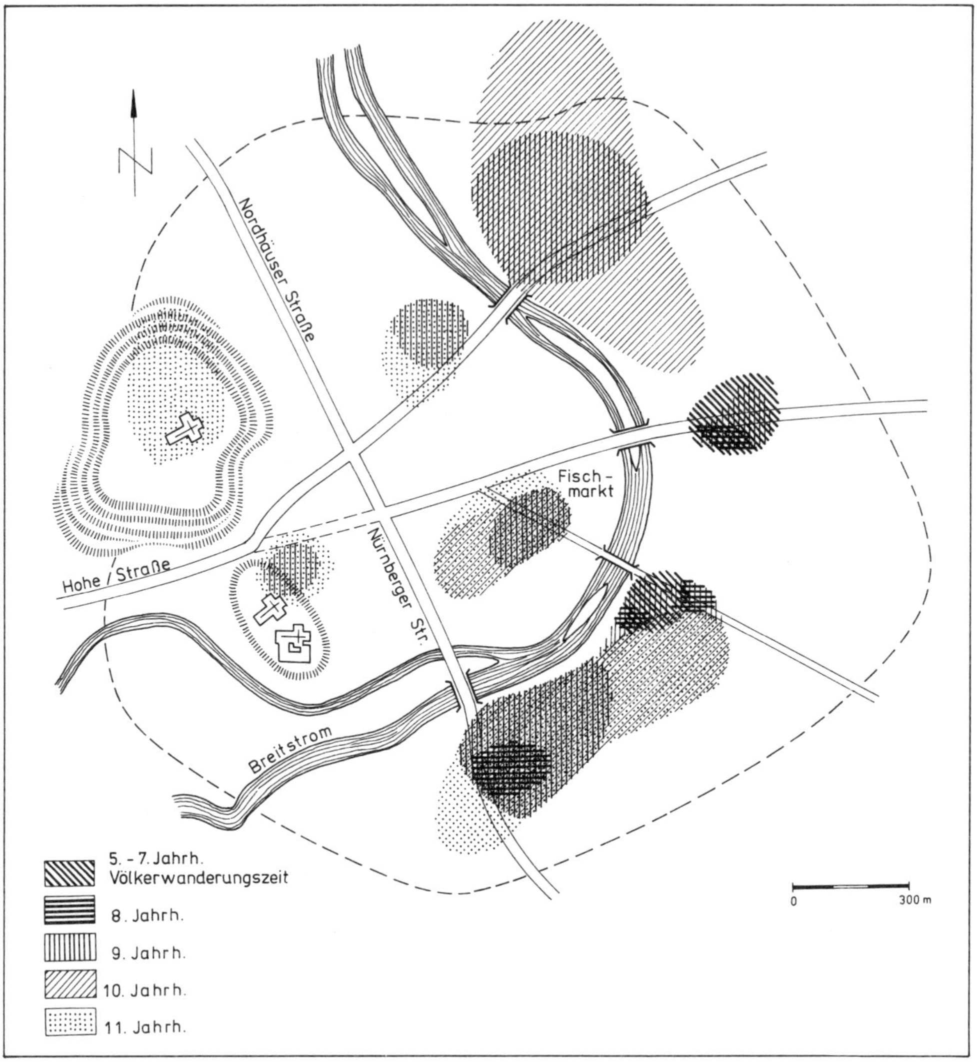


6* Besiedlung von Erfurt im 5.–10. Jahrhundert (nach archäologischen Fundplätzen)

Die Siedlungsplätze an der Regierungsstraße/Eichenstraße im Süden und am Huttenplatz/Waldenstraße im Nordosten der Altstadt wurden, soweit es das Baugeschehen zuließ, ausgegraben. Nach dem jetzigen Stand der Untersuchungen besaß der Flußübergang im Bereich der Lehmannsbrücke besondere Bedeutung. Darauf weist die ausgedehnte Kulturschicht der Siedlung am Huttenplatz mit 14 bisher untersuchten Grubenhäusern und zahlreichen Siedlungsgruben hin. Aus den rechteckigen, eingetieften Häusern wurde unverzierte und mit Wellenbändern bedeckte Keramik des 9. Jahrhun-

7 Erfurt. Dom St. Mariae, Westapsis eines Vorgängerbaus

8 Erfurt. Bahnhofstraße 38, Fundamentreste der Albanikirche

9 Erfurt. Rumpelgasse, Brunnenschacht (13./14. Jh.) ▷

10 Erfurt. Messerscheidenbeschläge aus Messing 11./12. Jh.)

derts geborgen. In diesem Zusammenhang verdienen die archäologischen Forschungen zu dem im Diedenhofener Capitular im Jahre 805 genannten Erfurter Warenumschlagplatz besondere Beachtung. Der Domplatz wurde von Walter Schlesinger[13] wegen seiner geschützten Lage unterhalb von Petersberg und Domberg und im vermuteten Kreuzungsbereich der Fernstraßen als der aus dem Diedenhofener Capitular zu erschließende Warenumschlag- und Kontrollpunkt angesehen. Dieser These mußte nach umfangreichen Untersuchungen an dieser Stelle im Jahre 1984, die hier im Zuge einer Neugestaltung des Domplatzes erfolgten, widersprochen werden. Die Ausgrabungen erbrachten zwar große Mengen von hoch- und spätmittelalterlicher Keramik, bearbeitete Knochen und Halbfabrikate, darunter auch Reste von Steilkämmen, zeigten jedoch auch, daß der Domplatz ehemals weitgehend versumpft war. Nach diesem Befund scheidet dieser Bereich als ältester Warenumschlagplatz aus. Es war nach den derzeitigen archäologischen Befunden zu prüfen, ob eine andere Stelle im Stadtgebiet dafür in Frage kommt. Neue Untersuchungen zu den Orten des Diedenhofener Capitulars durch Hübener[14] und Brachmann[15] haben als Gemeinsamkeiten deren Lage an den Schnittpunkten alter Straßen, die Nähe schiffbarer Gewässer und den Nachweis von nahegelegenen Befestigungen und Siedlungen des 8./9. Jahrhunderts erkennen lassen. Bei der Suche nach dem Erfurter Warenumschlagplatz sind die oben genannten Erkenntnisse zur frühmittelalterlichen Besiedlung des innerstädtischen Gebietes zu berücksichtigen. An der Johannesstraße, nahe des Huttenplatzes, konnte bei Ausschachtungen auf einer Länge von 30 m die Verfärbung eines Spitzgrabens verfolgt werden, der wahrscheinlich mit der frühmittelalterlichen Siedlung am Huttenplatz in Verbindung stand. Dieser ehemalige Graben zeigt, daß in einem frühen Zeitabschnitt, wahrscheinlich im 9. Jahrhundert, ein befestigter Platz östlich der Gera bestand, der offenbar eine große Bedeutung besaß. Wenn man davon ausgeht, daß die Gera von Flößen oder flachen Booten, wie sie bei den Friesen üblich waren, befahren oder zumindest durch Treideln für den Wassertransport genutzt werden konnte, so spricht vieles dafür, daß nahe der Furt an der Stelle der späteren Lehmannsbrücke der fränkisch-slawische Handelsaustausch und Kontrollen stattgefunden haben könnten. Gestützt wird diese Annahme durch die ausgedehnte Siedlung des 8./9. bis 10. Jahrhun-

---

13) WALTER SCHLESINGER, Städtische Frühformen zwischen Rhein und Elbe. In: Studien zu den Anfängen des europäischen Städtewesens. Reichenau-Vorträge 1955–1956. Sigmaringen 1970, S. 297–362; DERS., Das Frühmittelalter. In: Geschichte Thüringens. Bd. 1. Hg. WALTER SCHLESINGER/HANS PATZE. Köln-Graz 1968, S. 316–380.

14) WOLFGANG HÜBENER, Die Orte des Diedendorfer Capitulars von 805 in archäologischer Sicht. In: Jahresschrift für mitteldeutsche Vorgeschichte 72 (1989) S. 251–266.

15) HANS-JÜRGEN BRACHMANN, Der Markt als Keimform der mittelalterlichen Stadt. Überlegungen zu ihrer Genese im ostfränkischen Reich. In: Frühgeschichte der europäischen Stadt, Voraussetzungen und Grundlagen. Berlin 1991, S. 117–130; DERS., Der Limes Sorabicus. Geschichte und Wirkung. In: Zeitschrift für Archäologie 25 (1991) S. 177–207. Vgl. auch DETLEV ELLMERS, Die Rolle der Binnenschiffahrt für die Entstehung der mittelalterlichen Städte. In: Frühgeschichte der europäischen Stadt. Berlin 1991, S. 137–147.

derts im Bereich des Huttenplatzes und das nahe der Furt gelegene Erdwerk, das wie in anderen Orten des Diedenhofener Capitulars dem Schutz dieses Handelsplatzes gedient haben könnte.

Große Bedeutung besitzen die Grabungen, die in den letzten Jahren in den Sakralbereichen der Stadt durchgeführt wurden. Von ihren Ergebnissen war in erster Linie ein Beitrag zu der eingangs erwähnten Identitätsfrage von *Erphesfurt* zu erwarten. Die jüngsten Untersuchungen auf dem Domberg konnten sich auf die Ausgrabungen von 1960 stützen, bei denen im Severihof in 3,50 m Tiefe Teile von Gebäudegrundrissen freigelegt wurden, die zu dem im Jahre 836 erwähnten Kloster St. Paul gehören dürften. Die aus den Brandschichten geborgene wellenverzierte Keramik kann dem 9. bis 10. Jahrhundert zugewiesen werden. Bei den räumlich begrenzten Grabungen gelang es damals nicht, die Ausdehnung des Klosters, der im 12. Jahrhundert errichteten Bischofsburg sowie das Verhältnis beider Anlagen zueinander zu klären.

Nach dem glaubwürdigen Bericht der Vita des Bonifatiusschülers Gregor von Utrecht erbaute Bonifatius um 725 zwei Kirchen, die eine in *Thuringia nomine Erphesfurt,* die andere *in Hassis nomine Frideslar,* und zwar auf Grund und Boden, den ihm fränkische Adlige übertragen hatten. Da die Bonifatiustradition an St. Marien, dem heutigen Dom, haftet, dieser zudem die *major ecclesia* der Stadt war, mußte an dieser Stelle die von Bonifatius errichtete Kirche zu suchen sein.[16]

Die Ausgrabungen des Thüringischen Landesamtes für Archäologische Denkmalpflege Weimar im Dom 1991 und 1992 haben dazu sehr wichtige Resultate erbringen können. Die Untersuchungen wurden an der Westseite des Langhauses im Zusammenhang mit dem Einbau der neuen Orgel durchgeführt. Im Zuge der Ausgrabungen konnten, neben dem Nachweis mehrerer spätmittelalterlicher Umbauphasen, die Fundamente und der Westabschluß einer dreischiffigen Kirche freigelegt werden, bei der es sich um den 1154 begonnenen spätromanischen Bau handelt. Von dieser Kirche sind mit den zwei Türmen und weiteren Bauteilen noch Reste im heutigen Dom vorhanden, die Sareik 1980[17] umfassend analysiert hat; doch läßt die Auswertung des Grabungsergebnisses jetzt erstmals fundierte Aussagen zur Größe des Langhauses und zum Aussehen des romanischen Westabschlusses zu. Die freigelegten Mauern der romanischen Kirche überlagern einen weiteren älteren Kirchenbau, von dem in 4 m Tiefe eine Westapside in einfachem Mauerwerk mit einem Radius von etwa 3 m freigelegt wurde (Abb. 7). Es handelt sich um Teile der ältesten bisher in Erfurt und auf dem Domberg nachgewiesenen Kirche, die nach dem Befund bis in das 8./9. Jahrhundert und damit mit ihren Anfängen in bonifatianische Zeit zurückreichen dürfte. Weitere Grabungen sind erforderlich, um die Zeitstellung der ältesten Kirche abzusichern und Anhaltspunkte über das Aussehen des Grundrisses zu erlangen. Die günstigen Bodenverhältnisse im Unter-

---

16) Hans Eberhardt, Erfurt als kirchliches Zentrum im Früh- und Hochmittelalter. In: Fundamente. Thüringer kirchliche Studien V. Berlin 1987, S. 11–28.

17) Udo Sareik, Die Ostteile von Vorgängerbauten des Erfurter Doms. In: Wissenschaftliche Zeitschrift der Hochschule für Architektur und Bauwesen Weimar 27 (1980) S. 61–71.

grund des Domes werden es möglich machen, zu prüfen, ob diesem ältesten Steinbau noch eine Holzkirche voranging. Bisher haben sich dafür noch keine Hinweise gefunden.

Neue und außerordentlich beachtliche Ergebnisse erbrachten die Grabungen auf dem Grundstück Bahnhofstraße 38, die durch den Neubau eines Bankgebäudes notwendig wurden (Abb. 8). Auf dem Areal am Rand der mittelalterlichen Stadt, unmittelbar angrenzend an die einstige Stadtmauer, befand sich bis zur Mitte des 17. Jahrhunderts die Albanikirche. Spätere Chroniken erwähnen die Verlegung eines ihr zugehörigen Nonnenklosters noch im 12. Jahrhundert. Da weder die genaue Lage noch Größe und Gestalt der Kirche bekannt waren, konzentrierten sich die archäologischen Untersuchungen auf die Klärung dieser Fragen. Es zeigte sich, daß die Kirche seinerzeit sehr gründlich beseitigt wurde. Immerhin gelang es noch, den mit Abbruchschutt verfüllten Fundamentgraben an mehreren Stellen zu erfassen, so daß der Kirchengrundriß rekonstruiert werden konnte. Danach handelte es sich um eine langgestreckte einschiffige Saalkirche von 17×8,5 m mit eingezogener Apsis im Osten. Lediglich ein Rest der Kirchenschiffwestwand war im aufgehenden Mauerwerk noch erhalten. Außerdem fanden sich umfangreiche Teile des ehemaligen Kirchenfußbodens, eines qualitätvollen Gipsestrichs, der sich zwischen den Fundamenten der nachfolgenden Bebauung erhalten hatte. Die Datierung der Keramik aus der Siedlungsschicht unter der Kirche legt vorläufig – auch unter Berücksichtigung des überlieferten Datums von 1125 – eine Entstehung der Kirche um 1100 nahe. Ihre Gründung könnte damit auf die Maßnahmen des Erzbischofs Adalbert I. (1109–1137) zum Ausbau der mainzischen Stellung in Thüringen zurückgehen,[18] worauf auch das Patrozinium hindeutet. Eine nach dem Patrozinium möglich erscheinende Gründung in früherer Zeit, etwa im Zusammenhang mit der christlichen Missionstätigkeit im 8. Jahrhundert, wird durch den archäologischen Befund nicht gestützt, da sich auch in der näheren Umgebung bisher keine Siedlungshinterlassenschaften dieser Zeit fanden.

Der Hauptschwerpunkt, der die Stadtarchäologie in Erfurt derzeit vornehmlich beschäftigt, richtet sich auf die Untersuchung der hoch- und spätmittelalterlichen bis frühneuzeitlichen Siedlungsstrukturen und Lebensverhältnisse in der Stadt. Bei der Klärung komplexer Fragestellungen im Rahmen der Stadtarchäologie hat sich die Zusammenarbeit mit anderen historischen und naturwissenschaftlichen Fachdisziplinen bewährt. Neben der notwendigen Verbindung mit den überlieferten Schriftquellen besitzen baugeschichtliche Untersuchungen, die Aufnahme und Untersuchung von Holzkonstruktionen und Mauerverbänden und die Kartierung der Keller – als meist älteste erhaltene Bausubstanz – große Bedeutung.[19]

18) Friedrich Schütz, Das Mainzer Rad an der Gera (Ausstellungskatalog). Mainz 1991.

19) Wolfgang Timpel/Roland Altwein, Stand und Aufgaben der Stadtkernforschung in Erfurt. In: Archäologische Stadtkernforschung in Sachsen. Berlin 1990, S. 317–328; dies., Stadtarchäologie in Erfurt. In: Ausgrabungen und Funde 36 (1991) S. 226–230; Roland Altwein, Neue Ergebnisse der Stadtarchäologie in Erfurt. In: Archäologie in Deutschland (1993) H. 2, S. 55.

Grundlage für einen zusammenfassenden Überblick über den augenblicklichen Stand der stadtarchäologischen Forschung bilden die Ergebnisse der Grabungen an den verschiedenen Stellen des Stadtgebietes, auf die hier nur mit einigen typischen Beispielen eingegangen werden kann. Die archäologischen Zeugnisse für den Zeitabschnitt des 11. bis 13. Jahrhunderts konnten in den vergangenen Jahren beträchtlich vermehrt werden. So läßt sich mit neuem Fundmaterial eine hochmittelalterliche Besiedlung im Verlauf der alten Handelsstraßen nachweisen. Von der Marktstraße liegen in den Hinterhöfen der Gebäude ergrabene Funde vor. Die heutige Marktstraße, einst ein Zweig der *via regia,* war eine der ältesten mittelalterlichen Straßen in Erfurt, an der sich schon sehr früh Kaufleute niederließen. Im Frühjahr 1988 erfolgte die Ausschachtung der Baugrube für eine Lückenbebauung in der Schlösserstraße/Pilse. Im ehemaligen Hofbereich war eine Flächengrabung möglich. Dabei wurden mehrere Gruben, darunter solche mit Holzauskleidung, ein eingegrabenes Faß sowie der Rest eines Grubenhauses untersucht, das nach den dabei geborgenen wellenverzierten Scherben in das 10./11. Jahrhundert gehört. Die Gruben enthielten hauptsächlich Material des 13. bis 15. Jahrhunderts, darunter mehrere ganze Gefäße sowie große Mengen Glas, hauptsächlich Reste von grünen Stangengläsern und braunen, in Erfurt bisher unbekannten Glasbechern mit Rippen. Weiterhin führten stratigraphische Beobachtungen zu dem Ergebnis, daß nach den unterschiedlichen Stärken von Kulturschichten, Auffüllungen und fluviatilen Ablagerungen die heutige Schlösserstraße mindestens seit dem 13. Jahrhundert als Verkehrsweg anzusprechen ist.

Weitere, zum Teil umfangreiche archäologische Untersuchungen, die meist im Zusammenhang mit größeren Bauvorhaben durchgeführt wurden, fanden am Anger, in der Barfüßerstraße, an der Großen Arche, in der Schlösserstraße, im Andreasviertel, in der Regierungsstraße, Michaelisstraße, Futterstraße und Meienbergstraße statt. Dabei wurden aus Siedlungsschichten, Brunnen und Kloaken teilweise erhebliche Mengen an mittelalterlichen und neuzeitlichen Sachzeugen geborgen. Mit der immensen Zunahme von Gebäudesanierungen im Altstadtbereich stellt sich der Stadtarchäologie immer häufiger die Aufgabe archäologischer Untersuchungen im Zusammenhang mit profanen und sakralen Bauwerken. Neben den oben erwähnten Grabungen im Dom fanden solche Untersuchungen unter anderem in der Michaelisstraße, am Fischmarkt und im Predigerkloster statt.

Ausschachtungen für den Neubau einer Großküche im Sommer 1988 gaben den Anlaß für größere Profil- und Flächenuntersuchungen in der Rumpelgasse. In ca. 4 m Tiefe konnten dabei in den anstehenden Kies eingetiefte Gruben und Reste von Grubenhäusern des 9. bis 12. Jahrhunderts nachgewiesen werden. Die aus einer Kulturschicht und einem Grubenhaus geborgene Keramik ist handgeformt und weist teilweise Wellenbandverzierung auf. Von gleicher Stelle wurde erstmals in Erfurt frühmittelalterliche gelbtonige Keramik mit Linsenböden geborgen, die im Rheinland oder im hessischen Gebiet im 9. und 10. Jahrhundert gefertigt wurde. Für die Datierung und Beurteilung des angeschnittenen Siedlungskernes kommt dem Keramikkomplex erhebliche Bedeutung zu. Im nördlichen Teil der Baugrube, in unmittelbarer Nähe der Maria-

Magdalenen-Kapelle, wurde ein aus gemörtelten Kalkbruchsteinen gemauerter ovaler Schacht mit den Innenmaßen von ca. 4×1,60 m ausgegraben (Abb. 9). Die Sohle des Schachtes lag etwa 7,40 m unter der heutigen Oberfläche. Die in den oberen Schichten der Einfüllung angetroffenen Dachziegel mit Mörtelresten und deren Lage deuten darauf hin, daß das Bauwerk ehemals überdacht war. Beim Abtragen der Einfüllung konnte sehr viel Keramik geborgen werden, wobei das zeitliche Spektrum von Kugeltöpfen des 13. Jahrhunderts bis zu Fayencen des 17. Jahrhunderts mit insgesamt über 20 vollständig erhaltenen Gefäßen reicht.[20] Nach dem Befund dürfte es sich um einen Brunnen handeln, der seit dem 13./14. Jahrhundert systematisch verfüllt wurde.

Dem Stadtgebiet zwischen Anger und Südring wurde von der historischen Forschung kaum Bedeutung für die frühe Stadtentwicklung zugemessen. Die während umfangreicher Bautätigkeit in dem südlich an den Anger grenzenden Gebiet bisher geborgenen zahlreichen archäologischen Funde gehen nicht vor das 12. Jahrhundert zurück und bestätigen damit diese Anschauung.

Für den weitreichenden Fernhandel und die umfangreichen, von Mägdefrau[21] vorgelegten Erfurter Marktverhältnisse des 13. Jahrhunderts ließen sich archäologische Beiträge erbringen. Die bereits erwähnte Importkeramik aus der Rumpelgasse weist nach dem Westen. Aus dem Norden stammen frühe Kugelbodengefäße mit Schrägrand, die in der Gotthardstraße gefunden wurden. Im 11. bis 12. Jahrhundert zeigen sich mit zwei tiergestaltigen Messerscheidenbeschlägen Verbindungen nach dem Norden und Nordosten. Beide Stücke bestehen aus Messing und wurden in Erdaufschlüssen am Anger und in der Futterstraße gefunden (Abb. 10). Die kunstvoll verzierten Beschläge waren auf den ledernen Messerscheiden aufgenietet. Sie sind im Harzumland sowie im Nord- und Ostseeraum verbreitet und kommen in Thüringen gehäuft in Erfurt und seiner Umgebung vor.[22]

Mit bearbeiteten Knochen, Produktionsrückständen und Geräten gelang es an verschiedenen Stellen der Stadt – am Domplatz und in der Krämpferstraße – Zeugnisse für die Tätigkeit von Beinschnitzern und Kammachern aus dem 13. Jahrhundert zu erfassen.[23] Die Befunde machen deutlich, daß unterhalb des Petersberges, im Bereich der Futterstraße sowie in der Nähe der Kaufmannskirche neben Händlern auch Handwer-

---

20) Ulrich Lappe, Keramik- und Glasfunde aus einem mittelalterlichen Abfallschacht in Erfurt: In: Alt-Thüringen 27 (1993) S. 265–290.

21) Werner Mägdefrau, Städtische Produktion von der Entstehung der Zünfte bis ins 14. Jahrhundert. In: ders., (Hg.), Europäische Stadtgeschichte in Mittelalter und früher Neuzeit. Weimar 1979, S. 130–188; ders. und Erika Langer, Die Stadtwerdung unter feudaler Herrschaft von der ersten urkundlichen Erwähnung bis zur Mitte des 11. Jahrhunderts. In: Gutsche, Geschichte. S. 31–52.

22) Wolfgang Timpel, Mittelalterliche Messerscheidenbeschläge in Thüringen. In: Alt-Thüringen 22/23 (1987) S. 275–295; Hartmut Rötting, Pfostenbau-Ständerbau-Kemenate. Zu Baubefunden der Braunschweiger Altstadtgrabung. In: Berichte zur Denkmalpflege in Niedersachsen 1990, S. 22–28, Abb. 2b.

23) Hans Joachim Barthel, Horst Stecher, Wolfgang Timpel, Eine mittelalterliche Produktionsstätte für Knochenwürfel. In: Alt-Thüringen 16 (1979) S. 137–171; Hans Joachim Barthel, Tierknochenreste einer mittelalterlichen Grube in Erfurt, Marktstraße 50. In: Ausgrabungen und

ker ansässig waren und hier unmittelbar für den Markt produzierten. Zeugnisse einer örtlichen spätmittelalterlichen oder frühneuzeitlichen Keramikproduktion erbrachte eine Fundstelle am südlichen Ring/Thomasstraße im Bereich vor der alten Stadtmauer. In einer Baugrube war ein Töpferofen angeschnitten, aber leider vollständig zerstört worden. Es bleibt abzuwarten, ob weitere Fundkomplexe Hinweise auf einen möglichen Töpfereibezirk geben können.[24] Insgesamt gelingt es zunehmend, Handwerksbereiche archäologisch zu lokalisieren.

Die aus den Siedlungsschichten, Gruben und Kloaken sowie aus verschütteten Brunnen geborgenen hochmittelalterlichen bis frühneuzeitlichen Hinterlassenschaften des 13. bis 17. Jahrhunderts sind vielseitig und reichen von Gebrauchsgeschirr und Trinkgläsern bis zu Kinderspielzeug. Die Irdenware ist mit ihren Formen sehr langlebig, es kommen Gefäße mit Stand- und Kugelböden sowie glasierte Gefäße vor. Unter dem Steinzeug befinden sich mit Bechern und Gesichtskrügen Erzeugnisse aus Siegburg im Rheinland und Waldenburg in Sachsen. Schon jetzt kann gesagt werden, daß die verschiedenen Becherformen eine wesentliche Bereicherung der bisher aus Erfurt bekannten Glasgefäße bilden werden. Zu dem verwendeten Tischgeschirr gehören Stangengläser, reizvolle Becherformen mit aufgeschmolzenem Dekor, Römer, Flaschen und andere Formen.[25] So spiegeln die archäologischen Funde auf ganz eigene Art und Weise die Vielfalt städtischen Lebens im mittelalterlichen Erfurt wider.

Besondere Aufmerksamkeit gilt der Stadtbefestigung,[26] deren erste steinerne Ausführung nach schriftlichen Überlieferungen bereits 1066 bestanden haben soll. In mehreren Aufschlüssen am südlichen und östlichen Rand der Altstadt wurde die jüngere, ab 1168 errichtete Mauer bis auf das in 3,10 m Tiefe liegende Packlager untersucht. Dabei konnten an verschiedenen Stellen Zerstörungshorizonte und Wiederaufbauphasen unter Verwendung von Keupersandstein und Muschelkalk erkannt werden. Ein Wehrturm der Stadtbefestigung wurde 1988 am östlichen Stadtring angeschnitten; er konnte leider nur unvollständig freigelegt werden.

Die stadtarchäologische Forschung in Erfurt hat in den letzten Jahren zu einem erheblichen Wissenszuwachs und zu neuen Ergebnissen geführt, die einerseits bestehende Anschauungen bestätigen konnten, andererseits dazu zwingen, Vorstellungen zur Stadtentwicklung zu überdenken oder zu revidieren.[27] Die Ausgrabungen, von

---

Funde 24 (1979) S. 254–259; DERS., Die Tierknochenreste aus der Futterstraße in Erfurt. In: Ausgrabungen und Funde 30 (1985) S. 226–228.

24) Eine weitere Töpfereistelle wurde durch die Bodendenkmalpfleger HORST STECHER, PETER-MICHAEL SUKALLA und FRANK PALMOWSKI im Sommer 1993 an der Johannesstraße untersucht.

25) ULRICH LAPPE, Mittelalterliche Gläser und Keramikfunde aus Erfurt. In: Alt-Thüringen 18 (1983) S. 182–212.

26) ILONA NESTLER und HORST STECHER, Ein mittelalterlicher Schreibgriffel aus Erfurt. In: Ausgrabungen und Funde 32 (1987) S. 238–241.

27) WOLFGANG TIMPEL, Archäologische Forschungen zur Frühgeschichte thüringischer Städte. In: Frühgeschichte (wie Anm. 15) S. 191–199; DERS., Neue archäologische Forschungsergebnisse zur

denen hier nur ein Teil genannt werden konnte, erbringen täglich neue Befunde und ein kaum übersehbares Fundmaterial.

Erst eine umfassende Darstellung aller bisherigen Grabungsergebnisse wird es in den nächsten Jahren ermöglichen, mit Hilfe des umfangreichen archäologischen Quellenmaterials eine detaillierte mittelalterliche Siedlungsgeschichte des Erfurter Raumes zu schreiben.

---

Frühgeschichte Erfurts. In: Erfurt 742–1992. Stadtgeschichte – Universitätsgeschichte. Hg. Ulman Weiss. Weimar 1992, S. 11–20.

MICHAEL GOCKEL

# Erfurts zentralörtliche Funktionen im frühen und hohen Mittelalter

Keinem Reisenden, der sich von den Höhen des Thüringer Waldes, vom Werratal oder vom Eichsfeld her kommend Erfurt nähert, bleibt verborgen, daß er das Zentrum einer großen Beckenlandschaft erreicht. Dank seiner hervorragenden Lage in der Mitte des Thüringer Beckens hat Erfurt von jeher alle Verkehrswege förmlich an sich gezogen. Und es ist Martin Luther zuzustimmen, wenn er im Januar 1523 in Erinnerung an seine Erfurter Studienzeit in einer Tischrede bemerkt: *Erfordia est in optimo situ, do muß eine stadt stehen, wan gleich die wegbrennete.*[1] Nicht weniger einprägsam formuliert der Erfurter Mönch Nikolaus von Siegen zu Ausgang des 15. Jahrhunderts: „Sozusagen ganz Thüringen ernährt sich bekanntlich aus Erfurt."[2] Aus dem frühen und hohen Mittelalter lassen sich derart anschauliche Zitate nicht beibringen. An direkten und indirekten Zeugnissen für Erfurts zentralörtliche Funktionen herrscht jedoch auch aus dieser Zeit kein Mangel.

Angesichts des knappen Raums, der hier zur Verfügung steht, verzichten wir auf theoretische Vorüberlegungen und eingehendere Begriffsbestimmungen und kommen sogleich zur Sache.[3] Der besseren Übersichtlichkeit wegen gliedern wir unsere Ausführungen in drei Abschnitte, und zwar unterscheiden wir Erfurts zentralörtliche Funktionen 1. im politisch-administrativen, 2. im kultisch-kirchlichen und 3. im wirtschaftlichen Bereich. Der kulturelle Sektor muß hier außer Betracht bleiben, da für seine Beurteilung die Quellenbasis in der älteren Zeit nicht ausreicht.

---

1) D. Martin Luthers Werke. Weimarer Ausgabe. 2. Abt. Tischreden Bd. 3, Weimar 1914, Nr. 2871 b, S. 44. – In der Literatur wird dieser vielzitierte Ausspruch gewöhnlich in der bei Aurifaber überlieferten Version wiedergegeben: *Erfurt liegt am besten Orte, ist eine Schmalzgrube; da muß eine Stadt stehen, wenn sie gleich wegbrennte* (ebd. S. 45), und zwar zumeist in der geglätteten Fassung, die ALFRED OVERMANN in seiner geschichtlichen Einleitung. In: KARL BECKER, MARGARETHE BRÜCKNER u. a., Die Stadt Erfurt. Dom, Severikirche, Peterskloster, Zitadelle. Burg 1929, S. 1 bietet.

2) FRANZ XAVER WEGELE, Chronicon ecclesiasticum Nicolai de Siegen. Jena 1855, S. 488: *sicut notum est, pene tota Thuringia ex Erfordia se nutrit.*

3) Die Begriffe „zentraler Ort" und „zentrale örtliche Funktionen" hat der Geograph Walter Christaller 1933 geprägt. Einen nützlichen Überblick über die von Seiten der Kulturgeographie angestoßene Diskussion des Phänomens Zentralität – auch aus historischer Sicht – bietet KLAUS FEHN, Die zentralörtlichen Funktionen früher Zentren in Altbayern. Wiesbaden 1970, S. 1 ff.

*1.*

Wenn Bonifatius zu Anfang des Jahres 742 an Papst Zacharias die briefliche Bitte richtet, Erfurt als Bischofssitz zu bestätigen, da dieser Ort allen kirchenrechtlichen Erfordernissen genüge, sei er doch „schon vor langer Zeit eine Burg der heidnischen Landbewohner",[4] d.h. eine zentrale Burg gewesen, dann übertrieb er damit keineswegs. Denn nach Aussage der archäologischen Funde muß Erfurt bereits unter den thüringischen Königen ein wichtiges politisches Zentrum gewesen sein.[5] Auch die Franken, die 531 das Thüringerreich vernichteten, sind im Erfurter Raum inzwischen archäologisch recht gut zu fassen.[6] Sie dürften wohl von Anfang an auf dem Erfurter Petersberg, von dem sich das Zentrum des Thüringer Beckens gut beherrschen ließ, eine Burg unterhalten haben. Wenn wir die Angaben über die Erfurter Burg in dem Brief des Bonifatius an Papst Zacharias auf ebendiese Anlage beziehen, gehen wir kaum fehl.

In den schriftlichen Quellen spiegelt sich die zentrale Rolle, die Erfurt bereits im frühen Mittelalter innerhalb Thüringens einnahm, am eindrucksvollsten in den Landschafts- und Bezirksnamen wider, die zu damaliger Zeit im Thüringer Becken gebräuchlich waren. Als erster hat Walter Schlesinger bemerkt, daß für die engere Umgebung Erfurts selbst kein besonderer Name überliefert ist. Er hat dies zu Recht als Indiz für die allgemeine Bekanntheit des Ortes bereits in ältester Zeit gewertet. Um so mehr fallen auf diesem Hintergrund die Namen jener thüringischen Gaue auf, die an den Kernraum um Erfurt nach Westen und Osten hin unmittelbar anschlossen. Sie trugen nämlich die bezeichnenden Namen West- und Ostgau,[7] waren also eindeutig auf

4) Die Briefe des heiligen Bonifatius und Lullus. Hg. Michael Tangl, Berlin 1916, Nr. 50: *tertiam* (sc. *sedem episcopatus*) *in loco, qui dicitur Erphesfurt, qui fuit iam olim urbs paganorum rusticorum.* – Statt „Burg der heidnischen Landbewohner" schlug Prof. Dr. Peter Johanek, Münster, in der Diskussion des von Herrn Dr. Johannes Kadenbach gehaltenen Erfurter Vortrags die Übersetzung „Burg der ungebildeten (d.h. noch nicht vom christlichen Glauben erleuchteten) Heiden" vor, was den Kern der Aussage wohl noch besser trifft. – In der Grundauffassung folgen wie Walter Schlesinger, Das Frühmittelalter. In: Geschichte Thüringens, Bd. 1. Hg. Hans Patze u. Walter Schlesinger, Köln, Graz 1968, S. 359. Nach Schlesinger wollte Bonifatius betonen, „daß Erfurt schon in heidnischer Zeit ... ein wichtiges Zentrum gewesen sei, die – oder wenigstens eine – Hauptburg des Landes".

5) Wolfgang Timpel, Neue archäologische Forschungsergebnisse zur Frühgeschichte Erfurts. In: Erfurt 742–1992. Stadtgeschichte – Universitätsgeschichte. Hg. Ulman Weiss, Weimar 1992, S. 11–20. Insgesamt sind bisher etwa 20 völkerwanderungszeitliche Gräberfelder im Erfurter Raum bekannt. Sie sind kartiert bei Wolfgang Timpel, Art. Erfurt (Archäologisches und Historisches). In: Johannes Hoops, Reallexikon der Germanischen Altertumskunde Bd. 7, 2. völlig neu bearb. Aufl., Berlin, New York 1989, S. 491 (Abb. 91). In unserem Zusammenhang ist vor allem das im ersten Viertel des 6. Jh. angelegte Wagengrab von Erfurt-Gispersleben zu nennen, da die hier bestattete vornehme Dame höchstwahrscheinlich dem altthüringischen Königshaus selbst angehörte.

6) Timpel, Forschungsergebnisse (wie Anm. 5) S. 13f.; ders., Das fränkische Gräberfeld von Alach, Kreis Erfurt. In: Alt-Thüringen 25 (1990) S. 61–155.

7) Nachweis der Einzelbelege bei Wolfgang Hessler, Mitteldeutsche Gaue des frühen und hohen Mittelalters. Berlin 1957, S. 146 (Ostgau) u. S. 154f. (Westgau)

den Vorort Erfurt hin orientiert.[8] Auch die Bezeichnung Ringgau, d.h. „Gau der Grenzbewohner" (zu ahd. *rain* „Rand"), die bis heute an einem Gebiet westlich der Werra um Sontra, Herleshausen und Boyneburg haftet, ist nur vom thüringischen Zentralraum um Erfurt her verständlich. Diese Region gehörte im Mittelalter nämlich eindeutig zum thüringischen Siedlungsgebiet und ist erst spät an die hessischen Landgrafen gefallen.[9] Die Namengebung wesentlicher Teile des thüringischen Stammesgebiets in seiner nach 531 erreichten Gestalt ist – dies wird man aus den dargelegten Beobachtungen ableiten können – also sichtlich von Erfurt aus erfolgt.

Daß den fränkischen Königen das strategische Gewicht des Erfurter Beckens mit seinen guten klimatischen Bedingungen, seinen fruchtbaren Böden und nicht zuletzt auch seiner äußerst vorteilhaften Verkehrslage[10] nicht verborgen bleiben konnte, versteht sich von selbst. Deshalb können wir schon in vorbonifatianischer Zeit mit dem Vorhandensein von ausgedehntem Königsgut im Erfurter Raum rechnen.

Ein quellenmäßiger Nachweis für diesen erschlossenen Königsgutkomplex ist allerdings nur schwer zu führen. Denn über die Besitz- und Rechtsverhältnisse in Erfurt und seiner engsten Nachbarschaft ist aus dem frühen Mittelalter kaum etwas bekannt. Die Erfurter Dagobert-Tradition, auf die sich die ältere Forschung in diesem Zusammenhang vor allem stützte, kann heutzutage nicht mehr herangezogen werden. Bereits 1973 hat Matthias Werner in einer überaus sorgfältigen quellenkritischen Untersuchung den eindeutigen Nachweis geführt, daß die Gründungstradition des Erfurter Petersklosters erst im 12. Jahrhundert erfunden worden ist, wir über etwaiges merowingisches Königsgut am Ort demnach nicht verläßlich unterrichtet sind.[11] In den Verfügungen über Reichsgut zugunsten der Reichskirche aus dem 8.–10. Jahrhundert bleibt der engere Erfurter Raum nahezu gänzlich ausgespart.[12] Lediglich in Hochheim (3 km südwestl. Erfurt) konnte das Kloster Hersfeld 779 die Hälfte des weltlichen Fiskalzehnten erwerben. Die von Erfurt aus gesehen nächstgelegenen Orte mit Zeugnissen für Königsgut sind Frienstedt (9 km südwestl.), Zimmernsupra und wüst Ufhausen bei Bienstädt (11 bzw. 12 km westnordwestl.) sowie Großmölsen (9 km nordöstl. Erfurt).

8) Schlesinger, Frühmittelalter (wie Anm. 4) S. 329f. – Der Westgau dehnte sich zwischen Werra, Hörsel und oberer Unstrut aus, der Ostgau erstreckte sich zu beiden Seiten der unteren Ilm.

9) Michael Gockel, Die Westausdehnung Thüringens im frühen Mittelalter im Lichte der Schriftquellen (mit einer Karte). In: Aspekte thüringisch-hessischer Geschichte. Hg. Michael Gockel, Marburg 1992, S. 55.

10) Der Verlauf der frühmittelalterlichen Fernverkehrswege im Erfurter Stadtgebiet kartiert Timpel, Erfurt (wie Anm. 5) S. 493 (Abb. 92). – Namengebend für den Ort war eine Furt über die Gera. Das Bestimmungswort spricht Heinrich Tiefenbach, Art. Erfurt (Namenkundliches). In: Hoops, Reallexikon (wie Anm. 5) S. 488f. neuerdings wieder als Personennamen an („Furt des *Erp(f)*") Die von Edward Schröder 1938 vorgeschlagene und seither gängige Deutung als Flußabschnittsname (**Erpisa*) wird seinen Darlegungen nach dem morphologischem Befund nicht gerecht.

11) Matthias Werner, Die Gründungstradition des Erfurter Petersklosters. Sigmaringen 1973.

12) Nachweise für das Folgende bei Michael Gockel, Art. Erfurt. In: Die deutschen Königspfalzen. Repertorium der Pfalzen, Königshöfe und übrigen Aufenthaltsorte der Könige im deutschen Reich des Mittelalters, Bd. 2: Thüringen, Lfg. 1 u. 2, Göttingen 1984, S. 141f.

An allen genannten Orten erwarb Hersfeld unter Karl dem Großen Reichsgut. Aus dem fast völligen Fehlen entsprechender Zeugnisse im engeren Erfurter Raum auf das Nichtvorhandensein von Königsgut in diesem Bereich schließen zu wollen, wäre sicher verfehlt. Eher schon ist aus dem geschilderten Befund eine bewußte Schonung des dortigen Königsgutes abzulesen.

Immerhin fehlt es nicht ganz an Anhaltspunkten für Königsgut in Erfurt. So liefert die Aktumzeile einer Hersfelder Privaturkunde vom 3. März 802 den Beweis für die Existenz einer Königspfalz am Ort.[13] Infolgedessen ist es sicher kein Zufall, wenn die einzige in der Karolingerzeit in Thüringen abgehaltene Reichsversammlung im Jahre 852 in Erfurt stattgefunden hat.[14] Das in unserem Zusammenhang wichtigste besitzgeschichtliche Zeugnis enthält ein zwischen 856 und 863 von einem Mainzer Kleriker namens Liutolf niedergeschriebener Translationsbericht. Danach ließ Erzbischof Otgar von Mainz (826–847) im Jahre 836 Reliquien des hl. Severus *ad locum regalem, qui vocatur Erphesfurt,* übertragen.[15] Wenn Erfurt um 860 sogar aus Mainzer Sicht als königlicher Platz angesehen wurde, dann muß das Königtum damals noch immer die führende Stellung am Ort besessen haben und kann das Erzstift Mainz erst später in diese Position eingerückt sein.

Genauere Aussagen über die rechtlichen und zeitlichen Umstände, unter denen sich der Übergang Erfurts an das Mainzer Erzstift vollzog, sind kaum zu treffen. Die schriftliche Überlieferung läßt uns in dieser Frage weitgehend im Stich. Eine ähnlich desolate Überlieferungslage weist auch Fritzlar, das wichtigste Zentrum des Mainzer Erzstifts in Niederhessen, auf.[16] Wie in Fritzlar wird man auch in Erfurt zwischen Pfalz, Marktsiedlung und sonstigen königlichen Rechten am Ort zu unterscheiden und mit einem gegebenenfalls in mehreren Etappen verlaufenden Ablösungsprozeß zu rechnen haben. Die Königspfalz könnte in Erfurt bereits im ausgehenden 10. Jahrhundert an das Mainzer Erzstift gefallen sein. Denn Königsaufenthalte bleiben hier nach 975 für

---

13) HANS WEIRICH, Urkundenbuch der Reichsabtei Hersfeld, Bd. 1, Marburg 1936, Nr. 21: *actum ad Erfesfurt in palatio publico.* – Daß die Bezeichnung *palatium publicum* an dieser Stelle allein auf ein Pfalzgebäude bezogen werden kann, die Bedeutung (vom König angeordnete und in dessen Abwesenheit abgehaltene) „Gerichtsversammlung“, die WALTER SCHLESINGER, Städtische Frühformen zwischen Rhein und Elbe. In: Studien zu den Anfängen des europäischen Städtewesens. Lindau, Konstanz 1958, S. 317 Anm. 131 für möglich hielt, hingegen nicht in Betracht kommt, hat THOMAS ZOTZ, Palatium publicum, nostrum, regium. Bemerkungen zur Königspfalz in der Karolingerzeit. In: Die Pfalz. Probleme einer Begriffsgeschichte vom Kaiserpalast auf dem Palatin bis zum heutigen Regierungsbezirk. Hg. FRANZ STAAB, Speyer 1990, S. 77f. sichergestellt. – Zu lokalisieren ist die Königspfalz am ehesten auf dem Petersberg, der sog. Untersberg (Domhügel) kommt als Standort kaum in Betracht, vgl. GOCKEL, Art. Erfurt (wie Anm. 12) S. 110f.

14) Ebd., S. 114.

15) Translatio sancti Severi confessoris cap. 3. Hg. LOTHAR VON HEINEMANN (MGH SS 15/1) Hannover 1887, S. 292. Zur Abfassungszeit und zur Interpretation des Berichts eingehend WERNER, Gründungstradition (wie Anm. 11) S. 105–110.

16) MICHAEL GOCKEL, Fritzlar und das Reich. In: Fritzlar im Mittelalter. Festschrift zur 1250-Jahrfeier. Fritzlar 1974, S. 110ff.

nahezu ein Jahrhundert aus.[17] Die Verfügung über den örtlichen Markt und die damit verbundenen Münz- und Zollrechte, ohne die die spätere Mainzer Stadtherrschaft in Erfurt nicht denkbar wäre, hat jedoch offensichtlich erst Erzbischof Aribo von Mainz (1021–1031) erlangt. Zumindest hat er als erster Münzen mit seinem Bild am Orte schlagen lassen.[18]

In der Zeit des Investiturstreits, als die Quellen über Erfurt wieder reichlicher zu fließen beginnen, erweist sich die Position des Mainzer Erzstifts am Orte bereits als völlig gefestigt. Wenn König Heinrich IV. (1053–1106) im Oktober 1080 Erfurt von seinen Truppen niederbrennen ließ, dann hat er diesen Ort offensichtlich als einen gegnerischen Stützpunkt angesehen. Zweifellos wollte der Herrscher mit diesem harten Vorgehen vor allem Erzbischof Siegfried I. von Mainz (1060–1084) empfindlich treffen. Bekanntlich hatte dieser bereits 1077 wegen seiner Gegnerschaft zu Heinrich IV. seinen Metropolitansitz am Rhein verlassen müssen und seitdem vorzugsweise in Erfurt residiert.[19]

Auch nach dem Übergang der Erfurter Königspfalz und der benachbarten Marktsiedlung an das Erzstift Mainz sind Herrscher aus salischem und staufischem Hause noch mehrfach nach Erfurt gekommen, um hier Hof zu halten.[20] So hat sich beispielsweise König Heinrich V. (1099–1125) im April 1105 – wenige Monate nach dem Bruch mit seinem Vater, Kaiser Heinrich IV. – auf Einladung des Mainzer Erzbischofs Ruthard (1089–1109) zur Feier des Palmsonntagsfestes nach Erfurt begeben, um hier die Huldigung der thüringischen und sächsischen Großen entgegen zu nehmen. Als Ruthards Nachfolger auf dem Mainzer Erzstuhl, Erzbischof Adalbert I. (1111–1137), sieben Jahre später mit Heinrich V. selbst in Konflikt geriet und von diesem für drei Jahre in Haft gelegt wurde, hat der junge Herrscher nicht gezögert, die Einkünfte des Mainzer Erzstiftes in Erfurt in ausgiebiger Weise für seine eigene Hofhaltung zu verwenden. So feierte der König 1112 das Weihnachtsfest in Erfurt, hielt im Sommer 1113 hier einen Hoftag ab und ist im Sommer des darauffolgenden Jahres erneut am Orte nachweisbar. Wie wichtig Erfurt in diesen Jahren als Stützpunkt für den Herrscher war, zeigt am deutlichsten der Feldzug, zu dem Herzog Lothar von Süpplingenburg – wenige Monate nach der folgenschweren Niederlage Kaiser Heinrichs V. in der Schlacht am Welfesholz – im Sommer 1115 aufgebrochen war. Nur durch geschicktes Nachgeben seitens des Kaisers konnte der Sachsenherzog damals von der beabsichtigten Einnahme Erfurts abgebracht werden.[21]

Bei seinen gegen die Interessen des Mainzer Erzstifts in Thüringen gerichteten Aktivitäten konnte sich Heinrich V. auch auf Parteigänger in Erfurt selbst stützen,

---

17) Quellenmäßiger Nachweis der fünf ottonischen Herrscheraufenthalte am Ort in den Jahren 932, 936, 973, 974 und 975 bei Gockel, Art. Erfurt (wie Anm. 12) S. 115f.

18) Vgl. unten S. 93 mit Anm. 59.

19) Die Quellen sind angeführt bei Gockel, Art. Erfurt (wie Anm. 12) S. 118f.; vgl. ebd., S. 144f.

20) Quellennachweise für die folgenden Herrscheraufenthalte ebd., S. 119f.

21) Vgl. ebd., S. 145f.

insbesondere auf den Abt des Petersklosters Burkhard und dessen Konvent. Als Erzbischof Adalbert I. nach seiner im November 1115 erfolgten Freilassung im April 1116 erstmals wieder nach Erfurt kam, hat er das Peterskloster mit der Absetzung des Abtes und der Entziehung von Teilen des Klostervermögens für diese Parteinahme schwer bestraft, was die Beziehungen des Klosters zu den Erzbischöfen auf Jahrzehnte hin vergiftet hat.[22]

Auch den Herrschern aus staufischem Hause hat Erfurt in ihren Auseinandersetzungen mit den Welfen als wichtigster Stützpunkt in Thüringen gedient.[23] Schon Konrad III. (1138–1152) hatte hier sein Quartier aufgeschlagen, als er im November 1151 mit Heeresmacht von Würzburg aus gegen Braunschweig, die Residenz Heinrichs des Löwen, vorrückte. Während der Regierungszeit Friedrich Barbarossas (1152–1190) zählte Erfurt mit elf gesicherten Herrscheraufenthalten nach Worms, Würzburg, Regensburg und Ulm sogar zu den meistbesuchten Plätzen im Reiche überhaupt. Bereits auf seinem ersten Umritt durch das Reich hatte Barbarossa im Frühsommer 1152 hier Station gemacht. Von welchen Absichten sich der Herrscher in Erfurt von Anfang an leiten ließ, geht aus den beiden Aufenthalten des Königs in Erfurt und Heiligenstadt im Mai 1153 hervor. In die kurze Spanne zwischen der Einigung mit Vertretern der Kurie über die Amtsenthebung des Mainzer Erzbischofs Heinrich zu Ostern in Konstanz und dessen formeller Absetzung auf einem Wormser Hoftag zu Pfingsten desselben Jahres eingeschoben, kann das Erscheinen des Herrschers an den beiden wichtigsten Zentren des Mainzer Erzstifts in Thüringen nur als ein demonstrativer Akt gewertet werden. Für diese Einschätzung sprechen nicht zuletzt die beiden damals in Heiligenstadt ausgestellten Herrscherdiplome: sie richteten sich eindeutig gegen die Interessen des Mainzer Erzbischofs und sind obendrein so abgefaßt, als wäre der Erzbischof damals bereits förmlich abgesetzt und das Amt des Erzkanzlers vakant gewesen.[24]

In die Tat umsetzen ließ sich der Plan einer intensiveren Heranziehung der Mainzer Besitzungen in Thüringen zum *servitium regis*, d. h. zur Königsgastung, allerdings erst nach der Amtsenthebung des Mainzer Elekten Konrad von Wittelsbach im Jahre 1165. Mit offensichtlicher Billigung seines kaiserlichen Schwagers legte Landgraf Ludwig II. von Thüringen daraufhin die Erfurter Stadtmauern nieder, brach die Mainzer Burgen Rusteberg auf dem Eichsfeld und Amöneburg in Hessen und rückte bis Bingen vor.[25] Die Schwächung des Mainzer Erzstifts schuf ein Vakuum, welches der Kaiser und seine Anhänger zu nutzen wußten. Als Christian von Buch, den der Kaiser zum Nachfolger

---

22) Hierzu ausführlich WERNER, Gründungstradition (wie Anm. 11) S. 81–86.

23) Die staufischen Herrscheraufenthalte in Erfurt sind bei GOCKEL, Art. Erfurt (wie Anm. 12) S. 120–135 ausführlich dokumentiert.

24) Vgl. MICHAEL GOCKEL, Art. Heiligenstadt, in: Die deutschen Königspfalzen, Bd. 2, Lfg. 2 (wie Anm. 12) S. 219f., 222.

25) Vgl. FRED SCHWIND, Thüringen und Hessen im Mittelalter. Gemeinsamkeiten – Divergenzen. In: Aspekte thüringisch-hessischer Geschichte (wie Anm. 9) S. 13.

Konrads auf dem Mainzer Erzstuhl bestellt hatte, im Herbst 1167 aus Italien nach Deutschland zurückkehrte, erhielt er von Friedrich Barbarossa den Auftrag, die Erfurter Stadtmauern unverzüglich wieder herzustellen, womit dieser im Dezember 1169 offensichtlich zum Abschluß kam.

Damit waren die Voraussetzungen für die im Juni 1170 einsetzende Reihe glanzvoller Erfurter Hoftage und Festfeiern Friedrich Barbarossas und seines Sohnes, Heinrich VI. (1169–1197), geschaffen. Unter anderem sagte Barbarossa zu Weihnachten 1180 in Erfurt eine Heerfahrt gegen Heinrich den Löwen an, der sich im Spätherbst des darauffolgenden Jahres hier schließlich auch dem Kaiser unterwarf.[26] Unter Konrad von Wittelsbach, der Ende 1183 ein zweites Mal den Mainzer Erzstuhl bestieg, haben dann nur mehr zwei Hoftage in Erfurt stattgefunden, und zwar im Juli 1184 und im November 1188. Mit dem erstgenannten und einem zu Pfingsten des gleichen Jahres in Mainz abgehaltenen Hoftag ist die bemerkenswerte Feststellung zu verbinden, die Erzbischof Konrad in seinem 1189/1190 verfaßten Rechenschaftsbericht getroffen hat: im ersten Jahr nach seiner Rückkehr auf den Mainzer Stuhl seien vom Kaiser bis auf 45 Schillinge in Mainz und 7 Pfund Silbers in Thüringen alle Einkünfte und Erntevorräte des Erzstifts verbraucht worden.[27]

In dem 1189 ausbrechenden staufisch-welfischen Thronstreit blieb Erfurt weiterhin ein Bollwerk der staufischen Partei. 1203/1204 diente die Stadt Philipp von Schwaben (1198–1208) als Stützpunkt in seinen Kämpfen mit dem welfischen Gegenkönig Otto IV. (1198–1218). Auch der 1200 von der staufischen Partei als Gegenerzbischof zu Siegfried II. von Mainz, einem Parteigänger der Welfen, aufgestellte Wormser Bischof Lupold residierte 1203 in Erfurt, wo er bei Graf Lambert II. von Gleichen, dem Vogt des Mainzer Erzstifts in Erfurt, und den Bürgern festen Rückhalt fand.

Unter Otto IV. und Friedrich II. (1196–1250) tritt Erfurt als Aufenthaltsort immer stärker zurück. Damit teilt die Stadt das Schicksal ganz Thüringens, das mit dem Ende der Stauferzeit endgültig aus der Reihe der „Kernlandschaften“ des Reiches ausschied und künftig zu den „königsfernen“ Landschaften gehörte.

Alles in allem dürfte aus den dargelegten Beobachtungen wohl deutlich geworden sein, daß die Zentralgewalt Erfurt auch nach dessen Übergang an das Erzstift Mainz noch nahezu 200 Jahre als Aufenthalts-, Fest- und Versammlungsort für die Zwecke des Reiches zu nutzen verstand. Notfalls wußten kraftvolle Herrscher, wie Heinrich IV. und Friedrich Barbarossa, ihren Anspruch auf Königsgastung auch gegen den Willen der jeweiligen Erzbischöfe durchzusetzen. Eine Revindikation Erfurts scheinen die Herrscher jedoch nicht mehr angestrebt zu haben. Der Anspruch des Mainzer Erzbischofs auf die Stadtherrschaft über Erfurt blieb unbestritten. Friedrich Barbarossa hat die Zugehörigkeit der Stadt zum Mainzer Herrschaftsbereich im Jahre 1181, als die

---

26) Wie Anm. 23.

27) Peter Acht, Mainzer Urkundenbuch. Bd. 2/2, Darmstadt 1971, Nr. 531 (S. 881): *Preterea in primo anno reditus nostri omnia imperator consumserat usque ad novos fructus preter XLV solidos in Moguncia et septem libras in Turingia.*

Nutzung Erfurts als Aufenthaltsort einen ihrer Höhepunkte erreichte, sogar ausdrücklich anerkannt. Denn im Schlußprotokoll eines Diploms für das Augustiner-Chorherrenstift Hamersleben vom 22. November dieses Jahres findet sich die eher beiläufige und deshalb um so wertvollere Angabe: *datum in territorio Moguntino Erphurdie.*[28]

## 2.

Als Bonifatius im Jahre 724/25 den Schwerpunkt seiner Missionstätigkeit von Hessen nach Thüringen verlegte, hat er seine ersten Stützpunkte bekanntlich am Nordrand des Thüringer Waldes errichtet. Er folgte damit dem Vorbild seines Landsmannes und Lehrmeisters Willibrord, dem der mainfränkisch-thüringische Herzog Heden im Jahre 704 umfangreiche Besitzungen in Arnstadt, Mühlberg und Großmonra übereignet hatte.[29] Die ersten Stützpunkte des Bonifatius lagen in allernächster Nachbarschaft, in Sülzenbrücken und Ohrdruf. Am letztgenannten Ort gründete Bonifatius um 725 ein Kloster zu Ehren des hl. Michael.[30] Wohl ebenfalls noch 725 errichtete Bonifatius auch in Erfurt eine Kirche, und zwar auf privatem Grund und Boden.[31] Wir dürfen in dieser *ecclesia* einen Vorgängerbau des heutigen Mariendoms erblicken.[32]

Warum Bonifatius sich bei der Auswahl des Klosterstandorts für Ohrdruf und nicht für Erfurt entschieden hat, wissen wir nicht. Die Konkurrenz eines älteren Klosters am Ort kann nicht der Grund gewesen sein; denn das Peterskloster wurde erst im Jahre 1060 von Erzbischof Siegfried I. von Mainz (1060–1084) eingerichtet. Die im Kloster selbst seit dem frühen 12. Jahrhundert vertretene Tradition einer angeblich königlichen Gründung in vorbonifatianischer Zeit verdient, wie bereits oben festgestellt,[33] keinen Glauben.[34] Ebenso wenig kann bei der Wahl Ohrdrufs die Furcht vor etwaigen

---

28) Heinrich Appelt, Die Urkunden Friedrichs I. Teil 4: 1181–1190. Hannover 1990, Nr. 815.

29) Aus der kaum zu übersehenden Literatur zum Missionswerk des Bonifatius in Thüringen sind in unserem Zusammenhang besonders wichtig: Hans Eberhardt, Zur Frühgeschichte des Christentums im mittleren Thüringen. In: Mosaiksteine. Berlin 1981, S. 64–78; Matthias Werner, Iren und Angelsachsen in Mitteldeutschland. Zur vorbonifatianischen Mission in Hessen und Thüringen. In: Die Iren und Europa im früheren Mittelalter, Bd. 1, hg. Heinz Löwe. Stuttgart 1982, S. 239–318, bes. S. 278 ff. – Ferner vgl. zum Folgenden durchgängig Hans Eberhardt, Erfurt als kirchliches Zentrum im Früh- und Hochmittelalter. In: Fundamente. Berlin 1987, S. 11–28.

30) Michael Gockel, Art. Ohrdruf. In: Die deutschen Königspfalzen, Bd. 2, Lfg. 4 (wie Anm. 12) 1991, S. 386–401, bes. S. 397 ff.

31) Liudgeri Vita Gregorii abbatis Traiectensis cap. 3. Hg. Oswald Holder-Egger (MGH SS 15/1) Hannover 1887, S. 70.

32) Gockel, Art. Erfurt (wie Anm. 12) S. 140 u. 142.

33) Vgl. oben S. 83.

34) Der von Franz Staab, Die Gründung der Bistümer Erfurt, Büraburg und Würzburg durch Bonifatius im Rahmen der fränkischen und päpstlichen Politik. In: Archiv für Mittelrheinische Kirchengeschichte 40 (1988) S. 39 ff. unternommene Versuch, die Existenz eines Klosters auf dem Petersberg schon in karolingischer Zeit zu sichern, und zwar unabhängig von der fiktiven Gründungstradition des Petersklosters, ist mißlungen. Vgl. Gockel, Westausdehnung (wie Anm. 9) S. 60 mit Anm. 70.

Einfällen der Sachsen, die damals noch im Winkel zwischen Helme und Unstrut saßen, den Ausschlag gegeben haben. Denn andernfalls hätte Bonifatius Erfurt 741/42 auch nicht als Bistumssitz ins Auge fassen können. Die Feldzüge, welche die fränkischen Hausmeier Karlmann und Pippin von Thüringen aus gegen die Sachsen unternahmen, setzten erst 743 ein, als das Bistum bereits bestand.[35]

Zum Oberhirten der neuen Diözese hatte Bonifatius – darüber ist sich die Forschung heute einig – seinen angelsächsischen Schüler Willibald bestimmt.[36] Er hat ihn selbst am 21. Oktober 74(1) in Sülzenbrücken unter Assistenz der Bischöfe Burkhard (von Würzburg) und Witta (von Büraburg) zum Bischof geweiht.[37] Die ältere Ansicht, Willibald sei von Anfang an als Bischof für Eichstätt, seinen späteren Wirkungsort, in Aussicht genommen worden, ist aufzugeben.[38]

Von den drei mitteldeutschen Bistumsgründungen des Bonifatius hatte bekanntlich nur Würzburg auf Dauer Bestand. Erfurt und das Hessenbistum Büraburg bei Fritzlar hat Bonifatius noch selbst wieder eingezogen und der Mainzer Diözese einverleibt.[39] Zum Verlust der Selbständigkeit kann es frühestens 746/47 gekommen sein, als Bonifatius nach dem Scheitern der Kölner Metropolitanpläne und dem Sturz des Mainzer Bischofs Gewilib selbst den Mainzer Bischofsstuhl bestieg. Vor diesem Zeitpunkt konnte Bonifatius kaum an einer Einbeziehung der Bistümer Büraburg und Erfurt in die Diözese Mainz interessiert gewesen sein.[40] Andererseits, und darauf hat der Eichstätter Historiker Harald Dickerhoff kürzlich aufmerksam gemacht, begann Willibald

---

35) Walter Schlesinger, Zur politischen Geschichte der fränkischen Ostbewegung vor Karl dem Großen. In: Althessen im Frankenreich. Hg. Walter Schlesinger. Sigmaringen 1975, S. 47f.

36) Den neuesten Forschungsstand zu dieser vielbehandelten Frage enthält der Sammelband: Der hl. Willibald – Klosterbischof oder Bistumsgründer? Hg. Harald Dickerhoff, Ernst Reiter u. Stefan Weinfurter. Regensburg 1990. Als den ersten Leiter des Bistums Erfurt bringt Hubert Mordek, Die Hedenen als politische Kraft im austrasischen Frankenreich. In: Karl Martell in seiner Zeit. Hg. J. Jarnut, U. Nonn [u. a.], Sigmaringen 1994, S. 345–366, hier S. 347f., neuerdings jenen Bischof *Eddanum* ins Spiel, der zu den Teilnehmern des Concilium Germanicum zählte, von der Forschung bisher jedoch stets mit Bischof Heddo von Straßburg identifiziert wurde. Die Frage bedarf eingehender Diskussion.

37) Vita Willibaldi episcopi Eichstetensis cap. 5. Hg. Oswald Holder-Egger (MGH SS 15/1) Hannover 1887, S. 105. – Das Datum der Bischofsweihe diskutiert eingehend Kurt Ulrich Jäschke, Die Gründungszeit der mitteldeutschen Bistümer und das Jahr des Concilium Germanicum. In: Festschrift für Walter Schlesinger, Bd. 2, Hg. Helmut Beumann. Köln, Graz 1974, S. 80, 93, 96, 121. Mit neuen Gesichtspunkten hat die Frage zuletzt behandelt Heinz Joachim Schüssler, Zwei Dutzend Kirchen und Klöster für das Bistum Würzburg. Zur Problematik urkundlicher Ersterwähnungen in Sammelbestätigungen der Karolingerzeit. In: Region und Reich. Zur Einbeziehung des Neckar-Raumes in das Karolinger-Reich und ihre Parellelen und Folgen. Heilbronn 1992, S. 189ff.

38) Zum Durchbruch verholfen hat dieser Auffassung Gerhard Pfeiffer, Erfurt oder Eichstätt? Zur Biographie des Bischofs Willibald. In: Festschrift für Walter Schlesinger. Bd. 2 (wie Anm. 37) S. 137–161.

39) Wolfgang Fritze, Bonifatius und die Einbeziehung von Hessen und Thüringen in die Mainzer Diözese. Bemerkungen zu einer unerklärten Stelle in Willibalds Bonifatius-Vita. In: Hessisches Jahrbuch für Landesgeschichte 4 (1954) S. 37–63.

40) Harald Dickerhoff, Stefan Weinfurter, Summa historica. In: Der hl. Willibald (wie Anm. 36) S. 261 (Weinfurter).

erst von etwa 751/752 an im Eichstätter Raum eine beherrschende Rolle zu spielen. Nach diesem Befund dürfte Bonifatius seinen Schüler Willibald wohl erst um diese Zeit zur Aufgabe des Erfurter Bischofsstuhls veranlaßt und ihn mit Eichstätt abgefunden haben.[41] Die Selbständigkeit des Erfurter Bistums hätte – wenn wir dieser Ansicht folgen – also immerhin zehn Jahre gewährt und wäre keinesfalls eine bloße Episode geblieben.

Schließlich hat Erfurt auch nach der Aufhebung des Bistums noch bis weit ins 9. Jahrhundert hinein – ähnlich wie Büraburg/Fritzlar – einem vom Mainzer Erzbischof bestellten Chorbischof als fester Sitz gedient.[42] Sein Zuständigkeitsbereich deckte sich offenkundig mit dem Sprengel des aufgehobenen Bistums. An die Stelle dieser Chorbischöfe älterer Art traten vom späten 10. Jahrhundert an auswärtige Bischöfe, denen der Mainzer Erzbischof nach ihrer Vertreibung aus ihren weiter östlich bzw. nördlich gelegenen Bischofssitzen Erfurt – und später auch Fritzlar[43] – als Exilsitz zugewiesen hatte. Der erste dieser zeitweise in Erfurt residierenden fremden Bischöfe war Bischof Folkold, den der polnische Herrscher Boleslaw Chrobry 984 aus Meißen vertrieben hatte.[44]

Während des Investiturstreits verstärkte sich die Stellung Erfurts als kirchliches Zentrum weiter. In dieser Zeit schlugen die Mainzer Erzbischöfe mehrfach ihre Residenz in Erfurt auf, wenn sie wegen ihrer Gegnerschaft zu Heinrich IV. das kaisertreue Mainz verlassen mußten. Hierauf wurde schon in anderem Zusammenhang hingewiesen.[45] – Um den Ausbau Erfurts zu einem weitausstrahlenden kultischen Zentrum haben sich die Mainzer Erzbischöfe bereits in karolingischer Zeit bemüht. So ließ Erzbischof Otgar (826–847) im Jahre 836 Reliquien des hl. Severus in eine ursprünglich dem Apostelfürsten Paulus geweihte, auf dem Erfurter Domhügel gelegene Kirche transferieren.[46] Spätestens um die Mitte des 11. Jahrhunderts gelang der benachbarten Marienkirche der Erwerb der Gebeine der beiden Märtyrergefährten des Bonifatius, Adolar und Eoban, die zuvor in Fulda verwahrt worden waren.[47]

Sowohl an der St. Marien wie an der nun St. Severi genannten ehemaligen Paulskirche dürfte der Mainzer Erzbischof bereits in karolingischer Zeit Kanonikerstifte unterhalten haben.[48] Über ein drittes Kanonikerstift verfügte er zeitweise auf dem Petersberg.[49] Möglicherweise hatte der Erzbischof hierfür die Gebäude der ehemaligen Königspfalz

---

41) Ebd., S. 250ff.

42) Hans K. Schulze, Die Kirche im Hoch- und Spätmittelalter. In: Geschichte Thüringens (wie Anm. 4) Bd. 2/2, 1973, S. 51f.

43) Gockel, Westausdehnung (wie Anm. 9) S. 62.

44) Gockel, Art. Erfurt (wie Anm. 12) S. 144.

45) Siehe oben, S. 85.

46) Siehe oben, Anm. 15.

47) Werner, Gründungstradition (wie Anm. 11) S. 98–103.

48) Zu St. Marien vgl. Rudolf Schieffer, Die Entstehung von Domkapiteln in Deutschland. Bonn 1976, S. 182f. – Zu St. Severi vgl. Werner, Gründungstradition (wie Anm. 11) S. 109f.

49) Ebd. S. 63f.

zur Verfügung gestellt.[50] Dieses Stift wurde aber bereits im Jahre 1060 von Erzbischof Siegfried I. von Mainz (1060–1084) in ein Benediktinerkloster umgewandelt.[51] Außer St. Marien und St. Severi hat sich auf dem Domhügel noch ein altes Nonnenkloster befunden, dessen Anfänge im dunkeln liegen. Es wurde 1123 auf den Cyriaxberg verlegt, da Erzbischof Adalbert I. von Mainz Platz für den Neubau des Krummhauses, seine erzbischöfliche Pfalz, benötigte.[52] Mit derart zahlreichen kirchlichen Anstalten hohen Alters und Ranges überragt Erfurt bei weitem alle anderen regionalen kirchlichen Zentren des Mainzer Erzstifts in Thüringen, wie Heiligenstadt, Oberdorla und Jechaburg.

Wie übermächtig die Stellung Erfurts in Thüringen in kirchlicher Hinsicht gewesen ist, wird nicht zuletzt bei der Betrachtung der Reorganisation der Diözesanverwaltung sichtbar, die der bereits genannte Erzbischof Adalbert I. von Mainz in Thüringen durchführte.[53] Denn zwei der fünf damals neu eingerichteten Thüringer Archidiakonate wurden den Pröpsten der beiden Erfurter Kollegiatstifter St. Marien und St. Severi unterstellt und somit von Erfurt aus verwaltet. Überdies wurde das Thüringer Becken derart unter die hieran beteiligten vier Archidiakonate aufgeteilt, daß unweigerlich – wie man formuliert hat – der Eindruck entsteht, die Einteilung sei offenbar „von Erfurter Sicht aus"[54] vorgenommen worden.

Die Mainzer Erzbischöfe haben Erfurt aber nicht nur als kultisch-kirchliches Zentrum nachhaltig gefördert, sondern diesen Platz darüber hinaus – in ähnlicher Weise wie Fritzlar in Niederhessen – zum wichtigsten Zentrum der Territorialpolitik des Mainzer Erzstifts in Thüringen ausgebaut, was aber nicht mehr in diesen Zusammenhang gehört.

### *3.*

Die ersten vagen Hinweise auf Handelsverkehr im frühen Mittelalter im Erfurter Raum liefern zwei Feinwaagen aus Bronze, die in den Gräben zweier reich bewaffneter fränkischer Krieger des späten 6. Jahrhunderts auf dem Gräberfeld von Alach (6 km westl. Erfurt) geborgen wurden.[55] Derartige Geräte benötigten in der Merowingerzeit alle Personen, die am Handel teilnahmen bzw. mit Edelmetall umgingen. – Das älteste schriftliche Zeugnis zum Erfurter Handel enthält die vom späteren Fuldaer Abt Eigil wohl noch in den neunziger Jahren des 8. Jahrhunderts verfaßte Lebensbeschreibung des Fuldaer Gründerabts Sturmi. Hier wird zum Jahre 742 ein Abschnitt jener alten

---

50) Eberhardt, Erfurt als kirchliches Zentrum (wie Anm. 29) S. 19.

51) Wie Anm. 49.

52) Werner, Gründungstradition (wie Anm. 11) S. 107 ff. – Entgegen örtlicher Meinung war dieses Nonnenkloster nicht mit der St. Paulskirche (später St. Severi) verbunden.

53) Schulze (wie Anm. 42) S. 53 ff. – Hans Eberhardt, Archidiakonate und Sedes im mittleren Thüringen. In: Hessisches Jahrbuch für Landesgeschichte 39 (1989) S. 1–22 (mit Karte).

54) Fritz Koerner, Die kirchliche Verwaltungsgliederung Mitteldeutschlands und ihre Auswertung für die Geschichte der Kulturlandschaft. In: Petermanns geografische Mitteilungen 98 (1954) S. 19.

55) Timpel, Gräberfeld Alach (wie Anm. 6) S. 86 ff., 103 f.

Handelsstraße genannt, „auf der die Kaufleute aus dem Gebiet der Thüringer nach Mainz ziehen".[56] Da jene Kaufmannsstraße von Erfurt ausging, dürfen wir diese Nachricht ohne weiteres als ein indirektes Zeugnis für die Handelsbedeutung dieses Platzes in der Zeit der Bistumsgründung werten.

Das bekannte Diedenhofener Kapitular Karl des Großen vom Jahre 805 nennt Erfurt als einzigen Platz auf der Strecke zwischen Magdeburg und Hallstadt bei Bamberg, an dem künftig der Fernhandel mit den östlichen Nachbarvölkern stattfinden sollte. Die Kaufleute aus dem Westen, die zuvor offenbar in die slawischen Gebiete weiterzogen, waren nunmehr gehalten, ihre Waren allein auf den im Kapitular genannten, von kaiserlichen Sendboten kontrollierten Umschlagplätzen abzusetzen.[57] Bis an diese Plätze mußten ihnen die am Warenaustausch interessierten ausländischen (insbesondere slawischen) Händler entgegenkommen. Zweck dieses Erlasses war neben der Neuordnung des grenzüberschreitenden Handels vor allem die Überwachung des Waffenembargos, das der Kaiser über die begehrten fränkischen Schwerter und Brünnen verhängt hatte.

Daß in Thüringen mit Erfurt ein Ort für den Grenzhandel ausgewählt wurde, der nicht weniger als 40 km, also nahezu zwei Tagereisen, westlich der Grenze des fränkischen Reiches lag,[58] kann wohl nur mit der überragenden Rolle Erfurts im Fernhandel der damaligen Zeit erklärt werden. Eine ähnliche Dominanz hat nach dem Diedenhofener Kapitular allenfalls noch Regensburg innerhalb Bayerns besessen.

Im 10. Jahrhundert lagen Thüringen und das benachbarte Althessen in wirtschaftlicher und politischer Hinsicht abseits des großen Geschehens. In dieser Zeit hatte sich das Schwergewicht eindeutig nach Sachsen, die Heimat der ottonischen Dynastie, verlagert. Erst zu Beginn des 11. Jahrhunderts gewann Thüringen allmählich den Anschluß an die großen Verkehrs- und Warenströme zurück. Erkennbar wird dieser Vorgang am zögernden Einsetzen des Erfurter Münzbetriebs etwa ab 1005. Leider lassen die ältesten, erst kürzlich identifizierten Erfurter Pfennige nicht erkennen, wer das Münzrecht am Orte anfänglich ausgeübt hat. Am ehesten wurden diese Pfennige wohl in einer königlichen Münzstätte geschlagen, da deren Münzbilder keinerlei geistliche Attribute aufweisen. Es ist jedoch keineswegs auszuschließen, daß der König dem Mainzer Erzbischof in Erfurt von Anfang an ein Mitspracherecht bei der Aus-

---

56) Die Vita Sturmi des Eigil von Fulda. Hg. Pius Engelbert. Marburg 1968, cap. 7 (S. 139): *... pervenit* (sc. *Sturmi*) *ad viam, quae a Turingorum regione mercandi causa ad Mogontiam pergentes ducit.*

57) Capitularia regum Francorum. Bd. 1. Hg. Alfred Boretius. Hannover 1883, Nr. 44, cap. 7 (S. 123).

58) Zum Verlauf der fränkischen Reichsgrenze an der mittleren Saale vgl. die Nachweise bei Gockel, Westausdehnung (wie Anm. 9) S. 50 mit Anm. 5. Nach Ausweis des Breviarium s. Lulli und des fuldischen Thüringen-Cartulars reichen die Erwerbungen der Reichsklöster Hersfeld und Fulda bereits zur Zeit Karls d. Gr. bei Balgstädt, Rothenstein (südl. Jena) und Rudolstadt bzw. Lengefeld und Stendorf (beide bei Bad Kösen) sowie Isserstedt und (Ober-, Nieder-)Synderstedt bis unmittelbar oder doch nahe an die Saale heran.

übung der Münzgerechtigkeit eingeräumt hat. Über das Recht, ihr eigenes Bildnis auf die Erfurter Pfennige zu setzen, verfügten die Mainzer Erzbischöfe allerdings erst von Erzbischof Aribo an, der 1021 den Mainzer Erzstuhl bestieg.[59] In der Folgezeit treten königliche Gepräge in Erfurt nur noch sporadisch auf.

Während der bis gegen 1130 reichenden Periode des Fernhandelsdenars verfügte Erfurt über die einzige Münzstätte von Bedeutung in ganz Thüringen. Ansonsten wurden nur noch in Arnstadt in der Mitte des 11. Jahrhunderts gelegentlich Pfennige geprägt, und zwar auf Erfurter Schlag. Quantitativ spielten die Arnstädter Beischläge jedoch keine nennenswerte Rolle. – Insgesamt gesehen war der Geldverkehr in Thüringen im 11. und frühen 12. Jahrhundert nocht recht bescheiden. Immerhin wurden in Erfurt damals auch Hälblinge, d. h. halbe Pfennige, geprägt, sicherlich aus Rücksicht auf die Bedürfnisse des lokalen Kleinhandels. Im übrigen sind Erfurter Pfennige in den wenigen bisher bekannt gewordenen thüringischen Schatzfunden dieser Zeit durchweg gut vertreten und als Charonspfennige gelegentlich auch in einheimischen Gräbern anzutreffen.[60]

Etwa um 1130 stellte die Erfurter Münze die Prägung zweiseitiger Pfennige ein und ging zur Ausgabe von Brakteaten über, das sind Münzen aus einseitig geprägtem dünnen Silberblech. Mit Hilfe der Brakteatentechnik konnte die Erfurter Münze ihren Ausstoß erheblich steigern. Gleichwohl konnte der rapid ansteigende Geldbedarf im Lande bald nicht mehr allein von Erfurt aus befriedigt werden, so daß in den nächsten Jahrzehnten zahlreiche weitere Münzstätten im Einflußbereich der thüringischen Metropole in Betrieb gesetzt wurden. Erfurt blieb zwar auch künftig die bedeutendste Münzstätte des Landes, ihr Geltungsbereich engte sich aber immer mehr ein. Dies wird insbesondere nach 1170/1180 sichtbar, als einige dieser neuen thüringischen Münzstätten, wie Mühlhausen und Saalfeld, deren Münzbilder sich bisher an Erfurter Pfennige angelehnt hatten, zur Ausgabe eigenständiger Münztypen schritten.[61]

Während der Periode des regionalen Pfennigs (ca. 1130 bis etwa 1330) herrschte auf den Märkten Währungszwang. Bei Kauf und Verkauf von Waren war die Zahlung mit gängiger Münze zwingend vorgeschrieben. Auf den Märkten standen die Wechselbänke der Münzer, wo die Käufer gegen ein Aufgeld auswärtige Pfennige gegen die jeweils am Orte geltenden umwechseln konnten. Einmal im Jahr, in Erfurt nachweislich zum 25. Juli, wurden außerdem alle bisher am Orte geltenden Pfennige „verrufen", d. h. außer Kurs gesetzt. Die alten mußten dann gegen neue Münzen, die sich im Münzbild deutlich von denen des Vorjahrs abhoben, umgewechselt werden. Hierbei wurde der

59) Christian Stoess, Die frühesten Erfurter Münzen. In: Festschrift für Peter Berghaus zum 70. Geburtstag. Münster 1989, S. 1–10; ders., Mainzer (?) Prägungen der Ottonenzeit (?). Eine Untersuchung zu der Gruppe Dbg[1] 778/779. In: Sigtuna Papers, London 1990, S. 311–316.

60) Wolfgang Hess, Anfänge des Städtewesens. Märkte, Münzstätten und Städte bis ca. 1330/40. In: Geschichte Thüringens (wie Anm. 4) Bd. 2/1, 1974, S. 312 ff.; Wolfgang Steguweit, Geschichte der Münzstätte Gotha vom 12. bis zum 19. Jahrhundert. Weimar 1987, S. 14 ff.

61) Hess, Anfänge (wie Anm. 60) S. 332; Steguweit (wie Anm. 60) S. 14–22.

sogenannte Schlagschatz, eine Art Umsatzsteuer, erhoben. Die Bewohner Erfurts selbst waren bei manchen Käufen von dieser Umsatzsteuer befreit.[62] Die Einkünfte, die der Mainzer Erzbischof aus Markt, Marktzoll und Münze bezog, müssen beträchtlich gewesen sein.

Insgesamt gesehen wuchs Erfurt im 11./12. Jahrhundert zu einer nach Bevölkerungszahl und Wirtschaftskraft derart dominierenden städtischen Ansiedlung heran, daß künftig keine andere Stadt Thüringens mehr ernsthaft mit ihr konkurrieren konnte. Außer der Gunst ihrer hervorragenden geographischen Lage wird hierzu auch die Befähigung der Erfurter Kaufleute ihr Teil beigetragen haben. In den schriftlichen Quellen werden ortsansässige Kaufleute freilich erst in staufischer Zeit greifbar. Insbesondere traten damals Juden und Friesen als jene beiden Gruppen hervor, die als Fernhändler am Ort miteinander rivalisierten.[63]

*

Ungeachtet des bruchstückhaften Charakters unserer Überlieferung besteht – alles in allem gesehen – wohl nicht der geringste Zweifel, daß die Bewohner Erfurts von jeher die Chance zu nutzen wußten, die sich ihrem Ort dank seiner zentralen Lage inmitten des Thüringer Beckens bot. Von Natur aus wie kein zweiter Platz innerhalb Thüringens zum zentralen Ort prädestiniert, hat Erfurt vom frühen Mittelalter an in immer stärkerem Maße zentralörtliche Funktionen an sich gezogen, und zwar zunächst im administrativ-politischen Bereich. Wenn dem von Bonifatius errichteten Thüringer-Bistum auch keine Dauer beschieden war, so hat dies Erfurts Rang als wichtigstes kirchlich-kultisches Zentrum des Landes keinen Abbruch getan. Auch im wirtschaftlichen Bereich gewann Erfurt je länger je mehr eine überragende Stellung. Schließlich beginnt vom Ende des 13. Jahrhunderts an auch die Ausstrahlungskraft Erfurts als kulturelles Zentrum in den Quellen sichtbar zu werden. So bezeugt etwa die Erfurter Schulordnung von 1282 die Existenz eines Wissenschaftsbetriebs von gleichsam universitärem Rang am Orte schon mehr als ein Jahrhundert vor Gründung der Erfurter Universität.

---

62) Wolfgang Hess, Währungszwang und Geldumlauf in den Brakteatengebieten Wetterau – Hessen – Thüringen. In: Actes du 9ème congrès international de numismatique Berne, Sept. 1979, Vol. 2, Louvain-La-Neuve, Luxembourg 1982, S. 853–857.

63) Gockel, Art. Erfurt (wie Anm. 12) S. 106.

EBERHARD HOLTZ

# Zur politischen und rechtlichen Situation Erfurts im 15. Jahrhundert im Vergleich mit anderen mitteldeutschen Städten

Blickt man auf die Geschichte von Erfurt zurück, so muß man konstatieren, daß die thüringische Metropole in politisch-administrativer Hinsicht bis in die Mitte unseres Jahrhunderts hinein Territorien zugeordnet war, die ihren Machtschwerpunkt außerhalb Thüringens besaßen. Von 1803 bis 1944 gehörte die Stadt zu Preußen und davor zum Erzstift Mainz. Daß die Unterstellung unter einen auswärtigen Stadtherrn durchaus seine Vorteile haben konnte, zeigte anschaulich die Situation Erfurts im späten Mittelalter.

Seit dem 13. Jahrhundert war es der Stadt immer mehr gelungen, den Einfluß und die Eingriffsmöglichkeiten des Mainzer Erzbischofs auf ihre inneren Angelegenheiten zurückzudrängen und sich von seiner Herrschaft zu emanzipieren. Den Erfolg dieser Bemühungen verdankte sie in erster Linie ihrer wirtschaftlichen Kraft und politischen Stärke, aber auch der relativen Abgelegenheit von der Zentrale des Erzbistums. Im 15. Jahrhundert war von den einstigen Rechten des Erzbischofs in der Stadt nicht viel übriggeblieben; sie beschränkten sich auf Bereiche der Jurisdiktion sowie auf die Eintreibung von Zoll und Zinsen. In den wichtigsten Fragen, so in den Beziehungen zu anderen Mächten, im Bündnis- und Befestigungsrecht oder in der Ordnung seiner inneren Angelegenheiten handelte Erfurt selbständig.

Diese politische Eigenständigkeit äußerte sich auch darin, daß der Erfurter Rat den Erzbischof erst nach der Erneuerung der städtischen Privilegien in die Stadt einholte und ihm denselben Eid schwor, den beim Ratswechsel die neuen Ratsmitglieder leisten mußten und der nichts weiter als das Versprechen enthielt, die erzbischöflichen Rechte zu beachten. Eine eigentliche Huldigung fand nicht statt.[1]

Neben dem Erzbischof stand Erfurt auch zu den Kaisern und Königen in einem direkten Herrschaftsverhältnis, nachdem es erstmals 1352 durch Karl IV. (1346–1378) mit dem Reichslehen Kapellendorf belehnt worden war. Bei der Belehnung mußten die Erfurter dem Herrscher ihren Gehorsam schwören, also wesentlich mehr, als bei der Eidesleistung gegenüber dem Erzbischof. Sie waren ihm zugleich zu Hilfe und Beistand verpflichtet und wurden seit der Regierungszeit Kaiser Sigmunds (1410–1437) zum Kampf gegen äußere Feinde, so die Hussiten, herangezogen. Da über die Höhe der

1) Vgl. Carl Beyer/Johannes Biereye, Geschichte der Stadt Erfurt von der ältesten bis auf die neueste Zeit. Erfurt 1935, S. 172–175; Friedrich Benary, Zur Geschichte der Stadt und der Universität Erfurt am Ausgang des Mittelalters. Hg. Alfred Overmann, Gotha 1919, S. 65–76.

aufzubringenden Reichshilfe durch Vertreter des Kaisers, der Fürsten und Städte auf den Reichstagen verhandelt und im Ergebnis dessen häufig ein Reichsanschlag verabschiedet wurde, erhielt auch Erfurt seit 1420 mehrfach Einladungen zu solcher Art von Zusammenkünften und entsandte Vertreter.[2]

Den zweiten wesentlichen Berührungspunkt Erfurts zu den Königen stellten die Bestätigung der städtischen Privilegien und die Erteilung neuer Vergünstigungen dar, mit denen die rechtliche Eigenständigkeit der Stadt bekräftigt und ausgebaut wurde. Die Erfurter erlangten z.B. die Befreiung von auswärtigen Gerichten, die Gewährung von königlichem Schutz und Geleit, das Recht der Bürgeraufnahme oder die Erlaubnis zur Abhaltung eines Jahrmarktes.[3]

Der eigentümlichen Situation Erfurts, die sich aus seiner rechtlichen Stellung als kurmainzische Stadt auf der einen, und den praktisch-politischen Beziehungen zum König auf der anderen Seite ergab, ist bereits in der älteren Stadtgeschichtsschreibung Aufmerksamkeit geschenkt worden. Friedrich Benary z.B. definierte die staatsrechtliche Position der Stadt als Doppelstellung zwischen den Erzbischöfen und den Königen, ähnlich derjenigen, in welcher die Frei- und Reichsstädte standen, die sowohl einem geistlichen Herrn wie auch dem Reiche schworen. Erfurts Verhältnis zu seinem Stadtherrn hätte faktisch dem einer Freistadt und zum König dem einer Reichsstadt entsprochen.[4] Benary stützte sich bei seiner Argumentation auf die Untersuchungen Arno Martin Ehrentrauts über die Frei- und Reichsstädte, die einen bedeutenden Beitrag in der seit dem 19. Jahrhundert vornehmlich aus rechtshistorischer Sicht geführten Diskussion über eine mögliche Klassifizierung der deutschen Städte des Mittelalters leisteten.[5] Die ältere deutsche Historiographie teilte die Städte gewöhnlich in drei Gruppen auf: in Landstädte, die der Herrschaft territorialer Gewalten unterworfen waren, in Reichsstädte, die direkt dem König – aus welcher Dynastie auch immer er kam – unterstanden, sowie in Freie Städte. Gerade die nähere Definierung letzterer Gruppe, die in den Untersuchungen Ehrentrauts eine wichtige Rolle spielte, hat bis auf den heutigen Tag zu Kontroversen unter den Historikern geführt.[6]

---

2) Vgl. EBERHARD HOLTZ, Erfurt und Kaiser Friedrich III. (1440–1493). Berührungspunkte einer Territorialstadt zur Zentralgewalt des späten Mittelalters. In: Erfurt 742–1992. Stadtgeschichte – Universitätsgeschichte. Hg. ULMAN WEISS, Weimar 1992, S. 185–201; BENARY, Geschichte (wie Anm. 1) S. 76–80.

3) UB I Nr. 112, 114, 302, 324, 440, 550, 552; UB II Nr. 48, 85, 100, 162, 223, 224, 280, 393–395, 442, 444, 445, 450, 863, 1099, 1120; Die Urkunden Kaiser Sigmunds (1410–1437). Verzeichnet von WILHELM ALTMANN, Bd. 1 und 2, Innsbruck 1896/1900, Nr. 1500 und 7350; Regesta chronologico-diplomatica Friderici IV. Romanorum Regis (Imperatoris III.). Bearb. JOSEPH CHMEL, Wien 1838/1840, Nr. 6698 und 6704.

4) BENARY, Geschichte (wie Anm. 1) S. 76 und 80.

5) ARNO MARTIN EHRENTRAUT, Untersuchungen über die Frage der Frei- und Reichsstädte. Leipzig 1902.

6) Zu dieser Diskussion wie zu den folgenden Ausführungen seien nur einige Arbeiten angeführt, die zugleich auf weitere Literatur verweisen: GÖTZ LANDWEHR, Die Verpfändung der deutschen Reichsstädte im Mittelalter. Köln/Graz 1967, S. 99–142; ERNST SCHUBERT, König und Reich. Studien

Mit dem seit dem 14. Jahrhundert belegten Begriff Freie Stadt wurden in der Verfassungsgeschichtsschreibung traditionell die sieben Bischofsstädte Basel, Straßburg, Speyer, Worms, Köln, Regensburg und Mainz von den Reichsstädten unterschieden. Diese Städte hatten sich seit dem 13. Jahrhundert in einem konfliktreichen Prozeß weitgehend von der geistlichen Stadtherrschaft gelöst und sich gleichzeitig auf den König orientiert, ohne daß dieser allerdings an die Stelle des Bischofs trat. – Eine genauere Umschreibung der qualitativen Eigenschaften der Freien Städte erweist sich jedoch als äußerst kompliziert. Häufig wird angeführt, daß die Freien Städte einen höheren Rang als die Reichsstädte beanspruchten und im Unterschied zu jenen an den König keine Steuern zahlen brauchten, von ihm nicht verpfändet werden durften sowie nur zur Beihilfe am Romzug und seit dem 15. Jahrhundert am Kampf gegen Nichtchristen verpflichtet waren. Doch konstatierte bereits Ehrentraut, daß z. B. eine Reihe von Reichsstädten ebenfalls keine Steuern entrichtete oder Kriegshilfe leistete, wie man überhaupt die teilweise großen Unterschiede in den spezifischen Verhältnissen dieser Städte unterstreichen muß, die eine Abgrenzung zu den Freien Städten erschweren. Hinzu kommt, daß sich in anderen Berührungspunkten zum König die Freien Städte nicht von den Reichsstädten unterschieden. So wurden sie ebenfalls zu Reichstagen eingeladen oder leisteten, wenn sie es für die Stärkung ihrer Position gegenüber dem Bischof für nötig hielten, dem König die Huldigung oder Hilfsdienste und ließen sich die Privilegien bestätigen.

Andererseits waren die Freien Städte bemüht, königliche Hilfsforderungen mit dem Verweis auf ihre besondere rechtliche Stellung zurückzuweisen und sich in nicht zu enge Bindungen zur Zentralgewalt zu begeben, wobei sie durchaus auch Rückhalt beim Bischof suchten. Durch das Ausspielen des bischöflichen Stadtherrn gegen den König und umgekehrt versuchte man, den politischen Spielraum möglichst groß zu halten. Diese angestrebte Schwebeposition zwischen Bischof und König, denen man nur eine formale Oberhoheit zubilligen wollte, verbunden mit einer weitestgehenden Zurückweisung von Herrschaftsansprüchen, scheint einer der wesentlichsten Charakteristika der Freien Städte im Vergleich zu den Reichsstädten gewesen zu sein. Allerdings verschwanden die Unterschiede zwischen Freien und Reichsstädten gegen Ende des 15. Jahrhunderts mit der Herausbildung des Reichstages als institutionalisierter Ständevertretung, auf der sie eine gemeinsame Städtegruppe bildeten.

---

zur spätmittelalterlichen deutschen Verfassungsgeschichte. Göttingen 1979, S. 291–293; Eberhard Isenmann, Reichsstadt und Reich an der Wende vom späten Mittelalter zur frühen Neuzeit. In: Mittel und Wege früher Verfassungspolitik. Hg. Josef Engel, Stuttgart 1979, S. 17–47; Peter Moraw, Reichsstadt, Reich und Königtum im späten Mittelalter. In: Zeitschrift für historische Forschung 6 (1979) S. 386–424; ders., Zur Verfassungsposition der Freien Städte zwischen König und Reich, besonders im 15. Jahrhundert. In: Res publica. Bürgerschaft in Stadt und Staat. Berlin 1988, S. 11–39; Paul-Joachim Heinig, Reichsstädte, Freie Städte und Königtum 1389–1450. Ein Beitrag zur deutschen Verfassungsgeschichte. Wiesbaden 1983, S. 48–54; Friedrich Bernward Fahlbusch, Städte und Königtum im frühen 15. Jahrhundert. Ein Beitrag zur Geschichte Sigmunds von Luxemburg. Köln/Wien 1983, S. 223–228.

Die vor allem in den letzten beiden Jahrzehnten zu konstatierende intensive Beschäftigung der Mediävistik mit der Stadtgeschichtsforschung hat nicht nur dazu geführt, die besondere rechtliche Lage der beiden Städtegruppen, ihre Differenziertheit und ihre Abgrenzung zu anderen Städten gründlicher herauszuarbeiten und ihre unterschiedliche Rechtsposition mit Begriffen wie Reichsstadt, Freie Stadt, Freie Reichsstadt oder Reichsvogteistadt zu erfassen.[7] Sie erbrachte auch den Schluß, daß die geschilderten rechtlichen Besonderheiten und komplizierten Wechselbeziehungen zum König bzw. Stadtherrn im späten Mittelalter nicht nur für die sogenannten Freien Städte, sondern ebenfalls für eine Reihe von Städten typisch war, die weder zu dieser Gruppe noch zu den Reichsstädten gehörten. Diese Städte besaßen ebenfalls eine weitgehende Selbständigkeit gegenüber dem jeweiligen Territorialherrn, unterschieden sich darin von den einfachen Landstädten und ähnelten damit in ihren rechtlichen und politischen Verhältnissen den Freien Städten. Aus diesem Grund wurde der historiographisch bereits besetzte Terminus Freie Stadt auf weitere Bischofsstädte übertragen, wie z. B. auf Metz, Toul, Verdun, Cambrai oder Besançon.[8] Für andere Fälle brachte man Bezeichnungen wie Reichslandstadt, freie Landstadt oder Quasi-Reichsstadt in die Diskussion ein. Hierbei handelte es sich vor allem um mittel- und norddeutsche Städte, die aufgrund ihrer Wirtschaftskraft eine festere Einbindung in landesherrliche Territorien zu verhindern suchten, sich dabei an den Freien und Reichsstädten orientierten und vom König mit Privilegien unterstützt wurden, so z. B. auch Erfurt.[9]

Um die Kompliziertheit der typologischen Zuordnung auch zu dieser Städtegruppe aufzuzeigen, sei im folgenden ein Vergleich der politisch-rechtlichen Situation Erfurts mit der Magdeburgs, Halles, Halberstadts und Quedlinburgs unternommen. Diese Städte hatten ebenfalls erfolgreich die Einflußmöglichkeiten ihrer Stadtherren zurückgedrängt und besaßen gleichzeitig Berührungspunkte zur Zentralgewalt. Wie Erfurt erhielten sie ebenfalls von den Königen verschiedentlich ihre Privilegien bestätigt[10] und wurden als Nicht-Reichsstädte aufgrund ihrer Größe und Bedeutung, wenn

7) Vgl. vor allem Landwehr, Verpfändung (wie Anm. 6) S. 102–139 und diesem folgend Isenmann, Reichsstadt (wie Anm. 6) S. 19; Schubert, König und Reich (wie Anm. 6) S. 291.

8) Vgl. Landwehr, Verpfändung (wie Anm. 6) S. 137–139.

9) Vgl. Moraw, Reichsstadt (wie Anm. 6) S. 413 f.; ders., Verfassungsposition (wie Anm. 6) S. 19 f.; Fahlbusch, Städte und Königtum (wie Anm. 6) S. 223–227; Volker Press, Zwischen Kurmainz, Kursachsen und dem Kaiser – Von städtischer Autonomie zur „Erfurter Reduktion" 1664. In: Erfurt 742–1992 (wie Anm. 2) S. 388.

10) Für Magdeburg: Urkundenbuch der Stadt Magdeburg. Bearb. Gustav Hertel, Bd. 1, Halle 1892, Nr. 299 und 435; Bd. 2, Halle 1894, Nr. 126, 250, 541; für Halberstadt: Urkundenbuch der Stadt Halberstadt. Bearb. Gustav Schmidt, Teil 2, Halle 1879, Nr. 867; für Quedlinburg: Urkundenbuch der Stadt Quedlinburg. Bearb. Karl Janicke, 1. Abt., Halle 1873, Nr. 213, 284, 385; für Halle: Die Urkunden Kaiser Sigmunds (wie Anm. 3) Nr. 2551; Johann Christoph von Dreyhaupt, Pagus Neletici et Nudzici oder Ausführliche diplomatisch-historische Beschreibung des zum ehemaligen Primat und Erz-Stifft, nunmehr aber durch den westphälischen Friedensschluß secularisierten Herzogthum Magdeburg gehörigen Saal-Kreyses. Teil 2, Halle 1755, Nr. 413, 472, 480.

auch in unterschiedlichem Maße, zu Reichstagen geladen bzw. zur Reichshilfe herangezogen.[11]

Die Situation Magdeburgs, Halberstadts, Halles und Quedlinburgs mit der Erfurts zu vergleichen, bietet sich auch aus anderen Gründen an. Alle fünf Städte gerieten seit den siebziger Jahren des 15. Jahrhunderts in den Blickwinkel der äußerst konsequent und erfolgreich betriebenen Machtpolitik der Wettiner, die nacheinander die Erzbistümer Mainz und Magdeburg, das Bistum Halberstadt und das Stift Quedlinburg mit – noch minderjährigen – Angehörigen ihres Hauses besetzen konnten. Seit 1458 war Hedwig, die Tochter Kurfürst Friedrichs II. von Sachsen (1428–1464), Äbtissin des Reichsstifts Quedlinburg. Im Jahre 1476 setzte ihr Bruder Kurfürst Ernst (1464–1486) die Wahl seines elfjährigen Sohnes gleichen Namens zum Administrator des Erzstifts Magdeburg durch, der drei Jahre später auch zum Nachfolger des abgedankten Bischofs Gebhard von Halberstadt (1458–1479) gewählt wurde. Albrecht, ein weiterer Sohn Kurfürst Ernsts, stieg 1482 zum Administrator des Mainzer Erzstifts auf.

Diese wettinische Expansion nach außen war mit einer auf die Festigung der landesherrlichen Position vor allem gegenüber den wichtigen Städten der Stifter ausgerichteten Politik nach innen verbunden. Nacheinander kam es zu heftigen Auseinandersetzungen mit Quedlinburg, Halberstadt, Halle, Magdeburg und Erfurt, in deren Ergebnis die Städte jeweils eine Niederlage erlitten. Nicht nur die zeitliche Nähe und die gleiche Gegnerschaft der Städte zu den Wettinern, auch die Ursachen der Auseinandersetzungen – der Kampf mit dem Stadtherrn um Herrschaftsrechte und um die Erhaltung bzw. den Ausbau der städtischen Autonomie – ähnelten sich. Durch den Umstand, daß jede Stadt aufgrund ihrer von verschiedensten inneren wie äußeren Umständen geprägten spezifischen Lage in durchaus unterschiedlichem Maße eine Politik der Loslösung vom Stadtherrn betrieb bzw. Rückhalt beim König suchte, und bei der Frage, inwieweit die Beziehungen der Städte zum König in den Auseinandersetzungen mit den Wettinern eine Rolle spielten, ergeben sich jedoch interessante Unterschiede.

Der Stadt Quedlinburg[12] war es vor allem seit der Mitte des 14. Jahrhunderts gelungen, aufgrund der relativ schwachen Herrschaft der Äbtissinen des Reichsstifts eine immer eigenständigere Position einzunehmen und wichtige Rechte – so die pfandweise Überlassung der Vogtei durch den Bischof von Halberstadt – zu erwerben.

---

11) So z. B. 1428/29, vgl. Deutsche Reichstagsakten unter Kaiser Sigmund, 3. Abt.: 1427–1431. Hg. Dietrich Kerler, Gotha 1887, Nr. 141 und 209, oder 1467 und 1471, vgl. Johann Joachim Müller, Des Heil. Römischen Reiches Teutscher Nation Reichstagstheatrum, wie selbiges unter Keyser Friedrichs V. allerhöchsten Regierung von Anno 1440 bis 1493 gestanden. Jena 1713, IV. Vorstellung, S. 286; V. Vorstellung, S. 489.

12) Vgl. zur Geschichte der Stadt und den Auseinandersetzungen die Einleitung von Karl Janicke im Urkundenbuch Quedlinburg (wie Anm. 10) 2. Abt., Halle 1882; Quedlinburgische Geschichte, Bd. 1: Werdegang von Stift und Stadt Quedlinburg. Bearb. Hermann Lorenz, Quedlinburg 1922, besonders S. 186–208; Barbara Pätzold, Stift und Stadt Quedlinburg. In: Hansische Stadtgeschichte – Brandenburgische Landesgeschichte. Hansische Studien VIII. Hg. Evamaria Engel, Konrad Fritze, Johannes Schildhauer, Weimar 1989, S. 171–192.

Die Situation änderte sich für Quedlinburg in dramatischer Weise, als die Äbtissin Hedwig mit Unterstützung ihrer Brüder Kurfürst Ernst und Herzog Albrecht von Sachsen (1485–1500) gegenüber Bischof Gebhard von Halberstadt Ansprüche auf die Quedlinburger Vogtei für ihre Familie geltend zu machen suchte. Der Streit um die Vogtei verknüpfte sich aufs engste mit den sich gleichzeitig verschärfenden Auseinandersetzungen zwischen Stadt und Stift um weitere Gerechtsame.

Nachdem seit 1474 geführte Verhandlungen kein Ergebnis brachten, schalteten die wettinischen Geschwister Kaiser Friedrich III. (1440–1493), ihren Onkel, ein, und erreichten, daß ihnen der vermittelnde Herzog Wilhelm von Braunschweig (1473–1482) am 13. August 1476 die Vogtei zusprach. Jedoch weder dieser Schiedsspruch noch kaiserliche Gebote konnten den Halberstädter Bischof, der gegen die wettinischen Forderungen Einspruch erhob und beim Papst appellierte, zur Übergabe der Quedlinburger Vogtei an die Herzöge von Sachsen bewegen. Auch die Stadt war nicht zu diesem Schritt bereit.[13] Aus diesem Grund griffen Ernst und Albrecht von Sachsen zu militärischen Mitteln. Im Juli 1477 ließen sie Quedlinburg durch ihre Truppen erobern und zwangen wenig später auch Bischof Gebhard zum Nachgeben. Die Stadt mußte sich der Äbtissin vollständig unterwerfen, Schadenersatz zahlen und – ebenfalls wie der Halberstädter Bischof – auf ihre Ansprüche an der Vogtei verzichten.[14]

Quedlinburg scheint sich in sein Schicksal gefügt und keinen Versuch unternommen zu haben, beim Kaiser Rückhalt zu suchen, indem es in irgendeiner Form Beziehungen zum Reich gegen die Unterwerfung unter die Äbtissin geltend gemacht hätte. Friedrich III. hatte zwar am 21. April 1477 Ernst und Albrecht von Sachsen aufgefordert, sich nicht in die Streitigkeiten zwischen Äbtissin, Stadt und Bischof einzumischen, da er einen Rechtstag gesetzt habe,[15] fand sich aber offensichtlich mit der Vorgehensweise der Wettiner ab.

Die Städte Halle, Halberstadt und Magdeburg sahen sich bei ihren Auseinandersetzungen mit Ernst (1476–1513), dem jugendlichen Administrator des Magdeburger und Halberstädter Stiftes und den hinter ihm stehenden Herzögen Ernst und Albrecht von Sachsen konfrontiert. In Halle,[16] das aufgrund seiner Salzproduktion und dem Salzhandel zur Blüte gelangt war, hatten die Bemühungen der reichen Pfännerschaft um eine weitgehende Loslösung vom Stadtherrn vor allem in der ersten Hälfte des 15. Jahrhunderts heftige, zeitweise auch bewaffnet geführte Auseinandersetzungen ausgelöst, die der Stadt schweren wirtschaftlichen Schaden brachten. Die Konfrontationspolitik der Pfännerschaft zum Erzbischof war mit einer gleichzeitigen Hinwendung zum König verbunden, die allerdings im Streit um den Neujahrsmarkt mit Leipzig einen Dämpfer erhielt.

---

13) Urkundenbuch Quedlinburg, 1 Abt (wie Anm. 10) Nr. 494, 495, 497–510, 514.

14) Ebd., Nr. 533–566.

15) Ebd., Nr. 513.

16) Vgl. zur Geschichte der Stadt und den Ereignissen von 1478: Denkwürdigkeiten des Hallischen Rathsmeisters Spittendorff. Bearb. Julius Opel, Halle 1880; Hanns Freydank, Die Hallesche Pfännerschaft im Mittelalter. Halle 1927, besonders S. 142–195; Siegmar Baron von Schultze-Galléra, Das mittelalterliche Halle. Bd. 2, Halle 1929, besonders S. 412–436.

Kaiser Friedrich III. hatte der Saalestadt am 25. Mai 1464 die Abhaltung eines solchen Marktes erlaubt, am 29. Januar 1466 den an Leipzig 1458 vom sächsischen Kurfürsten verliehenen Neujahrsmarkt jedoch ebenfalls bestätigt. In dem wegen der Messe ausbrechenden Konkurrenzkampf beider Städte vermochte es Halle zunächst, den Kaiser im Mai 1469 zum Widerruf des Leipziger Neujahrsmarktes zu bewegen. Doch dem sächsischen Kurfürsten gelang es, Friedrich III. noch im gleichen Jahr am 8. August zum Verbot des Hallenser zugunsten des Leipziger Marktes zu bewegen.[17]

Das Durchsetzungsvermögen der Wettiner in der Frage des Jahrmarktes war nur ein Vorgeschmack dessen, was der Stadt wenig später von ihnen widerfahren sollte. Im Jahre 1478 nutzten sie innerstädtische Auseinandersetzungen zur Einnahme und vollständigen Unterwerfung Halles, nachdem die Bürgeropposition zur endgültigen Entmachtung der Pfänneraristokratie den erzbischöflichen Truppen die Tore geöffnet hatte. Sichtbarer Ausdruck der neuen Machtverhältnisse war der Ausbau Halles zur erzbischöflichen Residenz, die mit der 1484 erfolgten Grundsteinlegung für die Moritzburg ihren Anfang nahm. Im Gegensatz zu den Auseinandersetzungen in Quedlinburg spielte der Kaiser bei den Hallenser Ereignissen keine Rolle, er wurde weder von der gestürzten Pfännerschaft noch von der schließlich dem Erzbischof unterliegenden Opposition angerufen.

Auch in dem Konflikt zwischen Halberstadt und dem Administrator Ernst ist von einer Einflußnahme des Kaisers nichts bekannt. Ähnlich wie bei Quedlinburg gegenüber den Äbtissinnen hatte die Stadt in einem längeren Prozeß aufgrund der relativ schwachen Machtbasis der Bischöfe eine weitgehende Selbständigkeit erringen und wichtige bischöfliche Rechte erwerben können.[18] Erst mit dem Administrator Ernst trat hier ebenfalls ein Umschwung ein. Es kam zum Streit, als dieser im Jahre 1485 das an die Stadt verpfändete weltliche Gericht wieder einlöste und die Besetzung willkürlich änderte. Der Rat protestierte dagegen am 14. August 1485 bei Papst Innocenz VIII. (1484–1492), mußte aber ein Jahr später nach erfolglosen Verhandlungen angesichts der Belagerung der Stadt durch herbeigerufene sächsische Truppen einlenken, dem Administrator die Besetzung des weltlichen Gerichtes überlassen, ihm eine Geldsumme zahlen und als rechtem Herrn schwören.[19]

---

17) von Dreyhaupt, Beschreibung, Teil 2 (wie Anm. 10) S. 439–446, Nr. 480–483; Urkundenbuch der Stadt Leipzig. Hg. Karl Freiherr von Posern-Klett, Bd. 1, Leipzig 1868, Nr. 427–429, 432–434, vgl. Ernst Hasse, Geschichte der Leipziger Messen. Leipzig 1885, S. 34–37.

18) Vgl. zur Geschichte der Stadt und ihren Auseinandersetzungen mit den Bischöfen Hermann Boettcher, Neue Halberstädter Chronik von der Gründung des Bistums i. J. 804 bis zur Gegenwart. Halberstadt 1913, besonders S. 322 f.; Barbara Pätzold, Beziehungen zwischen Klerus und Bürgertum in Halberstadt vom 13. bis 15. Jahrhundert. In: Jahrbuch für Geschichte des Feudalismus 9 (1985) S. 81–114; Klaus Militzer, Stadt und Bischof in Halberstadt. In: Mitteldeutsche Bistümer im Spätmittelalter. Hg. Roderich Schmidt, Lüneburg 1988, S. 73–94.

19) Urkundenbuch Halberstadt. Teil 2 (wie Anm. 10) Nr. 1117, 1119, 1120, 1123, 1127, 1130–1138, 1144.

Parallel zu den Ereignissen in Halberstadt vollzogen sich Konflikte zwischen dem Administrator und Magdeburg.[20] Die bedeutendste Stadt des Erzstifts besaß im Vergleich zu Halle, Halberstadt und Quedlinburg wesentlich engere Bindungen zur Zentralgewalt und angesichts streckenweise heftigster Auseinandersetzungen mit den Erzbischöfen wohl die größten Ambitionen, sich deren Herrschaft mit Hilfe des Kaisers zu entziehen. Dieses Bestreben äußerte sich deutlich in dem Streit um die 1481 auf dem Nürnberger Reichstag beschlossene Türkensteuer. Magdeburg weigerte sich, diese Steuer an den Administrator zu entrichten, da durch den Tod des Sultans der geplante Kriegszug nicht mehr zur Ausführung kam und die Gelder in die Taschen der Fürsten zu fließen drohten. Außerdem wollte man wohl die bis dahin erfolgte direkte Veranschlagung zur Reichshilfe beibehalten wissen und eine Zwischenschaltung des Erzbischofs verhindern, um dadurch nicht die unmittelbaren Kontakte zum Kaiserhof unterbrechen zu lassen. Die Stadt appellierte am 19. August 1482 in dieser Angelegenheit an Friedrich III. und wies unter anderem darauf hin, daß sie bisher den an sie gegangenen kaiserlichen Hilfsgeboten nachgekommen sei.[21]

In der Folgezeit entspann sich besonders am Kaiserhof ein diplomatisches Ränkespiel, bei dem die Stadt ihre traditionellen Beziehungen zu den Königen ins Feld führte, während die erzbischöflichen Abgesandten Friedrich III. über die rechtliche Position Magdeburgs als erzbischöfliche Stadt aufzuklären suchten. In dem Konflikt, der sich aufgrund neuer Streitpunkte noch ausweitete, fand Magdeburg Rückhalt bei den niedersächsischen Hansestädten, während sich für den Administrator Ernst und Albrecht von Sachsen beim Kaiser verwendeten.[22] Dieser hielt sich jedoch lange Zeit zurück. Er teilte dem Administrator am 4. Februar 1483 mit, daß er keine Zeit hätte, sich mit dem Streit zu befassen und gebot ihm und der Stadt am 2. April und 28. Juni 1483, sich durch Schiedsrichter zu vergleichen. Dazu beauftragte er am 16. September 1483 Markgraf Albrecht III. Achilles von Brandenburg (1414–1486) und Bischof Wilhelm von Eichstätt, wobei er ausdrücklich darauf hinwies, daß geprüft werden sollte, inwieweit der Erzbischof gegen die Rechte der Stadt und seiner und des Reiches treuen Untertanen gehandelt hätte.[23]

Zu einem Urteil der Schiedsrichter scheint es nicht gekommen zu sein, denn am 29. Dezember 1485 nahm sich Friedrich III. persönlich der Streitsache an und lud die Konfliktparteien vor sich. Die Entscheidung fiel im Umfeld des im Januar 1486

---

20) Vgl. zur Geschichte Magdeburgs FRIEDRICH WILHELM HOFFMANN's Geschichte der Stadt Magdeburg. Neu bearbeitet von GUSTAV HERTEL und FRIEDRICH HÜLSSE, Bd. 1, Magdeburg 1885, besonders S. 260–264; FERDINAND ALBERT WOLTER, Geschichte der Stadt Magdeburg von ihrem Ursprung bis auf die Gegenwart. Magdeburg 1890, besonders S. 88–90; GUSTAV HERTEL, Ein Bericht über die Entstehung des Streites des Erzbischofs Ernst mit der Stadt Magdeburg. In: Geschichts-Blätter für Stadt und Land Magdeburg 33 (1898) S. 337–351.

21) Urkundenbuch Magdeburg (wie Anm. 10) Bd. 3, Halle 1896, Nr. 480 und 485.

22) Ebd., Nr. 498, 506, 514, 515, 517–521, 523, 526, 528, 530, 533–540, 542, 543, 547, 548, 550–553, 556, 572, 573, 581.

23) Ebd., Nr. 508, 512, 527, 541.

beginnenden Frankfurter Reichstages. Als ausschlaggebend erwies sich letztendlich die sächsische Kurstimme, die die Wettiner in die Waagschale werfen konnten und die Friedrich III. für die auf dem Reichstag im Februar erfolgte Wahl seines Sohnes Maximilian (1493–1519) zum König benötigte. Am 22. März 1486 ermahnte er Magdeburg bei einer Strafandrohung von 1000 Mark Gold, dem Administrator die auf dem Nürnberger Reichstag von 1481 beschlossene Kriegssteuer zu entrichten. Ein weiteres kaiserliches Urkundenkonzept, in dem die Stadt zum Gehorsam gegenüber dem Administrator aufgefordert werden sollte, wurde dagegen von den erzbischöflichen Gesandten abgelehnt, da in ihm die alten Reichsrechte Magdeburgs hervorgehoben wurden. Dieser Hinweis fehlte dann auch in den beiden kaiserlichen Mandaten vom 7. April 1486, mit denen Friedrich III. die Magdeburger zum Gehorsam gegenüber dem Erzbischof sowie zur Beseitigung unerlaubt errichteter Befestigungsbauten aufforderte und sie wegen ihrer Weigerung zur Zahlung der Türkensteuer mit einer Geldbuße belegte.[24] Die übrigen Streitpunkte zwischen Administrator und Stadt – so bezüglich Zoll und Geleit, Gerichtsbarkeit, Stadtbefestigung oder Besetzung des Schultheißenamtes – wurden am 10. Dezember 1486 durch Herzog Albrecht von Sachsen geschlichtet. Die Stadt mußte dem Erzbischof als ihrem rechten Herrn Gehorsam schwören, doch ergaben sich daraus keine weitergehenden Konsequenzen oder gar eine solche Unterwerfung wie bei Quedlinburg oder Halle.[25]

Während Halle, Halberstadt, Magdeburg und Quedlinburg im unmittelbaren Machtbereich ihres Stadtherrn lagen, wurde das Territorium Erfurts von den thüringischen Besitzungen der Wettiner, der dominierenden politischen Kraft der Region, umschlossen. Als Schutzherren gaben sie den Bürgern einerseits Rückhalt gegen äußere Gegner, konnten andererseits aber auch verstärkten Einfluß auf die Stadt nehmen. – Mainzische Stadtherrschaft, Lehnsbindung an den König und Schutzverträge mit den Wettinern – zwischen diesen drei Seiten eines komplizierten Kräftedreiecks mußte sich die Stadt vorsichtig bewegen, wenn sie ihre weitgehende Eigenständigkeit behaupten wollte. Gerade diese drei politischen Kräfte spielten dann auch in den von 1476 bis 1483 währenden Auseinandersetzungen in Erfurt[26] die entscheidende Rolle. Die Stadt war wegen der Zuständigkeit der mainzischen Gerichte und anderer Dinge mit Erzbischof Diether (1459–1461, 1475–1482) sowie mit dessen Verbündeten Ernst und Albrecht von Sachsen in Konflikt geraten, die gegen den Willen des Rates 1479 die Oberamtmannschaft auf dem Eichsfeld und das Erfurter Provisoramt in ihren Besitz gebracht hatten. In diesem Konflikt erhielt sie überraschend vom Kaiser Schützenhilfe, der den Erfurter Rat am 23. August 1479 aufforderte, alle durch den Erzbischof in Erfurt getroffenen

24) Deutsche Reichstagsakten unter Maximilian I. Reichstag zu Frankfurt 1486. Teil 1 und 2. Bearb. Heinz Angermeier unter Mitwirkung von Reinhard Seyboth, Göttingen 1989, Nr. 57 und 805; Urkundenbuch Magdeburg (wie Anm. 10) Bd. 3, Nr. 599, 600, 602, 606–611, 613, 614.

25) Ebd., Nr. 625–630.

26) Vgl. zu folgendem Holtz, Erfurt (wie Anm. 2) S. 194–201, wo auch die urkundlichen Belege angegeben sind.

Veränderungen nicht anzuerkennen und jenen nicht die weltliche Gerichtsbarkeit in der Stadt ausüben zu lassen. Am 1. Dezember 1479 untersagte er darüber hinaus den Beamten der mainzischen Gerichte die Ausübung der Gerichtsbarkeit, übertrug diese vorläufig dem Rat und gebot den Herzögen Ernst, Albrecht und Wilhelm von Sachsen (1440–1482), Erfurt zu schützen.

Die Versuche Ernsts und Albrechts, den Kaiser zum Widerruf der Mandate zu bewegen, fruchteten nichts, sondern Friedrich III. erneuerte im Gegenteil am 2. Mai 1480 die Übertragung der mainzischen Gerichte an die Stadt und das Schutzgebot an Ernst und Albrecht von Sachsen sowie an weitere Fürsten. Außerdem gestattete er Erfurt am 13. Mai 1480 die Errichtung einer Feste auf dem Cyriaksberg. – Die Haltung des Kaisers, die keineswegs einer besonderen Zuneigung zur Stadt entsprach, sondern in seiner erbitterten Gegnerschaft zu Diether von Isenburg begründet lag, änderte sich in dem Moment, als der Erzbischof 1482 starb und Albrecht (1482–1484), der Sohn Kurfürst Ernsts von Sachsen, zum Administrator des Stiftes gewählt wurde. Friedrich III. erließ zwar am 16. Juli 1482 zugunsten Erfurts eine Reihe von Mandaten an die sächsischen Herzöge sowie an andere Fürsten und Städte mit dem Befehl, die Stadt nicht zu befehden, mischte sich aber nicht weiter in die Auseinandersetzungen ein.

Jeder wirksamen Unterstützung beraubt, mußte sich Erfurt am 3. Februar 1483 in den Verträgen von Amorbach und Weimar gegenüber dem Erzstift und den sächsischen Herzögen zum Frieden bequemen. Mit dem Weimarer Vertrag erreichten die Wettiner neben finanziellen Vorteilen vor allem die Anerkennung der ewigen Schutzherrschaft über Erfurt und gelangten damit gleichsam in die Position eines zweiten Stadtherrn neben dem Erzbischof. Diese Doppelherrschaft und das daraus resultierende Spannungsverhältnis zwischen den Wettinern und Kurmainz verhinderte allerdings eine völlige Unterwerfung der Stadt unter den Erzbischof und führte dazu, daß Erfurt seine weitgehende politische Eigenständigkeit bis ins 17. Jahrhundert bewahren konnte.

Trotz der heftigen Auseinandersetzungen mit Diether bzw. den sächsischen Herzögen und der Kontakte zu Friedrich III. hat Erfurt keinen Versuch unternommen, sich der erzbischöflichen Herrschaft zu entziehen und eine engere rechtliche Bindung zum Reich zu suchen. Im Gegenteil, der Rat betonte – ähnlich wie in den sechziger und siebziger Jahren, als die Reichshilfe gegen Türken, Böhmen, Ungarn oder Burgund zum Dauerthema der Reichstagsverhandlungen geworden war – ausdrücklich die Zugehörigkeit der Stadt zum Erzstift und bat den Erzbischof am 1. April 1478, einer kaiserlichen Forderung nach Reichshilfe gegen Frankreich entgegenzutreten. Selbst angesichts einer politisch gespannten Situation wollte sich Erfurt nicht in nähere Beziehungen zum Kaiser begeben, weil es finanzielle Belastungen fürchtete und die relativ schwache Herrschaft der Erzbischöfe vorzog.

Die hier kurz angeführten Beispiele von Quedlinburg, Halle, Halberstadt, Magdeburg und Erfurt belegen die Vielfalt und Unterschiede in den inneren und äußeren Verhältnissen derjenigen Städte, die sich wie die Freien Städte weitgehend dem landesherrlichen Zugriff entzogen hatten und gleichzeitig in Beziehungen zur Zentralgewalt standen. Während zur Charakterisierung ihrer erreichten überdurchschnittlichen

Eigenständigkeit und Emanzipation vom Stadtherrn der Begriff „Freie Landstadt“ oder „Freie Territorialstadt“ zutreffend scheint, ergeben sich Probleme mit der Bezeichnung „Quasi-Reichsstadt“, die auf die Zuwendung dieser Städte zum Kaiser verweist. Die Verwendung dieses Begriffs scheint im Falle der fünf, aber wohl auch der meisten anderen vergleichbaren Städte nur berechtigt, wenn man mit ihm ihr realpolitisches, dem der Reichsstädte ähnelndes Verhältnis zum Kaiser ausdrücken will. Die Reichsunmittelbarkeit konnten jedoch alle fünf nie erreichen, sie haben es – wenigstens im 15. Jahrhundert und in den geschilderten existentiellen Krisensituationen, wie durch die ältere Stadthistoriographie oft unterstellt – auch nicht angestrebt, sondern nutzten die Beziehungen zum Kaiser und das Bestehen kaiserlicher Rechte in der Stadt nur als Gegengewicht zum Stadtherrn aus, um die oben erwähnte politische Handlungsfreiheit zu erlangen. Halle, Quedlinburg und Halberstadt haben offenbar nicht einmal den Versuch unternommen, in den Konflikten an den Kaiser zu appellieren und dies mit der völligen Unterwerfung bzw. stärkeren Unterordnung unter den Stadtherrn bezahlt.

Auch der Kaiser hatte in keinem dieser Fälle versucht, die Städte aus der territorialen Einbindung zu befreien oder ihnen gar zur Reichsunmittelbarkeit zu verhelfen. Sein zeitweiliges Eingreifen bzw. seine Vermittlung zugunsten Erfurts und Magdeburgs ergab sich einmal aus den diplomatischen Bemühungen beider Städte, noch mehr aber aus der eigenen Interessenlage – der Feindschaft zum Erzbischof Diether bzw. der Bewahrung kaiserlicher Rechte.

Die eingangs gestellte Frage nach der typologischen Zuordnung Erfurts läßt sich wohl so beantworten, daß alle, besonders auch im 17. Jahrhundert unternommenen Bemühungen um eine politische Eigenständigkeit die Stellung als kurmainzische Territorialstadt nicht berührt haben. Dieser Begriff charakterisiert wohl am besten die rechtliche, über die Jahrhunderte unveränderte Position der Stadt. Die Bezeichnung „Freie Landstadt“ dagegen verdient Erfurt aufgrund der realen Machtverhältnisse nur vom 14. Jahrhundert bis zu seiner erneuten Unterwerfung unter den Erzbischof von 1664, mit der dieser die praktisch-politische wieder mit der rechtlichen Situation der Stadt in Einklang brachte.

DAGMAR BLAHA

# Die Haltung der Ernestiner zur mainzischen Reduktion von 1664

Als Reduktion bezeichnete der französische König Ludwig XIV. (1643–1715) kurz vor der militärischen Belagerung Erfurts in einem Brief an den Mainzer Erzbischof Johann Philipp von Schönborn (1647–1673)[1] jene Kette von Ereignissen, die schließlich zur völligen Unterwerfung der bedeutendsten Stadt in Thüringen unter die Herrschaft des Mainzer Kurfürsten führte. Den Mainzern mag es wie Musik in den Ohren geklungen haben, die realen Tatbestände kennzeichnete dieses Wort jedoch nur unzutreffend. In Wahrheit ließ sich der mainzische Erzbischof nicht nur in seine alten Rechte wieder einsetzen, sondern der klugen Diplomatie Johann Philipps von Schönborn gelang es, dem Erzbistum mehr Rechte an Erfurt zu verschaffen, als es jemals besaß.

Wie reagierten darauf die Sachsen? Ihnen stand das Geleitsrecht in Thüringen zu, und 1483 hatten sie das Schutzrecht über Erfurt erlangt. Außerdem gingen einige Dörfer des Erfurter Landgebietes von den Wettinern zu Lehen. Besonders die Ernestiner hatten in den vergangenen Jahrhunderten immer wieder versucht, Rechte an der Stadt zu erlangen, die wie eine Exklave in ihrem Gebiet lag. Fleißig wurden deshalb alle Unruhen und Unstimmigkeiten in der Stadt und zwischen Bürgern und Rat ausgenutzt, um den Einflußbereich auf das thüringische Kleinod zu erweitern. Die Mainzer standen ihnen darin allerdings in nichts nach.

Auf den westfälischen Friedensverhandlungen waren die Hoffnungen Erfurts auf Erlangung der Reichsfreiheit am diplomatischen Geschick Johann Philipps von Schönborn und am Widerspruch Sachsens gescheitert. Auch die freilich nur schwache Fürsprache Schwedens vermochte in dieser Frage nichts auszurichten. So kam es, daß der in Münster und Osnabrück geschlossene Friedensvertrag keinerlei Entscheidungen Erfurt betreffend enthielt. Johann Philipp von Schönborn war es gelungen, alle Ansprüche von Erfurter und sächsischer Seite abzuweisen.[2] Die Mainzer Forderungen wurden separat behandelt, nachdem eine kaiserliche Kommission die Rechte des Erzbistums festgestellt hatte. Im Restitutionsrezeß vom 8./18.7.1650 kam es zur Einigung zwischen Erfurt und Mainz, lediglich das Verlesen eines Gebetes für den Mainzer Kurfür-

---

1) Alfred Kirchhoff, Die Besitzergreifung Erfurts durch Kurmainz. (1664). In: Zeitschrift für preußische Geschichte und Landeskunde 8 (1871) S. 98, Anm.

2) Georg Mentz, Johann Philipp von Schönborn. Kurfürst von Mainz, Bischof von Würzburg und Worms 1605–1673. Ein Beitrag zur Geschichte des sechzehnten Jahrhunderts. Teil II, Jena 1899, S. 70–89.

sten von den evangelischen Kanzeln blieb zunächst strittig, da hierin die Protestanten einen Angriff auf die ihnen zugesicherte Religionsfreiheit sahen. Nur wenige kluge Köpfe erkannten den eigentlichen Zweck des Gebetes, das den Mainzer Kurfürsten zum weltlichen Herrn über Erfurt erheben sollte. Die Masse der Bevölkerung sah wohl in der Fürbitte eher einen Akt der Höflichkeit gegenüber dem Erzbischof und sprach sich schließlich dafür aus. Damit wurde auch dieser Punkt zum Bestandteil des Restitutionsrezesses. Als verhängnisvoll für die weitere Entwicklung sollte sich allerdings die Tatsache erweisen, daß nicht sofort auch der Wortlaut des Gebetes festgeschrieben wurde. An dieser Frage entzündete sich der Streit, der in letzter Konsequenz zur Belagerung und Niederwerfung Erfurts führte.

Als glänzender Diplomat wußte sich dabei Johann Philipp von Schönborn sehr wohl seiner Beziehungen und Verbindungen zu bedienen. Eindrucksvolles Beispiel dafür ist die Tatsache, daß Kaiser Leopold I. (1658–1705) ihm die Exekution der Acht gegen Erfurt übertrug, eine Aufgabe, die eigentlich dem sächsischen Kurfürsten als Kreisobersten des obersächsischen Kreises zugestanden hätte. Ebenso konnte der Mainzer Erzbischof den Kaiser mehrmals dazu bewegen, Zwistigkeiten zwischen Rat und Bürgern durch kaiserliche Kommissionen ganz in seinem Sinne klären zu lassen. Die Frage der Einführung des Gebetes für den Mainzer Kurfürsten war öfter Gegenstand der Verhandlungen dieser Kommissionen.[3] Auch die sächsischen Herzöge versuchten immer wieder in die Auseinandersetzungen einzugreifen. Sie standen zunächst ganz auf Seiten der evangelischen Geistlichkeit Erfurts und verlangten, daß, wenn für den Mainzer Kurfürsten gebetet würde, auch sie in die Fürbitte einzuschließen. Später jedoch wurden sie dieser Linie untreu und versuchten, die Erfurter Bürger zur Annahme des Gebetstextes in der vom Kurfürsten gewünschten Form zu bewegen, um Gefahren von der Stadt abzuwenden. Dieses Verhalten ist symptomatisch für die sächsische Politik während der Vorgänge der Reduktion Erfurts. Zum militärischen Eingreifen zu schwach, suchten sowohl die sächsischen Herzöge wie der Kurfürst die Lage für sich gewinnbringend zu nutzen. Und so nahm man jede Gelegenheit wahr, in dieser Sache irgendwie mitzureden. Diese Versuche mißlangen jedoch in der Regel, wofür nicht zuletzt die Unstimmigkeiten zwischen den sächsischen Häusern verantwortlich gewesen sein dürften.

Am intensivsten setzte sich Herzog Ernst I. der Fromme von Sachsen-Gotha (1620–1675) für die Lösung in der Erfurter Sache ein. Dabei dürften freilich nicht in erster Linie Liebe und Verbundenheit zu den Erfurtern ausschlaggebend gewesen sein, sondern vielmehr der Wunsch, dem Mainzer Erzbischof nicht die absolute Herrschaft über die thüringische Zentralstadt zu gewähren. Sein engster Verbündeter in dieser Frage war der Herzog von Sachsen-Weimar, der auch wegen der territorialen Nähe besonderes Interesse an dieser Angelegenheit hatte. Schon 1659 hatten auf Schloß

---

3) Wilhelm Johann Albert von Tettau, Die Reduction von Erfurt und die ihr vorausgegangenen Wirren (1647–1665). In: JAW NF 3 (1863) S. 21–31, 37–40, 47–56.

Friedenstein Verhandlungen mit den fürstlichen Räten und Abgesandten des Erfurter Rates stattgefunden, deren Ziel es war, das Schutzbündnis so zu organisieren, daß die Stadt Mittelpunkt der sächsisch-ernestinischen Landesverteidigung wurde. Die Sache scheiterte jedoch letztlich daran, daß der sächsische Kurfürst Johann Georg II. (1656–1680) aus Dresden mahnte, das Verteidigungswerk „noch zur Zeit etwas in Ruhe stehen zu lassen", da zur Zeit kein Feind erkennbar wäre, der zum Angriff auf Erfurt rüste.[4] – Inzwischen nutzte der Mainzer Erzbischof jede Gelegenheit, sich in die Belange der Stadt einzumischen und forderte mit immer mehr Nachdruck die Verlesung des Gebets für seine Person in allen Erfurter Kirchen. Dies sahen die ernestinischen Fürsten mit gewisser Besorgnis. Und so vereinigten sich die Häuser Gotha, Weimar und Altenburg in der Auffassung, daß, wenn schon für Kurmainz gebetet wurde, ebenso das Haus Sachsen in das Gebet einzuschließen wäre. Das lehnte natürlich Johann Philipp von Schönborn strikt ab. Folglich hatte auch der Versuch des sächsischen Kurfürsten im Mai 1662 keinen Erfolg, den Kaiser dazu zu bewegen, zumindest die Tragweite seines Befehls zur Ableistung des Gebets wenigstens noch einmal zu überdenken. Die kaiserliche Antwort war schroff: Die Sache sei abgetan und hätte mit dem Schutzrecht über Erfurt zudem überhaupt nichts zu tun. Im übrigen täte der Kurfürst besser daran, die Stadt zur Ausführung kaiserlicher Befehle anzuhalten anstelle dagegen zu opponieren.[5]

Nachdem Ernst von Gotha und Johann Ernst von Weimar (1662–1683) erkannt hatten, daß sie Erfurt in dieser Frage nicht helfen konnten, sondern sich obendrein den Unwillen des Kaisers zugezogen hatten, änderten sie ihre Taktik. Wenn sie ihre Macht nicht gegen den Willen von Mainz erweitern konnten, war es vielleicht möglich, sich mit dem bisherigen Rivalen zu verbünden und sich die Beute schließlich zu teilen. Am 30. Juli 1662 schlug Herzog Ernst von Sachsen-Gotha seinem Weimarer Vetter Johann Ernst vor, sich mit dem Kurfürsten von Mainz *vertraulich zu vernemen* und unparteiisch und friedliebend zu überlegen, wie gewaltsam Auseinandersetzungen verhindert werden und die Stadt- und Kirchenrechte gewahrt bleiben können.[6] Anderenfalls befürchtete er, daß *das Erzstift gantz harte Entschließung wieder die Stadt Erfurt gefasset, darbey unserm gantzem Hauße und dem Lande zu Thüringen unleidliche Dinge begegnen könnten.*[7] Nachdem Weimar zugestimmt hatte, sandte Herzog Ernst seinen Kammerrat Veit Ludwig von Seckendorf nach Schwalbach, wo sich Johann Philipp von Schönborn zur Sauerbrunnenkur aufhielt. Das Kreditiv, das Seckendorf dem Erzbischof aushändigte, enthielt neben dem Vorschlag einer gemeinsamen Konferenz zwischen Sachsen und dem Erzstift auch folgende sächsische Vorstellungen zur Lösung von Einzelfragen: 1. Mainz sollte an diesem etwas entlegenen Ort seine Befugnisse nicht nur mit eigenen Kräften, sondern auch mit Hilfe des Hauses Sachsen

4) Kirchhoff, Besitzergreifung (wie Anm. 1) S. 106–107.
5) Tettau, Reduction (wie Anm. 3) Beilage K, S. 287–288.
6) Thür. HStA, D 910, Bl. 1.
7) Ebd., Bl. 3.

wahrnehmen. 2. Das Erzstift sollte sein Mißtrauen gegenüber dem Haus Sachsen abbauen und den Status der Stadt, aber auch die sächsischen Rechte wahren. 3. In Erfurt sollte wieder eine beständige Verfassung eingeführt werden, die freilich vorher zwischen Kurmainz und Sachsen abzustimmen wäre. 4. Man wolle Erfurt in einen besseren Verteidigungszustand versetzen, um sowohl das sächsische als auch das mainzische Territorium besser gegen Angriffe schützen zu können.[8] Unverhohlen ließ Ernst erkennen, welchen Eindruck ein gemeinsames Vorgehen der beiden Mächte auf Erfurt haben mußte; notfalls könnte man die Stadt ja *coniunctis viribus zur raison* bringen.[9]

Der Erzbischof stimmte dem Vorschlag einer gemeinsamen Konferenz zu; setzte sogar einen relativ kurzfristigen Termin dafür an, bekräftigte seine Haltung aber nochmals: Er sei ein für allemal entschlossen, aus der Sache zu sein und seine *jura* bei der Stadt zu manutenieren, jedoch ohne Abbruch der sächsischen Gerechtsame.[10] – Auf der gemeinsamen Konferenz wurde das Haus Sachsen einschließlich Kursachsen durch die Räte Seckendorf (Gotha) und Wex (Weimar) vertreten, die eine Reihe von Verhandlungen mit den kurmainzischen Beauftragten führten. Allerdings blieben alle Bemühungen, sich zum eigenen Vorteil mit dem Erzstift zu verbünden, ergebnislos. Der Mainzer Kurfürst versicherte, er wolle alles *legitimo modo* und *via juris* klären, von Sachsen erwarte er jedoch, daß es die Stadt selbst zur Schuldigkeit und Ruhe anweisen würde.[11] Das sächsische Vorhaben war gescheitert, die Fronten aber nun endgültig geklärt. Am 26. Oktober 1662 schrieb Ernst nach Weimar, Altenburg und Dresden, man sehe nun, daß Mainz entschiedene Absichten auf Erfurt gegen Sachsen habe.

Im November 1662 brachten Gesandte das kaiserliche Ultimatum, binnen vier Wochen die Gebetsfrage wie von Mainz und dem Kaiser gefordert, zu klären.[12] Aus Dresden wurde den thüringischen Vettern bedeutet, die Erfurter in ihrem Widerstand ja nicht zu unterstützen. Alle Nachsuche im kursächsischen Archiv hätte kein Dokument zutage gebracht, welches man zum Beweis vorlegen könne, daß Erfurt dem Haus Sachsen untertänig sei, ebensowenig wie dies von Mühlhausen oder Nordhausen zu behaupten sei. Sachsen entschloß sich nunmehr, Erfurt zur Annahme des Gebetes zu bewegen. Diese Aufgabe übernahm eine Gesandtschaft, an deren Spitze der kursächsische Rat Wolf von Werthern stand. Mit dem Argument, daß Mainz das Gebet ohnehin durchsetzen werde und man den friedlichen dem gewaltsamen Weg vorziehen sollte, brachten es die sächsischen Gesandten schließlich dazu, daß das Evangelische Ministerium am 22. Januar 1663 einwilligte, für die Person des Erzbischofs beten zu lassen. Nunmehr bestand man aber auf Mainzer Seite auf dem Wortlaut *für ihre kurfürstliche Gnaden zu Mainz, unseren gnädigsten Herrn und dero Erzstift.* Auch wenn die evangelische Geistlichkeit sogar dieser anmaßenden Forderung zustimmte, von der

8) Ebd., Bl. 10.
9) Kirchhoff, Besitzergreifung (wie Anm. 1) S. 109.
10) Ebd., S. 110.
11) Ebd., S. 111.
12) Tettau, Reduction (wie Anm. 3) S. 301–302.

Gemeinde war dazu kein Einverständnis zu erreichen. In der Stadt kam es zu Tumulten, die kaiserlichen Kommissäre, die die Gebetsformel durchsetzen sollten, verließen – sicher aus berechtigter Furcht – eilends die Stadt. Die Renitenz der Erfurter Bürger unterstützte natürlich die Mainzer Pläne bestens. Eine Konferenz der sächsischen Höfe erwog zwar, eine Garnison von 3000 Mann Fußvolk und 500 Reitern in die Stadt zu bringen,[13] aber dem Kaiser und dem Erzbischof gleichzeitig den Fehdehandschuh hinzuwerfen, traute man sich dann doch nicht.

Im Juli 1663 verhängte der Kaiser die Acht über die Stadt und beauftragte mit der Exekution den Kurfürsten von Mainz. Zwar gelang es den Erfurtern, den ersten Angriff abzuwehren, aber als den kurmainzischen Truppen französische zu Hilfe kamen, hielt die Stadt nicht länger stand und mußte sich im Oktober 1664 ergeben. Von der geplanten Hilfe des Kurfürsten von Brandenburg, um die die Ernestiner in letzter Minute nachgesucht hatten, ahnten die Bürger nichts. Das Haus Sachsen war seinen Schutzverpflichtungen, für die es jährlich eine recht ansehnliche Summe von der Stadt erhielt, nicht nachgekommen. Herzog Ernst von Gotha hatte zwar noch einmal den Versuch unternommen, die ernestinischen Höfe zur Aufstellung einer Truppe zum Schutz der Ratsautorität aufzubringen, aber es gelang nicht. In Weimar rieten die Landstände ab, weil sie den Ruin für das Herzogtum fürchteten,[14] der Altenburger Herzog wollte ohne Resolution aus Dresden in dieser Sache nichts unternehmen. Er konnte ja nicht wissen, daß Kurfürst Johann Georg schon längst anders disponiert hatte. In einem Geheimabkommen, das zwischen ihm und Johann Philipp von Schönborn schon Ende 1663 in Torgau geschlossen worden war, sicherte er jenem völlig freie Hand über Erfurt zu. Sein Lohn war die zugesicherte Anwartschaft auf den Vollbesitz aller sächsischen Lehnsdörfer des Erfurter Landgebietes und 20000 Gulden aus der Schatulle Ludwigs XIV. Dafür hatte er nicht nur Erfurt preisgegeben, sondern auch seine ernestinischen Vettern hintergangen.

Diese sahen nun ihre wichtigste Aufgabe darin, ihre Rechte unter den neuen Bedingungen soweit als möglich zu sichern. Denn trotz gegensätzlicher Beteuerungen von Mainzer Seite hielt man diese für gefährdet. Der Zeitpunkt unmittelbar nach Besetzung der Stadt schien für Verhandlungen mit dem Erzstift günstig, da *der status bei der Stadt noch nicht formieret* war.[15] Eine emsige Suche in den ernestinischen Archiven nach den verbrieften Rechten begann, und auf Konferenzen der ernestinischen Räte Anfang November 1664 auf Schloß Friedenstein, im März 1665 in Jena und im Juli in Naumburg wurden die Verhandlungsgrundlagen festgelegt. Die Taktik war darauf ausgerichtet, die sächsischen überlieferten Rechte und den Einfluß auf die Stadt auf jeden Fall zu sichern, eventuell noch etwas zu erweitern oder wenigstens eine

13) Kirchhoff, Besitzergreifung (wie Anm. 1) S. 172.
14) Thür. HStA, B 28.
15) Thüringisches Staatsarchiv Gotha (im folgenden ThStAG), Geheimes Archiv F 1a; Thür. HStA, D 916, Bl. 31–35.

Entschädigung zu erreichen.[16] So wurde beispielsweise angestrebt, die Schutzrechte über Erfurt trotz des veränderten Status der Stadt in allen ihren Klauseln zu erhalten, auch die Höhe des zu zahlenden Schutzgeldes sollte die gleiche bleiben. Würde Mainz dennoch Ansprüche erheben, so wäre ein Kompromiß zu suchen, der die Interessen von Sachsen, Mainz und Erfurt gleichermaßen berücksichtigte. Zur Einrichtung des Stadtregiments schlugen die Ernestiner eine Abstimmung zwischen Mainz und Sachsen bei der Schaffung einer beständigen Regimentsform vor, die nicht ohne Einwilligung beider Teile geändert werden konnte. Die Ratskonfirmation sollte Kurmainz nur dann zugestanden werden, wenn dies mit keinem Mittel zu verhindern wäre. Auch die Aufstellung einer Polizeiordnung sollte dem Mainzer Kurfürsten nur nach vorheriger Absprache mit den Ernestinern zugebilligt werden. Ganz entschieden wurde von den ernestinischen Räten die Berechtigung des Mainzer Erzbischofs bestritten, den Titel Landesherr zu führen.[17]

Das entsprach natürlich ganz und gar nicht den Vorstellungen Johann Philipps von Schönborn, der sich darüber im klaren war, daß die vielfältigen Beziehungen, in welchen die sächsischen Fürsten zu Erfurt standen, gelöst werden mußten, wollte er die unbeschränkte mainzische Herrschaft über die Stadt und ihr Gebiet erringen. Das mit dem sächsischen Kurfürsten erzielte Abkommen über dessen Verzicht auf seine Rechte war ihm dabei sehr willkommen. Den ernestinischen Fürsten blieb nur noch die Durchsetzung von Entschädigungsforderungen. – Ihr albertinischer Vetter begnügte sich während der Verhandlungen mit einer Rolle als Vermittler. Zwischen ihm und den Mainzer Kurfürsten war ja längst alles klar. Ende des Jahres 1665 kam es zu einem Vergleich zwischen Mainz und den ernestinischen Herzögen, der 1667 auf einer Konferenz in Erfurt noch einige Veränderungen zugunsten der Ernestiner erfuhr. Der Erfurter Exekutionsrezeß vom 16./26. Mai 1667 regelte die Verhältnisse nun endgültig. Die wesentlichen Bestimmungen des Vertrages waren, daß die Ernestiner auf die Schutzgerechtigkeit über Erfurt verzichteten, dagegen behielten sie das Gütergeleit. Beide Parteien gaben Lehensansprüche auf; die Ernestiner entließen die Erfurter Dörfer aus ihrer Lehenshoheit, Kurmainz gab Ansprüche in Gotha, Apolda und anderen ernestinischen Orten auf. Damit war es zumindest gelungen, ein Problem, das wiederholt zu Zwistigkeiten zwischen Sachsen und Kurmainz geführt hatte, beizulegen. Außerdem verzichtete das Erzbistum auf das Amt Kapellendorf und das Dorf Großrudestedt, beharrte aber auf dem Wiedereinlösungsrecht an den Ämtern Mühlberg und Tonndorf. Den Ernestinern gegenüber wurde der Stadt Erfurt Religionsfreiheit zugesichert und die Lehenshoheit über die Herrschaften Gleichen, Blankenhain und Kranichfeld anerkannt.[18]

---

16) ThStAG, Geheimes Archiv F 1a.

17) ThStAG, Geheimes Archiv F 10.

18) Johann Sebastian Müller, Des chur- und fürstlichen Hauses Sachsen Annales. Weimar 1700, S. 452, 459–461.

Auch wenn dieser Rezeß Licht in die verwickelten Rechtsbeziehungen brachte, sie ordnete und endgültig klärte, stellte er für die Ernestiner einen Verlust dar, der ihre politische Stellung in Thüringen entschieden minderte. Von Erfurt waren sie nun weiter entfernt als zuvor. Ihre ausschließlich auf Verhandlungen beschränkten Mittel in dieser Auseinandersetzung mit dem Mainzer Kurfürsten wurden weiter eingeschränkt durch Unentschlossenheit im Handeln und Inkonsequenz in der Haltung. Ohne ausreichende Unterstützung durch Kursachsen oder anderer mächtiger Reichsstände konnte es ihnen nicht gelingen, ihre althergebrachten Rechte zu schützen und entscheidend in die Entwicklung der Zeit einzugreifen.

WALTER SCHMIDT

# Erfurt in der deutschen Hauptstadt-Diskussion 1848–1850

## *Der Verein für die Verlegung des deutschen Parlaments nach Erfurt*

Als Ende Mai 1849 – noch tobten in Süddeutschland die Reichsverfassungskämpfe – Preußen mit Sachsen und Hannover ein Dreikönigsbündnis schloß, um einen deutschen Bundesstaat ohne Österreich, ein deutsches Reich, wie es zunächst hieß, bzw. wie man es bald umbenannte, eine deutsche Union zu gründen,[1] rückte die Stadt Erfurt scheinbar ganz plötzlich ins Zentrum nationalpolitischer Entscheidungen. Bereits im Bündnisstatut vom 26. Mai 1849 war Erfurt als Sitz des Schiedsgerichts der zu bildenden deutschen Union bestimmt worden.[2] Auch gab es damals insgeheim schon Vorstellungen, das zu wählende Unionsparlament in der thüringischen Metropole tagen zu lassen.[3] So entschied jedenfalls der Verwaltungsrat, die provisorische Regierung des angestrebten Bundesstaates, auf Vorschlag Preußens am 17. November 1849.[4] War all dies Zufall? Kam es tatsächlich so überraschend, wie es der breiten Öffentlichkeit erscheinen konnte? Was steckte hinter dieser Entscheidung? Wie war es dazu gekommen?

Die Bestimmung Erfurts zum Zentralort der von Preußen angestrebten deutschen Union war weder ein Zufall noch eine gänzliche Überraschung. Seit Frühjahr 1848 lief bereits eine öffentliche Diskussion um den administrativ-politischen Zentralpunkt eines einheitlichen Deutschland.[5] Diese Debatte war ein Produkt der Revolution von 1848.

---

1) Zur preußischen Unionspolitik: FRIEDRICH MEINECKE, Radowitz und die deutsche Revolution. Berlin 1913, S. 265–408; ERNST RUDOLF HUBER, Deutsche Verfassungsgeschichte seit 1789. Bd. II, Stuttgart 1960, S. 885–922; ERNST ENGELBERG, Bismarck. Urpreuße und Reichsgründer. Berlin 1985, S. 337–362; KONRAD CANIS, Joseph Maria von Radowitz. Konterrevolution und preußische Unionspolitik. In: Männer der Revolution von 1848. Bd. 2, Hg. HELMUT BLEIBER, WALTER SCHMIDT und ROLF WEBER, Berlin 1987, S. 449–486.

2) Statut des Bündnisses vom 26. Mai 1849. In: Vor-Akten in der Deutschen Verfassungs-Angelegenheit nebst Bündniß-Vertrag vom 26. Mai 1849. Bd. 1, Berlin 1849, S. 80.

3) So MEINECKE, Radowitz (wie Anm. 1) S. 325.

4) Protokollarische Verhandlungen des Verwaltungsrathes der auf Grund des Vertrages vom 26. Mai 1849 verbündeten Deutschen Regierungen. Bd. 3, Berlin 1849, S. 182–218.

5) Zur Hauptstadtfrage in der Geschichte vgl.: Das Hauptstadtproblem in der Geschichte. Festgabe zum 90. Geburtstag von Friedrich Meinecke. Jahrbuch der Geschichte des deutschen Ostens, 1 (1952); THEODOR SCHIEDER und GERHARD BRUNN (Hg.), Hauptstädte in europäischen Nationalstaaten, München 1983 (darin: GERHARD BRUNN, Die deutsche Einigungsbewegung und der Aufstieg Berlins

Die siegreiche Märzrevolution und die als ihr Resultat sich am 18. Mai 1848 konstituierende deutsche Nationalversammlung hatten die Hauptstadtfrage zu einer aktuellen Angelegenheit gemacht.[6] Die Gründung eines neuen deutschen Reiches als demokratisch-parlamentarisch konstituierter Nationalstaat schien in greifbare Nähe gerückt. Damit aber tauchte die Frage auf: Wo sollte dessen Hauptstadt liegen? Das wurde seit April 1848 ein Thema, das zwar nie ins Zentrum politischer Auseinandersetzungen gelangte, gegenüber den weit wichtigeren Problemen der inneren Neugestaltung Deutschlands eher am Rande blieb, aber doch deutlich artikuliert und auch öffentlich kontrovers erörtert wurde. Erfurt wurde dabei keineswegs nur nebenbei genannt, sondern erhielt von Anfang an durchaus Chancen zugesprochen, neue Reichshauptstadt zu werden.[7]

Die Hauptstädte der beiden deutschen Großstaaten Österreich und Preußen wurden in diesen Debatten, was heute verwundern mag, als Regierungssitz eines einheitlichen deutschen Staates zunächst überhaupt nicht ins Auge gefaßt. Erst Ende 1848 kam Berlin ins Gespräch. Als größter Favorit erschien Frankfurt am Main.[8] Die Mainmetropole hatte gegenüber anderen deutschen Städten einen deutlichen Bonus. Sie war seit mehr als drei Jahrzehnten Sitz des Deutschen Bundestages. Aber für Frankfurt schlug nicht nur diese politisch-administrative Präfiguration zu Buche, die so stark schon deshalb nicht sein konnte, weil die Entscheidungen nicht hier, sondern in den Hauptstädten der Einzelstaaten fielen und auch der Frankfurter Verwaltungsapparat nicht sehr ausgebildet war. Frankfurt galt in der politischen Öffentlichkeit vor allem als Vorort des „dritten Deutschland". Die Stadt lag fernab sowohl vom ostelbischen Preußen als auch vom schwarzgelben Österreich; und sie unterstand keinerlei landesherrlicher Oberhoheit. Zugute kam der Stadt in den Augen der Liberalen schließlich wohl auch die

---

zur deutschen Hauptstadt, S. 15–33); ALFRED WENDEHORST, Das Hauptstadtproblem in der deutschen Geschichte. In: ALFRED WENDEHORST und JÜRGEN SCHNEIDER (Hg.), Hauptstädte. Entstehung, Struktur und Funktion. Neustadt/Aisch 1979, S. 83–90; LOTHAR GALL, Frankfurt als deutsche Hauptstadt? In: DIETER SIMON (Hg.), Akten des 26. Deutschen Rechtshistorikertages. Frankfurt/M. 1987, S. 11–19; DERS., Berlin als Zentrum des Deutschen Nationalstaats. In: WOLFGANG RIBBE/JÜRGEN SCHMÄDEKE (Hg.), Berlin im Europa der Neuzeit. Ein Tagungsbericht. Berlin 1990, S. 229–238; WOLF-ARNO KROPAT, Frankfurt zwischen Provinzialismus und Nationalismus. Die Eingliederung der „Freien Stadt" in den preußischen Staat (1866–1871). Frankfurt/M. 1971, S. 12–15; HERMANN MEINERT, Frankfurt und Berlin im Zeichen der Paulskirche. In: Archiv für hessische Geschichte und Altertumskunde, NF, Bd. 28 (1963), S. 417–436; WALTER SCHMIDT, Berlin in der bürgerlichen Umwälzung. Von der feudalen preußischen Residenz zur kapitalistischen deutschen Hauptstadt. In: Zeitschrift für Geschichtswissenschaft 35 (1987), S. 508–516; DERS., Die deutsche Hauptstadt-Diskussion in der Revolution von 1848/49. In: Beiträge zur Geschichte der Arbeiterbewegung 35 (1993) S. 3–23. In diesen Beitrag, der weitergefaßt die 1848er Debatten in die Entwicklung der Hauptstadtfrage in der deutschen Geschichte einzuordnen sucht, gingen die Ergebnisse der hier vorgelegten Studie ein.

6) Vgl. dazu v. a. BRUNN, Einigungsbewegung (wie Anm. 5) S. 17–21; GALL, Frankfurt (wie Anm. 5) S. 9–12.

7) Zu Erfurt als Zentralort in der Geschichte vgl. JOHN, Erfurt – Zentralort, Residenz, Hauptstadt. In diesem Band.

8) BRUNN, Einigungsbewegung (wie Anm. 5) S. 17–19; GALL, Frankfurt (wie Anm. 5) S. 9–12.

ökonomische Zurückgebliebenheit. Die Widersprüche der kapitalistischen Gesellschaft waren noch kaum spürbar, so daß man weniger Gefahr sah, daß hier ein das Parlament unter Druck setzendes radikales Zentrum entstehen könnte.

Als die noch vom Bundestag eingesetzte Kommission von 17 Vertrauensmännern, durchweg gemäßigte Liberale, sich im April 1848 auftragsgemäß an die Ausarbeitung einer reformierten Bundesverfassung machte, legte sie in § 6 des Verfassungsentwurfs wie selbstverständlich Frankfurt als Residenzort des Reichsoberhaupts fest.[9] Friedrich Dahlmann, der für den Vorentwurf hauptsächlich verantwortlich zeichnete, begründete in der Debatte der Kommission diesen Vorschlag damit, daß gegen die bisherigen Zentren gerade mit einer neuen Hauptstadt ein deutliches und symbolträchtiges Zeichen für einen wirklichen Neuanfang in Deutschland gesetzt werden müsse: „Es gelte namentlich, das künftige Haupt weder in Wien, noch Berlin, noch München sein zu lassen, sondern bildlich und eindringlich zu zeigen, daß ein neues Leben angefangen werden müsse."[10]

Es nimmt daher auch nicht wunder, daß der von der Heidelberger Versammlung der 51 ernannte Siebenerausschuß die Vertreter der Ständeversammlungen und Parlamente sowie Männer des Vertrauens zu einem Vorparlament nach Frankfurt einlud, das von diesem wiederum ganz selbstverständlich zum Tagungsort des deutschen Nationalparlaments auserkoren wurde.[11] Auf diese Weise wurde Frankfurt für das Revolutionsjahr 1848/1849 tatsächlich zu einem nationalen Zentrum, zumal hier auch die Reichszentralgewalten, Reichsverweser und Reichsministerien ihren Sitz hatten. Die Entscheidung für den Tagungsort des Nationalparlaments konnte als Vorentscheidung für die künftige Hauptstadt des vereinigten Deutschland gelten, falls die Revolution sich gegenüber den alten Gewalten durchsetzte.

Ob unter diesen Bedingungen jedoch „kaum Zweifel daran bestanden" hätten, „daß Frankfurt die Hauptstadt des Deutschen Reiches geworden wäre", wie festgestellt wurde,[12] erscheint gleichwohl fraglich. Denn ungeteilte Zustimmung fand Frankfurt damals keineswegs. Ideal erschien vielen, auch Liberalen, dieser Standort ganz nahe der westlichen Grenze des Reiches durchaus nicht. Frankfurt hatte sofort Konkurrenz. Andere Städte, die geographisch günstiger lagen, begannen seit Frühjahr 1848 eigene Ansprüche auf die künftige Reichszentrale geltend zu machen. Als wohl ernsthaftester Rivale brachte sich bereits sehr früh auch Erfurt ins Spiel. Zum engagiertesten Befürworter Erfurts als künftiger Reichshauptstadt profilierte sich der Heidelberger Staatsrechtler Leopold Friedrich Ilse, politisch ein Mann von gemäßigt konservativer Cou-

9) Rudolf Hübner (Hg.), Aktenstücke und Aufzeichnungen zur Geschichte der Frankfurter Nationalversammlung aus dem Nachlaß von Johann Gustav Droysen. Stuttgart, Berlin, Leipzig 1924, S. 54–55, 98.

10) Ebd., S. 55.

11) Das deutsche Vorparlament. In: Die Gegenwart. Eine enzyklopädische Darstellung der neuesten Zeitgeschichte für alle Stände, Bd. 2. Leipzig 1850, S. 682.

12) So Kropat, Frankfurt (wie Anm. 5) S. 12; ebenso Gall, Frankfurt (wie Anm. 5) S. 12.

leur, der sich zur konstitutionellen Monarchie bekannte, heftig für die Hegemonie Preußens und einen preußischen Erbkaiser stritt, die Demokratie entschieden bekämpfte, aber auch mit den Liberalen nicht allzu viel im Sinn hatte.[13]

Die Hauptstadtdiskussion hatte Ende März/Anfang April 1848 in der Presse eingesetzt. Mehrere Städte wurden zugleich als neues Reichszentrum gegen Frankfurt ins Gespräch gebracht, so Bamberg, Nürnberg und Gotha. Bereits Anfang April machte ein Leipziger Korrespondent in der bei Brockhaus herausgegebenen „Deutschen Allgemeinen Zeitung" gegen diese Vorschläge die Überlegung geltend, doch Prag den Vorrang zu geben, „um dadurch die Herzen unserer slawisch-deutschen Brüder an die Sache Deutschlands zu fesseln".[14] Am 14. April verfaßte Ilse in Heidelberg sein Plädoyer für Erfurt, das er wahrscheinlich an mehrere Zeitungen schickte. Als erste veröffentlichte die „Magdeburgische Zeitung" diesen Artikel am 27. April, den schon am 3. Mai der vom Erfurter Demokraten Goswin Krackrügge herausgegebene „Deutsche Stadt- und Land-Bote" auszugsweise wiedergab.[15] Am 10. Mai brachte ihn schließlich die überregionale „Deutsche Allgemeine", womit dem Anliegen gewissermaßen gesamtnationale Verbreitung verschafft wurde.[16]

Doch schon zwei Tage zuvor hatte hier, möglicherweise durch Ilses Aufsatz angeregt, ein Erfurter Korrespondent unter dem Datum des 1. Mai eine Lanze für Erfurt als Sitz der Zentralgewalt gebrochen.[17] Frankfurt sei bei einem französischen Handstreich äußerst gefährdet und überdies ganz ungeschützt vor „republikanischen Wühlereien". Erfurt hingegen böte außer größerer militärischer Sicherheit dank seiner günstigen Eisenbahnverbindungen die beste Gewähr „für die innere Vereinigung und lebendigere Teilnahme des weitgedehnten Nordostens, besonders jetzt bis Memel hin" und erleichtere „die Vermittlung zwischen Süd- und Norddeutschland und Österreich."

---

13) Vgl. neben Ilses Schriften (Anm. 38, 85, 128) v. a. seine Briefe an den Erfurter „Verein zur Erstrebung für die Verlegung des deutschen Parlaments nach Erfurt". In: STAE 4–1, X–9: Akten des Vereins für die Verlegung des deutschen Parlaments nach Erfurt. Ferner sein politisches Credo in der „Erklärung des Dr. Ilse gegen Herrn Krackrügge". In: Beilage zu Allgemeiner Anzeiger oder Neues Erfurter Adreßblatt (NEA) 11, 13. 2. 1850. Die Erklärung richtet sich gegen einen Bericht der „Neuen Erfurter Zeitung", 10, 10. 1. 1850, wonach Ilse im Mai 1848 ein „echter Demokrat" gewesen sei. Schon Anfang Januar 1849 hatte sich Ilse gegen Zeitungsaussagen gewehrt, die ihn mit Krackrügge in Verbindung brachten. Vgl. Vossische Zeitung, 9, 11. 1. 1849. Hier nennt er als sein politisches Ziel eine „starke konstitutionell-monarchische Regierung." Zur Polemik zwischen Krackrügge und Ilse vgl. auch Erfurter Zeitung (EZ) 15, 18. 1. 1850, S. 3–4; NEA, 46, 23. 2. 1850; Neue Erfurter Zeitung (NEZ) 10, 22, 31, 51, 54, 10. und 24. 1., 5. und 27. 2. und 2. 3. 1850.

14) Deutsche Allgemeine Zeitung (DAZ) 99, 8. 4. 1848, S. 1197.

15) Magdeburgische Zeitung, 100, 27. 4. 1848. 2. Beilage: Über den Sitz des deutschen Parlaments. Heidelberg, den 14. April 1848; Der deutsche Stadt- und Land-Bote (SLB) 42, 3. 5. 1848, Sp. 318–320: Erfurt, der Sitz des deutschen Parlaments. In der „Augsburger Allgemeinen Zeitung", die wiederholt als das Organ genannt wird, in dem Ilses Aufsatz zuerst publiziert worden sei, findet er sich nicht. Zur Identifizierung dieses Ilse-Beitrags vgl. den Nachdruck im SLB und Ilses Erklärung gegen Krackrügge (wie Anm. 13).

16) DAZ, 131, 10. 5. 1848, S. 1689–1690: Der Sitz des deutschen Parlaments. Heidelberg, 5. Mai.

17) DAZ, 129, 8. 5. 1848, S. 1664–1665.

Ilses Argumentation holte weiter aus, ging ins Grundsätzliche und schuf so eine solidere politische Argumentationsgrundlage für eine Anwartschaft Erfurts auf den Parlamentssitz und die Reichshauptstadt.[18] Der Tagungsort, so seine Ausgangsthese, habe großen Einfluß auf Gang und Ergebnisse von Parlamentsberatungen, die ungehindert von negativen Einwirkungen vonstatten gehen sollten. Daher sei erste Bedingung für einen Parlamentssitz dessen politische Unabhängigkeit, was ähnlich wie in den USA nur durch die Schaffung eines reichsunmittelbaren Bundesgebiets zu gewährleisten sei. Weder Berlin, noch Wien, noch München kämen in Frage; aber auch Freie Städte (womit natürlich Frankfurt gemeint war) seien fragwürdig, weil hier alles vom Geldmarkte abhänge. Als zweite Voraussetzung betrachtete Ilse eine sichere und günstige Lage des Tagungsorts und zog daraus die Schlußfolgerung: „Der Ort der Versammlung muß also von den Grenzen fort und in die Mitte Deutschlands verlegt werden". „Vom Mittelpunkt des Reichs läßt sich leichter regieren als vom äußersten Ende her." Erfurt entspreche diesen Anforderungen am besten, sollte daher zum „deutschen Bundesregierungssitz erkoren" werden, wobei sich Ilse fest davon überzeugt zeigte, daß Preußen Stadt und Festung freudig dem Reich übergeben würde. „Erfurt wird Bundesfestung", während die preußische Bezirksregierung ohne Schwierigkeiten nach Mühlhausen übersiedeln könnte.

In Erfurt reagierte man prompt auf Ilses engagierten Einsatz für die Stadt, mit der ihn bis dahin nichts verband. Dem Nachdruck seines Artikels im „Stadt- und Land-Boten" folgte offenkundig seine Einladung durch die politischen Köpfe der Erfurter Demokraten und Liberalen. Auf einer Reise nach Berlin machte Ilse jedenfalls Mitte Mai in Erfurt Station und fand eine außerordentlich warmherzige Aufnahme im Erfurter Volksverein, wo ihn Krackrügge am 12. Mai einführte.[19] Ilse erläuterte seine Idee, Erfurt zum Sitz des deutschen Parlaments zu machen, und wurde gebeten, sie auch in Zukunft durch Wort und Schrift zu propagieren. Auf Empfehlung Krackrügges benannte ihn der Verein sogar als Kandidaten für die Frankfurter Nationalversammlung. Man begründete diesen Vorschlag ausdrücklich damit: „Herr Ilse werde für die Verlegung des Parlaments von Frankfurt nach Erfurt Sorge tragen und sich damit um Erfurt ein ausgezeichnetes Verdienst erwerben". Die konservative „Erfurter Zeitung" kommentierte diese Begründung für den „bisher ziemlich unbekannten Mann" mit der ironischen Bemerkung: „Mit Herzensfreude werden die Süddeutschen diese Nachricht entgegennehmen". Ilse nahm das Erfurter Angebot an, stellte sich in Versammlungen des Wahlkreises Erfurt-Schleusingen-Ziegenrück auch den Wählern, trat dann aber, um dem Königsberger

---

18) Zum folgenden DAZ, 131, 10.5.1848, S. 1689–1690.

19) Zum folgenden: Erklärung des Dr. Ilse (wie Anm. 13); SLB, 50, 16.5.1848, Sp. 381–484: Erfurter Volksverein (Bericht über dessen Versammlung vom 12. Mai). Zur politischen Situation in Erfurt nach der Märzrevolution und zu Krackrügge vgl. Herbert Peters, Goswin Krackrügge. In: Männer der Revolution von 1848. Bd. 1. Berlin 1970, S. 277–285.

Demokraten Johann Jacobi keine Chance zu lassen, zugunsten des dann auch gewählten Erfurter Landrats Gustav Graf von Keller zurück.[20]

Ilses Besuch hatte in Erfurt jedoch weiterreichende Wirkungen. Er gab tonangebenden Kräften in der Stadt den Anstoß, selbst für die Erhebung Erfurts zur politisch-administrativen Reichszentrale aktiv zu werden.[21] Vor allem Krackrügge drängte in diese Richtung, der sogleich auch gemäßigte, recht konservativ gestimmte Liberale wie der Bankier Heinrich Herrmann, der in der Festungsverwaltung angestellte Justizrat August Noack, der Kommerzienrat und Kaufmann Sebastian Lucius und der Kandidat fürs Frankfurter Parlament Keller folgten. Einen besonders engagierten Fürsprecher fand das Projekt in Stadtrat Karl Herrmann. Er sah jetzt Chancen für einen von ihm eineinhalb Jahrzehnte zuvor unterbreiteten Vorschlag. Herrmann hatte bereits 1833, als nach dem Wachensturm Frankfurt nicht mehr genügend Sicherheit für die Bundesversammlung zu bieten schien, einen Vorstoß unternommen, den Sitz des Bundestages von Frankfurt nach Erfurt verlegen zu lassen.[22] Er wollte, wie er schrieb, Erfurt in den Stand setzen, seinen „früheren Rang unter den deutschen Städten wie zur Zeit Rudolf von Habsburgs (und Friedrich I., des Staufers) wieder einzunehmen".[23] Sein entsprechender Antrag im Erfurter Stadtparlament, ein solches Ansinnen an den Bundestag heranzutragen, wurde jedoch als undurchführbar zurückgewiesen.

Nach Vorbereitungen am 18. Mai, an denen auch Ilse teilnahm, hoben am 25. Mai, ebenfalls im Beisein Ilses, zwölf Erfurter Bürger auf einer Gründungsversammlung den „Verein zur Erstrebung der Verlegung des Sitzes der deutschen Nationalversammlung nach Erfurt" aus der Taufe.[24] Als Ziel des Vereins fixierte die Gründungstagung, dahin zu wirken, „daß zum Besten ganz Deutschlands und zum Besten hiesiger Stadt der Sitz des deutschen Parlaments hierher verlegt wird", allerdings, wie man ausdrücklich

---

20) Zu Keller und seiner Wahl nach Frankfurt vgl. EZ, 91 und 120, 5.5. und 9.6.1848; SLB, 30.5.1848, Sp. 520; ferner: Hermann Nibour, Die Abgeordneten der Provinz Sachsen in der Frankfurter Nationalversammlung. In: Thüringisch-Sächsische Zeitschrift für Geschichte und Kunst 6 (1914), S. 54–55; auch: Rainer Koch (Hg.), Die Frankfurter Nationalversammlung 1848/49. Ein Handlexikon der Abgeordneten der deutschen verfassungsgebenden Reichs-Versammlung. Kalkheim 1989, S. 242.

21) Zum folgenden siehe: Akten des Vereins für die Verlegung des deutschen Parlaments nach Erfurt. In: StAE 4–1, X–9 (im folgenden: Vereins-Akten), darin: die Einleitung von Karl Herrmann, Geschichte des Vereins zur Erstrebung der Verlegung der deutschen Nationalversammlung nach Erfurt (im folgenden: Herrmann, Vereinsgeschichte); Acta des Magistrats zu Erfurt betreffend die beabsichtigte Verlegung des Sitzes des deutschen Reichsparlaments nach Erfurt (1848–1854). In: StAE 1–1, Ie, Nr. 31 (im folgenden: Magistrats-Akten). Ferner: Karl Herrmann, Geschichte der Familie Herrmann. Erfurt 1872, Bd. 1. In: StAE 5/801 H32 (im folgenden: Herrmann, Familiengeschichte); Carl Beyer, Karl Herrmanns Bedeutung für seine Vaterstadt. Rede, gehalten bei der Gedächtnisfeier für den 100. Geburtstag Karl Herrmanns am 24. September 1897 (im folgenden: Beyer, Herrmanns Bedeutung).

22) Vgl. Herrmann, Familiengeschichte (wie Anm. 21) Bd. 1, Bl. 241a; Beyer, Herrmanns Bedeutung (wie Anm. 21) S. 14–16.

23) Herrmann, Familiengeschichte (wie Anm. 21) Bd. 1, Bl. 241a.

24) Protokoll der Gründungstagung, Erfurt, 25. 5. 1848. In: Vereins-Akten (wie Anm. 21) Bl. 4–7.

festlegte, „ohne öffentlich zu werden". Keine einzige Zeitung notierte die Konstituierung des Vereins; noch wurde bis Oktober 1848 irgend etwas über seine Tätigkeit in der Öffentlichkeit bekannt. Man wollte bewußt im Hintergrund agieren, Beziehungen zu maßgebenden politischen Kräften herstellen, um über eine Lobby politische Entscheidungsträger für das Erfurter Anliegen zu gewinnen. Auch die sogleich ins Auge gefaßte Popularisierung des Vereinsziels in der Presse sollte anonym erfolgen.

Ein wichtiges Anliegen des Vereins bestand zunächst darin, finanzielle Mittel für die Kampagne, die man starten wollte, bereitzustellen. Sie sollten durch monatliche Beiträge der Vereinsmitglieder, aber auch durch Sammlungen gewonnen werden. Man war daher ausschließlich an kapitalkräftigen Mitgliedern oder zumindest Sympathisanten interessiert. Die Liste der rund hundert Anhänger[25] liest sich wie eine Zusammenstellung von Honoratioren Erfurts: Beamte des Magistrats, Mitglieder der Stadtverordnetenversammlung, Parlamentsabgeordnete wie Gustav von Keller und Goswin Krackrügge, Akademiker aus dem Kreis der Lehrer und Ärzteschaft, Apotheker, Justizbeamte und neben mehreren Gastwirten und Bäckern, einigen Mühlen-, Buchdruckerei- und Bierbrauereibesitzern zahlreiche Kaufleute und Fabrikanten. Der Verein war von vornherein geplant und wurde bis zuletzt auch geführt als eine Organisation des gehobenen Erfurter Bürgertums, das zahlen konnte und natürlich auch das größte Interesse daran hatte, den Parlaments- und Regierungssitz in die eigene Stadt zu bekommen. Die Beiträge wurden vor allem vom aktiven Kern entrichtet und schwankten zwischen einem und zehn Talern.[26] Mit finanzschwachen Schichten, gar mit dem einfachen Volk hatte man nichts im Sinn. Zum Vorsitzenden wählten die Gründungsmitglieder den Justizrat August Noack, zum Rechnungsführer den Bankier Heinrich Herrmann, einen Bruder des Stadtrats Karl Herrmann, der sich Mitte 1849 nach dem Rückzug Noacks stärker in die Leitung des Vereins einschaltete. Eine Zusammenkunft aller hundert Anhänger des Vereins, im Dezember 1848 einmal ins Kalkül gezogen, fand aus Sicherheitsgründen nie statt.[27]

Die eigentlichen Akteure des Vereins, sein harter Kern, der regelmäßig zusammenkam und alles entschied, aber nichts davon an die Öffentlichkeit dringen ließ, waren etwa 20 Mitglieder. Am engagiertesten zeigten sich neben dem Vorsitzenden und seinem Stellvertreter, dem Kaufmann Julius Kallmeyer, der Stadtrat Karl Herrmann und sein Bruder Heinrich, der die Finanzen des Vereins unter seiner Regie hatte, der Buchdruckereibesitzer Franz Bartholomäus, bei dem alle Vereinsdokumente gedruckt wurden, der Stadtverordnetenvorsteher und Ökonom Christian Franz Frenzel, der Kommerzienrat Sebastian Lucius, die Kaufleute Gustav Brenner, Christian Wilhelm Möller und Johann Heinrich Luge, der Brauereibesitzer Wilhelm Treitschke, der

25) Verzeichnis der Vereinsmitglieder. In: Ebd., Bl. 2–3b.
26) Rechnungsbuch des Vereins. In: Ebd., Bl. 253 ff.
27) Die Vereinssitzung vom 20. 12. 1848 erörterte die Einberufung einer sog. Generalversammlung, verwarf diese Idee aber, da man, wie Noack am 4. 1. 1848 an Ilse schrieb, nicht sagen wollte, wofür das Geld verwendet wird. In: Vereins-Akten (wie Anm. 21) Bl. 98–99b, 114–115.

Apotheker Hermann Tromsdorff, die Fabrikbesitzer Georg Schirmer und Anton Triebel sowie der Domdechant Karl Gottfried Würschmidt.[28] Dieses Aktiv tagte auf Einladung des Vorsitzenden in der Regel zwei- bis dreimal im Monat. Es betrieb die Geldsammlungen, gab sich Rechenschaft über die Finanzverhältnisse, führte die Korrespondenz mit den Gewährsleuten an den politischen Machtzentren, beriet die einzuschlagende politische Taktik und organisierte die publizistischen Kampagnen und deren finanzielle Absicherung. Zunächst wollte man die propagandistische Hauptarbeit offensichtlich selbst leisten. So schrieb Noack auf Empfehlung der Vorberatung einen Aufsatz für den „Stadt- und Land-Boten", der sich mit den Ansprüchen Nürnbergs und Bambergs auseinandersetzte.[29] Auch war Noack als Autor einer geplanten Broschüre im Gespräch.[30] Auch später erschienen aus der Feder von Vereinsmitgliedern, freilich durchweg anonym, Artikel zur Begründung Erfurts als Regierungssitz.[31] Um den Verdacht nicht aufkommen zu lassen, nur egoistische Lokalinteressen fördern zu wollen, nahm man jedoch sehr rasch davon Abstand, selbst öffentlich bei der Anpreisung Erfurts in Erscheinung zu treten.

Zum eigentlichen Sprachrohr des Vereins in der Öffentlichkeit wurde vom ersten Tage an Leopold Ilse. Er übernahm die Rolle eines publizistischen Anwalts der Erfurter Forderungen. Dabei waren der Verein ebenso wie Ilse tunlichst bemüht, ihre Beziehungen nicht bekannt werden zu lassen. Als zum Jahresende 1848 einiges darüber durchsikkerte und die Presse Ilse als „bezahlten Agenten" Erfurts denunzierte, herrschte helle Aufregung, und beide Seiten bemühten sich um rasche Schadensbegrenzung.[32] Gegen anfängliche Bedenken einiger Vereinsmitglieder, die Ilse als mögliches Werkzeug ultramontaner oder reaktionärer Elemente in Verdacht hatten,[33] waren mit ihm schon im Mai 1848 feste Vereinbarungen geschlossen und seine Honorierung durch den Verein beschlossen worden. Er wurde als erstes beauftragt, eine Broschüre über Erfurt als künftigen Regierungssitz zu verfassen, in der er namentlich gegen Nürnberg und Bamberg polemisieren sollte. Zu diesem Zweck unternahm Ilse eine Reise in diese Städte, was ihm ebenso wie die Arbeit an der Broschüre vom Verein bezahlt wurde. Zugleich sollte er fortan in Berlin und Frankfurt, in den Parlamenten wie bei den Regierungsstellen, für Erfurt werben. Auch die Kosten für diese wiederholten Aufenthalte trug allesamt der Verein. Immer in Geldnot, war Ilse auf die Zahlungen des

28) Vgl. die Einladungen zu Vereinssitzungen. In: Ebd., Bl. 197 u. v. a.

29) SLB, 57, 22. 5. 1848, Sp. 431–435.

30) Protokoll der Gründungstagung, 25. 5. 1848. In: Vereins-Akten (wie Anm. 21) Bl. 7.

31) DAZ, 338, 22. 12. 1848, Extra-Beilage: Erfurt als Bundessitz.

32) Korrespondenz in DAZ, 91, 31. 12. 1848. Nachdruck in: EZ, 1, 1. 1. 1849, S. 4; Vossische Zeitung, 3, 4. 1. 1849; Frankfurter Oberpostamts-Zeitung, 1, 1. 1. 1849, S. 2; Replik Ilses, Frankfurt, 7. Januar. In: Vossische Zeitung, 9, 11. 1. 1849, wo er sich zu seiner Agitation für Erfurt bekennt, die allerdings nicht geheim, sondern öffentlich betrieben werde. Vereinssitzung vom 2. 1. 1849; Ilse an den Verein, 2. 1. 1849; Noack an Ilse, 4. 1. 1849; Ilse an Noack, 4. 1. 1849. Entwurf eines Leserbriefs Ilses an Zeitungen, Frankfurt, 2. 1. 1849. In: Vereins-Akten (wie Anm. 21) Bl. 110–118.

33) Herrmann, Vereinsgeschichte (wie Anm. 21) Bl. 2.

Vereins angewiesen und mahnte sie in seinen zahlreichen Briefen an den Verein auch beständig an. In Herrmanns kurzer Vereinsgeschichte, geschrieben als Einleitung zum entsprechenden Aktenband, heißt es: Ilses „ganze Existenz gründete sich auf die Geldmittel, die ihm der Verein gewährte“.[34] Insgesamt brachte es der Verein in den anderthalb Jahren seiner Existenz auf stattliche 800 Taler „Umsatz“, wovon Ilse den Löwenanteil erhielt, dazu kamen noch 220 Taler, die der Magistrat dem Verein als Zuschuß gewährte.[35] Das Rechnungsbuch des Vereins verzeichnet unter den Ausgaben zwischen Mai 1848 und November 1849 für Ilse insgesamt 611 Taler.[36] Kein Wunder, daß die Presse Ende 1848, nachdem sich der Verein im Herbst erstmals öffentlich zu Wort gemeldet hatte, munkelte, daß es ihm „nicht an pekuniären Mitteln und geistigen Autoritäten gebrechen soll.“[37]

Im Juli erschien Ilses im Auftrag des Vereins verfaßte Broschüre,[38] mit der eine massive Offensive für Erfurt als künftige deutsche Hauptstadt eingeleitet wurde. Der Autor veröffentlichte sie unter seinem Namen, und er lehnte mit dem Argument, es müsse unbedingt der Eindruck vermieden werden, daß „selbstsüchtige Interessen Erfurts“ hinter dem Schriftstück stünden, die Bemühungen des Vereins ab, das Pamphlet, weil vom Verein bezahlt, auch als dessen Eigentum zu betrachten.[39] Dem vom Verein beschlossenen Nachdruck konnte er sich freilich nicht verweigern. Die Erfurter hatten überdies festgelegt, daß das Plädoyer für ihre Stadt durchweg unentgeltlich an Zeitungsredaktionen, Parlamentsabgeordnete und politisch Verantwortliche verteilt werden sollte.[40] Die 19seitige Flugschrift faßte die bereits im Zeitungsbeitrag vom April entwickelten Begründungen zusammen, baute sie wesentlich aus und erweiterte sie um neue Argumente. War im April, als Ilse seinen ersten Aufsatz publizierte, noch vieles im Ungewissen, so tagte nun schon seit Wochen die Nationalversammlung, und es war im vorgelegten Entwurf des Reichsgrundgesetzes Frankfurt zum Sitz der Reichsgewalt vorgeschlagen worden.[41] Eine baldige Reichsgründung schien in greifbare Nähe gerückt, zumal sich auch Preußen zur deutschen Einheit bekannt hatte.

Ilse hielt es aus historisch-traditionellen und politischen Gründen für akzeptabel, daß Frankfurt zunächst zum Tagungsort der konstituierenden Reichsversammlung erwählt wurde. Aber er machte ganz entschieden Front gegen den Vorschlag im Verfassungsentwurf, Frankfurt auch zum Sitz der künftigen Reichsgewalt zu erklären. Für diese

---

34) Ebd.

35) Herrmann, Familiengeschichte (wie Anm. 21) Bd. 1, Bl. 243.

36) Vereins-Akten (wie Anm. 21) Bl. 253–274.

37) EZ, 1, 1. 1. 1849, S. 4.

38) Dr. L. Fr. Ilse, Über die Nothwendigkeit, den Sitz der Reichsgewalt in die Mitte Deutschlands zu verlegen. 1. Aufl. Bonn 1848, 2. Aufl. mit Erlaubnis des Verfassers der Bonner ersten Auflage wörtlich nachgedruckt, Erfurt 1848.

39) Ilse an Noack, 28. 7. 1848. Ferner: Noack an Ilse, 27. 6. 1848. Ilse an den Verein, 13. 7. 1848. In: Vereins-Akten (wie Anm. 21) Bl. 31–32b, 14–15, 17–18.

40) Vereinssitzung vom 21. 7. und 1. und 9. 8. 1848. In: Ebd., Bl. 23, 29–30, 34.

41) Ilse, Nothwendigkeit, (wie Anm. 38) S. 4–5.

Funktion müßten andere Kriterien geltend gemacht werden. Als Zentrale eines Staatenbundes, wie des Deutschen Bundes von 1815 bis 1848, in der im Grunde nichts entschieden wurde, war Frankfurt akzeptabel. Und wenn man bei der Festlegung des Tagungsortes für die Nationalversammlung zunächst daran anknüpfte, so sei dies aus rationellen Gründen durchaus verständlich. Für den nun angestrebten deutschen Bundesstaat aber sei Frankfurt als politisches Verwaltungszentrum gänzlich ungeeignet. Dafür müsse eine Stadt in der Mitte Deutschlands bestimmt werden.

Ilse konzentriert sich – ähnlich wie in seinem April-Artikel – zunächst auf eine nun allerdings umfassende Erörterung der Kriterien für den künftigen Regierungssitz und erläutert erst am Schluß, warum ihm Erfurt als die geradezu optimale Lösung erscheint. Vier Erfordernisse hält er für einen deutschen Regierungssitz für unabdingbar.

Erstens müßten Regierung und Verwaltung des Reiches so plaziert werden, daß sie von allen Teilen des Landes relativ leicht und rasch zu erreichen sind.[42] Von der Mitte aus geht dies unkomplizierter als vom äußeren Ende her. Dabei liegt ihm im besonderen daran, gute und schnelle Verbindungen zu den Hafenstädten zu besitzen, ohne daß er – wie in England, Schweden und Rußland – den Regierungssitz ganz ans Meer verlegt haben möchte. Aber angesichts der Bedeutung, die Seeverbindungen für Deutschlands internationale Stellung besaßen, sollten die Küsten per Eisenbahn an einem Tag erreichbar sein.

Zweitens lag ihm die militärische Sicherheit der Reichszentrale am Herzen,[43] die bei dem ganz an der westlichen Grenze gelegenen Frankfurt nicht gewährleistet sei. Auch müsse man die politische und militärische Zentrale stärker in die Richtung verlegen, aus der Invasionen drohen könnten oder in die man selbst angreifen möchte. Und da von Rußland größere Gefahren als etwa von Frankreich drohten, müsse der Regierungssitz von der Westgrenze weg in Richtung Osten, keineswegs an die Ostgrenze, aber doch in die Mitte des Landes verlegt werden. Wie schon in seinem April-Aufsatz sorgte sich Ilse gleichermaßen um die innere Sicherheit der Reichshauptstadt. Die mitteldeutschen Regionen böten wegen der Schwäche der republikanischen Partei größere Gewähr vor radikalen Putschen, aber auch vor Freischareinfällen von außen.

Ein besonderes Bedürfnis nach Verlegung des Regierungssitzes nach Deutschlands Mitte ergibt sich für Ilse drittens aus der Notwendigkeit, die nichtdeutschen, vornehmlich von Slawen bewohnten Territorien des Bundesgebietes, die von vornherein und ohne jegliche Bedenken als integrierte Bestandteile des neuen deutschen Reiches betrachtet werden, effektiv beherrschen zu können.[44] Diese Argumentation hat Ilse aufgrund der umfangreich geführten Auseinandersetzungen in der Presse um die tschechische und polnische Frage, die überwiegend von strikt machtpolitisch orientierten großdeutsch-nationalistischen Positionen geführt wurden, ganz neu in seine Begründung für Erfurt aufgenommen. „Die Bewegungen der slawischen Bevölkerung

42) Ebd., S. 7–9.
43) Ebd., S. 9–12.
44) Ebd., S. 12–14.

auf deutschem Boden erfordern die ganze und ungetheilte Aufmerksamkeit der Centralgewalt, wie der späteren Reichsgewalt."[45] Diese müsse in der Nähe dieser Bevölkerung liegen, um nötigenfalls energisch eingreifen zu können. Sprache, Sitten und Gesetze der slawischen Bevölkerung solle man zwar sicherstellen, aber auf keinen Fall dürfe zugelassen werden, daß „sie einen selbständigen politischen Körper Deutschland gegenüber oder in Deutschland bilden."[46] Dies entsprach haargenau dem Konzept, das Konservative wie Liberale und selbst Teile der Demokratie in diesen Monaten gegenüber den Tschechen und Polen, aber auch den Sorben und Dänen auf dem Territorium des alten Deutschen Bundes verfochten.

Viertens schließlich hielt Ilse, wie schon im April-Artikel, für die Reichshauptstadt ein von fürstenstaatlichen Abhängigkeiten freies, reichsunmittelbares Territorium für unverzichtbar. Die exzeptionelle Stellung Washingtons in den USA galt ihm als Vorbild.[47] Weil nicht ins Konzept passend, übergeht Ilse allerdings vornehm schweigend die prädestinierte Stellung Frankfurts als Freie Stadt und beschwört statt dessen Preußen als den einzigen deutschen Staat, der in der Lage und willens wäre, „das Opfer für Deutschland" zu bringen. Preußen würde gewiß ein Stück seines Territoriums als nur der Reichsgewalt unterworfenes Bundesgebiet zur Verfügung stellen. In diesem Punkte waren die Erfurter Vereinsmitglieder allerdings wesentlich nüchterner. Mit Ilses etwas blauäugiger Forderung, Erfurt reichsunmittelbar zu machen, konnten und wollten sie sich nicht anfreunden.[48] Erfurt sollte preußisch bleiben. Dieser Vereinsstandpunkt war wohl nicht allein Ausdruck einer Preußen-Sympathie, sondern spiegelte auch die Einsicht, daß man Preußen nicht überfordern sollte.

Die Stadt, die allen von ihm geforderten Kriterien voll entspreche und darum die besten Eigenschaften für den Sitz der Reichsgewalt besitze, sei – so schließt Ilse seine Untersuchung – Erfurt.[49] Es liege mathematisch nahezu genau in der Mitte Deutschlands, von den östlichen Grenzen zwar immer noch weiter entfernt als von den westlichen, aber doch wesentlich günstiger als etwa Nürnberg oder gar Frankfurt. Die Stadt verfüge über die nötige Größe und die erforderlichen Räumlichkeiten, vor allem über Kirchen, die sich für Parlamentsberatungen leicht herrichten ließen. Sie habe 30000 Einwohner und Raum für ca. 80000, sei sicher vor „feindlichen Handstreichen" und republikanischen Erhebungen, beherberge in ihren Mauern eine Festung, die, unmittelbarer Reichsgewalt unterstellt, hinreichenden Schutz des Parlaments vor inneren Unruhen biete. Preußen sollte außer der Festung das Gebiet des Kreises Erfurt, das ungefähr 5 Quadratmeilen mit 50000 Bewohnern umfasse und damit etwa der Größe

45) Ebd., S. 13.
46) Ebd., S. 14.
47) Ebd., S. 15–16. Zur Hauptstadt der USA vgl. Hans-Joachim Lang, Friedrich Horlacker, Bundeshauptstadt Washington – Entwurf und Realität. In: Wendehorst/Schneider, Hauptstädte (wie Anm. 5) S. 113–122.
48) Noack an Keller, 23. 7. 1848. In: Vereins-Akten (wie Anm. 21) Bl. 27–28.
49) Ilse, Nothwendigkeit (wie Anm. 38) S. 16–19.

Washington DC entspräche, an die Bundesregierung abtreten. Schließlich käme Erfurt zugute, daß es nur von kleinen Staaten umgeben sei und daher kaum politischem Druck ausgesetzt werden könne.

Hatte Ilse sein Pamphlet auf eine Wahl Erfurts zum Regierungssitz zugeschrieben, so war die eigentliche Argumentation für Erfurt relativ kurz geraten. Das bewog die Vereinsführung, für einen Nachtrag zu plädieren, der Erfurts lokale Vorzüge für ein nationales deutsches Regierungszentrum in größerer Ausführlichkeit darlegen sollte.[50] Als der vom Archivrat Erhardt aus Münster, einem gebürtigen Erfurter, angeforderte Entwurf nicht zusagte, schrieb ihn der Vereinsvorsitzende selbst.[51] Die Broschüre erschien Ende September in Leipzig und wurde ebenso wie Ilses Propagandaschrift an Zeitungsredaktionen und Lesehallen sowie in großer Zahl an Keller in Frankfurt und Krackrügge in Berlin zur Verteilung an die Abgeordneten geschickt. Noack, der sich als durch sein Dienstverhältnis mit Erfurt verbunden zu erkennen gibt, lobt die „Hauptstadt Thüringens" zunächst als Garten Deutschlands und stellt ihre wechselvolle Geschichte vor, die große Traditionen – wie die Wirksamkeit des Bonifatius und die Reichstagssitzungen und Kirchenversammlungen des Mittelalters – aufweist. Luthers Aufenthalt bleibt auffälligerweise unerwähnt, was auf einen katholischen Autor schließen läßt. Vor allem aber betont er die gute Verkehrslage Erfurts als „einen Centralpunkt des deutschen Eisenbahnnetzes" und stellt die Möglichkeiten zur Nutzung der großen Gartenflächen für die Anlage neuer Straßen, Plätze und Häuser heraus, wodurch der Mangel an massiven Gebäuden wettgemacht werden könne. Doch sei Erfurt schon jetzt durch seine Baulichkeiten für die Aufnahme von Parlament und Regierung gerüstet. Als Parlamentsversammlungsort biete es die (1850 dann tatsächlich fürs Unionsparlament genutzte) evangelische Barfüßer (d. i. Augustiner)-kirche an. Und man dürfe nicht vergessen, daß Erfurt bereits 1808 für Napoleons Fürstenkongreß genügend bequeme Räumlichkeiten zur Verfügung stellen konnte, „und seit dieser Zeit ist noch gebaut worden."[52]

Die Vereinsaktivitäten beschränkten sich keineswegs auf die Erarbeitung und Verbreitung von Reklameliteratur für Erfurt. Hinter den Kulissen wurden im Sommer 1848 zunehmend dichter werdende Fäden zu den damaligen Entscheidungszentren Frankfurt und Berlin gesponnen. In Frankfurt war das Vereinsmitglied Keller als Abgeordneter der Nationalversammlung zur Wahrnehmung der Erfurter Interessen angehalten. Seine Agitation für die Heimatstadt war freilich, wie seine Briefe ausweisen,[53] eher zögerlich und halbherzig. Als Mitglied der die Gagern-Partei repräsentierenden Casino-Fraktion, die fest auf Frankfurt stand, glaubte er nicht recht an die Möglichkeit eines Beschlusses der Nationalversammlung, ihren Sitz von Frankfurt weg zu verlegen. Zwar warb er,

---

50) Vereinssitzung vom 21. 7. 1848. In: Vereins-Akten (wie Anm. 21) Bl. 23.

51) Handschriftlicher Entwurf einer Flugschrift von Erhardt, Münster, September 1848. Vereinssitzung vom 13. 9. 1848. In: Ebd., Bl. 53–56, Bl. 50.

52) Ebd., Bl. 51.

53) Keller an den Verein, 18. 7. und 3. 9. 1848. In: Ebd., Bl. 20–21, 44–44b.

„mehr beiläufig“, unter den Abgeordneten, riet aber vehement ab, öffentlich hervorzutreten und empfahl den Erfurtern, sich doch lieber um das Reichsgericht zu bewerben. Die ersten Berichte aus Frankfurt müssen noch pessimistischer geklungen haben. Denn die Vereinssitzung vom 21. Juni erwog sogar, den Verein gleich wieder aufzulösen.[54] Dies wurde jedoch kurz darauf entschieden abgelehnt;[55] und die Vereinsführung wies auch Kellers Vorschlag zurück, sich mit dem Reichsgericht zu bescheiden. Sie meinte vielmehr, man solle Nürnberg das Reichsgericht und Leipzig ein Oberhandelsgericht zusprechen, Erfurt aber zur Parlamentsstadt machen, so daß diese drei Städte ein wichtiges Verwaltungs-„Dreieck“ bilden könnten.[56]

Im Unterschied zum Abgeordneten Keller war der Privatmann Ilse sowohl in Frankfurt als bald auch in Berlin emsig am Werke.[57] In Frankfurt machte er unter den Abgeordneten für Erfurt Stimmung. Mit einem offiziellen Antrag an das Parlament heranzutreten schien aber auch ihm zunächst nicht opportun, wie er auch anfangs nicht empfahl, die Erfurter Werbeflugschriften dem Parlament offiziell zu überreichen. Als ein Mann, der politisch rechts von der liberalen Mitte stand, suchte er vor allem Verbindungen zu den Gemäßigten und den Rechten. Als der Verein die Absicht äußerte, sich in Frankfurt auch an die Linken wenden zu wollen,[58] um sie für Erfurt einzunehmen, warnte Ilse vehement davor, da doch die Konservativen die Mehrheit hätten. Noch mehr aber beschwor er seine Erfurter Geldgeber, dafür Sorge zu tragen, daß die Stadt von „radikalen Krawallen“ verschont bleibe, da dies alle Sympathien der Parlamentsmehrheit für die Stadt nehmen würde.[59]

Die Vereinsführung, die politisch selbst der gemäßigt-liberalen, ja konservativen Richtung verbunden war, hat Ilses Warnungen offenbar ernst genommen. Kontakt zu den Frankfurter Linken wurde nicht hergestellt. Noch auffälliger ist jedoch, daß man das Vereinsmitglied Krackrügge, der als demokratischer Abgeordneter in der preußischen Vereinbarerversammlung in Berlin saß und dort für Erfurts Anliegen eintreten sollte, schnitt. Zwar ist zu erfahren, daß ihm die Flugschriften zugesandt werden sollten.[60] Doch fand – zumindest nach den Vereinsakten, die in Karl Herrmanns Verwahrung waren und von ihm später geordnet wurden – eine Korrespondenz zwischen dem Verein und Krackrügge, den Ilse wiederholt für suspekt erklärte,[61] überhaupt nicht statt.

54) Vereinssitzung vom 22. 6. 1848. In: Ebd., Bl. 10.
55) Vereinssitzung vom 27. 6. 1848. In: Ebd., Bl. 11.
56) Noack an Keller, 23. 7. 1848. In: Ebd., Bl. 37–28.
57) Ilse an den Verein, 22. 6., 13. und 28. 7., 21. und 31. 8. 1848. In: Ebd., Bl. 12–13, 17–18, 31–32b, 37–39, 45–46b.
58) Vereinssitzung vom 27. 6. 1848. In: Ebd., Bl. 11.
59) Ilse an Noack, 21. 8. 1848. In: Ebd., Bl. 37–38.
60) Vereinssitzung vom 28. 9. 1848. In: Ebd., Bl. 58–58b.
61) Ilse an Noack, 31. 8. und 8. 11. 1848. In: Ebd., Bl. 45–46b, 84.

Sowohl Ilse als auch Keller bemühten sich auch um Kontakte zu den preußischen Regierungsstellen.[62] Vor allem mit Joseph von Radowitz und Ludolf Camphausen suchten sie ins Gespräch zu kommen. Ilse, der sich in gewisser Weise als Rivale von Keller fühlte, bezweifelte die Zweckmäßigkeit von Kellers Besprechungen mit Camphausen, da der als Rheinländer ohnehin keinen Finger für Erfurt rühren würde. Er empfahl, sich direkt an den König und die Regierung zu wenden, was wiederum Keller für unnütz erachtete.

Ende Juli entschloß sich die Vereinsführung, eigene Mitglieder nach Frankfurt zu schicken, um vor Ort, am besten in Parlamentskommissionen Rede und Antwort zu stehen.[63] Im August hielt sich der Vorsitzende längere Zeit in Frankfurt auf. Zwar gelang es ihm nicht, in Parlamentskommissionen aufzutreten, doch verhandelte er mit zahlreichen Deputierten und informierte sie über die Vereinsarbeit.[64]

Die Anstrengungen des Erfurter Vereins zur Verlegung des Nationalparlaments waren eingebettet in vielfältige und verschiedenartige Bestrebungen um den lukrativen Sitz des deutschen Nationalparlaments und der zu schaffenden Reichsgewalt. Neben Erfurt bewarben sich auch mehrere andere Städte im mittleren Südwesten Deutschlands, aber auch weiter östlich, im mitteldeutschen Raum mit publizistischen Kampagnen um den Zuschlag einer Reichshauptstadt. Als Konkurrenten Erfurts brachten sich neben Regensburg, das auf den in seinen Mauern von 1663 bis 1806 tagenden „Immerwährenden Reichstag" verweisen konnte, Würzburg, Nürnberg und Bamberg, die sämtlich inmitten bayrischen Territoriums lagen, ins Gespräch. Aber auch Leipzig und Dresden und sogar Prag wurden genannt. Gegen Jahresende suchte sogar Erfurts kleinerer Nachbar Gotha der thüringischen Metropole Paroli zu bieten. Und selbst Hamburg wurde in dieser Zeit genannt. Einige Städte warteten wie Erfurt mit eigenen Werbeschriften auf.

Schon im Juli 1848 hatte ein Rheinländer sein Herz für Leipzig als künftige deutsche Hauptstadt entdeckt[65] und dies nicht nur mit seiner Mittellage und seinen vorzüglichen Eisenbahnverbindungen begründet. In Anschlag brachte er auch die seit 1813 offensichtliche „große vaterländische Bedeutsamkeit" Leipzigs und seine Rolle als geistiges Zentrum. Er verwies nicht zuletzt auch auf die räumlichen Ausdehnungsmöglichkeiten der Stadt an der Pleiße. Zur gleichen Zeit ließ sich Wetzlar auf einen Streit mit Nürnberg um den Sitz des Reichsgerichts ein.[66] Da Wetzlar mehr als ein Jahrhundert,

62) Ilse an Noack, 28.7., 21. und 31.8., 15.10.1848. Keller an Noack, 3.9.1848. Noack an Ilse, 9.8.1848. Noack an Keller, 25.8.1848. In: Ebd., Bl. 31–32b, 39, 46, 70, 44–44b, 34, 42.

63) Noack an Keller, 23.7.1848. Vereinssitzung vom 1.8.1848. In: Ebd., Bl. 27–30.

64) Vereinssitzung vom 7.9.1848. In: Ebd., Bl. 28, 30.

65) Leipzig, der Sitz des deutschen Parlaments. Der hohen deutschen constituirenden Nationalversammlung unterbreitet von einem Rheinländer, o.O., o.J. In: Ebd., Bl. 24a. Bereits Mitte Mai hatte die Illustrirte Zeitung, 254, 15.5.1848, S. 317–320: Leipzig aus der Vogelschau, die Stadt als künftige Reichszentrale empfohlen.

66) Nürnberg und Wetzlar. Eine geziemende Vorstellung, gerichtet von Seiten des constitutionellen Clubs zu Wetzlar an die Hohe constituirende Nationalversammlung zu Frankfurt am Main zur Beleuchtung der Frage: fordert das Interesse Deutschlands, daß der künftige Sitz des deutschen

von 1682 bis 1806, das alte Reichskammergericht in seinen Mauern beherbergte, habe die Stadt ein größeres historisches Recht darauf. Ganz abgesehen davon, daß Wetzlar näher an Frankfurt läge, wo der künftige Sitz von Reichstag und Regierung angenommen wird.

Bamberg machte im Herbst, nach der Septemberkrise, die Frankfurt wegen der bewaffneten Volkserhebung ins Zwielicht gebracht hatte, seinen Anspruch auf den Parlaments- und Regierungssitz mit deutlicher Anspielung auf die politische Unzuverlässigkeit Frankfurts in einer speziellen Werbeschrift geltend.[67] Sie richtete sich – unausgesprochen – auch gegen Ilses umfassendes und offenbar auch wirkungsvolles Plädoyer für Erfurt. Bamberg sei frei von jeder Militärherrschaft und biete statt einer Festung für die Sicherheit von Parlament und Regierung eine „gemessene Haltung der Bevölkerung", in der das Proletariat ganz schwach und die Fabrikarbeiter überhaupt nicht vertreten seien und darum auch „kein Boden zu Wühlereien vorhanden" wäre. Wie Erfurt, so präsentierte sich auch Bamberg als bedeutender Verkehrsknotenpunkt von Hauptstraßen, Eisenbahnen und Wasserwegen Deutschlands, wobei bei den Eisenbahnen mehr ein Wechsel auf die Zukunft gezogen werden mußte. Auch vermochte die Broschüre umfängliche und bequeme Räumlichkeiten anzubieten, das königliche Schloß fürs Reichsoberhaupt, eine der Kirchen als Parlamentsgebäude. Etwas Schwierigkeiten hatte man mit dem Nachweis der politischen Unabhängigkeit gegenüber bayrischen landesfürstlichen Einflüssen. Der Verfasser strich daher nicht nur Bayerns Anerkennung der Zentralgewalt, sondern auch die älteren oder neuerlichen bürgerlich-liberalen und -demokratischen Errungenschaften heraus, deren sich Bayern bereits erfreuen könnte. „In Bayern", so versicherte er blauäugig, „wird sich weder Reaktion, noch Anarchie Geltung verschaffen können; der constitutionelle Thron steht hier fest und sicher, und gleich sicher würde auch die Centralgewalt wie die Nationalversammlung in diesem Lande sein."[68] Die Möglichkeit einer Herauslösung Bambergs aus der bayrischen Herrschaft und die Bildung eines reichsunmittelbaren Bundesgebiets zog er realistischerweise erst gar nicht in Betracht. Umso ausführlicher warb die Broschüre mit Bambergs historischen Traditionen und seinem herrlichen Dom, „der anerkannt eines der schönsten Kunstdenkmale des Mittelalters ist."[69]

Gotha schließlich meldete sich um die Jahreswende 1848/1849 zu Wort,[70] nachdem die Stadt offenbar in Frankfurt gegen Erfurt ins Spiel gebracht worden war. Vielen Liberalen mißfiel der Festungscharakter der thüringischen Hauptstadt und nach den bewaffneten Auseinandersetzungen von Mitte November 1848 machte ihr überdies der

Reichsgerichts nach Nürnberg, der angesehenen Handels- und Fabrikstadt, oder nach Wetzlar, der Residenz des vormaligen Reichsgerichts verlegt werde? Gießen 1848. In: Vereins-Akten (wie Anm. 21) Bl. 22.

67) Eignet sich die Stadt Bamberg zum Sitz der deutschen Reichsgewalt. Bamberg 1848.

68) Ebd., S. 9.

69) Ebd., S. 12.

70) Ob Gotha zum Sitz der Reichsregierung geeignet sei? Gotha 1849. In: Vereins-Akten (wie Anm. 21) Bl. 24.

Ruf eines Zentrums radikal-republikanischer Bestrebungen zu schaffen. Darum betonte man sogleich, daß Gotha keine Festung sei, wohl aber von Erfurt aus beschützt werden könne, und stellte das Städtchen als ein Kleinod der Kunst und Wissenschaft vor, das mit Schloß Friedenstein durchaus auch über ein repräsentatives Gebäude für das Parlament und das Reichsoberhaupt verfüge. Und sofern dies nicht ausreichen sollte für sämtliche Reichsbehörden, könnten ja – so meinte der Autor pfiffig – auch Erfurt und Eisenach, die nur wenig entfernt lägen, etwas abbekommen.

Eine Durchforschung der zahlreichen überregionalen, vor allem aber der lokalen Zeitungen mag gewiß noch weiteres Material der 48er Debatte um die Reichshauptstadtfrage zu Tage fördern, wenngleich Umfang und Gewicht der Hauptstadtdiskussion in der nach Aufhebung der Zensur außerordentlich debattierfreudigen Atmosphäre der Revolutionszeit nicht überschätzt werden dürfen. Das Thema kam gegenüber den gravierenden Fragen der inneren Gestaltung eines einigen Deutschland und seiner außenpolitischen Einordnung und Absicherung über einen mehr marginalen Stellenwert nicht hinaus. In den größeren politischen Blättern, wie der „Frankfurter Oberpostamts-Zeitung", der Augsburger „Allgemeinen Zeitung", der „Deutschen Zeitung" oder der „Deutschen Allgemeinen Zeitung" erklomm die Hauptstadtfrage niemals den Rang von Leitartikeln. Die demokratische Presse mischte sich überhaupt nicht in den Streit um die künftige deutsche Hauptstadt, gar nicht zu reden von der äußersten Linken um die „Neue Rheinische Zeitung", die davon ausging, daß solche Fragen letzten Endes nur in den revolutionären Kämpfen entschieden werden können.[71] Es ist freilich anzunehmen, daß auch Nürnberg, Würzburg und möglicherweise noch andere Städte in diesen Monaten in den Zeitungen vehement die Werbetrommel rührten und sich als Kandidaten für die neue Reichskapitale anboten. Immerhin wurde in den Beratungen des Verfassungsausschusses der Nationalversammlung auch Hanau genannt und – „aus Rücksicht auf Österreich" – erneut Leipzig oder sogar Dresden ins Kalkül gezogen.[72]

Während den Sommer über die Hauptstadtfrage in der Öffentlichkeit ohne Zeitdruck debattiert werden konnte, wurde das Problem im Herbst aus verschiedenen Gründen brennend aktuell. In Frankfurt begann die Nationalversammlung den Verfassungsentwurf systematisch zu diskutieren. Und die Septemberkrise, die in Frankfurt zu einer revolutionären Erhebung führte, gab in der Hauptstadtdiskussion den Gegnern Frankfurts einigen Aufwind. Der Bonus der Mainmetropole als ideale Reichszentrale erlitt in den Augen mancher Liberaler einigen Schaden.

Die Frankfurter Septemberereignisse brachten im Erfurter Verlegungs-Verein sofort einiges in Bewegung. Nach Verlesen eines Briefes, der über die Frankfurter Vorgänge berichtete, beschloß der Verein, so bald als möglich wieder zusammenzutreten.[73] Sofort wurde das Vereinsmitglied Lucius nach Frankfurt entsandt. Man wollte die Gunst der

---

71) Vgl. dazu auch: SCHMIDT, Hauptstadt-Diskussion (wie Anm. 5) S. 13f.
72) Aktenstücke und Aufzeichnungen (wie Anm. 9) S. 315–317.
73) Vereinssitzung vom 22. 9. 1848. In: Vereins-Akten (wie Anm. 21) Bl. 57–57b.

Stunde nutzen und glaubte rasch handeln zu müssen. „Daß die Betreibung der Angelegenheit einer vorzugsweisen Beschleunigung bedarf, wenn anders die Aussicht für die Wahl Erfurts nicht verloren gehen soll, das weiß der Verein durch die von ihm gethanen Schritte“, hieß es in einem Schreiben an den Magistrat; und diese Feststellung wurde noch durch die auf die Frankfurter Septembererhebung deutende Bemerkung ergänzt: „... übrigens weisen auch die bekannten Zeitereignisse darauf hin.“[74] Über die Kontakte mit Frankfurt und Berlin war den Erfurtern empfohlen worden, nun aus der Reserve herauszutreten und an die Öffentlichkeit zu gehen. Vor allem Ilse empfahl größeres Engagement, während Keller wie gewohnt zur Zurückhaltung mahnte.[75]

Am 1. Oktober 1848 entschloß sich die Vereinsleitung zu einer offiziellen Petition an den Magistrat.[76] Dieser Antrag sollte auch publiziert werden. Damit trat der Verein erstmals in die Öffentlichkeit. Er bat den Magistrat, offiziell sowohl an den preußischen König und die Berliner Regierung als auch an den Reichsverweser und das Frankfurter Reichsministerium heranzutreten und die Bereitschaft Erfurts zur Aufnahme des Nationalparlaments und der Reichsregierung in seine Mauern kundzutun. Die Frankfurter und Berliner Institutionen sollten gebeten werden, sich für eine Wahl Erfurts zum Sitz der Reichsgewalt einzusetzen. Als Argumentationsmaterial überreichte der Verein dem Magistrat zahlreiche Exemplare der beiden Broschüren, die an die entsprechenden Stellen weitergereicht werden sollten. Auch übersandte der Verein nun seinen zu Abgeordneten gewählten Mitgliedern Keller und Krackrügge in Frankfurt und Berlin, aber auch an Adolf Lette, mit dem Lucius bei seinem Besuch in Frankfurt verhandelt hatte, zahlreiche Exemplare der beiden Broschüren zur Weitergabe an Frankfurter und Berliner Abgeordnete.[77] Der Verein hatte zu diesem Zweck einen zweiten Erfurter Nachdruck der ersten in Bonn herausgegebenen Auflage der Schrift von Ilse veranlaßt.[78] Das Schreiben des Vereins an den Magistrat ging auch an die Presse und erschien Mitte Oktober in der „Erfurter Zeitung.“[79]

Die Erfurter Stadtverordnetenversammlung unterstützte schon am 6. Oktober die Vereins-Initiative.[80] Bereits am 10. Oktober gingen die von Magistrat und Stadtverordnetenversammlung unterzeichneten Schreiben mit den beiden Broschüren und der

---

74) Der Verein an den Erfurter Magistrat, 1. 10. 1848. In: Magistrats-Akten (wie Anm. 21) Bl. 1–2.

75) Ilse an Noack, 21. 8. 1848. Keller an den Verein, 17. 10. 1848. In: Vereins-Akten (wie Anm. 21) Bl. 37–39, 81–82.

76) Vgl. Anm. 74. Beschluß der Vereinssitzung vom 1. 10. 1848. In: Vereins-Akten (wie Anm. 21) Bl. 59–59b.

77) Der Verein an den Magistrat, 7. 10. 1848. In: Magistrats-Akten (wie Anm. 21) Bl. 6–6b. Der Verein an Präsident Lette, 10. 10. 1848; Keller an den Verein, 17. 10. 1848. In: Vereins-Akten (wie Anm. 21) Bl. 67b–68, 81–82.

78) Vgl. Anm. 38.

79) EZ, 255, 16. 10. 1848, S. 2–3.

80) Auszug aus dem Protokoll der Stadtverordnetenversammlung am 6. 10. 1848. In: Magistrats-Akten (wie Anm. 21) Bl. 5.

Bitte, sich für Erfurt stark zu machen, nach Frankfurt und Berlin ab.[81] In Berlin nahm der Staatsrat im Umlaufverfahren vom Erfurter Immediatgesuch Kenntnis, enthielt sich aber jeglicher Rückäußerung. Ilse, der in dieser Zeit intensive Kontakte zu preußischen Regierungsstellen pflegte[82] und dem Verein nicht nur das preußische Interesse an Erfurt signalisierte, sondern unter dem Siegel strengster Verschwiegenheit sogar große Hoffnungen machte, daß Preußen bereit sei, Erfurt als Bundesgebiet abzugeben, teilte unmißverständlich mit, daß mit einer offiziellen Billigung der Erfurter Wünsche durch die preußische Regierung gleichwohl „niemals zu rechnen" sei.[83] In Frankfurt wurde auf den Erfurter Vorstoß mit großer Zurückhaltung und, sofern an eine sofortige Verlegung gedacht worden wäre, was die Erfurter allerdings nicht ins Spiel gebracht hatten, mit deutlicher Zurückweisung reagiert. Am 10. November teilte Innenminister Schmerling mit, „daß die allgemeinen politischen Verhältnisse jetzt eine Verlegung der Reichsversammlung von Frankfurt am Main nach einem anderen Ort nicht zulassen" und er daher außerstande sei, „dem gestellten Ansuchen entsprechen zu können."[84]

Mit dem Sieg von Windischgrätz über das revolutionäre Wien und dem preußischen Staatsstreich im Spätherbst 1848 änderte sich die Kräftekonstellation grundlegend zugunsten der konservativen Mächte. Damit aber fielen auch Vorentscheidungen über die territoriale Dimension des vereinigten Deutschland. Die nun einsetzende zentralistische Neuorganisation des Habsburger Reiches unter konterrevolutionärem Vorzeichen ließ eine Einbeziehung der zum Deutschen Bund gehörenden Teile Österreichs immer unwahrscheinlicher werden. Diese neue Situation verarbeitete Ilse in einer zweiten Abhandlung über die Verlegung der Reichsgewalt in die Mitte Deutschlands,[85] die, ebenfalls auf Vereinskosten gedruckt, Anfang Dezember 1848 erschien.[86] Das Ilse bereits unvermeidlich erscheinende Ausscheiden Österreichs aus dem nationalen Einigungsprozeß und die sich deutlich abzeichnende kleindeutsche Lösung unter preußischer Hegemonie, für die er leidenschaftlich plädierte, favorisierte in seiner Sicht Erfurt noch stärker als künftige Reichshauptstadt. „Deutschlands Kraft ist nach Norden gerückt."[87] Erfurt aber liege bei den neuen Koordinaten eines kleindeutschen Reiches deutlicher in dessen Zentrum, ideal zwischen Preußen, Bayern, Sachsen, Hannover und Kurhessen. Entschiede man sich für weiter südlich gelegene Städte wie Nürnberg oder

81) Immediatgesuch des Magistrats und der Stadtverordnetenversammlung zu Erfurt, 10. 10. 1848. In: Geheimes Staatsarchiv Preußischer Kulturbesitz Berlin (im folgenden: GStAPK Berlin) Rep. 70, Tit. LIV, Nr. 24, Bd. III, Bl. 23–24b; die Entwürfe in: Magistrats-Akten (wie Anm. 21) Bl. 7–10.

82) Ilse an Noack, 15., 18., 22. und 24. 10. 1848. Kallmeyer an Ilse, 19. 10. 1848. In: Vereins-Akten (wie Anm. 21) Bl. 70, 73, 75–76, 78, 72.

83) Ilse an den Verein, 8. 11. 1848. In: Ebd., Bl. 85–86.

84) Reichsministerium des Innern in Frankfurt an Magistrat und Stadtverordnetenversammlung zu Erfurt, 10. 11. 1848. In: Magistrats-Akten (wie Anm. 21) Bl. 11.

85) Dr. L. F. Ilse, Über die Nothwendigkeit, den Sitz der Reichsgewalt in die Mitte Deutschlands zu verlegen. Zweite Abhandlung. Coblenz 1848. In: Vereins-Akten (wie Anm. 21) Bl. 94.

86) Kallmeyer an Ilse, 19. 10. und 6. 11. 1848. Ilse an Herrmann, 24. 10. 1848. In: Ebd., Bl. 72, 83–84, 78.

87) Ilse, Zweite Abhandlung (wie Anm. 85) S. 17.

Regensburg, hätte dies unweigerlich eine Entfremdung des Nordens von der Reichsgewalt zur Folge, während durch Erfurt Nord wie Süd optimal zu integrieren seien. Von Thüringen aus lasse sich die nationale Zentralisation am besten bewerkstelligen, weil sich hier weder exklusiv norddeutsche noch süddeutsche Elemente ausgebildet hätten. Erfurt als Hauptstadt sei aber, um die Schwäche der Kleinstaaten gegenüber extremradikalen Kräften zu kompensieren, auch für die politische Konsolidierung Thüringens relevant. Schließlich sei Erfurt im Unterschied zu Kleinstädten wie Gotha groß genug, um Hauptstadtfunktionen wahrzunehmen, aber wiederum nicht so groß, um eine „Parlamentsstadt mit zahlreichem Proletariat“ zu sein,[88] was Erfurt erspart bleiben möge.

Ilses zweite Broschüre war Bestandteil der im Oktober einsetzenden Erfurter Offensive in der Öffentlichkeit, zu der auch mehrere Zeitungsartikel gehörten, die, teilweise von Vereinsmitgliedern verfaßt, sich um die Jahreswende häuften.[89] Die größeren Aktivitäten in der Öffentlichkeit hatten einen handfesten politischen Hintergrund. In Frankfurt standen während der Arbeiten am Verfassungsentwurf seit Dezember 1848 Entscheidungen in der Hauptstadtfrage an. Der Verfassungsausschuß setzte diesen Punkt: Sitz des Reichsoberhaupts für seine 116. Sitzung am 18. Dezember auf die Tagesordnung.[90] Ilse wurde sofort mobil und begab sich Mitte Dezember für knapp einen Monat nach Frankfurt, um die Erfurter Interessen hinter den Kulissen bei den Ausschußmitgliedern und anderen Abgeordneten in Erinnerung zu bringen. Seine Briefe nach Erfurt[91] machen deutlich, daß er ausgezeichnet über nahezu alle Interna informiert war, die in dieser Zeit im Verfassungsausschuß und außerhalb seiner Sitzungen zur Hauptstadtfrage verhandelt wurden. Umsonst waren seine Bemühungen auch nicht. Erfurt war nicht chancenlos. Er wertete die Situation als recht günstig, doch unterschätzte er keineswegs den vor allem von der Gagern-Partei, namentlich von Dahlmann, ausgehenden Widerstand. Die Berichte Ilses waren Anlaß für den Verein, den Magistrat um eine vertrauliche Aussprache anzugehen;[92] doch winkte dieser nach dem Mißerfolg mit der Petition vom Oktober vorsichtshalber ab und wollte sich nicht zu voreiligen Schritten hinreißen lassen.[93]

Seit Mitte Dezember waren dem Verfassungsausschuß von mehreren seiner Mitglieder sowie von zwei Fraktionsausschüssen Vorschläge für den Sitz der Reichsregierung zugegangen. Der von Alexander Soiron, Georg Beseler, Franz Dahlmann und Gustav Droysen ausgearbeitete Entwurf der Vorkommission hatte sich in dieser Frage bereits

88) Ebd., S. 19.

89) DAZ, 338, 22. 12. 1848, Extrabeilage; Ebd., 6, 6. 1. 1849, S. 60. Ferner die Angaben in Anm. 32.

90) Aktenstücke und Aufzeichnungen (wie Anm. 9) S. 315–317.

91) Ilse an den Verein, 11., 18., 21. und 23. 12. 1848, 2. und 4. 1. 1849. Noack an Ilse, 28. 12. 1848 und 4. 1. 1849. In: Vereins-Akten (wie Anm. 21) Bl. 91, 95–96, 100, 101–102, 112–113, 116–118, 106–107b, 114–115.

92) Kallmeyer an den Erfurter Oberbürgermeister, 21. 12. 1848. In: Magistrats-Akten (wie Anm. 21) Bl. 13.

93) Erfurter Oberbürgermeister an Kallmeyer, 22. 12. 1848. In: Ebd., Bl. 14.

im Sommer unmißverständlich festgelegt. Der Kaiser habe – zumindest während der Sitzungsperiode des Reichstags – seine Residenz am Sitz der Reichsregierung zu nehmen und, so in §2: „der Sitz der Reichsregierung ist zu Frankfurt am Main.“[94] Dieser Vorschlag fand im Verfassungsausschuß jedoch alles andere als einmütige Zustimmung. Lediglich das Gutachten des Jenaer Abgeordneten Gottlieb Christian Schüler und die Stellungnahme der Kommission der allerdings größten und tonangebenden, von Heinrich von Gagern, Dahlmann und Droysen angeführten Casino-Fraktion schlossen sich dem Entwurf der Kommission an.[95] Keller, der zum Casino gehörte, aber nicht in die Begutachterkommission gewählt war, hatte sich als Erfurter Abgeordneter und Vereinsmitglied, sofern er überhaupt Anstrengungen unternahm, Erfurt gegen Frankfurt zu setzen, nicht durchsetzen können.

Dagegen standen drei Voten für Erfurt: das Gutachten der linksliberalen Augsburger-Hof-Kommission und die Vorschläge von Heinrich Simon aus Breslau und Friedrich Ernst Scheller aus Frankfurt/Oder, beide interessanterweise aus den östlichen Provinzen Preußens.[96] Alle drei Stellungnahmen aber verlangten analog Ilse, daß Preußen Erfurt ans Reich abtritt. Erfurt fand nach Frankfurt im Verfassungsausschuß die größte Befürwortung. Gustav Schreiner aus Graz plädierte – aus österreichischer Sicht – sowohl für Bamberg als auch für Regensburg.[97] Die meisten Gutachten, so von Karl Theodor Welcker, Max von Gagern, Jacob Gülich und Georg Waitz, ließen die Frage des Regierungssitzes einfach offen. Der Wiener Franz Sommaruga suchte schließlich einen salomonischen Ausweg in der Feststellung: „Der Sitz der Reichsregierung wird durch besonderes Reichsgesetz bestimmt“.[98]

Mit diesen Angeboten hatte sich der Verfassungsausschuß auseinanderzusetzen, als am 18. Dezember das Thema Sitz von Reichsoberhaupt und Reichsregierung zu entscheiden war.[99] In der Diskussion sprachen Scheller und Beseler leidenschaftlich für Erfurt. Erfurt sei gegenüber dem zu nahe an der Westgrenze gelegenen Frankfurt der richtige Punkt und Preußen, so meinte Scheller, werde die Festung gern dem Reich zur Verfügung stellen. Beseler kehrte sogar die Frage nach der Haltung Preußens um, scherte sich nicht um dessen Gunst oder Mißgunst, sondern machte geltend, daß man von Erfurt aus Preußen am besten beherrschen könne, wie ja auch Napoleon Deutschland von diesem Ort aus im Griff hatte. Gegen Erfurt sprach Franz Wigard aus Dresden, der es nicht sehr verlockend fand, unter den Kanonen einer Festung zu beraten. Da sollten lieber das kleine Hanau oder das alte Nürnberg vorgezogen werden. Tellkampf aus Breslau wollte einen möglichst kleinen Ort in der Mitte Deutschlands wie in den USA „das kleine Dorf Washington“ erwählt wissen, um „ohne Einfluß des

94) Aktenstücke und Aufzeichnungen (wie Anm. 9) S. 721–724.
95) Ebd., S. 742, 735.
96) Ebd., S. 738, 748.
97) Ebd., S. 752, 746.
98) Ebd., S. 744.
99) Ebd., S. 315–317.

Pöbels in Ruhe debattieren zu können."[100] Und Heinrich Ahrens aus Salzgitter brachte Österreichs wegen – wie schon gesagt – Dresden oder Leipzig in Vorschlag. Dahlmann, der unverkennbar Frankfurt retten wollte, wünschte, daß die Mainmetropole zunächst Regierungssitz bleiben sollte, ein späteres Reichsgesetz dies aber ändern könne. Sommaruga schließlich schlug wie schon in seiner eingebrachten Stellungnahme vor, die Entscheidung über den Regierungssitz dem künftigen Reichstag zu überlassen. Diese Variante fand schließlich allgemeine Zustimmung. Man nahm die Formulierung an: „Die Bestimmung über den Sitz der Reichsregierung wird einem Reichsgesetz vorbehalten."[101] Keine Mehrheit fand der Antrag Wigards, den Sitz der Reichsregierung unbedingt für reichsunmittelbar zu erklären.[102]

Die Diskussion des Verfassungsausschusses läßt deutlich erkennen, daß die tonangebenden Liberalen aus der Casino-Fraktion alles taten, um Frankfurt als Hauptstadt zu erhalten. Doch stieß dies auf einen relativ starken Widerstand. Erfurt hatte als Alternative zwar die größten Chancen, fand aber auch keine Majorität. Daher schien es angesichts wesentlich wichtigerer Fragen am günstigsten, die ganze Angelegenheit einfach zu verschieben, wodurch jeder seine Hoffnungen bewahren konnte. Das machte die Sache letztlich konsensfähig. Schließlich zeigt sich, daß die von Ilse vorgebrachten Argumente für eine Hauptstadt in deutscher Mittellage ihren Einfluß nicht verfehlt hatten.

Ilses Briefe vermitteln ein recht zutreffendes Bild von der Parteienspaltung in der Diskussion des Verfassungsausschusses. Während der Augsburger Hof, Ernst von Vincke sowie Radowitz mit seiner Partei entschieden für Erfurt stünden, die Haltung der Casino-Fraktion zunächst unklar und dann gegen Erfurt gerichtet war, sei es vergeblich, Dahlmann für Erfurt überhaupt anzusprechen. Dessen erklärtes Ziel, Frankfurt festzuschreiben, sei aber nicht durchgekommen. Und die Festlegung, daß darüber später ein Reichsgesetz entscheiden soll, erscheint ihm als ein Teilerfolg. Ilse verbucht für sich, Beseler als „einflußreichsten Mann" für Erfurt gewonnen zu haben.[103] Er riet wegen der antipreußischen Stimmungen dringend ab, schon bei der ersten Lesung des Verfassungsentwurfs im Parlament einen Antrag für Erfurt zu stellen. Dies sollte erst bei der zweiten Lesung versucht werden, nachdem die Oberhauptsfrage geklärt war.[104] Nachdrücklich plädierte Ilse jedoch dafür, daß Erfurt seine räumlichen Gegebenheiten den Frankfurter Politikern konkret und anschaulich vorstellt.[105] Der Verein ließ zu diesem Zweck auch sogleich einen eindrucksvollen Erfurter Stadtplan erarbeiten, einschließlich eines Nachweises von 1051 Wohnungen sowie aller Säle und

100) Ebd., S. 315.
101) Ebd., S. 316.
102) Ebd., S. 317.
103) Ilse an den Verein, 23. 12. 1848. In: Vereins-Akten (wie Anm. 21) Bl. 101–102.
104) Ilse an den Verein. In: Ebd., Bl. 130–131.
105) Ilse an den Verein, 21. 12. 1848. In: Ebd., Bl. 100.

Gebäude, die sich für Parlaments- und Regierungsinstitutionen eigneten.[106] Der Stadtplan wurde sofort nach Frankfurt geschickt, um dort an die Abgeordneten verteilt zu werden.[107]

Zur ersten Lesung des Verfassungsentwurfs informierte Beseler am 15. Januar 1849 das Parlament über die Meinungsverschiedenheiten zum künftigen Sitz der Reichsregierung, nannte die in Vorschlag gebrachten Städte, darunter nach Frankfurt gleich Erfurt, und empfahl die im Verfassungsausschuß gefundene Lösung, die Bestimmung der Reichshauptstadt späterer Gesetzgebung zu überlassen.[108] Diese Festlegung ging sowohl in der ersten wie in der im März erfolgenden zweiten Lesung[109] ohne Widerspruch unverändert durch. In der Nationalversammlung wurde die Frage des Regierungssitzes überhaupt nicht erörtert. Niemand hielt dies für so wichtig, daß er den Vorschlag des Verfassungsausschusses in Frage zu stellen für nötig erachtete. Erfurt kam bei der zweiten Lesung, die ohnehin unter Zeitdruck stand, nicht mehr zur Sprache.

Die Debatten im Verfassungsausschuß der Nationalversammlung haben um die Jahreswende 1848/1849 auch die öffentliche Kontroverse um die künftige deutsche Kapitale, die der Erfurter Verein schon seit Oktober angefacht hatte, neu belebt. Mitte Dezember, im unmittelbaren Vorfeld der Ausschußdiskussion, hatte der Verein mit einem als bezahltes Inserat mehreren Zeitungen zugesandten Artikel für „Erfurt als Bundessitz" mobil gemacht[110] und das Thema so in der Presse wieder auf die Tagesordnung gesetzt. Selbst das Flaggschiff der auf preußische Hegemonie eingeschworenen Liberalen, die in Frankfurt herausgegebene „Deutsche Zeitung", öffnete nun der Hauptstadtdiskussion kurzfristig seine Spalten, freilich ohne sich auf eine eigene Stellungnahme einzulassen.[111]

Drei Argumente rückte der Vereinsvorsitzende Noack, von dem der Artikel stammte, nun in den Mittelpunkt. Erstens polemisierte er gegen den offensichtlich in dieser Zeit weit verbreiteten Vorwurf, in Erfurt müsse das Parlament unter Festungskanonen seine Verhandlungen führen. Für ihn war der Festungscharakter der Stadt gerade ein wichtiges Argument für die Ansiedlung von Reichsbehörden. Die Festung in der Parlamentsstadt gewährleiste, allen von aufgewiegelten Massen ausgehenden Gefahren, die mit der zu erwartenden weiteren Proletarisierung sich noch vergrößern würden,

106) Stadtplan Erfurts sowie Erläuterungen zum Verzeichnis des Plans, 31. 12. 1848. Manuskriptdruck. In: Ebd., Bl. 231–234.

107) Noack an Lette, 30. 12. 1848. Noack an Ilse, 10. 1. 1849. Ilse an Noack, 20. 1. 1849. In: Ebd., Bl. 108, 122, 125–126b.

108) Stenographischer Bericht über die Verhandlungen der deutschen constituirenden Nationalversammlung zu Frankfurt am Main. Bd. 6. Frankfurt am Main 1849, S. 4679.

109) Verhandlungen der deutschen Verfassungsgebenden Reichsversammlung zu Frankfurt am Main. Bd. 4. Frankfurt am Main 1848/49, S. 84.

110) Noack an Ilse. In: Vereins-Akten (wie Anm. 21) Bl. 106–107.

111) Erfurt als Bundessitz (Inserat). Von der Elbe, 15. Dez. In: Deutsche Zeitung (DZ), 338, 22. 12. 1848, Extrabeilage.

energisch zu begegnen. Zweitens bemühte er sich, den neu aufgetauchten Thüringer Rivalen Gotha, der ja ebenfalls über den Vorteil der Mittellage verfügte, aus dem Feld zu schlagen. Dabei nahm er vor allem Gothas mangelnde Räumlichkeiten aufs Korn. Drittens brachte er erstmals massiv die Konfessionsfrage als ein Plus für Erfurt ins Spiel. Es eigne sich nicht zuletzt deshalb als deutsche Kapitale, weil in seinen Mauern auch ein starker katholischer Bevölkerungsteil lebe. Daher könne das katholische Deutschland hier einen festen Rückhalt finden; vorausgesetzt Erfurt würde – der Tradition des Bonifatius folgend – zum Bistum erhoben.

Dieser Artikel fand ein lebhaftes Echo. Unverzüglich konterte ein Fürsprecher Gothas mit der Aufzählung seiner Schlösser und anderen Räumlichkeiten. Auch verwies er nachdrücklich auf den Vorteil einer offenen Stadt, in der man auf den „Schutz des Volkes" vertrauen könnte.[112] Und wem das nicht ausreiche, der sei auf Erfurt zu verweisen, dessen Militär per Bahn in einer Dreiviertel Stunde in Gotha sein könnte. Eine Breslauer Korrespondenz[113] reklamierte die besondere Gefährdung Schlesiens und der Ostprovinzen durch Rußland und sprach sich für Erfurt aus, weil von hier aus „rasch und kräftig überall mit gleicher Energie" hingewirkt und also auch die Belange des deutschen Ostens besser wahrgenommen werden könnten als von dem ganz im Westen liegenden Frankfurt. Erstmals kam in dieser Diskussion nun auch Berlin ins Gespräch, allerdings durchweg in recht kritischer und distanzierter Tonlage. Einer Wahl Berlins zur Hauptstadt widersetzte sich der Breslauer Korrespondent vehement mit der Begründung, dadurch würde man „in Deutschland ein zweites Paris mit seinen ewigen Revolutionen und tödtendem Einfluß recht absichtlich heraufbeschwören". Ein Hamburger, den eine Frankfurter Korrespondenz zu Worte kommen ließ,[114] plädierte für seine Heimatstadt. Groß und stark würde eine Nation nur durch Seegeltung; und diese könne nur über Hamburg als deutsche Hauptstadt errungen werden.

Eine abschließende Erfurter Replik[115] beklagte zwar wortreich den Streit des immer noch zerrissenen und zerstrittenen Deutschland um die künftige Hauptstadt, hielt aber um so nachdrücklicher an Erfurt als geeignetsten Ort fest. Auch hier erfolgte ein Votum gegen Berlin, weil generell auf die Hauptstädte deutscher Einzelstaaten verzichtet werden sollte. Es reiche, wenn der preußische König an die Spitze Deutschlands kommt; „Deutschland braucht deshalb noch nicht berlinisirt werden." Gegen die nach den Erfurter Novemberunruhen immer wieder laut gewordenen Einwände, Erfurts „untere Volksschichten" seien vom „sozialen Republikanismus" angesteckt, berief sich der Autor auf die traditionelle Biederkeit und Königstreue der Erfurter, die sich bald in den Wahlen zur zweiten preußischen Kammer zeigen würden.

112) Erfurt und Gotha (Inserat). In: DZ, 344, 29. 12. 1848, S. 2636.
113) Aus Breslau, den 20. Dez. 1848. In: DAZ, 6, 6. 1. 1849, S. 60.
114) Das Meer und der Bundessitz. Frankfurt, 30. Dez. In: DZ, 345, 3. 12. 1848. Beilage, S. 1–2.
115) DAZ, 27, 27. 1. 1849, S. 208.

Gegen Frankfurt vermerkte der Erfurter Korrespondent schließlich genüßlich, man hätte dort inzwischen gemerkt, „daß sich der Verkehr einer Welthandelsstadt nicht mit dem Sitze des Reichsparlaments verträgt“. Er spielte damit auf ein Anfang Januar 1849 publiziertes Flugblatt Frankfurter Bürger an, das überall durch die Presse ging.[116] Engagierte Frankfurter, empört über Vorwürfe, die rechte Abgeordnete den Bewohnern wegen der Septembererhebung gemacht hatten, brachten ihrerseits diese Unruhen mit der politischen Aufregung in Verbindung, die das Parlament der Stadt beschert habe. Die Nationalversammlung wie der alte Bundestag seien ungebeten in die Stadt gekommen. Die Folge sei eine „den Handel und Verkehr lähmende Unruhe“ gewesen. Das Flugblatt schloß mit der ironischen, für Erfurts Bewerbung nicht gerade schmeichelhaften Empfehlung: „Wenn es den deutschen Parlaments-Mitgliedern von der Rechten hier nicht gefällt, so mögen sie die Nationalversammlung in die Casematten der Erfurter Festung verlegen – wir reißen uns nicht darum.“

Um die Jahreswende war Erfurts Verlegungs-Verein durch Indiskretion in die Schlagzeilen geraten.[117] Insbesondere Ilses Werbeaktivitäten wurden in einer von zahlreichen Zeitungen nachgedruckten Korrespondenz scharf attackiert, was zu einem lebhaften Briefwechsel mit der Vereinsleitung und zu kurzzeitiger Verstimmung führte. Die Differenzen zwischen Ilse und dem Verein wurden noch dadurch verstärkt, daß die Erfurter kein Ohr für Ilses Ambitionen hatten, ihn, der sich um Erfurt verdient gemacht hatte, als Kandidaten für die im Januar zu wählende zweite preußische Kammer aufzustellen.[118] Die Vereinsleitung versprach zwar, daß ihm große Ehre zuteil würde, wenn Erfurt einmal Hauptstadt werden sollte. Seine Wahl nach Berlin aber hielt man angesichts der demokratischen Stimmung in Erfurt und Ilses rechter Position für aussichtslos. Der gutinformierte Korrespondent wußte ferner über die Bemühungen des Vereins um ein Verzeichnis der benötigten Baulichkeiten zu berichten und machte schließlich auf den wichtigsten neuerlichen Minuspunkt Erfurts aufmerksam. Seit den revolutionären Unruhen im November 1848 habe sich die Stadt ernsthaft mit dem Vorwurf auseinanderzusetzen, daß nicht allein in Erfurt, sondern in ganz Thüringen eine „höchst erregbare Stimmung der unteren Klassen“ existiere, was der Stadt weniger Punkte brächte. Allerdings stünden inzwischen allerhöchste Stellen in Berlin und Erfurt in der Angelegenheit in ständigem Kontakt. Vor allem bei Radowitz habe Erfurt Sympathie gefunden.

Auch zu Jahresbeginn 1849 ließ der Verein nicht locker, den Anspruch Erfurts auf den Regierungssitz in Frankfurt und Berlin vorzutragen. Nach Ilses Vorschlag, sich auf die zweite Lesung des Verfassungsentwurfs gründlich vorzubereiten,[119] stellte der

116) Die Stadtwehr und Bürgerschaft des Freistaats Frankfurt und ihre ungebetenen Gäste. Eine Dankadresse(?) für die Lobrede des Deputirten Wichmann. Frankfurt, 1. Januar 1849. In: Vereins-Akten (wie Anm. 21) Bl. 251; ferner: DAZ, 27, 27. 1. 1849, S. 284; Kölnische Zeitung, 23, 27. 1. 1849.

117) Vgl. Anm. 32.

118) Ilse an den Verein, 11. 1. und 6. 2. 1849. Noack an Ilse, 21. und 25. 1. und 9. 2. 1849. In: Vereins-Akten (wie Anm. 21) Bl. 130, 132, 139, 140–141, 142–143.

119) Ilse an Noack, 20. 1. 1849. In: Ebd., Bl. 125–126b.

Verein im Januar einen Antrag an den Magistrat,[120] den Abgeordneten Keller in der Nationalversammlung zu bevollmächtigen, zu einem gegebenen Zeitpunkt die Erklärung abzugeben, daß Erfurt seine Gebäude unentgeltlich für das Parlament zur Verfügung stellt. Man fragte bei Keller an, ob er bereit sei, eine solche Stellungnahme, wenn möglich, bei der zweiten Lesung des Verfassungsentwurfs dem Parlament zu unterbreiten.[121] Der Magistrat ließ die Sache jedoch schleifen und erklärte sich zunächst nicht für zuständig. Erst nach nochmaliger Mahnung durch den Verein und entsprechendem Druck der Stadtverordnetenversammlung war er am 20. April bereit, Keller offiziell zu beauftragen.[122] Doch war auch dieser Aktion kein Erfolg beschieden. Keller, dem der Verein den Magistratsauftrag schon zuvor avisiert hatte, winkte bereits am 24. April unmißverständlich ab.[123] Es gäbe keine Chance für Erfurt; es sei denn, daß Friedrich Wilhelm IV. (1840–1861) deutscher Kaiser würde, was inzwischen ganz ausgeschlossen scheine. Ansonsten aber herrsche in Frankfurt eine starke antipreußische Stimmung, und überdies sei generell unklar, ob überhaupt noch ein Einheitsstaat nach dem Willen der Nationalversammlung zustande kommt. Kellers Antwort an den Magistrat war noch deutlicher.[124] Nach dem Zwiespalt zwischen Frankfurt und Berlin sei von preußischer Seite absolut keine Unterstützung mehr für eine Verlegung des Sitzes von Reichsbehörden in eine preußische Stadt zu erwarten. Eine entsprechende Erklärung im Parlament wäre ganz nutzlos und müsse unterbleiben. Lediglich bei einer grundlegenden Veränderung der Lage könnte man darauf zurückkommen. Allerdings müßten dann von Erfurt nicht nur fürs Parlament, sondern auch für die Regierung Räumlichkeiten angeboten werden. Eine solche Wendung vorausgesetzt, sei er bereit, wieder „für die Reichssitz-Verlagerung nach Erfurt zu wirken".

Ilse, der begriffen hatte, daß sich der politische Schwerpunkt seit Jahresbeginn immer mehr von Frankfurt nach Berlin verlagerte, schlug schon im Februar dort seine Zelte auf, um preußische Minister und Regierungsbeamte für Erfurt zu bearbeiten.[125] Er ging zwar davon aus, daß die Entscheidungen nicht mehr bei der Nationalversammlung, sondern im Machtzentrum Preußens fallen, hielt aber bis zur endgültigen Ablehnung der Kaiserkrone durch den preußischen König Ende April 1849 daran fest, daß sich die preußischen Machtinteressen noch über die Frankfurter Schiene verwirklichen lassen.

---

120) Vereinssitzung vom 14. und 24. 1. 1849. Der Verein an den Magistrat, 15. 1. 1849. In: Ebd., Bl. 127, 135–136, 129.

121) Der Verein an Keller, 8. 2. 1849. In: Ebd., Bl. 137–138.

122) Der Verein an den Magistrat, 15. 3. 1849. Auszug aus dem Protokoll der Stadtverordnetenversammlung vom 30. 3. und 20. 4. 1849. Erfurter Magistrat an Keller, 25. 4. 1849. In: Magistrats-Akten (wie Anm. 21) Bl. 15b, 16, 18–19b.

123) Noack an Keller, 21. 4. 1849. Keller an Noack, 24. 4. 1849. In: Vereins-Akten (wie Anm. 21) Bl. 167, 175–176.

124) Keller an den Erfurter Magistrat, 5. 5. 1849. In: Magistrats-Akten (wie Anm. 21) Bl. 20.

125) Ilse an Noack, 6. und 22. 2. 1849. Noack an Ilse, 25. 1. und 9. 2. 1849. In: Vereins-Akten (wie Anm. 21) Bl. 139–143, 145.

Von Mitte März bis Mitte April antichambrierte er bei preußischen Politikern.[126] Innenminister Otto von Manteuffel, Franz Eichmann und Vincke vermochte er, wie er dem Verein mitteilte,[127] gegen Frankfurt einzunehmen. Für Erfurt stünden die Chancen in Regierungskreisen gut, obwohl hier und da auch schon Berlin als Regierungssitz genannt würde und Manteuffel im Ministerrat zunächst in der Minorität blieb. Erfurt werde Reichshauptstadt. Preußens Interesse daran sei groß. Aber die Regierung werde auf keinen Fall selbst mit solch einem Vorschlag an die Öffentlichkeit gehen.

In diese Zeit fällt Ilses dritte Denkschrift. Anfang April verfaßt, erschien sie gegen Ende dieses Monats als Manuskriptdruck in Berlin.[128] Hauptthema war diesmal das Interesse Preußens an einem Reichsregierungssitz Erfurt. Ilse wollte Preußen einen nationalen Regierungs- und Parlamentssitz Erfurt schmackhaft machen.[129] Erstmals brachte er den finanziellen Aspekt zur Sprache. Zwar komme eine Verlegung von Frankfurt nach Erfurt nicht gerade billig, doch wögen politische Gründe schwerer.[130] Da Preußens Hegemonie im neuen Reich nun beschlossene Sache sei, komme alles darauf an, in der Hauptstadtfrage die Reichsinteressen mit denen Preußens in Übereinstimmung zu bringen. Um partikularistische Bestrebungen zu vereiteln, müsse die deutsche Regierung an einem Ort angesiedelt werden, von dem aus am günstigsten zu zentralisieren ist. Berlin, das nun ganz offensichtlich schon in die Überlegungen der preußischen Politiker einbezogen wurde, hält Ilse zumindest gegenwärtig für ungeeignet, da es auf die einmütige Ablehnung der süd- und mitteldeutschen Staaten stößt. Der Regierungssitz muß deshalb an diese Staaten herangerückt werden, darf aber auch nicht zu weit von Berlin entfernt liegen, wenn der preußische König deutscher Kaiser wird. Und Konflikte zwischen Reichs- und preußischer Regierung müßten unbedingt vermieden werden. Nürnberg und Bamberg stehen als zu weit im Süden gelegen und überdies inmitten bayerischen Territoriums außer Diskussion. Nicht nur wegen seiner Grenzlage, sondern auch wegen einer durch Anarchismus politisch „demoralisierten Bevölkerung“ in seiner unmittelbaren Nähe, also im Rheinland, komme auch Frankfurt nicht in Frage.[131] Erfurt sei dagegen geradezu ideal. Es liegt zwischen Preußen und den deutschen Klein- und Mittelstaaten, sei von Berlin aus schnell zu erreichen und wegen des konfessionellen Gleichgewichts von Katholiken und Protestanten in der Stadt auch für beide Glaubensrichtungen akzeptabel. Nach wie vor hält Ilse an seiner Vorstellung fest, daß Erfurt als Hauptstadt reichsunmittelbar, also von Preußen ans Reich abgetreten werden muß.[132] Für die fernere Zukunft allerdings läßt sich Ilse nun nicht mehr die Hände binden. Wenn die nationale Zentralisation Deutschlands vollendet ist, wäre,

---

126) Ilse an Noack, 31.3., 4., 5., 7., 12., 19., 24.4.1849. In: Ebd., Bl. 147, 151–158, 164, 174.

127) Ilse an Noack, o.D. (Anfang April 1849) und 4.4.1849. In: Ebd., Bl. 151–153.

128) L. F. Ilse, Das Interesse Preußens bei der Verlegung des Sitzes der Reichsgewalt nach Erfurt. Berlin 1849. In: Ebd., Bl. 168–173. Hier auch die Angabe des Erscheinungsdatums: 28. April 1849.

129) Ilse an Noack, 1., 24. und 25.4.1849. In: Ebd., Bl. 164, 174, 179.

130) Ilse, Das Interesse Preußens (wie Anm. 128), S. 1.

131) Ebd., S. 3.

132) Ebd., S. 4.

schon wegen der deutschen Interessen auf den Weltmeeren, eine nochmalige Verlegung des Regierungssitzes weiter nach Norden nicht auszuschließen. In Frage komme dann nur Berlin. Die Anpassung an preußische Ambitionen ist unverkennbar. Eine Reichshauptstadt Erfurt erscheint Ilse jetzt nur noch als ein für die nationale Integration temporär unvermeidlicher Durchgangspunkt. Die intensiven Kontakte zur preußischen Beamtenbürokratie zeitigten deutliche Resultate. Die Lösung von 1866 und 1871 wird hier im Grunde bereits gedanklich antizipiert. Es zeigt sich, daß Berlin als künftige Hauptstadt Deutschlands in dem Maße in die Diskussion kam, wie die preußische Hegemonie im Einigungsprozeß Realität zu werden schien.

Anläßlich der Wahl Friedrich Wilhelms IV. zum deutschen Kaiser durch die Nationalversammlung sahen der Verlegungs-Verein sowie Magistrat und Stadtverordnetenversammlung nochmals eine günstige Gelegenheit, ihr gemeinsames Hauptstadtanliegen in Berlin auch offiziell zur Sprache zu bringen.[133] Eine Deputation der Stadt sollte dem preußischen König mit dem Glückwunsch zur Kaiserwahl zugleich die Bitte vortragen, sich für die Verlegung der Reichsversammlung nach Erfurt einzusetzen. Ilse hatte bei Innenminister Manteuffel in dieser Sache vorgefühlt, und von diesem Mitte April die Empfehlung erhalten, man solle sich in Erfurt auf eine Reise nach Berlin vorbereiten.[134] Die Vollmacht für die Delegation war schon entworfen,[135] als die endgültige Ablehnung der Kaiserkrone durch Friedrich Wilhelm IV. das ganze Vorhaben zunichte machte.

Ilse, der in der zweiten Aprilhälfte nochmals in Frankfurt einiges für Erfurt bewegen wollte,[136] brach hier Ende April seine Zelte ab und begab sich wieder nach Berlin. Die Berliner Absage an Frankfurt zum gleichen Zeitpunkt machte ihm endgültig klar: „Das Schicksal unseres Plans für Erfurt wird mit der Oktroyierung jetzt in Berlin entschieden. Hier ist nichts mehr zu tun. In Berlin wird man die künftige Reichshauptstadt oktroyieren."[137] Auch im Verein war durch die Mißerfolge bei Keller in Frankfurt und das Scheitern der Kaiser-Deputation die Erkenntnis gereift, daß sich die Situation grundlegend verändert hatte und auf den Parlaments- und Regierungssitz für Erfurt via Frankfurter Nationalversammlung nicht mehr zu hoffen war. Von dieser Warte aus gewann die Vereinsführung jetzt eine wesentlich kritischere Haltung gegenüber Ilse, der bis Ende April noch euphorisch eine baldige Entscheidung für Erfurt verkündet hatte und auch nach dem Scheitern des Bündnisses zwischen Frankfurt und Berlin in der nationalen Einigungsfrage nicht die Flinte ins Korn warf.

Der Verein erklärte Ende April, daß er weder in Frankfurt noch in Berlin Chancen sehe und es Ilse, dessen Berichte nun für wenig überzeugend gehalten wurden, freistehe,

---

133) Vereinssitzung vom 4. und 19. 4. 1849. In: Vereins-Akten (wie Anm. 21) Bl. 149, 160–163. Stadtverordnetenversammlung vom 31. 3. 1849. In: Magistrats-Akten (wie Anm. 21) Bl. 16.

134) Ilse an Noack, 7., 15. und 19. 4. 1849. In: Vereins-Akten (wie Anm. 21) Bl. 155, 158, 164.

135) Vollmacht des Magistrats, 7. 4. 1849. Stadtrat Frenzel an Magistrat, 7. 4. 1849. In: Magistrats-Akten (wie Anm. 21) Bl. 17.

136) Ilse an Noack, 19., 24. und 25. 4. 1849. In: Vereins-Akten (wie Anm. 21) Bl. 164, 174, 179.

137) Ilse an Noack, 28. 4. 1849. In: Ebd., Bl. 181.

auf eigene Faust in Berlin weiterzuarbeiten, was man in Erfurt nicht ungern sehen würde.[138] Kurz darauf wurde beschlossen:[139] „Der Verein stellt einstweilen seine Wirksamkeit ein, dies wird jedoch nicht weiter veröffentlicht"; auch sollte der bisherige Vorstand die Vereins-Angelegenheiten stillschweigend fortführen. Gegenüber Ilse, der seit Januar wiederholt Dank für seine Tätigkeit in Erfurts Interesse anforderte,[140] betonte der Verein fortan seinen Privatcharakter,[141] schränkte auch seine finanziellen Leistungen für den Gewährsmann etwas ein, brach aber die Beziehungen nicht ab.[142] Auch stellte er mitnichten seine eigene Arbeit ein; nach wie vor tagte, allerdings zunehmend in größeren Abständen, das Vereinsgremium und wurde auch gegenüber dem Magistrat aktiv.

Ilse blieb in Berlin, wo er sich von Anfang Mai bis Ende Juni und dann nochmals im August aufhielt, für Erfurt am Ball. Anfang April 1849 überschnitten sich noch die zuendegehenden Frankfurter parlamentarisch-demokratischen Bemühungen zur Schaffung eines konstitutionell-monarchischen Deutschen Reiches mit einem preußischen Erbkaiser an der Spitze mit den nun beginnenden, von Joseph von Radowitz initiierten und vorangetriebenen Bestrebungen Preußens, unter seiner Hegemonie einen durch Übereinkunft mit den Fürsten aus der Taufe zu hebenden, aber durch Zustimmung eines gewählten Parlaments konstitutionell abgestützten deutschen Bundesstaat ohne Österreich zustande zu bringen.[143] Ende April wurde klarer, daß nur letzteres Konzept noch einige Chancen, auch für Erfurts Ansprüche, hatte. Ilse, ohnehin ganz auf Preußen fixiert, stieg entsprechend den neuen Realitäten, die mit dem Dreikönigsbündnis von Ende Mai 1849 Gestalt annahmen, ohne Zögern auf die preußische Unionspolitik[144] um und versuchte über seine Kontakte zu Ministern und politisch führenden Köpfen in der preußischen Hauptstadt deren Interesse für Erfurt als Unions-Metropole zu wecken und wachzuhalten.

Im preußischen Gouvernement war man mit Erfurts Wünschen wohl vertraut, aber – sofern Ilses Briefe ein korrektes Bild vermitteln – keineswegs schon auf diese Stadt festgelegt. Innenminister Manteuffel stieß im Ministerrat zunächst auf Widerstand, sogar bei Radowitz, der aber rasch wieder für Erfurt gewonnen werden konnte.[145] Der

138) Noack an Ilse, 28.4.1849. In: Ebd., Bl. 180.

139) Vereinssitzung vom 7.5.1849. In: Ebd., Bl. 186.

140) Ilse an Noack, 11.1., 6.2. und 19.5.1849. Noack an Ilse, 21. und 25.1., 9.2.1849. In: Ebd., Bl. 132, 139–143.

141) Der Verein an Ilse, 23.5.1849. In: Ebd., Bl. 192–195.

142) Vereinssitzung vom 8. und 13.6.1849. Kallmeyer und Brenner an Ilse, 17.6.1849. In: Ebd., Bl. 198–201.

143) Seit Mitte April meldete Ilse in seinen Briefen nach Erfurt, daß eine von Preußen beabsichtigte Konferenz zur deutschen Sache vorbereitet würde. Vgl. Ilse an Noack, o. D. (April 1849). In: Ebd., Bl. 151. Mitte Mai teilte er mit, daß die Verhandlungen in Berlin einen guten Fortgang nehmen, bald eine Reichsverfassung komme und er mit den Bevollmächtigten der Regierungen schon Verbindung aufgenommen hätte. Vgl. Ilse an Noack, 15.5. und Pfingstsonntag 1849. In: Ebd., Bl. 190–191.

144) Vgl. dazu Anm. 1.

145) Ilse an Noack, 8. und 15.5.1849. In: Vereins-Akten (wie Anm. 21) Bl. 188–189.

erste Vorsitzende des Unions-Verwaltungsrates von Canitz sprach sich zwar gegen Gotha und Weimar aus, war aber auch nur wenig für Erfurt eingenommen.[146] Gegen Erfurt intrigierte vor allem die rheinische Partei.[147] Auch Berlin selbst machte sich stark, um Sitzungsort für das Unionsparlament zu werden, und war in Ilses Sicht sogar am meisten zu fürchten. Man habe ihm schon 6000 Taler geboten, renommierte er gegenüber dem Verein, wenn er nicht mehr für Erfurt arbeite.[148] In preußischen Regierungskreisen war Erfurt als Hauptstadt des angestrebten deutschen Bundesstaates gewiß von vornherein im Kalkül. Eine preußische Stadt sollte es auf jeden Fall sein.[149] Freilich war nun von einer im Frankfurter Verfassungsausschuß noch diskutierten, aber auch hier schon abschlägig beschiedenen Abtrennung der Stadt von Preußen und ihrer Erklärung zu reichsunmittelbarem Gebiet nicht mehr die Rede. Erfurts Vorzug bestand in den Augen der preußischen Unionspolitiker ja gerade darin, daß die Stadt in preußischer Hand war und von einer Festung in Schach gehalten werden konnte. Andererseits aber hatte sie nichts Altpreußisches an sich und konnte daher eher der Gunst der Klein- und Mittelstaaten gewiß sein. Der Initiator und leitende Kopf der Unionspolitik Joseph von Radowitz kannte aus seiner Frankfurter Abgeordnetenzeit Erfurts Ambitionen und stand ihnen im ganzen wohlwollend gegenüber.[150] Dafür spricht wohl auch seine Entscheidung im Sommer 1849, hier seinen Wohnsitz zu nehmen.[151] Anläßlich seines Einzugs in Erfurt im September entschied der Erfurter Verlegungs-Verein ausdrücklich, durch ein Huldigungsschreiben sich an der „patriotischen Demonstration“ für Radowitz zu beteiligen und so seine Politik zu unterstützen.[152] Aus der Vereinskasse wurden sogar 18 Taler für Fackeln zum Demonstrationszug vor Radowitz' Haus freigegeben.[153]

Gleichwohl war die Hauptstadtfrage für die Union, konkret zunächst der Tagungsort des Unionsparlaments, wohl auch in preußischen Regierungskreisen lange Zeit unentschieden. Die Berliner Konferenz von Ende Mai 1849, die zum Dreikönigsbündnis führte und die Unionspolitik offiziell auf den Weg brachte, enthielt noch keine Festlegung des späteren Sitzes der Bundesinstitutionen.[154] Immerhin aber schlug sich

---

146) Ilse an Noack, 27.6.1849. In: Ebd., Bl. 202–203.

147) Ilse an Noack, 8.5.1849. In: Ebd., Bl. 188.

148) Ilse an Noack, 27.6.1849. In: Ebd., Bl. 202–203.

149) Staatsministeriums-Sitzung vom 29.9.1849. In: GStAPK Berlin, Rep. 90a, B III, 2b, Nr. 6, Bd. 58, Bl. 122b: „Über den Ort, wo der Reichstag zusammentreten soll, wird das Staatsministerium den Vorschlägen des Verwaltungsrates nicht vorgreifen und nur daran festhalten, daß dazu eine Preußische Stadt bestimmt werden muß“.

150) Korrespondenz in: EZ, 1, 1.1.1849, S. 4 (wie Anm. 32).

151) Meinecke, Radowitz (wie Anm. 1) S. 386. Neue Erfurter Zeitung, 53, 29.9.1849. Danach hat Radowitz Ende Mai 1849 in Erfurt eine Wohnung gemietet und zog am 24. September in diese ein.

152) Huldigungsschreiben des Vereins an Radowitz, 24.9.1849. In: Vereins-Akten (wie Anm. 21) Bl. 214.

153) Ebd., Bl. 258.

154) Aktenstücke betreffend das Bündnis vom 26. Mai und die Deutsche Verfassungs-Angelegenheit. Bd. 1. Berlin 1849.

das besondere Interesse an Erfurt bereits in der Verlegung des Unionsschiedsgerichts in diese Stadt nieder.[155] Und in internen Absprachen mit Hannover und Sachsen während der Konferenz war Erfurt auch schon als Sitz von Reichstag und Reichsregierung ins Auge gefaßt worden.[156] Eine Entscheidung über die Hauptstadtfrage wurde erst fällig, als die Einberufung einer gewählten „Reichsversammlung" akut wurde, die den am 28. Mai herausgegebenen Verfassungsentwurf beraten und ihm zustimmen sollte. Vom Bevollmächtigten des Herzogtums Nassau wurde im Verwaltungsrat schon Ende August darauf gedrängt, das im Bündnisvertrag vorgesehene Parlament schleunigst einzuberufen, wenn möglich schon für den 18. Oktober, den Tag der Leipziger Völkerschlacht, „dessen Erinnerungen mit der Entwicklung des neuen deutschen Verfassungswerks zu verbinden sein möchten."[157] Hannover und Sachsen zögerten einen Beschluß zunächst hinaus. Aber auch Preußen zeigte noch keine Eile. Erst als Preußen nach seiner Übereinkunft mit Österreich über die Bildung einer provisorischen Zentralgewalt[158] die Gefahr eines Sympathie- und Vertrauensschwunds bei den der Union beigetretenen Kleinstaaten befürchtete und sich darum Anfang Oktober entschied, im Gegenzug die Unionspolitik konsequent fortzuführen und den Termin für Wahlen zum Unionsparlament festzusetzen,[159] entstand Entscheidungsbedarf auch in der Hauptstadtfrage. Das preußische Staatsministerium einigte sich am 12. Oktober auf Erfurt.[160]

Die Quellen sagen nichts darüber aus, ob der Unionssitz im Staatsministerium oder gar im Beisein des Königs im Kronrat kontrovers erörtert wurde und es eventuell andere Vorstellungen gab.[161] Lediglich für das Tagungsgebäude des Parlaments ist eine persönliche Entscheidung Friedrich Wilhelms IV. bekannt.[162] Er sprach sich, offenbar weil es eine Luthergedenkstätte war, für das Augustinerkloster mit dem Martinsstift aus und befahl deren Umbau und die spätere Rückgabe an die Gemeinde.[163] Dadurch, so wird gesagt, wurden diese traditionellen Bauten, deren Abriß wegen Baufälligkeit schon

155) Siehe Anm. 2.

156) Meinecke, Radowitz (wie Anm. 1) S. 325.

157) Protokollarische Verhandlungen (wie Anm. 4) Bd. 2, S. 171–172, 203–204, 217–220, Bd. 3, S. 4–18, 48–49.

158) Huber, Verfassungsgeschichte. Bd. 2 (wie Anm. 1) S. 883–884.

159) Staatsministeriums-Sitzung vom 5. 10. 1849. In: GStAPK Merseburg, Rep. 90a, B III, 2b, Nr. 6, Bd. 58, Bl. 139–140b.

160) Staatsministeriums-Sitzung vom 12. 10. 1849. In: Ebd., Bl. 141–142.

161) Alexander von Schleinitz an Radowitz, 30. 9. 1849. In: Ebd., Rep. 92, Nachlaß Radowitz d. Ä., Nr. 30, Bl. 1–2. Darin werden Vorlagen von Bülow und Canitz vom 18. und 23. 9. 1849 zur Vorbereitung des Reichstags für die Sitzung des Staatsministeriums am 29. 9. 1849 erwähnt.

162) Innenminister Manteuffel an Finanzminister Rabe, 11. 1. 1850. In: Ebd., Rep. 77, Tit. 253, Nr. 21, Bl. 1: „Sr. Majestät der König haben zu bestimmen geruht, daß die St. Johannis/vulgo Augustiner/Kirche zu Erfurt und das daran stoßende Augustinerkloster zu Sitzungs- und Geschäftslokalen für das demnächst zusammentretende deutsche Parlament eingerichtet werden sollen". In gleicher Akte: „die durch die Einberufung des deutschen Parlaments nach Erfurt im Jahre 1850 veranlaßten Kosten" von 122375, 98 Talern (Bl. 282). Siehe auch: GStAPK Berlin, 2. 2. 1., Nr. 13094, Bl. 29–30.

163) Staatsministeriums-Sitzung vom 24. 1. 1851. In: GStAPK Berlin, Rep. 90, Tit. XLIV, Nr. 43.

erörtert wurde, vor einem endgültigen Verfall gerettet.[164] Als der Verwaltungsratsvorsitzende von Bodelschwingh den Vorschlag Erfurt am 19. Oktober in seinem Gremium einbrachte,[165] stieß er auf entschiedene Ablehnung. Fast alle Mitglieder des Verwaltungsrats erklärten sich gegen Erfurt.[166] Namentlich die Vertreter der süddeutschen Staaten scheinen vehement opponiert zu haben.[167] Stattdessen sollte eine rheinische Stadt die Ehre erhalten. Im Staatsministerium legte man daraufhin zwar fest, auf Erfurt bestehen zu wollen, faßte als Ausweichvariante aber auch Halle ins Auge. Der Verwaltungsrat beugte sich schließlich am 17. November dem offenbar starken preußischen Druck. Im geglätteten offiziellen Protokoll hieß es vielsagend, daß man „in Erwägung, daß ... über den für das Zusammentreten der nächsten Reichsversammlung zu erwählenden Ort unter den sämtlichen anwesenden Vertretern der verbündeten Regierungen schließlich ein Dissens nicht mehr obwaltet", Erfurt als Parlamentssitz beschließe.[168] Schon am 24. Oktober, also kurz nachdem Preußen im Verwaltungsrat Erfurt als Parlamentsort vorgeschlagen hatte, gab Radowitz diesen Antrag in einer Rede vor der zweiten preußischen Kammer auf Interpellation von Beckerath zur deutschen Frage öffentlich bekannt. Damit war Preußen im Grunde festgelegt.[169]

Der Erfurter Verein hatte auf diese Entwicklungen keinerlei direkten Einfluß. Er war aber sehr wohl darüber informiert, daß die preußische Regierung im Rahmen ihrer Unionspolitik zunehmend Interesse für Erfurt zeigte und gegenüber den Bemühungen Berlins, den Parlamentsort für sich zu erobern, auf Erfurt beharrte.[170] Anfang August scheint in Berlin bereits eine Vorentscheidung für Erfurt gefallen zu sein und der Verein davon Mitteilung erhalten zu haben. Er wurde daraufhin sofort innerhalb der Stadt aktiv. Da offiziös und vertraulich angefragt worden war, wie es mit Räumlichkeiten für das Parlament und mit Wohnungen für die Abgeordneten und Beamten in Erfurt stehe, informierte die Vereinsleitung den Magistrat und verwies auf die Erklärung von Mitte April an Keller, daß Erfurt Dienstgebäude unentgeltlich zur Verfügung stellt.[171] Zugleich ergriff der Verein die Initiative, um Wohnungen für Abgeordnete zu ermitteln.

---

164) Beyer, Herrmanns Bedeutung (wie Anm. 21) S. 17.

165) Protokollarische Verhandlungen (wie Anm. 4) Bd. 3, S. 98–99.

166) Staatsministeriums-Sitzungen vom 11. und 16. 11. 1849. In: GStAPK Berlin, Rep. 90, B III, 2b, Nr. 6, Bd. 58, Bl. 164–166, 169–170b.

167) So heißt es im Schreiben des Erfurter Regierungspräsidenten an das Wohnungskomitee der Stadt vom 18. 2. 1850: Der Wunsch der Erfurter, das Parlament in ihre Stadt zu bekommen, „ist ihnen ungeachtet der dagegen geltend gemachten Interessen der süddeutschen Länder gewährt worden". Vgl. Antwortschreiben von Mitgliedern des Erfurter Parlaments auf die an sie ergangene Aufforderung des Wohnungs-Vermiethungs-Comités. StAE, 4–1, X–10.

168) Protokollarische Verhandlungen (wie Anm. 4) Bd. 3, S. 182–184.

169) Stenographische Berichte über die Verhandlungen der durch die Allerhöchste Verordnung vom 30. Mai 1849 einberufenen Zweiten Kammer. Bd. 2, Berlin 1849, S. 840. Die Interpellation Beckeraths in der Sitzung vom 5. 10. 1849. In: Ebd., Bd. 1, Berlin 1849, S. 539–543.

170) Ilse an den Verein, 15. 8. 1849. In: Vereins-Akten (wie Anm. 21) Bl. 211.

171) Der Verein an den Erfurter Magistrat, 3. 8. 1849. In: Ebd., Bl. 206.

Mitte September übersandte er dem Magistrat ein Wohnungsverzeichnis, das gemeinsam mit den Bezirksvorstehern erarbeitet worden war.[172] Diese Bemühungen mündeten kurz darauf in die von der Stadtverwaltung berufene Wohnungskommission ein. Anfang Februar 1849 wandte sich das „Wohnungs-Vermiethungs-Comite" an alle gewählten Abgeordneten und erbat ihre Wünsche für die Unterkunft in Erfurt.[173] Es erhielt daraufhin zahlreiche Anforderungen, die es zu erfüllen suchte. Auch nahm das Komitee, von der Bezirksregierung eindringlich dazu aufgefordert, Einfluß auf die Zimmerpreise.

Die direkten Vorbereitungsarbeiten für die Parlamentstagungen, die für Frühjahr 1850 vorgesehen waren und deren Beginn im Januar auf den 20. März festgelegt wurden, lagen in den Händen der Stadt, der Bezirksregierung und des Gouvernements in Berlin. Seit Mitte August bemühte sich der Magistrat, die Predigerkirche als Sitzungsgebäude festzumachen.[174] Im Dezember 1849 griff die preußische Regierung direkt ein. Das Berliner Staatsministerium übernahm die Kosten für die notwendigen Umbauten und für den Unterhalt des Parlaments während der Tagungen.[175]

Der Verein spielte seit Mitte September 1849 faktisch keine Rolle mehr. Der Vorsitzende Noack erklärte am 4. September seinen Austritt, stellte den Antrag auf Auflösung des Vereins und übersandte die Vereinsakten Karl Herrmann.[176] Herrmann übernahm die Abwicklung der Vereinsgeschäfte und die finanzielle Rechenschaftslegung, was sich freilich noch längere Zeit hinzog.[177] Noch im Januar 1850 lud er zu einer Vereinssitzung.[178] Einigen Kummer bereitete dem Verein bis zuletzt Leopold Ilse. Er stellte immer wieder Geldforderungen, die der Verein nicht mehr so recht erfüllen wollte. Im Juni 1849 hatte der Verein noch 100 Taler beim Magistrat locker gemacht.[179] Auf das Versprechen pochend, daß Erfurt sich dankbar zeigen werde, wenn der Reichstag in die Stadt kommt, forderte Ilse im Februar 1850 erneut Geld, mit dem er eine Zeitung zur Propagierung der Unionsparlamentssitzungen gründen wollte.[180] Herrmann ließ ihn daraufhin im Namen der Mitglieder wissen, daß der Verein als

172) Beschluß des Vereins, ein Komitee zur Wohnungsermittlung zu bilden, 4. 8. 1849. Einladung des Vereins zu einer Beratung mit Vertretern der Bezirke am 6. 8. 1849 und Protokoll dieser Beratung. Der Verein an den Erfurter Magistrat, 15. 9. 1849. In: Vereins-Akten (wie Anm. 21) Bl. 207–213.

173) Vgl. StAE, 4–1, X–10 (wie Anm. 167).

174) Vgl. dazu: HERRMANN, Familiengeschichte (wie Anm. 21) Bl. 244b. WALTER SCHMIDT, Erfurt und das deutsche Unionsparlament von 1850. In: ULMAN WEISS (Hg.), Erfurt 742–1992. Stadtgeschichte – Universitätsgeschichte. Weimar 1992, S. 531–532.

175) Vgl. Anm. 162.

176) A. NOACK, Austrittserklärung, 4. 9. 1849. In: Vereins-Akten (wie Anm. 21) Bl. 220–221.

177) HERRMANN, Familiengeschichte (wie Anm. 21) Bl. 243–244. DERS., Vereinsgeschichte (wie Anm. 21).

178) Vereins-Akten (wie Anm. 21) Bl. 222.

179) Magistrats-Akten (wie Anm. 21) Bl. 23–26.

180) Herrmann an Ilse, 6. 1. 1850. Ilse an den Verein, 2. 2. 1850. In: Vereins-Akten (wie Anm. 21) S. 223–225.

Privatperson ihm nicht unbeschränkt Geld zur Verfügung stellen kann, aber für seine Tätigkeit im Interesse Erfurts hohe Anerkennung zollt.[181]

Nach Abschluß des Unionsparlaments gab die Vereinsleitung dem massiven Drängen Ilses nach finanzieller Abfindung für seine Dienste nach und veranstaltete unter der finanzkräftigen Bürgerschaft eine Sammlung, an der sich 60 der 100 Mitglieder beteiligten. Zusammen kam eine Summe von 717 Talern.[182] Zwischen 2 und 100 Talern lag die Spende der Erfurter für Ilse. Am spendabelsten präsentierten sich „Müller vom Kaiser" mit 100, Wilhelm Treitschke mit 75 und Karl Herrmann mit 50 Talern. Sechs weitere Mitglieder gaben 25 Taler. Ilse bestätigte die Übergabe der Summe „als Honorar für meine Bemühungen beim deutschen Parlament in Frankfurt a. M. wie bei den Ministerien in Berlin, Erfurt zum Sitz des neuen Unionsparlaments ernannt zu sehen."[183] Damit habe der Verein zusammen mit den zuvor schon gezahlten Honoraren „alle und jede Verbindlichkeit, welche genannter Verein in der mit mir gepflegten Correspondenz, Namens der Stadt Erfurt, gegen mich contrahirt hat, ausgeglichen". Die Stadtverwaltung hingegen stünde, wie er in einer weiteren Ehrenerklärung für den Verein betonte, nach wie vor in seiner Schuld. „Der Stadt wird die Verpflichtung gegen mich bleiben, sich als dankbar zu zeigen, sofern das Parlament in ihr bleibt."[184]

Wenn Erfurt zum Tagungsort des Unionsparlaments wurde, so hatte die Agitation des Verlegungs-Vereins daran fraglos einen wesentlichen Anteil. Seine Wirksamkeit machte die Öffentlichkeit auf Erfurt aufmerksam. Die vom Verein finanzierten Missionen Ilses und anderer Vereinsmitglieder in Frankfurt und Berlin lenkten das Interesse der Politiker auf die Stadt und bereiteten vor allem in der preußischen Regierung den Boden für eine Favorisierung Erfurts. Gegen Meinungen, Erfurt wäre auch ohne Vereinsaktivitäten Sitz des Unionsparlaments geworden, äußerte Karl Herrmann in seiner Familiengeschichte mit Recht: „Es muß immer jemand geben, der zuerst einen Gedanken faßt und diesen öffentlich ausspricht, wenn er nach und nach Gemeingut werden soll. Und niemand wird bestreiten können, daß Ilse der erste gewesen ist, der Erfurt als den passendsten Ort bezeichnete, um zum Sitze der Reichsgewalt erwählt zu werden, und der Verein keine Mühe und kein Geld gespart hat, diesen Anspruch praktisch werden zu lassen. Darum suum cuique."[185]

Die Hoffnungen und Erwartungen, die viele Erfurter an das Parlament geknüpft hatten, waren groß. Sie erfüllten sich nicht. Recht behielten die Demokraten, die ein Scheitern der Unionspolitik vorausgesagt und kritisch und skeptisch zum Erfurter Parlament gestanden hatten. Die Blütenträume der Liberalen wie der konservativen Unionsanhänger gingen nicht auf. Der Erfurter Magistrat war seinen Verpflichtungen

181) Herrmann an Ilse, 14. 3. 1850. In: Ebd., Bl. 227.

182) Vgl. das von Treitschke, Bartholomäus, Geßler und Brenner unterzeichnete Dokument vom 26. 5. 1850 über das Sammlungsergebnis. In: Vereins-Akten (wie Anm. 21) Bl. 276.

183) Ebd., Bl. 275.

184) Ilse an den Verein, 7. 6. 1850. In: Ebd., Bl. 229–230.

185) Herrmann, Familiengeschichte (wie Anm. 21) Bl. 244b.

Ilse gegenüber rasch ledig. Vom zeitweiligen Tagungsort eines Parlaments zur Hauptstadt eines einigen deutschen Bundesstaats zu werden war nur dann eine reale Möglichkeit, wenn sich die Unionspläne verwirklichen ließen. Als die Unionspolitik im Herbst 1850 am Widerstand Österreichs und Rußlands scheiterte, war auch Erfurts Hoffnung, Hauptstadt eines deutschen Nationalstaats zu werden, dahin. Das Ganze blieb eine historische Episode, freilich eine interessante und erinnerungswerte Alternative, eine bedeutende, aber verfehlte Sternstunde in der Geschichte der Stadt Erfurt.

Eine reale Chance, deutsche Kapitale zu werden, bestand für Erfurt fortan nicht mehr. Die Bismarcksche Revolution von oben setzte von vornherein andere Prioritäten auch in der Hauptstadtfrage.[186] Am preußischen Machtzentrum Berlin führte nun kein Weg mehr vorbei. Das hatte sich schon 1849/1850 angedeutet. In diesem Sinne entschied Bismarck in Vorbereitung der Bildung des Norddeutschen Bundes bereits Anfang September 1866. Gleichwohl wurde in diesem Zusammenhang auch Erfurts Name nochmals ins Feld geführt. Der preußische Kronprinz und spätere Kaiser (für 99 Tage) Friedrich III. brachte die Stadt neben Frankfurt und Hamburg in Vorschlag, freilich ohne die geringste Aussicht, sich gegen Bismarck durchsetzen zu können. Selbst für das Zollparlament, das von 1868 bis 1870 die Abgeordneten des Norddeutschen Reichstags und speziell gewählte Abgeordnete der süddeutschen Staaten vereinte und nicht nur von seiten Preußens als ein wesentlicher Schritt zur politischen Einheit Deutschlands gedacht war, war Bismarck nicht mehr bereit, einen anderen Tagungsort als Berlin zu akzeptieren. In Erfurt keimten dennoch nochmals Hoffnungen. Alte 1848er Vereinsmitglieder, voran der Kaufmann Gustav Brenner, suchten erneut einen Verein zu bilden, veranstalteten eine Geldsammlung und mobilisierten wiederum Leopold Ilse für Erfurter Hauptstadtambitionen.[187] Im Erfurter Auftrag hat Ilse nochmals in Berlin und Potsdam, freilich erfolglos, für Erfurt geworben. Doch wird er kaum das gleiche Engagement wie von 1848 bis 1850 an den Tag gelegt haben. Zu rasch und klar waren die Dinge bereits für Berlin entschieden.

Stellt man zum Schluß die Frage, welche Kriterien in der deutschen Hauptstadtdiskussion von 1848 bis 1850 an ein politisch-administratives nationales Zentrum angelegt wurden, so lassen sich folgende Momente nennen.[188]

---

186) Vgl. dazu: Otto Becker, Bismarcks Ringen um Deutschlands Gestaltung. Hg. und ergänzt von A. Scharf, Heidelberg 1958, S. 185, 859. Brunn, Einigungsbewegung (wie Anm. 5) S. 19ff.; Walter Schübelin, Das Zollparlament und die Politik von Baden, Bayern und Württemberg 1866–1870. Berlin 1935, S. 27.

187) Vgl. Hermann Weissenborn, Erinnerungen an Karl M. E. Herrmann. Stadtrath a. D. und Eisenbahn-Director zu Erfurt. Beiheft zu den Mitteilungen des Vereins für Geschichts- und Altertumskunde von Erfurt, Erfurt 1875, S. 20–21.

188) Vgl. dazu auch: Brunn, Einigungsbewegung (wie Anm. 5) S. 20. Generell: Edith Ennen, Funktions- und Bedeutungswandel der „Hauptstadt“ vom Mittelalter zur Moderne. In: Hauptstädte in europäischen Nationalstaaten (wie Anm. 5) S. 153–163. Agnes Ságvári, Stadien der europäischen Hauptstadtentwicklung und die Rolle der Hauptstädte als Nationalrepräsentanten. In: Ebd., S. 165–179. Zum Problem von Metropolen vgl. Alfred Zimm, Berlin als Metropole – Anspruch und

An erster Stelle stand die geographische Lage der Hauptstadt, die sich unbedingt im Zentrum des Landes befinden sollte. Dabei spielte die Sicherung der Verwaltungszentrale vor militärischen Angriffen von außen ebenso eine Rolle wie eine für eigene militärische Aktionen und die Beherrschung der starken nichtdeutschen Bevölkerungsteile im angestrebten Reich optimale Ortsbestimmung. – Für gleichermaßen wichtig wurde zweitens die innere Sicherheit gehalten. Revolutionäre Unruheherde erschienen für die Parlaments- und Regierungsarbeit als gefährlich. Unter diesem Gesichtspunkt erfolgte nicht zuletzt auch die Ablehnung Berlins. Als ideales Vorbild wurde wiederholt das damals kleine Washington in den USA genannt. – Wesentlich war für die Teilnehmer der Debatte drittens die Kommunikationsfrage, genauer die vorhandene Verkehrsanbindung der Stadt, um einen raschen Informationsfluß und eine reibungslose Verwaltung zu gewährleisten. Das aufblühende Eisenbahnwesen rückte daher in den Mittelpunkt der Aufmerksamkeit. Bedingung waren schon vorhandene oder rasch zu schaffende Eisenbahnknotenpunkte. – Da es in Deutschland darum ging, schon bestehende Partikularstaaten in einem einheitlichen Nationalstaat zusammenzufassen, ohne daß – nach dem Willen der Liberalen – diese aufgelöst werden sollten, wurde viertens die Rücksichtnahme auf die Interessen der Einzelstaaten zu einem wesentlichen Aspekt. Angesichts der akzeptierten Führungsrolle Preußens im nationalen Einigungsprozeß mußte das Verhältnis zwischen den Interessen der Hegemonialmacht und den Belangen der deutschen Mittel- und Kleinstaaten ein besonderes Gewicht erhalten. Wer die Einbindung aller Staaten – außer Österreich – auf dem Wege der Vereinbarung und des Kompromisses im Auge hatte und einem allzu starken Übergewicht Preußens zumindest einigermaßen begegnen wollte, sah sich 1848 veranlaßt, entschieden gegen eine Umfunktionierung der preußischen Hauptstadt in die Reichshauptstadt Front zu machen, aber auch – um Preußen nicht vor den Kopf zu stoßen – auf die Erhebung der Zentrale eines anderen Einzelstaates in den Rang der deutschen Kapitale zu verzichten. Erfurt bot sich insofern als Kompromißlösung an, als die Stadt zwar zu Preußen gehörte, aber keineswegs altpreußisch, sondern eben mitteldeutsch-thüringisch war. In der Regel bekamen in der Diskussion Städte eine Chance zugesprochen, die keine einzelstaatlichen Residenzen und Verwaltungszentren waren. Um der Reichshauptstadt eine die partikularstaatlichen Interessen vermittelnde, das Ganze der Nation repräsentierende Funktion zukommen zu lassen, forderte man häufig die Herauslösung der neuen nationalen Kapitale aus dem Einzelstaat und ihre Erhebung zu einem reichsunmittelbaren Gebiet. Auch hier stand das Beispiel Washingtons Pate. Die Reichshauptstadt sollte im angestrebten Bundesstaat gegenüber den in ihren Rechten zwar eingeschränkten, aber doch fortbestehenden Einzelstaaten eine exzeptionelle Stellung einnehmen und, über ihnen stehend, gewissermaßen unangreifbar sein. – Gefragt waren fünftens die vorhandenen Räumlichkeiten für Parlament und zentrale Verwaltung und

---

Wirklichkeit. Vortrag auf der Sitzung der Leibniz-Sozietät e. V. i. G. am 27. 5. 1993. In: Beiträge zur Geschichte der Arbeiterbewegung, 35, 1993, H. 3, S. 3ff.

die zum weiteren Ausbau des Verwaltungsapparats notwendige Ausdehnungsfähigkeit des städtischen Territoriums. – Von allen Bewerbern wurden sechstens die historischen und kulturellen Traditionen herausgestellt. – Schließlich nahm die konfessionelle Frage einen wichtigen Platz ein. Da es galt, den katholischen Süden mit dem überwiegend protestantischen Norden in einem Staat zu verbinden, suchte man nach Städten, in denen beide Glaubensrichtungen einen annähernd gleichen Bevölkerungsanteil aufwiesen.

Es fällt hingegen auf, daß durchweg unberücksichtigt blieb, ob und inwiefern eine Stadt wirtschaftlich, politisch und kulturell bereits zu einem Zentrum in Deutschland geworden war. Die Stellung einer Stadt im Wirtschaftsgefüge des Landes interessierte überhaupt nicht. Der ökonomische Zustand einer Stadt fiel aus dem Blick. Städte, die Schwerpunkte des Wirtschaftsaufschwungs waren, hatten oft gerade wegen der fortgeschrittenen industriellen Entwicklung keine Chance, als künftige Hauptstadt in Erwägung gezogen zu werden. Wegen der damit verbundenen Proletarisierung fürchtete man die Entstehung eines revolutionären Unruheherdes und den Druck der Straße, dem ein Parlament – nach den Vorstellungen von Liberalen wie Konservativen – gerade nicht ausgesetzt werden sollte. Auch unter diesem Aspekt wurde Berlin abgelehnt. Alles in allem offenbart sich in diesem Herangehen eine durchweg noch vor-moderne Denkweise, die den Konflikten der industriekapitalistischen Gesellschaft durch Flucht in die Idylle einer vom industriellen Fortschritt noch unberührten „heilen Welt“ ausweichen will.

Unbeachtet blieb in der Diskussion schließlich, ob in den vorgeschlagenen Städten schon ein funktionstüchtiger Verwaltungsapparat existiert, der für die künftige Reichsverwaltung genutzt werden konnte. Das mochte damit zusammenhängen, daß die partikularstaatlichen Hauptstädte, die zumeist administrative Zentren waren, als Reichshauptstadt nicht in Frage kommen sollten. Man ging offenbar davon aus, daß ein solcher Behördenapparat nach Ausrufung der Hauptstadt rasch und unkompliziert geschaffen werden kann. Auch in diesem Punkt blieb man 1848/1849 im Grunde noch in einer rückständigen Denkweise stecken. Die Hauptstadtentscheidung bei der Reichsgründung zwei Jahrzehnte später atmet einen anderen Geist. Wiewohl Bismarck Berlin auch jetzt noch als Großstadt mit einem Massenproletariat unbehaglich fand, hat er, gewiß vorrangig aus preußisch-machtpolitischem Kalkül, die meisten der liberalen wie konservativen Bedenken gegen eine wirtschaftliche Metropole mit ausgebildetem Verwaltungsapparat respektlos beiseitegeschoben.

RONALD LUTZ

# Bezirkshauptstadt – Landeshauptstadt

## *Bilanz und Perspektive Erfurter Städtepartnerschaften*

Als Christoph Columbus vor 500 Jahren Amerika entdeckte, konnte er nicht ahnen, daß er die Faszination der alten gegenüber der neuen Welt einleitete. Fremde Kulturen wurden Zivilisationsflüchtigen zum gelobten Land. Zugleich aber entstand auch die Furcht vor dem Fremden, das man nicht verstand. Abwehr und Verlangen wurden die Grundzüge des Kulturkontaktes zwischen der alten und der neuen Welt. Immer gab es aber auch Stimmen, die das gegenseitige Verständnis und das Respektieren der Andersartigkeit forderten. Im Zusammenhang dieser Gedanken entstand angesichts der Folgen zweier Weltkriege die Idee von Städtepartnerschaften im zusammenwachsenden Europa, die von programmatischen Entwürfen getragen wurde: zum einen will man gegenseitiges Verständnis, Kooperation, Frieden und Entspannung fördern, zum anderen sollen die Begegnungen der Menschen aus unterschiedlichen Kulturen entwickelt werden, um Freundschaft und Vertrauen zu wecken, die in einer enger werdenden Welt große Bedeutung besitzen.

### *I.*

Das Bild, das Kommunen von ihren Partnerschaften nach außen vermitteln, ist schillernd, entbehrt aber nicht einer Typik und Rhythmik, einer erklärten Ordnung, die wenig Raum für Spontaneität läßt. Zumeist sind es nämlich Kontakte zwischen Gremien, Vereinen und Institutionen, die als Ergebnis der Partnerschaft aufgelistet werden und die die Lebendigkeit der Beziehungen dokumentieren sollen. Man lädt sich gegenseitig zu öffentlichen Festlichkeiten ein und stellt sich selbst dar.[1] Städtepartnerschaften haben sich in der kommunalpolitischen Landschaft zu einer politischen Norm und einem politischen Muß entwickelt.

Auf Europaebene werden regelrechte Partnerschaftsbörsen abgehalten, bei denen man sich eine den eigenen Vorstellungen entsprechende Gemeinde aussuchen kann. Kommunale Gremien, von Parlamenten über Parteien bis zu Kirchen, werden nicht müde, ihr Engagement im Rahmen der Partnerschaft öffentlich anzuzeigen. Doch das evoziert die Frage, ob hierbei die lebensweltlichen Kontakte der Menschen zueinander

---

1) RONALD LUTZ, Städtepartnerschaften als politische Selbstdarstellung. In: INA GREVERUS [u. a.] (Hg.), Kulturkontakt – Kulturkonflikt. Zur Erfahrung des Fremden. Frankfurt/M. 1988, S. 343–347.

gefördert werden, ob Begegnungen stattfinden, die jenseits der offiziellen Kontakte von Funktionsträgern aus Politik, Sport und Kultur angesiedelt sind und in die Alltäglichkeit des Lebens hineinreichen.

Partnerschaften formulieren als ihr erklärtes Ziel, die Begegnungen der Menschen zu fördern, um so ein Verstehen des Anderen zu erreichen, um sich näher zu kommen, ohne das Eigene aufgeben zu müssen. Doch wenn sich Begegnungen hinter offiziellen Anlässen verbergen, dann geraten sie zur politischen oder offiziellen Inszenierung, die immer einen positiven Verlauf aufweisen muß. Dabei wird den Fremden das Eigene oft museal präsentiert, aus seinen Alltagsbezügen herausgelöst. Dieser Bruch zwischen dem Präsentieren und dem Leben prägt diese Form des Kulturaustauschs. Der wirkliche Fortschritt und die wirkliche Bedeutung von Städtepartnerschaften liegt aber in der Begegnung von Menschen, die keine Funktions- oder Rollenträger sind. Diese Begegnungen sind aber eher dem Zufall anheim gegeben. So kommt es abseits der offiziellen Anlässe vor, daß sich dauerhafte Beziehungen zwischen Familien oder Einzelpersonen herausbilden, die tatsächlich zu einem gegenseitigen Verstehen führen können. Auf dieser Ebene findet dann durchaus auch ein Kulturaustausch statt, der den formulierten Idealen der Städtepartnerschaft entsprechen kann.

Immer wieder wird man mit politischen Sonntagsreden zum Stellenwert der Partnerschaft konfrontiert. Anläßlich der Feier einer seit 25 Jahren bestehenden Partnerschaft war zu hören, daß die Partnergemeinden an dem Ziel einer europäischen Gemeinschaft mit soliden politischen Institutionen, einem Parlament und einer europäischen Exekutive arbeiten müßten, daß sie gemeinsam nicht nur Gastfreundschaft üben, sondern gemeinsam etwas Neues erschaffen sollten, das der unsicheren Welt ein Vorbild sei.[2]

Damit wird der Stellenwert von Städtepartnerschaften als Instrument europäischer Integrationspolitik deutlich. Überhaupt waren und sind Partnerschaften Politik und somit auch Mittel der Politik. Hierzu drei Beispiele. Die Stadt Wiesbaden, die eine Partnerschaft mit Breslau anstrebte, veranstaltete 1987 „Polnische Kulturtage“. Im dazugehörigen Prospekt konnte man bei der Angabe des Herkunftsortes einer Künstlergruppe statt des polnischen Namens „Warszawa“ das eingedeutschte „Warschau“ lesen. Bei einer anderen Gruppe las man hingegen „aus Wrocław“, daß es sich hierbei um die schlesische Stadt Breslau handelte, blieb unerwähnt. Diese ungleiche Behandlung der Ortsnamen war symbolischer Ausdruck eines größeren Erdbebens auf der politischen Ebene im Umfeld der ersten Partnerschaft einer deutschen mit einer polnischen Stadt.[3] Der bereits paraphierte Vertragsentwurf für die Städtepartnerschaft fand im Wiesbadener Stadtparlament lediglich die Stimmen der rot-grünen Mehrheit, da darin durchgängig von „Wrocław“ und nicht einmal von Breslau die Rede war. Das war ein politischer Akt in doppelter Bedeutung, die einen wollten aussagen, daß für sie die Vergangenheit beendet sei und Breslau endgültig zu Polen gehöre, während die

2) Frankfurter Rundschau, 11.7.1989.
3) Frankfurter Neue Presse, 20.11.1987.

anderen dies so nicht akzeptieren konnten. CDU und FDP sahen in der Formulierung „Wrocław (bis 1945 Breslau)" nämlich die Übernahme polnischer Rechtsstandpunkte, die nicht mit denen der Bonner Regierung übereinstimmten. Außerdem, so die Kritik, enthalte der Vertrag Erklärungen völkerrechtlicher und außenpolitischer Art, die in einer Vereinbarung zwischen Städten nichts zu suchen hätten. Man schlug vor, neu zu formulieren und dabei den Namen Breslau in den Vordergrund zu stellen. Doch es gab nicht nur kommunalpolitischen Ärger. Auch Bundesaußenminister Genscher äußerte Bedenken, da der Vertrag Verpflichtungen enthalte, „die Inhalt und Tragweite eines vom Bund im Rahmen seiner verfassungsmäßigen Zuständigkeit geschlossenen völkerrechtlichen Vertrages betreffen".[4] Tenor der Kritik war, daß Wiesbaden die Schranken des örtlichen Wirkungskreises überschritten habe und sich in Politikfeldern außerhalb der Zuständigkeit befände.

Stuttgart hatte 1988 einen Rahmenvertrag für die Städtepartnerschaft mit Lodz entworfen, gegen den die Union der Vertriebenen und Flüchtlinge Beschwerde beim Bundesverfassungsgericht einreichte.[5] Nach deren Auffassung verstieß der Vertragsentwurf gegen Persönlichkeitsrechte Vertriebener, insbesondere enthalte er die „Wohlverhaltungsklausel", die es der polnischen Seite ermöglichen könne, gegen Vertriebenentreffen Einspruch zu erheben. An diesem Beispiel wird offenkundig, in welchem Paragraphenwerk und in welchen undurchsichtigen Beziehungen sich eine Partnerschaft befindet.

Ein anderes Beispiel sei noch aus Oberursel berichtet. Dort wollte die regierende CDU mit der englischen Gemeinde Rushmoor eine Partnerschaft eingehen. Dagegen liefen örtliche Friedensinitiativen, Gewerkschaften, Grüne und SPD Sturm. Der Grund war, daß sich in Rushmoor ein großer Stützpunkt der britischen Armee befand, von dem im Grunde genommen der ganze Ort politisch und wirtschaftlich dominiert wurde. Mit Militärs aber wollte man nun keine Partnerschaft schließen. So nannte zum Beispiel der Fraktionschef der Grünen Farnborough, einen Ortsteil von Rushmoor, wegen seiner regelmäßigen Luftfahrtschau „berühmt und berüchtigt": „Jeder Oberurseler Politiker, der nach den Flugzeugkatastrophen von Ramstein und Remscheid in Farnborough auf der Ehrentribüne sitzen will, muß von allen guten Geistern verlassen sein".[6] Es gab einen riesigen Pressewirbel und „Ortsbesichtigungen" verschiedener Vereine in Rushmoor; die einen kamen überrascht zurück, die anderen bestätigten die Vorurteile. Letztendlich wurde gegen den Willen eines großen Teils der Bevölkerung die Partnerschaft mit Rushmoor von der CDU-Mehrheit mit Hilfe von FDP-Stimmen beschlossen. Rushmoor war zur politischen Machtfrage im Parteien-Clinch geworden.

Ich will beileibe nicht behaupten, daß die geschilderten Fälle die Regel sind, sie stellen eher die Ausnahmen dar. Doch genau darin verkörpern sie den oftmals rein politischen Stellenwert und Nutzen von Partnerschaften. Und daß Partnerschaften zunächst ein

---

4) Frankfurter Rundschau, 3. 3. 1988.
5) Frankfurter Allgemeine Zeitung, 3. 8. 1988.
6) Frankfurter Rundschau, 21. 12. 1988.

Instrument der Politik sind, schmälert ihre Möglichkeiten, die Begegnungen von Menschen zu fördern.

## *II.*

Nach der prinzipiellen Zusage aus Ost-Berlin erhielten 1987 Saarlouis und Eisenhüttenstadt den Zuschlag, eine erste deutsch-deutsche Partnerschaft zu beginnen. Fasziniert nahmen viele Bürger in beiden deutschen Staaten diesen Plan zur Kenntnis, große Hoffnungen knüpften sich daran. Als kurz darauf auch Neunkirchen und Lübben eine Partnerschaft begründeten, wurde das von vielen westdeutschen Stadtverwaltungen und ihren Bürgern als Aufforderung zum Einstieg gedeutet. Es begann eine fieberhafte Suche nach Partnerstädten im Osten. So ganz traute man dabei dem Experiment aber nicht: immerhin bestanden einige Paare, wie Bremen – Rostock oder Hamburg – Dresden, darauf, eine Kündigungsklausel in die Vereinbarung aufzunehmen. Mannheim und Riesa schlossen sogar nur einen Vertrag über zwölf Monate ab, um dann zu sehen, ob man noch zusammenbleiben wolle. Eine andere Sicherungsvariante wurde zwischen Flensburg und Neubrandenburg beschlossen: eine Öffnungs- und Entwicklungsklausel, nach der man in regelmäßigen Abständen die Ergebnisse überprüfen wollte, um so über die Weiterentwicklung der Partnerschaft beraten zu können.

Aus der ersten Euphorie wurde schnell Ernüchterung; einerseits bremste Ost-Berlin sehr schnell den beginnenden Boom wieder ab, andererseits erwiesen sich die Partnerschaften als schwierig. Im März 1988 suchten etwa 500 Städte und Gemeinden in der alten BRD einen Partner im Osten, doch, so eine Analyse, ihre Chancen seien nur gering, da man in Ost-Berlin angesichts des unerwarteten Booms gewisse Bauchschmerzen bekommen habe.[7] Zeitungsmeldungen wie „Bisher nur auf Ablehnung gestoßen“ oder „Liebeswerben um Thüringer Partnerin“ waren häufig. Man benötigte offensichtlich einen prominenten Politiker, der sich für die Partnerschaft engagierte, wie Walter Leisler-Kiep, damals Bundesschatzmeister der CDU, der die Verbindung zwischen Kronberg und Ballenstedt förderte.

Aber auch bestehende Partnerschaften hatten ihre Probleme, wie es das Beispiel Bonn – Potsdam verdeutlichen soll; ich zitiere aus einer Zeitungsmeldung: „Nach harmonischem Beginn mit Ratifizierung der Vereinbarung durch Potsdams Stadtparlament hatte Bonns Oberbürgermeister Hans Daniels (CDU) bei einem Festakt in Anwesenheit mehrerer TV-Kameras in den vorbereiteten Redetext außerplanmäßig harte DDR-Schelte eingeflochten. Er attackierte die in jenen Tagen in Ost-Berlin erfolgte Festnahme von Kirchenleuten und Bürgerrechtlern und forderte Potsdams OB auf, sich für die Freilassung einzusetzen: Aus der Sicht des Oberbürgermeisters Wilfried Seipel ein unfreundlicher Akt. Das gute Klima war schlagartig dahin. Als Daniels etwa sechs Wochen später eine mißverständliche Menschenrechts-Parallele zwischen DDR und

---

7) Frankfurter Rundschau, 25.3.1988.

Südafrika zog, vertagte Potsdam unbefristet das beschädigte Verhältnis".[8] Erst ein Jahr später wurde dann die Partnerschaft Bonn – Potsdam beschlossen.

Die bestehenden Partnerschaften wiesen in ihrer Praxis ein sich ähnelndes Schema auf. Es gab drei die Programmplanungen tragende Säulen, nämlich Jugendbegegnungen, Sport und Friedensforen und/oder Expertentreffen. Dabei wurde zumeist auch die Zahl und die Häufigkeit der Besuche in einer Jahresplanung exakt nach dem Schema festgelegt: Austausch von zwei Jugendgruppen je 30 Personen für eine Woche sowie einer Fußball- und einer Handballmannschaft je 20 Personen für fünf Tage. Flankiert wurde dieser Austausch noch von Kulturprogrammen. Fellbach in Schwaben bekam so ein außergewöhnliches Kunsterlebnis geboten: die Partnerstadt Meißen präsentierte ihr berühmtes Porzellan.

Mit der Zeit wurden diese normierten Programme etwas aufgelockert; der inhaltliche Trend ging dabei in die Richtung „Information mit Nutzanwendung für die kommunale Praxis". Themen wie Städteplanung, Nahverkehr, kommunale Umweltschutzprobleme oder Erneuerung der Altbaumasse, die unter Experten diskutiert wurden, überflügelten bald die Zahl der Sporttreffen. Probleme gab es oftmals hinsichtlich der Unterbringung. Zumeist wurden von den Partnern aus der ehemaligen DDR Gemeinschaftsquartiere verlangt, was oft zu Unverständnis im Westen führte. Trotz der enormen Schwierigkeiten entwickelten sich die bestehenden Partnerschaften, allerdings weniger als Kulturkontakt zwischen Menschen, sondern eher als Informationsaustausch mit begleitendem Kulturprogramm.

Für die Politik der westdeutschen Regierung schien das Thema allerdings nur nebensächlich zu sein. Im Bericht zur „Lage der Nation" am 1. Dezember 1988 widmete ihm der Bundeskanzler ganze zwei Sätze: „Die Städtepartnerschaften – inzwischen eine ansehnliche Zahl – müssen weiter mit Leben erfüllt werden. Auch hier eröffnen sich vielfältige Möglichkeiten zur Begegnung, zum Austausch und zur Zusammenarbeit".[9] Diese Worte, die man eigentlich als Sonntagsrede diagnostizieren könnte, verdeutlichen noch einmal den programmatischen Inhalt, den Politiker an Städtepartnerschaften stellen, nämlich Begegnung, Austausch und Zusammenarbeit.

## *III.*

Erfurt hatte 1992 sieben Partnerschaften und mehrere Kontakte, die sich zu Partnerschaften entwickeln konnten. Die ältesten Partnergemeinden lagen, und das erscheint mir durchaus beachtenswert, im Westen; seit 1960 gibt es Beziehungen zu Lille in Frankreich und seit 1969 zu Piacenza in Italien. Im Jahre 1971 wurden dann Beziehungen zu Lowetsch in Bulgarien und zu Györ in Ungarn geknüpft, ein Jahr später folgte Vilnius in Litauen. Seit 1984 gibt es eine Beziehung zu Kalisz in Polen. Schließlich

8) Frankfurter Rundschau, 7. 3. 1989.
9) Frankfurter Rundschau, 3. 12. 1988.

wurde 1988 ein Partnerschaftsvertrag mit Mainz geknüpft, eine Partnerstadt, zu der Erfurt in einer engen historischen Beziehung steht.

Neben diesen bestehenden Partnerschaften hatte Erfurt 1992 noch Kontakte zu Bradford in England, zu Mogan auf Gran Canaria und zu Essen. Wenn man sich die geographische Lage der partnerschaftlichen Beziehungen betrachtet, dann liegt Erfurt etwa in der Mitte seiner quer durch Europa gestreuten Partnerschaften und Kontakte. Recht betrachtet ist Erfurt mit Europa vernetzt. Das scheinen mir gute Voraussetzungen für eine weitere Entwicklung der Kulturbeziehungen der Menschen in einem zusammenwachsenden Europa.

Über die Partnerschaften Erfurts liest man resumierend in der „Geschichte der Stadt Erfurt" von Willibald Gutsche: „Erfurt unterhielt zahlreiche Partnerschaften zu Städten sowohl in sozialistischen als auch in nichtsozialistischen Ländern. Stadtverordnetenversammlung und Rat trugen dazu bei, die brüderlichen Beziehungen zur Sowjetunion und zu den anderen Ländern der sozialistischen Staatengemeinschaft zu festigen sowie die Kontakte zu den nichtsozialistischen Ländern auf der Grundlage der friedlichen Koexistenz, der auf Frieden, Volksverständigung und Zusammenarbeit gerichteten Politik des sozialistischen Staates weiter auszuprägen".[10] In der Folge wird dann etwas ausführlicher über die Ost-Partnerschaften berichtet, während über die älteren Partnerschaften im Westen eigentlich nur zwei Sätze zu finden sind, wobei der erste die Tatsache der Partnerschaften erwähnt und der zweite wie folgt lautet: „Durch vielfältige Initiativen wie Delegationsaustausch, Übersendung von Ausstellungsmaterialien sowie von Informationen und Dokumentationen werden die Bürger dieser Städte mit der Entwicklung des sozialistischen Erfurt vertraut gemacht".[11]

Der Leser fragt sich, allerdings ohne eine Antwort zu finden, wodurch dieses Mißverhältnis entstanden sein mag. Offenkundig wird aber, daß die Partnerschaften im Osten von eher sentimentalischen „brüderlichen Beziehungen" getragen wurden, während die im Westen auf einer eher formalen Ebene der „friedlichen Koexistenz" bestanden.

Die Partnerschaftsverträge Erfurts mit anderen Städten dienten überwiegend, wenn man sich an den Tenor der Vereinbarungen hält, dem Austausch unterschiedlicher gesellschaftlicher Gruppen, um voneinander für die Effektivierung der eigenen Arbeit zu lernen. Dabei wurde immer wieder betont, daß es in dieser Partnerschaft auch um einen Beitrag zur Verständigung und Freundschaft zwischen den Völkern und Staaten gehe, um die Sicherung des Friedens und um eine Entwicklung der Beziehungen auf allen Ebenen. Die definierten Ziele waren zumeist: das Kennenlernen der unterschiedlichen wirtschaftlichen, kulturellen und sozialen Entwicklungen, die Verständigung zu Grundfragen unserer Zeit, ein besseres Verständnis von Geschichte und Lebensumständen, die Förderung des Friedens. Insbesondere aber sah man die vorrangige Aufgabe

---

10) Willibald Gutsche (Hg.), Geschichte der Stadt Erfurt. 2., bearb. Aufl. Weimar 1989, S. 591.
11) Ebd., S. 592.

dieser Partnerschaften beziehungsweise Freundschaftsbewegungen in einer Bannung der atomaren Gefahr. Ähnliches findet sich in fast allen Partnerschaftsverträgen, wobei allerdings hinsichtlich der brüderlichen Partnerschaften zu den Städten im Ostblock besonderes Gewicht auf die Entwicklung der sozialistischen Ideale und des sozialistischen Wettbewerbs gelegt wurde. Dies läßt sich aus der Vereinbarung über die Partnerschaft mit Vilnius aus dem Jahre 1984 gut dokumentieren; die Delegationen sollten sich bei ihren gegenseitigen Besuchen auf das Studium von Erfahrungen aus dem gemeinsamen Kampf für die Erhaltung des Friedens sowie der Festigung des Kampfbündnisses der SED mit der Bruder-Partei konzentrieren, das waren Erfahrungen wie die weitere Erhöhung der Führung der Partei in allen gesellschaftlichen Bereichen, die Organisation und Massenwirksamkeit der politisch-ideologischen Arbeit, das geistig-kulturelle Leben, die Erhöhung der Wirksamkeit des sozialistischen Wettbewerbs und die Beschleunigung des wissenschaftlich-technischen Fortschritts zur Lösung der wirtschaftsstrategischen Aufgaben.

Die konkreten Maßnahmen des Austausches sollten, insbesondere hinsichtlich der Partnerstädte im Osten, die Zusammenarbeit zwischen kommunalen Einrichtungen und gesellschaftlichen Organisationen, Vereinen und Verbänden fördern. Um dies zu verdeutlichen, möchte ich noch einmal aus einem Bericht der Stadt Erfurt über die Beziehungen zu Vilnius zitieren: „Delegationen der chemischen Reinigung ‚svara' studierten im VEB Nowotex Erfurt Fragen des geistig-kulturellen Lebens, des sozialistischen Wettbewerbs. Die Vilniuser führten in ihrem Betrieb die Nowotex-Qualitätskarten ein. Zwischen dem Handelsbetrieb HO-Gaststätten Erfurt und dem Restaurant- und Cafe-Trust Vilnius wurden Facharbeiterdelegationen sowie Erfahrungen zur Struktur des Gaststättennetzes des sozialistischen Wettbewerbs und der Leitungsmethoden ausgetauscht«.[12]

Die Beziehungen Erfurts zu Lowetsch, Györ und Kalisz waren vor der Wende 1989 von gleichen Zielen geprägt und wurden durch ähnliche Maßnahmen ausgestaltet. So war zum Beispiel 1984 mit Györ vereinbart, daß man ein Blasorchester austausche, an einer Ausstellung teilnehme, die städtische Bibliothek von Györ zu einem Erfahrungsaustausch nach Erfurt komme und daß Betriebskollektive sich über die geistig-kulturelle Arbeit informierten. Selbstverständlich waren in allen Maßnahmekatalogen immer auch offizielle Besuche von Delegationen der Politiker vorgesehen sowie gemeinsame Teilnahme an sozialistischen Festen und Ehrungen. Damit befanden sich die Ost-Partnerschaften Erfurts durchaus in jenem Rahmen eines Instrumentes der Politik, den ich vorab bereits erörtert habe.

Erfurts Partnerschaften zu den im Westen liegenden Städte waren von der Struktur her zwar ähnlich; es gab allerdings drei deutliche Unterschiede: Zum einen fehlte in den Vereinbarungen das sozialistische Pathos; zum zweiten fanden deutlich weniger direkte

12) Magistrat der Stadt Erfurt, Amt für Presse, Öffentlichkeitsarbeit und internationale Verbindungen. Partnerstadt Vilnius (Arbeitsvereinbarungen) 133000/00.

Kontakte statt, eher handelte es sich um einen Informations- und Gedankenaustausch im Rahmen offizieller Anlässe, so in Form offizieller Delegationen; zum dritten waren diese Partnerschaften nicht von „brüderlichen Beziehungen" geprägt, sondern standen im Zeichen „friedlicher Koexistenz", wie es sich auch in den offiziellen Texten der Vereinbarungen niederschlug – offensichtlich hatten die West-Partnerschaften einen anderen politischen Stellenwert als die Ost-Partnerschaften.

Die Partnerschaft zu Lille sah man innerhalb einer breiten Freundschaftsbewegung, die einen wesentlichen Beitrag zur Verständigung zwischen den Völkern schaffen solle und für die Sicherung des Friedens und für die Entwicklung der Beziehungen auf allen Ebenen wesentlich sei. Ähnliches galt auch für Piacenza. Offensichtlich, so wäre zu vermuten, waren diese Partnerschaften ein wichtiges Instrument in der Außenpolitik der ehemaligen DDR, um so aus der Isolation des Ostblocks heraus Bande zu knüpfen, die durchaus von Bedeutung für das politische Ansehen der DDR in der Weltmeinung sein könnten. Immerhin liest man in der Vereinbarung mit Lille: „Angesichts der wachsenden Kriegsgefahr durch imperialistische aggressive USA-Kreise stellen beide Kommitees übereinstimmend fest, daß die vorrangige Aufgabe der Freundschaftsbewegung darin besteht, die Gefahr eines atomaren Infernos zu bannen ... ".[13]

Man sollte bei der Bewertung solcher Sätzhe und damit auch bei der Bewertung der beiden West-Partnerschaften Erfurts nicht übersehen, daß sowohl in Lille als auch in Piacenza bis weit in die achtziger Jahre immer wieder auch Kommunisten stalinistischer Prägung in den Gremien der Stadt saßen. Auch von daher scheinen beide Partnerstädte in erster Linie ein wichtiges Moment der Außenpolitik gewesen zu sein; eine Vermutung, die allerdings noch näher untersucht werden müßte.

Die Maßnahmekataloge des konkreten Austausches waren von der Struktur her ähnlich, allerdings unter den oben genannten Einschränkungen. Man wollte die Bürger in geeigneter Weise mit den Lebens- und Arbeitsbedingungen in den Partnerstädten bekanntmachen und die Zusammenarbeit zwischen kommunalen Einrichtungen und gesellschaftlichen Organisationen fördern. Wege dorthin waren, und hierzu zitiere ich aus einem Jahresplan Erfurts mit Lille, „Gedankenaustausch und Begegnungen von Abgeordneten, Arbeitern und anderen Werktätigen, Geistes- und Kulturschaffenden, Frauen und Jugendlichen zu kommunalen Angelegenheiten von beiderseitigem Interesse, zum Beispiel zu Arbeits-, Wohn- und Lebensbedingungen der Bürger, zu Stadtplanung, Stadtentwicklung und Umweltschutz, zu Kultur und Kunst, zu Sport, Bildungsmöglichkeiten und Jugendförderung«.[14] Von ihrer Aussage her enthält eine solche Verlautbarung, die im übrigen auch Bestandteil eines Partnerschaftsvertrages zwischen einer Stadt in der alten BRD und einer französischen Stadt sein könnte, das Bemühen, einen möglichst umfassenden Kulturkontakt herzustellen. Doch zwei Dinge erwecken Skepsis: einerseits ist die Zielbestimmung auch hier eine Effektivierung der Arbeitspro-

13) Ebd., Partnerstadt Lille (Arbeitsvereinbarungen) 1330001/00.

14) Ebd.

zesse, also eine Nutzenorientierung; andererseits erscheint mir das Ziel als zu hoch gegriffen, als zu sehr programmatisch, eben den Zielen einer Politik entsprechend, die sich Westkontakte öffnen und diese fördern möchte.

Der Jahresplan mit Piacenza von 1987 verdeutlicht noch einmal das Prinzip aller Partnerschaften Erfurts vor der Wende und das Spezifikum der West-Partnerschaften: die Entsendung einer Ärztedelegation aus Piacenza zum Studium der gesundheitlichen und sozialen Betreuung der Bürger der Stadt Erfurt, die Entsendung einer Frauendelegation aus Piacenza zum Thema „Rolle der Frau", die Entsendung einer Delegation von Kommunalpolitikern der Stadt- und Provinzverwaltung Piacenza zum Studium der Kommunalpolitik nach Erfurt, die Entsendung einer Delegation mit dem Vorsitzenden des Freundschaftskomitees Piacenza – Erfurt zur Erörterung der Fragen der weiteren Zusammenarbeit nach Erfurt und eine Studienreise des Oberbürgermeisters von Erfurt nach Piacenza.[15] Ich will nicht sagen, daß so etwas nicht wichtig ist. Doch wo bleibt hier der Austausch von Menschen, die in den beiden Städten leben, ein Austausch von Menschen, der nicht zweckgebunden ist?

Doch genau das scheint mir in fast allen Partnerschaften auch nicht das zentrale Thema gewesen zu sein. Es findet sich zwar in allen Vereinbarungen auch eine Vereinbarung über den Austausch von Urlaubsgruppen, doch diese sind als eher marginal bis bedeutungslos zu begreifen. Eine nicht zweckgebundene Begegnung war offensichtlich nicht vorgesehen; im Rahmen der politischen Bedeutung der Partnerschaften wäre dies auch wenig sinnvoll gewesen. Eine nicht zweckgebundene Begegnung kann nämlich Chancen eröffnen, Dinge und Entwicklungen zu sehen, die hinter den formalen Strukturen des Informationsaustausches und der offiziellen Kontakte verschwinden beziehungsweise verborgen bleiben.

Die Partnerschaften Erfurts, und darin ist Erfurt durchaus vielen Städten im Westen ähnlich gewesen, schlugen sich zumeist in Maßnahmen nieder, die einen offiziellen, politischen, repräsentativen und nutzenorientierten Charakter trugen. Der Unterschied zwischen den Ost- und den West-Partnerschaften fällt allerdings auf, wobei diese Auffälligkeiten in ihrer Detailfülle und Bedeutsamkeit noch hinterfragt werden müßten. Ost-Partnerschaften strebten offensichtlich Zusammenarbeit, Effektivität im sozialistischen Wettbewerb, Fortschritt, Leistungssteigerung, Entwicklung und gegenseitigen Informations- und Erfahrungsaustausch an; sie waren „brüderliche Beziehungen", in denen man nichts zu verheimlichen hatte und voneinander profitierte. Die West-Partnerschaften waren Instrumente der Außenpolitik, in denen es um Frieden, Anerkennung der DDR auf der Weltbühne, um Koexistenz, um Bündnispartner und um Werbung für Erfurt und den Sozialismus ging.

Nach der Wende wurde nun allerdings einiges anders; so wurden neue Partnerschaftsverträge geschlossen, die der veränderten Situation Rechnung trugen, und das sozialistische Pathos verschwand. Von der inhaltlichen programmatischen Struktur gibt

15) Ebd., Partnerstadt Piacenza (Arbeitsvereinbarungen) 133002/00.

es nun keinen Unterschied mehr zwischen den Partnerschaften. Deren neue Chancen wurden bereits in programmatischen Äußerungen deutlich. So liest man in einem Brief des Oberbürgermeisters von Erfurt an seinen Amtskollegen in Piacenza, man habe nun die Aufgabe, „die bestehenden partnerschaftlichen Beziehungen auf eine neue Stufe zu stellen – kommt es doch jetzt mehr denn je darauf an, die Partnerschaft unseren Bürgern zugute kommen zu lassen“.[16] Ähnliches äußerte der Oberbürgermeister in einer Rede am 9. Juni 1991 anläßlich der Neuunterzeichnung des Partnerschaftsvertrages mit Lille: „Das Freundschaftskomitee Lille – Erfurt, ... traf in Erfurt im wesentlichen auf offizielle Vertreter des damaligen Rates, und mit ihnen blieb es meist beim Austausch wohlklingender, aber letztlich doch leerer Beteuerungen wie ‚friedlicher Koexistenz’, ‚Entspannung’, ‚umfassender Dialog’ und so weiter. Trotz der prinzipiell guten Absicht konnte unter diesen Umständen keine wirkliche Begegnung und kein echter Austausch zwischen den Menschen unserer Städte wachsen. ... Ganz besonders wollen wir die Begegnung der Bürger unserer Städte fördern“.[17]

Auch in die Beziehungen zu den anderen Partnerstädten kam Bewegung und Veränderung; bereits im November 1990 wurde mit Vilnius ein neuer Partnerschaftsvertrag geschlossen, der auf dem Hintergrund „der sich vollziehenden demokratischen Umgestaltung in den Ländern Osteuropas sowie der Wiederherstellung der deutschen Einheit und angesichts der Bestrebungen, die staatliche Souveränität der Litauischen Republik zu festigen“, die Partnerschaft in neuer Qualität fortsetzen will.[18] Die vereinbarten Grundsätze ähneln zwar den seitherigen, doch die Zielrichtung ist eine andere: es geht um den Aufbau demokratischer Strukturen, um die Vermittlung von Erfahrungen bei der Privatisierung, und es geht um vermehrte Kontakte unterschiedlicher Bevölkerungsgruppen, insbesondere von Kindern und Jugendlichen, sowie eine Förderung des Individualtourismus.

Offensichtlich sind die „neuen“ Partnerschaften weniger durch die Ansprüche der Politik reglementiert, obwohl der Grundtenor noch immer die Nutzenorientierung der Austauschprogramme bleibt, vor allem aber werden nun Möglichkeiten für den Austausch breiter Bevölkerungsgruppen eröffnet. Für Erfurt beginnt somit eine neue Zeitrechnung in seinen Beziehungen zu den Partnerstädten; Erfurt öffnet sich nun wirklich nach Europa, in dessen Mitte es schließlich liegt. Das ist eine große Chance für die Belebung der Kulturbeziehungen. Diese Beziehungen sind mit Leben zu füllen, und das findet sich neben den offiziellen Anlässen, stellt eine Begegnung von Menschen jenseits der Zweckorientierung der Besuche dar. Das gilt es zu entwickeln. Ansätze in diese Richtung scheint es zu geben. Zu Bradford in England will Erfurt seine Beziehungen ausbauen, damit die Jugendlichen in England einen Anlaufpunkt haben, von dem aus sie das Land entdecken können. Ein Land zu entdecken und dabei den Leuten näher zu kommen, das sollte der Inhalt von Partnerschaften sein. Und gerade der Kulturkon-

16) Ebd., (Schriftverkehr Erfurt – Piacenza) 133 002/04.
17) Ebd., Partnerstadt Lille, 133 001/00.
18) Ebd., Partnerstadt Vilnius (Partnerschaftsvertrag) 133 000/00.

takt zwischen Jugendlichen ist zu entwickeln, denn insbesondere hier sind Begegnungen mit fremden Kulturen für die Herausbildung des Eigenen essentiell.

Ein Spezialfall der Partnerschaften Erfurts ist Mainz. Noch zu DDR-Zeiten begründet, hat auch sie eine Wandlung erfahren, die Anlaß zur Hoffnung gibt. In einem Zeitungsarikel ist zu lesen: „‚Wir haben unsere Partnerschaft vom Kopf auf die Füße gestellt', zeigte sich der Mainzer OB Weyel erfreut. Das noch vor Jahresfrist mehr oder weniger ‚von oben' diktierte Verhältnis soll jetzt einem ‚Maximum an Miteinander und Begegnungen der Bürger und Bürgerinnen beider Städte weichen', wie es im Vertragstext heißt".[19]

Ich will die Erörterung der Partnerschaftsbeziehungen Erfurts mit einem Wort des Oberbürgermeisters Ruge abschließen, die ich als programmatische Äußerung begreife, die es in die Tat umzusetzen gilt; er äußerte sich zur erneuerten Partnerschaft mit Vilnius: „Ich hoffe, daß diese Städtepartnerschaft sich tiefer in die Köpfe der Erfurter eingraben wird, denn früher bewegte sich alles auf Stadtebene, und da soll es nicht bleiben. Die Partnerschaft soll von der Bevölkerung, von Einrichtungen und Vereinen getragen werden, die sie ausfüllen müssen".[20] Erfurt ist eine Stadt in Europa, sie befindet sich auf einem demokratischen Fundament, ihre Partnerschaften hat sie neu geordnet, nun kommt es darauf an, die tatsächlichen Chancen auch zu nutzen und nicht wieder Partnerschaften einzig als Instrument der Politik zu sehen.

## *IV.*

Städtepartnerschaften sind eine Form des modernen Tourismus. Deshalb halte ich es für legitim, sie auch touristisch zu nutzen. Wie ein solcher Tourismus aussehen könnte, will ich an zwei Beispielen erläutern: zum einen an einer kulturanthropologischen Utopie des Reisens und zum anderen an der Praxis des sanften Tourismus, der die besuchten Gebiete in ihrem Eigenwert erleben und nicht verbrauchen will.

Roland Günther hat eine „Tourismus-Utopie" entworfen, die er kulturanthropologisch nennt.[21] Seine These ist, daß ein wirklich umweltverträglicher und somit sanfter Tourismus sich kulturanthropologisch orientieren muß, als eine sich herausbildende Kulturbeziehung von Menschen in unterschiedlichen Lebenswelten. Zur Humanisierung des Reisens gehöre es, „einige einfache Fähigkeiten zu entdecken und zu entwikkeln: Neugier, Solidarität, Bescheidenheit in den Begegnungen mit dem Anderen, Wertschätzung von Wissen, Konzentration und Intensivierung".[22] Seiner Reise-Utopie legt er ein Konzept zugrunde, das er „multikulturelle Montage" nennt. Wer sich auf

---

19) Frankfurter Rundschau, 28. 6. 1989.

20) Tagespost, 6. 9. 1991.

21) ROLAND GÜNTER, Reisen ohne anzukommen? Oder reisen, um zu bleiben? Tourismuskritik und eine Utopie: Kulturanthropologisches Reisen. In: CHRISTIAN GIORDANO (Hg.), Kultur anthropologisch. Frankfurt/M. 1989, S. 75–112.

22) GÜNTER, Kulturanthropologisches Reisen (wie Anm. 21) S. 96.

fremde Kulturen einlassen und sich verstehend in ihnen bewegen will, muß durch Erziehung und Erfahrung auf diese eingehen. Man könne sich im Laufe seines Labens allerhöchstens zwei oder drei Kulturen zu eigen machen, ihre Sprache lernen, sich in ihre Geschichte vertiefen, sie kulturanthropologisch studieren und sich so in ihnen bewegen, daß man – zwar mit Einschränkungen – zu ihnen und zu ihren Menschen gehört. Günter weiß über die Folgen seines Vorschlags: „Das beinhaltet allerdings, daß man nicht mehr die ganze Welt reisend überfällt, sondern sich mit dem Ziel der Intensivierung beschränkt: Man läßt sich existentiell auf das Anderssein des anderen ein und verwandelt es sich an. ... Tourismus verliert erst dann seine Zerstörungsgewalt, wenn viele Menschen lernen, ihn mithilfe vertiefter Erkenntnis als Chance für eine zweite und dritte Heimat zu nutzen".[23] Wenn jene immer und immer wieder bereiste Kultur mit der Zeit zu einem kulturellen Raum wird, in dem man sich zunehmend sicherer und vertrauter bewegt, dann kann sie auch zum Erlebnistraum werden. Erst dann aber findet jene Aneignung und Auseinandersetzung statt, die zur Bereicherung des Lebens führt.

Auf der Grundlage der eher theoretischen Überlegungen von Roland Günther lassen sich die Möglichkeiten von Städtepartnerschaften skizzieren. Es kommt nicht auf die Menge bestehender Partnerschaften an, sondern auf die Intensität, mit der die Beziehungen der Menschen zueinander gefördert werden. Das aber würde bedeuten, daß bei zwei bis drei Partnerschaften eine natürliche Grenze eintritt; mehr ist, wenn man kulturelle Begegnung will, nicht mehr zu bewältigen. Nicht die Häufigkeit der sich besuchenden Delegationen ist dabei von entscheidendem Wert, sondern die Chance, daß sich Menschen der beteiligten Städte näherkommen, indem sie die Möglichkeit erhalten, die anderen erlebend zu verstehen. Städtepartnerschaften sollten auf der organisatorischen Ebene die Infrastrukturen herstellen, aus denen heraus die Menschen sich selbstorganisiert begegnen können. Dann aber wären Städtepartnerschaften wirklich ein Weg zur kulturellen Begegnung in einem politisch zusammenwachsenden Europa. In einem Europa allerdings, das seine regionalspezifischen Eigenheiten auch weiterhin entwickelt. Die Förderung der Begegnungen kann von Sprachangeboten über die Bildungseinrichtungen der Städte gehen, bis hin zu intensiven Auseinandersetzungen mit der Lebensweise der Menschen.

Als Möglichkeiten für Erfurt sehe ich zum Beispiel ein ohnehin sich in der Diskussion befindliches französisches Kulturinstitut sowie die Anregung, in Schulen Arbeitsgruppen zu bilden, die sich dem Erlernen verschiedener Fremdsprachen widmen und Klassenfahrten als Sprach- und Bildungsreisen veranstalten. Insbesondere aber sollten Erlebnisreisen der Bürger in die Partnerstädte gefördert werden. In manchen Städten gibt es auf privater Basis bereits Vermittlungsagenturen für gegenseitige Besuche von Bürgern; das ließe sich auch in Erfurt realisieren. Das zweite Beispiel: Im Jahre 1989 gab es im Saarland ein Modellprojekt „Sanfter Sommer Saar", das praktische Ideen des

23) Ebd., S. 104f.

sanften Tourismus in ihrer Umsetzbarkeit erproben sollte.[24] Ich glaube, daß diese Konzeptionen auch im Rahmen von Städtepartnerschaften, wie denen Erfurts, durchführbar sind. Es käme nur darauf an, die Vorschläge auf die vorhandene Infrastruktur zu orientieren. Vielleicht sollte man hiermit die entsprechende Behörde beauftragen und sie weniger mit der Organisation offizieller Besuche überfrachten.

Im Juni veranstalteten die Naturfreunde eine »Soziale Pedale« mit 17 Teilnehmerinnen und Teilnehmern. Auf dem Fahrrad wurde das Saarland durchquert. Kulturhistorisches und Umweltaspekte standen dabei im Vordergrund. Bei dieser Reise im Saarland sollten für die Teilnehmer Erlebnis- und Erholungsanspruch mit Umweltorientierung und Informationsbereicherung verbunden werden. Denkbar wäre dies auch im Rahmen einer Städtepartnerschaft, in der Bürger der einen Stadt in ihrer Partnerstadt mit dem Rad auf Entdeckungsreise gingen und dabei bei Bürgern der besuchten Stadt untergebracht wären. Entdeckungsreisen könnten dabei nicht nur in der Stadt oder der Gemeinde unternommen werden, sondern auch im Umland. Ideal wäre es dabei, wenn die letzteren den ersteren per Rad (oder auch zu Fuß) ihre Stadt und deren Umgebung zeigen würden. Erfurt und seine Partnerstädte beziehungsweise deren Umland eignen sich hierfür in idealer Weise.

Schulen des Saarlandes empfingen zum Ende des Schuljahres 1988/89 Klassen aus dem Siegerland und anderen Regionen der alten BRD zu einer „ökologischen Woche". Dabei sollte eigenständiges, selbst-und mitverantwortliches sowie solidarisches Handeln in einer durch unterschiedliche Gefahren bedrohten Umwelt gefördert werden. Spurensuche, entdeckendes Lernen, Experimentieren, praktisches Tun, Arbeiten in der Gemeinschaft, erlebnisorientiertes und spielerisches Handeln stellten Lernformen dar, die Abenteuer und Freude miteinander verknüpften. An den „Entdeckungsreisen in Saarbrücken" will ich kurz darstellen, um was es bei dieser Veranstaltung ging: Ziel dieses Teilprojekts war die Erkundung von Sehens- und vor allem Erlebenswürdigkeiten in Saarbrücken aus dem Blickwinkel Jugendlicher. Gefragt werden sollte aber auch nach Freizeitmöglichkeiten für Jugendliche und nach der Wohn- und Lebensqualität in einem Stadtviertel, nach Stadtökologie, verkehrsberuhigten Zonen und Plätzen. Ein Videofilm, der Formen von harten und sanften Städtetouren gegenüberstellte, sowie eine Wandzeitung waren geplant.

Ähnliches ließe sich auch im Rahmen einer Städtepartnerschaft planen, teilweise wird dies ohnehin bereits praktiziert. Allerdings könnten solche Einladungen über Schulen, Jugendclubs sowie Kinder- und Jugendfreizeiteinrichtungen, die es auch in Erfurt gibt, noch intensiviert werden. Immerhin stellen sie eine interessante Alternative zu den Begegnungsreisen von Sportvereinen dar, in denen das Thema der Begegnung durch den Zweck des Vereins bereits vorab etwas begrenzt scheint.

---

24) Projekt Sanfter Tourismus der Naturfreunde Saarland (Hg.), Sanfter Sommer Saar. Stuttgart 1990.

40 Teilnehmerinnen und Teilnehmer aus verschiedenen Ländern „erschlossen“ vom 28. 8. bis 3. 9. 1989 unter dem Motto „Sanfter Tourismus – reisen und wandern anders als die anderen“ eine Woche das Saarland durch die Fotolinse. Dies geschah überwiegend durch Wanderungen, aber auch durch eine Besichtigung der Saarstahl Völklingen und einer kombinierten Bus-Schiffahrt. Es sollten in dieser Woche Vorstellungen zum sanften Tourismus vertieft und verdeutlicht, Natur, Landschaft, Mensch und Kultur miteinander verbunden werden. Gespräche zwischen Touristen und einheimischer Bevölkerung hoffte man anzuregen. Die Teilnehmer erhielten einen recht intensiven Einblick in die Landschaft, die Industrie, die Kultur, die Geschichte und die Lebensformen des Saarlandes, der durch den Photoapparat zentriert wurde.

Auch diese Praxis des sanften Tourismus ließe sich innerhalb einer Städtepartnerschaft verwirklichen, man könnte so etwas als eine Art Photowettbewerb für Erfurter Bürger ausschreiben, die Partnerstädte besuchen. Gelegentlich werden solche Initiativen bereits im Rahmen bestehender Städtepartnerschaften durchgeführt. Auf diesen Erfahrungen könnte man aufbauen und diese Form der kulturellen Begegnung intensivieren. Aus der Tradition der Geschichtswerkstätten entstand ein Modell der Stadtführung, das historisches Wissen sowie Alltagsleben und Gegenwartsprobleme an Touristen vermitteln will.

Dieses neue „StattReisen-Konzept“ hat den Anspruch, „die Stadt und ihre Umgebung entziffern zu lernen“, es sollen „Einblicke“ in die wirtschaftlichen und sozialen Bedingungen vermittelt werden, die das Stadtgefüge bilden und zusammenhalten. Die Methode ist relativ einfach: „Im Gegensatz zur oft voyeuristischen Reisebusfenster-Perspektive ermöglicht STATTREISEN das Eintauchen ins städtische Leben vorzugsweise zu Fuß, öffentlichen Verkehrsmitteln, per Fahrrad oder sogar mit Kanus.“[25] Gegenstand der Entdeckungen ist alles, was ins Auge fällt; Sehenswürdigkeiten werden dabei in ihrem gesellschaftlichen Zusammenhang betrachtet. Die direkte Teilnahme am städtischen Geschehen wird durch Gespräche mit Zeitzeugen, durch Besuche von Institutionen und durch kleine Aufgaben zur Anregung der Eigenaktivität gefördert.

Das Ziel von StattReisen ist die Verbindung von „Bildungsarbeit mit Erlebnisprogrammen, Informationen mit Unterhaltung, Nachdenken mit Animation“.[26] Dabei sollen Hintergrundinformationen, eine „Geschichte von Unten“, Alltagsgeschichte sowie Thematisierungen lokaler und kommunaler Probleme vermittelt werden. StattReisen-Programme verstehen sich eindeutig als „Programme mit Erlebnischarakter“, in denen das „Primat der Anschaulichkeit“ vorherrscht, der Stattfüher ist Vermittler und Animateur, der Hilfen zur Interpretation der Stadt gibt und zum Selbst-Entdecken anregt. Letztendlich ist das StattReisen-Konzept eine Realisierung exemplarischen Lernens. Die beabsichtigte Nähe zur Stadt darf nicht auf Kosten der Einwohner geschehen, deshalb fühlt sich die StattReisen-Idee „den sanfttouristischen Prinzipien

25) Arbeitskreis neue Städtetouren (Hg.), Geschichten aus dem Alltag der Stattreisen-Veranstalter. Frankfurt/Hamburg 1991, S. 3.

26) Ebd., S. 4.

verpflichtet und verzichtet auf voyeuristische Tourismusformen sowie auf das Eindringen in intime Sphären des Wohnens und Lebens der Stadt".[27]

Innerhalb bestehender Städtepartnerschaften könnten solche Initiativen gefördert oder begründet werden. So könnte man den Bürgern der Partnerstädte, die zu Besuch sind, spannende Stadtführungen anbieten, die ihnen einen tiefen Blick in die Kultur und Geschichte der Partnerstadt geben, ohne dabei das Gefühl zu haben, einzig an einer Bildungstour teilzunehmen. Ich bin davon überzeugt, daß solche Stadtführungen auch in Erfurt möglich sind und möglich werden sollten. Vielleicht ließe sich im Rahmen bestehender Partnerschaften sogar ein Wettbewerb veranstalten nach dem Motto „Wie sehe ich die fremde Stadt, und wie möchte ich sie kennenlernen". Mit den so gewonnenen Kenntnissen ließen sich spannende Stadtführungen entwickeln und es ließe sich zugleich ein tiefer Einblick in die Geschichte und Kultur der Städte vermitteln.

Nach der Öffnung der Grenzen sind die Städtepartnerschaften Erfurts eine gute Möglichkeit, Menschen einander nahe zu bringen, die lange getrennt waren. Überhaupt kann durch Städtepartnerschaften Europa sich ein wenig näher kommen, ohne daß die Regionen ihre Eigenständigkeit aufgeben müßten. Doch hierzu müssen sie über die offiziellen Strukturen hinaus Menschen zusammenbringen. Der Tourismus, und zwar der sanfte, scheint mir hierfür Ideen bereitzustellen. Städtepartnerschaften sollten deshalb neben dem offiziellen Betrieb mit seinen politischen Implikationen weitaus stärker als bisher die Chancen zur Begegnung von Menschen fördern, was sie ja auch in ihren programmatischen Aussagen verkünden, nur so werden sie zu kulturellen Begegnungen. Und gerade das halte ich in unserer gegenwärtigen Zeit für unbedingt erforderlich.

27) Ebd., S. 5.

# Stadt und Universität

JÜRGEN MIETHKE

# Die mittelalterliche Universität in der Gesellschaft*

Daß eine Universität gegründet wird, erscheint heute selbstverständlich, so selbstverständlich, daß man es schon erwartet, bei gerundeten Jahreszahlen, Jubiläumsfeierlichkeiten erleben zu dürfen, zu denen sich, je höher das Alter der zu feiernden Hochschule ist, um so wahrscheinlicher die führenden Repräsentanten des Landes zusammen mit den Vertretern der Hochschule selbst und ihren Gästen versammeln, um im festlichen Rahmen einen historischen Rückblick zu halten. 1986 hat auf diese Weise etwa meine eigene Universität Heidelberg ein ganzes Jubiläumsjahr zur Feier des 600. Geburtstages seiner Gründung begangen, Köln folgte wenig später 1988/1989 dem gleichen Anlaß und selbst Bologna ließ es sich nicht nehmen, ebenfalls im Jahre 1988 eines, wie man meinte, 900. Geburstages aufwendig zu gedenken. Daß heute ein Kolloquium zum Thema „Erfurt – Geschichte und Gegenwart" stattfindet, hat mit der Gründung der Universität Erfurt vor 600 Jahren nur indirekt zu tun. Freilich unterscheidet sich dieses Jubiläum von den anderen Jubelfesten vor allem dadurch, daß eine Universität in Erfurt derzeit nicht mehr besteht.

Wie dem aber auch sei, allein die Jubelfeiern von Bologna können uns zu Bewußtsein bringen, daß auch anderwärts die Geburtagsfeier einer Universität nicht ohne Probleme ist. Das Datum 1088 nämlich, auf das man in Bologna durch Zurückrechnen um 900 Jahre stößt, ist am Ende des 19. Jahrhunderts mehr oder weniger willkürlich gewählt worden, um im „runden" Jahr 1888 ein schönes rundes Jubiläum begehen zu können. Jetzt, hundert Jahre später, hat man offenbar den Zwang empfunden, Konsequenz zu zeigen. Hier soll diese Rechnung nicht überprüft werden: ihr Ergebnis liegt, sucht man die Anfänge eines höheren Unterrichts in Bologna, ohne Frage zu spät, will man aber den Beginn der Institution Universität markieren, ebenso unzweifelhaft zu früh. Das Beispiel mag daran erinnern, daß mittelalterliche Universitäten gerade dann, wenn sie zu den ältesten und angesehensten Hochschulen gehören, wenn sie also für Gründungen später ein gern und begierig nachgeahmtes Vorbild geworden sind, keinen wörtlich zu verstehenden Geburtstag haben, sondern ihre Existenz einem Gründungs-

* An der Fassung des Manuskripts, wie es in Erfurt am 23. Juni 1992 vorgetragen wurde, habe ich wenig geändert, es wurden nur einige Anmerkungen hinzugefügt, die nicht den Anspruch auf eine volle Dokumentation erheben. Am Anfang überschneiden sich die Belege und Gedankengänge mit Ausführungen in: Der Eid an der mittelalterlichen Universität, Formen seines Gebrauchs, Funktionen einer Institution. In: Glaube und Eid, Treueformeln, Glaubensbekenntnisse und Sozialdisziplinierung zwischen Mittelalter und Neuzeit. Hg. Paolo Prodi. München 1993, S. 49–67.

prozeß längerer Erstreckung verdanken, einem schwierigen und langwierigen Weg, der im allgemeinen schwer zu überblicken ist, zumal er von schriftlichen Dokumenten nur schlecht bezeugt ist.

Im Mittelalter, das den Ereignissen noch näher war, waren solche Jubiläumsfeierlichkeiten überhaupt nicht üblich, meines Wissens auch in Erfurt nicht. Man feierte nicht den Ablauf als „rund" erscheinender Jahreszahlen, die seit dem Eintritt eines Ereignisses verstrichen waren, man feierte allenfalls alljährlich wiederkehrende Jahrestage. An jedem Tag wurde ja ohnehin eines anderen Heiligen gedacht, der an diesem Datum (zum Teil vor unvordenklich langer Zeit, bisweilen gewiß auch in fiktiver Festlegung) sein Leben in diesem irdischen Jammertal beschlossen hatte. Die Kirchweihfeste oder die Heiligentage des Stadtpatrons zeigen den gleichen Rhythmus: jährlich kehrten sie wieder. Urkunden weltlicher und geistlicher Herrscher sind nach ihren Regierungsjahren datiert und setzen somit die Beachtung des Jahrestages des jeweiligen Regierungsantritts in der Kanzlei voraus: solche Beispiele ließen sich ohne große Mühe beträchtlich vermehren. Universitäten freilich hatten es da schwerer. Gewiß feierten auch die Magister und Scholaren bestimmte Heiligentage. Jede Fakultät hatte ihren Schutzpatron oder ihre Schutzpatrone; der Namenstag dieser Heiligen wurde, auch in Erfurt, durch eigene Messen und den Ausfall der Lehrveranstaltungen festlich begangen. Aber diese Heiligen wurden nicht wegen eines konkreten Bezugs zur Arbeit der Fakultät gewählt, sondern hatten eher symbolische Bedeutung. In Heidelberg feierte die theologische Fakultät das Fest des Thomas von Aquin, die Artistenfakultät den Tag der Heiligen Katharina.[1] Ein Bezug zu den Gründungsdaten ergibt sich aus all dem nicht, da nirgends, soweit ich sehen kann, der Heilige des Gründungstages zum Schutzpatron der Genossenschaft erkoren wurde.

Über ihre eigene Geschichte hatten mittelalterliche Universitäten überhaupt keine sehr genauen Vorstellungen, je älter diese Universitäten waren, desto weniger: in den beiden ältesten von ihnen, in Paris und Bologna, war man sich wohl dessen bewußt, daß sich die Spur des eigenen Ursprungs ins Dunkel verlor, lokaler Eifer aber sorgte für eine genauere Fixierung, die freilich bezeichnenderweise weit von den Ergebnissen moderner kritischer Geschichtswissenschaft abweicht.[2] Paris glaubte sich von Karl dem

---

1) Acta universitatis Heidelbergensis = Die Rektorbücher der Universität Heidelberg. Bd. 1/1–2 (1386–1410). Hg. Jürgen Miethke, bearb. von Heiner Lutzmann und Hermann Weisert, unter Mitarb. von Norbert Martin, Thomas Pleier, Ludwig Schuba, Heidelberg 1986–1990, hier Nr. 3, S. 18 [marc. 7: Thomas], S. 27 [nov. 25: Katharina]; vgl. bereits Johann Friedrich Hautz, Geschichte der Universität Heidelberg. Bd. 1, Mannheim 1862 [ND Hildesheim 1980], S. 163f. mit Anm. 181f. [Katharina]. Eine Wiener Predigt Heinrichs von Langenstein vom 25. November 1396 auf Katharina, die auch dort – nach Pariser Vorbild – Schutzheilige der Artisten war, besprochen bei Astrik Ladislas Gabriel, Heinrich von Langenstein, Theoretiker und Reformer der mittelalterlichen Universität. In: Die Geschichte der Universitäten und ihre Erforschung, Theorie, Empirie, Methode. Hg. Siegfried Hoyer, Leipzig 1984, S. 25–36.

2) Dazu zuletzt zusammenfassend Arstrik Ladislas Gabriel, *Translatio studii*, Spurious Dates of Foundation of Some Early Universities. In: Fälschungen im Mittelalter. Bd. 1, Hannover 1988, S. 601–626, hier zu Paris: S. 605–610. Natürlich wurde auch Bologna mit Karl dem Großen in

Großen (768–814) gegründet, in Bologna konnte man seit dem frühen 13. Jahrhundert (zwischen 1226 und 1234) das Exemplar eines großen Universitätsgründungs-Privilegs des oströmischen Kaisers Theodosius II. (408–450) bewundern, das angeblich aus dem Jahr 423 stammte, leider eine recht plumpe Fälschung, wie wir heute wissen. Ebenso waren auch die Einschübe und Zusätze in angeblich alten Chroniken, aufgrund deren gelehrte Archivare seit dem 16. Jahrhundert die Universitäten von Oxford und Cambridge auf Fürsten und Päpste des frühesten Mittelalters oder gar der Antike zurückführen wollten, bestenfalls fromme, kaum aber gutgläubige Erfindungen. – Dieser Wettlauf in fiktive Wunschzeiten, der vor allem darauf zielte, einen nahen oder entfernteren Konkurrenten (wie im Märchen von dem Hasen und dem Igel) empfindlich zu übertrumpfen, braucht uns hier nicht im einzelnen zu beschäftigen: für das alltägliche Leben der Universitäten hatten solche Ansprüche keinerlei konkrete Bedeutung. Mittelalterliche Juristen stellten mit ihren Theorien der Verjährung oder gutgläubigen Ersitzung ohnehin keine hohen Anforderungen an die zeitliche Erstreckung einer rechtsbegründenden Dauer gutgläubigen Besitzes: Über ein Jahrhundert ging man grundsätzlich nicht hinaus, meist begnügte man sich mit 30 oder 40 Jahren und blieb damit noch im Horizont einer einzigen Generation; man wählte also zeitliche Dimensionen, deren Aktualität uns heute noch unmittelbar einleuchtet.[3] So machten die mittelalterlichen Juristen auch keine Umstände, wenn sie eine alte und bedeutende Universität wie Paris, Bologna, Oxford oder Cambridge nur nüchtern als *studium generale ex consuetudine* bezeichneten und sie damit von den jüngeren *studia generalia ex privilegio* unterschieden, die ihre Existenz als Anstalten höheren Unterrichts allgemeiner Anerkennung auf ein ausdrückliches Privileg zurückführten, das sie unter einem bestimmten Datum erworben hatten.[4] Für die Rechtsstellung der Universitäten hatte diese Unterscheidung freilich, das ist festzuhalten, keine unmittelbaren Folgen, sie war

Verbindung gebracht: ebd., S. 612 ff. Zu Bolognas Falsifikat Gina Fasoli und Giovanni Battista Pighi [Hgg.], Il privilegio teodosiano, edizione critica e commento. In: Studi e memorie per la storia dell'Università di Bologna, n. s. 2 [1961], S. 55–94, Text 60–64) auch Arno Borst, Geschichte an mittelalterlichen Universitäten. Konstanz 1969, bes. S. 23 ff., jetzt (ohne die Anmerkungen) auch in: ders., Barbaren, Ketzer und Artisten, Welten des Mittelalters. München/Zürich 1988, hier S. 187 ff.

3) Helmut G. Walther, Das gemessene Gedächtnis, Zur politisch-argumentativen Handhabung der Verjährung durch gelehrte Juristen des Mittelalters. In: *Mensura* – Maß – Zahl, Zahlensymbolik im Mittelalter. Hg. Albert Zimmermann, Berlin [u. a.] 1983, S. 212–233; zum technischen Verständnis der Verjährung bei Kanonisten, Theologen und Legisten etwa Noël Vilain, Prescription et bonne foi, du Décret de Gratien (1140) à Jean d'André († 1348). In: Traditio 14 (1958) S. 121–189. Zum allgemeinen Horizont menschlicher Zeiterfahrung anregend Arnold Esch, Zeitalter und Menschenalter, Die Perspektiven historischer Periodisierung. In: Historische Zeitschrift 239 (1984) S. 309–351.

4) Schon Heinrich Denifle, Die Entstehung der Universitäten des Mittelalters bis 1400. Berlin 1885 [Neudruck Graz 1956], S. 231. Zu den Forschungskontroversen um die Bedeutung des Begriffs *Studium generale* zuletzt ausführlich Olga Weijers, Terminologie des universités au XIII<sup>e</sup> siècle. Rom 1987, S. 34–45. Zum frühen Bologna Johannes Fried, Die Entstehung des Juristenstandes im 12. Jahrhundert, Zur sozialen Stellung und politischen Bedeutung gelehrter Juristen in Bologna und Modena. Köln/Wien 1974, S. 7–9.

nicht normativ, beschrieb nur nomenklatorisch einen vorfindbaren, wenn auch praktisch nicht erheblichen Unterschied.

Generalstudien *ex consuetudine* waren die älteren, Generalstudien *ex privilegio* die jüngeren Anstalten, das wußte man; an der prinzipiellen Gleichberechtigung und in gewissem Sinne auch Gleichrangigkeit aller Generalstudien änderte sich dadurch nichts. Natürlich galt im Spätmittelalter ein akademischer Grad, ein *doctor decretorum* oder *doctor utriusque iuris* aus Bologna oder ein *magister* oder *doctor in sacra pagina*, der in Paris erworben war, immer noch als prestigeträchtiger, mochte weiterhin bessere Karrierechancen öffnen, als sie eine Graduierung auf der nahe gelegenen Provinzuniversität bieten konnte. Die Doktorgrade selbst, die hier wie dort erworben wurden, waren die gleichen und unterschieden sich weder rechtlich noch in der Bezeichnung, ja, so kann man sagen, auch nicht in der Wirkung auf den Stolz ihrer Träger. Erst recht galt es umgekehrt, daß natürlich niemand auf den Gedanken verfallen wäre, aus der Beobachtung, daß es den alten Hochschulen an einem Gründungsprivileg mangelte, den Schluß zu ziehen, solche Universitäten wären etwa keine richtigen und gültigen Generalstudien, sofern sie nur lange genug als solche gegolten hatten. Nur die jüngeren Gründungen bedurften zu ihrer Anerkennung eines solchen Rechtsaktes, wie er im Universitätsgründungsprivileg Form gewann. Der heutige Historiker sieht sich damit auf eine Tatsache verwiesen, die bei der Beschäftigung mit jüngeren Universitäten leicht aus dem Blickwinkel gerät: die mittelalterliche europäische Universität definierte sich selbst zunächst nicht als Stiftung aus einem Gründerwillen, so wichtig ein solcher Gründungswille im Einzelfall für das Gelingen des Plans, für die Etablierung der Hochschule, für ihre wirtschaftliche Subsistenz, für die Überwindung der ersten schwierigen Zeiten des Neubeginns auch sein und bleiben mochte.[5] Ein *studium generale* war auch nicht primär durch den hoheitlichen Akt begründet, der es als ein solches anerkannte, vielmehr bestimmte sich eine Universität zu allererst aus ihrer Funktion. Wie bereits der Name *studium generale* besagt, verstand sich eine mittelalterliche Universität zuerst und vor allem als eine Schule, die allgemeine Anerkennung genoß. Ein päpstliches Gründungsprivileg machte die Hochschule nicht zu einer päpstlichen Stiftung, sie stellte vielmehr nur durch Dekret die allgemeine Anerkennung her, die sich im Falle der *ex consuetudine* gewachsenen Universitäten von selbst verstand.

---

5) Die Bedeutung des Stifterwillens scheint mir überschätzt bei MICHAEL BORGOLTE, Freiburg als habsburgische Universitätsgründung. In: Zeitschrift des Breisgau-Geschichtsvereins „Schau-ins-Land“ 107 (1988) S. 33–50; auch die Dissertation seines Schülers FRANK REXROTH, Deutsche Universitätsstiftungen von Prag bis Köln, Die Intentionen des Stifters und die Wege und Chancen ihrer Verwirklichung im spätmittelalterlichen Territorialstaat. Köln/Weimar/Wien 1992, stützt sich auf eine solche perspektivische Verzerrung (wie schon der Titel deutlich macht, vgl. auch bes. S. 4f., S. 45–52). Eine abgewogene Stellungnahme zur „Weiterwirkung“ des mittelalterlichen Stiftungsgedankens bereits bei ERNST SCHUBERT, Motive und Probleme deutscher Universitätsgründungen des 15. Jahrhunderts. In: Beiträge zu Problemen deutscher Universitätsgründungen der frühen Neuzeit. Hgg. PETER BAUMGART und NOTKER HAMMERSTEIN. Nendeln 1978, S. 13–74, hier S. 25ff.

Denn natürlich wäre es sehr unpraktisch gewesen, die allgemeine Anerkennung weiterhin in jedem Fall von der *consuetudo* und damit von der unsicheren praktischen und faktischen Anerkennung im Alltagsleben abhängig zu machen, wie es bei Bologna und Paris, bei Oxford oder Cambridge zunächst geschehen war. Dort hatte es eines langwierigen gestreckten Prozesses bedurft, bis das Ergebnis feststand. Schon die Schulen in Erfurt und Wien konnten auf diesem Wege im 13. und 14. Jahrhundert nicht mehr die volle allgemeine Anerkennung erringen, sondern nur noch die Position einer – wie es ein Wiener Schulmeister ausgedrückt hat, der selber in Erfurt zur Schule gegangen war – *scola levinoma* erreichen, einer Schule „leichten Namens", die eben gerade die Anerkennung ihrer Abschlüsse entbehrte.[6] Die Juristen fanden einen Ausweg aus dieser Schwierigkeit: man konnte ja die Anerkennung auch formalisieren. Privilegien von Papst und Kaiser, den universal gedachten Mächten der Zeit, konnten die Lücke schließen: dadurch wurde ein Studium sofort von seinen Anfängen an formell als *studium generale* anerkannt. Mit einem solchen sogenannten Gründungsprivileg wurde keineswegs, wie es manchmal behauptet wird, der Papst (oder Kaiser) zum eigentlichen Gründer der Hochschule: er erkannte – nach Prüfung der Unterlagen – nur an, daß diese Schule alle Anforderungen an ein *studium generale* erfüllte.

Über die Gründung, über ihren tatsächlichen Erfolg, war damit noch keineswegs vorentschieden. Mehrere Beispiele sind bekannt, die zeigen, daß man sich auch bei noch recht vagen Plänen an der Kurie mit den – keineswegs billigen[7] – päpstlichen Privilegien

---

6) Konrad von Megenberg, Yconomica III. 1.3. Hg. Sabine Krüger, Bd. 3, Stuttgart 1984, S. 23f.: *Alia quoque divisio scolarum dari poterit, ut dicatur, quod scolarum alia est autentica, alia vero levinoma. Et autentica est, cuius studia privilegiis apostolicis, imperialibus quoque libertatibus sunt laudabiliter fundata, sicut sunt scole Parisiensis, Bononiensis, Padaviensis et Oxoniensis. Levinoma autem scola est que levis nominis est, carens privilegiis principum mundi, sicut in Teutonia scole sunt Erfordensis, Viennensis et huiusmodi. Et siquidem differencia magna est in illis, quoniam in autenticis milites fiunt et domini scienciarum coronantur, ut tam vestibus quam libertatibus gaudeant specialibus atque reverenciis singularibus revereantur non minus a principibus laicis et clericis quam a vulgo, atque tales magistri et domini sunt scienciarum laudabiliter intitulati. In levinomis vero, quamvis magistri nutriantur re, non tamen privilegiata titulacione ...* (Der Text ist auf ca. 1350 zu datieren, also lange vor den Universitätsgründungen von Wien und Erfurt). Zu Konrads Schulzeit in Erfurt sein Selbstzeugnis Yconomica III. 1.21 (ebd. S. 200f.). Vgl. allgemein Sönke Lorenz Das Erfurter „Studium generale artium" – Deutschlands älteste Hochschule. In: Erfurt 742–1992, Stadtgeschichte, Universitätsgeschichte. Hg. Ulman Weiss, Weimar 1992, S. 123–134, hier S. 125f.

7) Ausdrücklich hat der Kosten der Heidelberger Gründungsrektor Marsilius von Inghen in seinem Gründungsbericht gedacht: Acta Univ. Heidelb. Bd. 1 (wie Anm. 2) Nr. 72, S. 147, Z. 21–24. Aus dem Registraturvermerk auf der päpstlichen Bulle („*c com[putavi]*" geht hervor, daß der Pfalzgraf 100 Groschen Tournoser Münze als Bullentaxe bezahlt hat (vgl. Rexroth, Universitätsstiftungen [wie Anm. 5] S. 174; die Überlegungen S. 187f. sind freilich arg überzogen). Aufgezeichnet haben ihre Gesamtkosten nach ihren Einzelbeträgen die Basler: Edgar Bonjour, Zur Gründungsgeschichte der Universität Basel. In: Schweizer Zeitschrift für Geschichte 10 (1960) S. 59–80, bes. S. 71–73; vgl. jetzt auch Josef Rosen, Die Universität Basel im Staatshaushalt 1460–1535. In: Basler Zeitschrift für Geschichte und Altertumskunde 72 (1972) S. 137–219, hier S. 140ff. (mit der tabellarischen Übersicht, S. 147). Im späteren 15. Jahrhundert war die an der Kurie festgesetzte Taxe für ein durch Supplikensignatur erteiltes Universitätsprivileg 150 Gulden: Hermann Diener, Die Gründung der Universität Mainz 1467–1477. Wiesbaden 1973, S. 29.

versorgte, ohne dann den Gründungsplan auch in die Tat umzusetzen. Da gibt es Universitätsgründungsprojekte, die sich noch nicht einmal auf eine bestimmte Stadt festlegen wollten, und die doch bereits ein päpstliches Privileg nicht entbehren mußten – freilich waren dies Extremfälle und bildeten natürlich eine Ausnahme: zeitlich liegen sie spät, im 15. Jahrhundert, als Universitätsgründungen schon gleichsam Routine geworden waren, auch betrafen sie gewissermaßen Randzonen der lateinischen Christenheit.[8] Freilich kann man Gründungsversuche, die einem päpstlichen Privileg zum Trotz niemals verwirklicht wurden, auch in Frankreich und Deutschland häufiger antreffen.[9] Andere Universitäten wiederum konnten nur nach einem oder gar mehreren vergeblichen Anläufen wirklich eine dauerhafte Existenz gewinnen.[10] Diese Beobachtungen machen es uns verständlich, daß die Privilegien mit deutlichem Zeitvorlauf vor

---

8) Darauf hat Hermann Diener, Die Hohen Schulen, ihre Lehrer und Schüler in den Registern der päpstlichen Verwaltung des 14. und 15. Jahrhunderts. In: Schulen und Studium im sozialen Wandel des hohen und späten Mittelalters. Hg. Johannes Fried. Sigmaringen 1986, S. 351–374, hier S. 355, aufmerksam gemacht, der auf eine bewilligte Supplik König Erichs XIII. von Dänemark und Schweden (1397–1439) (von Januar 1419) hinweist – die Universität in Kopenhagen wurde erst 1475, die in Uppsala erst 1477 eröffnet. Rascheren Erfolg hatte die (ebenfalls von Diener benannte) bewilligte (und gleichermaßen örtlich unbestimmte) Supplik König Mathias' I. Corvinus (1458–1490) von Ungarn (vom 19. Mai 1465): die Universität Preßburg konnte schon 1467 eröffnet werden.

9) Um zunächst bei deutschen Beispielen nicht zum Erfolg gekommener Gründungsversuche zu bleiben, seien hier genannt Pforzheim (1459): vgl. Dieter Brosius, Papst Pius II. und Markgraf Karl I. von Baden. Ein Nachtrag aus den päpstlichen Registern. In: Freiburger Diözesanarchiv 92 (1972) S. 161–176; Lüneburg (1479): vgl. Diener, Hohe Schulen (wie Anm. 9) S. 354 und 357, sowie Klaus Wriedt, Bürgertum und Studium in Norddeutschland während des Spätmittelalters. In: Schule und Studium (wie Anm. 9) S. 487–525, hier S. 502 f.; Regensburg (1487): vgl. Alois Weissthanner, Die Gesandtschaft Herzog Albrechts IV. von Bayern an die römische Kurie 1487, Stiftungsprivileg für eine Universität in Regensburg. In: Archivalische Zeitschrift 47 (1951) S. 192–200. Zu erinnern bleibt auch an Kulm (1386): vgl. Brygida Kürbis, Die mißlungene Gründung einer Universität in Kulm. In: Archiv für Kulturgeschichte 46 (1964) S. 203–218; wichtig auch Zenon Hubert Nowak, Bemühungen um die Gründung einer Universität in Kulm im 14. und 15. Jahrhundert. In: Der Deutschordensstaat Preußen in der polnischen Geschichtsschreibung der Gegenwart. Hg. Marian Biskup, Marburg 1981, S. 189–217; zuletzt eingehend Rexroth, Universitätsstiftungen (wie Anm. 6) S. 147–172. Auch die Gründungsversuche einer Universität in Barcelona (1377–1450) scheiterten keineswegs an einem päpstlichen Gründungsprivileg: Claude Carrièrre, Refus d'une création universitaire et niveaux de culture de Barcelone, hypothèses d'explication. In: Moyen Age 85 (1979) S. 245–273 [erst 1533 konnte dort eine Universität eröffnet werden].

10) In Deutschland zu nennen zum Beispiel Mainz (1469): vgl. Diener, Mainz (wie Anm. 8); oder (im 16. Jahrhundert) Duisburg (1555/64): zuletzt etwa Hubert Jedin, Die Kosten der päpstlichen Privilegien für die geplante Universität Duisburg 1560/61. In: Römische Quartalschrift 64 (1969) S. 218–228. Besonders spektakulär ist der Fall von Nantes, für das sich die Herzöge der Bretagne bei nicht weniger als drei Päpsten (1414 bei Johannes XXIII [1410–1415], 1423 bei Martin V. [1417–1431], 1449 bei Nikolaus V. [1447–1455] ein Gründungsprivileg besorgten, bevor (mit einem Privileg Pius' II. von 1460) die Hochschule dann 1461 wirklich ins Leben trat, vgl. Marcel Fournier, Les statuts et privilèges des universités françaises depuis leur fondation jusqu'en 1789. Bd. 1–4, Paris 1890–1894 [ND Aalen 1970], hier Bd. 3, Nr. 1588–1590, 1599, 1591 und 1594, sowie (für das Privileg von 1423) Hermann Diener, Zur Geschichte der Universitätsgründungen in Alt-Ofen (1395) und Nantes (1423). In: Quellen und Forschungen aus italienischen Archiven und Bibliotheken 42/43 (1963), S. 265–285, hier S. 278 ff. (Der Text dieser Bulle ist ediert S. 281–284).

der Eröffnung eingeholt wurden, in Erfurt 1379/1389 vor 1392, in Heidelberg doch noch im Jahresabstand 1385 vor 1386. Im Falle Heidelbergs wurde denn auch über den Vollzug der Gründung erst nach Eintreffen der päpstlichen Bulle förmlich im fürstlichen Rat entschieden, wie wir aus einem Bericht des Gründungsrektors zufällig wissen.[11] Der Papst übernahm mit seinem Privileg keine Garantie für die Verwirklichung des schönen Plans, der ihm da vorgelegt wurde, er konnte aber dafür sorgen, daß gewisse Rechtsgrundsätze nicht verletzt wurden, daß das allgemeine Niveau gehalten wurde, auch daß kirchliches Vermögen aus der betreffenden Region der neuen Stiftung zugute kommen durfte.[12]

Solche allgemeine Anerkennung durch den Papst (oder später auch durch den Kaiser), wie sie im Generalstudienprivileg formalisert wurde, galt nicht in erster Linie dem Unterrichtsbetrieb, dessen Ordnungen auch gar nicht im einzelnen geprüft wurden, wenn immer ein Universitätsprivileg zu erteilen war. Viel wichtiger war es für die neue Gründung, daß der Lehrerfolg des Unterrichts allgemein Anerkennung genoß, oder richtiger, daß die Grade, die die Studenten dort erhalten konnten, allgemeine Geltung haben sollten.[13] Es ist nicht möglich, hier auf die komplexe Geschichte der Graduierung im einzelnen einzugehen,[14] nur soviel wollen wir festhalten: akademische Graduierungen waren im Mittelalter keinesfalls und nirgendwo ein Qualifikationszertifikat, das einen berufsqualifizierenden Studienerfolg bescheinigt hätte (auch wenn sehr früh schon, bereits im 12. und 13. Jahrhundert, die Graduierten ihren Grad wie einen Titel zu führen wußten),[15] eine Promotion gab dem Promovierten vielmehr ein formelles Recht, in den Kreis der Lehrenden und Lehrberechtigten einzutreten. Wer graduiert war, durfte im Rahmen des Studiums unterrichten, ja sollte das für mindestens zwei Jahre, während des berühmten *biennium*,[16] auch tun.

---

11) Acta Univ. Heidelberg. Bd. 1 (wie Anm. 2) Nr. 72, S. 147, Z. 25–28. Dazu zuletzt Rexroth, Universitätsstiftungen (wie Anm. 6) S. 173–226, hier bes. S. 192f.

12) Informativ für den kurialen Geschäftsgang bei der Behandlung von Universitätsgründungsprivilegien sind die Ermittlungen von Diener, Hohe Schulen (wie Anm. 9) S. 355–357, der an verschiedenen Beispielen, vor allem an Greifswald (1455/56), das kuriale Informationsverfahren skizziert. Die bekannten Gründungsvorgänge für Wien (1365) und noch für Tübingen (1477) wären dem an die Seite zu stellen.

13) Vgl. etwa die Argumentation von Konrad von Megenberg (wie Anm. 7).

14) Siehe jedoch die Hinweise bei Bernd Michael, Johannes Buridan. Studien zu seinem Leben, seinen Werken und zur Rezeption seiner Theorien im Europa des späten Mittelalters. (Phil. Diss. FU Berlin 1978) Berlin 1985, bes. S. 136–159; eine eingehende sozialgeschichtliche (auf sorgfältige statistische Auswertungen gestützte) Untersuchung der Graduierungen in der Deutschen Nation der Pariser Artistenuniversität im 14. Jahrhundert legte vor Mineo Tanaka, La nation anglo-allemande de l'Université de Paris à la fin du moyen âge. Paris 1990.

15) Das allein macht ja solche Untersuchungen möglich wie die von Christine Renardy, Le monde des maîtres universitaires du diocèse de Liège 1140–1350. Recherches sur sa composition et ses activités. Paris 1979.

16) Vgl. dazu Arno Seifert, Studium als soziales System. In: Schulen und Studium (wie Anm. 9) S. 601–619, bes. S. 618; William Courtenay, Teaching Careers at the University of Paris in the Thirteenth and Fourteenth Century. Notre Dame, Indiana 1988, bes. S. 21ff.

Insofern war es für die Entstehung der Pariser Universität um die Wende zum 13. Jahrhundert entscheidend, daß sich die Magister und Scholaren genossenschaftlich zusammenschlossen, um durch gegenseitigen Beistand in Not- und Krankheitsfällen, durch Grabgeleit bei der Bestattung und Verbrüderung im Rechtskonflikt die Nachteile des Lebens in der Fremde, des *exilium*,[17] auszugleichen. Daß sie an der Bestimmung der Organisationsgrenzen ihrer Vereinigung, daß sie am Zutritt und Eintritt in den Kreis der Magister in ihrem Kreis vital interessiert waren, zeigt das Ergebnis eines Streites mit dem bischöflichen Kanzler, das nur wenig später erreicht wurde. Zumindest diejenigen, die die Magister für würdig befanden, mußte der Kanzler hinfort auch mit den *licentia docendi* ausstatten und damit zu ihrem Kreise zulassen, unangesehen der Frage, wen er etwa noch zusätzlich in eigener Verantwortung lizenziieren mochte.[18] Ähnlich war der Erfolg des Doktorenkollegiums in Bologna gegenüber dem dortigen Archidiakon[19] und der Erfolg der Magister in Oxford gegenüber dem *cancellarius* des Bischofs von Lincoln.[20]

17) Die Metapher des „Exils" haben im 12. Jahrhundert mehrere Autoren zur Charakteristik studentischer Existenzformen an einer Universität gewählt, bekannt etwa die Authentica Habita Kaiser Friedrichs I. (Monumenta Germaniae Historica, DF Bd. 1, Nr. 243. Ebd. HEINRICH APPELT. Hannover 1979, hier S. 39, 22: *amore scientie facti exules de divitibus pauperes semetipsos exinaniunt* ...; oder das berühmte Distichon des Bernhard von Chartres über die *claves scientie* (überliefert und kommentiert bei HUGO VON ST. VICTOR, Didascalicon, III 12. Hg. CHARLES H. BUTTIMER, Washington 1939, S. 61; bzw. bei JOHANNES VON SALISBURY, Policraticus, VII 13. Hg. CLEMENS C. J. WEBB, Oxford 1909 [Neudruck Frankfurt/Main 1965] Bd. 2, S. 145; Literatur dazu etwa bei JÜRGEN MIETHKE, Die Studenten. In: Unterwegssein im Spätmittelalter. Hg. PETER MORAW, Berlin 1985, S. 49–70, hier S. 50f. mit Anm. 7f.), das als „Schlüssel zur Wissenschaft" aufzählt: *Mens humilis, studium querendi, vita quieta / scrutinium tacitum, paupertas, terra aliena / hec reserare solent multis obscura legendi* [beziehungsweise *legenti*].

18) Chartularium Universitatis Parisiensis. Hgg. HEINRICH DENIFLE und EMILE CHÂTELAIN, Bd. 1, Paris 1889 [ND Brüssel 1964] Nr. 16, S. 75f. (August 1213).

19) WALTER STEFFEN, Die studentische Autonomie im mittelalterlichen Bologna, Eine Untersuchung über die Stellung der Studenten und ihrer *universitas* gegenüber Professoren und Stadtregierung im 13./14. Jahrhundert. Bern/Frankfurt/Main/Las Vegas 1981; neuerlich ROBERTO GRECI, L'associazionismo degli studenti dalle origini alla fine del XIV secolo. In: Studenti e università degli studenti dal XII als XIX secolo, a cura di Gian Paolo Bizzi e Antonio Ivan Pini. Bologna 1988, S. 15–44.

20) Insbesondere zuletzt die Beiträge in: The History of the University of Oxford. Hg. T. H. ASTON, Bd. 1: The Oxford Schools. Hg. JEREMY I. CATTO, Oxford 1984, bes. S. 28ff. (Richard W. Southern); S. 38ff. (M. Benedict Hackett). Weitere Aspekte des Verhältnisses der werdenden Genossenschaft zum Kanzler des Bischofs von Lincoln bei C. H. LAWRENCE, The Origins of the Chancellorship at Oxford. In: Oxoniensia 41 (1976) S. 316–323. Im relativ spät ausgebildeten Cambridge war die Rechtsstellung des Kanzlers von vorneherein schwächer: hier hatte er, von den Magistern aus dem eigenen Kreis gewählt, nach Auskunft der ältesten Statuten (von ca. 1250) offenbar nicht die Möglichkeit, aus eigenem Recht die Lizenz zu erteilen, vgl. den Text bei M. BENEDICT HACKETT, The Original Statutes of Cambridge University, The Text and its History. Cambridge 1970, S. 197/199 (§ I 1, und II 1), dazu auch S. 108ff. und passim; vgl. DAMIAN RIEHL LEADER, A History of the University of Cambridge. Bd. 1: The University to 1546. Cambridge [u. a.] 1988, S. 25ff.

Der Unterschied zu dem ausgedehnten Schulsystem der Bettelorden[21] macht diesen Kernpunkt der Autonomie der werdenden Universitäten Europas besonders sinnfällig. Gleichzeitig und in Konkurrenz mit den werdenden Universitäten bauten nämlich die großen Mendikantenorden innerhalb ihrer bald die gesamte abendländische Christenheit umspannenden Organisationen schon im 13. Jahrhundert ein Netz von Unterrichtsanstalten aus, das sich in seinen Einrichtungen für den höheren Unterricht, in den sogenannten *studia* (den „Studienhäusern") der Orden von den Universitäten vor allem dadurch unterschied, daß sich die Ordensoberen und zentralen Beschlußkörperschaften der Mendikanten stets die Personalhoheit selbst vorbehalten haben. Wer auf welches Studium zur Lehre oder zum Lernen geschickt wurde, bestimmten nicht primär die Studenten oder Studienhäuser selbst, sondern die Generalkapitel oder Provinzkapitel, beziehungsweise die Oberen der Orden. Freilich mündeten die konfliktreichen Auseinandersetzungen zwischen den Ordensstudien und den Universitäten, in denen das gegenseitige Verhältnis unter härtesten Kämpfen bestimmt wurde, bereits im 13. Jahrhundert in eine Lösung, die die volle Integration der (ursprünglich konkurrierenden) mendikantischen Studienhäuser in die wachsenden Universitäten brachte, so daß spätestens seit dem 14. Jahrhundert beide Systeme nicht mehr unversöhnlich neben- und gegeneinander standen, sondern vielmehr, wie in Wien, in Köln, in Erfurt, Bettelordensstudien dann sogar nicht allein eine wichtige Voraussetzung, sondern darüber hinaus auch eine bleibende Starthilfe und organisatorische Stütze für gelungene Universitätsgründungen abgeben konnten.[22] – Dieser Spur können wir hier nicht weiter folgen, es war nur daran zu erinnern, daß die mittelalterliche Universität im Kern eine genossenschaftliche Bildung war, die sich wohl im Laufe der Zeit zunehmend mit anstaltlichen Zügen anreicherte, die aber ihren genossenschaftlichen Ausgangspunkt niemals gänzlich preisgegeben hat. *Universitas studii Erfordensis, universitas studii Heidelbergensis*, so lauteten die Selbstbezeichnungen deutscher Universitäten des 14. Jahrhunderts in Statuten[23] und auf der Siegel-

---

21) Zu den Ordensschulen der Mendikanten vor allem Dieter Berg, Armut und Wissenschaft, Beiträge zur Geschichte des Studienwesens der Bettelorden im 13. Jahrhundert. Düsseldorf 1977; Le scuole degli ordini mendicanti [secoli XIII–XIV]. Todi 1978. – Für ein Land: William J. Courtenay, Schools and Scholars in Fourteenth Century England. Princeton, N. J. 1987, S. 56–87. – Für eine Region: Kaspar Elm, Mendikantenstudium, Laienbildung und Klerikerschulung im spätmittelalterlichen Westfalen. In: Studien zum städtischen Bildungswesen des späten Mittelalters und der frühen Neuzeit. Hgg. Bernd Moeller, Hans Patze, Karl Stackmann. Göttingen 1983, S. 586–617, jetzt in: Elm, Mittelalterliches Ordensleben in Westfalen und am Niederrhein. Paderborn 1989, S. 184–213; William J. Courtenay, The Franciscan *studia* in Southern Germany in the Fourteenth Century. In: Gesellschaftsgeschichte. Festschrift für Karl Bosl zum 80. Geburtstag. Hg. Ferdinand Seibt. München 1988, Bd. 2, S. 81–90.

22) Zusammenfassend Isnard Wilhelm Frank. Die Bettelordensstudia im Gefüge des spätmittelalterlichen Universitätswesens. Stuttgart 1988.

23) So in Erfurt, vgl. W I, Nr. II/⟨1⟩ S. 5: Rubrik.

umschrift.[24] In dieser Titulatur kann, abgekürzt gesprochen, *universitas* für die genossenschaftlich verfaßte Personengesamtheit stehen, *studium* für die höhere Lehranstalt, den Lehrbetrieb, die Tätigkeit derer, die das *studium* personell trugen, an ihm unterrichteten, studierten, in ihm lebten.

In eine Universität wurde man im Mittelalter (wie heute) nicht hineingeboren, man trat in sie durch ausdrücklichen Willensakt ein, wenn man sich (wie noch im 12. Jahrhundert) in Freiheit einem Magister anschloß und dessen *scholae* frequentierte,[25] beziehungsweise wenn man sich (später, seit dem 13. Jahrhundert) durch Immatrikulation in die Liste der Universitätsangehörigen und durch Eidesleistung auf die Statuten der Universität vor dem Rektor[26] in diese Gruppe selbst integrierte. Ein Erkennungsmerkmal der genossenschaftlichen Verfassung der Universitäten war es ja geradezu, daß ihre Mitglieder den Ort ihres *studium* geschlossen verlassen konnten, beziehungsweise mit solcher Rezessionsdrohung als letztem Mittel versuchen konnten, ihre Rechte zu verteidigen. In Bologna und Paris, in Oxford und anderwärts haben Universitäten das noch im 13. Jahrhundert auch praktisch vollzogen,[27] im 14. und 15. Jahrhundert haben dann wenigstens große Teile von Universitäten noch immer durch Sezession Forderungen Nachdruck zu geben versucht. Die berühmtesten dieser Protestauszüge sind die Sezession der Oxforder *Notherners* nach Stamfort (1334)[28] oder der Auszug der deutschen Magister und Scholaren aus Prag nach dem Kuttenberger Dekret (1409) König Wenzels (1378–1400, 1419).[29] Freilich blieb der letztgenannte Abzug nicht wie seine Vorbilder – und wie auch der Auszug der Magister und Scholaren aus Rostock nach Greifswald im Jahre 1437 – ein vorübergehender Schritt, vielmehr ermöglichte er die dauerhafte Gründung der Universität Leipzig, wie schon zuvor der lange schwe-

---

24) So in Heidelberg, vgl. PAUL ZINSMAIER, Die älteren Siegel der Universität Heidelberg. In: Zeitschrift für die Geschichte des Oberrheins [N. F. 50] (1937) S. 1–20, hier S. 5; Abbildung und Beschreibung des Siegelstempels in: Mittelalterliche Universitätszepter: Meisterwerke europäischer Goldschmiedekunst der Gotik. Hg. JOHANN MICHAEL FRITZ. Heidelberg 1986, Nr. 2, S. 18.

25) Das Verfahren im 12. Jahrhundert schildert anschaulich STEPHAN LANGTON (Ms. Paris, BN lat. 14414, folg. 136$^{v}$b); abgedruckt bei JOHN WESLEY BALDWIN, Masters, Princes and Merchants. The Social Views of Peter the Chanter and His Circle. Princeton 1970, Bd. 2, S. 51 f. (wie Anm. 59).

26) JACQUES PAQUET, L'immatriculation des étudiants dans les universités médiévales. In: Mélanges J. M. de Smet, Louvain 1983, S. 59–171; RAINER CHRISTOPH SCHWINGES, Admission. In: Universities in the Middle Ages. Ed. HILDE DE RIDDER-SYMOENS (A History of the University in Europe, ed. WALTER RÜEGG, Bd. 1) Cambridge 1992, S. 177–182.

27) Bes. PETER CLASSEN, Die ältesten Universitätsreformen und Universitätsgründungen des Mittelalters. In: Heidelberger Jahrbücher 12 (1968), S. 72–92, jetzt in CLASSEN, Studium und Gesellschaft im Mittelalter. Hg. JOHANNES FRIED, Stuttgart 1983, S. 170–196, hier S. 177 ff.

28) C. H. LAWRENCE, in: History of the University of Oxford (wie Anm. 21) Bd. 1, S. 131 f.

29) Vgl. etwa die Darstellung von PETER MORAW, Die Universität Prag im Mittelalter. Grundzüge ihrer Geschichte im europäischen Zusammenhang. In: Die Universität zu Prag. München 1986, bes. S. 114 ff.

lende Konflikt in Prag die Erstbesetzung der Universitäten Heidelberg, Köln, Erfurt und Wien zumindest erleichtert, wenn nicht überhaupt erst ermöglicht hatte.[30]

Die Universität als genossenschaftlich verfaßte Institution höheren Unterrichts weist damit in ihrer sozialen Dimension einige Besonderheiten gegenüber den üblichen Strukturen ihrer gesellschaftlichen Umgebung auf, die sie in eigentümlicher Weise akzentuieren. Diese Akzentuierung kann nun durchaus unterschiedliche Wirkungen für die Bewertung des Sozialsystems Universität haben und damit auch für das Bild, das wir von dem Verhältnis der Universitäten zu der Gesellschaft im Mittelalter gewinnen. Fragt man vor allem nach den Wirkungen, die die soziale Umwelt auf die Binnenstrukturen der Universitätsbesucher und Universitätsangehörigen ausübte, so liegt es zumindest nahe, wenn es nicht unausweichlich ist, die Gleichheit, oder doch zumindest die Ähnlichkeit der Muster zu betonen, die sich bei der sozialen Rekrutierung, bei der sozialen Differenzierung und den Prinzipien der sozialen Organisation, Kooperation und Kontrolle hier wie dort zeigen. Die Tatsache, daß man einer Genossenschaft zunächst freiwillig beitrat, schloß ja diese Gruppe keineswegs hermetisch von ihrer Umgebung ab und hätte das auch nicht tun können. Auch zum Bürger einer Stadt wurde man durch die Einbürgerung, auch einer Zunft konnte man beitreten oder beiheiraten. Daß auch das Sozialsystem Universität keinesfall „auf einem anderen Stern" existierte als die Menschen, die keine Universität besuchen konnten oder wollten, sondern daß es in seine Umgebung eingepaßt war, das ist eine Annahme, die nichts Überraschendes hat. Trotzdem hat erst die neuere sozialgeschichtliche Forschung zu den Universitäten Europas und Deutschlands in den letzten Jahrzehnten zu all diesen Fragen grundlegende Einsichten erarbeitet, die uns ein wesentlich genaueres und in sich differenzierteres Bild der sozialdynamischen Prozesse in den verschiedenen Zeiten der europäischen Universitätsentwicklung zu entwerfen erlauben,[31] als das noch vor 50 Jahren möglich schien.

Über die Studenten und ihre Lehrer, über ihre Herkunft, ihre wirtschaftliche und soziale Situation, über ihren Anspruch auf soziales Prestige ohne und mit universitärer Graduierung, über ihre regionale Einbindung und transregionale Mobilität, über ihre Investitionen in ihren Bildungsprozeß und über die Remunerationen, die sie daraus erwarten konnten, können wir jetzt wenigstens in Umrissen nicht nur Individualporträts, sondern auch zeitlich einigermaßen präzise Gruppenbiographien schreiben, die es ihrerseits erlauben, einen individuellen Lebenslauf in seinen typischen und ganz eigenen Zügen in größerer Schärfe zu zeichnen und zu werten. Mir kommt es heute aber nicht auf die durchlaufende Musterung der Soziallandschaft der mittelalterlichen Welt und der mititelalterlichen Universitäten an. Ich möchte vielmehr nach den Erwartungen

30) Vor allem Sabine Schumann, Die *nationes* an den Universitäten Prag, Leipzig und Wien. Ein Beitrag zur älteren Universitätsgeschichte (Phil. Diss. FU Berlin 1974).

31) Zusammenfassend jetzt Universities in the Middle Ages. Ed. Hilde de Ridder-Symoens (wie Anm. 27). Zur Sozialgeschichte auch die breit gestreuten Beiträge in: Schulen und Studium (wie Anm. 9).

fragen, die die Gesellschaft an die Universität gerichtet hat und umgekehrt die Antworten andeuten, mit denen die Universitäten diesen Erwartungen zu begegnen und zu entsprechen versuchten. Auch hier beschränke ich mich freilich auf exemplarische Exkurse, verzichte also auf den Versuch einer systematisch angelegten Totalskizze. Damit wird die Grenze zwischen Universität und Gesellschaft freilich vielleicht schärfer betont, als es ihrer Durchlässigkeit entspricht, da nicht alle Erwartungen ausformuliert sein, nicht alle Antworten ausdrücklich und bewußt erfolgen mußten. Gleichwohl glaube ich, daß es möglich ist, einige Aussagen zu machen.

In der Urkunde, mit der Papst Urban VI. (1378–1389) am 4. Mai 1389 die Einrichtung eines *studium generale* in Erfurt anerkannte,[32] wird gesagt: *ut in eorum oppido de cetero sit studium generale, illudque perpetuis futuris temporibus in sacra theologia nec non in canonico et civili juribus ac etiam in medicina philosophia et qualibet alia licita facultate vigeat* („daß in dieser Stadt künftig eine Hochschule bestehen soll, und diese für alle Zukunft in der heiligen Theologie, im kanonischen wie römischen Recht, auch in der Medizin, der Philosophie und all den anderen erlaubten Fächern lebensfähig sein soll“). Die damit ausdrücklich erlaubten vier herkömmlichen Fakultäten der Pariser Universitätsverfassung wollen wir hier nicht im einzelnen betrachten, auch wenn die Päpste in dieser Vollständigkeit – mit Einschluß der ersten, der theologischen Fakultät – dieses Recht den Neugründungen erst seit dem Ausbruch des Kirchenschismas im späteren 14. Jahrhundert ohne weitere Schwierigkeiten zugestehen wollten.[33] Auch der avignonesische Gegenspieler des römischen Papstes, auch Clemens VII. (1378–1394) hatte etwas weniger als zehn Jahre zuvor, am 18. September 1379, der zu errichtenden Erfurter Hochschule dasselbe Recht mit fast identischen Worten eingeräumt.[34] Die jeweilige päpstliche Kanzlei hat sich also hier, wie auch bei den anderen Punkten ihres Gnadenbriefes, in beiden Fällen an feste, fast vorgefertigte bereitliegende Formulierungen gehalten, die nur noch zusammengestellt und durch wenige Präzisierungen auf die individuellen Bedingungen Erfurts abgestimmt werden mußten: Anmut der Gegend, Volkreichtum der Region, Ergiebigkeit des Viktualien- und des Wohnungsmarktes, Bereitschaft der Einwohner, die Hochschule aufzunehmen und in ihren Rechten nicht nur anzuerkennen, sondern auch zu beschützen *(defendere)*, all das wird in beiden konkurrierenden päpstlichen Privilegien mit fast identischen Floskeln als unerläßliche Voraussetzung für die neue Gründung genannt. Und neben der Ausstattung mit den

---

32) W I Nr. I/2, S. 3–5, hier S. 4, 17ff.; dazu zuletzt Erich Kleineidam, Die Gründungsurkunde Papst Urbans VI. für die Universität Erfurt vom 4. Mai 1389. In: Erfurt 742–1992 (wie Anm. 7) S. 135–153 (hier S. 137f., erneut der Text der Urkunde mit deutscher Übersetzung: S. 138–141). Die Erfurter Urkunden stimmen weithin fast wörtlich mit den Bullen für Heidelberg und Köln überein, was die Benutzung eines Kanzleiformulars wahrscheinlich macht (vgl. auch Anm. 35).

33) Adam Vetulani, Die Universitätspolitik Papst Urbans V. In: *Ius sacrum*. Klaus Mörsdorf zum 60. Geburtstag. Paderborn/Wien 1969, S. 139–156; Etienne Delaruelle, La politique universitaire des papes d'Avignon, specialement d'Urbain V, et la fondation du Collège Espagnol de Bologne. In: El cardenal Albornoz y el Colegio de España. Bd. 2, Bologna 1972.

34) W I Nr. I/1, S. 1–3, hier S. 2, 7–12.

vier (und allen erlaubten) Fakultäten wird fast im gleichen Atemzug auch die allgemeine Geltung der Graduierungen der neuen Hochschule uneingeschränkt eingeräumt, *statutis et consuetudinibus quibuscumque contrariis apostolica vel quacumque firmitate alia roboratis nequaquam obstantibus* („wobei dem entgegenstehende Statuten oder Gewohnheitsrechte, mögen sie auch durch päpstliche oder andere Bestätigung bekräftigt worden sein, keineswegs im Weg stehen sollen"), so heißt es ausdrücklich in der römischen Urkunde für Erfurt von 1389.

Diese Bestätigung von materiellen Voraussetzungen und rechtlicher Grundausstattung der neuen Hochschule entfernt sich, wie gesagt, keineswegs vom herkömmlichen Kanzleigebrauch der üblichen päpstlichen Universitätsbriefe. Ebensowenig will die Zielbestimmung, die die Urkunde der Universität Erfurt gibt, irgendeinen besonderen, nur dieser Erfurter Einrichtung eigentümlichen Zweck festschreiben, wenn es heißt, die allgemeine päpstliche Förderung müsse den Gläubigen gelten, die wissenschaftliche Hochschulen *(litterarum studia)* suchen wollten, „dank deren die Pflege des göttlichen Namens und des katholischen Glaubens verbreitet wird, die Gerechtigkeit Pflege erfährt, öffentliche und private Geschäfte mit Nutzen verfolgt werden und das Menschengeschlecht in seiner Wohlfahrt ganz allgemein gefördert werden kann" *(per que divini nominis fideique catholice cultus protenditur, justitia colitur, tam publica quam privata res geritur utiliter omnisque prosperitas humane conditionis augetur).* Die Verfasser der Urkunde setzen also einen sehr weiten Aufgabenrahmen: Glaube und Kirche fehlen natürlich nicht, stehen sogar an erster Stelle, aber daneben soll das *studium*, die Hochschule, auch das praktische Leben fördern, die Gerechtigkeit eines gerichtlichen Konfliktaustrags sichern, ja schlechterdings für Prosperität des Lebens, der *conditio humana* sorgen. – Wenig später erhofft sich der Papst außerdem, die Gründung werde der Stadt Erfurt dazu helfen „Männer heranzubilden, die durch die Reife ihres Urteils Ansehen haben, mit der Zier aller Tüchtigkeit bekränzt und in den theoretischen Erkenntnissen *(dogmata)* verschiedener Fächer so gebildet sind, daß dort ein lebendiger Brunnen der Wissenschaften entspringt, aus dessen Fülle alle diejenigen schöpfen können, die sich mit wissenschaftlichen Texten beschäftigen möchten" *(litteralibus cupientes imbui documentis)*, wobei diese hymnische Beschreibung der Erwartungen in beiden Gründungsbullen, der des avignonesischen Papstes Clemens VII. von 1379, wie der des römischen Papstes Urbans VI. von 1389, in wörtlicher Übereinstimmung wiederkehrt, also nur Gängiges oder für die Zeitgenossen Einleuchtendes formulierte. Auch wenn dieser Erwartungshorizont aus der Supplik der Erfurter rühren sollte, die beidemale auf das gleiche Formular zurückgegriffen hätten, so hätten doch die vollmundigen Aussagen, die sich eng an Pariser Texte des 13. Jahrhunderts anlehnen, in beiden Obödienzen bei dem kurialen Diktator der Urkunde keinerlei Argwohn erregt: solche Erwarungen waren typich und topisch, mit andren Worten, sie waren damit selbstverständlich.

Die hochgestimmten Formeln sind sich vollkommen darin einig, daß die neue Gründung für die Stadt Erfurt zumindest, aber auch weit darüber hinaus (wie Clemens VII. ausdrücklich zu schreiben nicht unterläßt: *non solum incolarum ipsius oppidi et districtus ac circumposite regionis, sed etiam aliorum, qui preter hos de diversis mundi partibus confluerunt ad oppidum memoratum*) eine ausdrückliche Belohnung, ein Geschenk, eine Förderung, jedenfalls also einen Vorteil bringt, der aber gerade nicht in dem bloßen zusätzlichen Zierat einer Universität in der Krone der übrigen Vorzüge bestehen soll, sondern einen erkennbaren Vorzug in der alltäglichen Lebenspraxis. – Es ist keine Überanstrengung der Formulierungen dieses und anderer Universitätsprivilegien,[35] wenn wir solche Erwartungen ernst nehmen, ernster jedenfalls, als es gemeinhin geschieht. Die scholastische Wissenschaft, heute allzu häufig – wie in den Dunkelmännerbriefen – als lebensfernes Glasperlenspiel mit abständigen Fragen und Problemen verschrieen, war ihrem eigenen Selbstverständnis nach und in der Erwartung der Zeitgenossen jedenfalls nicht primär durch grundsätzliche Lebensferne und prinzipielle Praxisdistanz gekennzeichnet, sie sollte dem Leben dienen, freilich nicht als unmittelbar applizierbare angewandte Wissenschaft, sondern als *sapientia*, als Weisheit. *Sapientes* nannten die Gelehrten sich und ihresgleichen, *sapientia* ist die biblische Vokabel, die die Päpste immer wieder und wieder anwenden, um das Ziel universitärer Bildung zu bezeichnen. Der weite und schillernde Begriff der alttestamentlichen Weisheitsliteratur wird damit ebenso angesprochen wie die neutestamentliche Entgegensetzung von *sofia* der Welt und jener *sofia*, die vor Gott gilt.[36] – Weisheit als Ziel wissenschaftlicher Ausbildung? Das klingt weltfremd: Es wäre wohl ein Mißverständnis, wenn wir glaubten, damit seien ausschließlich die inneren Werte gesucht worden, die in der Beschäftigung mit theoretischen Fragen gefunden werden können, aber nicht müssen. Immerhin erinnern wir Historiker uns daran, daß Jacob Burckhardt aus der wissenschaftlichen Beschäftigung mit der Geschichte nicht klug für ein andermal, sondern weise für immer werden wollte.[37]

Auch die mittelalterlichen Zeitgenossen suchten bei Universitätsbesuchen praktisch verwertbare Fertigkeiten und keineswegs allein abgeklärte Weisheit, der jede praktische Frage zu nahe tritt. Offenbar ist jener Fortschritt, von dem die päpstlichen Urkunden für Erfurt hoffnungsvoll sprechen, begründet in der methodischen Schulung, die man an einer Hochschule im stetigen Umgang mit den *litteralia documenta* und den *dogmata* der verschiedenen Wissenszweige erhielt, im langjährig eingeübten Umgang mit Proble-

35) Zu vergleichen wären etwa die Privilegien von Prag, Wien, Heidelberg, Köln, Leipzig, Löwen, Rostock, Basel, Tübingen usw. – vgl. Anton Blaschka, Von Prag bis Leipzig, Zum Wandel des Städtelobs. In: Wissenschaftliche Zeitschrift der Universität Halle-Wittenberg, Gesellschafts- und sprachwissenschaftliche Reihe 8 (1958/1959), S. 545–564. Allgemeiner Carl Joachim Classen, Die Stadt im Spiegel der Descriptiones und Laudes urbium in der antiken und mittelalterlichen Literatur bis zum Ende des 12. Jahrhunderts. Hildesheim [2]1986.

36) Ulrich Wilckens, Art. *sofia*. In: Theologisches Wörterbuch zum Neuen Testament, Bd. 7. Hg. Gerhard Friedrich, Stuttgart 1964, S. 465–529.

37) Jacob Burckhardt, Über das Studium der Geschichte. Der Text der „Weltgeschichtlichen Betrachtungen". Hg. Peter Ganz, München 1982, S. 230: „Damit erhält auch der Satz: Historia vitae magistra einen höheren und zugleich bescheidnern Sinn. Wir wollen durch Erfahrung nicht sowohl klug (für ein andermal), als vielmehr weise (für immer) werden."

men, Texten, Überlieferungen und Formulierungen, die aus historisch sehr verschiedenen oder zumindest doch unterschiedlichen Herkunftswelten kamen und die nun mit- und gegeneinander gleichwohl Geltung beanspruchten. Um solchen Wahrheiten aus verschiedener Richtung gegenüber einen vernünftigen Stand entwickeln und entfalten zu können, hatten die Juristen und Theologen ihre Methode der dialektischen Begriffsanalyse entwickelt, die am Beginn des 12. Jahrhunderts Abaelard in unübertrefflicher Prägnanz *Sic et non* („Ja und Nein") genannt hatte. – Schon aus Zeitgründen können wir die Möglichkeiten und Grenzen dieser Grundmethode scholastischer Buch- und Überlieferungswissenschaft nicht durch die einzelnen Fakultäten und ihr Lehrprogramm hindurch verfolgen, oder gar im einzelnen die Leistungen der mittelalterlichen Wissenschaft durchdeklinieren. Wir halten hier nur soviel fest, daß die Hauptbücher, die seit dem 13. Jahrhundert für den akademischen Unterricht der einzelnen Fächer in ganz Europa praktisch einheitlich festlagen und die auch in Erfurt dem Lehrbetrieb sein Gesicht gaben, natürlich nicht immer und unmittelbar einen Praxisbezug besaßen. Aus dem Sentenzenbuch des Petrus Lombardus, dem Grundbuch der systematischen Theologie der Scholastik, konnte man als Theologe ebensowenig unmittelbar seine Predigten bestreiten, wie das heute aus einem Lehrbuch der Fundamentaltheologie oder Systematik möglich wäre. Das *Corpus Iuris Civilis*, die Rechtskodifikation Kaiser Justinians I. (527–565) aus dem Jahre 534, hatte keineswegs, und nördlich der Alpen auch kaum vor der zweiten Hälfte des 15. Jahrhunderts, Anspruch auf unmittelbare Geltung, und trotzdem lernten die Juristen die schwierigen Unterscheidungen aus den Digesten in einem intensiven mehrjährigen Studiengang. Gewiß bot das *Corpus Iuris Canonici* demgegenüber deutlichere Praxisnähe, denn Streitigkeiten um Amtskompetenz und Kirchenvermögensverfügung, um die Ausübung und Auswirkungen der Sakramentsspendung konnten prinzipiell überall aufbrechen und konnten dann mit Hilfe der hier bereitgestellten Normen entschieden werden. Weite Felder juristischer Aufgaben kamen aber an der mittelalterlichen Universität nicht als solche zur Sprache: der Sachsenspiegel etwa, der das in großen Gebieten Nord- und Mitteldeutschlands geltende Recht zusammenfassen wollte, wurde erst sehr spät, nach dem Ende des Mittelalters, in den Universitätsunterricht eingeführt: er ist dort, so scholastisch auch die Buch'sche Glosse aus dem zweiten Viertel des 14. Jahrhunderts wirken mag, während des Mittelalters niemals in den Bereich der Pflicht- und Normalveranstaltungen eingedrungen. Auch die genannte Buch'sche Glosse kommentiert den Text nicht, weil er an den Universitäten verbreitet gewesen wäre, sondern um ihn mit dem Römischen und Kanonischen Recht zu „konkordieren", und damit wissenschaftlich wahrnehmbar und praktisch vor Gericht zitierfähig zu machen.[38] Auch bei den Artisten ließ sich das Corpus der aristotelischen Schriften, das ebenfalls dem Unterricht seit dem 13. Jahrhun-

38) Neudruck jetzt nach einem Frühdruck (Augsburg 1516) in: Bibliotheca rerum historicarum, Nachdrucke 10. Hg. Karl August Eckhardt, Aalen 1978. Zur sogenannten Buch'schen Glosse zusammenfassend Friedrich Ebel, Sachsenspiegel. In: Handwörterbuch zur deutschen Rechtsgeschichte 4 (1990), Sp. 1228–1237, bes. Sp. 1231 f. Vgl. dazu vor allem Karl Kroeschell, Rechtsauf-

dert zugrunde lag, ebensowenig sofort und ohne Umschweife im Alltagsleben anwenden, weder die praktische Philosophie des Stagiriten, noch die Naturphilosophie, schon gar nicht die Metaphysik.

In der Tat konnte man damals an einer Universität keine Rezepte für die Lebenspraxis erlernen, so wie das uns ja auch heute noch nicht als Hauptaufgabe universitärer Bildung erscheint. Woher also die starke und unverstellte Erwartung der Gründungsurkunden und anderer Zeugen, die von einer allererst zu gründenden Universität wahrnehmbare Wirkungen auf die Lebenspraxis ihrer unmittelbaren Umgebung erhoffte? Die Antwort auf diese Frage muß wohl in doppelter Richtung gesucht werden: wir müssen uns einerseits an das allgemeine Verhältnis von Theorie und Praxis erinnern und andererseits auf den Lebenserfolg der wachsenden Zahl von Universitätsabgängern hinweisen, der solche Erwartungen bestätigen und beflügeln konnte. – Was Studenten an den Universitäten des Mittelalters vom ersten Tage ihres Studiums an lernten, war die scharfe Fassung eines Arguments, war die Häufung der Belege, die Verkettung von Argumenten zu einem Beweisgang, das Zerpflücken von entgegenstehenden Argumentationen. Diese Anwendung ihres Textstudiums auf Problemfelder bisweilen ganz anderer Zusammenhänge wurde geübt und gepflegt im mündlichen Unterricht, vor allem in der Lehrform der scholastischen *Quaestio*, die von den Anfängen eines Studiums an bis in die letzten Jahre den Unterricht an den Universitäten nicht nur begleitete, sondern inhärierender Bestandteil von ihm war. Wer das auch nur an der Artesfakultät gelernt hatte, mochte den spezifischen Anforderungen einer gelehrten juristischen Beweisführung, einer eigentlichen theologischen oder medizinischen Argumentation nicht fachmännisch gewachsen sein, er mochte für den Fachmann noch erkennbar bleiben als nicht voll qualifizierter Teilnehmer an der Debatte. Gerade aber in den Fragen, die sich nicht so leicht einer spezifischen Fakultät zuordnen ließen, konnte auch er seine methodischen Kenntnisse auch jenseits der rein technischen Fertigkeiten des Lesens und Schreibens, die er vielleicht auch erst an den Universitäten erworben, jedenfalls aber ausgebildet und vervollkommnet hatte, in Zukunft anwenden und auf aktuelle Probleme übertragen. Die mittelalterliche Universität verlangte durch ihr Lehrprogramm von ihren Absolventen ein hohes Maß an Bereitschaft zu einer Transferleistung solcher Art und zu solch selbständiger Anwendung des Gelernten, gerade dann, wenn den Absolventen seine Karriere nicht an der Universität festhielt (was bis ins spätere Mittelalter hinein bekanntlich selbst für die Gelehrten, deren Namen die scholastische Literaturgeschichte zieren, eher die Ausnahme als die Regel war).

Universitätsabgänger waren Spezialisten ihres Faches, *periti*, wie sie in den zeitgenössischen Quellen gerne genannt werden. Aber gerade als solche Experten waren sie dann für Fragen zuständig, die unmittelbar mit ihrer Expertenschaft nicht immer zusammen-

---

zeichnung und Rechtswirklichkeit. Das Beispiel des Sachsenspiegels. In: Recht und Schrift im Mittelalter. Hg. PETER CLASSEN, Sigmaringen 1977, S. 349–380, bes. S. 379.

hingen. Gutachten und Stellungnahmen zur „Kirchenfrage" stammten in der Zeit des Schismas und der Großen Abendländischen Kirchenspaltung gewiß so gut wie ausschließlich von Gelehrten, die an den Universitäten ausgebildet waren, aber keineswegs etwa nur von Kanonisten oder Theologen – auch der Niederländer Marsilius von Inghen, der seine Studien und erste Lehrtätigkeit in Paris durchmessen, der seine theologische Promotion aber erst in Heidelberg 1395/1396 abgeschlossen hat, hat bereits seit 1391 mehrfach ausführliche Stellungnahmen zu den Streitfragen des Schisma abgegeben,[39] die die kurpfälzische Politik ohne Frage stark beeinflußt haben. Erst recht diejenigen Autoren, die sich in eigenen Schriften zur Frage etwa der politischen Theorie geäußert haben, gehörten allen Fakultäten an, Artisten stehen hier neben Theologen, neben Medizinern, neben Juristen, ohne daß eine deutliche Bevorzugung einer einzigen Fakultät erkennbar bliebe.[40]. – Diese Permeabilität der Fachgrenzen, jener Schranken, die die höheren Fakultäten von den Artistenmagistern einerseits und von sich untereinander andererseits trennten, hat ihre plausibelste Erklärung weniger in einem enzyklopädischen Zug der mittelalterlichen Wissenschaft, der ihr manchmal unterstellt wird, so als hätte grundsätzlich jeder Gelehrte eigentlich den gesamten Kreis aller Disziplinen abschreiten wollen oder sogar sollen, wie es einigen wenigen ja gelungen ist, sondern eher in diesem breiten Fundament der gemeinsamen Methoden und der allgemein eingeübten Vorgehensweise, in der Behandlung von Argumenten, kanonischen Büchern und Theoriebildungen, m. e. W. in den *dogmata* der Erfurter Urkunden. *Ratio, auctoritas* und *experientia* (Vernunft, das Argument autoritativer Texte und Erfahrung) sollten in ihrer Konkordanz die Säulen des Beweisgangs der scholastischen Wissenschaften sein. Kein einzelnes Moment von diesen dreien sollte unter den Tisch fallen. In der wissenschaftlichen Argumentation zählte der schlagende Beleg, die klare Gedankenführung des Beweisgangs, die Stringenz der Methode, nicht zuerst die handwerkliche Zunftgemäßheit, die freilich gewiß hier und da gegenüber den anderen Forderungen – wie heute auch – die Oberhand gewinnen konnte.

All das schloß langdauernden Streit der Fakultäten untereinander natürlich niemals aus, ebensowenig konnte es Versuche disziplinarischer Lösung von Streitigkeiten unterbinden.[41] Hier soll die scholastische Universität nicht (und gerade in ihrer eigentli-

39) Vgl. im einzelnen immer noch vor allem GERHARD RITTER, Studien zur Spätscholastik. Teil 1: Marsilius von Inghen und die okkamistische Schule in Deutschland. Heidelberg 1921. Zur Tätigkeit in Heidelberg WILLIAM J. COURTENAY, Marsilius von Inghen als Heidelberger Theologe. In: Heidelberger Jahrbücher 32 (1988) S. 25–42; JÜRGEN MIETHKE, Marsilius von Inghen als Rektor der Universität Heidelberg. In: Ruperto Carola 76 (1987), S. 110–120. Neuere Literatur im einzelnen verzeichnet MAARTEN J. F. M. HOENEN, Marsilius von Inghen, Bibliographie. In: Bulletin de philosophie médiévale 31 (1989) S. 150–167, 32 (1990) S. 191–195.

40) Dazu demnächst JÜRGEN MIETHKE, Political Theory and 14th Century Universities (erscheint in den Akten eines Symposiums des Medieval Institute der University of Notre Dame, Notre Dame/Indiana [USA] „Learning Institutionalized: Teaching in the Medieval University" [sept. 1992], ed. JOHN VAN ENGEN voraussichtlich 1995]).

41) JÜRGEN MIETHKE, Theologenprozesse in der ersten Phase ihrer institutionellen Ausbildung. Die Verfahren gegen Abaelard und Gilbert von Poitiers. In: Viator 6 (1975) S. 87–116; DERS., Papst,

chen und sich zunehmend provinzialisierenden spätmittelalterlichen Erscheinungsform nicht) idealisiert werden. Die Verteidigung von Privilegien, der Kampf um Vortritt und Einkommensvorrang wurde auch an den spätmittelalterlichen Universitäten mit aller Schärfe und Genauigkeit geführt und durchgestanden. Patronage und Klientel waren ohne jeden Zweifel auch innerhalb der Universitäten wichtige Faktoren einer individuellen Karriere.[42] Aber das kann doch nicht verdecken, daß die hier skizzierten Zusammenhänge daneben ihr eigenes Gewicht und ihre Bedeutung besaßen. Wenn die mittelalterliche Universität auch gewiß kein automatischer Fahrstuhl für soziale Blitzkarrieren war, wie die Rolle der *pauperes* unter Studenten und Dozenten hinreichend belegen kann, eine Schleuse für soziale Bewegung in der Gesellschaft war und blieb sie gleichwohl. – Gerade der Erfolg der Universität als Ausbildungsmodell belegt das deutlich. Daß sich die Zahl der Universitäten im Rhythmus der Jahrhunderte potenzierte, daß sich die Zahl der Universitätsbesucher in steilem Anstieg in ganz Europa wie in Deutschland im 15. Jahrhundert nahezu verzehnfachte,[43] das führte zwar schon damals auch zu einer Provinzialisierung im weitesten Verstand des Wortes, und damit gewiß auch zu einem heute noch empfindlichen Niveauverlust gegenüber den Leistungen der Hochscholastik im 13. und frühen 14. Jahrhundert. Die mit dieser Expansion verbundene Marginalisierung der *pauperes*, die kaum durch bloße Definitionsrafinesse hinweg erklärt werden kann,[44] der gleichzeitige Anstieg des Anteils von wohlhabenden und reichen, vornehmen und adligen Universitätsbesuchern an der Gesamtzahl der Studierenden[45] beweist zumindest, daß auch jene Schichten, die in der mittelalterlichen Gesellschaft bevorzugt waren, den Wert einer universitären Bildung als zusätzlichen

---

Ortsbischof und Universität in den Pariser Theologenprozessen des 13. Jahrhunderts. In: Die Auseinandersetzungen an der Pariser Universität im XIII. Jahrhundert. Hg. Albert Zimmermann, Berlin/New York 1976, S. 52–94; ders., Der Zugriff der kirchlichen Hierarchie auf die mittelalterliche Universität, Institutionelle Formen der Kontrolle über die universitäre Lehrentwicklung vom 12. zum 14. Jahrhundert (am Beispiel von Paris). In: Kyrkohistorisk A·rsskrift 77 (19177), S. 197–204; William J. Courtenay, Inquiry and Inquisition: Academic Freedom in Medieval Universities. In: Church History 58 (1989), S. 168–181. Demnächst auch Jürgen Miethke, Verschriftlichte Mönchstheologie und Zensur. In: »Viva vox« und »ratio scripta«. Mündliche und schriftliche Kommunikationsformen im Mönchs- und Ordenswesen des Mittelalters. Hgg. Clemens Kasper, Klaus Schreiner (voraussichtlich 1995).

42) Das erweist sich zum Beispiel an den verschiedenen Beiträgen des Sammelbandes: Schule und Studium (wie Anm. 9).

43) Zu den Frequenzen der deutschen Universitäten neuerlich (über die klassischen Aufstellungen von F. Eulenburg hinausführend) Rainer Christoph Schwinges, Deutsche Universitätsbesucher im 14. und 15. Jahrhundert. Studien zur Sozialgeschichte des Alten Reiches. Stuttgart 1986.

44) Rainer Christoph Schwinges, *Pauperes* an deutschen Universitäten des 15. Jahrhunderts. In: Zeitschrift für historische Forschung 8 (1981) S. 285–309. Zu Heidelberg vgl. Christoph Fuchs, Dives, pauper, nobilis, magister, frater, clericus. Sozialgeschichtliche Untersuchungen über Heidelberger Universitätsbesucher des Spätmittelalters (1386–1450). Leiden/New York/Köln (voraussichtlich 1995).

45) Z. B. Jacques Verger, Noblesse et savoir: étudiants nobles aux universités d'Avignon, Cahors, Montpellier et Toulouse. In: La noblesse au moyen âge, $11^{e}$–$15^{e}$ siècles, Essais â la mémoire de Robert Boutruche. Ed. Philippe Contamine, Paris 1976, S. 289–313; Rainer A. Müller, Universität und

Karriereschub zu schätzen lernten. Ganz ausschalten ließ sich die unliebsame Konkurrenz der Nichtstandesgenossen freilich nirgendwo vollständig, jedenfalls nicht bis zum Ende des Mittelalters. – Komplexe Umschichtungsprozesse lassen sich nicht einfach regulieren; die Sorge vor einer Überproduktion von universitär gebildeten Leuten, die in der Gesellschaft keine Chance finden würden, fand schon am Ende des 14. Jahrhunderts[46] und erst recht im folgenden Säkulum farbigen Ausdruck. Um ein ganz spätes Beispiel zu wählen: 1491 hielt in Erfurt Magister Johannes Schramm eine akademische Rede auf „Das Monopolium der Schweinezunft", in der er seinen Studenten vorführte, was in Zukunft aus ihnen werden könne und werden würde: *Hollenhippenmenner, platzmeyster / wurfelleger, czinkenzeler / cuppler, hurer, hurenwirt, hurenyeger / landzknecht, wyrtzknecht, pfaffenknecht, henselyn, wynruffer, hymmelhentz / Scharwechter, hengershunt, Schelmenschinder / koltreger, sacktreger, seumer / Kaßjager, wurstsameler, farentschuler / creter, wachßdieb, slafkogel, pflastertreter.*[47] Eine satirische Übertreibung, gewiß, die einem Rabelais hätte gefallen können, aber sie sollte uns nicht nur, wie Ernst Schubert meinte, der auf diesen Beleg aufmerksam gemacht hat,[48] vor der entgegengesetzten Übertreibung warnen, die Zahl der Immatrikulierten mit einer heranwachsenden geistigen Führungsschicht gleichzusetzen. Nur fünf Jahre zuvor, 1489, hatte nämlich in Heidelberg, ebenfalls vor einem Publikum von Artistenstudenten ein Heidelberger Artistenmagister, Jodokus Galtz [„Gallicus„] aus Rufach im nahen Elsaß, bei einem Quodlibet, und damit bei einem der Höhepunkte des artistischen Studienjahres in Heidelberg, mit fast identischen Worten unter einer fast identischen Überschrift *(Monopolium et societas vulgo 'des lichtschiffs')* unter dem Vorsitz des berühmten Humanisten Jakob Wimpheling schon exakt dieselbe Tirade vorgetragen.[49] Der Erfurter Johannes Schramm hat demnach diese Formulierungen stillschweigend, aber wortwörtlich von seinem Heidelberger Vorgänger abgeschrieben. Eine Abschilderung der Wirklichkeit wird man dem Text, der in den beiden ihrem

---

Adel. Eine soziostrukturelle Studie zur Geschichte der bayerischen Landesuniversität Ingolstadt 1472–1648. Berlin 1974.

46) Bekannt ist die Antwort Papst Urbans V. auf die Kritik, er habe zu intensive Förderung betrieben (aus dem nicht abgeschlossenen Informationsprozeß zur Heiligsprechung in: Actes anciens et documents concernant le bienheureux Urbain V. Ed. Joseph Hyacinthe Albanès et Ulysse Chevalier, Paris/Marseilles 1897, Nr. 131, S. 414): *...dum aliquando sibi diceretur: ‚Quare facitis vos tot clericos et studentes et cotidie eorum numerum ampliatis?' idem dominus Urbanus dulcissime respondens dixit et dicebat quod multum erat appetibile et ipse appetebat quod bone persone in dei ecclesia habundarent; et licet non omnes illi, quos tenebat in studio, essent futuri ecclesiastici beneficiati, tamen essent multum* [lies: *multi*] *religiosi et multi seculares et uxorati, ita quod ad quemcumque statum devenerint, etiamsi venirent ad opera mechanica, semper profuerit eis studium et essent melius docibiles et magis apti.*

47) Ed. Friedrich Zarncke, Die deutschen Universitäten im Mittelalter. Bd. 1, Leipzig 1857, S. 102–116, hier S. 112.

48) Jürgen Petersohn, Motive und Probleme (wie Anm. 6), S. 13–74, hier S. 40 mit Anm. 218.

49) Das hat schon Zarncke in seiner Ausgabe (wie Anm. 48) S. 251, festgestellt, vgl. die Rede des Jodokus Galtz ebd., S. 51–61, hier S. 60f.

Sozialklima nach keineswegs identischen Universitäten Heidelberg und Erfurt[50] am Ende des 15. Jahrhunderts gleichermaßen vorgetragen werden konnte, nicht ohne weiteres erblicken dürfen, sondern eher einen Ausdruck von Sorgen und Befürchtungen der Scholaren, die einem verengten Arbeitsmarkt gegenüberstanden. Das Angebot der Theoriequalifikation brachte bisweilen in der Tat keine qualifikationsnahe Chance mehr ein, besonders nicht im Falle der Studenten der Artistenfakultät.

Der Weg, den die europäischen Universitäten der frühen Neuzeit zur Stabilisierung eingeschlagen haben, der Weg in noch weiter getriebene Provinzialisierung, Regionalisierung und konfessionelle Disziplinierung, der die Hohen Schulen immer fester unter landesherrliche Patronage führte, braucht hier nicht nachgezeichnet zu werden. Das Angebot der spätmittelalterlichen Universitäten an die Zeitgenossen jedenfalls, das wir hier in eine Richtung hin etwas näher bedacht haben, darf nicht allein nach dieser wahrnehmbaren Entwicklungstendenz verstanden werden. Wenn das etwas deutlicher geworden sein sollte, hätte der Gang unserer Überlegungen sein beabsichtigtes Ziel erreicht.

---

50) Vgl. Schwinges, Universitätsbesucher (wie Anm. 44) S. 73–83 (Heidelberger Frequenz), bzw. S. 93–105 (Erfurt).

PETER MORAW

# Die ältere Universität Erfurt im Rahmen der deutschen und europäischen Hochschulgeschichte*

## I

Eine Abhandlung, die die ältere Universität Erfurt in die deutsche und europäische Hochschulgeschichte hineinzustellen sucht, gedenkt der Vergangenheit in vergleichender und damit in kontrollierter, wohl auch in relativierender Form. Das ist gerade im Bereich der Universitätsgeschichte nicht immer so gewesen. Gegenüber allzu schwungvollem Lobreden und allzu willigem Nachsprechen sind wir aber auch auf diesem Gebiet zurückhaltend geworden. Will man einen eher bescheidenen, aber gut verteidigungsfähigen Standpunkt beziehen, so empfiehlt sich vielleicht der folgende: Nicht so sehr die Legitimierung Hoher Schulen von heute sollte historisch sein, gerade weil dieser Punkt in der Vergangenheit eine so große Rolle gespielt hat, sondern die Individualisierung. Wer kein eigenes Gesicht hat, den lohnt es sich kaum anzuschauen, und man fühlt sich ortlos wie in manchen auswechselbaren Stadtzentren von heute. Einer Hochschule ohne Gesicht wird man in schwieriger werdenden Zeiten nicht viel Zukunft prophezeien, und vielleicht verdient sie diese Zukunft auch nicht.

Die ältere Universität Erfurt[1] hat nach einer sehr ansehnlichen Vor- und Frühgeschichte des Bildungswesens am Ort[2] von 1392 bis 1816 bestanden. Man sollte nicht

---

* Leicht veränderter Vortrag anläßlich der Gründung des Instituts für Geschichte an der Pädagogischen Hochschule Erfurt-Mühlhausen am 2. November 1993.

1) W I–III; Horst Rudolf Abe, Bibliographie zur Geschichte der Universität Erfurt (1392–1816) für die Jahre 1900–1990. Erfurt 1992; ders., Die frequentielle Bedeutung der Erfurter Universität im Rahmen des mittelalterlichen deutschen Hochschulwesens (1392–1521). In: BGUE 2 (1957), S. 29–57; Erich Kleineidam, Geschichte der Wissenschaften im mittelalterlichen Erfurt. In: Geschichte Thüringens. Hg. Hans Patze und Walter Schlesinger, Bd. 2/2, Köln/Wien 1973, S. 150–187; Horst Rudolf Abe, Die Erfurter Medizinische Fakultät in den Jahren 1392–1524. In: BGUE 17 (1973/74); Kleineidam I–III; Johannes Kadenbach, Zur Vorgeschichte der Erfurter Universität. In: Aus der Vergangenheit der Stadt Erfurt 4 (1988), S. 44–62; ders., Die Gründungsurkunde Papst Urbans VI. für die Universität Erfurt vom 4. Mai 1389. In: Erfurt 742–1992. Hg. Ulman Weiss, Weimar 1992, S. 135–153; Rainer Christoph Schwinges, Rektorwahlen. Sigmaringen 1992; Horst Rudolf Abe, Die Rolle der Universität Erfurt in der thüringischen und hessischen Bildungsgeschichte vom 14. bis zum 16. Jahrhundert. In: Hessen und Thüringen. Von den Anfängen bis zur Reformation. Marburg 1992, S. 54–57; Almuth Märker, Geschichte der Universität Erfurt 1392–1816. Weimar 1993.

2) Clemens Stroick, Heinrich von Friemar. Freiburg/Br. 1954; Ludger Meier, Die Barfüßerschule in Erfurt. Münster 1958; Sönke Lorenz, Studium generale Erfordense. Stuttgart 1989; ders.,

„alte" Universität Erfurt sagen, weil dies wie etwas Abgeschlossenes klingt. Es ist aber gar nicht so einfach, Hohe Schulen abzuschließen. Die Universitäten in Köln, Mainz und Trier sind nach längerer Pause während des 19. Jahrhunderts im 20. Jahrhundert wiedererstanden und erfreuen sich guter Gesundheit. Alle drei waren, wie Erfurt, mittelalterlichen Ursprungs. Knapp hinter Köln, nimmt man nur alles in allem, und weit vor Trier und Mainz hat Erfurt einst gleichsam einen zweiten Platz in diesem Quartett belegt. Blickt der Historiker auf die Geschichte der älteren Universität Erfurt, so sieht er sich in einer etwas paradoxen Situation. Zumindest aus den frühesten Zeiten ist nicht allzuviel erhalten, und doch ist der Forschungsstand für das schriftlich Bezeugbare gerade in unserer Generation sehr respektabel zu nennen. Dringend scheint es, die erhaltenen körperlichen Denkmale, das *Collegium Maius*, die Zepter und die wesentlichsten Urkunden und Amtsbücher, in den institutionellen Rahmen zurückzuführen, in den sie nach dem Neuerstehen der Universität gehören – zum Zeichen, daß die Erfurter Wiedergründung in den ganz kleinen Kreis der alten Hohen Schulen zurückkehrt. Was nun wieder das Erforschen der Erfurter Universitätsvergangenheit im Bereich der schriftlichen Überlieferung betrifft, so schreitet es erfreulicherweise weiter fort. Die Edition der Bakkalarslisten seit 1392 steht vor dem Erscheinen.[3] Es handelt sich um eine Quelle, die wichtige Aufschlüsse über die nach außen gerichteten Wirkungen der Universität im Mittelalter bietet.

Wo ist angesichts dieser Situation der Platz dieser Abhandlung? Man kann sagen, daß sich die Forschung bisher stark auf Erfurt selbst konzentriert hat und nicht allzusehr darauf hat achten wollen, daß es sich bei jeder Universität nur um einen Knoten unter mehreren und bald unter vielen in einem Netz gehandelt hat, das man seinerzeit gleichsam über das ganze papstchristliche Europa hinweg ausgeworfen zu haben scheint. Wissenschaftliche Aussagen über eine einzige Blume sind problematisch, sofern man nicht das ganze System der Pflanzen vor Augen hat. Die Fortschritte, die die international betriebene europäische Bildungsgeschichte im letzten Jahrzehnt und schon davor gemacht hat, sind enorm. Angesichts dessen könnte man unser Ziel ebenso bescheiden wie anspruchsvoll nennen. Es geht darum, die vorhin angesprochenen individualisierenden Erfurter Aspekte im Licht der deutschen und der europäischen Universitätsgeschichte zu betrachten.

Köln, Erfurt, Trier und Mainz, das gerade erwähnte Quartett, braucht sich gegenüber Wien, Heidelberg oder Leipzig, die keine gravierenden Unterbrechungen ihrer heimischen Universitätstradition aufweisen, nicht allzusehr im Hintertreffen zu fühlen. Denn die seit dem Mittelalter nur wenig veränderte Terminologie und das Verlangen von

---

Studium generale Erfordense. In: Traditio 46 (1991), S. 262–289; DERS., Das Erfurter Studium generale artium – Deutschlands älteste Hochschule. In: Erfurt 742–1992 (wie Anm. 1) S. 123–134; DERS., Erfurt – die älteste Hochschule Mitteleuropas? In: Aspekte thüringisch-hessischer Geschichte. Hg. MICHAEL GOCKEL, Marburg 1992, S. 139–146.

3) Das Bakkalarenregister der Artistenfakultät der Universität Erfurt 1392–1521. Hg. RAINER CHRISTOPH SCHWINGES und KLAUS WRIEDT.

damals und heute, kontinuitätsbildend-legitimierend zurückzublicken, täuschen den Historiker der Gegenwart nicht über die gewaltigen Unterschiede hinweg, die zwischen dem älteren und dem modernen Universitätsleben bestehen. Die vorklassische Universität, die man bis zum frühen 19. Jahrhundert rechnen kann, war ganz anders beschaffen als die nachklassische, in der wir heute leben. Maßstab für beide, Forschungsmaßstab für die vorklassische und hochschulpolitischer Maßstab für die nachklassische Zeit, ist die große Epoche der klassischen Universität im 19. und früheren 20. Jahrhundert – die einzige Periode, in welcher deutsche Hohe Schulen Weltbedeutung gehabt haben.[4] Was klassischer und vorklassischer Universität gemeinsam ist und was sie von unserer heutigen Universität unterscheidet, sind vor allem das Vorwalten der kleinen oder ganz kleinen Zahlen und die Existenz von der Vergangenheit her legitimierter, recht einfacher Organisationsformen. Was die klassische Universität und die nachklassische Periode einerseits unterscheidet von der vorklassischen andererseits, ist die Differenz zwischen dem Gelehrten in seiner Haltung und dem Wissenschaftler in seinem Handeln. Beide sind durchaus verschieden beim Umgang mit ihrem Gegenüber; beim Gelehrten lag der Akzent auf dem Gewußten, beim Wissenschaftler liegt er auf dem zu Wissenden.

Für den Erforscher der vorklassischen Zeit, der die ältere Universität Erfurt gänzlich angehörte, ist es daher nicht ohne weiteres nützlich, Mitglied einer modernen Universität zu sein, weil die hier gewonnenen Erfahrungen beim Verständnis der Vergangenheit in die Irre führen können. Viele Fehler, die man bei Themen wie dem unseren gemacht hat, rühren daher. Gleichwohl ist die Geschichte der ganzen Universität als die Geschichte einer der interessantesten langlebigen Sozialformen, die die Europäer hervorgebracht haben, bei richtiger Bewertung der jeweils anders beschaffenen Rahmenbedingungen äußerst lehrreich. Als Beispiel diene der Tatbestand, daß es unberechtigt ist, gegenüber einer Universität den Begriff des Regionalismus als Schimpfwort zu gebrauchen. Achthundert Jahre europäischer Universitätsgeschichte zeigen vielmehr: Nur diejenige Universität war und ist gesund, die sich in einer tragfähigen Region dauerhaft verwurzelt. Erst sekundär und häufig nicht von Dauer waren und sind überregionale Wirkungen.

Damals wie heute waren Universitäten in ihrem Existenzkampf „horizontal", also in ihrer jeweiligen Umwelt verankert. Probleme und Problemlösungen von Fall zu Fall, Bewährung oder Scheitern von Fall zu Fall zu analysieren ist daher mindestens ebenso fruchtbar wie einen oft dünnen Faden der Kontinuität noch mehr in die Länge zu ziehen. In der Vergangenheit kannte niemand die Zukunft, und man wußte nichts über den Legitimierungsbedarf oder auch Individualisierungsbedarf der viel Späteren. Man behauptete sich am Tage, wie wir das heute in unseren Universitäten versuchen, recht und schlecht in dem Bestreben, das im Augenblick am besten Erscheinende zu tun.

4) PETER MORAW, Aspekte und Dimensionen älterer deutscher Universitätsgeschichte. In: Academia Gissensis. Hg. PETER MORAW und VOLKER PRESS, Marburg 1982, S. 1–43.

Nebenwirkungen oft des einst kurzfristig Bezweckten wirkten dann weit in die Zukunft. Auch die Erfurter Universität ist mitnichten zum Zweck aufgeklärter Bildungspolitik für viele gegründet worden, sondern war primär gewiß ein Prestige- und Wirtschaftsobjekt für ganz wenige – als Zeichen, daß man etwas vorzeigen konnte, was andere nicht vorzuzeigen vermochten. Sie sollte sein vielleicht in zweiter Linie ein Versorgungsinstitut für zu begünstigende Nahestehende und zum dritten in Gestalt ihrer Lehrer ein Reservoir für Fachleute, die den Regierenden nützen mochten. Auch was dann aus den europäischen Universitäten – wie gesagt als Nebenabsicht – an größeren Zahlen von Absolventen oder unabsolvierten Besuchern hervorgegangen ist, hat für Jahrhunderte die „feudale" Gesellschaft bei uns bei weitem nicht direkt verändert, sondern im Gegenteil zunächst und auf mittlere Frist indirekt stabilisiert. Denn man nahm Posten bestenfalls zweiten und vor allem dritten Ranges in Gesellschaftsformen ein, deren erste und vielfach auch zweite Stellen nach den Kriterien von Geburt und Besitz vergeben worden sind. Erst sehr langsam, von kaum einem Führenden wirklich gewollt, kam das Leistungskriterium als neues Element zur Geltung. Es sollte dann in der Moderne siegreich werden und die Welt verändern, aber wie gesagt als Nebenwirkung. Einen Arbeitsmarkt für Akademiker im modernen Sinn zum Beispiel mochte es im Mittelalter allenfalls in den großen oberitalienischen Städten gegeben haben.[5]

Als man die italienische und französische Institution „Universität" in Deutschland, auch in Erfurt, kopierte, war man sich schließlich nicht im mindesten dessen bewußt, daß die soziale Situation im eigenen Land ganz anders beschaffen war, daß die italienischen Fachleute, wenn man sie ernsthaft befragt hätte, wohl diese Kopie als grotesk und die Franzosen als bedenklich bezeichnet hätten. Aber man tat es trotzdem, und – siehe da, auf die Dauer stellten sich doch Wirkungen ein, über die wir heute recht positiv denken. Europäische Universitätsgeschichte ist insofern eine vertrackte Angelegenheit, als die Wahrheitssuche fast immer ein Element des Befremdlichen an sich hat. Daß man das ertragen muß, ist etwas, was die Errichtung einer Hohen Schule in der eigenen Stadt mit sich bringt. Solches Aufgestörtwerden hat es von Anfang an in der Universitätsgeschichte gegeben, und es wird bestehen bleiben.

---

5) La nascita delle università. (Le università dell'Europa [1]). Hg. Gian Paolo Brizzi und Jacques Verger, Milano 1990, bes. die Beiträge von Jacques Verger und Rainer Christoph Schwinges; Geschichte der Universität in Europa. Hg. Walter Rüegg. Bd. 1, München 1993; Peter Moraw, Das spätmittelalterliche Universitätssystem in Europa – sozialgeschichtlich betrachtet. In: Wissensliteratur im Mittelalter und in der Frühen Neuzeit. Hg. Horst Brunner und Norbert Richard Wolf, Wiesbaden 1993, S. 9–25.

## II.

Die Anfänge der Geschichte der europäischen Universitäten im 12., 13. und im größten Teil des 14. Jahrhunderts kann man zusammenfassend einem „universalen" Zeitalter[6] zurechnen, vor allem weil sich das allzuständige Papsttum auch für sie verantwortlich gefühlt hat. Diesem Zeitalter hat die Universität Erfurt bekanntlich nicht angehört, jedoch taten dies ganz am Ende noch die Prager Universitäten und in gewisser Hinsicht die sehr respektablen Erfurter Schulen vor der Universitätsgründung.[7] Damit wird, so heben wir erstmals vergleichend hervor, etwas Besonderes mitgeteilt. Denn in jenem universalen Zeitalter, bevor die Papstkirche im Großen Schisma (1378) auseinanderbrach und erpreßbar wurde, gab es als eine Selbstverständlichkeit Universitäten allein im „Älteren Europa"; das heißt in jenem Süden und Westen des Kontinents, der direkt oder indirekt von römisch-antiker Tradition geprägt war – ein Raum, der vom inneren Deutschland aus gesehen links des Rheins und südlich der Alpen, in gewisser Weise auch südlich der Donau lag. Dichtere Bevölkerung, größere Städte, eine vorwiegend gebildete und ausgebildete statt einer vorwiegend adeligen Kirche, ein weitaus höheres Maß an Schriftlichkeit, ein „modernes" Geldwesen, immer wieder größere soziale Mobilität und eben die Existenz von Universitäten seit dem späten 12. Jahrhundert machten dieses begünstigte Europa aus. Im „Jüngeren Europa" rechts des Rheins und nördlich der Donau war man auf mühsame Ausgleichs- und Beschleunigungsvorgänge angewiesen, um nach und nach aufzuholen.[8]

In Prag, seiner wichtigsten Residenz, ist von einem frankreich- und italienerfahrenen Kaiser, Karl IV. (1346/1347–1378), aus politisch-dynastischen Gründen im Jahr 1348 eine Universität gleichsam in fremdes Erdreich eingepflanzt worden. Sie hat für die untere Fakultät der „Artisten"-Philosophen kaum früher als um 1360 und für die höheren Fakultäten der Theologie, Kanonistik und Medizin nicht eher als um 1370 wirklich funktioniert. Nach entwicklungsgeschichtlichen Standards – wenn es nur unwiderstehliche überpersönliche Prozesse und nicht auch das individuelle Handeln von Mächtigen gegeben hätte – hätte der Standort der ersten deutschen Universität Köln sein müssen, die damals größte deutsche Stadt und einzige wirkliche deutsche Großstadt im „Älteren Europa", die mit nahezu allen entsprechenden Ausstattungsstücken versehen war. Aber die politisch-kirchlichen Verhältnisse begünstigten dies nicht. Einige wenige anspruchs-

6) PETER MORAW, Der Lebensweg der Studenten. In: Geschichte der Universität in Europa (wie Anm. 5) S. 227–254.

7) PETER MORAW, Die Universität Prag im Mittelalter. In: Die Universität zu Prag, München 1989, S. 9–134; DERS., Die Juristenuniversität in Prag (1372–1419), verfassungs- und sozialgeschichtlich betrachtet. In: Schulen und Studium im sozialen Wandel des hohen und späten Mittelalters. Hg. JOHANNES FRIED, Sigmaringen 1986, S. 439–486; PETER MORAW, Die Prager Universitäten des Mittelalters. In: Spannungen und Widersprüche. Gedenkschrift für František Graus. Sigmaringen 1992, S. 109–123. Vgl. oben Anm. 2.

8) PETER MORAW, Über Entwicklungsunterschiede und Entwicklungsausgleich im deutschen und europäischen Mittelalter. In: Hochfinanz. Wirtschaftsräume. Innovationen. Festschrift für Wolfgang von Stromer. Bd. 2, Trier 1987, S. 583–622.

volle Schulorte, nicht Universitätsorte, die bedeutendsten davon Köln und Straßburg, Wien, Magdeburg und eben Erfurt, waren im 13. und 14. Jahrhundert in Deutschland hervorgetreten. Das „national"-regionale Zeitalter der europäischen Universitätsgeschichte setzte dann mit der Kirchenspaltung von 1378 ein, einem fundamentalen Datum nicht nur für Erfurt, und währte – jedenfalls in Deutschland – zunächst bis zur Reformation. Diesem Zeitalter gehörte die Erfurter Universität seit ihrem Beginn an.

Das universale Zeitalter und das nachfolgende waren bei weitem nicht darauf bedacht, im Interesse der Volksbildung in Europa überall Universitäten zu verstreuen, und waren sich nicht einmal darüber einig, was eine Universität sei. Besser gesagt: Nicht im mindesten irgendeine übergreifende und langfristige Idee von der Universität an und für sich stand am Anfang, sondern „fachlich" spezialisierte Lehrer-Schüler-Verhältnisse, die nach und nach vor allem wegen innerer Konflikte von der betreffenden Obrigkeit institutionalisiert und angesichts von Konflikten mit äußeren Kräften privilegiert, das heißt geschützt worden sind. Der von später her übergestülpte vereinheitlichende Begriff „Universität" ist für das Erkennen der Realitäten von damals geradezu gefährlich.[9] Denn es gab am Anfang vor allem zwei Haupttypen europäischer Universitäten, die fast in jeder Hinsicht unvereinbar gewesen sind: Die praktisch nur der Juristenausbildung gewidmete, sozial höherrangige Universität in Italien (und etwas später in Südfrankreich) mit dem Urbild in Bologna entstammte der norditalienischen Großstadt (die um ein Mehrfaches größer war als die größten deutschen Städte), der modernsten in Europa, mit ihrem schon höchst komplexen, rationalen und säkularen, der Jurisprudenz bedürfenden öffentlichen Leben; zum zweiten bestand um 1200 die sozial nachstehende oder auch sozial diffuse, auf die Fächer der späteren Philosophischen Fakultät und auf die damit eng verbundene Theologie abzielende Universität in Paris (und ganz ähnlich bald in Oxford und Cambridge), die eng mit der nicht weniger rationalen, ja intellektuellen, aber nicht zwingend urbanen nordfranzösischen und englischen Kirche verknüpft war.

In Prag oder anderswo rechts des Rheins bestand weder die eine noch die andere Lebenswelt; dafür aber gab es um 1350 den entschiedenen Willen der mit dem Papst verbündeten großen Dynastie. So erwuchsen in Prag, wie die neuere Forschung gezeigt hat, zwei Universitäten (die schon im Jahr 1417 wieder zugrunde gegangen sind): eine Universität der Juristen nach dem Bild von Bologna und eine Kopie von Paris als Universität vor allem der Philosophen. Hier waren die Theologen und die Mediziner dabei, von denen die letztgenannten wegen ihrer ganz geringen Zahl keine beachtenswerte Rolle innehatten.

Erst die Töchter Prags, in Wien, Heidelberg, Köln und Erfurt, dann in Leipzig, Rostock usw., vereinten unter ihren meist knapp bemessenen Dächern, unter den Dächern nämlich der jungen und nicht allzu wohlhabenden deutschen Territorialstaaten oder Städte, alle vier Fakultäten, weil man sich Alternativen nicht leisten konnte. So

9) Vgl. bes. Anm. 5.

entstand in der Mitte des Kontinents das dritte europäische Modell der Universität mit ungeheurer Nachwirkung bis in die Moderne. Denn fast alle europäischen Universitäten der klassischen Zeit sind im Kern Vierfakultätenuniversitäten.

Es zeichnet sich schon ab, welche allgemeinen Eigenschaften man einem Universitätssystem wie dem mittelalterlichen zuschreiben wird, welchem sich dann auf noch zu schildernde Weise die Universität in Erfurt einordnete. Eine Haupteigenschaft war die krasse Unterschiedlichkeit in den Realitäten bei formaler Gleichheit im Rechtszustand; denn ein erster Hauptsatz der Universitätsgeschichte (und Universitätsgegenwart) heißt: „Universität ist, was als Universität anerkannt ist". Diese Rechtsgleichheit kam in der Vergangenheit durch das Herangewachsensein im „Älteren Europa" und durch päpstliches oder kaiserliches Privileg im „Jüngeren Europa" zustande. Einem Höchstmaß von angleichender Legitimität, das man durch Privilegienbesitz und durch die Orientierung an Vorbildern anstrebte, stand ein Höchstmaß von lebensweltlichen Unterschieden gegenüber. Gewaltige Spannungen zwischen Norm und Realität mußten ausgehalten werden. Das Forum dafür war ganz Europa, der Papst bildete die oberste Instanz. Denn die alte Universität – außerhalb von Italien – ist im Prinzip nur als kirchliche Anstalt verständlich, vor dem Hintergrund der alles durchdringenden, fast alles tragenden und vieles rational bewältigenden Papstkirche. Niemals hätten sich die schwachen Pflänzchen der Universitäten aus eigener Kraft behauptet. Auch der bei etwas Nachdenken wahrhaft erstaunliche Vorgang, daß der interne Mechanismus der Selbstergänzung des Lehrkörpers, die Graduierung, rasch nach außen zu wirken vermochte, so daß durch eben diese Graduierung von immer mehr Personen ein neues europäisches System sozialer Qualifikation heranwuchs, ist nur vor dem Hintergrund der Kirche vorstellbar. Dieses System der Graduierung stellt bekanntlich bis heute den Kern der Universität dar. Überall mag Wissenschaft betrieben werden, derzeit quantitativ gesehen viel mehr außerhalb der Universität als innerhalb ihrer, aber graduieren kann nur die Universität und nicht irgendeine staatliche oder private Instanz.

## *III.*

Wir stellen uns nun der Erfurter Situation und beginnen mit einer vielleicht abermals ernüchternden, gleichwohl vielfach bestätigten Aussage, die für Vergangenheit und Gegenwart gültig war und ist: Die Bedeutung einer Universität wird von ihren wissenschaftlichen Leistungen relativ wenig, hingegen fundamental von der Stadt und vom nahegelegenen Umland bestimmt, denen die Universität zugehört. Die Lage am Rand oder in dünn besiedelter Gegend wird ein entscheidendes Hemmnis sein.[10] Unter diesen Voraussetzungen sind Erfurts Gegebenheiten von damals und wohl auch von

10) Vgl. DIETER BROSIUS, Kurie und Peripherie – das Beispiel Niedersachsen. In: Quellen und Forschungen aus italienischen Archiven und Bibliotheken 71 (1991) S. 325–339 oder PETER MORAW, Das Mittelalter (bis 1469). In: Schlesien. Hg. NORBERT CONRADS. Berlin 1994, S. 37–176, 706–719, bes. 160, 165 ff.

heute als glücklich zu bezeichnen. Ja es verhält sich rückblickend betrachtet geradezu so, als ob die allgemeine Geschichte gleichsam zugunsten der Erfurter Universitätsgeschichte tätig gewesen wäre. Wir erinnern dafür ganz kurz an wohlbekannte Tatbestände. Im Lichte dessen, was von der europäischen Universitätsgeschichte erwähnt worden ist, zeigt die Vergangenheit Erfurts[11] das eine oder andere Merkmal einer Stadt am Rhein, also aus einer historisch besonders begünstigten Landschaft des „Älteren Europa". Die uralte, seit Bonifatius bestehende und immer wieder zeitgemäß erneuerte Verknüpfung mit Mainz war dabei äußerst wichtig. Dadurch rückte Erfurt gleichsam weit nach Westen. Am wesentlichsten war jene dadurch herbeigeführte Konzentration geistlich-geistiger Institutionen und Interessen, auch in Gestalt zahlreicher Pfründen, die ein intellektuelles Leben von Rang erst möglich machte. Dies muß man sehen in der Kombination mit ausreichender politischer Bewegungsfreiheit, die die geographische Distanz vom Stadtherrn, dem Erzbischof, mit sich gebracht hat, und in Verbindung mit einem vermutlich geringeren Feudalisierungsgrad als am Rhein. Dort war eher die Adelsbildung bestimmend, die ganz etwas anderes war als geistig-geistliche Bildung. Die geistlich-geistigen zentralen Funktionen Erfurts für Thüringen und auch darüber hinaus traten anregend hinzu. Die große wirtschaftliche Bedeutung der Stadt mit ihren Handelsstraßen und dem gewerblich nutzbaren Umland und ein recht gut entwickeltes Geldwesen flankierten den Spielraum des Handelns als nahezu autonome Stadt gegenüber dem Erzbischof. Der König war nicht sehr nah, aber auch bei weitem nicht so fern wie etwa gegenüber Norddeutschland; er hat jedenfalls bis ungefähr um 1300 seinen Teil zur Zentralität Erfurts beigetragen. Im 15. Jahrhundert hat sich die dann doch ausgeschlagene Alternative, Reichsstadt zu werden, am deutlichsten dargeboten. Die Mauer schon des 12. Jahrhunderts mag 130 Hektar umschlossen haben. Erfurt war gewiß größer als Frankfurt am Main, wenn auch kleiner als Nürnberg; jedenfalls kann es als ein überzeugender Nachweis für jene grundlegenden Ausgleichsprozesse gelten, die die ältere deutsche Geschichte erst vollendet haben. Aus einem Ort an der Slawengrenze wurde eine der bemerkenswertesten Städte des deutschen Mittelalters. Im 14. Jahrhundert stand sie auf der Höhe ihrer Macht.

Doppelgesichtig, wie in kaum einer anderen deutschen Stadt, ist die Geschichte derjenigen Erfurter Studien, die in die Vorgeschichte der Universität gehören. Auch der quantitative und, soweit man sehen kann, der qualitative Rang dürften ansehnlich gewesen sein.[12]

---

11) Willibald Gutsche (Hg.), Geschichte der Stadt Erfurt. Weimar² 1989; Ulman Weiss, Sedis Moguntinae filia fidelis? In: Südwestdeutsche Bischofsresidenzen außerhalb der Kathedralstädte. Hg. Volker Press, Stuttgart 1992, S. 99–131.

12) Bisher hat man Vergleiche noch nicht angestellt. Material bei Jacques Verger, Etudes et culture universitaires du personnel de la curie avignonnaise. In: Le fonctionnement administratif de la papauté d'Avignon. Rome 1990, S. 61–78, bes. 77. Vgl. auch Marie Blahova, Artes und Bildung im mittelalterlichen Böhmen (vor der Gründung der Prager Universität). In: Scientia und Ars im Hoch- und Spätmittelalter. Berlin/New York 1994, S. 777–794.

In Erfurt bestanden nebeneinander Generalstudien der drei großen Bettelorden, der Dominikaner, der Franziskaner und der Augustinereremiten, wie nur in sehr wenigen deutschen Städten, und ein aus zuletzt vier Erfurter Stifts- beziehungsweise Klosterschulen hervorgewachsenes philosophisches Studium.[13] Dieses hat als vorerst einmalig in Deutschland zu gelten.

Sehr früh, 1224 und 1229, kamen Franziskaner und Dominikaner nach Erfurt, 1266/1276 die Augustinereremiten. Ihren bald entfalteten „modernen" Zentralisierungsbestrebungen innerhalb eines regional gegliederten Ordensgefüges kam – zunächst in Konkurrenz mit Magdeburg – die Mittellage Erfurts im mittleren Deutschland, bei genügend großer Nähe zum Süden, sehr entgegen. Für die Zentren der Ordensprovinzen waren bekanntlich ordensinterne Studienanstalten vorgeschrieben worden, an die die intelligentesten Brüder entsandt werden sollten. Es waren Studien, die die jeweilige Ordenstradition und die jeweilige Ordenstheologie betonten und die gleichsam nach innen gewandt waren, in aller Regel nur Ordensangehörige zuließen. In einem eigentümlichen Verhältnis standen die Bettelorden – stadtbezogen, intellektuell, als Teile der Kirche päpstlich-kritisch beaufsichtigt wie die Universitäten Pariser Stils – zu eben diesen nicht viel älteren Universitäten. Die Theologie als Königin der Wissenschaften, dieses hochempfindliche und heiß umstrittene Gebilde, wurde beiderseits mit Leidenschaft betrieben. Doch fehlte es lange Zeit, in Deutschland bis in die zweite Hälfte des 14. Jahrhunderts hinein, an ausreichend qualifizierten weltgeistlichen Lehrern der Theologie in genügender Zahl. So kam es zum Ineinanderschieben von Ordensstudien und Universitäten in der Theologie, zu einer sehr eigentümlichen Konstruktion.

Sie erweist sich von heute aus gesehen als Sackgasse der Universitätsgeschichte, doch konnte das damals nicht so verstanden werden. Vielmehr war es nach Pariser Vorbild völlig normal, daß die Ordensleute auch in der Theologischen Fakultät wenigstens am Anfang führten. Es stand für Prag am Beginn der Universitätsgeschichte kein einziger weltgeistlicher Theologieprofessor zur Verfügung. Erst nach gewiß nicht unbeträchtlichen Kämpfen kam es nach einigen Jahrzehnten zu einem Gleichstand, in Prag wie in Erfurt zu einem Verhältnis von drei zu drei. Die Ordensprofessoren kosteten nichts, weil sie im Kloster lebten und lehrten. Auch Martin Luther, in Erfurt ausgebildet, ist als Augustinereremit ein Professor dieser Art in der kleinen und armen Universität Wittenberg geworden. Die weltgeistlichen Professoren mußten, wie es der Normalfall erst recht in den übrigen Fakultäten war, mit einer Pfründe ausgestattet werden. Die Zahl der verfügbaren Pfründen deckte aber zumindest im rechtsrheinischen Deutschland niemals den Bedarf. Dennoch wies dieses System und nicht das andere der Ordenslehre in die Zukunft. Denn gerade aus der Pfründe entstand der Lehrstuhl, die grundlegende und, so darf man hinzusetzen, überaus erfolgreiche, da extrem flexible Kerneinheit des europäischen Hochschulwesens. Die Verflechtung mit der Mutteruni-

13) Vgl. Anm. 2. Isnard Wilhelm Frank, Die Bettelordensstudia im Gefüge des spätmittelalterlichen Unterrichtswesens. Stuttgart 1988.

versität in Paris, wo die Allerklügsten, vor allem die künftigen Professoren, zum großen Teil auch studiert oder gar gelehrt haben, sicherte in den Ordensstudien die Einheit der Thematik und Auffassung (in der nach Orden gegliederten Vielheit) und wohl auch eine Mindestqualität. Ein besonders namhafter unter den Erfurter Ordenstheologen war der Dominikaner Meister Eckart (gest. 1328 oder vor 1328), aber auch der Augustinereremit Heinrich von Friemar der Ältere (gest. 1340) ist erwähnenswert. Im Dominikanerstudium in Köln hatte Thomas von Aquin, der wohl bedeutendste Gelehrte des christlichen Mittelalters, zu Füßen Alberts des Großen gesessen. Alle vier Genannten sind früher oder später Professoren in Paris geworden.

Betrachten wir diese Situation unter dem Gesichtspunkt der kommenden Erfurter Universitätsgeschichte, so kann man etwa so formulieren: Wie nur in wenigen Städten Deutschlands, günstiger als in Prag oder Wien, nur wenig ungünstiger als in Köln, stand in Erfurt ein Element des kommenden Universitätsbetriebs bereits zur Verfügung. Direkte Aktivitäten von den Ordensstudien hin zur Universitätsgründung sind freilich nicht bekannt und wohl auch nicht wahrscheinlich, weil die „internationalen" Systeme der Bettelorden je für sich schon generationenlang gut funktioniert hatten. Was ihnen allerdings fehlte, war das allgemeine Graduierungsrecht über die ordensinterne Qualifizierung hinaus.

Interessanter noch, ja beinahe aufregend, wenn auch immer noch vielfach im Quellendunkel verharrend, ist das Artistenstudium in Erfurt, wohl etwa vom späteren 13. Jahrhundert bis ungefähr 1366/1368 zu datieren. Es handelte sich um die beiden Stiftskirchen St. Marien, den heutigen Dom, und St. Severi, um das Augustinerchorherrenstift, das „Reglerstift", und um das Schottenkloster. Wie aus dem für Stiftskirchen normalen Schulbetrieb im engeren Sinn soviel mehr als dieser geworden ist, verschwimmt leider im Quellendunkel. Jedenfalls hat Nikolaus von Bibra,[14] ein ebenso eleganter wie scharfzüngiger Poet (und gewiß zugleich angesehener Geistlicher) in Erfurt, Student einst in Padua, schon in seinem 1281/1283 entstandenen *Carmen satiricum* Licht und Schatten einer großen Schülerzahl in Erfurt hervorgehoben und auch höherrangige Studien angedeutet. Derselbe hat übrigens auch schon behauptet, daß das Geld die (Erfurter) Welt regiere.

Wenn wir dasjenige, was sich besonders aus den beiden ersten Dritteln des 14. Jahrhunderts bruchstückhaft vom „Artisten"studium erfahren läßt, im Licht der europäischen Universitätsgeschichte beurteilen, dann kann man etwa folgendes feststellen: 1. Wie bei den Ordensstudien war alles, was hierbei vorfiel, inhaltlich und personell pariszentriert, dorthin also gerichtet, wohin man sich beim größten Ehrgeiz in der, wie wir vorhin sagten, zweiten Etage der europäischen Universitätsbildung orientieren mußte. Charakteristischerweise ist in Erfurt, anders als etwa bei den Magdeburger

14) B. Pabst, Nicolaus von Bibra. In: Lexikon des Mittelalters, Bd. 6, München/Zürich 1993, Sp. 1132.

Ordensstudien, kaum von Jurisprudenz die Rede.[15] So fein war man nicht, aber immerhin klug genug, um wegen des Fehlens der äußeren Legitimierung durch ein Privileg nach einer inneren Legitimierung durch Qualität und durch Personenbeziehungen zu streben. 2. Auch die schwachen Erfurter Spuren organisatorischer Art verweisen auf Paris, auf die partielle Loslösung – wie in Paris – von Magistern mit ihren Scholaren von den geistlichen Institutionen und auf einen dadurch entstehenden städtischen Regelungsbedarf. Das Artistenstudium war wenigstens ansatzweise hierarchisch organisiert, mit einem Rektor an der Spitze, der vielleicht Schulleiter an der angesehensten Kirche, dem Marienstift, gewesen ist. 3. Was die Magister lehrten, war ein respektables Artistenprogramm bis hin zur Mathematik und Astronomie selbst mit einem Anklang an Medizin, also einer sozial verwandten Disziplin; jedoch blieb man kurz vor der sozial und fachlich niedrigen, rechtlich aber unübersteigbaren Grenze zur Theologie stehen. Diesen Mangel schien man zu empfinden. Denn trotz der so zufälligen Überlieferung ist wenigstens einmal eine substantielle Zusammenarbeit der vorhin angesprochenen Ordensstudien, die neben den *Artes* der Theologie gewidmet waren, und der Artistenschulen nachweisbar.[16] 4. Untersucht man die Herkunft der Lehrer[17] (bekannt für 14–15 Personen), so tritt Thüringen mit zwei bis drei Personen bei weitem nicht so stark hervor, wie man bei einem nur lokalen Unternehmen hätte annehmen müssen. Die beiden führenden Herkunftslandschaften (je vier Personen) waren das Rheinland (wie zu erwarten bei dieser wichtigsten deutschen Region) und Niedersachsen, der Rest war ziemlich weit verstreut. 5. und am wichtigsten: Es gab auf das Studium ein auswärtiges Echo, bis hin zum Kaiserhof. Es waren also Realitäten und nicht nur lokale Wunschvorstellungen, die die Quellen widerspiegeln.

Die bekannteste Situation im Zusammenhang mit dem Erfurter *Artes*-Studium bilden tatsächlich Äußerungen und Handlungen Kaiser Karls IV. und seiner Kanzlei. Im Briefverkehr des Hofes mit der päpstlichen Kurie steht zum Jahr 1366 mit dürren Worten zu lesen, daß das Erfurter Studium besser qualifiziert sei als die Prager Artistik.[18] Wenn man die Prager Universitätsgeschichte nüchtern und nicht verklärend betrachtet, so wird man dies für das betreffende Jahr und für die knapp zwei Jahrzehnte davor für richtig halten. Man wird ohnehin bedenken, daß man sich so ausdrückte in einem Kommunikationsgeflecht mit einer geringen Zahl von Beteiligten, die Fachleute waren, die einander und die meisten fraglichen Schauplätze kannten und vernünftige Maßstäbe hatten. Die Prager Universitäten hatten in der Tat beträchtliche Mühe, einigermaßen konkurrenzfähig zu werden. Vermutlich hatte man nur deshalb 1348 ein so großzügiges Privileg erhalten, weil

15) Neu zu prüfen wäre Ferdinand Doelle, Die Rechtsstudien der deutschen Franziskaner im Mittelalter und ihre Bedeutung für die Rechtsentwicklung der Gegenwart. In: Aus der Geisteswelt des Mittelalters. Studien und Texte Martin Grabmann gewidmet. Münster 1935, S. 1037–1064.

16) Lorenz, Studium generale Erfordense (wie Anm. 2) S. 155f.

17) Ebd., S. 161ff.

18) Horst Rudolf Abe, Karl IV. und das Erfurter „Studium generale". In: Mezinárodní vedecká konference doba Karla IV. v dějinách národu ČSSR. Materialy ze sekce dějin filozofie a přívodních věd. Praha 1981, S. 111–122; Lorenz, Studium generale Erfordense (wie Anm. 2) S. 42ff.

man am Papsthof dessen Realisierung als kaum möglich ansah. Daß es in Prag mehr gab als nur den einen oder anderen Artistenmagister, nämlich fünf bis sechs, hört man erst aus den sechziger Jahren, von den höheren Fakultäten ganz zu schweigen. Geblendet von den Gründungsdaten hat man sich auch hier die von der Umwelt her vorgeformten Rahmenbedingungen und Proportionen nicht klar gemacht. In der angesehensten Fakultät, auf die soviel ankam, der Juristischen, ist in Prag erst knapp vor 1370 ein Doktor fest verankert worden, dem dann bald ein oder zwei weitere folgten. Das waren eben, wie gerade auf der obersten Ebene nicht anders zu erwarten, wie später auch in Erfurt rechtsrheinische Verhältnisse. Köln, unter den Bedingungen des „Älteren Europas" lebend, brachte aus dem Stand, im Gründungsjahr 1388, elf besetzte juristische Lehrstühle hervor und je nachdem, wie man zählt, zwanzig oder fünfzig Magister der Philosophie, im Vergleich zu acht Magistern in Erfurt vier Jahre später.[19] Es gab eben beispielsweise auch elf Kollegiatstifte in Köln statt zwei wie in Erfurt. Prag war kirchlich besser ausgestattet als Erfurt, dafür aber sehr stark von heimischen Adelsinteressen bestimmt, die in ganz andere Richtung wiesen als in die einer Universität.

Unter solchen Voraussetzungen wird auch klar, was rasch und schmerzhaft zum Schicksal des Erfurter Artistenstudiums geworden ist. Der Kaiser und seine Kanzleibeamten, Leute, die weit blickten, erfaßten sofort die unheilbare Schwäche der Erfurter Lehrer, ihre nur „informelle" Existenz. Die führenden Magister von der Gera konnten dem Ruf in das formgerecht privilegierte Prag nicht widerstehen, und es hat sich für sie auch gelohnt. Sie bildeten in Prag eine Gruppe, die samt ihren Schülern eine Zeitlang sehr beträchtlichen Einfluß auf die beiden Fakultäten der Philosophie und Theologie ausgeübt hat.

## *IV.*

Aus der älteren Erfurter Universitätsgeschichte seit 1392 und aus deren unmittelbarer Vorgeschichte sind als individualisierende Faktoren wohl am interessantesten die Gründungsphase und das Problem der, wie man heute sagt, Akzeptanz der Universität in ihrem Umland.

Öfter hat man mit einem gewissen Bedauern festgestellt, daß die Universitätsgründung trotz der so günstigen fachlichen Voraussetzungen erst 1392 realisiert worden sei. Damit hat man gänzlich aus moderner Sicht und etwas anachronistisch geurteilt. Entscheidend war nämlich die Rechtsfrage des Privilegs oder besser der Zugang zu dieser Rechtsfrage, von ganz geringer Bedeutung blieb der Zustand der sachlichen Voraussetzungen. Der Weg zum Privileg aber war vor 1378 praktisch verstellt, oder anders formuliert: Dieses Ziel war soweit entfernt wie der soziale Abstand zwischen dem Erfurter Rat einerseits und Kaiser, Großdynasten und Papst andererseits, also unerreichbar weit. Die mächtigste Stadt Mitteldeutschlands war ein Zwerg, wenn es um das Europa der großen Familien und um das Europa des Papstes ging.

---

19) Erich Meuthen, Die alte Universität (Kölner Universitätsgeschichte Bd. 1), Köln/Wien 1988.

Das läßt sich am Beispiel des ersten vergeblichen Erfurter Anlaufs bekanntlich von 1379 gut aufzeigen. Die wohl weltgeschichtliche Entscheidung Karls IV. und des Kaiserhofs, in der Kirchenspaltung von 1378 auf die Seite des römischen und nicht des avignonesischen Papstes zu treten, die Entscheidung gegen Frankreich und für England, gegen Österreich und für das Rheinland, gegen ein großdynastisch-politisch und für ein kurfürstlich-verfassungsmäßig organisiertes Reich, gegen die eigene dynastische Tradition und wohl für die persönlichen Gefühle Karls, diese Entscheidung war umstritten. Der kaiserliche Gesandte an der Kurie hatte die Anerkennung des Papstes von Avignon empfohlen und wurde desavouiert.

Die Hinwendung des Erfurter Rats von 1379 zum „falschen" Papst von Avignon, über deren Umfeld wir leider so gut wie nichts wissen, kann nicht ohne einen informierten Mittelsmann in die Wege geleitet worden sein, wohl im Zusammenhang mit Erzbischof Adolf, der sich in gleicher Weise entschieden hatte. Es gibt nur die Alternative, daß man nicht sehr klug einen langfristigen, also vor 1378 begonnenen Anlauf, der wie gesagt ohne Chance war, schon eingeleitet hatte und zufällig in die Papstkrise hineingeraten war, oder daß jemand die neue Lage blitzschnell erkannte, nun erst um das Privileg nachsuchte und sich nur in der Person des Papstes, wie viele andere, vertan hat. Man kann das Entweder-Oder heute nicht mehr aufklären; schmeichelhafter wäre der zweitgenannte Fall. Die Personen hohen Ranges, die als Vermittler in Frage gekommen wären, kennen wir alle mit Namen, aber man kann eben vorerst nicht auf einen bestimmten hindeuten. Dabei ist es durchaus möglich, daß die avignonesische Partei am Kaiserhof, an der Kurie, in Mainz und in Erfurt zusammengearbeitet hat, und das ganze Syndrom war dann noch mit dem Mainzer Bischofsschisma verknüpft. Daß man sich gegenüber den zwei Päpsten falsch entschieden hat, war eine durchaus läßliche Sünde. Unvergleichlich wichtiger war die Folgewirkung der aus Erfurter Perspektive gänzlich zufällig eingetretenen Konstellation von zwei Päpsten an und für sich, wie sie das Spätjahr 1378 mit sich gebracht hatte.

Aus dem speziell Erfurter Blickwinkel kann nicht deutlich werden, wie tief der Einschnitt dieses Jahres für das Hochschulwesen des Kontinents und besonders für dasjenige des „Jüngeren Europa" gewesen ist. Diese Zäsur ist vergleichbar wohl nur noch mit dem Sprung der Universitätsgeschichte nach vorn seit etwa 1800/1810, als sich annähernd gleichzeitig, wenn auch aus verschiedenen Motiven, in Deutschland und anderswo Fundamentales zu ändern begann. Das Schisma von 1378 beantwortete nämlich die große, völlig ungeklärte, ja ungestellte Frage, wie es denn überhaupt mit der Universitätsgeschichte Europas weitergehen solle, auf eine gänzlich überraschende, von niemanden vorhersehbare Weise. Das Problem erkannte wohl kaum ein Zeitgenosse, das erkennen erst wir. Die Lage war so: Für die Zeit bis 1378 dürfen wir nicht annehmen, daß die Hohen Schulen in Europa auf längere Sicht irgendwie flächendekkende, gar vom Bedarf her formulierbare Institutionen hätten werden sollen und können. Vielmehr war völlig „elitär" vom verständlicherweise restriktiven theologisch-politischen Interesse der Papstkirche her gedacht worden – zugunsten von Paris, oder es bestand in anderer Weise die restriktive Bindung an die einmalige, nicht exportierbare historische Formation der oberitalienisch-südfranzösischen Großstädte. Warum hätte man die Situation ausgerechnet dem zurückgebliebenen „Jüngeren Europa" zuliebe modifizieren sollen?

Das Interessante an unserem Fall ist nun dieses, daß der historische Zufall gerade die Erfurter Universitätsgeschichte in diese Wendezeit hineingeworfen hat. So konnte auch diese Geschichte ex post, zumal aus lokalem Blickwinkel, ein völlig anderes Gesicht erhalten, als die Zeitgenossen es hätten erkennen können. Wir wollen aber als Historiker und der Gerechtigkeit halber zunächst wissen, wie die Zeitgenossen die Dinge sahen. Fast jedes neue Universitätsprivileg nach 1378, mit derselben legitimierenden Wirkung wie zuvor ausgestattet, mußte vom Papsttum aus geurteilt als Niederlage gelten, als gelungene Erpressung, da man prinzipiell auch zum anderen Papst hätte gehen können. Denn nichts lag dem Papst und anderen Zeitgenossen ferner – wir wiederholen es – als die Idee des Ausgleichs oder gar der Bildungsgerechtigkeit innerhalb eines Reiches oder innerhalb Europas; bestenfalls ging es um das Gewinnen von Parteigängern. Auch die Erfurter dachten schwerlich als freundliche Förderer an das umliegende Thüringen oder an diese oder jene Nachbarlandschaft, die – wie wir gleich hören werden – zum Einzugsgebiet ihrer Universität geworden ist. Sie werden wie erwähnt an ihr Prestige und an ihre Einkünfte gedacht haben. Nun aber war, ganz anders als vor 1378, der Wettbewerb um Universitäten auch für Mächte mittleren Ranges freigegeben, da nahezu jeder Privilegienantrag bewilligt werden mußte. Ganz ohne daß sie davon hätten wissen können, haben die Erfurter an einer der ersten Stellen dabei mitgetan, dem europäischen und dem deutschen Hochschulwesen zu mehr Flächendeckung und zu mehr „ausgleichender Gerechtigkeit" zu verhelfen. Auch haben sie auf die Dauer – ebenso als unfreiwillige Nebenwirkung – sozialgeschichtliche Veränderungen von größter Bedeutung mit herbeigeführt. Bedeutsam war dies gerade für Deutschland in Richtung auf die dringend notwendige, einigermaßen kohärente Elitenbildung, womit man hier so weit im Rückstand war. Nicht minder diente der Vorgang – so sehen wiederum erst wir es – dem Aufholen des „Jüngeren Europa" ganz im allgemeinen. Nur – so geplant war dieses alles nicht.

Die Geschichte der *Hierana* nach 1392, nachdem man mit Kaiser und König und mit Erzbischof Adolf zum römischen Papst übergegangen war, zeigte sich wegen der Distanz zu den großen Handlungszentren weniger politisch als die Geschichte anderer Universitäten. Erfurt knüpfte personell sehr intensiv an Prag an, so daß die „Entwicklungshilfe" der sechziger Jahre gleichsam zurückerstattet wurde, aber anders als Leipzig (1409) noch in weitgehend unproblematischer Form. So verschaffen wir uns abschließend nur noch einen Überblick über die quantitativen und regionalen Aspekte des Erfolgs der Universitätsgründung bis hin zur Reformation.[20] Von Erfolg kann man in

20) Rainer Christoph Schwinges, Deutsche Universitätsbesucher im 14. und 15. Jahrhundert. Stuttgart 1986. Das Manuskript seines Beitrags zu diesem Band „Erfurts Universitätsbesucher im 15. Jahrhundert: Frequenz und räumliche Herkunft" ist mir freundlicherweise zugänglich gemacht worden.

der Tat sprechen. Denn von 1392 bis 1505 liegt die Gesamtzahl der an der Gera Immatrikulierten an zweiter Stelle im Reich nach Wien und vor Leipzig, Köln und Löwen. Diese fünf Universitäten bildeten eine Größenklasse für sich. Die *Carolina* in Prag war wie erwähnt früh aus diesem Kreis ausgeschieden (1405/1417), nachdem sie etwas länger als eine Generation für diese erste Generation sehr bedeutend gewesen war. An den insgesamt ungefähr 200000 deutschen Immatrikulationen zwischen 1385 und 1505 (die übrigens bisher einzige zuverlässige große Zahl aus der älteren europäischen Universitätsgeschichte) hatte Erfurt einen Anteil von mehr als 30000. Im Detail hat man sich das so vorzustellen, daß in jedem Studienjahr mehr als 200, im Höchstfall mehr als 350 Neuankömmlinge zu verzeichnen waren, die dann im Durchschnitt möglicherweise zwei Jahre und länger an der Universität verblieben sind.

So allgemeine Feststellungen sind für das Gesamtbild nützlich; auf ihrer Grundlage kann man das individuelle Gesicht der Universität zeichnen. Dazu sind vor allem drei Bemerkungen zu machen:

1. Die Universität in Erfurt war eine verhältnismäßig teure und elitäre Hochschule. Die Anzahl der anerkannt armen Studenten, der *pauperes*, war relativ klein; der Adelsanteil war hoch. In diesen Eigenschaften verhielt sich die Universität gleichsam süddeutsch und hob sich deutlich ab von den weiter nördlich gelegenen Hohen Schulen. Zum zweiten Mal, wie schon einmal in Richtung Westen, wurde die Hochschulgeographie gleichsam zugunsten Erfurts korrigiert. Was den Westen betraf, so ist der Einfluß auf die jungen kurfürstlichen Universitäten in Mainz und Trier, politisch über weite Entfernung vermittelt, ein neuer, positiver Beleg aus dem späten 15. Jahrhundert. Jenem Wesenszug entsprach die relativ große Rolle der Juristen, als der vornehmsten, in der Führungsgruppe und im allgemeinen Habitus der *Hierana*. Wir erinnern uns daran, daß es in Prag wegen unüberwindlicher innerer sozialer Distanz zwei Universitäten gegeben hatte, als Erfurt begann. Die Lösung dieses Problems, dem sich jede Neugründung stellen mußte, wurde in Erfurt gleichsam durch die Anhebung der nichtjuristischen Fakultäten bewerkstelligt, bis man von den Juristen her die bescheidenere Nachbarschaft ertragen konnte. Allerdings blieb der Abstand zu den italienischen Universitäten sehr groß; wer die Rechte wirklich fein studieren wollte, ging weiterhin über die Alpen.

2. Auch die in Erfurt auftretenden Einzelschwankungen im Besucherinteresse haben ein besonderes Gesicht. Vom letzten Viertel des 15. Jahrhunderts an ging das Interesse an Erfurt relativ zurück, oder anders formuliert: Die rheinischen Universitäten, unter anderem infolge einer dort – wie üblich – zuerst auftretenden neuartigen Welle des „massenhaften“ Studierens, rückten immer weiter nach vorn. Köln und Löwen gerieten eindeutig an die Spitze, und Erfurt fiel auf den fünften Rang zurück. Daran hat die Zeit des Erfurter Humanismus etwa seit 1460 nicht nur nichts geändert, sondern hat möglicherweise den Wandel noch beschleunigt. Die bisher rein geistesgeschichtlich verstandenen Polemiken zwischen Erfurt und Köln (Stichwort: „Dunkelmänner“ als Vorwurf gegen Köln) gewinnen vor solchen Daten ein neues Gesicht.

3. Betrachtet man diese Tatbestände geographisch,[21] so zeigt sich abermals Bemerkenswertes. Der Kernraum der Universität war selbstverständlich Thüringen, aber auch Hessen und Franken: Er reichte in deutlich höherem Maß nach Westen und dann nach Süden als nach Norden oder nach Osten. Jeder zweite Erfurter Student kam aus den Bistümern Mainz, das bekanntlich besonders groß war, und Würzburg. In Franken war Erfurt nicht führend, sondern lag an dritter Stelle hinter Leipzig und Wien; trotzdem war die Region wegen ihrer hohen Bevölkerungsdichte auch für die *Hierana* so wichtig. Im Lauf des 15. Jahrhunderts fand ein Wandel statt von einer eingangs noch bestehenden schwachen zusätzlichen Nordorientierung, nach Niedersachsen hinein, zugunsten der Südorientierung, während der Schwerpunkt nach Westen hin erhalten blieb. Die hohe Bevölkerungsdichte des Rheinlands machte sich dadurch bemerkbar, daß auch von dort Studenten kamen, obwohl man seinerseits über bedeutende Universitäten verfügt hat und immer noch neue gegründet wurden. Hansisch war Erfurt nicht oder kaum, und wenn in Andeutungen, dann eher niederrheinisch-„hansisch" als ostseehansisch. Der geringe Preis für die günstige Mittellage, die an der hohen Frequenz gewiß sehr großen Anteil hatte, war die weit unterdurchschnittlich geringe Zahl von Ausländern. Sie kamen, wie im rechtsrheinischen Deutschland üblich, praktisch allein aus Nord- und Osteuropa; so gut wie niemand entstammte dem Westen oder gar Süden des Kontinents. Solche Leute hätten sich sozial verschlechtert. Einen in strengem Sinn überregionalen Erfurter Einzugsraum von Dauer kann man nicht erkennen. Die Studierenden stammten wohl zu mehr als 80 Prozent aus Städten, zumal aus vielen kleinen und mittleren Städten, und je später im Jahrhundert, um so mehr aus Städten solcher geringen Größe.

## V.

Die erste Schlußbilanz dieses Zusammenhangs heißt so: Die ganze spätere Erfurter Universitätsgeschichte bis in das 19. Jahrhundert hinein kann bei weitem keine solche Erfolgsbilanz vorweisen, wie es das 15. Jahrhundert dargetan hat. Zumindest im ersten Jahrhundert ihrer Existenz wird man daher die ältere Universität Erfurt charakterisieren als ein sehr ansehnliches und als ein mit kraftvollen individuellen Merkmalen ausgestattetes Gebilde. Zugleich ist sie aussagefähig und aussagekräftig für übergeordnete Tatbestände.

Eine zweite Schlußbilanz wird nämlich folgendermaßen lauten: Die Fragen, die hier angesprochen wurden, gehören – etwas verallgemeinert und auf ganz Deutschland bezogen – zu den wichtigen Anliegen künftiger universitätsgeschichtlicher und allgemeingeschichtlicher Forschung im späten Mittelalter. Die Analyse der neuen Eliten – neben der Analyse der alten, weiterhin wichtig bleibenden adeligen Führungsgruppen –

21) DERS., Franken in der deutschen Universitätslandschaft des späten Mittelalters. In: Die Universität in der Welt – Die Welt in der Universität. Hg. HANNS-ALBERT STEGER und HANS HOPFINGER, Neustadt/Aisch 1994, S. 1–26.

hilft wesentlich mit bei der Lösung des brennenden Problems der zeitlichen Kontinuität und des räumlichen Zusammenhalts der älteren deutschen Geschichte. Zugleich handelt es sich um den Personenkreis, von dem die seinerzeit dringliche Modernisierung der Herrschaftstechniken über die veraltenden Methoden der traditionalen Gesellschaft hinaus erwartet werden kann. Die deutsche Einheit der Vergangenheit war nichts Selbstverständliches aus geheimnisvoller Frühzeit, sondern ist im Licht der Geschichte nach und nach herangewachsen oder gar erarbeitet worden. Es war eine Geschichte von Erfolgen und Mißerfolgen. Die entsprechenden Fragen an die politische Geschichte sind zu ergänzen oder besser gesagt zu fundieren durch Fragen an deren „Unterbau", an die Sozialgeschichte vor allem der Führenden. Dabei scheinen Daten aus der älteren Universität Erfurt wegen ihrer quantitativen Bedeutsamkeit und wegen ihrer geographischen Lage besonders aufschlußreich zu sein. Das 15. und das 16. Jahrhundert waren jedenfalls in dieser Hinsicht Schlüsselzeiten der ganzen deutschen Geschichte. Damals machte das Land Integrationsvorgänge durch, über deren Beschaffenheit noch sehr wenig bekannt ist. Das 13. und das 14. Jahrhundert waren offenbar in dieser Hinsicht nicht so bedeutsam, dies waren entscheidende Phasen eher für die Monarchien West- und Südeuropas.

Kann man nun, was bei uns geschah, so ausdrücken, daß Deutschland insgesamt „westlicher" und „südlicher" wurde, gemäß der Überlegenheit des großen rheinischen Raums und des breiten habsburgischen Südens, die man auch universitätsgeschichtlich aufweisen kann, oder sollte man einen eigenständigen, brückenbildenden mitteldeutschen Raum hervorheben? Einiges aus der Erfurter Universitätsgeschichte, worauf wir hingewiesen haben, spricht vorerst für die erstgenannte Alternative, auch gemäß dem Zugewinn, den der fast lückenlose Aufenthalt des Königtums in Oberdeutschland für dieses mit sich gebracht hat, oder gemäß dem sozialen Vorsprung der oberdeutschen Mundarten gegenüber den niederdeutschen.

Nicht minder wichtig ist die Frage nach dem Standort des ganzen Deutschland im seinerzeitigen Europa. Wie wenige andere Sektoren von Geschichte vermag die Universitätsgeschichte den Entwicklungsvorteil des Mittelmeerraums und des Westens des Kontinents darzulegen, als recht deutliche urbane und geistige Überlegenheit, sowie die demgegenüber nur mittlere Position Deutschlands, das seinerseits moderner war als der Norden und Osten Europas. So gesehen sind Daten und Zahlen aus Erfurt Daten und Zahlen über Ausgleichsvorgänge, die die europäische Geschichte nicht weniger kennzeichnen als altes und uraltes, zuletzt antik begründetes Erbe. Auch beim Aufholen scheint jedenfalls in der Mitte Europas das 15. Jahrhundert eine Hauptposition einzunehmen; an seinem Ende war der Abstand sicherlich geringer oder viel geringer als an seinem Anfang. Das alles sind vorerst einfache Vorstellungen, die dafür bestimmt sind, von komplexeren abgelöst zu werden. Denn ganz gewiß war auch die damalige Wirklichkeit komplex. Einfache Vorstellungen orientieren aber darüber, wohin man blicken und wonach man fragen sollte.

RAINER CHRISTOPH SCHWINGES

# Erfurts Universitätsbesucher im 15. Jahrhundert

## *Frequenz und räumliche Herkunft*

Unter diesem Thema[1] sind zwei Aspekte abzuhandeln, die seit langem schon zu den Grundlagen der Universitätsgeschichte gehören: zum einen die sogenannte Frequenz, die Größenordnung des Universitätsbesuchs im Zeitverlauf, gemessen an den Immatrikulationen unter den verschiedensten Einflußbedingungen allgemeinen sozialen Wandels, zum anderen die räumliche Herkunft der Besucher, der Einzugs- beziehungsweise Rekrutierungsbereich der Universität unter gleichen Bedingungen des Wandels. Während zur Frequenz bereits verschiedene Untersuchungen vorliegen, ist in der Universitätshistoriographie das Thema der räumlichen Herkunft der Besucher Erfurts noch nie systematisch behandelt worden.[2]

### *1. Die Frequenz*

„Die Frequenz einer Universität ist das getreue Spiegelbild ihrer historischen Entwicklung ... (sie) bildet eine der Hauptgrundlagen, auf der jede Untersuchung aufbauen muß, die sich die Erforschung irgendeiner Universitätsgeschichte zum Ziele gesetzt hat." So schrieb 1956 Horst Rudolf Abe und suchte in der Folgezeit diese Aussage in weiteren Studien zur frequentiellen Bedeutung der Erfurter Hohen Schule zu belegen.[3] Eröffnet im Jahre 1392 und fußend auf älteren, außergewöhnlich reichen Lehrtraditionen am Ort, getragen vom städtischen Stifter und gesichert durch das Wohlwollen der umgebenden Kurstaaten Mainz und Sachsen, stieg Erfurt rasch und ungehindert zu

1) Geringfügig veränderte Vortragsfassung vom 24. Juni 1992. Herrn lic. phil. Bruno Koch, Bern, habe ich für seine Hilfe bei der Erstellung der Graphiken sehr zu danken. Die Karten wurden mit „Kartho" von Alexander Schwab et.al., Brittnau, erstellt. Dieses Programm hat die Stiftung „Schweizer Jugend forscht" 1991 mit einem Preis ausgezeichnet.

2) Zur Literatur jetzt HORST RUDOLF ABE, Bibliographie zur Geschichte der Universität Erfurt (1392–1816) für die Jahre 1900–1990. Erfurt 1992. Allgemein: THOMAS PESTER, Geschichte der Universitäten und Hochschulen im deutschsprachigen Raum von den Anfängen bis 1945. Auswahlbibliographie der Literatur der Jahre 1945–1986. Jena 1990; zu ergänzen durch SCHWINGES, Universitätsbesucher (wie Anm. 5) und ERICH MEUTHEN, Kölner Universitätsgeschichte Band 1: Die alte Universität. Köln – Wien 1988.

3) HORST RUDOLF ABE, Die Frequenz der Universität Erfurt im Mittelalter (1392–1521). In: BGUE 1 (1956) S. 7–68 (2. Aufl. 1962, S. 7–69), hier S. 13; DERS., Die frequentielle Bedeutung der Erfurter Universität im Rahmen des mittelalterlichen deutschen Hochschulwesens (1392–1521). In: BGUE 2 (1957) S. 29–57 (2. Aufl. 1962, S. 31–60).

einer der erfolgreichsten deutschen Universitäten des späteren Mittelalters auf. Der Universitätsort selbst als Großstadt und führendes wirtschaftliches wie geistliches Zentrum in Mitteldeutschland tat ein übriges.[4]

Das 15. Jahrhundert sah im wesentlichen fünf große Universitäten im Reich, die miteinander in Wachstumskonkurrenz standen und ihre Einzugsgebiete gegeneinander einzurichten hatten, genannt in der Reihenfolge der frequentiellen Größe: Wien, Erfurt, Leipzig, Köln und Löwen. Prag ist hier nicht genannt, obwohl es anfangs ebenfalls eine zahlenmäßig große, aber leider kaum richtig abschätzbare Rolle spielte, dann jedoch spätestens seit 1419 für lange Zeit radikal aus der deutschen und europäischen, das heißt papstkirchlichen Universitätsgeschichte aus den naheliegenden Gründen der hussitischen Verstrickung ausschied. Erfurt war also über das gesamte Jahrhundert hin gesehen die nach Wien besucherreichste Universität. Man kann sagen: Beinahe jede sechste Person, die innerhalb des Reiches Universitätsbildung suchte, ist einmal in Erfurt gewesen.[5] Reihenfolgen oder Rangfolgen relativieren sich allerdings, wenn man die Neugründungen während des 15. Jahrhunderts periodisch mitberücksichtigt. Vier Perioden kann man dann unterscheiden, in denen der Erfurter Universitätsbesuch mit wechselnden Rangverhältnissen im Reich zu tun hatte. Grundlagen aller Aussagen hierzu bilden die allgemeinen Rektoratsmatrikeln der deutschen Universitäten.[6]

In der ersten Periode, die man für Erfurt in die Zeit von 1392 bis 1420 zu datieren hat, suchten 6049 in der Matrikel nachweisbare Personen die Universität in Thüringen auf.[7]

4) Neuere Darstellungen: Kleineidam I–IV; ders., Geschichte der Wissenschaft im mittelalterlichen Erfurt. In: Hans Patze und Walter Schlesinger (Hgg.), Geschichte Thüringens. Bd. II, 2, Köln – Wien 1973, S. 150–187, 337–346; Robert W. Scribner, Reformation, Society and Humanism in Erfurt, 1450–1530. Diss. phil. London 1972; Sönke Lorenz, Studium generale Erfordense. Zum Erfurter Schulleben im 13. und 14. Jahrhundert. Stuttgart 1989; Ulman Weiss (Hg.), Erfurt 742–1992. Stadtgeschichte, Universitätsgeschichte. Weimar 1992; Horst Rudolf Abe, Die Rolle der Universität in Erfurt in der thüringischen und hessischen Bildungsgeschichte vom 14. bis zum 16. Jahrhundert. In: Hessen und Thüringen – Von den Anfängen bis zur Reformation. Eine Ausstellung des Landes Hessen (Katalog). Marburg 1992, S. 54–57; Almuth Märker, Geschichte der Universität Erfurt 1392–1816. Weimar 1992.

5) Rainer Christoph Schwinges, Deutsche Universitätsbesucher im 14. und 15. Jahrhundert. Studien zur Sozialgeschichte des alten Reiches. Stuttgart 1986, S. 11–25, 93–105, 185 ff. mit kritischer Würdigung der älteren Arbeiten von Abe (wie Anm. 3) und Franz Eulenburg, Die Frequenz der deutschen Universitäten von ihrer Gründung bis zur Gegenwart. Leipzig 1904. – Zu Prag vgl. František Šmahel, Pražské universitní studentstvo v předrevolučním období, 1399–1419. Statisticko-sociologická studie. Praha 1967; Schwinges, Universitätsbesucher, S. 23–25, 363 f.

6) Erfurter Matrikel: W I–III; Korrekturen bei Friedrich Benary, Zur Geschichte der Stadt und der Universität Erfurt am Ausgang des Mittelalters. Hg. Alfred Overmann, Gotha 1919, S. 16–18; Abe, Frequenz (wie Anm. 3) S. 22, 58–68. Vgl. auch Schwinges, Universitätsbesucher (wie Anm. 5) S. 95 mit Anm. 8. Die übrigen Matrikeleditionen verzeichnet Eva Giessler-Wirsig, Universitäts- und Hochschulmatrikeln. In: Wolfgang Ribbe und Eckard Henning (Hgg.), Taschenbuch für Familiengeschichtsforschung. Neustadt a. d. Aisch, 10. Aufl. 1990, S. 181–220. – Zum Quellentyp der Matrikel Schwinges, Universitätsbesucher; zuletzt umfassend Jacques Paquet, Les matricules universitaires (Typologie des sources du moyen âge occidental, 65). Thurnhout 1992.

7) Zu folgenden Zahlen Schwinges, Universitätsbesucher (wie Anm. 5) S. 96 f., 545 mit Tabelle 2 b.

Damit nahm Erfurt von Anfang an den zweiten Rang hinter Wien ein, so daß im Südosten wie in der Mitte des Reiches die ältere, aber verlorengegangene Zentralität Prags für seine bayerische und sächsische Nation ersetzt werden konnte. Die wenige Jahre älteren Schwestern in Heidelberg und Köln, erst recht die jüngere in Leipzig, waren bereits überflügelt. In der zweiten Periode, in den Jahren von 1421 bis 1450, stieg die Zahl der immatrikulierten Besucher um 9,4 Prozent auf 6620 Personen an; sie stieg an, auch wenn dies nur ein relativ flaches Wachstum bedeutete, vor allem im Vergleich zu den Universitäten von Köln und Leipzig, die nun ebenfalls, gewissermaßen in den Flanken des Erfurter Spektrums, und hier verstärkt durch die neuen Hochschulen zu Rostock und Löwen, ihre Anziehungskraft entfalteten. Nach der Jahrhundertmitte brach bis gegen 1476 die dritte, für Erfurt diesmal wachstumsfreudigste Periode an. Der Strom der Besucher mehrte sich gegenüber der zweiten Periode um noch einmal 48,8 Prozent auf 9852 nachweisbar Immatrikulierte. Es war eine Zeit ausgesprochener Blüte.[8] Bis hierher konnte Erfurt nicht nur den zweiten Rang hinter Wien halten, ihn sogar im Abstand verkürzen, sondern zugleich auch die Distanz zu den unmittelbaren Konkurrenten in Köln und Leipzig ausbauen. Dem fast 50prozentigen absoluten Wachstum in Erfurt entsprach, gemessen an der „Reichsfrequenz", am Gesamtvolumen des Universitätsbesuchs im Reich, ein relativer Zuwachs von 1,7 Prozent. Es war dies die stärkste Zuwachsrate überhaupt, die eine der älteren Universitäten in diesen 25 Jahren erreichte. Erfurt war jetzt unter zehn weiteren matrikelführenden Hochschulen im Reich, unter Wien, Heidelberg, Köln, Leipzig, Rostock, Löwen, Freiburg, Greifswald, Basel und Ingolstadt – die vier letzten wurden gerade in dieser Periode gegründet –, die weithin attraktivste und erfolgreichste deutsche Universität. Nur noch Löwen, Köln und Leipzig in demographisch, politisch und wirtschaftlich starken Regionen konnten einigermaßen mithalten.[9]

Veränderungen kündigten sich aber bereits an. In der vierten und letzten Periode, die aus den siebziger Jahren bis ins erste Jahrzehnt des 16. Jahrhunderts führte,[10] sollte sich die bisherige Wachstumstendenz ins Gegenteil kehren. Bis 1505 immatrikulierten sich nur noch 8950 Besucher, was einer Verminderung um rund neun Prozent gegenüber der vorangehenden Zeit entsprach. Erfurts „Stern" begann zu sinken, ohne daß man die neuen, eher klein gebliebenen und selbst regredierenden Universitäten dieser Periode, Ingolstadt, Trier, Mainz und Tübingen, dafür verantwortlich machen könnte.[11] Die Erfurter Universität, die über 80 Jahre lang mit an der Spitze gestanden hatte, sank auf den fünften Rang zurück, weit hinter Leipzig, erst recht weit hinter die neuen

---

8) So auch Abe, Frequentielle Bedeutung S. 33f., ders., Frequenz S. 23f. (beide wie Anm. 3); Kleineidam II S. 20ff.

9) Zur frequentiellen Entwicklung aller genannten Universitäten Schwinges, Universitätsbesucher (wie Anm. 5) S. 61–185, insbesondere S. 83–93 (Köln), 105–117 (Leipzig), 133–147 (Löwen).

10) Berechnet bis 1505 ebd., bis 1511 bei Abe, Frequenz (wie Anm. 3).

11) Für Trier und Mainz läßt sich Genaueres nicht sagen, da die Matrikeln nicht überliefert sind, vgl. Schwinges, Universitätsbesucher (wie Anm. 5) S. 25.

Spitzenreiter im Nordwesten Löwen und Köln, die selbst Wien, die mit großem Abstand lange führende, frequenzreichste Hochschule des Reiches überrundet und sogar viertrangig gemacht hatten.

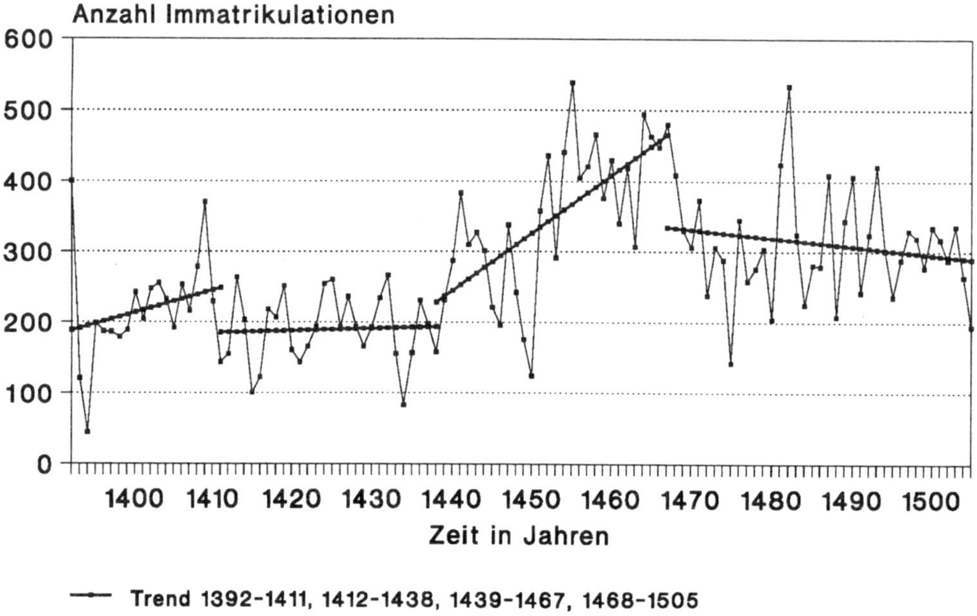


11 Frequenz der Universität Erfurt 1392–1505

Nun sind Frequenzzahlen immer sehr empfindliche Gradmesser universitären Lebens. Hinter den Zahlen stehen Tatsachen, die jeder Universität ein höchst eigenes, unverwechselbares Profil verleihen. Von Jahr zu Jahr oft beträchtlich schwankend (vgl. Abb. 11), zeigen sie gebündelt die Fülle der negativen wie positiven Einflüsse auf: Politische Verwerfungen, Kriegshandlungen, Seuchenzüge, Ernte- und Preisschwankungen, Markt-, Verkehrs- und Pfründenlagen, herrschaftliche und rektorale Verwaltungsmaßnahmen, Studienordnungen und nicht zuletzt mehr oder weniger stabile, zumeist landsmannschaftlich orientierte *familiae* von Magistern und Doktoren, die in der Lage waren, Studenten auf einige Zeit an den Hochschulort zu binden.[12] All dies schafft eine Individualität, die sich natürlich nicht in die oben zu Vergleichszwecken beschriebenen Entwicklungsperioden der „Reichsfrequenz" eingrenzen läßt. Sie produziert vielmehr eigene Zusammenhänge und Zäsuren, die trotz des scheinbar willkürli-

12) Dazu ebd., S. 198–220. Im europäischen Vergleich DERS., Admission. In: HILDE DE RIDDER-SYMOENS (Ed.), A History of the University in Europe. Vol. 1: Universities in the Middle Ages. Cambridge 1992, S. 171–194, bes. 187ff.

chen Auf und Ab eine gewisse Verbindlichkeit haben. Systematisch betrachtet, ohne auf Einzelschwankungen einzugehen, lassen sich in diesem Sinne in Erfurt vier eigene Wachstumsphasen mit unterschiedlichen Frequenzniveaus erkennen (vgl. Abb. 11).[13]

Abgesehen von der in der vormodernen Universitätsgeschichte sehr typischen Eröffnungsszenerie der ersten Jahre (Gipfel-Tal-Frequenzen),[14] begann in Erfurt sogleich eine positive Entwicklung, die bis gegen Ende des ersten Jahrzehnts des 15. Jahrhunderts auf dem vergleichsweise hohen Niveau von weit über 200 Inskriptionen pro Jahr anhalten sollte. Der Anfangserfolg dieser ersten Phase, ohne die üblichen Krisen, war derart groß, daß der Universitätsbesuch in der zweiten Phase zwischen ca. 1412 und 1438 bereits auf einem etwas niedrigeren Frequenzniveau von knapp unter 200 Inskriptionen stagnieren konnte, ohne daß dies der Spitzenstellung Erfurts in der deutschen Universitätslandschaft Abbruch getan hätte. Dabei wirkten die Jahre nach 1409 wie eine erneute Eröffnungsszene. Ursache waren nicht nur die Zuwanderer aus Prag aus Anlaß des Kuttenberger Dekrets, sondern weit mehr diejenigen, die aus dem riesigen Raum der sächsischen Nation erst gar nicht mehr nach Prag und auch nicht oder noch nicht nach Leipzig zogen. Wohl Wien und natürlich Leipzig, aber weder Heidelberg noch Köln sind von den Prager Ereignissen von 1409 derart betroffen gewesen wie Erfurt.[15]

Die dritte Phase auf dem bemerkenswert hohen Niveau von durchschnittlich 350 jährlichen Immatrikulationen kann man von ca. 1439 bis 1467 ansetzen. In sie fiel die Blütezeit der fünfziger und sechziger Jahre. Wie Abbildung 11 zeigt, wurde sie aber schon in den wachstumsorientierten Vierzigern vorbereitet. Scheinbare Katastrophen wie die Hussitenzüge bis nach Thüringen, die wiederholten Pestwellen und der sogenannte sächsische Bruderkrieg zwischen 1445 und 1451 haben offensichtlich nur kurzfristige Auswirkungen gezeigt, ohne den Trend nachhaltig zu beeinflussen. In der letzten Phase von 1468 bis 1505 vollzog sich jedoch – ebenfalls ohne derartige äußere Eingriffe – die schon angesprochene Trendwende. Die kurze Aufwärtsentwicklung der Jahre 1477 bis 1483 vermochte sie nicht zu bremsen; und selbst das immer noch sehr hohe Frequenzniveau von rund 300 Besuchern pro Jahr reichte nicht mehr aus, um die alte Position im Kreise der großen deutschen Universitäten zu behaupten. Erfurts Wachstum geriet nicht nur ins Stocken; der Trend wies vielmehr unmißverständlich in die negative Richtung, und zwar grundsätzlich über die Beobachtungsgrenze von 1505 hinaus mit einer jahrhundertelangen Konsequenz, was trotz gelegentlichen Aufbäumens, zuletzt noch im ausgehenden 18. Jahrhundert, in der Aufhebung der nur noch wenig besuchten Universität von 1816 endete.[16] Was allein aus Erfurter Perspektive

---

13) Nach SCHWINGES, Universitätsbesucher (wie Anm. 5) S. 96–102 mit Abb. 6.

14) Die Zahlen der Jahre 1392/1393 sind aber nur Annäherungswerte, vgl. ebd., S. 98 Anm. 15.

15) Zur Einordnung des Phänomens FRANTIŠEK ŠMAHEL, The Kuttenberg Decree and the Withdrawal of the German Students from Prague in 1409: A Discussion. In: History of Universities 4 (1984), S. 153–166.

16) Vgl. EULENBURG, Frequenz (wie Anm. 5) S. 108, 158 f.; ABE, Frequenz (wie Anm. 3) S. 14–18.

noch wenig „dramatisch" erscheinen mochte, erhielt jedoch als Teil der „Reichsfrequenz" einen ganz anderen Stellenwert.

Die Erfurter Trendwende und die anschließenden Frequenzverluste ereigneten sich bemerkenswerterweise ausgerechnet zu jener Zeit, da humanistische Zirkel eine innere Reform zu versprechen schienen; es war das vielgepriesene „humanistische Erfurt", das jetzt den Anschluß an die Spitzengruppe der deutschen Universitäten verlor, schon Jahrzehnte vor der Gründung und dem Aufstieg Wittenbergs seit 1502. Zusammen mit den zeitgleichen Verschiebungen des Schwergewichts des Universitätsbesuchs vom Süden und der Mitte Deutschlands in den Westen, wie oben dargelegt, wird man auch diesen Sachverhalt künftig viel stärker berücksichtigen müssen – in der Universitäts- und allgemeinen Geschichte, vor allem aber in der Geschichte des Erfurter Humanismus und nicht zuletzt der Reformation, wie jetzt auch Erich Kleineidam urteilt.[17] Die alte Auffassung, der Humanismus habe generell einen verstärkten Universitätsbesuch, einen zählbaren Bildungsdrang ausgelöst, gehört jedenfalls zu den vielen Mythen der deutschen Universitäts- und Bildungsgeschichte. Das Gegenteil traf anscheinend zu: Nicht nur in Erfurt, sondern überall dort, wo von universitären humanistischen Zentren gesprochen wurde, traten im ausgehenden Mittelalter, in einer Phase ausgesprochen „gebremsten Wachstums", Immatrikulationsverluste ein – in Wien wie in Basel, in Ingolstadt wie in Tübingen.

Über die Einzel- und Phasenbeobachtung hinaus kann man die Erfurter Frequenz des 15. Jahrhunderts insgesamt auch als eine prozeßhafte Bewegung verstehen. Man kann zeigen, mit Hilfe von Zeitreihenanalysen, daß die in der Frequenz konzentrierte Entscheidung von über 30000 Personen (exakt 31471), die Universität in Erfurt zu besuchen, in zyklischen Bahnen verlief.[18] Dabei hat man es mit einem Prozeß zu tun, in dem unter anderem auch konjunkturelle Schwankungen von dominierender Stärke vorhanden waren. Diese Schwankungen unterlagen vielfach der sozialen wie der räumlichen Dimension der Herkunft der Besucher. Konkret konnte zum Beispiel das Auf und Ab der Preisbildung auf dem universitätsörtlichen Markt oder in der näheren und ferneren Umgebung das Immatrikulieren, möglicherweise auch die hinter diesem Verwaltungsakt stehende Zuwanderung, strukturell beeinflussen und damit den gesamten Universitätsbesuch von Zeit zu Zeit unterschiedlich prägen. So ergaben sich in einem wiederholten Wechsel von Aufschwung und Stockung auffallend unterschiedliche zyklische Bilder. Man kann sagen, daß keine der deutschen Universitäten zur gleichen Zeit Konjunktur hatte. Allerdings gab es gemeinsame Verlaufsmuster, die man sogar bestimmten Räumen zuordnen kann. Ähnlich dominante Zyklusfolgen steuerten den Universitätsbesuch im rheinischen Großraum von Löwen über Köln und Heidel-

---

17) KLEINEIDAM II S. 21; SCHWINGES, Universitätsbesucher (wie Anm. 5) S. 100, 189ff., 203f.

18) Zu allen konzeptionellen und methodischen Fragen dieses Abschnitts vgl. ebd., S. 37–60, speziell zu Erfurt S. 102–105. – DERS., Universitätsbesuch im Reich vom 14. zum 16. Jahrhundert: Wachstum und Konjunkturen. In: Geschichte und Gesellschaft. Zeitschrift für Historische Sozialwissenschaft 10 (1984) S. 5–30.

berg bis hinunter nach Basel; andere wiederum beeinflußten die Immatrikulationen im Ostseeraum um Rostock und Greifswald oder im habsburgischen Terrain von Wien bis Freiburg im Breisgau; wiederum andere Zyklen lenkten die Frequenzen im thüringisch-sächsischen und fränkisch-bayerischen Großraum, an dem die Universitäten Leipzig und Erfurt und seit 1472 auch die junge bayerische Landesuniversität zu Ingolstadt partizipierten.

Dies alles war naturgemäß ständigem konjunkturellem Wandel unterworfen. Das galt auch für Erfurt, allerdings auf eine viel weniger hektische Weise als anderswo. Erfurts Wachstumsgeschichte des 15. Jahrhunderts ereignete sich, wie ausgeführt, in vier Phasen mit je unterschiedlichen Frequenzniveaus. Diesen vier Phasen entsprach jedoch ein konjunktureller Prozeß, der nur drei verschiedene Zyklusfolgen erzeugte. Die Wachstumsphasen bis zur Mitte des Jahrhunderts waren strukturell mit relativ konstanten Fünf- bis Sechs-Jahreszyklen ziemlich ausgeglichen; die entscheidenden Wendepunkte lagen erst bei ungefähr 1450 und 1475. Verkürzte, heftige Schwankungen von drei bis vier Jahren Länge markierten einerseits jetzt den Aufschwung zur Erfurter Blütezeit der fünfziger und sechziger Jahre, andererseits aber auch (mit Tendenz zum Drei-Jahres-Zyklus) den unaufhaltsamen Abstieg im ausgehenden 15. Jahrhundert. Die Hauptgründe für diesen Niedergang des konjunkturellen Wachstums könnten in der vergleichsweise geringen Entfaltung des Erfurter Einzugsbereichs gelegen haben – mit allem was sich an wirtschaftlicher, sozialer und politischer Substanz dahinter verbergen mochte. Nur drei Erfurter Zyklusfolgen scheinen im Vergleich zum fünf- bis siebenfachen Umbau des Prozesses in der Spitzengruppe von Löwen und Köln viel zu wenig gewesen zu sein für den nachhaltigen Erfolg, der dort dann auch aus der überregionalen Öffnung der Einzugsbereiche resultiert.[19]

## 2. *Die räumliche Herkunft*

Die räumliche Herkunft der Besucher, das heißt immer auch die räumliche Organisation des Einzugsbereichs einer Universität, war in allen mittelalterlichen wie überhaupt vormodernen Universitäten sehr wesentlich durch das geprägt, was man „regionale Existenz" nennen kann.[20] Jede Universität in Europa beanspruchte – etwa nach dem Modell der zentralörtlichen Funktion einer Stadt – eine Kernregion, in der sie nach der Gründung sozial verwurzeln und dadurch dauerhaft überleben konnte. Gründungsjahre waren fast immer Krisenjahre; in dieser Zeit mußte es gelingen, eine regionale

19) Ebd., S. 90–93 (Köln), S. 145–147 (Löwen).

20) Dazu Schwinges, Universitätsbesucher (wie Anm. 5) Teil C/II, S. 222–341; ders., Migration und Austausch: Studentenwanderungen im Deutschen Reich des späten Mittelalters. In: Gerhard Jaritz und Albert Müller (Hgg.), Migration in der Feudalgesellschaft. Frankfurt – New York 1988, S. 141–155, 147 ff.; im europäischen Vergleich ders., Student education, student life. In: Hilde de Ridder-Symoens (Ed.), A History of the University in Europe. Vol. 1: Universities in the Middle Ages. Cambridge 1992, S. 195–243, 202 ff.

Kernexistenz aufzubauen, andernfalls scheiterte die Gründung, selbst dem Herrscherwillen zum Trotz, wie beispielhaft die Erstversuche von Krakau und Wien (1364/1365) und die Gründungen im Königreich Ungarn bis ins 15. Jahrhundert zeigen mögen. Erfolgreiche Universitäten verfügten dagegen über eine breite und sichere regionale Basis, dehnten diese über einen längeren Zeitraum hin erst allmählich aus und reagierten dabei fortwährend auf ein sich wandelndes Beziehungsnetz, das Universität und Universitätsstadt mit der näheren und ferneren Umwelt verknüpfte. Dies galt ebenso für die älteren, informell entstandenen wie für die jüngeren, formal gegründeten Hochschulen in Europa. Man hat diese Grundstruktur der Regionalität des öfteren, vor allem mit Bezug auf die deutschen Landes- und Stadtuniversitäten, als provinzielle Enge mißverstanden. Richtiger und angemessener ist es jedoch, von der funktionalen Nähe zu sprechen. Die Dominanz der Nähe zeigte sich sowohl in der Mitte Europas als auch in seinen Randgebieten. Selbst die sogenannten „internationalen Zentren" wie Paris, Bologna oder Avignon verdankten ihren jahrhundertelangen Bestand nicht der europaweiten Rekrutierung – hier hat man Bologna sogar grotesk übersteigert –, sondern in erster Linie ihrer regionalen Existenz. Alles, was über die Grundstruktur hinausging, war etwas Besonderes und bedarf auch gesonderter Erklärung.

Erfolgreiche Universitäten in diesem Sinne rekrutieren ihre Besucher seit der gelungenen Gründung in drei aufeinanderfolgenden Entwicklungsphasen: 1. in einer Frühphase regionaler Existenzsicherung, 2. in einer Ausbau- und Konsolidierungsphase und 3. in einer Endphase der Überregionalisierung. In dieser letzten Phase konnte sich vor dem Hintergrund einer gefestigten Kernlandschaft alles ausspielen an inneren und äußeren Kräften, was einen Universitätsort in die Ferne hinein attraktiv machte. Wie stand Erfurt in dieser Entwicklung?

Auf diese Frage gaben in repräsentativen Zehnjahresstichproben von 1395 bis 1495 insgesamt 2791 immatrikulierte Personen Auskunft.[21] Demnach scheint Erfurt während des 15. Jahrhunderts einen klar strukturierten Einzugsbereich besessen zu haben, jedenfalls soweit man dies an den Herkunftsdiözesen, den noch geläufigsten Raumvorstellungen des Mittelalters ablesen kann.[22] Genannt seien die zwölf am stärksten vertretenen Bistümer in abnehmender Reihenfolge ihres prozentualen Anteils an der Erfurter Besucherschaft: Mainz (37,4) und Würzburg (10,7), Trier und Köln (je 4,2), Bamberg

21) Zu diesem Verfahren Rainer Christoph Schwinges, Deutsche Universitätsbesucher im späten Mittelalter – Methoden und Probleme. In: Hermann Weber (Hg.), Politische Ordnungen und soziale Kräfte im Alten Reich. Wiesbaden 1980, S. 37–52; ders., Universitätsbesucher (wie Anm. 5) S. 220ff. mit S. 229 Anm. 21.

22) Voraussetzung für diese Analyse war bei dem für systematische Forschungen völlig untauglichen Register der Weissenborn'schen Matrikeledition die möglichst genaue Bestimmung des Herkunftsortes jedes einzelnen Besuchers, einschließlich der Zuschreibung der Herkunftsdiözese, auf deren Nennung die Schreiber der Erfurter Originalmatrikeln, abweichend von den Gepflogenheiten in anderen zeitgenössischen Universitäten, leider verzichtet hatten. Bei 2278 Personen von insgesamt 2791 in den Stichproben (Anm. 21), also in fast 82 Prozent der Fälle, gelang die Ortsbestimmung. Zu den quellenkritischen Problemen Schwinges wie Anm. 20 und 21 mit weiterer Literatur.

(3,8), Konstanz (3,5), Halberstadt (3,4), Paderborn (3,1) und Hildesheim (2,3), Speyer, Straßburg (je 2,2) und Augsburg (2,0). Damit ist fast die gesamte Mainzer Kirchenprovinz aufgelistet: Es fehlen lediglich die „Extreme“ im Norden, Westen und Süden, die Suffraganbistümer Verden, Chur und Worms. Fehlen heißt hier, daß sie für den Erfurter Universitätsbesuch statistisch unauffällig und unerheblich gewesen und allenfalls in Einzelfällen am Rande des Einzugsbereichs anzutreffen gewesen sind. In diesen Randlagen ist im übrigen der Sog von Einzugsbereichen anderer Universitäten erheblich stärker gewesen als in den Kernräumen; Rostock, Wien, Basel und Heidelberg sind die Orientierungspunkte, im letzteren Fall beinahe exklusiv: Worms ist das Heimatbistum der Heidelberger Universität. Ansonsten galt in der Vormoderne die Regel, daß keine Universität der anderen substanziell Besucher entzogen hat, was im wesentlichen auch am geringen Ausmaß des Hochschulwechsels innerhalb des Reiches gelegen hat.[23] Daß Kirchenprovinzen in Summe hinter ihren Universitäten standen, wie Salzburg hinter Wien, Magdeburg hinter Leipzig oder Köln hinter Köln, ist zwar nicht weiter aufregend, die starke Dominanz im Erfurter Fall ist es freilich schon.

Im Westen wurde dieser so nachdrücklich mainzisch geprägte Einzugsraum nur noch vom Trierer und Kölner Erzbistum, im Osten nur noch vom exempten Bistum Bamberg erweitert, und zwar so, daß man insgesamt den Eindruck erhält, der Herkunftsbereich der Erfurter Universitätsbesucher bilde einen breiten und ziemlich glatten Gürtel zwischen Rhein und Elbe-Saale der Länge nach von Nord nach Süd durch das Reich. Dieses Gebilde erfaßte im Zeitraum des 15. Jahrhunderts mindestens 75 Prozent aller Besucher; davon stellten die Bistümer Mainz und Würzburg allein bereits 48 Prozent. Der Rest verteilte sich in einem großen Bogen von Nordwesten bis Südosten, von Utrecht über Münster und Bremen, Brandenburg und Magdeburg, Meißen und Naumburg bis zu Eichstätt und Regensburg, um nur noch die wichtigsten Bistümer mit Anteilen über einem Prozent, das sind mindestens 20 Personen in den Stichproben, zu nennen. Ausgespart blieben folglich der gesamte weitere Süden und Westen ebenso wie der Norden und Osten des Reiches. Die Küstenregionen an Nord- und Ostsee waren nur sehr spärlich vertreten – die Bistümer Lübeck und Schwerin beispielsweise gerade einmal zu einem halben Prozent – ebenso wie die Alpenräume und die linksrheinischen Gebiete der dortigen Diözesen. So ist auch verständlich, daß der Anteil der Ausländer beziehungsweise der Nicht-Reichsangehörigen am Erfurter Studium mit gerade 1,2 Prozent weit unterhalb der Reichsquote blieb, die im Überblick des 15. Jahrhunderts rund sieben Prozent betragen hat.[24] Die meisten ausländischen Besucher stammten noch aus Dänemark und Skandinavien, doch lagen deren universi-

23) Vgl. die Literatur in Anm. 20. Allgemein auch Hilde de Ridder-Symoens, Mobility. In: Dies. (Ed.), A History of the University in Europe. Vol. 1: Universities in the Middle Ages. Cambridge 1992, S. 280–304.

24) Schwinges, Universitätsbesucher (wie Anm. 5) S. 29, 234–244.

täre Zentren im Reich eigentlich in Rostock, Greifswald und Köln.[25] Vereinzelt nur bemerkte man Schotten, Ungarn und Angehörige slawischer Völker. Aus West- und Südeuropa erschien dagegen so gut wie niemand; der Rheinraum erwies sich als eine außerordentlich dichte und traditionelle Grenze.[26]

Erfurts Einzugsbereich war also ein ziemlich geschlossenes, auf die Mittellage hin konzentriertes Gebilde. Thüringen, Hessen und Franken waren die entscheidenden Landschaften, die sich den genannten Bistümern zuordneten. Thüringen, Hessen und Franken trugen die Universität – alles andere war strenggenommen randständig.[27] Um keine Mißverständnisse aufkommen zu lassen: Diese Aussage gilt nur unter dem Siegel statistischer Erheblichkeit. Am „Rande" mögen sich sehr wohl besondere Beziehungen eingestellt haben, wie dies zum Beispiel die Verbindungen zwischen Erfurt und Basel und Bistümern der Eidgenossenschaft zeigen oder Erfurts Beziehungen in den Hanseraum, nach Westfalen oder nach Preußen und Livland in den Ordensstaat.[28] Doch bei aller Farbigkeit und Ausgedehntheit, die im übrigen im Zeitverlauf auch keineswegs immer konstant blieb: Diese Verbindungen trugen nicht die Universität und sicherten nicht die notwendige regionale Existenz. Das gilt sogar selbst noch für institutionalisierte Fernbeziehungen, wie die zum kurkölnischen Niederrhein und Westfalen (Rhein-

---

25) Vgl. Jan Pinborg, Danish students 1450–1535 and the University of Copenhagen. In: Cahiers de l'Institut du moyen âge grec et latin, Université de Copenhague 37 (1981) S. 70–122, 74–81; Sverre Bagge, Nordic students at foreign universities until 1660. In: Scandinavian Journal of History 9 (1984) S. 1–29, 2–17; de Ridder-Symoens, Mobility (wie Anm. 23) S. 292f.

26) Vgl. Jacques Verger, Les étudiants slaves et hongrois dans les universités occidentales (XIII^e^–XV^e^ siècle). In: L'église et le peuple chrétien dans les pays de l'Europe du centre-est et du nord (XIV^e^–XV^e^ siècles). Collection de l'École Française de Rome 128. Rome 1990, S. 83–106, 93f.; Rainer Christoph Schwinges, Französische Studenten im spätmittelalterlichen Reich. In: Michel Parisse (Ed.), Les échanges universitaires franco-allemands du moyen âge au XX^e^ siècle. Paris 1991, S. 37–54; ders., Universitätsbesucher (wie Anm. 5) S. 237.

27) Zum Erfurter Einzugsbereich liegen im wesentlichen nur punktuelle Arbeiten vor, oft nur ortsbezogene Zusammenstellungen von Personen, teils speziell für Erfurt, teils unter anderen in- und ausländischen Universitäten; vgl. Abe, Bibliographie (wie Anm. 2) S. 83f.; ergänzend unten Anm. 28, 35, 36; über Erfurt hinaus Pester, Auswahlbibliographie (wie Anm. 2) S. 227–235. Beobachtungen allgemeiner Art bei Selmar Bühling, Woher stammen die Studenten der Universität Erfurt von 1392–1636? In: Erfurter Heimatbrief 11 (1965), S. 67–71; zu bestimmten Gruppen in der Universität Kleineidam II S. 341–344 (Magister); Rainer Christoph Schwinges, Rektorwahlen. Ein Beitrag zur Verfassungs-, Sozial- und Universitätsgeschichte des alten Reiches im 15. Jahrhundert. Sigmaringen 1992, S. 56–60 (Führungskräfte, Rektoren und Rektorwähler).

28) Marc Sieber, Die Universität Basel und die Eidgenossenschaft 1460 bis 1529. Basel 1960, S. 37f.; Kleineidam 1 S. 166ff. – Wolfgang Delhaes, Lübecker Studenten auf mittelalterlichen Universitäten. Diss. masch. Berlin 1941, S. 106–121; Klaus Wriedt, Bürgertum und Studium in Norddeutschland während des Spätmittelalters. In: Johannes Fried (Hg.), Schulen und Studium im sozialen Wandel des hohen und späten Mittelalters. Sigmaringen 1986, S. 487–525. – August Heldmann, Westfälische Studierende in Erfurt. In: Zeitschrift für vaterländische Geschichte und Altertumskunde Westfalens 52 (1894) S. 77–116; Otto Schnettler, Westfälische Studierende auf der Universität Erfurt. Ebd. 69 (1912) S. 347–356. – Hartmut Boockmann, Die preußischen Studenten an den europäischen Universitäten bis 1525. In: Historisch-geographischer Atlas des Preußenlandes. 3. Lieferung Wiesbaden 1973, S. 1–12.

berg, Erpel, Soest) durch die berühmte Erfurter Kollegstiftung *Porta celi* des Mediziners Amplonius Rating de Berka.[29] Die mittlere und in bezug auf die Herkunftsdichte der Universität ständig zugewandte Blocklage der Erfurter Herkunftsräume war jedoch nicht von Anfang an so stabil wie es der Überblick über das 15. Jahrhundert suggerieren mag. Wir müssen zeitlich differenzieren und tun dies jetzt unter Berücksichtigung der drei oben erwähnten Entwicklungsphasen von Einzugsräumen.

Die erste Phase, die der regionalen Existenzsicherung, dauerte bis fast in die Mitte des 15. Jahrhunderts, dargestellt durch die Stichprobenjahrgänge 1395 bis 1445. Die Basis des regionalen Erfolgs lag für Erfurt von Anfang an in der Mainzer Diözese, vor allem in den östlichen, hessisch-thüringischen Anteilen. Daran sollte sich auch langfristig gesehen nichts ändern. Von Zufallsschwankungen, von pest-, kriegs- und erntebedingten Schwankungen einmal abgesehen, die die Basis erfahrungsgemäß immer stärker betrafen als die Peripherie, entstammte fast ein Drittel aller Besucher Erfurts diesem Raum. Er war jedoch noch nicht der Kernraum der Universität. Im Vergleich zu Köln, wo man von Beginn an aus der sehr weitgespannten Kernlandschaft der Diözesen Köln, Lüttich und Utrecht rekrutieren konnte,[30] schien Erfurt in den ersten Jahrzehnten auf ständiger Raumsuche gewesen zu sein, um die Mainzer Basis zu ergänzen und abzustützen. Entsprechend dauerte diese Frühphase der regionalen Existenzsicherung viel länger als in Köln und war erst zwanzig Jahre später als dort, in den vierziger Jahren des 15. Jahrhunderts abgeschlossen.

In den ersten vier Jahrzehnten zwischen 1395 und 1425 wechselten ständig jene Einzugsräume, in denen sich Erfurt zusätzlich zu verankern suchte. Nur die Richtung blieb konstant, in dem man sich nahezu exklusiv auf den Norden und Nordwesten des Reiches konzentrierte (vgl. Abb. 12). Fast 70 Prozent der Besucher des Jahrgangs 1395 entstammten neben Mainz den Diözesen Bremen, Verden, Hildesheim, Halberstadt, Paderborn und dem ausschließlich rechtsrheinischen Köln im alten Herzogtum Westfalen. Die übrigen verteilten sich ziemlich diffus und vereinzelt im näheren Osten und Süden; Havelberg, Magdeburg, Würzburg und Bamberg fielen gerade noch ins Gewicht. Die Jahrgänge 1405 und 1415 brachten eine stärkere Wendung nach Nordwesten und Westen: Hildesheim und Paderborn, Köln, Trier und Utrecht waren jetzt die bevorzugten außermainzischen, grundsätzlich aber immer rechtsrheinischen Herkunftsgebiete: Man kam nicht aus Brabant oder Südholland, sondern aus Nordholland und Friesland, nicht aus dem Moselland, sondern aus dem trierischen Hessen zwischen Koblenz und Giessen. Diese Raumeinteilung erweckt den Eindruck, daß Erfurt seinen Kernraum in den peripheren Zonen des Kölner Einzugsgebietes sowie dem der alten sächsischen Nation der Prager Universitäten einzurichten versuchte, zumal jede Aus-

29) Kleineidam I S. 101–110, 366–369.
30) Schwinges, Universitätsbesucher (wie Anm. 5) S. 244–255.

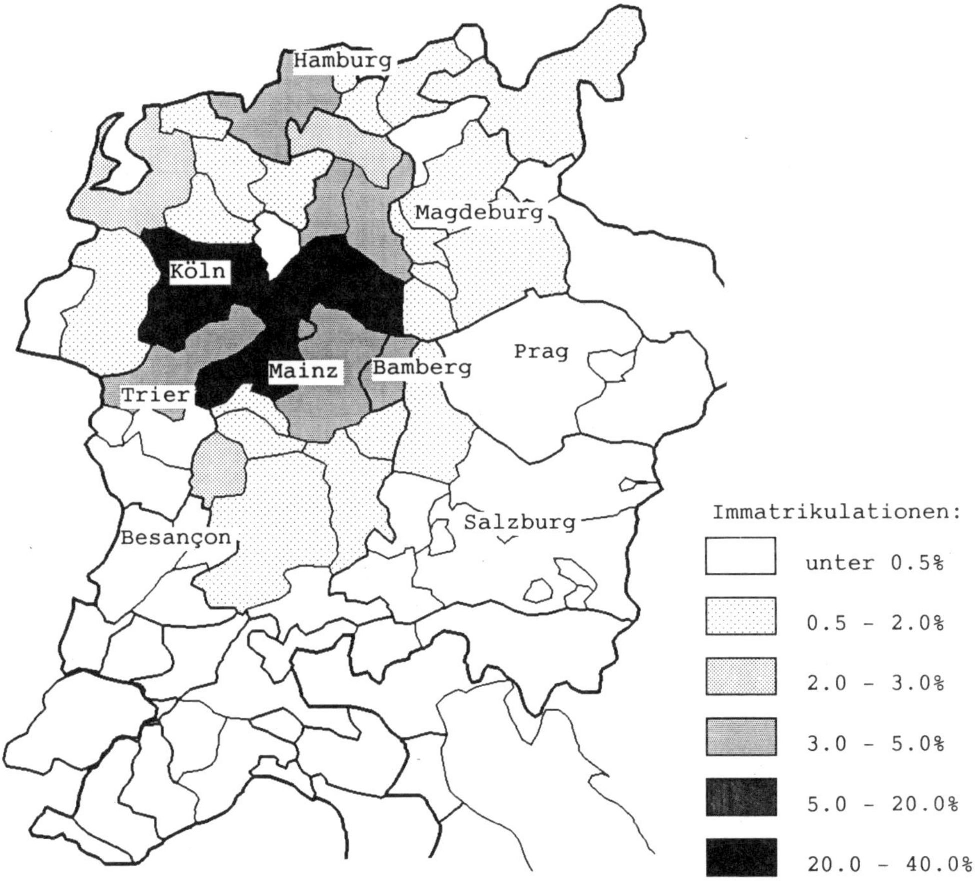


12 Universität Erfurt 1395–1445. Räumliche Herkunft (Diözesen)

dehnung nach Süden hin durch die bayerisch/rheinischen Nationen von Prag und Wien sowie die Heidelberger Universität blockiert zu sein schien.[31]

Die nächsten Jahrzehnte bis 1445 brachten erneut eine Umorientierung. Die zweitstärksten Bistümer hinter Mainz waren dafür symptomatisch: 1425 war es Utrecht, 1435 Halberstadt, 1445 Straßburg. Den dritten Platz belegte jedesmal das Bistum Würzburg. Unverkennbar hatte eine Verlagerung des Schwergewichts nach Süden und Südwesten stattgefunden. Auch Bamberg und Konstanz machten sich bereits bemerkbar, während die frühere Nord-Ausrichtung die Linie Paderborn-Halberstadt nicht

31) Zu den Einzugsgebieten der genannten Universitätsnationen SABINE SCHUMANN, Die „nationes" an den Universitäten Prag, Leipzig und Wien. Ein Beitrag zur älteren Universitätsgeschichte. Diss. FU Berlin 1974. Vgl. auch Anm. 34.

mehr überschritt. Im Westen traten die Diözesen von Köln und Trier immer mehr zurück. Die neugegründeten Universitäten in Leipzig (1409) und Rostock (1419) ließen den Ausbau eines Erfurter Kernraums nach Norden ebenso wenig zu wie im Westen die Kölner Universität, die inzwischen in ihre Konsolidierungs- und Ausbauphase eingetreten war und rechtsrheinisch und ostwärts nach Westfalen und Niedersachsen hin ausgriff.[32] Bestärkt wurde diese Tendenz, und Erfurt dadurch zumindest mittelbar betroffen, durch die Eröffnung der Brabanter Universität zu Löwen (1426). Der abnehmende Zugang aus Aachen (Diözese Lüttich) mag dafür ein Beispiel sein.[33]

Trotz dieser erst wenig stabilen räumlichen Entwicklung, die Erfurt von den zeitgenössischen Mitgründungen in Wien, Heidelberg, Köln und selbst Leipzig erheblich unterschied[34] und die in Erfurt folglich auch viel länger dauerte als anderswo, kann man die Zeit von 1395 bis 1445 als eine Phase regionaler Existenzsicherung ansprechen. Erfurt stieg schon in diesen Jahren, wie oben dargelegt, zur zweitgrößten Universität des Reiches auf. Die ständig steigenden Immatrikulationen kamen zu einem wesentlichen Teil dem Mainzer Zentrum zugute, aber auch der zunächst noch offenen Kernraumsituation nördlich wie südlich dieses Zentrums. Die Sicherung der Regionalität Erfurts vollzog sich also unter Verzicht auf Ausdehnung allein durch Verlagerung der universitären Kernlandschaften um das Mainzer Gebiet, ohne daß Wachstumseinbußen eingetreten wären. Der Verdichtung des Inneren entsprach dabei eine längerfristige äußere Unverbindlichkeit.

Die zweite Phase, die des Ausbaus und der Konsolidierung des Einzugsgebietes, gehörte der zweiten Jahrhunderthälfte an, vertreten durch Stichprobenjahrgänge von 1455 bis 1495. In diesem Zeitraum nahm die Entwicklung eine andere Richtung. Schon seit den zwanziger Jahren hatte die Würzburger Diözese und damit vor allem der Raum Unterfranken eine beachtliche Rolle bei der Nord-Süd-Verlagerung des Haupteinzugsgebietes gespielt. Jetzt trat sie ganz in den Vordergrund und behauptete bis zum Ende des Jahrhunderts (dem Ende des Beobachtungszeitraums) hinter Mainz die zweitstärkste Herkunftsfrequenz. Mainz und Würzburg formten das neue Zentrum eines Einzugsbereichs, der sich entschieden nun im Süden einzurichten trachtete (vgl. Abb. 13). Um Mainz und Würzburg herum bildete sich ein Gürtel von Nachbardiözesen, allesamt freilich Erfurt zugewandt: Bamberg, Augsburg, Konstanz, Straßburg, Speyer und Trier. Als einzige frequenzreiche Verbindung nach Norden blieb lediglich das Nachbarbistum

32) Schwinges, Universitätsbesucher (wie Anm. 5) S. 250ff., 255–260 und passim.

33) Edmond Reusens (Ed.), Matricule de l'Université de Louvain, Vol. 1, 1426–1453. Bruxelles 1903 (Tables); Josef Giesen, Aachener an der Universität Erfurt. In: Zeitschrift des Aachener Geschichtsvereins 66/67 (1954/55) S. 367–370.

34) Wie Anm. 32 und als Beispiele Christoph Fuchs, Dives, Pauper, Nobilis, Magister, Frater, Clericus. Sozialgeschichtliche Untersuchungen über Heidelberger Universitätsbesucher des Spätmittelalters (1386–1450). Leiden 1995, S. 124ff.; Kurt Mühlberger, Thomas Maisel (Hgg.), Aspekte der Bildungs- und Universitätsgeschichte. 16. bis 19. Jahrhundert. Wien 1993, S. 307ff. Wolfgang Keck, Die Herkunft der Leipziger Studenten von 1409 bis 1430. Diss. masch. Leipzig 1933.

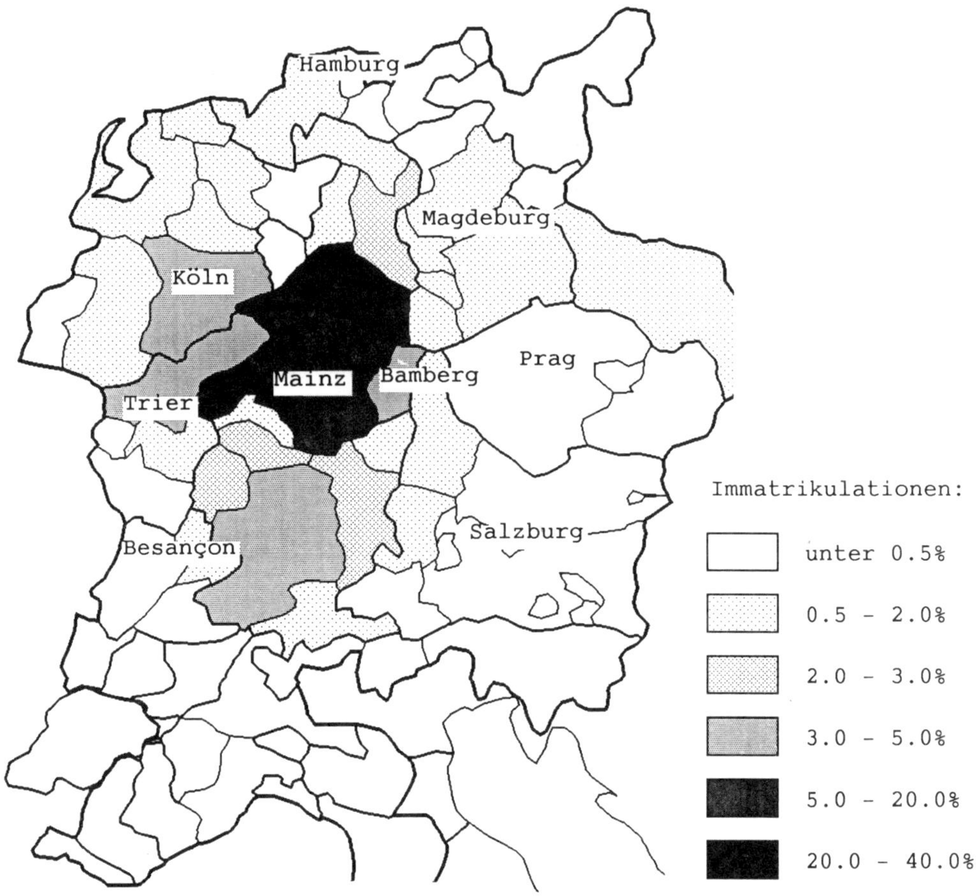


13 Universität Erfurt 1455–1495. Räumliche Herkunft (Diözesen)

Halberstadt bestehen.[35] Selbst der Westen, soweit er kölnisch war, verlor erheblich an Terrain. Von dort kamen fast nur noch die Stipendiaten des Amplonianischen Kollegs „Zur Himmelspforte", aus den stiftungsberechtigten Städten Rheinberg, Erpel und Soest. Das Geschehen im Einzugsbereich dieser Jahrzehnte läßt sich als eine besondere

35) Der Rückzug aus dem Norden ist auch punktuell schon einmal aufgefallen, vgl. etwa Karl Koppmann, Hamburger Studenten in Erfurt. In: Mitteilungen des Vereins für hamburgische Geschichte 6 (1884) S. 122–126; Alfred Schmidtmayer, Bremische Studenten an den Universitäten des Mittelalters. In: Bremisches Jahrbuch 35 (1935) S. 39–89, 70–76; Delhaes, Lübecker Studenten (wie Anm. 25) S. 243 ff. Auch am nördlichen Rand des Kernraums mit Beginn in den 90er Jahren: W. Zahn, Anhaltiner auf der Universität Erfurt. In: Mitteilungen des Vereins für anhaltinische Geschichte und Altertumskunde 6 (1893) S. 218–220, mit Berichtigungen von Franke, ebd., S. 319 ff.

Art von Ausbau oder Konsolidierung beschreiben, als ein verstärkter Konzentrationsvorgang in der Mitte des Reiches. Mehr als zuvor übernahm nun der Kernraum nicht nur die Sicherung der regionalen Existenz, sondern darüber hinaus auch einen Großteil des ständigen Zuwachses. Der Kernraum von Mainz und Würzburg, von Hessen also, Thüringen und Franken, erfaßte im Jahrgang 1455 bereits rund 45 Prozent aller Besucher, 1495 waren es sogar 55 Prozent.[36]

Bei dieser Sachlage muß man feststellen, daß es die dritte Entwicklungsphase, die der Überregionalisierung wie zum Beispiel in Köln oder Löwen in Erfurt nicht gegeben hat.[37] Überregionalisierung meint eine Überflügelung des regionalen Kerns durch bis dahin periphere Gebiete. Am Ende der zweiten Phase, die ganz der Suche und dann der Verdichtung des Kernraums gegolten hatte, stagnierte die weitere Entwicklung. Zu einem Ausbau des Einzugsbereichs in die Weite des Reiches hinein, einem Ausbau, der mehr war als eine bunte, unverbindliche Mixtur von Einzelfällen, kam es nicht mehr. Dies dürfte letzten Endes einer der maßgebenden Gründe dafür gewesen sein, daß Erfurts frequentielles Wachstum in den siebziger Jahren zum Stehen gekommen war und fortan einen negativen Trend gezeichnet hatte (vgl. Abb. 11). Und dies dürfte auch ein Grund dafür gewesen sein, daß die zyklische Prozeßstruktur des Erfurter Universitätsbesuchs sich gerade zu diesem Zeitpunkt noch einmal veränderte. Die alten Einzugsräume, die Kernregion und ihre Umgebung, waren offensichtlich ausgeschöpft. Wäh-

---

36) Einzelstudien unterschiedlichsten Niveaus zum Kernraum in Auswahl: Adolf Stölzel, Studierende der Jahre 1368 bis 1600 aus dem Gebiete des späteren Kurfürstenthums Hessen. In: Zeitschrift des Vereins für hessische Geschichte und Landeskunde. Neue Folge 5 (1875) Supplement; Johannes Eck, Butzbacher und Licher Studenten vom Ausgang des 14. bis zur Mitte des 17. Jahrhunderts. In: Mitteilungen des oberhessischen Geschichtsvereins, Neue Folge 26 (1925) S. 1–39; Horst Rudolf Abe, Die Fuldaer an der Universität Erfurt im Mittelalter (1392–1521). In: Fuldaer Geschichtsblätter 33 (1957) S. 180–199; ders., Rolle (wie Anm. 4) S. 54 ff.; Paul Görlich, Hersfelder Studenten in Erfurt von 1392–1600. In: Mein Heimatland Bad Hersfeld 23 (1968/69), S. 92 f.; Volkmar Köhler, Wetzlarer Studenten im 14. und 15. Jahrhundert. Zur Sozialgeschichte der Universitätsbesucher einer Reichsstadt. In: Mitteilungen des Wetzlarer Geschichtsvereins 30 (1983) S. 43–63. – Reinhard Jordan, Verzeichnis der in Erfurt studierenden Mühlhäuser (1392–1636). In: Mühlhäuser Geschichtsblätter 5 (1905) S. 53–58; Ernst Theodor Ziegler, Langensalzaer auf der Universität Erfurt 1392–1636 nebst einigen weiteren Personen- und Ortszusammenstellungen. In: Der Pflüger 4 (1927) S. 401–413; Wilhelm Falkenheiner, Göttinger Bürgersöhne auf auswärtigen Universitäten bis 1737. In: Neues Göttinger Jahrbuch 2 (1930), S. 27–72, 32, 39 ff.; A. Beckmann, Eichsfelder Studenten auf der Universität Erfurt in den Jahren 1392 bis 1636. In: Eichsfelder Heimatblätter 17 (1938) S. 26–29. – Karlheinz Goldmann, Nürnberger Studenten an deutschen und ausländischen Universitäten von 1300–1600. In: Mitteilungen aus der Stadtbibliothek Nürnberg 12 (1963) S. 1–10, 6; Michael Mahr, Bildungs- und Sozialstruktur der Reichsstadt Schweinfurt. Würzburg 1978 (Studentenliste); Rolf Häfele, Die Studenten der Städte Nördlingen, Kitzingen, Mindelheim und Wunsiedel bis 1580. Studium, Berufe und soziale Herkunft. 2 Teile, Trier 1988, S. 19 ff., 86 ff., 114 ff., 136 f. – Weiteres bei Abe, Bibliographie (wie Anm. 2) S. 83 f.

37) Schwinges, Universitätsbesucher (wie Anm. 5) S. 253 ff.; G. Peremans, De immatriculati van de Leuvense Universiteit tussen 1453 en 1485. Proefschrift van Licentiaat in de Wijsbegeerte en Letteren, Leuven 1960; Nicole Carpiaux, L'immatriculation des étudiants de l'Université de Louvain de 1485 à 1515: Étude statistique. Mémoire de Licence en Philosophie et Lettres, Bruxelles 1963.

rend Löwen und Köln überregional rekrutierten und zu den Spitzenuniversitäten der zweiten Jahrhunderthälfte aufstiegen, sank Erfurt auf den fünften Platz der großen deutschen Universitäten zurück. Die verhinderte Überregionalität stellte für die Zukunft die entscheidenden Weichen. Erfurt verlor langsam aber sicher immer mehr an Anziehungskraft; auch die Blütezeit des neuen Erfurter Nominalismus um die Jahrhundertwende, so wie die des gleichzeitigen Humanismus,[38] sollte daran nichts mehr ändern; sie konnte nicht einmal den negativen Trend aufhalten. Rein quantitativ gesehen, und das ist wichtig genug, um Universitäten als Modernisierungsträger im Alten Reich verstehen zu können, hatte Erfurt seinen größten Erfolg im 15. Jahrhundert; es konnte ihn in der ganzen frühen Neuzeit in dieser Form nicht mehr wiederholen. Um so wichtiger ist es festzuhalten, daß dieser Erfolg der auch am Ende noch immer großen Zahlen vor allem der Region Thüringen, Hessen und Franken zu verdanken war, einer demnach wohl bedeutenden deutschen Bildungslandschaft, aus der heraus es offensichtlich immer wieder gelang, Universitätsbesucher für Erfurt zu mobilisieren.

---

38) Kleineidam II S. 138ff.

HORST RUDOLF ABE

# Aus der Geschichte der medizinischen Fakultät der Universität Erfurt (1392–1816)

Die Geschichte der Erfurter medizinischen Fakultät ist fest eingebettet in die Geschichte der Erfurter Gesamtuniversität, deren beide glanzvollste Epochen im Zeitalter des Renaissance-Humanismus und der Aufklärung sie zum Teil entscheidend mitgestaltet hat. Zunächst stark von Prager und Wiener Einflüssen beherrscht, hat es der Erfurter medizinischen Fakultät von Anfang an nicht an profilierten Repräsentanten gemangelt, die wesentlich mit dazu beigetragen haben, ihr verhältnismäßig frühzeitig ein Ansehen zu verleihen, das durchaus überregionale Bedeutung beanspruchen durfte. Als eine solche hervorragende Persönlichkeit stellte sich uns bereits der im Sommersemester 1392 immatrikulierte nachmalige zweite Rektor der Erfurter Universität, der universal gebildete Amplonius Ratingk d. Ä. (um 1365–1435)[1] aus Rheinberg, dar. Er überließ der Hochschule 1412 seine schon damals weithin bekannte, ungefähr 4000 Einzelwerke umfassende Privatbibliothek zum Geschenk,[2] die diesseits der Alpen an Umfang wohl nur noch von den Bücherschätzen der Sorbonne und des Louvre übertroffen worden sein dürfte.[3] Da alleine ihr Bestand nicht weniger als 911 medizinische Arbeiten enthielt, sah sich die medizinische Fakultät durch diese Stiftung in die Lage versetzt, auf einen Fachbuchbestand zurückgreifen zu können, wie ihn keine andere zeitgenössische deutsche Schwesterfakultät aufzuweisen gehabt hat.[4] Und selbst heute noch gilt diese inzwischen weltberühmt gewordene und im Besitz der Wissenschaftlichen Allgemeinbibliothek der Stadt Erfurt befindliche Handschriftensammlung als die größte Privatbibliothek eines deutschen Gelehrten aus vorhumanistischer Zeit. In dieser Eigenschaft gewährt sie uns einen ausgezeichneten Überblick über die gesamte Medizin, wie sie bis in das 15. Jahrhundert hinein und teilweise noch entschieden länger allerorts in Europa öffentlich gelehrt und praktisch betrieben wurde.

---

1) Horst Rudolf Abe, Die Universität Erfurt in ihren berühmtesten Persönlichkeiten, I. Mittelalter (1392–1521). In: BGUE 1 (1958) S. 109f.

2) Wilhelm Schum, Beschreibendes Verzeichnis der amplonianischen Handschriftensammlung zu Erfurt. Berlin 1887; Wolfgang Altmann, Das medizinische Schrifttum in den mittelalterlichen Erfurter Universitätsbibliotheken des „Collegium maius“ und des „Collegium Amplonianum“ (1408–1524). In: BGUE 7 (1960) insbes. S. 38–46.

3) Alfons Fischer, Geschichte des Deutschen Gesundheitswesens. Bd. 1, Berlin 1933, S. 126.

4) Hans Rodewald, Die medizinischen Bestände der mittelalterlichen Bibliotheken Erfurts. In: Sudhoffs Archiv für Geschichte der Medizin und der Naturwissenschaften 41 (1957) S. 78–82.

Ungeachtet dessen vermag jedoch dieser Vorzug nicht über den Tiefstand hinwegzutäuschen, auf dem sich damals hier wie nahezu überall in Deutschland die Heilkunde befand. Erst der in der zweiten Hälfte des 15. Jahrhunderts erfolgende Anstoß zu einer allgemeinen geistigen Erneuerung begann in dieser Beziehung einen allmählichen Wandel einzuleiten und die Erfurter medizinische Fakultät – ebenso wie die Erfurter Gesamtuniversität – ihrer ersten großen Blütezeit entgegenzuführen. Am Beginn dieses geistigen Neuorientierungsprozesses stand bezeichnenderweise mit dem im Sommersemester 1460 immatrikulierten Wanderpoeten Peter Luder († nach 1474) ein angehender deutscher Medizinstudent aus Padua, der fünf Jahre später in Basel zum Stadtarzt und zum medizinischen Hochschullehrer avancierte.[5] Gleichzeitig erscheint dieses Eindringen frühhumanistischen Gedankengutes untrennbar verbunden mit der Existenz zweiter Ärzteschulen an der Erfurter medizinischen Fakultät, die sich einmal an der vorgenannten Universität Padua, zum anderen an derjenigen zu Ferrara zu orientieren pflegten.[6] Aufgrund dieser engen Beziehungen zu zwei der berühmtesten Bildungsstätten Renaissance-Italiens vermochte die Erfurter medizinische Fakultät zugleich einen ganz entscheidenden Beitrag zur Rezeption des Renaissance-Humanismus in Erfurt zu leisten.

Prominentester Vertreter einer sich seinerzeit hier bildenden Erfurter Medizinerschule, die später durch ihn im Rahmen der 1527 gegründeten Universität Marburg eine glanzvolle Wiedergeburt erfuhr, war der Dichter-Arzt Euricius Cordus (1486–1535),[7] der deutschen Literatur größter neulateinischer Epigrammatiker. Er unternahm mit seinem 1534 in Köln erschienenen *Botanologicon* einen der ersten Versuche einer wissenschaftlich fundierten Darstellung der allgemeinen Pflanzenkunde in Deutschland[8] und gilt zudem als der erste deutsche Botaniker, der Bestimmungsübungen und botanische Exkursionen durchgeführt hat. Als sein bekanntester Erfurter Schüler hat der zuletzt in Marburg wirkende Johannes Dryander (1500–1560) zu gelten. Er war einer der ersten in Deutschland, der auf die grundlegende Bedeutung der praktischen Anatomie hingewiesen und maßgeblich mit dazu beigetragen hat, diese als ordentliches Lehrfach an den deutschen Universitäten einzuführen. Sein besonderes Verdienst bestand vor allem darin, noch vor Andreas Vesal (1515–1564) den hohen Wert anatomischer Abbildungen voll erkannt und ihre Verbreitung maßgeblich gefördert zu haben. So darf seine 1537 in Marburg herausgegebene *Anatomia* als der früheste Versuch einer bildlichen Wiedergabe der gesamten Schädel- und Gehirnanatomie angesehen werden. Gleichzeitig stellte er darin auch zum ersten Mal Herz und Lunge isoliert dar. Darüber

---

5) ABE, Universität (wie Anm. 1) S. 89f.

6) DERS., Der Einfluß italienischer Universitäten auf die Erfurter Medizinische Fakultät des 15. und beginnenden 16. Jahrhunderts. In: XXX. Internationaler Kongreß für Geschichte der Medizin, Düsseldorf 31. VIII.–5. IX. 1986, Actes Proceedings. Leverkusen 1988, S. 983–987.

7) ABE, Universität (wie Anm. 1) S. 48f.; DERS., Über die Abstammung des Erfurter Humanisten Euricius Cordus (1486–1535) – ein genealogischer Beitrag zur Valerius-Cordus-Forschung. In: Die Pharmazie 44 (1989) S. 857f.

8) PETER DILG, Das Botanologicon des Euricius Cordus. Nat. Diss., Marburg 1969.

hinaus gebührt ihm der Ruhm, durch seine 1535 erschienene Schrift über Bad Ems der eigentliche Begründer der modernen Mineralquellenanalyse in Deutschland gewesen zu sein.[9] – Ihm und seinem Lehrer Cordus seit der gemeinsamen Erfurter Universitätszeit eng verbunden war auch der als bedeutendster Dichter Deutschlands gefeierte Helius Eobanus Hessus (1488–1540), der mit seinen 1525 in Erfurt veröffentlichten „Vorschriften zur Erhaltung einer guten Gesundheit" ein Werk geschaffen hat, das den bedeutendsten Lehrgedichten der Diätetik im Deutschland des 16. Jahrhunderts zugerechnet werden muß.[10]

Neben Hessus mögen aber auch die Namen von zwei weiteren angesehenen deutschen Medizinern des ausgehenden 15. und der ersten Hälfte des 16. Jahrhunderts nicht unerwähnt gelassen werden. Der eine ist der im Sommersemester 1451 immatrikulierte Johannes Cuba († 1503/1504),[11] dessen 1485 in Mainz gedruckter *gart der gesuntheit* als eines der ersten umfassenden Arzneibücher in deutscher Sprache gilt. Bei dem anderen handelt es sich um den im Wintersemester 1515/1516 immatrikulierten Leonhart Fuchs (1501–1566),[12] der Vesals grundlegende anatomische Erkenntnisse als einer der ersten in Deutschland mit nachhaltigem Erfolg zu verbreiten verstand und der außerdem durch seine 1542 in Basel erschienene *Historia stirpium* zum großen Mitbegründer der modernen Botanik wurde.

Es liegt nahe, daß von dem im 16. Jahrhundert allmählich einsetzenden Niedergang Erfurts und seiner Universität auch die hiesige medizinische Fakultät nicht unberührt bleiben konnte. So geriet auch sie, die einst zum Teil maßgeblich am Aufbau ihrer Schwesterfakultäten in Leipzig, Rostock und Marburg mitgewirkt hatte, immer stärker in den Sog des allgemeinen Verfalls. Trotzdem fehlte es nicht an Bemühungen, auch ihr neue, zukunftsweisende Impulse zu vermitteln.[13] – Aber alle diese Bestrebungen beruhten vorwiegend auf der Privatinitiative einiger weniger und entbehrten weitgehend jeder angemessenen öffentlichen Unterstützung. Eine entscheidende Änderung dieser Verhältnisse begann sich erst abzuzeichnen, als in Deutschland generell ein neuerlicher Aufschwung zu verzeichnen war, der auf geistigem Gebiet seinen Niederschlag in der Aufklärung fand. Deshalb kann es auch kein Zufall genannt werden, wenn sich die Erfurter medizinische Fakultät um die Mitte des 18. Jahrhunderts anschickte, in ihre zweite große Blütezeit einzutreten, die bis zu ihrer Auflösung im Jahre 1816 dauerte.

---

9) Erwin Fuhrmeister, Johannes D. Wetteranus. Med. Diss., Halle 1920; Johannes Steudel, Aus der Geschichte der Balneologie. In: Deutsche Medizinische Wochenschrift 79 (1954) S. 499; Horst Rudolf Abe, Die Erfurter Medizinische Fakultät in den Jahren 1392–1524. In: BGUE 17 (1974) S. 197–200.

10) Abe, Universität (wie Anm. 1) S. 74 f.; ders., Fakultät (wie Anm. 9) S. 130–137.

11) Ders., Universität (wie Anm. 1) S. 135.

12) NDB Bd. 5, S. 681 f. (Gernot Rath); Horst Rudolf Abe, Zur Datierung des Erfurter Universitätsaufenthaltes von Leonhart Fuchs. In: NTM-Schriftenreihe für Geschichte der Naturwissenschaften, Technik und Medizin 9 (1972) S. 56–61.

13) Ders., Die Bedeutung Erfurts und seiner Universität für die Geschichte der medizinischen Wissenschaft. In: BGUE 14 (1968/69) S. 26.

Am Beginn dieser neuen Entwicklungsphase begegnen wir dem von 1729 bis 1745 als Professor in Erfurt wirkenden Andreas Elias Büchner (1700–1769). Seit 1736 Präsident der heutigen „Deutschen Akademie der Naturforscher Leopoldina“ in Halle, hat er sich als Reformator dieser 1652 gegründeten ältesten Gelehrtenvereinigung, deren Bibliothek und deren Sammlungen sich von 1736 bis 1805 in Erfurt befanden, hohe Verdienste um das deutsche Geistesleben zu erwerben gewußt. Davon zeugen gegenwärtig noch die „Nova Acta Leopoldina“, die er 1757 als neue Schriftenreihe ins Leben gerufen hat.[14] Zur selben Zeit besaß die Fakultät in der Person des Professors Johann Hieronymus Kniphof (1704–1763) einen Botaniker von beachtlichem Format, der sich insbesondere durch die in großem Umfang betriebene Wiederbelebung des Naturselbstdruckverfahrens ein bleibendes Andenken sicherte.[15] Außerdem verfügte sie in dem Professor Johann Wilhelm Albrecht (1703–1736) über einen hochtalentierten jungen Anatomen, der 1734 nach Göttingen ging, wo er als Vorgänger Albrechts von Haller (1708–1788) nicht unwesentlich zum Aufbau der medizinischen Fakultät der 1737 eröffneten dortigen Universität beitrug.[16] Die Göttinger medizinische Fakultät wurde später auch die Wirkungsstätte zweier anderer namhafter Absolventen der Erfurter *Alma mater:* des 1731 immatrikulierten Rudolf Augustin Vogel (1724–1774), der 1751 in Erfurt mit seiner „Medizinischen Bibliothek“ die erste kritische Fachzeitschrift für Medizin ins Leben rief,[17] und des 1754 immatrikulierten Ernst Gottfried Baldinger (1738–1804), der sich nach 1785 als Reorganisator der Marburger medizinischen Fakultät einen weithin geachteten Namen machte.[18]

Die Mitte des 18. Jahrhunderts stand dann ganz im Zeichen des Erfurter, später Gießener Universitätsprofessors Johann Wilhelm Baumer (1719–1788). Geleitet von dem Wunsch, die Fakultät mit allen Einrichtungen zu versehen, die erforderlich waren, um aus ihr eine echte Pflegestätte modernen wissenschaftlichen Lebens zu machen, erwirkte er unter anderem 1755 – zum Teil im Rahmen der von ihm 1754 mitbegründe-

---

14) Richard Loth, Die Dozenten der medizinischen Fakultät der Universität Erfurt in den Jahren 1646–1816. In: JAW NF 33 (1907) S. 199f.; Horst Rudolf Abe und Wolfram Kaiser, Beiträge zum Leben und Werk von Andreas Elias Büchner (1701–1769). In: BGUE 18 (1975–1978) S. 91–138.

15) Martin Möbius, Geschichte der Botanik, Jena 1937, S. 425f.; Horst Rudolf Abe und Horst Schyra, Johann Hieronymus Kniphof (1704–1763), der Inhaber des Lehrstuhls für Anatomie, Chirurgie und Botanik an der Medizinischen Fakultät der Universität Erfurt während der Jahre 1745–1756. In: BGUE 8 (1961) S. 53–82; Ilsabe Schaldach, Johann Hieronymus Kniphof – Sohn unserer Stadt und Partner Reicharts bei der Herausgabe seltener Kräuterbücher. In: Christian Reichart (1685–1775), Pionier und Förderer des Erfurter Erwerbsgartenbaues; Veröffentlichungen des Naturkundemuseums Erfurt. Erfurt 1985, S. 34–46; dies., Johann Hieronymus Kniphofs „Botanica in originalia“ – ein seltenes Kräuterbuch des 18. Jahrhunderts. In: Die Pharmazie 41 (1986) S. 658f.

16) Loth, Dozenten (wie Anm. 14) S. 12f.; Biographisches Lexikon der hervorragenden Ärzte aller Zeiten und Völker. Hg. August Hirsch, Bd. 1, München, Berlin 1962, S. 72 (W. Stricker); Cäcilia Frantz, Johann Wilhelm Albrecht und die Anfänge der Medizin in Göttingen. Med. Diss., Göttingen 1951.

17) August Hirsch, Geschichte der medizinischen Wissenschaften. New York, Hildesheim 1966, S. 307.

18) NDB Bd. 1, S. 550 (Magnus Schmid).

ten „Churfürstlichen Mayntzischen Academie nützlicher Wissenschaften" zu Erfurt – die Errichtung einer Poliklinik – der zweitältesten in Deutschland überhaupt –, eines Anatomischen Theaters und eines großen Botanischen Gartens.[19] Dadurch schien endlich eine feste Basis geschaffen zu sein, auf der sich die medizinische Fakultät in Erfurt folgerichtig hätte weiterentwickeln können. Tatsächlich erlebte sie auch in den nächsten Jahrzehnten einen bis dahin für Erfurt beispiellosen Aufschwung. So ging die Fakultät seit 1775 als zweite ihrer Art in Deutschland zu einem systematischen Unterricht am Krankenbett über.[20] Wenig später erwarb sich dann der Professor Johann Friedrich Weißenborn (1750–1799)[21] besondere Meriten um den vorbeugenden Säuglings- und Kinderschutz, indem er seit 1782 als einer der ersten auf deutschem Boden jungen Mädchen, Frauen und Müttern kostenlosen öffentlichen Unterricht in Kinder- und Säuglingspflege erteilte.[22] Auf seine Veranlassung hin erfolgte auch 1787 die Gründung einer Hebammen-Lehr- und Entbindungsanstalt an der Erfurter Universität, aus der sich später die heutige Klinik für Gynäkologie und Geburtshilfe der Medizinischen Hochschule Erfurt entwickelte.[23] Ein anderer Angehöriger des Lehrkörpers der Erfurter medizinischen Fakultät, der Privatdozent Johann Samuel Naumburg (1768–1799), muß hingegen den frühen Vertretern des orthopädischen Helferwerks in Deutschland zugerechnet werden.[24]

---

19) Loth, Dozenten (wie Anm. 14) S. 192–195; Baldur Schyra, Das Reformwerk Johann Wilhelm Baumers und Christoph Andreas Mangolds und seine Bedeutung für die medizinische Fakultät und die medizinische Wissenschaft in Erfurt um die Mitte des 18. Jahrhunderts. Med. Diss., Erfurt 1958.

20) Horst Rudolf Abe, Die Entwicklung des praktischen klinischen Unterrichtes an der ehemaligen Universität Erfurt (1392–1816). In: Zeitschrift für klinische Medizin 44 (1989) S. 2133f., 2137.

21) Loth, Dozenten (wie Anm. 14) S. 244f.; Horst Wolfgang Winkler, Der Stand der geburtshilflichen Therapie an der Universität Erfurt während des letzten Viertels des 18. Jahrhunderts, dargestellt am Wirken von Prof. Dr. Johann Friedrich Weißenborn (1750–1799). Med. Diss., Erfurt 1969.

22) Horst Rudolf Abe, Johann Friedrich Weißenborn (1750–1799), ein Pionier des vorbeugenden Säuglings- und Kinderschutzes im Deutschland des ausgehenden 18. Jahrhunderts. In: Ärztliche Jugendkunde 63 (1972) S. 118–124.

23) Dorothea Wiethege, Die Hebammen-Lehranstalt Erfurt. Med. Diss., Leipzig 1959; Gerhard Hert, Die Entwicklung der Geburtshilfe, Gynäkologie und Kinderheilkunde in Erfurt von der Schließung der Universität bis zur Gründung der Medizinischen Akademie (1816–1954). Med. Diss., Erfurt 1962, insbes. S. 25–143; Horst Rudolf Abe, Von der medizinischen Fakultät der Universität Erfurt zur Medizinischen Akademie. In: BGUE 11 (1964) S. 67–72; Klaus Niedner und Klaus Hildebrand, Die moderne Geburtshilfe und Frauenheilkunde in Erfurt von ihren Anfängen bis zur Gegenwart. Ebd., S. 251–269; Gerhard Hert und Horst Rudolf Abe, Die Gründung der Erfurter Hebammenlehr- und Entbindungsanstalt 1787 und ihre Geschichte während der ersten hundert Jahre. In: ebd. 15 (1970) S. 83–107; Horst Rudolf Abe, Das Hebammeninstitut und öffentliche Entbindungshaus der Universität Erfurt im Bild. In: ebd. 18 (1975–1978) S. 139ff.

24) Loth, Dozenten (wie Anm. 14) S. 224f.; Arthur Hoffmann, Die Rolle des Bildes in der Entwicklung der Medizintechnik. In: Medizinische Technik 80 (1960) S. 110f.; Ders., Ein Erfurter Fund aus den Anfängen des orthopädischen Helferwerkes in Deutschland. In: Aus der Vergangenheit der Stadt Erfurt 4 (1962), S. 1–12; Horst Rudolf Abe, Ein Nachruf Johann Bartholomäus Trommsdorffs vom 23. Mai 1799 auf den am 12. Mai 1799 verstorbenen Erfurter Arzt und Universitätsgelehrten Johann Samuel Naumburg. In: BGUE 10 (1963) S. 5–11.

Neben dem Professor der Medizin Johann Jakob Bernhardi (1774–1850)[25] – einem Pflanzenanatomen und -geographen von internationalem Rang –, bedarf auch noch ein weiteres Mitglied dieses Lehrerkollegiums, der Professor August Friedrich Hecker (1763–1811), einer ausdrücklichen Erwähnung. Mit seinen 1790 in lateinischer Sprache veröffentlichten „Tabellen über die Geschichte der Medizin" begründete er hier in Erfurt eine spezielle Form der Medizingeschichtsschreibung, die sich seitdem einen festen Platz innerhalb derselben zu sichern gewußt hat. Außerdem veröffentlichte er 1796 mit seinem „Magazin für die pathologische Anatomie und Physiologie" die erste Fachzeitschrift für Pathologische Anatomie und Pathologische Physiologie, nachdem er zuvor 1791 mit seinem „Grundriß der Physiologia pathologica" das erste Lehrbuch auf dem jungen Gebiet der Pathophysiologie herausgegeben hatte.[26]

Die Verdienste dieser Männer verblassen jedoch weitgehend vor denjenigen des ebenfalls der medizinischen Fakultät angehörenden Professors Johann Bartholomäus Trommsdorff (1770–1837). Er, der sogenannte „Vater der wissenschaftlichen Pharmazie" und Mitglied von annähernd 50 wissenschaftlichen Gesellschaften und Institutionen in nahezu ganz Europa, ist in die Geschichte eingegangen als der Begründer des internationalen pharmazeutischen Pressewesens (1793–1834) und einer modernen, institutionalisierten pharmazeutischen Berufsausbildung auf deutschem Boden (1795–1828). Gleichzeitig gilt er als der Schöpfer des wohl ältesten Lehrbuchs der Rezeptur (1797), des ersten Handbuchs der Pharmakognosie in deutscher Sprache (1799) und des technischen Verfahrens, mit Dampf zu extrahieren und die Extrakte auch mittels Dampf einzudicken (1811), wie er überhaupt in Deutschland als einer der bedeutendsten Initiatoren der gesamten industriellen Entwicklung auf chemisch-pharmazeutischem Gebiet anzusehen ist. Auch auf den Gebieten der Balneologie, der Chemiegeschichtsschreibung, der Pharmakologie und der Klinischen Chemie leistete er – der große Reformator des deutschen Apothekenwesens – direkt oder indirekt Beachtliches. Darüber hinaus hat er den Pionieren der Alkaloidchemie (1805), der chemischen Kosmetik (1805), der Agrikulturchemie (1816), der inländischen Opiumgewinnung (1827) und einer sozialen Alterssicherung auf berufsständischer Grundlage (1811) zugerechnet zu werden. Ehrenvolle Berufungen nach Berlin und Jena ebenso ablehnend wie solche nach St. Petersburg, Dorpat, Warschau und Coimbra,

25) LOTH, Dozenten (wie Anm. 14) S. 196ff.; NDB Bd. 2, S. 124 (Hermann Ziegenspeck).

26) LOTH, Dozenten (wie Anm. 14) S. 208–211; HORST RUDOLF ABE und NORBERT TIEDT, August Friedrich Hecker (1763–1811) und die Anfänge der modernen Pathophysiologie. In: BGUE 19 (1979–1983) S. 165–185; WERNER KNEIST, August Friedrich Heckers „Die Kunst unsere Kinder zu gesunden Staatsbürgern zu erziehen ... ". Ebd., S. 187–204; MARTINA KRÖPLIN, Die Tätigkeit von Prof. Dr. August Friedrich Hecker (1763–1811) in Erfurt während der Jahre 1790–1805. Med. Diss., Erfurt 1984; DIES., Der Beginn der Hochschullehrertätigkeit von August Friedrich Hecker (1763–1811) in Erfurt und deren Bedeutung für die Geschichte der Stomatologie. In: ebd. 21 (1987/88) S. 125–130; WERNER KNEIST, Der Stand der Pädiatrie im Spiegel eines Werkes des Erfurter Universitätsprofessors August Friedrich Hecker aus dem Jahre 1805. Ebd., S. 131–148.

sind von seinen ca. 700 Veröffentlichungen mehrere in elf Sprachen, darunter sogar ins Japanische, übersetzt worden und verliehen ihm so einen Ruf von weltweitem Klang.[27]

Allen diesen Namen lassen sich diejenigen vieler anderer Persönlichkeiten unbedenklich an die Seite stellen, deren Träger seit dem ausgehenden 17. Jahrhundert ebenfalls vorübergehend Angehörige der Erfurter *Alma mater* waren und später als Ärzte und Naturwissenschaftler zu teilweise hohem Ansehen gelangten.[28] Es sei hier nur erinnert an den großen medizinischen Systematiker Friedrich Hoffmann (1660–1742) in Halle, ferner an Johann Gottfried Berger (1659–1756), der 1708 als erster auf die medizinische Bedeutung des Karlsbader Salzes aufmerksam machte, an Martin Schurig (1656–1733), der die Bezeichnung „Gynäkologie" in die Literatur einführte, an Johann Junker (1679–1759), der 1717 in Halle als erster die kombinierte klinische und poliklinische Ausbildung in Deutschland einführte, an Sigismund Friedrich Hermbstädt (1760–1837), der unter anderem die Technologie sowie die moderne Nahrungsmittelchemie außerordentlich förderte und sich in Deutschland vor allem auch durch die Verbreitung der Lehren Lavoisiers (1743–1794) in hohem Maße auszeichnete, an Philipp Carl Ignaz Hartmann (1773–1830), von dem die große Schule der Wiener Psychologie und Psychiatrie ihren Ausgang nahm, an Karl Wigand Maximilian Jacobi (1775–1858), den „Bacon der Irrenheilkunde", an Mathias Ludwig Leithoff (1778–1846), der 1817 in Lübeck eines der ältesten orthopädischen Institute Deutschlands eröffnete, an Karl Alexander Ferdinand Kluge (1782–1844), der sich 1828 als Direktor der Berliner Charité maßgeblich um die Einführung des Gipsverbandes in Deutschland verdient machte, und an Johann Friedrich Christoph Fischer (1772–1849), der in Erfurt 1802 auf privater Grundlage die erste ständige deutsche Augenheilanstalt ins Leben rief, welche 1885 in der heutigen Klinik und Poliklinik für Augenheilkunde der Medizinischen Hochschule Erfurt aufging. Ihnen allen war es mehr oder weniger zuzuschreiben gewesen, daß die Erfurter medizinische Fakultät sich insbesondere seit der Mitte des 18. Jahrhunderts wieder eines ständig wachsenden Ansehens erfreuen durfte. Aber aller Opfersinn vermochte es 1816 nicht abzuwenden, daß die Aufhebung der Erfurter Universität auch ihrer medizinischen Fakultät zum Schicksal wurde.[29]

Als Erfurt dann 1954 durch die Errichtung der Medizinischen Akademie nach 138 Jahren in den Kreis der deutschen Hochschulstädte zurückkehrte, betrachtete es diese junge Bildungseinrichtung deshalb auch von Anfang an als eine ihrer vornehmsten Aufgaben, wieder an diese großen akademischen Überlieferungen anzuknüpfen und sie

---

27) Den letzten umfassenden Überblick über das J. B. Trommsdorff betreffende Schrifttum gibt Wolfgang Götz, Zum Leben und Werk von Johann Bartholomäus Trommsdorff (1770–1837). Würzburg 1977. Partielle Ergänzungen aus jüngerer Zeit finden sich bei Horst Rudolf Abe, Adolf Säubert (†), Jürgen Kiefer und Volker Klimpel, Die Geschichte des Erfurter Apothekenwesens von den Anfängen bis zur Gegenwart im Überblick. In: BGUE 22 (1989/90) S. 88–91.

28) Abe, Bedeutung (wie Anm. 13) S. 32 ff.

29) Kurze Abrisse über die Geschichte der Erfurter medizinischen Fakultät mit Kurzbiographien ihrer hervorragendsten Persönlichkeiten für die Jahre 1392–1460, 1460–1521 und 1521–1632 gibt Erich Kleineidam. (Kleineidam[2] I S. 347–360; II S. 337–343; III S. 210–235).

vor dem drohenden Vergessenwerden zu bewahren. Und heute darf man nicht ohne ein Gefühl der Genugtuung feststellen, daß sie sich dieser Verpflichtung stets bewußt geblieben ist und dadurch in jahrzehntelanger wissenschaftlicher Arbeit maßgeblich und weltweit mit dazu beigetragen hat, aus der alten Erfurter Universität wieder eine neue werden zu lassen.

VOLKER PRESS

# Johann Wilhelm Baumer (1719–1788) und die Akademiegründungen in Erfurt und Gießen

Er war kein wegweisendes Genie, aber ein entschiedener aufklärerischer Neuerer, der Sohn eines gräflich-castellischen Forstmeisters, Johann Wilhelm Baumer.[1] Der Vater hatte eine gewisse Weltläufigkeit gewonnen, hatte er doch gemäß den familiären Verbindungen der Grafen einen Abstecher zu den Rantzau nach Holstein gemacht. Der Sohn Johann Wilhelm wurde am 10. 9. 1719 im fränkischen Rehwinkel geboren, besuchte in Schweinfurt das Gymnasium und studierte als guter Lutheraner zuerst 1739/1742 in Jena, dann in Halle, wo ihn Christian Wolff zeitlebens prägte. Der Weg in die castellischen Pfarrdienste schien als normale Fortsetzung dieser Karriere vorgezeichnet, die ebenso normal einmal irgendwo in der fränkischen Grafschaft geendet hätte. Doch ein Blutsturz führte den jungen Baumer zurück nach Halle und 1748 zur Promotion in der Medizin, einer Wissenschaft, die im Zeichen der aufstrebenden Naturwissenschaften, vor allem der Chemie, mehr Neuerungen versprach als die in der Orthodoxie erstarrende Theologie, zu der er auch persönlich deutlich auf Distanz gegangen war. Bemerkenswert waren auch Baumers verwandtschaftliche Beziehungen, vor allem zu keinem Geringeren als seinem Vetter Christoph Martin Wieland,[2] zu dem er zeitlebens Kontakt hatte und der ihn wiederholt besuchte.

1751 war Baumer nach Erfurt gekommen und unternahm eine Studienreise in die Niederlande, Anschauungsort für viele Neuerungen; danach wurde er 1752 Extraordinarius in der Philosophischen Fakultät, 1754 Extraordinarius und 1755 – 36jährig – Ordinarius der Pathologie und der Therapie.[3] Als Mediziner führte er eine ganze Reihe von Neuerungen ein: „Er errichtete eine frühe Poliklinik, führte das Amt eines

---

1) Eine Biographie Baumers fehlt. Vgl. aber ADB Bd. 2, S. 157; RICHARD LOTH, Dr. Johann Wilhelm Baumer, der erste Sekretär der Königlichen Akademie gemeinnütziger Wissenschaften zu Erfurt. In: JAW NF 32 (1906), S. 91–127; JOHANNES BIEREYE, Geschichte der Akademie gemeinnütziger Wissenschaften zu Erfurt, 1754–1929. Erfurt 1930; DERS., Erfurt in seinen berühmten Persönlichkeiten. Erfurt 1937, S. 5.

2) ANNEROSE SCHNEIDER, Wieland als Hochschullehrer in Erfurt im Spiegel seiner Briefe. In: ULMAN WEISS (Hg.), Erfurt 742–1992. Stadtgeschichte, Universitätsgeschichte. Weimar 1992, S. 495–512; FRIEDRICH SCHULZE-MAIZIER, Wieland in Erfurt. In: JAW NF 44/45 (1919) S. 7–108. Zur Biographie: FRIEDRICH SENGLE, Christoph Martin Wieland. Stuttgart 1949; THOMAS G. STARNES, Christoph Martin Wieland. 3 Bde., Sigmaringen 1987.

3) Zur Universität Erfurt grundlegend: KLEINEIDAM IV.

Prosektors ein, schuf ein Anatomisches Theater, hielt Präparierübungen, gründete den Hebammenunterricht und setzte sich für eine öffentliche Entbindungsanstalt ein. Im Jahre 1757 kam auf seine Initiative das kurmainzische Sanitätskollegium zu Erfurt zustande".[4] Aber damit hatte sich Baumer wohl zu sehr profiliert; er begegnete einem Phänomen, auf das er auch später stoßen sollte, dem Mißtrauen, das aus dem Traditionalismus der vor sich hindämmernden alten Korporation erwuchs.[5] Die Kollegen begriffen sehr wohl die Taktik Baumers, daß er sich bei seinen Neuerungen auf Institutionen außerhalb der Universität stützen wollte – auf das genannte Sanitätskollegium und auf die von ihm initiierte Erfurter Akademie. Dies war ein Weg, der zwar geeignet war, Neuerungen Bahn zu brechen, der aber andererseits auch dazu beitrug, die Kollegen an der Universität bloßzustellen, ihnen ihre Begrenzungen vorzuhalten und in der Routine des Alltags zu diskreditieren; eine Akademiegründung in so enger Anlehnung an die Universität, wie sie Baumer zweimal, in Erfurt und in Gießen, versuchte, mußte fast zwangsläufig zu Konflikten mit den Kollegen in der Universität führen, die nicht Mitglieder der Akademie waren.

Natürlich hatte die Erfurter Akademiegründung von 1754 modische Züge. Die Akademiebewegung war ein europäisches Phänomen[6] – oft erwachsen aus privaten Vereinigungen, bis der absolutistische Staat ihren Wert erkannte; er war unentbehrlich für die Finanzierung vor allem naturwissenschaftlicher Forschung und Experimente, die sich in der Praxis nutzen ließen. Seit den 1660er Jahren war ein Netz von Akademien in ganz Europa entstanden. Der internationale Austausch gleichgesinnter Gelehrter galt als wichtige Grundlage der Neuerung; persönliche Zusammenarbeit war stets ein zentrales Anliegen der Akademien. Auch begriff man schnell den Vorteil der flexibleren Nationalsprachen vor dem erstarrenden Latein – dies entsprach der engen Verbindung zu den Naturwissenschaften, zu denen freilich auch alsbald geisteswissenschaftliche Zielsetzungen traten. Die Akademien waren, und dies sollte sich auch in Erfurt und Gießen zeigen, gekennzeichnet durch Doppel- und Mehrfachmitgliedschaften, die man als Fundament der Vernetzung sah.

---

4) Volker Press, Die hessische Gelehrte Gesellschaft. Das Gießener Akademieprojekt im 18. Jahrhundert. In: Peter Moraw, Volker Press (Hgg.), Academia Gissensis. Beiträge zur älteren Gießener Universitätsgeschichte. Marburg 1982, S. 313–359, hier: S. 327.

5) Dazu exemplarisch: Peter Moraw, Aspekte und Dimensionen älterer Universitätsgeschichte. In: Moraw/Press, Academia Gissensis (wie Anm. 4) S. 1–43.

6) Nach wie vor grundlegend: Ludwig Hammermayer, Akademiebewegung und Wissenschaftsorganisation. In: Erik Amburger, Michał Ciesła und László Sziklay (Hgg.), Wissenschaftspolitik in Mittel- und Osteuropa. Wissenschaftliche Gesellschaften, Akademien und Hochschulen im 18. und beginnenden 19. Jahrhundert. Berlin 1976, S. 1–84. Ferner: Hans Hubrig, Die patriotischen Gesellschaften des 18. Jahrhunderts. Weinheim/Bergstraße 1957; Fritz Hartmann, Rudolf Vierhaus (Hgg.), Der Akademiegedanke im 17. und 18. Jahrhundert. Nendeln 1976; Jürgen Voss, Die Akademien als Organisationsträger der Wissenschaften im 18. Jahrhundert. In: Historische Zeitschrift 231 (1980) S. 43–74.

Baumer spielte eine zentrale Rolle, als 1754 die Kurfürstliche Akademie nützlicher Wissenschaft in Erfurt ins Leben gerufen wurde.[7] Es war die aufgeklärte Regierungszeit des Mainzer Kurfürsten Johann Friedrich Karl von Ostein (1743–1763) – der in Erfurt wirkende Mainzer Regierungsrat Johann Daniel Christoph Freiherr von Lincker hat wohlwollende Geburtshilfe durch Vermittlung zum Hof geleistet; zusammen mit dem Juristen Dr. Hieronymus Friedrich Wilhelm Schorch trat er an die Spitze der Akademie. Ihre Seele aber war Baumer, der von 1754 bis 1765 das Sekretariat innehatte. Bereits zuvor hatte er eine gelehrte Zeitschrift, die „Erfurter Gelehrten Nachrichten", herausgegeben, die dann die Akademie unter ihre Fittiche nahm.[8] Baumer hat dazu kleinere Arbeiten aus vielerlei Wissensgebieten beigesteuert, die seine Vielseitigkeit unterstrichen: Unverkennbar war auch in Erfurt der naturwissenschaftliche Zug der Akademie; die erschienenen Akten zeigten dies ganz deutlich; Baumer beschäftigte sich damals mit der Elektrizität und mit Versteinerungen – vor allem die Mineralogie sollte ihn zunehmend in Beschlag nehmen; er war für seine Exkursionen bekannt. Der Kurfürst interessierte sich von Anfang an für den praktischen Nutzen – so zielen viele von den Äußerungen Baumers in den Sitzungsberichten in diese Richtung.

Mit Baumer kam der praktisch-experimentelle Zug der Wissenschaft zum Durchbruch – sehr deutlich wurde dies bei seinem akademischen Unterricht, bis hin zu praktischen Beobachtungen von Kranken; die Sektion von Leichen wurde für die Kandidaten der Medizin zur Verpflichtung gemacht; die Akademie diente dabei immer wieder als Hebel gegenüber der Universität; gegen den Widerstand der Medizinischen Fakultät setzte Baumer die Anstellung eines Prosektors durch. Es war sehr zeitgemäß, wenn Baumer sich auch – im Zeichen eines gesteigerten Interesses am Bevölkerungswachstum – um die Geburtshilfe bemühte; die 1755 von Baumer für Erfurt vorgeschlagene Entbindungsanstalt wurde allerdings erst 1787 organisiert. Das offenkundige Vorbild war die Dynamik der Entwicklung im preußischen Halle,[9] wo Baumer studiert hatte und so Vorbildcharakter für die Erfurter Reformen gewann; gerade die Organisa-

7) Akademiepläne waren bereits von dem Erfurter Statthalter und Freund von Leibniz, Graf Philipp Wilhelm von Boineburg lanciert worden. Vgl. Jürgen Kiefer, Zur Geschichte der Akademie nützlicher (gemeinnütziger) Wissenschaften zu Erfurt in den Jahren 1754–1991. In: Weiss (Hg.), Erfurt (wie Anm. 2) S. 441–459, hier: S. 441 f. Zur Akademie: Biereye, Geschichte (wie Anm. 1); Richard Thiele, Die Gründung der Akademie nützlicher (gemeinnütziger) Wissenschaften zu Erfurt und die Schicksale derselben bis zu ihrer Wiederbelebung durch Dalberg (1754–1776). Mit urkundlichen Beilagen. In: JAW NF 30 (1904) S. 27ff.; Horst Rudolf Abe, Zur Geschichte der Akademie gemeinnütziger Wissenschaften zu Erfurt. In: Mitteilungen der Akademie gemeinnütziger Wissenschaften zu Erfurt 1 (1990) S. 17–21.

8) Maximilian Letsch, Die Mitarbeiter der Erfurtischen Gelehrten Zeitung. In: Zentralblatt für das Bibliothekswesen 57 (1940) S. 1–13.

9) Zur Universität Halle: Johann Christoph Hoffbauer, Geschichte der Universität Halle bis zum Jahre 1805. Halle 1805 (ND Aalen 1982); 450 Jahre Martin-Luther-Universität Halle-Wittenberg, 3 Bde., Halle 1952; Albrecht Timm, Die Universität Halle-Wittenberg. Herrschaft und Wissenschaft im Spiegel ihrer Geschichte. Frankfurt/M. 1960; Hans Hübner [u. a.] (Hgg.), Geschichte der Martin-Luther-Universität Halle-Wittenberg 1502–1577. Halle 1977.

tion der Anatomie und die Verpflichtung der Doktoranden zu Präparierübungen gingen auf königlich preußisches Vorbild zurück, ebenso wie das 1757 gegründete Erfurter Sanitätskollegium. Baumer wurde dort Assessor als einer von sechs Medizinern, zwei Apothekern und zwei Chirurgen: sie überprüften die künftigen Stadt- und Landphysici, die Apotheker, Bader, Barbiere und Hebammen; auch dies bedeutete eine Entmachtung der Medizinischen Fakultät.

Der Aufstieg Baumers und seine ambitiösen Pläne hatten offensichtlich die Erfurter Fakultätskollegen erbittert – nur die Kollegen Johann Christoph Riedel, Andreas Nunn und Baumers jüngerer Bruder Johann Paul wurden Akademiemitglieder, ebenso wie die Juraprofessoren Hieronymus Friedrich Schorch und Christoph Andreas Mangold und der Philosoph Bernhard Grant. Der Gegensatz verschärfte sich auch dadurch, daß Erfurt, wie so viele deutsche Hochschulen, eine Familienuniversität war, also die Mehrzahl der Fakultätskollegen verwandt war, was die Außenseiterrolle des vom Kurfürsten geförderten Franken Baumer noch verstärkte. Die Fakultät stellte sich immer wieder Baumers auf die Akademie gestützten Neuerungsbestrebungen entgegen – man warf ihm vor, sich ständig unter Umgehung der Fakultät über Lincker an die Regierung gewandt zu haben; auch sahen die Kollegen in Baumers Aktivitäten eine schmerzliche Reduzierung ihrer Einkünfte. Prominente Erfurter Professoren betrachteten überdies den Ausschluß aus der neuen Akademie als eine kräftige Herabsetzung. Die Aversionen hatten sich schon gegen das *Collegium medicum* gerichtet und übertrugen sich nun auf die Akademie. Die Auseinandersetzungen wurden mit harten Bandagen geführt und gerieten bald in harte Polemik – so wurde der Student Ernst Gottfried Baldinger[10] relegiert, der mit einer Schmähschrift gegen Baumer in den Streit eingegriffen hatte; er wurde dann in Jena promoviert und leitete eine bedeutende medizinische Karriere ein.

Hinzu kamen bald die Belastungen des Siebenjährigen Krieges, der die landesherrlichen Steuern, vor allem aber auch die Finanzkraft der vorhandenen Studenten reduzierte. Das bedeutete, daß nun auch Baumers Einkünfte zurückgingen und die Anatomie zu einem Verlustgeschäft wurde – er verließ 1760 den Lehrstuhl für Anatomie und lehrte nur noch die klinischen Fächer. Offenkundig hatte Baumer Druck auf die Fakultät ausüben wollen, denn man forderte ihn bald auf, die anatomischen Vorlesungen wieder aufzunehmen. Doch wurde die Situation Baumers in Erfurt immer schwieriger. Als 1763 Kurfürst Johann Friedrich Karl von Ostein starb und Lincker sein Amt aufgeben mußte, sah Baumer die Aussichtslosigkeit seiner Lage und ging ins hessen-darmstädtische Gießen. Er ließ die Erfurter Akademie in einer kritischen Situation zurück.

Doch noch einmal ist der Blick zurückzulenken: Die Erfurter Akademiegründung war offenkundig von Göttingen her inspiriert – die Bemühungen Linckers waren durch den Mainzer Hofkanzler Johann Werner von Vorster unterstützt worden. Es wurde eine relativ komplizierte Verfassung in Aussicht genommen: an der Spitze stand der Kurfürst als Protektor, darunter ein Spezialprotektor, zunächst ein hoher Geistlicher,

10) Dazu: NDB Bd. 2, S. 550f.

dann aber der kurmainzische Statthalter in Erfurt, hinzu kam ein Präsident, nämlich der Jurist Professor Hieronymus Friedrich Schorch, ehemaliger Rektor, der das Amt des älteren Bürgermeisters der Stadt Erfurt innehatte – erster Sekretär war Johann Wilhelm Baumer, der 1759 den kurmainzischen Ratstitel erhielt, *Acta* sollten den akademischen Austausch eröffnen. Am 19. Juli 1754 begründete der Kurfürst förmlich die Akademie und erließ ihre Statuten; Einzugsgebiet war vor allem das Umfeld Erfurts und Thüringen; es fällt auf, daß sehr viele politische und kirchliche Würdenträger als Ehren- oder ordentliche Mitglieder zugewählt wurden, wie der Trierer Weihbischof Nikolaus von Hontheim, der Theoretiker des deutschen Staatskirchentums, der Ingolstädter Professor Ickstatt, der bayerische Kanzler Kreittmayr, ja sogar eine ganze Reihe Regensburger Reichstagsgesandte, die ganz offenkundig der dort wirkende Bruder des Präsidenten Lincker angesprochen hatte – und natürlich der Mainzer Kanzler Vorster. Daß Baumer gleich zwei seiner Brüder, den späteren Erfurter Medizinprofessor Johann Paul und den Gießener Medicus Johann Albrecht in die Akademie berufen hatte, dürfte den Ärger der Zurückgesetzten noch heftiger beflügelt haben. Jena, Leipzig, Halle, Rinteln, Greifswald, Gießen, Mainz, Prag, Göttingen wurden einbezogen – natürlich fehlte auch Christoph Martin Wieland, der große Dichter, nicht. Schon Thiele hatte die starke mitteldeutsche Verankerung Erfurts betont;[11] Probleme machten allerdings den Erfurter Akademiegründern die Reserven der älteren Göttinger Schwester.

Zunächst schien die Akademie zu florieren, auch wenn es Probleme mit der Unterbringung gab, auch wenn die wissenschaftliche Zeitschrift nicht so schnell vorankam, wie man hoffte – die Akademie aber griff in ihren Zuwahlen immer weiter aus, sogar den Kurienkardinal Angelo Maria Quirini[12] wollte man zuwählen; der Geehrte war aber leider bereits verstorben. Allerdings wurde auch die Akademie durch die Lasten des Siebenjährigen Krieges aufs schwerste in Mitleidenschaft gezogen. Seit April 1763 erschienen keine Nachrichten mehr; inzwischen hatte sich ein deutlicher Trend zu den Naturwissenschaften durchgesetzt. Als aber nach dem Siebenjährigen Krieg der Kurfürst Ostein starb und Lincker zurücktrat, verlor die Akademie ihren entscheidenden Rückhalt, und dennoch versuchte Baumer, sein Kind weiter am Leben zu halten – folgerichtig richtete man seine Bemühungen auf den neugewählten Kurfürsten Emmerich Josef Freiherrn von Breidbach-Bürresheim (1763–1774) und den neuen Statthalter Baron Johann Christoph Freiherr Schenk von Schmidberg. Nach dessen Tod schien die Nachfolge von Emmerich Josefs Neffen Karl Wilhelm Josef Freiherr von Breidbach-Bürresheim als Erfurter Statthalter zunächst für die Akademie günstige Zeiten anzukündigen, aber dessen anfängliches Interesse ging bald zurück; er zeigte sich eher desinteressiert. Der Weggang Baumers 1765 machte deutlich, daß er in Erfurt wenig Chancen sah; mit seiner Abwanderung nach Gießen verlor die Erfurter Akademie die

11) Thiele, Gründung (wie Anm. 7).

12) Quirini war bereits Mitglied mehrerer deutscher Akademien. Über seine Beziehungen zu Erfurt: Kleineidam IV. S. 90, 101, 343.

treibende Kraft. Sie geriet ins Stocken und drohte schließlich sogar einzuschlafen; am 7. April 1770 fand auf lange Zeit die letzte Sitzung statt – die Schöpfung Baumers schien wie so manche andere Akademie nach kurzer Zeit zu stranden.

Baumer hatte wahrscheinlich durch seinen bereits 1762 verstorbenen jüngeren Bruder Johann Albrecht Verbindungen nach Gießen[13] gehabt. Er erhielt als erster Professor der Medizin, Bergrat und Landphysicus im Oberamt Gießen gleich eine herausgehobene Stellung an seinem neuen Wirkungsort. Schon 1765 hatte er der Erfurter Akademie seine Ankunft in Gießen mitgeteilt und schon von seiner Reise dorthin Beobachtungen aus dem Bereich der Geologie übersandt. Zugleich warb er auch in Gießen für die Erfurter Akademie und drängte auf das Erscheinen des dritten Bandes der dortigen Akademieakten.

Aber bereits 1765 wurde, offensichtlich auf Baumers Betreiben, auch in Gießen ein *Collegium medicum* begründet, das sich auch um die Fragen der Naturwissenschaften kümmerte[14] – das Erfurter Vorbild ist mit Händen zu greifen; man tagte im Hause des Hofmedicus Dr. Johann Philipp Berchelmann, was eine Querverbindung zum landgräflichen Hof bedeutete; es ging um die Verbesserung der medizinischen Studien, aber auch um das gesamte Medizinalwesen im Oberfürstentum Hessen-Darmstadt. Offensichtlich aus diesem Kreis heraus wurde Ende 1766 eine Gesellschaft von Gießener Gelehrten gegründet – neben Baumer spielten die Professoren Friedrich August Cartheuser und Andreas Böhm, die beide seit 1755 beziehungsweise 1764, letzterer auf Vorschlag Baumers, bereits auswärtige Mitglieder der Erfurter Akademie gewesen waren, eine bedeutende Rolle. Sie gehörten neben anderen Gießener Professoren auch der neugegründeten Gesellschaft in Frankfurt/Oder an.

Pläne einer akademischen Sozietät in Gießen gewannen so ein immer stärkeres Profil; so wandte man sich im Januar 1767 an den Darmstädter Hof und versuchte, eine Bestätigung durch Landgraf Ludwig VIII. (1739–1768)[15] zu erwirken – der Darmstädter Geheime Rat Hermann Freiherr von Riedesel erwies sich von Anfang an als Förderer, so daß am 17. August 1767 der Landgraf die Gesellschaft zu einer öffentlichen Sozietät und Akademie erhob und sie wörtlich in eine Reihe mit den Akademien Europas stellte. Das Konzept hatten wohl die Gießener Gelehrten geliefert. Entscheidend aber dürften die Aktivitäten Baumers gewesen sein, der 1768 in Gießen auch noch ein Bergkollegium gegründet hatte. Aber wenn sich auch der Professor vor allem der Mineralogie zuwandte, scheint seine Vielseitigkeit das gesamte Leben der neuen Gießener Akademie beeinflußt haben. Riedesel, der der Kurator der Universität Gießen war, wurde 1767

13) Zur Universität Gießen: Die Universität von 1607–1907. Beiträge zur ihrer Geschichte. Festschrift zur dritten Jahrhundertfeier. 2 Bde., Gießen 1907; Ludwigs-Universität. Justus-Liebig-Hochschule 1607–1907. Festschrift zur 350-Jahrfeier der Universität Gießen. Gießen 1957; MORAW/PRESS (Hgg.), Academia Gissensis (wie Anm. 4); PETER MORAW, Kleine Geschichte der Universität Gießen. Gießen $^{2}$1989.

14) Zur Gießener Akademiegeschichte: PRESS, Akademie (wie Anm. 4) mit Kurzbiographien der prominenten Gießener Akademiemitglieder.

15) Eine Biographie des Landgrafen fehlt; auch seine Regierungszeit ist weitgehend unerforscht geblieben.

Präsident der Akademie – eine wichtige Voraussetzung, daß sich die Akademie gegenüber der Universität behauptete. Aufgesogen wurde vor allem die etwas ältere Gießener *Teutsche Gesellschaft*[16] des Professors Johann Georg Bechtold, die Ludwig VIII. erst 1765 unter den landgräflichen Schirm genommen hatte.

Das Unternehmen schien zunächst sehr erfolgreich; Medizin und Naturwissenschaften dominierten eindeutig; hierin schien ihr großer Nutzen für den darmstädtischen Landesstaat zu liegen. Ganz konsequent wurde 1769 das *Collegium medicum* in die ohnehin durch die Medizin dominierte Akademie einbezogen; Theologie und Jurisprudenz wurden fast völlig vernachlässigt, da es sich um dogmatische, nicht praktische Disziplinen handelte, die den hochfliegenden Plänen der Akademiker uninteressant schienen. Überdies war die Gießener Theologie durch schwere Konflikte blockiert, die mit der Person des eigenwilligen Professors Friedrich Karl Bahrdt[17] zusammenhingen. Im Mittelpunkt standen die Naturwissenschaften, also Experiment und Beobachtung. Aber der Ausschluß der Theologen und Juristen erwies sich als Fehler, denn hier sammelte sich nicht zuletzt die Opposition gegen die neue Institution.

Es beruhte wohl auch auf Erfurter Erfahrungen, daß die junge Gießener Akademie ausgeprägte gesellschaftliche, nach außen gewandte zeremonielle Züge entwickelte; denn vor allem auf Beamtenschaft und Hof war man immer wieder angewiesen. So erstaunt es nicht, daß die Akademie nicht nur ein wissenschaftliches, sondern auch ein gesellschaftliches Fundament haben sollte. Das Rekrutierungsgebiet überschnitt sich sehr deutlich in Thüringen mit jenem der Erfurter Akademie – durch die Verbindungen der Person Baumers nicht erstaunlich. Nicht nur der darmstädtische, sondern auch die thüringischen Höfe sollten eingebunden werden, bis hin zu Schwarzburg-Rudolstadt, wo Baumers Bruder Johann Paul als Arzt wirkte. Allerdings waren auch die Gießener bestrebt, prominente Mitglieder zuzuwählen – selbst Benjamin Franklin gedachte man zu gewinnen. Es entfaltete sich bald ein reges wissenschaftliches Leben, auch eine Zeitschrift nahm man in Angriff.

Doch auch die Gießener Akademie stand unter keinem guten Stern. Wie in Erfurt entstanden sogleich Spannungen mit der akademischen Korporation Universität. Diese wußte zwar nur zu gut, daß man gegen den Schutz des Landgrafen nicht offen opponieren konnte, aber sabotieren ließ sich die neue Akademie nur allzu leicht. Die Opposition kam nicht nur aus dem Kreis der Nichtmitglieder, das Mitglied Bechtold

---

16) Wilhelm Diehl, Die „Teutsche Gesellschaft zu Gießen“. In: Wochenbeilage der „Darmstädter Zeitung“ 5 (1910) Nr. 7; ders., Quodammodarius und die Superintendentenvögel. In: Hessische Chronik 5 (1916) S. 73–78.

17) Karl Friedrich Bahrdt, Geschichte seines Lebens, seiner Meinungen und Schicksale. 4 Teile, Berlin 1790/91; Gustav Frank, Dr. Karl Friedrich Bahrdt. In: Historisches Taschenbuch, Folge 4, 7 (1866) S. 203–270; Wilhelm Diehl, Beiträge zur Geschichte von Karl Friedrich Bahrdts Gießener Zeit. In: Archiv für hessische Geschichte und Altertumskunde NF 8 (1912) S. 199–254. Zuletzt die zahlreichen Studien von Günter Mühlpfordt, Bahrdt als radikaler Aufklärer. In: Jahrbuch für Geschichte des Feudalismus 1 (1977) S. 401–440; ders., Für „eine beßre und glücklichere Welt“ – Erfurt als vorgesehenes Zentrum des Philanthropismus. In: Weiss (Hg.), Erfurt (wie Anm. 2) S. 461–493.

hatte die Einverleibung seiner *Teutschen Gesellschaft* nicht verschmerzt. Wie in Erfurt mußten sich auch in Gießen die Akademiker den größeren Nutzen der Universität vorhalten lassen. Damit war von Anfang an klar, daß die Akademie mit dem Rückhalt des Hofes, also Ludwigs VIII. und Riedesels, stand und fiel. Mit Hilfe eines fehlenden Ofens vermochte die Universität ihren Kollegen von der Akademie erhebliche Schwierigkeiten zu machen; daraus entstand ein langwieriger Kleinkrieg, den Gießens Gelehrte mit großem Ernst durchfochten.

Wiederum ähnlich wie in Erfurt entwickelte sich die Gießener Situation: schon 1768 starb Landgraf Ludwig VIII. und hinterließ ein finanziell völlig zerrüttetes Staatswesen. Der Sohn Ludwig IX. (1768–1790)[18] hatte sich auf seine Soldaten in Pirmasens konzentriert; dennoch nahm er, gemeinsam mit seiner Frau Henriette Caroline, der „Großen Landgräfin“,[19] die Sanierung der Landesfinanzen in Angriff; in diesem Zusammenhang wurde der berühmte Reichspublizist und Jurist Friedrich Karl von Moser[20] nach Darmstadt berufen – ein bedeutender Mann, aber nicht ohne problematische Züge von Intriganz, Streitsucht und Eitelkeit. Immerhin konnte er die darmstädtischen Staatsfinanzen bis zu seinem Sturz 1780 einigermaßen stabilisieren. Da ihn Ludwig VIII. 1758 aus seinem Dienst entlassen hatte, brachte Moser auch Ressentiments mit nach Darmstadt; es kam zu einem starken Herrschaftsanspruch, der mit dem alten Hof Ludwigs VIII. auch Hermann Riedesel betraf. Damit aber hing Baumers Gießener Akademieprojekt in der Luft. Moser zeigte zwar kurzfristiges Interesse, distanzierte sich aber dann; die Gießener Akademie war offenkundig für ihn zu sehr eine Veranstaltung des alten Regimes. Moser überließ es der Akademie, selbst mit ihren Finanzproblemen fertig zu werden – was dem Versuch gleichgekommen wäre, sich am eigenen Zopf aus dem Sumpf zu ziehen. Ohne Geld mußten alle Projekte sterben, einschließlich der Akten, von denen nur ein Band erschien. Selbst der Gießener Forstmeister Haberkorn wagte es, die Akademie mit ihrem zugesagten Brennholz zu schikanieren.

Vor allem aber sahen nun die inneruniversitären Gegner ihre Stunde gekommen. Die Akademiemitglieder, selbst Baumer, mußten förmlich anerkennen, daß die Akademie

18) Hellmuth Gensicke, Landgraf Ludwig IX. von Hessen-Darmstadt. In: Pfälzer Lebensbilder 1 (1964) S. 89–107; Walter Gunzert, Ernst Hofmann, Landgraf Ludwig IX. und Hessen-Darmstadt. Ausstellungskatalog Darmstadt 1969; Jürgen Rainer Wolf, Hessen-Darmstadt und seine Landgrafen zur Zeit des Barock, des Absolutismus und der Aufklärung. In: Uwe Schultz (Hg.), Die Geschichte Hessens. Stuttgart 1983, S. 122–132.

19) Philipp Alexander Ferdinand Walther, Die „große Landgräfin“ Caroline von Hessen-Darmstadt. In: Archiv für Hessische Geschichte und Altertumskunde 13 (1873) S. 162–251.

20) J. Herzog, Moser. Vater und Sohn. Zwei Lichtgestalten aus dem 18. Jahrhundert nach ihren Selbstzeugnissen dargestellt. Calw/Stuttgart 1905; Angela Stirken, Der Herr und der Diener. Friedrich Carl von Moser und das Beamtenwesen seiner Zeit. Bonn 1984; Walter Gunzert, Friedrich Carl von Moser. In: Lebensbilder aus Schwaben und Franken 11 (1969) S. 82–117. Zu seiner hessischen Tätigkeit: Karl Witzel, Friedrich Carl von Moser. Ein Beitrag zur hessen-darmstädtischen Finanz- und Wirtschaftsgeschichte am Ausgang des 18. Jahrhunderts. Darmstadt 1929; Elisabeth Sundermann, Friedrich Carl von Moser und die „Landkommission“. In: Darmstadt in der Zeit des Barock und Rokoko. Ausstellungskatalog 1980. Darmstadt 1980, S. 344–354.

mit der Universität in keiner förmlichen Verbindung stehe. 1774 wandte sich Baumer, damals Rektor der Universität, nochmals an die Darmstädter Regierung mit der Bitte um Hilfe; die harten Reaktionen in der Universität kündigten das Ende der Akademie an. Der Universitätsprokanzler Koch und Baumer gerieten aneinander, als der erstere eine größere Gemeinnützigkeit der Universität postulierte; ein andermal warf er Baumer unverhüllt Eigennutz vor; treffender war die Bemerkung, daß die Sozietät in der Universität *status in statu* bedeute, der die Professoren in ihren Amtspflichten beeinträchtige. Daß der mächtige Koch zwar Mitglied der Erfurter, nicht aber der Gießener Akademie war, dürfte verschärfend gewirkt haben; der Ausschluß der Juristen und Theologen erwies sich als schwere Belastung. 1775 schlief die Gießener Akademie wieder ein. Nur eine entschlossene Förderung durch Hof und Regierung hätte ein Überleben gesichert – zumal angesichts der schweren Finanzkrise und der kühlen Ablehnung durch Friedrich Karl von Moser. Formell aufgelöst wurde die Gießener Akademie nicht, so daß man sich noch lange auf ihre Mitgliedschaft berief.

Der unermüdliche Baumer gab jedoch nicht auf. Diesmal wohlwollend gestützt von Moser, beteiligte er sich entscheidend an der Gründung der kameralwissenschaftlich-ökonomischen Fakultät in Gießen (1777/1785), dem stark physiokratisch geprägten Experiment des Johann August Schlettwein.[21] Baumer hat auch ihr Ende noch erlebt, das ebenfalls durch die Finanznot Hessen-Darmstadts beschleunigt wurde; die Kräfte der Universität Gießen reichten nicht aus, allein aus sich heraus eine ganze Fakultät aufzubauen. Trotzdem blieb Baumer nicht nur für Erfurt, sondern auch für Gießen ein wichtiger Erneuerer – als Wissenschaftler nicht erste Klasse, hat er sich ganz auf die Akademiebewegung gestürzt; als ein Polyhistor, der sich um eine möglichst große Breite der wissenschaftlichen Bildung bemühte, steht er zwischen den Zeiten.

Seine Erfurter Gründung hatte ein glücklicheres Schicksal als die Gießener. 1770 spottete ein Erfurter Professor, die Akademie sei „eine Art von unsichtbarer Kirche; sie ist überall, aber niemand kann sagen: Sie ist da und hier".[22] Offenkundig hatte sich der Weggang Baumers negativ ausgewirkt, auch hatte die Reformfreude des neuen, aufgeklärten Kurfürsten Emmerich Josef von Breidbach-Bürresheim die Universität selbst in heftige Konflikte gestürzt – Auseinandersetzungen, die sich dramatisch zuspitzten und die Akademie ruinierten. Hinzu kam die fortbestehende Reserve des Kurfürsten gegen die Schöpfung des ungeliebten Vorgängers. Wie in Gießen wirkte sich die fehlende finanzielle Fundierung negativ aus, so daß man auch hier auf die Bereitschaft der Regierung angewiesen gewesen wäre, zu helfen, aber die Regierung war desinteressiert.

Dann aber hatte die Erfurter Akademie das Glück, in dem neuen Statthalter Karl Theodor Freiherr von Dalberg einen engagierten Förderer zu finden; mit 27 Jahren kam

---

21) Arnold Hermann Specht, Das Leben und die wirtschaftlichen Theorien Johann August Schlettweins. Diss., Gießen [1929].

22) Georg Oergel, Die Akademie nützlicher Wissenschaften von ihrer Wiederbelebung durch Dalberg bis zu ihrer endgültigen Anerkennung durch die Krone Preußens (1776–1816). In: JAW NF 30 (1904) S. 141.

der Domkapitular nach Erfurt, ein gebildeter Aufklärer, der sich entschieden für das Erfurter Bildungswesen einsetzte und ihm wichtige Impulse gab. Seit 1772 entdeckte Dalberg auch wieder die darniederliegende Akademie, ohne jedoch das Desinteresse der Regierung zu durchbrechen. Erst nach dem Tode Emmerich Josefs gelang es Dalberg, dessen Nachfolger, Friedrich Karl Freiherrn von Erthal (1775–1802), zu gewinnen und die Erneuerung der Akademie, wahrscheinlich 1775, zu erreichen. Dalberg setzte die Möglichkeiten der Statthalterei für die Akademie ein und gab ihr ein neues Profil; er vereinfachte die komplizierte Baumersche Verfassung und bestand allein auf Präsident und Sekretär. Das Jahr 1776 bedeutete einen neuen Aufschwung, der anhielt, da sich Dalberg selbst stark engagierte und sogar einzelne Abhandlungen verfaßte; wichtig waren aber auch Zuschüsse aus seiner Privatschatulle, die das Leben der Akademie ankurbelten. Dalberg wurde so zur Seele der Akademie; daß er Erfurt ein Vierteljahrhundert erhalten blieb, war ihr Glück. Interessant ist auch, daß Baumer als auswärtiges Mitglied das Aufblühen der Erfurter Akademie – übrigens parallel zum Untergang der Gießener – noch hat miterleben können, so daß wenigstens eine seiner Gründungen überlebte.

Die Schicksale beider Akademien ließen sich zunächst gleich negativ an: Spannungen zur Universität, fehlender politischer Rückhalt, mangelnde finanzielle Grundlegung, Desinteresse der Regierungen nach Regierungswechseln – auf die Profilierung durch Bestimmung auswärtiger Mitarbeiter folgte der Aufstand der ortsansässigen Universitätsprofessoren, die nicht Mitglieder der Akademien waren. Es zeigte sich zugleich das sicherere Fundament der Universität, gegen das sich die sich überlegen dünkenden Akademien nicht behaupten konnten. So war das entschiedene Engagement des Mainzer Statthalters Dalberg für die Erfurter Gründung von entscheidender Bedeutung, denn er konnte ihre Förderung durch den Mainzer Kurfürsten Friedrich Karl von Erthal durchsetzen. Die Ausgangssituation war in Hessen-Darmstadt im Vergleich zu dem wohlhabenderen Mainz noch sehr viel problematischer; Hessen-Darmstadt mit seiner schweren Finanzkrise hatte genügend Probleme, die Universität Gießen zu erhalten. Zudem wirkten sich die Unterschiede der Fürsten aus – auf der einen Seite das aufklärerische Reformprogramm Erthals, auf der anderen Seite die völlige Fixierung Landgraf Ludwigs IX. auf seine Pirmasenser Soldaten. Er fiel auch nicht der Universität in den Arm, als diese die Akademie verdrängte. Übrigens scheiterte auch ein späteres Hessen-Homburger Projekt.[23] So besitzt Hessen bis heute keine Landesakademie, während in Erfurt, wenn auch unter unterschiedlichen Vorzeichen, die Gründung des Johann Wilhelm Baumer bis heute überlebt hat.[24]

23) Oergel, Akademie (wie Anm. 22) S. 139–224.

24) Jürgen Voss, Grandidier und die Société patriotique de Hesse-Hombourg. In: Francia 6 (1978) S. 629–639; ders., Die Société Patriotique de Hesse-Hombourg. Der erste Versuch einer europäischen Koordinationsstelle für wissenschaftlichen Austausch. In: Rudolf Vierhaus (Hg.), Deutsche Patriotische Gesellschaften im 18. und beginnenden 19. Jahrhundert. München/Wolfenbüttel 1980, S. 195–221.

WOLFGANG BURGDORF

# Dalberg und die Erfurter Akademie der Wissenschaften als Initiatoren einer deutschen Verfassungsdiskussion im Zeitalter der Französischen Revolution

Die Stadt Erfurt ist für die deutsche Verfassungsdiskussion vor 1806 in mehrfacher Hinsicht interessant. Ihre günstige Lage im Zentrum des Alten Reiches führte dazu, daß einige Publizisten hier die zentralen Verfassungsinstitutionen Deutschlands errichten wollten.[1] Jedoch nicht seine geographische Lage ließ Erfurt zu einem Zentrum der deutschen Verfassungsdiskussion werden, sondern der Umstand, daß es zu Kurmainz gehörte und daß dessen letzter Statthalter, Karl Theodor von Dalberg (1802–1817), 1787 Coadjutor des Mainzer Erzbischofs und somit auch des Reichserzkanzlers wurde. – Verfassungsprojekte, wie jene, die Erfurt zur Hauptstadt machen wollten, bildeten am Ende des 18. Jahrhunderts ein eigenes publizistisches Genre, das zwar jeweils auf die aktuelle politische Lage reagierte, jedoch zusätzlich durch Preisfragen, die auf die Verfassungszustände im Reich zielten, motiviert wurde. Von den zwei großen Verfassungspreisfragen am Ende des älteren deutschen Reiches ging es in der ersten, sie wurde 1786 gestellt, um die Verfassung der geistlichen Staaten.[2]

Im folgenden soll jedoch auf die zweite Frage eingegangen werden, die 1792 von der Erfurter Akademie gestellt wurde. Sie fragte nach Mitteln, „Wodurch das deutsche Volk von den Vorteilen seiner vaterländischen Verfassung belehret, und vor den Uebeln gewarnet wird, zu welchen überspannte Begriffe von ungemessener Freyheit und idealischer Gleichheit führen".[3] Es wird sich zeigen, daß Dalberg, der bereits als Preisrichter für die erste Frage fungiert hatte, auch mit dieser Frage eng verbunden war. Die Akademie ergänzte die Preisfrage um vier weitere Fragen: „1) Auf wie vielerley Arten kann man die Unterthanen eines deutschen Staates überzeugen, daß sie unter einer weisen, gerechten, und milden Regierung leben? 2) Was heißt bürgerliche Freiheit, und auf wie vielerley Wegen lassen sich richtige Begriffe davon unter alle Stände, besonders die niedrigsten Volksklassen verbreiten? 3) Wie müssen, zu Erreichung dieses Endzwecks die häusliche Erziehung, der Unterricht in Schulen und auf Universitäten, in den Volksbüchern und Zeitschriften, und andere zur Nationalbildung gehörige

1) Wilhelm Traugott Krug, Grundlinien zu einer allgemeinen deutschen Republik (Altona 1797); Karl von Soden, Zugabe zu dem … Vorschlag zu einer Veränderung der deutschen Staats-Constitution. In: Häberlins Staats-Archiv 7 (1802) S. 81–103.

2) Journal von und für Deutschland 12 (1785); (1786 erschienen).

3) Erfurtische Gelehrte Zeitung vom 24. April 1792, S. 155; Acta Academiae … quae Erfurti est. Erfurt 1792, S. IX.

Anstalten, eingerichtet werden? 4) Durch welche Mittel kann man ohne auffallenden Zwang es dahin bringen, daß die dazu vorgeschlagenen besten Einrichtungen wirklich ausgeführt werden?"[4]

Die Fragen waren Teil der Reaktion auf die ideologische Herausforderung durch die Französische Revolution. Dalberg war an dieser akademischen Reaktion in dreifacher Weise beteiligt. Die Erfurter Akademie wurde nicht nur seit ihrer Reorganisation im Jahre 1776 zum größten Teil von ihm finanziert, sondern damals hatte er ihr auch die Stellung von Preisfragen zur Hauptaufgabe gemacht und sich das Recht vorbehalten, die Fragen auszuwählen.[5] So kann man davon ausgehen, daß auch die eigentliche Preisfrage, die der Kurfürst aus einer von der Akademie vorgelegten Liste auswählte, ursprünglich auf seine Auswahl zurückgeht. Während die Preisfrage dazu aufforderte, eine Volksschrift abzufassen, waren die Ergebnisse der Ergänzungsfragen nicht „eigentlich für das Volk, sondern für Regenten und Staatsmänner", beziehungsweise zur „Belehrung der Akademie" bestimmt.[6] So war zwar einerseits ein denkbar weiter Adressatenkreis abgedeckt, andererseits aber durch die ergänzenden Fragen von einer direkten Politisierung der Bevölkerung wieder abgerückt worden. Die Aktualität des Themas bewirkte, daß auf die eigentliche Preisfrage 23 Schriften eingeschickt wurden.[7] In den von der Akademie veranlaßten Rezensionen wurden jene Einsendungen durchweg gelobt, welche die Vorteile der Reichsverfassung aufzählten, während jene Schriften, die Sympathie für die Ziele der Revolution zeigten oder diese gar in Deutschland verwirklicht sehen wollten, negativ besprochen wurden. Außerdem veröffentlichte die Akademie 1794 sieben Auszüge aus Aufsätzen, welche die Zusatzfragen beantworteten. Drei der in den Sammelband aufgenommenen Einsender sind namentlich bekannt, nämlich der Justizbeamte Pfeil, der Pfarrer Schmidt sowie der später bekannt gewordene Staatsrechtler Günther Heinrich von Berg.[8]

---

4) Ueber Erhaltung der öffentlichen Ruhe in Deutschland und anderen Staaten. Erfurt 1794, S. XIf. Im Gegensatz zur Frage von 1786, die durch Peter Wende (Die geistlichen Staaten und ihre Auflösung im Urteil der zeitgenössischen Publizistik. Lübeck 1966) eine Darstellung erfahren hat, wurden die Antworten auf die Erfurter Preisfrage noch nie zusammenhängend dargestellt.

5) Goerg Oergel, Die Akademie nützlicher Wissenschaften zu Erfurt. In: JAW NF 30 (1904) S. 139–224, hier S. 156.

6) Ueber Erhaltung (wie Anm. 4) S. X; Erfurtische Gelehrte Zeitung 46–48. Stück vom 30. September 1793, S. 362.

7) Ebd., S. 363ff. Ein vollständiger Vergleich mit den Originalen ist nicht mehr möglich. Aus „urheberrechtlichen Gründen" sandte die Akademie namentlich bekannten Verfassern ihre Preisschriften nach der Ermittlung des Gewinners zurück.

8) Ueber Erhaltung (wie Anm. 4). (Die einzelnen Auszüge werden mit I–VII zitiert.) Pfeil war als Jurist und Literat ein bekannter Verfasser (ADB Bd. 25, S. 655ff.). Seine Volksschrift (II, S. 9–28) erhielt nebst denen von Schmidt und Happach den Preis. Er veröffentlichte seine Beantwortung auch selbständig als: Zuruf eines deutschen Patrioten. Leipzig 1794. Auch Schmidt, Prediger zu Wahren und als Ökonom bekannt (DBI Bd. 4, S. 1810), hat seine Beantwortung (IV, S. 33–42) selbständig als: An die guten Völker Deutschlands. Berlin 1793, veröffentlicht; Happach (1742–1814) war Lehrer, Prediger, Bibliothekar und Schriftsteller (DBI Bd. 2, S. 786). Er veröffentlichte seine Preisschrift als: Handbüchlein für deutsche Bürger und Bauern. Halle 1794. In der Kompilation aus Auszügen der Zusatzfragen

1. Alle Auszüge verweisen darauf, daß die Regierungen so sein müssen, wie sie gesehen werden sollen,[9] jedoch genüge dies allein nicht, sondern müsse auch vermittelt werden, wozu die Erziehung als das beste Mittel betrachtet wurde. Sie sollte deshalb nach einem dem „Staatsinteresse angemessenen Plane eingerichtet werden".[10] Angesichts der Schwierigkeiten der staatlichen Einflußnahme im privaten Bereich, erinnerten sich die Autoren der Möglichkeiten der Kirche. Die „Lehrer der Religion" sollten sich „ein eigenes Geschäft daraus machen, die häusliche Erziehung weise zu leiten". Auch die Klage, manche Geistliche vergäßen „über ihrem Priesterthum, daß sie Volkslehrer sind",[11] dokumentiert die Vereinnahmung der Kirche durch die Spätaufklärung. – Bei der öffentlichen Erziehung sah man hingegen kaum Grenzen der staatlichen Einwirkung und „schon in den niederen Schulen sollten die Vorteile der deutschen Verfassung gelehret werden".[12] Doch wurde hinsichtlich der Methode des staatsbürgerlichen Schulunterrichts wieder dessen „Verbindung mit der Religion" angeraten.[13] Dies zeigt wiederum, daß das neue Bündnis von Thron und Altar nicht erst durch die Romantik, sondern schon durch die in die Defensive geratene Aufklärung theoretisch begründet wurde.

Über die Schulerziehung hinausgehend, wurde für die Hochschulen gefordert, das „Brodstudium" durch die Ausbildung des Menschen und Bürgers zu begleiten.[14] Berg erwartete von den Universitäten, daß sie die Einsicht vermitteln, daß es „wohlthätiger sey, zu verbessern als einzureißen; besonders in Fällen, wo man vom Gedeihen des neuen Baues ohnmöglich zum voraus fest versichert seyn kann". Das „allgemeine oder natürliche Staatsrecht" sollte gründlich gelehrt werden und „Tyranney und Despotismus der Regenten", als auch die „Zügellosigkeit des Volks", hier „ihr Urtheil empfangen". Der Jurist Pfeil stellte andererseits fest, daß die an sich nützlichen „Prinzipien des Naturrechts" leider mißbraucht worden seien, so daß man „eine Constitution der Menschenrechte und der Rechte der Staaten auf dem Papier erbaut, die sich nicht realisieren lasse". Dagegen sollten die Dozenten „mehr auf Wirklichkeit, als auf Möglichkeit der Dinge, Rücksicht nehmen".[15] Mit der Feststellung, daß die Beamten „mit falschen Grundsätzen in die Ämter treten", wenn „der wilden Freyheit des Naturzustandes das Wort geredet" würde, wurde gegen die Lehre des Naturrechts im Sinne Rousseaus Stellung bezogen. Dennoch sollten die Fehler der Staatsverfassungen

---

wurde Happach nicht aufgenommen. Auch der Gräflich-Neippergsche Sekretär Berg (ADB Bd. 2, S. 363 f.) veröffentlichte seine Einsendung (V, S. 43–60) selbständig.

9) I, S. 1; Pfeil (II) S. 10; Berg (V) S. 44; VI, S. 61; VII, S. 68; vgl. III, S. 29.

10) VII, S. 78.

11) I, S. 6. V. Berg, S. 50; synonyme Verwendung der Begriffe „Volkslehrer und Prediger" auch S. 53; auch in: Ueber die wirksamsten Mittel gewaltsamen Revolutionen in Deutschland vorzubeugen. In: Deutsches Magazin 8 (1794) S. 400–494, hier S. 424.

12) I, S. 6.

13) VII, S. 76 u. 80; I, S. 3; IV. Schmidt, S. 38.

14) I, S. 7.

15) V. Berg, S. 52; II, Pfeil, S. 20 f.

„ohne Bitterkeit bemerkt, und die besten Mittel zu deren Abstellung angezeigt werden".[16] Als konkrete Reformen wurden die Aufhebung der Zünfte und Innungen gefordert sowie die Einführung der Gewerbefreiheit.[17]

Weitere Themen, die in den Texten aufgegriffen wurden, sind Abgaben, Justiz und Gesetzgebung. Fast alle Autoren waren sich einig, daß die Abgaben vermindert, vereinfacht und dem Einkommen angemessen werden sollten und nur für Bedürfnisse des Staates Verwendung finden dürfen.[18] Mit Bezug auf die Justiz wurde, neben der Verkürzung der Prozesse, ein angemessenes Gesetzbuch gefordert[19] und damit auf die noch immer geltenden römischen Gesetze und auf eine aktuelle juristische Diskussion verwiesen. – Hinsichtlich des Staatsideals – man könnte es als ständisch-konstitutionellen Gesetzesstaat bezeichnen – zeigt sich eine ambivalente Mischung zwischen Traditionalität und Modernität. Einigkeit bestand darüber, daß die Gesellschaft nicht ohne Stände bestehen könne. Doch sollte das Volk an der Gesetzgebung beteiligt werden und auch die Fürsten den Gesetzen unterworfen sein.[20] Das Ideal blieb zwar hinter den zeitgleichen fortschrittlicheren französischen Forderungen zurück, war aber für das damalige Verfassungsdenken in Deutschland eher typisch.

Da die Akademie keine Beantwortung der eigentlichen Preisfrage veröffentlichte, wurde das Verhältnis des deutschen Volkes zur Reichsverfassung, auf das diese zielte, kaum berührt. Um so interessanter sind die Äußerungen zur Reichsverfassung, die in den Auszügen dennoch enthalten sind. Pfeil wies vor allem auf die prekäre Situation des Reiches hin, zwar habe Deutschland noch „viele politische Ableiter in seiner Gewalt", doch „ist es nöthig, daß es aus seinem Schlummer erwache; daß es seinen Maaßregeln und Verfassungen mehr Thätigkeit gebe"[21] und für die Einhaltung der Gesetze sorge. Im Rahmen der angestrebten Reichsreform hielt er insbesondere die Reorganisation der „Reichsexecutionsarmee" für nötig. Seine abschließende Bemerkung: „Ob aber dies Alles vor dem Jahr 2440 möglich werden wird – das mag die Zukunft entscheiden!", zeigt jedoch wenig Optimismus. – Berg stellte fest, daß die verschiedenen Verfassungen der deutschen Völkerschaften eine „Darstellung der Vortheile, welche die Reichsverfassung gewährt, unendlich erschwerert", zumal „mancher deutscher Völkerschaft" die „allgemeine Reichsverbindung kaum sichtbar" sei.[22] Vielleicht deswegen findet sich im letzten Auszug die Forderung, daß man den Untertanen zeige, wie die Verfassusng ihres Vaterlandes „durch dessen Verbindung mit dem deutschen Reiche" zum allgemeinen Wohl beitrage.[23]

---

16) VII, S. 76.
17) IV, Schmidt, S. 41; VII, S. 74.
18) I, S. 2; II. Pfeil, S. 11; III, S. 30; V, Berg, S. 45; VI, S. 63; VII, S. 74.
19) I, S. 2; VII, S. 69; III, S. 30f.; IV. Schmidt, S. 42.
20) I, S. 5; VI, S. 62; vgl. V, Berg, S. 49 u. III, S. 31.
21) II. Pfeil, S. 27f. Der Plural ist sehr bezeichnend für die Wahrnehmung der Verfassungswirklichkeit.
22) V, Berg, S. 43f.
23) VII, S. 68 u. 72.

2. Für die Geschichte des politischen Denkens der deutschen Intellektuellen überaus interessant sind die in den Antworten auf die zweite Zusatzfrage enthaltenen Definitionen der „bürgerlichen Freyheit". Im ersten Auszug heißt es, „Bürgerliche Freyheit ist der glückliche Zustand, worinne unsere Menschenrechte, Leben, Eigenthum, und Religion, durch die vereinte Macht Mehrerer sich in sicherem Schutz befinden".[24] Der Jurist Pfeil nannte folgende Kriterien: „Uneingeschränkter Genuß der Rechte, deren ich mich bedienen muß, wenn ich als vernünftiger Mensch, als guter Bürger, und als wahrer Christ, meiner Bestimmung gemäß leben will."[25] Sein Kollege Berg definierte bürgerliche Freiheit als „die Befugniß des Bürgers, alles zu thun, was dem Zweck der bürgerlichen Gesellschaft weder unmittelbar noch mittelbar entgegen ist; und nichts thun zu müssen, was derselbe nicht erfordert".[26] Im letzten Auszug gilt bürgerliche Freiheit als „der Inbegriff aller Rechte, welche dem Bürger im Staate sowohl von seinen natürlichen Rechten übrigbleiben, als auch die er durch die Staatseinrichtung als neue Rechte erhält".[27]

Der Begriff Freiheit war schon in der Frage durch das Adjektiv bürgerlich eingeschränkt worden, denn bürgerlich bezeichnete immer, wenn es nicht als Gegensatz zu adelig verwandt wurde, ein Verhältnis zum oder im Staate. Diese semantische Begrenzung wurde jedoch durch die These relativiert, daß der Mensch mit dem Eintritt in die Gesellschaft „einen weit höheren Grad der Freyheit" genießt, als im Naturzustand.[28] Diese Ansicht wandte sich gegen eine von Rousseau ausgehende Interpretation des Naturzustandes und damit gegen eine der geistigen Grundlagen der Französischen Revolution. Sie war jedoch konform mit den Ansichten der Enzyklopädisten (Artikel „Staat"). Die Definitionen der bürgerlichen Freiheit dokumentieren somit, wie sehr die deutschen Gelehrten, auch nach 1792, im politischen Denken der Aufklärung verhaftet blieben, unabhängig von der Zuspitzung der Ereignisse in Frankreich.

3. Insgesamt finden sich in den von der Akademie edierten Auszügen Forderungen von der Beteiligung auch der unteren Stände an der Gesetzgebung, bis zur Einschärfung der Zensur,[29] jedoch weder extrem reaktionäre noch extrem progressive Positionen. Daher ist zu vermuten, daß eine moderate Staats- und Verfassungskritik im Sinne der Aufklärung, wie sie besonders von den Preisträgern vertreten wurde, das Kriterium für die Veröffentlichung durch die Akademie war. Diese Annahme erscheint noch begründeter, wenn man die akademische Kompilation mit zwei anonymen Einsendungen aus den Jahren 1792 und 1794 vergleicht, die nicht in den Sammelband aufgenommen wurden.[30] Der Verfasser der Schrift von 1792 verdeutlichte seine grundsätzlich negative

24) I, S. 4.

25) II, Pfeil, S. 15.

26) V, Berg, S. 46.

27) VII, S. 73; vgl. hingegen VI, S. 63.

28) I, S. 4; V, Berg, S. 48; VII, S. 73.

29) VII, S. 89.

30) (Anonym), Sendschreiben an die Kurmaynzische Akademie zu Erfurt über die von derselben ausgesetzte Preisfrage: Welches sind die Mittel dem teutschen Bürger den Werth und die Vortheile der

Einstellung zur Frage der Verfassungsänderung, indem er den englischen Dichter Pope zitierte, nach dem jene Regierungsform „die beste sey, die am besten verwaltet wird". Er kontrastierte die ideelle Rechtsordnung des Reiches mit dessen tatsächlichem Verfall, wodurch die „verschiedenen Bewohner des sogenannten Teutschlands einander ganz fremd geworden" seien.[31] So sei „Teutschland kein gemeinsames Vaterland, und Teutschland ist, außer in den Kompendien des Staatsrechts, kein einziger Staat mehr!" Da die Reichsverfassung somit weder zum Glück Deutschlands, noch dem seiner Staaten und Bürger beitrage, schloß der Einsender konsequent die Frage an, ob es nicht sinnvoller sei, den „Unterthanen den Werth ihrer partikulären Landesverfassungen recht kenn- und schätzbar zu machen",[32] da „das so schwach zusammenhängende Skelet der teutschen Reichsverfassung" vielleicht keine Generation mehr bestehen und das Reich zwischen „3 bis 4" Mächten geteilt würde. Erst in diesen vergrößerten Staaten könnte es wieder Vaterlandsliebe geben, die in dem „teutschen Namen-Reich bloße Idee ohne Wirklichkeit ist".[33] Das Vaterland sollte also erst geschaffen werden, damit Vaterlandsliebe entstehen könne. Durch die Verlagerung des Staats- und Verfassungsproblems auf die Ebene der Länder innerhalb des Reiches begab sich der Anonymus auf die „Ebene der für ihn größeren Realität".[34] Die Negierung der Preisfrage, ihre Verkehrung ins Gegenteil, ist um so bemerkenswerter, als dies die einzige gedruckte Schrift ist, die auf die eigentliche Preisfrage zurückgeht.

Die zweite,[35] nicht von der Akademie veröffentlichte Einsendung beinhaltet die Abhandlung der vier Zusatzfragen. Das zentrale Argument ist, daß die Regierungen selbst die nötigen Reformen durchführen müssen, um eine Revolution zu vermeiden,[36]

---

Reichs-Konstitution recht fühlbar und ihn derselben noch anhänglicher zu machen? o. O. 1792; vgl. Renate Dopheide, Republikanismus in Deutschland. Diss. Bochum 1980, S. 176ff.; John G. Gagliardo, Reich and Nation. Bloomington 1980, S. 129; Ueber die wirksamsten Mittel (wie Anm. 11). Auch zwei Schriften Dalbergs sind inhaltlich diesem Kontext zuzuordnen: Von dem Einflusse der Wissenschaften und schönen Künste in Beziehung auf öffentliche Ruhe. Erfurt 1793, und: Von Erhaltung der Staatsverfassungen. In: Acta Academiae ... ad ann. 1794 et 1795. Erfurt 1796; Dalbergs Schrift: Von den wahren Grenzen der Wirksamkeit des Staats. Leipzig 1793, entstand in Auseinandersetzung mit Wilhelm von Humboldts Reaktion auf die Französische Revolution.

31) Sendschreiben, S. 17, das Zitat von Pope ebd., S. 4.

32) Ebd., S. 23.

33) Ebd., S. 24.

34) Dopheide, Republikanismus (wie Anm. 30) S. 178.

35) Der Verfasser der zweiten Einsendung (Mittel [wie Anm. 11]) war möglicherweise der Herausgeber, Christian Ulrich Detlev von Eggers, vgl. Deutsches Magazin 8 (1794) S. 296–298. Der Autor erklärt, er hätte beide Teile der Preisschrift im März 1793 eingesandt, ohne daß die Erfurter Akademie dies öffentlich angezeigt hätte. Vielleicht handelt es sich um die Preisschrift, die in der Erfurtischen Gelehrten Zeitung vom 30. September 1793, S. 362 und S. 382 als nicht konkurrenzfähig, da verspätet eingetroffen, erwähnt wurde. Die Akademie hatte sich in der Tat, wie ihren Sitzungsprotokollen zu entnehmen ist, im März 1793 nochmal mit der Preisfrage beschäftigt.

36) Die Vision einer Revolution von oben ist also keineswegs erst ein Thema der Rheinbundpublizistik, vgl. Wolfram Siemann, Die Französische Revolution in der Publizistik der süddeutschen Rheinbundstaaten. In: Roger Dufraisse (Hg.), Revolution und Gegenrevolution 1789–1830. München 1991, S. 120–142, S. 134.

da „früh oder spät alle Regierungen eine Revolution erleiden werden, wenn sie nicht selbst sie machen".[37] Der Autor hob hervor, daß die nötigen Reformen im Rahmen der Landeshoheit durchführbar wären, darüber hinaus betonte er jedoch, daß die deutsche Verfassung länderübergreifende „Verbesserungen" verhindere.[38] – Auch seine Definition der bürgerlichen Freiheit unterscheidet sich deutlich von den Definitionen der Akademieedition, indem er stärker auf das Recht der individuellen Lebensgestaltung in relativer Autonomie vom Staat verwies: „Bürgerliche Freiheit ist die Befugniß, (sich) in allen Handlungen, welche nicht durch die Staatsverbindungen nothwendig bestimmt werden müssen, nach eigener Willkühr einzurichten und in denen, welche Gegenstand der Gesetze sind, den möglichst geringsten Grad des Zwangs zu erleiden". Unmißverständlich fügte er hinzu, „es gibt also eine bürgerliche Freiheit, welche die Abwesenheit des Gesetzes erfordert".[39]

Noch deutlicher wird der Unterschied zur Edition der Akademie dadurch, daß er den Fürsten die Aufhebung der materiellen Adelsprivilegien empfahl. Es ist interessant, daß hier die publizistischen Modernisierungsbestrebungen eine Koalition mit dem Interesse der Fürsten eingingen, die Rechte der Einwohner zu nivellieren. In Verbindung mit der negativen Haltung des Verfassers gegenüber den Vorrechten des Adels steht sein Bemühen, die Rechtsposition der Bauern zu verbessern, er ging dabei von der Feststellung aus, daß in Deutschland keine Revolution zu fürchten sei, „die nicht vom Landmann ausgeht".[40] Um diese zu verhindern, wünschte er die Aufhebung der Leibeigenschaft und die Erhebung der Bauernschaft zu einem Landstand mit dem Recht, gleichberechtigt an der Legislative teilzunehmen. Die in Deutschland noch existierenden ständischen Vertretungen hielt er für überaltert, da sie keineswegs als „Stellvertreter aller Einwohner", „Repräsentanten aus allen Volksklassen" aufwiesen.[41] Die neue Ständevertretung sollte die Exekutive kontrollieren.[42] Die „Politik der integrativen Staatsbildung und defensiven Modernisierung"[43] wurde also schon in Reaktion auf die Erfurter Preisfrage von 1792 intensiv diskutiert und den deutschen Fürsten empfohlen. Zudem wurden mit der Forderung nach ständischen Verfassungen und der Ablehnung des Gottesgnadentums bereits die Themen des Wiener Kongresses und des Vormärz vorweggenommen.[44]

Es ist nicht schwer festzustellen, daß diese beiden Einsendungen über die Toleranzgrenze der akademischen Redaktion hinausgingen. Die durch die Formulierung der

---

37) Mittel (wie Anm. 11) S. 404 u. 431, 436ff., 450f., 453.

38) Ebd., S. 405f.

39) Ebd., S. 471.

40) Ebd., S. 410.

41) Ebd., S. 430f., 434, 450ff.

42) Ebd., S. 435, betont auch die Wichtigkeit des Naturrechts für die Ausbildung der Staatsdiener (S. 480f.).

43) Vgl. Hans-Ulrich Wehler, Deutsche Gesellschaftsgeschichte. Bd. 1, München 1987, S. 375, hinsichtlich der Reformen der Rheinbundära.

44) Mittel (wie Anm. 11) S. 438, 475; vgl. Deutsche Bundesakte Art. XIII und XIV, B und C 4.

Fragen intendierten inhaltlichen Grenzen hatten so radikale und selbständige Einsendungen nicht erwarten lassen. Auch hatte die Akademie nicht mit einer so schnellen Dramatisierung der politischen Lage rechnen müssen. Trotzdem hatte die Akademie bereits durch die Zusatzfragen die Aufmerksamkeit von der Verfassungsakzeptanz auf die Regierungsakzeptanz, sowie vom Reich auf einen beliebigen deutschen Staat gelenkt. Damit war der Diskussion die politische Spitze genommen. Voraussetzung für diesen Prozeß der Entpolitisierung und Entkonkretisierung waren im wesentlichen zwei Bedingungen: Einerseits war Dalberg als Reorganisator, Patron und häufiger Sitzungsteilnehmer auf das engste mit der Akademie verbunden, anderseits handelte es sich um die kurfürstliche Akademie und es ist völlig undenkbar, daß die Akademie des Reichserzkanzlers Pläne veröffentlichen konnte, welche die Aufhebung der Adelsprivilegien, die Verneinung des Gottesgnadentums sowie die Reduzierung der Stände auf „3 bis 4" und damit den Wegfall der geistlichen Staaten, zu denen ja auch Kurmainz gehörte, beinhalteten. Dies hätte sowohl Dalberg, welcher an der entscheidenden Sitzung der Akademie am 18. Juli 1793 teilgenommen hatte, gegenüber Kurfürst Erthal (1775–1802) kompromittiert sowie Erthal gegenüber seinen Reichsmitständen, insbesondere den geistlichen Ständen, aber auch gegenüber dem stiftsfähigen Adel. Dies war in einer Situation, in der die Existenz vieler Reichsstände bedroht war, politisch nicht ratsam. Die tatsächliche Bedrohung der Reichsverfassung durch deren Demontage im akademischen Diskurs zu begleiten, konnte die kurfürstliche Akademie nicht verantworten. Die Radikalisierung der politischen Praxis führte so zu einer Mäßigung der Diskussion, zumindest, soweit ihre Öffentlichkeit von der Erfurter Akademie verantwortet wurde. Schon die Formulierung der Fragen zeigte, daß man im wesentlichen nicht über den Rahmen einer Förderung der Akzeptanz und der Verteidigung der bestehenden Verhältnisse in Deutschland hinausgehen wollte.

Der Tatsache, daß die gelehrte Gesellschaft in Erfurt bei der Edition der Einsendungen von den reichspolitischen Rücksichten, die der Erzkanzler zu nehmen hatte, abhängig war, waren sich einige der gebildeten Einsender bewußt, wie ein Vergleich der Preisschrift Günther Heinrich von Bergs mit seiner weiteren Ausarbeitung der hier entwickelten Gedanken zeigt.[45] Interessant ist, daß die Problematik einer Reform der Reichsverfassung in der späteren Bearbeitung ausführlich behandelt wird.[46] Sein Vorschlag richtete sich allerdings direkt gegen eine neuerliche Einschränkung der Möglichkeit reichsgerichtlicher Prozesse der Untertanen gegen ihre Landesherrn.[47] Es ist

45) Zunächst veröffentlichte er seine ungekürzte Einsendung im ersten Teil seiner Staatswissenschaftlichen Versuche (Göttingen 1795), anschließend beträchtlich erweitert unter dem Titel: Ueber Teutschlands Verfassung und die Erhaltung der öffentlichen Ruhe in Teutschland. Göttingen 1795.

46) Sein Vorschlag bestand im Anschluß an den Staatsrechtler Karl Friedrich Häberlin (vgl. NDB Bd. 7, S. 420f.) und dessen Pragmatische Geschichte der ... Wahlkapitulation. Leipzig 1792, S. 285, darin, daß die Untertanen das Recht erhalten sollten, die Akten zur Rechtsfindung an auswärtige juristische Fakultäten zu verschicken. – Dieser Vorschlag wurde 1815 im Art. XII, der deutschen Bundesakte realisiert, die von Berg mitunterzeichnet wurde.

47) Teutschlands Verfassung, S. 106–121, Wahlkapitulation Leopold II., XIX., § 6–7..

naheliegend, daß die Kurmainzer Akademie keinen Vorschlag edieren konnte, der sich gegen diese Maßnahme richtete, ohne Kurmainz gegenüber seinen Reichsmitständen zu kompromittieren. Denn diese Einschränkung war von diesen auf Veranlassung Kursachsens in die Wahlkapitulation eingerückt worden.[48] – Auch dieses Beispiel zeigt die engen politischen Grenzen, die diesem akademischen Wettbewerb gesetzt waren. Offensichtlich hatte sich die Erfurter Akademie mit der politisch brisantesten Preisfrage, die sie in ihrer Geschichte stellte, übernommen.

Dennoch ist es gerechtfertigt, die Erfurter Ausschreibung mit ihren heterogenen Reaktionen als Höhepunkt der Verfassungsdiskussion im Deutschland der frühen neunziger Jahre des 18. Jahrhunderts zu bezeichnen. Es war der Versuch einer kreativen akademischen Reaktion auf die Französische Revolution. Dieser Versuch zeigt, welche Positionen innerhalb der akademischen Grenzen vertreten werden konnten und welche außerhalb blieben. Insgesamt handelt es sich um ein Spektrum von Vorschlägen, das sowohl die kritiklose Bewunderung des Bestehenden, als auch die ersatzlose Auflösung des Reiches einschloß, das von der konservativen Verteidigung gemäßigt aufklärerischer Ansichten bis hin zu Positionen reicht, die bereits auf die Diskussionen des 19. Jahrhunderts verwiesen.

Die Erfurter Preisfrage erlaubt es, auch die Bedingungen aufzuzeigen, denen jene unterlagen, die bevorzugt berufen waren, über eine Reform der Verfassung nachzudenken. Die Gelehrten, die sich an dem Wettbewerb beteiligten, waren abhängig von dem gesellschaftlichen und staatlichen System, das ihnen ihre sozialen Positionen gewährte. Häufig hingen sie als Hochschullehrer, Beamte oder Pfarrer direkt von ihrem reichsständischen Arbeitgeber ab. Aus diesem Grunde finden sich die weitestgehenden Reformvorschläge in anonymen Einsendungen. Aus demselben Grunde wünschte Berg, der die Pressefreiheit verteidigte,[49] eine Selbstzensur der Gelehrten.[50] Der Kurfürst von Mainz und sein Coadjutor Dalberg, welche aufgrund der verfassungsrechtlichen Position des Mainzer Erzbischofs als Erzkanzler ein besonderes Interesse an der Funktionsfähigkeit des Reiches haben mußten, waren ihrerseits abhängig von der jeweiligen reichspolitischen Konstellation. Diese Abhängigkeit betraf auch die Kurmainzer Akademie. Erlaubte es die reichspolitische Konstellation im Frühjahr 1792, die Preisfrage – die nicht unbedingt eine Verfassungsdiskussion implizierte – zu stellen, so zeigte sich schon bald, wie gefährlich eine allzu freie Erörterung tradierter Rechtspositionen gerade für Kurmainz und andere mindermächtige Reichsstände werden konnte. Dieser Umstand sprach gegen eine vollständige Veröffentlichung aller Einsendungen.

Zusammenfassend läßt sich feststellen, daß Erfurt zu Beginn der neunziger Jahre des 18. Jahrhunderts zu einem Zentrum der Verfassungsdiskussion in Deutschland wurde. Maßgeblich dafür war zunächst die Preisfrage von 1792. Da aber die Akademie während Dalbergs Statthalterschaft, der als Coadjutor des Erzkanzlers, über die deutsche Verfas-

48) Teutschlands Verfassung, S. 120.
49) Teutschlands Verfassung, S. 268 ff. und 363 ff.
50) Teutschlands Verfassung, S. 53 ff. und 270, insbesondere 365.

sung nachdachte, fast völlig von ihm abhing, war er es letztlich, der Erfurt zu einem Zentrum der deutschen Verfassungdiskussion werden ließ. Die Preisfrage erlaubt es in einzigartiger Weise, ein breites Spektrum der Diskussion zu erfassen und darüber hinaus paradigmatisch ihre Bedingungen aufzuzeigen. Die Tatsache, daß die Atworten teilweise zu einer Verfassungsreformdiskussion führten, was von der Fragestellung her nicht beabsichtigt war, zeigt, wie drängend die Verfassungsfrage im Reich und in den Territorien geworden war. Insgesamt zeigen die Erfurter Pläne, daß die deutsche Verfassungsdiskussion auch im Zeitalter der Französischen Revolution, als die tradierten Themen neue Impulse aus dem Westen erhielten, in Auseinandersetzung mit der Revolution Eigenständigkeit bewahrte. Das positive Staatsrecht, die ständische Verfassung und der gerichtliche Prozeß der Untertanen gegen ihre Landesherren waren sowohl die Themen der Verfassungsdiskussion im vorrevolutionären Reich als auch im Vormärz. Darüber hinaus sind die hier vorgestellten Pläne, als Teil der deutschen Verfassungsdiskussion am Ende des alten Reiches, Teil eines deutschen beziehungsweise mitteleuropäischen Strukturproblems. Es handelt sich dabei um die politische und verfassungsmäßige Gestaltung dieses Raumes.

# Humanismus und Reformation

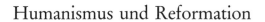

PETER BLICKLE

# Die Reformation in Stadt und Landschaft Erfurt

## *Ein paradigmatischer Fall*

In den Städten und den Dörfern ereignete sich einmaliges in den zwanziger Jahren des 16. Jahrhunderts. Allerorten wollten die Menschen das Wort Gottes hören. Noch wenige Jahre zuvor wollten sie den Leib Christi in der Hostie sehen. Ein Sinneswandel hatte die Menschen erfaßt, wie ihn das Christentum noch nicht erlebt hatte. Die Predigt rückte in das Zentrum von Gottesdienst und Frömmigkeit und verdrängte die Messe aus deren Mitte. Diesen Wechsel zu erklären, ist das wahre Geschäft und eigentliche Proprium der Reformationsforschung, und dieser Wechsel ist bis heute nicht zufriedenstellend erklärt. Kühne religionssoziologische Spekulationen haben der Reformation eine weltgeschichtliche Bedeutung für die Moderne des Rationalismus und Kapitalismus beigemessen, doch sind wir weit davon entfernt, vergleichbar faszinierende Entwürfe zu haben, weshalb es zur Reformation kommen konnte.

Daß die Reformation eine weltgeschichtliche Bedeutung überhaupt erlangen konnte, liegt vermutlich daran, daß ihre Theologie eine derart breite gesellschaftliche Verankerung erfahren hat wie keine zweite intellektuelle Bewegung in der europäischen Geschichte, was wiederum nur möglich war, weil die Reformationstheologie selbst derart tief in den Bedürfnissen der Gesellschaft wurzelte.

Das Ereignis Reformation zu entziffern, hat immer etwas Vorläufiges und Bruchstückhaftes. Dies eingeräumt, kann ein Blick auf den Erfurter Reformationsprozeß und parallele Entwicklungen in anderen Stadtstaaten nützlich sein, die Verschränkung von ideeller und gesellschaftlicher Bewegung zu erfassen. Möglicherweise kommt in der stadtstaatlichen Reformation das, was die Reformation als eine Bewegung der Frömmigkeit und Kirchenerneuerung ausmacht, besonders klar zum Ausdruck, weil sie sich entfaltete, bevor die Reformation als Ganzes eine Frage der Reichspolitik und angesichts des universalen Charakters von Reich und Kirche der europäischen Politik wurde.

### *1.*

Am 28. April 1525 öffnete Erfurt den Bauern seiner Landschaft die Tore der Stadt, nach dramatischen Verhandlungen zwischen Räten, Predigern, Bauern und Bürgern.[1]

1) Die Ereignisse der Erfurter Reformationsgeschichte sind breit beschrieben bei ROBERT W. SCRIBNER, Reformation, Society and Humanism in Erfurt, c. 1450–1530, Ph. D. Thesis, London 1972, hier S. 202–225, und ULMAN WEISS, Die frommen Bürger von Erfurt. Die Stadt und ihre Kirche im Spätmittelalter und in der Reformationszeit. Weimar 1988, hier S. 168–180.

11 000 Bauern waren es schließlich,[2] die sich in der Stadt aufhielten, allerdings kaum zehn Tage. Das freilich reichte hin, um die kirchliche Ordnung und die politische Verfassung gänzlich umzustürzen. Mit der Verwüstung der Häuser der Geistlichen[3] brach die kirchliche und weltliche Herrschaft des Mainzer Erzbischofs zusammen. Die Reformation in der Stadt konnte sich ungehindert entfalten, die Verfassung der Stadt konnte eine neue Form annehmen.

Diejenigen, die dafür gesorgt hatten, daß nach jahrelangem zögerlichen Taktieren eindeutige Fakten und politische Klarheiten geschaffen worden waren, nämlich die Erfurter Gemeinde der Bürger und die Erfurter Landschaft der Bauern, meldeten jetzt ihre kirchlichen und politischen Vorstellungen unmißverständlich und nachdrücklich an. In ihren gemeinsam verfaßten 28 Artikeln[4] kam beides klar zum Ausdruck. Das kirchliche Leben sei so zu ordnen, heißt es dort, *das ein gemein derselbigen pfarr iren pfarrer zu setzen und zu entsetzen habe. Und das durch dieselbien vorordnete pfarrer das lauter wort gottes klerlich furgetragen werde ohn allen zusatz, allerlei menschlichen gebott, satzunge und lehren,*[5] und hinkünftig bedürften wichtige politische Entscheidungen des Rates der Zustimmung der „Gemeinde“ und der „Landschaft“. Die Predigt des lauteren Wortes Gottes und die Pfarrerwahl wollten die Bürger und Bauern sowie eine Art parlamentarische Kontrolle des Rates. Die verfassungsrechtliche Grundlage wurde am 9. Mai geschaffen. *Die verordnete von vierteln, handwerkern und gantzer gemeinde sambt den verordneten der gantzen landschaft der stadt Erffurt* entließen den Rat aus seiner eidlichen Verpflichtung gegenüber dem Erzbischof von Mainz und zwangen ihn im Gegenzug, sich eidlich auf die Gemeinde und die Landschaft zu verpflichten.[6] Damit war der Erfurter Rat ein Repräsentativorgan von Bürgerschaft und Bauernschaft geworden. Von ihnen bezog er seine politische Legitimation und von niemandem sonst.

Die neue Verfassung stand unter einem theologisch erheblichen Rechtsvorbehalt. Die 28 Artikel als Programm zukünftiger politischer Ordnung sollten nämlich nach der Vorstellung der Bürger und Bauern auf einer landtagsähnlichen Verhandlung gemeinsam mit Martin Luther und Philipp Melanchthon beraten und danach rechtskräftig gemacht werden.[7] Von den Schriftgelehrten, von den Reformatoren, erwarteten die einfachen Leute die Bestätigung der neuen kirchlichen und politischen Ordnung, ihrem

---

2) Walter Peter Fuchs, Akten zur Geschichte des Bauernkriegs in Mitteldeutschland. Unter Mitarbeit von Günther Franz, 2. Bd., Jena 1942 (ND Aalen 1964) S. 445–450, Nr. 1639.

3) So nach dem Bericht der Geistlichkeit zu Erfurt an den Kardinal Albrecht von Mainz. Vgl. Fuchs, Akten Bauernkrieg Mitteldeutschland (wie Anm. 2) S. 399–403, Nr. 1604. Der Verfasser des Berichts ist unbekannt; der Bericht selbst ebd., S. 445–450, Nr. 1639.

4) Ebd., S. 250–252, Nr. 1390.

5) Ebd., S. 250.

6) Ebd., S. 252f., Nr. 1390; S. 253, Nr. 1391.

7) Ebd., S. 252f., Nr. 1390a. Den Anteil und das Interesse des Rates an der Beiziehung von Luther und Melanchthon betont stark Weiss, Bürger von Erfurt (wie Anm. 1) S. 187. Der Quellentext verlangt m. E. die Interpretation, die Initiative bei den Bauern und Bürgern zu suchen.

Urteil lieferten sie sich aus. Das war so unverständlich nicht, denn der triumphale Einzug Martin Luthers in Erfurt auf seinem Weg zum Reichstag nach Worms 1521 hatte die reformatorische Bewegung in der Stadt recht eigentlich in Gang gesetzt. Ratsherren, Universitätsprofessoren, Bürger und Bauern drängten zur Predigt, die Luther am Sonntag Quasimodogeniti hielt. Über den Weg zum Heil redete er, mit ausgeprägt kritischen Tönen gegenüber Kirche und Klerus. *Darnach möcht einer weitter fragen und sagen 'Sol man die menschlichen gesetz gantz nicht halten'?*, wurde von ihm als Problem aufgeworfen. *Ich antwort und sage,* war seine Auskunft, *wan ein recht christliche lieb und glaub vorhanden ist, so ist alles das, das der mensch thut, vordinstlich und mag ein yeder thun, was er wil, doch in der meynung, das er die werck für nichtes acht, dan sy können in nicht selig machen.*[8] Wer den Worten nachsann, konnte die Überzeugung gewinnen, auf den christlichen Glauben komme alles an, auf die bestehenden Gesetze nichts.

Es dauerte vier Jahre, bis in der Stadt (a) und auf dem Land (b) die Parteigänger des Neuen, der Veränderung, des Umsturzes so stark geworden waren, daß es zum Durchbruch der Reformation kommen konnte.

(a) Als in Erfurt die Nachricht eintraf, daß der Kaiser und die Fürsten in Worms Luther in die Reichsacht erklärt hatten, kam es vom 10. bis 12. Juni 1521 zum ersten großen „Pfaffensturm" in Deutschland[9] – die Häuser der Kanoniker wurden verwüstet und geplündert, was Erfurt eine zweifelhafte Publizität im Reich verschaffte, dem Rat aber die Möglichkeit gab, die Privilegien der beiden Kapitel merklich einzuschränken.[10] Dem spektakulären Ausbruch von Antiklerikalismus folgte ein eher behutsamer Fortgang der reformatorischen Bewegung. Pfarrgemeinden und Altaristen sorgten seitdem dafür, daß die Pfarreien nach und nach mit Luther nahestehenden Predigern besetzt wurden.[11] Seit 1523 konnte man in der Stadt auch das Abendmahl unter beiderlei Gestalt empfangen.

Immer mehr wurde in den Kirchen im Geist der neuen Lehre gepredigt, nur wenn es zu massiven Beleidigungen kam, wie 1522 zwischen dem Augustiner Bartholomäus Arnoldi von Usingen und dem Prädikanten Johann Culsamer, und Unruhen zu befürchten waren, griff der Rat ein und schärfte den Kontrahenten ein, nur zu predigen, was sie mit der Schrift belegen könnten.[12] Der Forderung nach schriftgemäßer Predigt konnten auch die Anhänger der alten Lehre schwerlich widersprechen. Der Rat machte sie sich zu eigen mit dem Argument, damit den Frieden in der Stadt zu sichern. Mit dem

---

8) D. MARTIN LUTHERS Werke. Kritische Ausgabe (Weimarer Ausgabe), 7. Bd., Weimar 1897, S. 813.

9) WEISS, Bürger von Erfurt (wie Anm. 1) S. 126.

10) ARTHUR G. DICKENS, The German Nation and Martin Luther. Glasgow 1976, S. 172; ROBERT W. SCRIBNER, Civic Unity and the Reformation in Erfurt. In: Past & Present 66 (1975) S. 29–60, hier S. 40.

11) WEISS, Bürger von Erfurt (wie Anm. 1) S. 141 f.; SCRIBNER, Civic Unity (wie Anm. 10) S. 40.

12) SCRIBNER, Civic Unity (wie Anm. 10) S. 41; WEISS, Bürger von Erfurt (wie Anm. 1) S. 152 f.

legitimatorischen Hinweis auf seine Ordnungspflicht ließen sich auch da und dort Maßnahmen gegen die Geistlichen rechtfertigen, beispielsweise dann, wenn die Privilegien der Kleriker, etwa ihre exemte Stellung gegenüber dem Stadtgericht oder die Steuerfreiheit ihrer großen Vermögen, als Ursache von Unruhen und Tumult ausgegeben wurden[13] – dann drängte der Rat darauf, die Kompetenzen des geistlichen Gerichts, vor dem die Priester ihren Gerichtsstand hatten, zugunsten des Stadtgerichts einzuschränken oder das Vermögen der Klöster zu inventarisieren und damit zu kontrollieren.[14]

(b) Die Erfurter Landschaft wurde 1522 unruhig – mit den Verweigerungen der Zehnten, der Abgabe des zehnten Teils von Getreide, gelegentlich auch von Heu, Gemüse, Obst und Tieren, kündigte sich die reformatorische Bewegung in den Dörfern an.[15] Die Renitenten saßen vornehmlich dort, wo die seelsorgerische Betreuung nachweislich besonders schlecht war, und so kann es auch kaum verwundern, wenn auf der Landschaft häufiger über die lässige Amtsführung und den saloppen Lebenswandel der Geistlichen geklagt wurde. Wo Priester einerseits die Messe nicht lasen, die Schwerkranken unversehen sterben ließen und im betrunkenen Zustand die Sakramente spendeten, andererseits energisch die Abgaben und Zinsen eintrieben und, wo die Zahlung nicht pünktlich erfolgte, den Schuldner exkommunizieren oder das ganze Dorf in das Interdikt legen ließen,[16] konnte es schon vorkommen, daß ein Bote des für Exkommunikation und Interdikt zuständigen geistlichen Gerichts *gerauft vnnd geschlagen mit bier begossen vnder den augen geschmirt, angespeiet vnd seine hare verspotlichen abgeschnyten* und er schließlich aus dem Dorf gejagt wurde.[17] Wo sich solche Fälle ereigneten, pflegte der Tat das Interdikt zu folgen – die Kirchen blieben verschlossen, der Gottesdienst wurde eingestellt, und die Seelsorge lag brach. Solche Zuspitzungen konnten schließlich hysterische Formen annehmen und damit enden, daß Priester totgeschlagen wurden. Es waren religiös erregte Zeiten.

Das *reine Evangelium* und damit der *recht christlich glaub*, wie Luther 1521 gepredigt hatte, sollten in Stadt und Landschaft Erfurt einziehen. Der Prediger, der das Evangelium auslegte, wurde wichtiger als der Priester, der die Sakramente spendete. Damit geriet die alte Kirche unter einen enormen Legitimationsdruck – was rechtfertigte noch ihren gesonderten Gerichtsstand vor dem geistlichen Gericht, was ihre Befreiung von Steuern und Gebühren, was ihre Ansprüche auf Abgaben der Laien? Eine Entscheidung wurde immer dringlicher. Im Januar 1525 schien sie auf friedlichem, diskursivem Weg erreichbar – in Form einer Disputation, wie sie erstmals 1523 in Zürich zwischen Zwingli und den Gesandten des Konstanzer Bischofs geführt und vom Großen Rat, der Vertretung der Zürcher Gemeinde, entschieden worden war und seitdem zu den

13) Scribner, Civic Unity (wie Anm. 10) S. 41f.
14) Ebd., S. 44.
15) Weiss, Bürger von Erfurt (wie Anm. 1) S. 163.
16) Ebd., S. 69.
17) Zitiert ebd., S. 108.

modischen Gewändern gehörte, in die sich die Reformation kleidete. Zwei Exponenten der Neugläubigen in Erfurt hatten die Disputation ausgeschrieben. Der Saal war brechend voll, doch die Prediger blieben wegen eines vom Rat ausgesprochenen Verbotes aus.[18] So fiel die Entscheidung unter dramatischeren Umständen und in martialischeren Formen Ende April.

Gedeckt von Gemeinde und Landschaft konnte der Rat im Frühsommer 1525 die Geistlichen ins Bürgerrecht und in die Bürgerpflicht nehmen und die Pfarreien mit Reformationsanhängern besetzen; gedeckt von Gemeinde und Landschaft konnte der Rat die erzbischöflichen Herrschaftsrechte für die Stadt kassieren. Der Erfolg war indessen vorübergehend. Die reformatorische Bewegung erlitt reichsweit und so auch in Erfurt einen Rückschlag, als die im Namen des „reinen Evangeliums" revoltierenden Bauern zwischen Oberschwaben und Thüringen von den Fürsten niedergeschlagen wurden. Der Bischof konnte, schließlich mit Erfolg, seinen Herrschaftsanspruch einklagen, die katholische Kirche Boden zurückgewinnen. Die unentschiedene Situation mündete im Hammelburger Vertrag in eine Art Parität der beiden Konfessionen,[19] eine Vorwegnahme jener juristisch-politischen Lösung, die der Reichstag von Augsburg 1555 für das ganze Reich finden sollte.

Als die Restauration schon im Gange war, erstellte Martin Luther im September 1525, vier Monate nachdem er darum gebeten worden war, doch noch sein Gutachten zu den 28 Artikeln der Erfurter und befand, es sei *nichts drynnen gesucht, denn das eyn iglicher seinen nutz habe und seines willens lebe, das unterst zu oberst unnd alles umbkeret, das der radt die gemeine furchte unnd knecht sey, widerum die gemeyne Herr und ubermeister sey unnd niemand furchte, wilchs wider Gott unnd Vornunfft ist.* Nur *ein Artigkel,* meint er, die 28 Artikel kaustisch kommentierend, *ist vorgessenn, das Ein Erbar Rath nichts thue, keine macht habe, yhm nichts vertrawet werde, sondern sitze da wie ein Gotze unnd Zyfra unnd laß yhm fůrkauwenn von der gemeyne wie eym kinde unnd regire also mit gebunden Henden unnd Fußen unnd der wage die Pferde furhe unnd die Pferde den Furman tzeumen unnd treibenn.*[20] Luther hat den Frost seines Mißfallens auf die Erfurter Reformationsgeschichte fallen lassen, und dabei ist es bis heute geblieben. Dem Rat wird in den heutigen wissenschaftlichen Urteilen „Machiavellismus" unterstellt,[21] die Förderung der reformatorischen Bewegung sei dem „Herrschaftskalkül regierender Ratsherren" entsprungen, und den Bauern wird ein „fleischliches Evangeliumsverständnis"[22] vorgehalten. Die Räte wollten die Mainzer Herrschaft loswerden und der gemeine Mann die Abgaben und Steuern. Erfurt muß auf den Glanz verzichten, mit dem die internationale Reformationsforschung Wittenberg, Nürnberg, Zürich, Straßburg oder Genf ausgestattet hat.

---

18) Dazu ebd., S. 153.
19) Dickens, Luther (wie Anm. 10) S. 175; Scribner, Civic Unity (wie Anm. 10) S. 56.
20) Luther, Werke (wie Anm. 8) 18. Bd., S. 539.
21) Dickens, Luther (wie Anm. 10) S. 176.
22) Weiss, Bürger von Erfurt (wie Anm. 1) S. 284, 170.

Zu Unrecht – wie ich meine. Die Erfurter Reformationsgeschichte wiederholt sich, soweit sich Geschichte überhaupt wiederholt, in vielen Städten, und insoweit ist Erfurt ein paradigmatischer Fall. Sie wiederholt sich als Ereignisgeschichte des Handlungsdiskurses zwischen der Stadt und ihrem Territorium, zwischen Bürgern und Bauern, unter dem Volk (2), und sie wiederholt sich in ihren wechselseitig verschränkten Argumenten vom „reinen Evangelium", das jetzt an den Tag müsse, der Forderung nach Pfarrerwahl und Lehrentscheidung durch die Laien, nach Entprivilegierung der Kleriker und Entpolitisierung der Kirche (3).

## 2.

Ein erstes, für den Vergleich aufschlußreiches Beispiel mag Solothurn[23] sein, eine Stadt mehr als 500 Kilometer südlich von Erfurt, die als Reichsstadt und eidgenössischer Ort keinen Stadtherrn abzuschütteln hatte und deren Dörfer, entfeudalisiert wie die Schweiz weitestgehend war, mit Abgaben eher gering belastet waren.

1522 bildete sich ein erster Kreis von Reformationsanhängern, der sich um drei Priester und eine Handvoll Humanisten gruppierte, durch geschickte Manöver des Basler Bischofs sich freilich so recht nicht entfalten konnte.[24] Dennoch gab es eine eher unterschwellig wirkende reformatorische Bewegung, sowohl in der Stadt wie in deren Territorium, der Landschaft. Jedenfalls sah sich der Rat gehalten, im Januar 1525 eine Predigtordnung mit der Aufforderung zu erlassen, *allenthalb in unnsern landen unnd gebietten das gottswortt unnd helig evangelium ouch die göttliche helige geschrifft* zu *predigen und* zu *verkünden [...] ane infůrung unotturftiger gloss und gefårdlicher usslegung.*[25] Ob das Mandat beruhigend wirkte, wie es gemeint war, kann man bezweifeln, denn wenige Monate später forderten Bauern auf der Landschaft die Predigt des Evangeliums mit der Zuspitzung, den Pfarrer wählen zu wollen. *I. ist unser fruntlich bitt und begär,* ließen sie vernehmen, *man woll uns nach erkont der helligen gschrift nachlassen eyn pfarherren, der uns das heilig evangelion verkonde, erwellen und annämmen nach der gemeynen erkantnus an all widerred der oberkeyten und, wo sach wer, das er sich ongebörlich hielt, widerum absetzen.*[26] Begleitet wurde diese Forderung von heftigen Vorwürfen gegen die geldgierigen Geistlichen und die exorbitant ausgedehnten Zehnten. Der Rat reagierte nach längeren Beratungen zunächst mit der

23) Eine die Ereignisse breit referierende Darstellung liefert Hans Haefliger, Solothurn in der Reformationszeit. Phil. Diss. Bern, Solothurn (1940). Darauf fußend Bruno Amiet, Hans Sigrist, Solothurnische Geschichte. 2. Bd., Solothurn 1976, S. 7–45.

24) Hans Haefliger, Die solothurnischen Volksanfragen vom Jahre 1529 über die konfessionelle Zugehörigkeit. In: Jahrbuch für Solothurnische Geschichte 11 (1938) S. 133–157.

25) Charles Studer (Hg.), Rechtsquellen des Kantons Solothurn. 2. Bd.: Mandate, Verordnungen, Satzungen des Standes Solothurn von 1435 bis 1604 (Sammlung Schweizerischer Rechtsquellen X. Abt.) Aarau 1987, S. 149–151, Nr. 101, hier S. 149.

26) Günther Franz, Der deutsche Bauernkrieg. Aktenband. München-Berlin 1935 (Nachdruck Darmstadt 1968) S. 273.

Aufhebung bestimmter Zehntarten und erklärte die meisten Abgaben an die kirchlichen Institutionen für ablösbar,[27] dann folgte – bei zunächst noch prinzipieller Beibehaltung eines altkirchlichen Standpunkts – das Wegräumen der bäuerlichen Beschwerden. Reine Predigt, unentgeltliche Spendung der Sakramente, Beistandspflicht für Sterbende und ständige Residenz wurden den Priestern als Pflicht aufgebürdet, das geistliche Gericht weiterhin in Anspruch zu nehmen wurde ihnen verboten, und in Zukunft wollte man *dieselbe geistliche person an lyb unnd leben, wie einen leyen straffenn, unangesåchenn die wyche.*[28]

Theologisch hielt der Rat die altkirchliche Position, pastoral schlug er den Weg der Reformatoren ein.[29] Das begünstigte die evangelische Bewegung in der Stadt. Der seit 1522 für die Reformation werbende Philipp Grotz wurde 1528 vom Rat als Prädikant angestellt,[30] und bereits ein Jahr später erließ der Rat ein ziemlich einmaliges Glaubensmandat. Jeder soll *vollenn gewallte haben by der predige oder måße oder beiden zesind, nach dem jeden Gott unnd sin andacht ermanett.*[31] *Einhällecklich* hatten sich die Solothurner Räte darauf verständigt, die individuelle Glaubensentscheidung in den Rang einer Art Grundrecht zu heben.[32]

Die damit verbundene Verpflichtung, auch den alten Kultus zu respektieren, wurde nicht allerorten befolgt, vor allem nicht auf der Landschaft. Wilde Bilderstürmereien ereigneten sich,[33] was den Rat nicht, wie man erwarten würde, scharf durchgreifen ließ, sondern ihn im Gegenteil veranlaßte, in einer Art dezentralisiertem Landtag die Bauern gemeindeweise nach ihrer Haltung zur reformatorischen Bewegung zu befragen.[34] Hälftig votierten die Gemeinden für und gegen die neue Lehre, der konfessionelle Riß ging allerdings auch durch die Dörfer, ja sogar durch die Familien. Die rechtlich verankerte individuelle Glaubensentscheidung war offenbar nicht für alle eine wünschenswerte Option auf die Zukunft, viele wollten die konfessionelle Einheit und forderten die Einberufung der Landschaft, um auf dem Weg einer Disputation die Glaubenseinheit herbeizuführen.[35]

Zeitgleich forcierte die Schifferzunft in der Stadt den Fortgang der Reformation.[36] Provozierend holten die Zünftler die Bilder aus ihrer Kirche und trugen sie in einem karnevalesken Spottzug durch die Stadt auf das Zunfthaus, was schier zu einem

27) Studer, Rechtsquellen Solothurn (wie Anm. 25) S. 162–164, Nr. 110.

28) Ebd., S. 167–174, Nr. 116, hier S. 172.

29) Ebd., S. 174 f., Nr. 117, S. 176–180, Nr. 120, S. 181–184; Markus Angst, Warum Solothurn nicht reformiert wurde. In: Jahrbuch für Solothurnische Geschichte 56 (1983) S. 5–29.

30) Haefliger, Solothurnische Volksanfragen (wie Anm. 24) S. 135.

31) Studer, Rechtsquellen Solothurn (wie Anm. 25) S. 196–203, Nr. 130, hier S. 198. So die Formulierung für das Land.

32) Haefliger, Solothurnische Volksanfragen (wie Anm. 24) S. 136.

33) Das Folgende ebd., S. 137 ff.

34) Dazu ausführlich ebd., S. 129–157.

35) Ebd., S. 149.

36) Amiet/Sigrist, Solothurnische Geschichte (wie Anm. 23) S. 19.

Aufstand geführt hätte. Immerhin schien es dem Rat jetzt angezeigt, den Reformierten in der Stadt mehr Kirchen für ihre Gottesdienste einzuräumen, für die Sonntagspredigt auch die Hauptkirche St. Ursern,[37] und auf dem Land den Gemeinden die Entscheidung über Messe, Predigt und Bilder freizustellen. Jetzt wuchsen die Anhänger der Reformation in der Stadt und auf der Landschaft mächtig.[38] Die Hälfte der städtischen und zwei Drittel der ländlichen Bevölkerung bekannten sich schließlich zur Reformation.[39]

Zu deren endgültigem Durchbruch und zu deren dauerhaften Verankerung ist es dennoch nicht gekommen. Die für den 11. November 1530 festgesetzte Disputation wurde mehrfach verschoben und entfiel schließlich, nachdem die Katholischen in der Eidgenossenschaft mit der Schlacht bei Kappel 1531 einen entscheidenden Sieg über das reformierte Zürich errungen hatten. Auch ein Aufstand der Protestanten in der Stadt, unterstützt von den Bauern der Landschaft Ende Oktober, Anfang November 1533, konnte im restaurativen Klima keinen Erfolg haben. Die militärische Konfrontation endete zugunsten der Altgläubigen.[40]

Im benachbarten Basel[41] wurden schon seit 1519 die Pfarreien auf Druck der Gemeinden systematisch mit Reformationsanhängern besetzt. Proteste von seiten der Prälaten oder der Universität quittierten die Räte mit dem Hinweis, die Prediger seien *uns und dem gmeinen volk unser statt Basel angenem,* sie hätten *wol und recht das war gotteswort, das heilig evangelium gelert und predigt.*[42] Das sollte so bleiben, und dementsprechend erließ der Rat im Frühsommer 1523 ein Predigtmandat, um definitiv die permanenten Vexationen zwischen Alt- und Neugläubigen zu unterbinden.[43]

Entscheidende Fortschritte machte die Reformation in Basel 1525. Am 1. Mai kam es zu einem Weberaufstand,[44] in dessen Verlauf die endliche Durchsetzung des Evange-

37) Studer, Rechtsquellen Solothurn (wie Anm. 25) S. 204–208, Nr. 131.

38) Tabellarische Auflistung nach Jahren bei Angst, Solothurn (wie Anm. 29) S. 17f.

39) Amiet/Sigrist, Solothurnische Geschichte (wie Anm. 23) S. 28; Angst, Solothurn (wie Anm. 29) S. 14.

40) Amiet/Sigrist, Solothurnische Geschichte (wie Anm. 23) S. 39f.

41) Die wichtigsten Daten bietet Rudolf Wackernagel, Geschichte der Stadt Basel. 3. Bd., Basel 1924. – Eine Skizze, die stark aus den humanistischen Traditionen der Stadt die Reformation deutet, bei Bernd Moeller, Die Basler Reformation in ihrem stadtgeschichtlichen Zusammenhang. In: ders., Die Reformation und das Mittelalter. Kirchenhistorische Aufsätze. Göttingen 1991, S. 182–195.

42) Johannes Strickler (Hg.), Actensammlung zur Schweizerischen Reformationsgeschichte in den Jahren 1521–1532 im Anschluß an die gleichzeitigen eidgenössischen Abschiede. 1. Bd.: 1521–1528, Zürich 1878, S. 207, Nr. 586. Die Argumente werden im vorliegenden Fall für Theobald Billican geltend gemacht.

43) Das Predigtmandat ediert bei Emil Dürr, Paul Roth (Hgg.), Aktensammlung zur Geschichte der Basler Reformation in den Jahren 1519 bis 1534. 4 Bde., Basel 1921–1941, hier 1. Bd., S. 67. Vgl. Walter Henss, Predigtrichtlinien vor dem Bauernkrieg. Zwischen Schriftprinzip und kirchlicher Lehrautorität. In: Zeitschrift der Savigny-Stiftung für Rechtsgeschichte, Kanonistische Abteilung 75 (1989) S. 270–374, für Basel S. 320ff.

44) Hans R. Guggisberg, Hans Füglister, Die Basler Weberzunft als Trägerin der reformatorischen Propaganda. In Bernd Moeller (Hg.), Stadt und Kirche im 16. Jahrhundert. Gütersloh 1978, S. 48–56.

liums gefordert wurde, sowie die Heranziehung des Ordens- und Weltklerus zu Wachdiensten und Steuern, die Säkularisation der Klöster und die Neubesetzung des Rates mit Parteigängern der Reformation.[45] Zeitgleich rumorte es im Territorium: der Getreidezehnt soll zur Besoldung der Leutpriester dienen und kommunal verwaltet werden, hieß es, der Kleinzehnt sei aufzuheben, die Pfarrer seien durch die Gemeinden zu wählen und dem geistlichen Gericht seine Kompetenzen zu entziehen.

Der Rat legte vorübergehend 30 Weber ins Loch, beeilte sich aber gleichzeitig, die Dom- und Chorherren ins Bürgerrecht und zu den Bürgerpflichten zu zwingen, zu Wachdienst, Kriegsdienst, Steuer und Umgeld – eine Maßnahme, die im Verlauf des nächsten Jahres auf alle Geistlichen in der Stadt ausgedehnt wurde –, und die Zuständigkeit des geistlichen Gerichts auf *eesachen und was recht geistlich sachen sind*[46] zu beschränken.

Zwei Jahre stagnierte die reformatorische Bewegung.[47] Erst 1527 wurden auf Druck der Zünfte die Geistlichen um Stellungnahmen zur Messe ersucht, die der Rat unentschieden in einem Mandat zusammenfaßte, niemand solle *mesz ze haben* [halten, P. B.] *oder jemands die ze hören oder nit ze hören getrungen werden.*[48] Doch das war für die Zünfte keine befriedigende Regelung. Energischer als bislang forderten sie 1528 die *verkündigung des puren und waren evangeliumbs* in allen Kirchen der Stadt und die Abschaffung der Messe. Die gewünschte Klarheit sollte eine Disputation bringen *unnd so, wann [...] sich das gesprech geendet, dann wollend wir von stund an alle unnser burger unnd die, so zunfftig sind, von zunfft in zunfft zusammen beruffen lassen, das urteil eins jeden conscientz heimstellenn unnd ein mers, ob man die mesz behalten oder gar abthun wo̊lle, mit inen machen.*[49]

Zu dieser Disputation ist es nicht mehr gekommen. Am 8. Februar 1529 umstellten 800 bewaffnete Bürger das Rathaus, bemächtigten sich der Geschütze und verschlossen die Stadttore. Nachdem die Verhandlungen mit dem Rat die ganze Nacht hindurch zu keinem Ergebnis kamen, stürmte die übermüdete und gereizte Menge am nächsten Morgen das Münster und die Kirchen der Stadt. Zwölf Ratsherren wurden aus der Stadt getrieben und nach gut einem Monat das Reformationsmandat publiziert.

In der Reichsstadt Nürnberg[50] herrschten für die Reformation insofern gute Ausgangsbedingungen, als es dem Rat schon Ende des 15. Jahrhunderts mit einem großen diplomatischen Aufwand und hohen finanziellen Investitionen in Rom gelungen war,

---

45) Die Beschwerden der Weber und der Basler Landschaft teilweise ediert, teilweise rekonstruierbar mittels DÜRR/ROTH, Aktensammlung Basler Reformation (wie Anm. 43) 1, S. 242–257, Nr. 407, 408 und 2, S. 35 f., Nr. 52.

46) Ebd., 2, S. 258–260, Nr. 306, hier S. 260.

47) PETER BLICKLE, Gemeindereformation. Die Menschen des 16. Jahrhunderts auf dem Weg zum Heil. München 1985, S. 89.

48) DÜRR/ROTH, Aktensammlung Basler Reformation (wie Anm. 43) 2, S. 715 f., Nr. 728.

49) Ebd., 3, S. 234–236, Nr. 333, hier S. 235.

50) Für die Rahmendarstellung stütze ich mich auf meine Vorarbeit: Die Reformation im Reich. 2. Aufl., Stuttgart 1992, S. 87 ff.

die Patronatsrechte auf die zwei Stadtpfarreien St. Sebald und St. Lorenz zu erwerben. Die 1520 freiwerdenden Propsteistellen, später auch die Predigerstellen, wurden vom Rat, in dem Luther prominente Freunde hatte, mit Reformationsanhängern besetzt mit der Begründung, sie seien geneigt, das *heilig ewangelium zu predigen.*[51] Das „heilige Evangelium“, das „reine Evangelium“ wie es bald auch hieß, zu verkünden, verlangten auch Predigtmandate von 1522 und 1523.[52] Schon 1523, ähnlich früh wie in Erfurt, konnte man im Augustinerkloster das Abendmahl unter beiderlei Gestalt empfangen.

Mit den Patronatsrechten hatte sich der Rat auch eine stärkere Kontrolle über die städtische Geistlichkeit gesichert. Dennoch blieben in den 1520er Jahren antiklerikale Ausschreitungen der Nürnberger nicht aus – Priester wurden auf offener Straße geschmäht, die gedruckten Ratsmandate, die den Religionsfrieden sichern sollten, abgerissen. Wer also drängte zur Reformation in Nürnberg, der Rat oder die Bürgerschaft?[53]

Noch 1523 ließ die Stadt am kaiserlichen Hof Gerüchte zerstreuen, es hätten sich zwischen den Räten *vnnd irer gemain von wegen doctor martinus ler in newligkeit allerley auffur vnd widerwertiger emporung zugetragen vnd die burger ainen rate dohin gemussigt [...], nach zwayen lutterischen predigern gen wittenberg zuschicken.*[54] Ein Jahr später erweckte der Rat nicht mehr den Eindruck, die Ereignisse gänzlich zu beherrschen. Beim Bischof von Bamberg entschuldigten sich die Räte für die liturgischen Neuerungen damit, daß sie *bei irer burgerschaft und gemain, di des heiligen euangelio begirig sein, [...] nit ainer geringen beschwerd zu gewarten* hätten, sollten sie den Fortgang der Reformation behindern.[55] Der Reichsregierung gegenüber rechtfertigte der Rat seine zögerliche Befolgung der kaiserlichen Mandate gegen Luther und seine Lehren damit, daß *die gemein zue Nurmberg zue dem wort Gottes gantz begirig worden ist, also das in eines erbern raths macht dieser zeit nit steet, auch inen keins wegs muglich ist, dise furgenomene neuerung mit einichem gewalt und zuvor on erkantnus eins christlichen conciliums irer gemein zu benemen und mit ernst abzuschaffen.*[56] Daß solche Äußerungen lediglich in taktischer und strategischer Absicht erfolgt sein sollten, ist nicht sehr wahrscheinlich, zumal schon ein Jahr zuvor die städtischen Juristen mit Blick auf die unruhigen Handwerker dem Rat nahegelegt hatten, die Reformation selbst entschiedener in die Hand zu nehmen, *dann solt ein raht dises arg gesind so gar und gewaltig in irer stat [...] zu gebaren gestatten, wurd solichs bey disen leuften zu keynem gueten end gelangen und man zuletzt, wue die oberkait nit hant wolt anlegen, müß*

51) Zitiert bei Heinrich Richard Schmidt, Reichsstädte, Reich und Reformation. Korporative Reichspolitik 1521–1529/30. Stuttgart 1986, S. 51.

52) Ebd., S. 122.

53) Besonders herausgearbeitet und die ältere Reformationsgeschichte stark korrigierend ebd., S. 156ff.; Günter Vogler, Nürnberg 1524/25. Studien zur Geschichte der reformatorischen und sozialen Bewegung in der Reichsstadt. Berlin 1982, S. 10ff., 134.

54) Schmidt, Reichsstädte (wie Anm. 51) S. 56.

55) Zitiert ebd., S. 161.

56) Zitiert ebd., S. 163.

*besorgen, das Contz rotschmid und messerer hinder sand Jacob aufstuend und reformacion mechte.*[57]

Die Rotschmiede und Messerer aber waren auch Sympathisanten der Bauern auf der Nürnberger Landschaft,[58] die im Sommer 1524 mit Zehntverweigerungen auf sich aufmerksam machten.[59] 66 Dörfer hatten sich in einer *pundtnuß* der Zehntverweigerer zusammengefunden, und *etlich hundert burger vnd handtwerkleut*[60] waren zu ihnen aus der Stadt hinausgezogen.

Die Unruhen drohten sich in die Stadt zu verlagern. Stimmen wurden laut, die Ratsherren zu vertreiben und Zünfte einzurichten, was den Rat veranlaßte, mit 19 Handwerksmeistern zu verhandeln. Bauerngesandtschaften wurden von den Ratsherren gehört und provozierten Zusammenrottungen der Bürgerschaft, als sie verdächtig lange nicht zurückkehrten. Heimlich wurden 700 eigens vom Rat angeworbene Knechte vereidigt, an strategisch wichtigen Plätzen der Stadt postiert und mit unüblich hohen Besoldungen ausgestattet, um sie davon abzuhalten, *dem gemainen auffrurigen man vnnd durstigen pöfel antzuhangen.*[61]

Das mag das Urteil rechtfertigen, „die Reformation ist nicht vom Rat durchgeführt, sondern nur geduldet worden."[62] Erwartungsgemäß fiel die schließlich zwischen Alt- und Neugläubigen geführte Disputation im März 1525 nach der Entscheidung des Rates zugunsten der Reformation. Aus der eindeutigen Überlegenheit der „evangelischen" Prediger müsse die Konsequenz gezogen werden, den altgläubigen Geistlichen ihre Tätigkeit zu untersagen. Diese Einsicht mußte nur noch in das rechtliche Gewand von Mandaten gekleidet werden: durch eine für die ganze Stadt verbindliche Gottesdienstordnung, die Säkularisation der Klöster und die Verwertung der bischöflichen Jurisdiktionsrechte durch ein städtisches Ehegericht.

*Der prediger zu Sant Martin hat vor 14 Tagen ain freventlich predig gethan,* steht im Ratsprotokoll der oberschwäbischen Reichsstadt Memmingen zum 21. August 1521, und *freventlich* war nach Einschätzung des Stadtschreibers die Predigt deswegen, weil sie dem Rat eine parteiische Rechtssprechung vorgeworfen hatte. *Das möcht sich zu ainer auffrur ziehen,* fürchtete man im Rat, zumal der Prädikant die Gemeinde aufgehetzt hatte. Eigens delegierte Ratsherrn sollten *in bitten, ain gemain nit auff ain rat zu weisen.*[63]

---

57) Zitiert bei Wolfgang Wettges, Reformation und Propaganda. Studien zur Kommunikation des Aufruhrs in süddeutschen Reichsstädten. Stuttgart 1978, S. 101.

58) So nach Schmidt, Reichsstädte (wie Anm. 51) S. 155.

59) Vogler, Nürnberg (wie Anm. 53) S. 83–95, bes. S. 90–94.

60) Die Zitate ebd., S. 94.

61) Zitiert bei Schmidt, Reichsstädte (wie Anm. 51) S. 157.

62) Ebd., S. 101.

63) Barbara Kroemer, Die Einführung der Reformation in Memmingen. Über die Bedeutung ihrer sozialen, wirtschaftlichen und politischen Folgen. (Memminger Geschichtsblätter, Jahresheft 1980) Memmingen 1981, S. 70. Kroemers Arbeit gehört zu den wichtigsten neueren Untersuchungen zur Memminger Reformationsgeschichte. – Einen Abriß mit eigener Akzentsetzung bietet auch Martin

Ein Jahr später machte der Prädikant an St. Martin neuerlich auf sich aufmerksam, als er schweres rhetorisches Geschütz gegen den Stadtklerus in Stellung brachte – wegen ihrer dürftigen theologischen Kenntnisse seien sie für ihre Ämter ebenso untauglich wie wegen ihres liederlichen Lebenswandels. Das war das Echo der Reformation auf alte Klagen der Stadt, die schon vor drei Jahrzehnten den Erzbischof von Mainz gebeten hatte, *vnns ain freyhait zugeben vnnd zu begnaden, damit wir priester, clerich vnnd annder geweichten Inn vnnser Statt, vnnd ausserhalb inn vnnsern gepieten vmb Ir fräuel, vnloblich excess vntät vberfarn, vnd mißhanndlung, fenngklich annemen vnnd ewern gnaden zusenden lassen mugen.*[64]

Die reformatorische Bewegung schürte den latenten Konflikt zwischen den Geistlichen und den Laien. Zwischen Reformationsanhängern und Altgläubigen kam es immer häufiger zu gehässigen Auseinandersetzungen. Auch der Memminger Rat erließ wie so viele andere Städte ein „Predigtmandat"[65] in der Absicht, mit der Beschränkung der Predigt auf die Schriftexegese die gegenseitigen Schmähungen der Glaubensparteien zu unterbinden und so den Frieden in der Stadt zu sichern. Doch die Auseinandersetzungen wurden immer schärfer und prinzipieller.

*Man sey nit schuldig, den zechenden zu geben bey einer todsind,*[66] soll der Reformator der Stadt, Christoph Schappeler, 1523 gepredigt haben. Die Antwort kam mit der nächsten Ernte im Sommer 1524, als Bauern der Memminger Landschaft und Teile der Bürgerschaft gleichzeitig den Zehnten verweigerten.[67] Der Rat ging mit erstaunlicher Härte gegen die Renitenten vor, weil von den Zehnten das Spital, eine der wichtigsten caritativen Einrichtungen der Stadt, abhängig war. Mit scharfen Strafandrohungen erzwang er die Zehntlieferung, lediglich ein Bäckermeister verweigerte sich hartnäckig und wurde ins Gefängnis gelegt. Das führte zu einer spontanen Zusammenrottung von mehreren Hundert Bürgern vor dem Rathaus, die einen nach Zünften organisierten Ausschuß bildeten und nicht nur die sofortige Freilassung des Bäckermeisters durchsetzten, sondern dem Rat auch ihre Beschwerden aufdrängten – Gefängnis nur bei schweren strafrechtlichen Vergehen, Predigt *on eynich menschlichen Zusatz* in allen Kirchen der Stadt, keine Einmischung des Rates in Zehntstreitigkeiten des „gemeinen

---

Brecht, Der theologische Hintergrund der zwölf Artikel der Bauernschaft in Schwaben von 1525. Christoph Schappelers und Sebastian Lotzers Beitrag zum Bauernkrieg. In: Zeitschrift für Kirchengeschichte 85 (1974) S. 174–208. – Die neueste Darstellung demnächst bei Peter Blickle, Memmingen – ein Zentrum der Reformation. In: Stadtgeschichte Memmingen. Hg. Joachim Jahn im Auftrag der Stadt Memmingen, erscheint Memmingen 1995 (Seitenzahlen nach Manuskript).

64) Zitiert bei Blickle, Memmingen – ein Zentrum der Reformation (wie Anm. 63) S. 26.

65) Regestenartige Wiedergabe bei Johann Georg Schelhorn, Kurtze Reformations-Historie der Kayserlichen Freyen Reichs-Stadt Memmingen aus bewährten Urkunden und anderen glaubwürdigen Nachrichten verfasset, und bey Veranlassung des andern Jubel-Festes der Augspurgischen Confession an das Licht gestellt. Memmingen 1730, S. 45f.

66) Franz Ludwig Baumann (Hg.), Akten zur Geschichte des deutschen Bauernkrieges aus Oberschwaben. Freiburg im Breisgau 1877, S. 1, Nr. 2.

67) Für Einzelnachweise der weitläufigen Literatur Peter Blickle, Die Revolution von 1525. 3., erw. Aufl., München 1993, S. 167f.

Mannes" mit den Pfaffen und Durchführung einer Disputation zwischen Alt- und Neugläubigen. Der Rat versprach Abhilfe, die Gemeinde trat auseinander.

Um die Jahreswende erzwang die reformatorische Bewegung in Memmingen gebieterisch eine für die ganze Stadt verbindliche Entscheidung. Im Dezember 1524 ersetzte Schappeler an St. Martin die römische Liturgie durch eine reformierte. An Weihnachten kam es zu tumultuarischen Szenen in der zweiten Pfarrkirche der Stadt, an Unser Frauen. Der altgläubige Pfarrer wäre in der Sakristei zu Tode geschlagen worden, hätten ihn nicht einige Ratsherren mit ihrer Autorität aus der Kirche geleitet und während der nächsten Tage in Schutzhaft genommen. Der Preis für seine Sicherheit war die von der Gemeinde geforderte Disputation, die zwischen Neujahr und Dreikönig 1525 stattfand, unter Anwesenheit aller Geistlichen, der vier Doktoren der Stadt, aller Ratsherren sowie *auß yeder Zunft ainer alls vonn ainer gemain wegen vnnd sein in yeder Zunft durch ein freie Wal dartzu erwellt worden.*[68] Die altgläubige Geistlichkeit – gewitzt oder resigniert angesichts der unzweifelhaften Entscheidung, denn nie hatten die Evangelischen eine Disputation verloren – verweigerte jeden Austausch von theologischen Argumenten, was das urteilende Gremium aus Räten und Zunftvertretern zu dem euphemistischen Urteil veranlaßte, man sei *der sach so wol ains* worden. Danach wurden der altkirchliche Ritus eingestellt, eine reformatorische Kirchenordnung durchgängig in der Stadt eingeführt, die Geistlichen in die Zünfte aufgenommen und besteuert, vor das weltliche Gericht gezogen und ihnen der Bürgereid abverlangt, die Prediger gemeinsam durch den Rat und einen Ausschuß der Zünfte bestellt.[69]

Nur einen Monat nach der Disputation meldeten sich geschlossen die Bauern aller Memminger Dörfer mit ihren Beschwerden zu Wort und verlangten vom Rat, *ir wöllen vns nach außweisung vnd inhalt des götlichen worts halten vnd bey demselben bleiben laßen. Was vns dann dasselbig götlich wort nimpt vnd gibt, wöl wir alzeit gern annemen vnd bey demselben bleiben.*[70] Das reine Evangelium hatte seine normative Kraft für das Diesseits zu beweisen. Noch am selben Tag gab der Rat zur Antwort, er *wel ouch zu gotzwort setzen,*[71] und entschied nach zwei Wochen die Beschwerden seiner Bauern entgegenkommend – die Leibeigenschaft wurde aufgehoben, Jagd und Fischerei freigegeben, die Besetzung der Pfarreien mit evangelischen Predigern in Aussicht gestellt.[72]

---

68) Zitiert nach Blickle, Memmingen – ein Zentrum der Reformation (wie Anm. 63) S. 57.
69) Die nötigen Belege ebd., S. 62.
70) Baumann, Akten (wie Anm. 66) S. 199, Nr. 107.
71) Ebd., S. 39, Nr. 58b.
72) Ebd., S. 120–126, Nr. 108.

### 3.

Die an Erfurt entwickelte Fragestellung nach typischen Verlaufsformen und Inhalten der reformatorischen Bewegung in den Stadtstaaten des Reiches hat ein erstaunliches Maß an Gleichförmigkeit zutage gefördert; das gilt für die Handlungsabläufe (a) und die Inhalte (b) gleichermaßen.

(a) Die Reformation auf dem Land war abhängig von der Reformation in der Stadt.[73] Aus allen Städten wird berichtet, daß die Kirchen, in denen reformatorisch gepredigt wurde, die interessierten Zuhörer wegen des starken Zustroms vom Land kaum fassen konnten. Die Parochianen in den Stadtpfarreien verlangten als erste die Einsetzung oder Wahl von reformwilligen Predigern, erst dann wurde auch in den Dörfern diese Forderung laut. Doch war die Reformation in der Stadt ihrerseits abhängig von der Reformation in den städtischen Dörfern. Die Disputation in Memmingen wird durch die Zehntverweigerer ins Rollen gebracht, die Verbürgerlichung der Basler Kleriker erfolgt nach antiklerikalen Manifestationen der Bauernschaft, in Solothurn ist die Reformation in der Stadt mehrheitlich das Echo auf die Entwicklung auf der Landschaft, und in Erfurt erfolgt die definitive Durchsetzung der Reformation mit dem Einzug der Bauern in die Stadt.

Die Reformation war eine breite bürgerliche und bäuerliche Bewegung, die sich jedoch zu ihrer Verwirklichung jener Institutionen bediente, die Bürger und Bauern selbst ausgebildet hatten. In der Stadt waren das Zünfte, Viertel, Pfarrgemeinden oder die Gesamtgemeinde, auf dem Land Dorfgemeinden, Kirchengemeinden oder die gesamte städtische Untertanenschaft in der institutionellen Form der Landschaft. Bevor eine Gemeinde oder Zunft als solche sich äußerte, liefen spannende, komplizierte, konfligierende Prozesse der Überredung und Überzeugung ab, Freundschaften wurden genutzt, und neue Beziehungen wurden geknüpft, Gruppierungen entstanden und zerfielen. Im Diskurs wurde eine konsens- und mehrheitsfähige Meinung geschaffen, die dann aber als Meinung der Gemeinde oder der Zunft nach außen geschlossen vertreten wurde.

Die Definitionshoheit über ein Ja oder Nein zur Reformation lag bei den Bürgern und Bauern, und zwar – was in Erinnerung zu behalten ist – bei den verfaßten Bürgerschaften und Bauernschaften. Nirgendwo hat der Rat die Reformation eingeführt, weder in der Stadt noch in seinem Landgebiet, vielmehr hat er in seinen Religionsmandaten den Willen der Mehrheit seiner Bürger- und Bauernschaften vollzogen.

Das gleichgerichtete Handeln von Bürgern und Bauern erklärt sich aus den gleichen Erwartungen, Hoffnungen, Wünschen und Forderungen an die Reformation.

73) Das gilt jedenfalls für viele, wo nicht alle Dörfer, die der Herrschaft einer Stadt unterstehen. Doch konnten sich reformatorische Zentren auf dem Land auch bilden, wenn sich dort ein charismatischer Prediger einige Zeit aufhielt. Dazu Peter Bierbrauer, Die Prediger-Reformation im Dorf. In: Itinera 8 (1988) S. 63–84.

(b) Zweifellos ist das reine Evangelium der Ausgangspunkt und die argumentative Mitte der reformatorischen Bewegung. In ihm hat sie ihren Ursprung, aus ihm entfaltet sie ihre Dynamik und in ihm findet sie ihre Kohärenz.

Das „reine Evangelium" oder das „Evangelium" schlechthin fand seine Verbreitung durch die Predigtmandate der Räte, die dem einzigen Zweck dienten, den Frieden in der Stadt zu sichern. Predigen soll man, verfügte der Rat von Basel im Frühsommer 1523 – und ähnlich äußerten sich die etwa gleichzeitig erlassenen Mandate in den übrigen Städten –,[74] *allein das heilig evangelium und leer gottes*, und zwar soweit man sie belegen könne *durch die ware heilige geschrift, als namlich durch die vier evangelisten, den heiligen Paulum, propheten und bibel und in summa durch alt und nüw testament.* Lehrmeinungen habe man hintanzusetzen, sie seien von den Kirchenvätern, *sy syen von dem Luther* und dies deswegen, weil *under unser gemeynd uffrůren und emporungen villicht zů besorgen.*[75]

Man wird annehmen dürfen, daß das häufige Verlesen und Republizieren der Predigtmandate das Gegenteil dessen bewirkten, was sie beabsichtigten: Die Reformation wurde mit ihnen vorangetrieben, zumal der Begriff „reines Evangelium" zunehmend mit reformatorischer Theologie austauschbar wurde. Im „reinen Evangelium" wurde je länger je mehr die Überzeugung chiffriert, das Christentum habe alle dogmenähnlichen Interpretationen abzustreifen und alle kirchlichen Hierarchien aufzulösen. Die römische Kirche sah sich plötzlich als Menschenwerk denunziert und damit in ihren legitimatorischen Grundlagen bedroht. Wer also würde entscheiden, wo die Wahrheit lag?

1523 war von der Kanzel von St. Martin in Memmingen zu hören – und ähnlich wurde von vielen Kanzeln gepredigt –, *es werd darzu kumen, das die pfaffen den leyen beichten mueßen, subjungens [...], das die layen bederley geschlecht gelerter seyn, dann die pfaffen vnd das gotswort baß kinden verkinden, vnd es sey dhein* [kein, P. B.] *pfaff, der wiß, waß euangelium in Teutsch haiß.*[76] Von einem solchen Angebot, das Evangelium zu verdeutschen und die Pfaffen zu absolvieren oder nicht, haben die Laien bald Gebrauch gemacht und sich dazu der Disputationen bedient, eines in den Städten, aber auch auf dem Land beliebten Mittels, die streitigen theologischen Positionen scharf hervorzutreiben und schließlich auch zu entscheiden.[77] Die Entscheidung über die richtige Lehre erfolgte im Prinzip durch die Gemeinde oder ihr verwandte Korporationen, wie die Landschaften. So konnte in Solothurn die Forderung laut werden, *eine gantze Landtschaft* solle *zů samen komen* und die Glaubensfrage lösen.[78] In den Städten

74) Eine Übersicht der erlassenen Mandate mit weiterführenden Interpretationen bei Schmidt, Reichsstädte (wie Anm. 51) S. 122–128, und Henss, Predigtrichtlinien (wie Anm. 43).

75) Dürr/Roth, Aktensammlung Basler Reformation (wie Anm. 43) S. 67 und S. 66.

76) Baumann, Akten (wie Anm. 66) S. 1f., Nr. 2.

77) Für die Stadt Bernd Moeller, Zwinglis Disputationen. Studien zu den Anfängen der Kirchenbildung und des Synodalwesens im Protestantismus. II. Teil. In: Zeitschrift der Savigny-Stiftung für Rechtsgeschichte, Kanonistische Abteilung 60 (1974) S. 213–364.

78) Zitiert bei Haefliger, Solothurnische Volksanfragen (wie Anm. 24) S. 149.

entschieden mit der Ausnahme von Nürnberg mehrheitlich die um Zunftmitglieder oder Gemeindemitglieder erweiterten Räte. Dahinter stand die Vorstellung, die Wichtigkeit des Geschäfts verlange eine Entscheidung durch die Gemeinde. Die reformatorische Bewegung erhob gewissermaßen Klage gegen die alte Kirche, und zwar vor einer Institution, in der letztlich „der Gewalt" – wie die Zeitgenossen die Souveränität umschrieben – seinen Sitz hatte, in der Gemeindeversammlung. Die alten Stadtrechte kannten als höchste gerichtliche Instanz die Gemeinde, und gleiches galt für korporative Verbände auf dem Land.[79] Es waren alte Traditionen der Urteilsfindung, die hier revitalisiert wurden. Die Urteilskraft der Gemeinde wurde nicht nur in der Stadt respektiert, sondern auch auf dem Land. Der Solothurner Rat beschloß, nachdem er seine Landschaft zu den Religionsproblemen gehört hatte, in den Gemeinden, *wo das mer dapferlich worden, die bilder und mässen dannen zothund.*[80]

Es lag in der Logik der Lehrentscheidung durch die Gemeinde, daß die Gewährleistung des reinen Evangeliums der gleichen Institution anvertraut wurde. Die Forderung der Pfarrerwahl durch die Gemeinde ist daraus erwachsen. In allen Städten und in allen städtischen Dörfern gehört das zum unverzichtbaren Grundbestand der reformatorischen Bewegung. In der Formulierung der Memminger Bauern hat diese Überzeugung über die vielfach gedruckten „Zwölf Artikel der oberschwäbischen Bauern" eine reichsweite Verbreitung erfahren: *Furs 1. ist unser diemutigist, hochst Bit und Beger, das wir nun hinfuro selb ainen Pfarrer erkiesen und erwollen, der uns das gotlich, allmechtig, lebendig Wort und hailig Ewangelion, welhes ist ain Speiß unserer Sell, rain, lauter und clar nach rechtem Verstand verkind und predige on allem Menschenzusatz, Ler und Gepott.*[81]

Die Forderung nach Pfarrerwahl, so unerhört sie war, hatte Wurzeln im Stiftungswesen der Bürger und Bauern in der Vorreformationszeit. Von den 131 Meßstiftungen an der Memminger Frauenkirche entfielen drei auf die Zeit vor 1400, 23 in die erste und 90 in die zweite Hälfte des 15. Jahrhunderts und 24 in die Zeit zwischen 1500 und dem Beginn der Reformation.[82] 44 Kaplaneien und 130 Priester zählte das kleine Memmingen am Vorabend der Reformation.[83] Im Hinterland von Konstanz, der einzigen Region, aus der bis jetzt zuverlässigere Daten über die bäuerliche Stiftungstätigkeit

79) Die Parallelität und die strukturelle Gemeinsamkeit für das Spätmittelalter habe ich versucht am Beispiel der Innerschweiz genauer aufzudecken: Friede und Verfassung. Voraussetzungen und Folgen der Eidgenossenschaft von 1291. In: Innerschweiz und frühe Eidgenossenschaft. 1. Bd., Olten 1991, S. 13–202, zusammenfassend 129f.

80) Zitiert bei Haefliger, Solothurnische Volksanfragen (wie Anm. 24) S. 141.

81) Druck bei Günther Franz (Hg.), Quellen zur Geschichte des Bauernkrieges. Darmstadt 1963, S. 169; Die geringfügig modifizierte Fassung in den Zwölf Artikeln ebd., S. 175f.

82) Die Zahlen nach Wolfgang Schlenck, Die Reichsstadt Memmingen und die Reformation. (Memminger Geschichtsblätter, Jahresheft 1968) Memmingen 1969, S. 23.

83) Friedrich Dobel, Memmingen im Reformationszeitalter nach handschriftlichen und gleichzeitigen Quellen. 1. Teil: Chr. Schappeler, der erste Reformator von Memmingen, 2. Auflage, Memmingen 1877, S. 22.

vorliegen, muß zeitgleich eine ähnliche Entwicklung stattgefunden haben. Um 1500 wurde ein Viertel aller amtierenden Geistlichen aus kommunalen Stiftungen besoldet.[84] Ein verschleiertes Bestellungsrecht der Seelsorger durch die Gemeinden hatte sich durch deren Stiftungen in der Kirche eingenistet – Hunderte, vielleicht Tausende von Kaplaneien hatten vornehmlich die ländlichen Gemeinden und die städtischen Zünfte gestiftet, in die Stiftungsbriefe aber ihre Bedürfnisse an den Seelsorger hineingeschrieben, die zur Abwahl des Priesters führen konnte, wenn er den Stiftungszweck mißachtete.[85]

Lehrentscheidung und Pfarrerwahl durch die Gemeinde oder gemeindeähnliche Korporation sollten der Kirche eine Form geben, die der gesellschaftlichen Entwicklung entsprach.[86] Sie vollzog sich vor der Reformation im wesentlichen darin, daß die Stadt und das Dorf die primären Formen der Organisation des Alltäglichen für die Menschen wurden. Daraus erklärt sich auch die gebieterische Forderung nach „Verbürgerlichung der Kleriker" in der Stadt, die in der „Verbäuerlichung der Priester" auf dem Dorf ihre Entsprechung fand. Das Egalitäre gehört zum Gemeindlichen. Die Memminger ärgerte es mächtig, daß *die priester die bey vnns vnnser zimlich erber edict, satzung vnnnd gepott, so wir spyllenns, kartenns, der langen messer vnd ander sachen halb, inn vnnser stat furnemen vnd setzen, die vnser burger vnnd einwoner bey peen vnnd straf zuhalten schuldig vnd pflichtig sind, verachten, nit halten vnd schimpflich verschmähen, damit sie vnnsern gemainen man zuuerachtung vnnsers edict und gepott ursach geben, wiewol sie billicher schuldig wern, dem volck gut exempel vor zutragen, dann* [als, P. B.] *widerwillen innn vnserm gemainen mann zuursachen.*[87] Auf der Solothurner Landschaft galt seit 1527, *das hinfür die geistlichenn all beschwården, damit der gemein mann einer weltlichen oberkeytt cristannlicher ordnung nach verpflichtett, es sye mitt sinen tållen, reyßkostenn, zoll, gleitt, umbgellt unnd bőß pfenning, tagwan und annder beschwården tragen, uff sich nåmen unnd damitt welltlicher oberkeitt gehorsamm sin sőlle.*[88]

---

84) Hans von Rütte, Von der spätmittelalterlichen Frömmigkeit zum reformierten Glauben. Kontinuität und Bruch in der Religionspraxis der Bauern. In: Itinera 8 (1988) S. 33–44. Ergänzend Rosi Fuhrmann, Die Kirche im Dorf. Kommunale Initiativen zur Organisation von Seelsorge vor der Reformation. In: Peter Blickle (Hg.), Zugänge zur bäuerlichen Reformation (Bauer und Reformation 1) Zürich 1987, S. 147–186.

85) Rosi Fuhrmann, Kirche und Dorf. Religiöse Bedürfnisse und kirchliche Stiftung auf dem Lande vor der Reformation. Stuttgart–Jena–New York 1995. Vgl. dies., Dorfgemeinde und Pfründstiftung vor der Reformation. Kommunale Selbstbestimmungschancen zwischen Religion und Recht. In: Peter Blickle, Johannes Kunisch (Hgg.), Kommunalisierung und Christianisierung. Voraussetzungen und Folgen der Reformation 1440–1600. Berlin 1989, S. 77–112.

86) Die Zusammenhänge habe ich versucht zu verdeutlichen in meiner Arbeit: Gemeindereformation (wie Anm. 47). Dabei geht es um die Heraushebung des Zusammenhangs von politischer Gemeinde und reformatorischer Bewegung. Ein bürgerliches Bewußtsein von städtischer Gemeinde als corpus christianum hat Moeller unterstellt und darauf seinen Entwurf einer Stadtreformation gegründet. Vgl. die um neue Einsichten ergänzte Darstellung von Bernd Moeller, Reichsstadt und Reformation. Bearbeitete Neuausgabe. Berlin 1987.

87) Kroemer, Memmingen (wie Anm. 63) S. 36. – Für weitere ähnliche Belege vgl. auch Blickle, Memmingen – ein Zentrum der Reformation (wie Anm. 63) S. 25.

88) Studer, Rechtsquellen Solothurn (wie Anm. 25) S. 173.

Alle Kommunen haben über die legitimatorischen Mittel, die ihnen die reformatorische Theologie bereitstellte, diesem mißbilligten Zustand ein Ende gemacht und die Kleriker den politischen Verbänden ein- und untergeordnet, in der Stadt[89] wie auf dem Land.[90]

Die „Kommunalisierung der Geistlichkeit"[91] war keineswegs nur durch wirtschaftliche oder fiskalische Interessen der Laien diktiert, sondern stand auch unter einer heilsgeschichtlichen Perspektive. Die Pfaffen, so monierte man in Memmingen schon 1523, *wollen Land und Leut han, hohe rosse reiten, einer zwei köchin haben, tag und nach voll sein; es laßt sich keiner am Corpus der Pfründ genügen, sie verkaufen all die Gab und Gnad gottes um Geld*[92] und bringen damit den Armen um sein Heil. Und nicht nur ihn, denn wegen der Absenzen werden die Messen nicht gelesen, und wegen des Geizes werden die Seelsorgerstellen nicht besetzt. Der Pfarrherr an St. Martin sollte, so schimpften die Memminger, *das pfarrvolck versehen mit bredigen, bethen, sterbenden trosten vnnd versehen; deren thuot er kains.* Wenn sie es *thun therrften,* würden sie ihn *vor kays*[erlicher] *maj*[estät] *verklagen.*[93]

Heilsgeschichtlich motiviert war auch der abgrundtiefe Haß der Bauern, aber auch der Bürger auf das geistliche Gericht. Jede nicht pünktlich geleistete Abgabe an kirchliche Institutionen konnte über das geistliche Gericht eingeklagt werden, das mit der Exkommunikation den Einzelnen, mit dem Interdikt eine ganze Gemeinde oder Region strafte. *Der gemein mann* sei *bißhar,* räumte der Solothurner Rat auf Beschwerden seiner Dörfer ein, *dürch die bäpst unnd bischof unnd geistlichen prelaten mitt dem bannn [...] , deßglichen in eesachen und anndern geistlichen handlen unbillicher wyss beladen*[94] worden und verbot kurzerhand in seinem Territorium das Anrufen des Basler Bischofs. Gleiches war im Kerngebiet der Eidgenossenschaft schon im 14. und 15. Jahrhundert im Landrecht von Schwyz und dem anderer Orte verankert und durch gemeineidgenössisches Recht abgesichert worden. Der Arm des geistlichen Gerichts des Konstanzer Bischofs reichte nicht mehr bis zum Vierwaldstättersee; das mag zum Teil wenigstens erklären, weshalb die Zentralschweiz katholisch geblieben ist.[95]

---

89) Für die Stadt BERND MOELLER, Kleriker als Bürger. In: Festschrift für Hermann Heimpel. 2. Bd. Göttingen 1972, S. 195–224; neuerdings auch in DERS., Die Reformation und das Mittelalter. Kirchenhistorische Aufsätze. Göttingen 1991, S. 35–52.

90) Vergleichbare Untersuchungen für das Land fehlen. Langfristig erfolgreich waren sie ohnehin nur in Teilen der Schweiz.

91) Die Bezeichnung ist dem herkömmlichen Begriff der „Verbürgerlichung" vorzuziehen, weil damit auch die gleichgerichteten Bemühungen in den Dörfern erfaßt werden können.

92) Zitiert nach [SCHLEWEK], Die Reichsstadt Memmingen und ihre religiös-politische Bewegung im 16. Jahrhundert. In: Historisch-politische Blätter für das katholische Deutschland 64 (1869) S. 674.

93) Zitiert nach SCHLENK, Reformation (wie Anm. 82) S. 28.

94) STUDER, Rechtsquellen Solothurn (wie Anm. 25) S. 150.

95) Das einschlägige Material habe ich zusammengestellt und unter der leitenden Frage der Herausbildung von Rechtsautonomie kommunaler Verbände interpretiert in einer Studie: Rechtsautonomie durch Kirchenkritik. Die Eidgenossen wehren sich gegen Bann und Interdikt. In: BENEDIKT BIETENHARD [u. a.] (Hgg.), Ansichten von der rechten Ordnung. Bilder über Normen und Normenverletzun-

Dem Geiz der Priester mußte die letzte Begründung entzogen werden, das wußten die Bauern und Bürger, und darin wurzelt die Zehntdebatte, die in allen städtischen Territorien einen so gewaltigen Raum einnimmt. Zehntverweigerungen seitens der Bauern und Bürger erfolgten nicht, um sich der lästigen und belastenden Abgabe zu entledigen, Zehntverweigerungen erfolgten, um den Zehnten seinem eigentlichen Zweck wieder zuzuführen, ihn dem Pfarrer zuzuwenden. Es gehe nicht an, war in Memmingen zu hören, *das dem pfarrherrn die spreu peleiben [...], ja gar nichts mer darvon behalten durffen, darumb sy darneben noch ain klain zehenden erdichtet haben als jung höner, gens, schwein, ruben, kraut, opfell, piern etc.* Auch aus der schieren Not *kombt alle Kremerey* der Geistlichkeit.[96] Also mußte der Zehnt den Pfarrern als gesichertes Einkommen wieder zugewiesen und diese Zweckbestimmung auf Dauer gesichert werden. Wiewohl – das war schließlich eine weitverbreitete Überzeugung der Bauern im Reich – für den Großzehnt eine neutestamentliche Begründung nicht beizubringen ist, *nichts destminder wöllen wir den rechten Kornzehat gern geben; doch wie sich gebürt,* und zwar *gebürt es ainem Pfarrer, so klar das Wort Gots verkindt.* Und um diese Zuweisung zu sichern, sollen ihn *unser Kirchbröpst, so dann ain Gemain setzt, [...] einsemmlen, darvon ainem Pfarrrer, so von ainer ganzen Gemain erwölt wird, sein zimlich, gnůgsam Aufenthalt geben, im und den Seinen, nach Erkantnus ainer Gemain.*[97] Den Großzehnt für die Seelsorger bereitzustellen, hat sich kaum ein Bauer geweigert, und falls er sich weigerte, versprach er, wie es auf der Memminger Landschaft hieß, den *Pfarrer mit leiblicher Notturft* zu *versehen.*[98]

*4.*

Die reformatorische Bewegung war tief in den Alltag und die Lebenswelten der Bürgerschaften und Bauernschaften eingelagert.

Die Priester und Mönche zu den Steuern heranzuziehen, welche die Städte und Dörfer aufzubringen hatten, ihnen ihre wirtschaftlichen Privilegien zu nehmen, die sie beim Getreide- und Weinhandel begünstigten, und sie zur Einhaltung der geltenden Satzungen und Ordnungen zu zwingen, entsprang gewiß wirtschaftlichen und politischen Interessen der Gemeinden, doch verbanden sich damit heilsgeschichtlich relevante Weiterungen, weil, wie am Tage lag, der kommunal nicht zu kontrollierende Lebenswandel der Priester massiv die Qualität der Seelsorge beeinträchtigte. Das geistliche Gericht aufheben zu wollen, das auf vielfache Weise die Arbeit der Gerichte

gen in der Geschichte. Bern–Stuttgart 1991, S. 99–112. Unter der älteren Literatur ist herauszuheben Ferdinand Elsener, Der eidgenössische Pfaffenbrief von 1370. Ein Beitrag zur Geschichte der geistlichen Gerichtsbarkeit. In: Zeitschrift der Savigny-Stiftung für Rechtsgeschichte, Kanonistische Abteilung 44 (1958) S. 104–160.

96) Friedrich Braun, Drei Aktenstücke zur Geschichte des Bauernkriegs. In: Blätter für bayerische Kirchengeschichte 2 (1889) S. 157–160, 170–176, 185–192; 3 (1890) S. 9–16, 24–32; das Zitat S. 26f.

97) Franz, Quellen Bauernkrieg (wie Anm. 81) S. 176.

98) Ebd., S. 169.

in der Stadt und auf dem Land behinderte, erschwerte, durchkreuzte und unmöglich machte, war gewiß eine politische Absicht, doch mit einer Perspektive ins Transzendentale, denn das geistliche Gericht schnitt die Verurteilten von der Kirche und den Sakramenten ab und gefährdete ihr Heil. Schwer lasteten die Zehnten auf den Bauern und den Ackerbürgern der Städte, üblicherweise war keine Abgabe von vergleichbarem Gewicht, und so stand ein massives ökonomisches Interesse hinter der Forderung, sie aufzuheben; doch sollten sie meist gar nicht aufgehoben werden, sondern wieder den Pfarrern zukommen, und damit verknüpfte sich ein pastorales Anliegen – Seelsorger zu gewinnen, die sich nicht um ihr tägliches Brot kümmern und die Heilsmittel wie Krämerwaren verkaufen mußten. Die Pfarrerwahl rückte den Seelsorger in die Nachbarschaft des Ammanns, Bürgermeisters, Bauernmeisters oder Schultheißen und war insofern auch politisch motiviert, gewiß, doch das kommunale Stiftungswesen des 14. Jahrhunderts zeigt, daß die beabsichtigte Kontrolle der Gemeinde über den Pfarrer heilsnotwendig war – nur sie verhinderte Absenzen und Dispensen, Pfründenhäufung und Inkorporationen, kurzum den Mangel an Seelsorge und Heilsmitteln.

Der Erfolg der Reformatoren lag darin, daß das „reine Evangelium" fähig und geeignet war, alle diese weit in der Vorreformationszeit wurzelnden Hoffnungen, Sehnsüchte, Wünsche, Bitten und Forderungen zu integrieren und theologisch zu rechtfertigen. *Unverkinden des gotlichen Worts mugen wir nit selig werden,*[99] war die Überzeugung der Memminger Bauern, und sie teilten alle, die sich in Stadt und Land an der reformatorischen Bewegung beteiligten.

Im Spätmittelalter probte Deutschland wie in keiner anderen Epoche seiner Geschichte die Tragfähigkeit gemeindlicher, genossenschaftlicher, korporativer, republikanischer Verfassungsformen, das ist unstrittig.[100] Die Pioniere dieser Entwicklung waren die Stadtstaaten. Erfurt hat wie kein zweiter Stadtstaat im Reich die theologischen Angebote der Reformation verfassungstheoretisch kreativ weiterentwikkelt und auf den Punkt gebracht, auf den er auch in Solothurn, Basel, Memmingen, Nürnberg und in vielen anderen Stadtstaaten wie Rothenburg ob der Tauber, Zürich, Bern, Heilbronn, Rottweil oder Ulm hätte gebracht werden können und sollen: auf eine repräsentative Ratsverfassung mit zwei gleichwertigen Kontrollorganen in Form der bürgerlichen Gemeinde und der bäuerlichen Landschaft. Die Stadtstaaten waren auch die Pioniere in der Rezeption der reformatorischen Theologie. Und das konnten sie sein wegen des egalitären, gemeindlichen und republikanischen Charakters, der in der Theologie der Reformatoren steckte.

99) Ebd. [Die Wörter innerhalb des Zitats von mir aus grammatikalischen Gründen umgestellt.]

100) So seit dem monumentalen Werk von OTTO VON GIERKE, Rechtsgeschichte der deutschen Genossenschaft. (Das Deutsche Genossenschaftsrecht 1) Berlin 1868 (ND Graz 1954). Über dessen heutige Relevanz OTTO GERHARD OEXLE, Otto von Gierkes „Rechtsgeschichte der deutschen Genossenschaft". Ein Versuch wissenschaftsgeschichtlicher Rekapitulation. In: NOTKER HAMMERSTEIN (Hg.), Deutsche Geschichtswissenschaft um 1900, Stuttgart 1988, S. 193–217.

Wenn die spekulative Verknüpfung von Reformation mit Rationalismus und Kapitalismus als Hervorbringungen der Moderne Sinn macht,[101] dann macht es auch Sinn, die Reformation spekulativ mit den Hervorbringungen des Spätmittelalters zu verknüpfen. Der Geist der Genossenschaft findet seine Theorie in der Theologie und Ethik der Reformatoren. Nicht umsonst wurzeln die großen reformatorischen Theologien in Deutschland und in der Schweiz.

101) MAX WEBER, Die protestantische Ethik und der Geist des Kapitalismus. In: DERS., Gesammelte Aufsätze zur Religionssoziologie I. 6. Aufl., Tübingen 1972, S. 17–206.

BERND MOELLER

# Erwägungen zur Bedeutung Erfurts als Kommunikationszentrum der frühen Reformation

Glücklicherweise habe ich, als ich mit den Veranstaltern dieses Kolloquiums den Titel meines Referates vereinbarte, eine vorsichtige Formulierung gewählt. Ich wollte damit auf die Begrenztheit meines Referats hinweisen, die vor allem darin besteht, daß es mir in der knappen Zeit, die mir in einem stürmischen Semester für die Vorbereitung zur Verfügung stand, leider nicht gelungen ist, eine wichtige Vorarbeit auszuführen, nämlich mir von der gesamten Erfurter Druckproduktion der frühen Reformationszeit – darunter verstehe ich die Jahre 1517–1525 – ein an den Inhalten orientiertes Bild zu verschaffen. Ich kenne, so muß ich gestehen, nur einen Teil der Schriften (und das heißt nach Lage der Dinge vor allem der aus Erfurt selbst hervorgegangenen) aus eigener Lektüre und bleibe für das Ganze an den Angaben und Mitteilungen orientiert, die sich der Literatur, also vor allem den Büchern von Kleineidam[1] und Weiß,[2] entnehmen lassen. Dieses Versäumnis läßt sich vielleicht deshalb einigermaßen verantworten und ertragen, weil ich mich in bezug auf die bibliographischen Gegebenheiten allerdings auf eine klare und verläßliche Basis stützen konnte, die Bibliographie von Martin von Hase,[3] die zudem durch Helmut Claus soeben auf den neuesten Forschungsstand gebracht worden ist;[4] kaum eine andere deutsche Stadt hat Vergleichbares zu bieten – unter den großen Druckerstädten des 16. Jahrhunderts sind allenfalls Straßburg und Leipzig bibliographisch ähnlich gut erforscht.

Trotz seiner Grenzen erhebt mein Referat beträchtliche Ansprüche. Ich habe die Absicht, indem ich über Erfurt als Kommunikationszentrum der frühen Reformation rede, einen Sachverhalt zur Sprache zu bringen, der keineswegs nur lokale oder nur partielle Bedeutung besitzt, und in diesem Sinn sind die »Erwägungen«, die ich anstellen möchte, auch durchaus nicht bloß auf Vorsicht hin ausgerichtet. Vielmehr glaube ich, mit dem Stichwort „Kommunikation" einen Haupttatbestand der frühen Reformation in Deutschland überhaupt anzusprechen, und Erfurt rückt dabei in eine vordere Linie, die Stadt erweist sich, wenn man sie als Kommunikationszentrum betrachtet, als ein Hauptort Deutschlands in dieser Zeit.

---

1) Kleineidam III.

2) Ulman Weiss, Die frommen Bürger von Erfurt. Die Stadt und ihre Kirche im Spätmittelalter und in der Reformationszeit. Weimar 1988.

3) Martin von Hase, Bibliographie der Erfurter Drucke von 1501–1550. 3. Aufl. Nieuwkoop 1968.

4) Helmut Claus, Erfurter Drucke der ersten Hälfte des 16. Jahrhunderts. In: Erfurt 742–1992. Stadtgeschichte – Universitätsgeschichte. Hg. Ulman Weiss, Weimar 1992, S. 295–314.

Dies letztere will ich zunächst belegen, indem ich Sie mit einigen Zahlen behellige. Nach den Aufstellungen von Hase und Claus[5] sind in der alten Druckerstadt Erfurt, in der ja bereits der Inkunabeldruck seit 1473 geblüht hatte und die, wie man gern sagt, der älteste Druckort in Deutschland nördlich des Mains und östlich des Rheins war, in den ersten beiden Jahrzehnten des 16. Jahrhunderts, in der sogenannten „Frühdruckzeit" – genau: zwischen den Jahren 1501 und 1518 einschließlich –, insgesamt 239 Titel erschienen, das heißt etwa 13 pro Jahr. 1519 und 1520 stieg die Zahl etwa auf das Doppelte – 26 sowie 29 Schriften kamen heraus. In den fünf folgenden Jahren aber, zwischen 1521 und 1525, das heißt in der Entscheidungszeit der „frühen Reformation", schnellte die Produktion in ganz andere Dimensionen empor – in diesen fünf Jahren wurden in Erfurt insgesamt nicht weniger als 514 Drucke produziert, also über 100 pro Jahr – eine Steigerung gegenüber 1517 fast um das Zehnfache; ja im Spitzenjahr 1523 waren es sogar 185 Ausgaben. Multipliziert man, um die Gesamtzahl der in dieser Zeit in Erfurt publizierten Bücher und Schriften zu ermitteln, nach der in der bibliographischen Forschung üblichen Faustregel die Zahl der Titel mit 1000, dann würde das bedeuten, daß Erfurt damals etwa 500000 Druckexemplare auf den deutschen Markt gebracht hat – eine Zahl, die von derjenigen der Leser in Deutschland, die man vermuten kann, nicht signifikant abweicht, das heißt man läge vermutlich nicht ganz verkehrt mit der Behauptung, etwa auf jeden zweiten oder dritten Lesekundigen in Deutschland sei in diesen Jahren ein Erfurter Druck entfallen. Im Gesamtvergleich Deutschlands aber stand diese Erfurter Druckproduktion an sechster Stelle – Augsburg, Wittenberg, Nürnberg, Straßburg und Leipzig erreichten noch höhere Zahlen, zur deutschen Buchproduktion insgesamt trug Erfurt etwa 6 % bei.[6]

Soviel an nackten Zahlen – nun etwas über die Bedeutung dieser Sache. Wie schon angedeutet, sind wir, wenn wir von der Druckproduktion dieser Jahre reden und insoweit von der „Kommunikation", bei einem zentralen Sachverhalt; die frühe Reformation läßt sich für den Historiker gerade als ein Kommunikationsvorgang oder Kommunikationsprozeß ganz besonders treffend erfassen, d. h. als ein Vorgang, dessen Verlauf und dessen Dynamik durch den Austausch von Mitteilungen und die Verständigung über diese hervorgerufen und gesteuert wurde. Dies war ja, wie der Forschung zunehmend bewußt wird, ein Sachverhalt, der jenes Zeitalter insgesamt kennzeichnete: In neuer Weise wurden Kommunikationszusammenhänge hergestellt, eine soziale Gegebenheit, die man als „Öffentlichkeit" bezeichnen kann, war im Entstehen. Vor allem war es die Humanistengesellschaft, die durch Kommunikation gekennzeichnet war – der briefliche Austausch und zumal die Buchproduktion konstituierten geradezu deren Existenz. Auch hieran hatte Erfurt mit seinen humanistischen Zirkeln und seinen

5) Vgl. vor allem die Tabelle bei Hase, Bibliographie (wie Anm. 3) S. 190f., die durch die Angaben von Claus zu ergänzen ist.

6) Vgl. hierzu Hans-Joachim Köhler, Erste Schritte zu einem Meinungsprofil der frühen Reformationszeit. In: Volker Press, Dieter Stievermann (Hg.), Martin Luther – Probleme seiner Zeit. Stuttgart 1986, S. 244–281 (271).

Druckereien starken Anteil, und damit auch an der Veränderung, die dem gedruckten Buch im Zusammenhang hiermit um 1500 widerfuhr.[7]

Gutenbergs Erfindung hatte ja nicht nur jene Neuerungen mit sich gebracht, die schon klugen Zeitgenossen ins Auge gefallen waren – daß Bücher nun rasch und relativ billig produziert und daß die Texte standardisiert werden konnten; vielmehr ließ sich 50 Jahre nach der Erfindung wahrnehmen, daß das neue Medium außer Wissen auch aktuelle Mitteilungen, ja Meinungen transportieren und seine Käufer und Leser dadurch in ganz neuer Weise prägen konnte. Diese waren ja, viel eher als die Rezipienten handschriftlicher Bücher, prinzipiell verstreut und anonym und dem Autor und Drukker unbekannt, konnten jedoch durch Lektüre neu zusammengeschlossen werden. Weit voneinander Entfernten war nun gemeinschaftliche Entrüstung möglich, und ebenso gemeinschaftliches Ergötzen und gemeinschaftliche Erbauung. Das wurde im sogenannten Berner Jetzerhandel sowie in der Affäre um Reuchlin und die sogenannten Dunkelmännerbriefe akut, zwei Vorgängen des frühen 16. Jahrhunderts, die überwiegend oder ganz und gar von Humanisten gestaltet wurden und die auch nach Erfurt kräftig hineinwirkten – allerdings, soweit ich sehe, nicht in den Erfurter Buchdruck.

Solche Neuerungen waren es, an die der frühe Bucherfolg Luthers anknüpfte, der seit Jahresende 1517 aufbrach.[8] Freilich sprengte er sogleich alle bisherigen Dimensionen. Schon rein äußerlich – binnen drei Jahren, bis Jahresende 1520, gab es nicht weniger als 72 Einzelpublikationen dieses einen Autors in nicht weniger als 529 Auflagen, also ca. 500 000 Buchexemplare, noch bevor Luther zum Ketzer erklärt war. Hiermit korrespondierten die Inhalte: Neue, tiefgegründete, aber zugleich in der Mehrzahl ganz volkstümliche und spirituelle Texte, Texte, in denen eine Reform des geistlichen Lebens und dann auch der Kirche angemahnt und dargestellt wurde und die zunehmend kirchenkritischer wurden, die Publikation also von aktuellstem und erregendstem Lesestoff, von Texten, die einen unbedingt angingen und Heil und Seligkeit betrafen – das hatte es so bis zu diesem Zeitpunkt noch nie in der Weltgeschichte gegeben, es war im qualifizierten Sinn neu. Im Gefolge hiervon wurde ein bis dahin unbekannter Mann berühmt, das Buchgewerbe in allen seinen Bereichen revolutioniert, und auch das lesende Publikum wurde verwandelt. Natürlich steuerte in einem im Buchwesen noch nie dagewesenen Maße die Nachfrage das Angebot. Die Leser aber veränderten im Zuge der Lektüre und offenkundig unter deren Wirkung ihre Einstellungen und Überzeugungen.

Dies zeigte sich drastisch nach 1521, nachdem der Mann nun verurteilt worden war. Gerade von diesem Moment an – es ist wichtig, das zu erkennen und hervorzuheben – eskalierte der ganze Vorgang noch einmal. Gerade jetzt, wo der Autor eigentlich

7) Das Folgende in Anlehnung an: Bernd Moeller, Die frühe Reformation als Kommunikationsprozeß. In: Hartmut Boockmann (Hg.), Kirche und Gesellschaft im Heiligen Römischen Reich des 15. und 16. Jahrhunderts. Göttingen 1994, S. 148–164.

8) Vgl. zum folgenden Bernd Moeller, Das Berühmtwerden Luthers. In: Zeitschrift für historische Forschung 15 (1988) S. 65–92.

erledigt sein sollte und in Gestalt des Wormser Edikts ein Reichsgesetz erging, das nicht nur ihn selbst als Person vogelfrei machte, sondern auch seine Schriften und diejenigen aller seiner Anhänger auszurotten bestimmt war, wurde ein großer Teil der Leserschaft Luthers nun selbst aktiv und verwandelte sich in seine Partei. – Das zeigte sich nicht zuletzt an der Druckproduktion. Nicht nur konnte Luther selbst seine Schriftstellerei völlig ungehindert fortsetzen und wurde unablässig, ja vermehrt gedruckt – 1525 waren dann schließlich 287 Titel und etwa 1,7 Millionen Exemplare Lutherscher Schriften erreicht. Vielmehr kam seit 1521 auch die Abfassung und Publikation von Schriften anderer Autoren, die sich mit seiner Sache befaßten und in der überwiegenden Mehrzahl sich mit ihr solidarisierten, mächtig in Gang – die Produktion sogenannter Flugschriften neben Luther wurde gleichfalls zur Massenerscheinung. Auf dem Höhepunkt der Entwicklung, 1524, gab es alles in allem 2400 Druckausgaben solcher Art und weit über 2 Millionen Exemplare in einem einzigen Jahr.[9]

Die Forschung der letzten Jahre hat Wege gefunden, um dieses riesige Textmaterial, diese Literaturoffensive wissenschaftlich wenigstens in den Umrissen besser zu erschließen, indem sie sich den Inhalten zugewendet hat. Danach ist das wichtigste Merkmal dieser Schriften, daß sie weitgehend von kirchlich-religiösen, ja theologischen Fragestellungen bestimmt sind. So vielgestaltig sie sich im übrigen darbieten – das Gewicht liegt in allen diesen Sendbriefen, Sermonen, Traktaten, Dialogen an dieser Stelle, zeitweise erschien keine einzige Flugschrift, in der dieses Interesse gänzlich fehlte. Weiterhin ist charakteristisch für die Mehrzahl von ihnen die appellative Struktur, d.h. die Leidenschaft, Begeisterung und Zuversicht, mit denen die Autoren ihre Sache vertraten. Daß die Gegenwart Heilszeit sei und daher ein radikales Engagement der Menschen erfordere, wird oft gesagt – es handelt sich, mit anderen Worten, beim weitaus größten Teil des Materials um Parteischriften, die um Zustimmung werben oder sie voraussetzen, und in der Regel ist es die Position Luthers, die verfochten wird. – Was die Autoren angeht, so fällt auf, daß es sich vorwiegend um Kleriker und Mönche handelt, und zwar sowohl unter den Anhängern als auch unter den Gegnern Luthers. Ja, unter den letzteren gab es, soweit ich sehe, bis 1525 überhaupt keinen Autor, der nicht dem geistlichen Stand angehörte, während bei den reformatorisch Gesinnten für das Jahr 1524 ein Laienanteil von etwa einem Fünftel errechnet worden ist.[10] Alles in allem genommen kann man diese literarische Auseinandersetzung, diesen „Flugschriften-Krieg", wenn man auf die Autoren sieht, also als einen Streit innerhalb der Geistlichkeit ansehen, der freilich seine ungeheuere Wirkung vorwiegend unter den Laien hatte, und zwar zunächst ganz in den Städten, wo auf die mannigfaltigste Weise der Eindruck entstehen konnte, daß das herkömmliche Kirchenwesen im Zusammenbruch begriffen sei. Der

9) Köhler, Meinungsprofil (wie Anm. 6) S. 250.
10) Martin Arnold, Handwerker als theologische Schriftsteller. Göttingen 1990, S. 44.

Bauernkrieg 1524/1525 zeigte dann freilich eine beträchtliche, indirekte Wirkung auch auf dem Land – eine Wirkung vor allem auf dem Weg über die Predigten flugschriftenlesender Pfarrer, so wird man pauschal sagen dürfen.

Ich will dies jetzt nicht weiter ausführen, sondern mich – bevor ich wieder auf Erfurt zurückkomme – noch einer Erscheinung zuwenden, die das Ganze gewissermaßen von der Kehrseite her noch einmal beleuchtet – das ist der Anteil, den die altgläubigen, gegen Luther und dessen Sache gerichteten Kontroversschriften an dem Vorgang hatten. Es handelt sich nach einer neueren Rechnung[11] zwischen 1518 und 1525, wenn man in diesem Fall alle nichtdeutschen Verfasser und Druckorte mit dazunimmt, um insgesamt 172 Schriften von insgesamt 57 Autoren, die, wie gesagt, durchweg Geistliche waren. Also gleichfalls ein nicht unbeträchtliches Aufgebot, das der Brisanz des Konflikts entsprach. Ein gravierender Unterschied zu der reformatorischen Literatur war jedoch, daß diesen Schriften nur ein geringer publizistischer Erfolg zuteil wurde. Die Zahl der Nachdrucke war klein, und schon das Zustandekommen der Druckwerke selbst begegnete vielen Widrigkeiten. Einer der Hauptakteure, Johann Cochläus, beklagte später die Untreue und Nachlässigkeit der Drucker, die fast alle vom Luthertum angesteckt gewesen seien und daher, wenn es um Schriften altgläubiger Autoren ging, nichts publiziert hätten, *nisi aere nostro conducti essent*, und nichts unentgeltlich, sondern nur *pro precio* – also „wenn wir die Kosten selbst übernahmen“.[12] Einer der betroffenen Drucker selbst dagegen, der Leipziger Wolfgang Stöckel, berief sich 1524 darauf, man müsse derartige Schriften *mit grossen houffen bey sich liegen haben. Dasselbig begert nymandts, vnd wenn sie es auch vmbsust geben wolten.*[13] Wie in der allgemeinen Geschichte, so gibt es auch in der Buchgeschichte in diesen Jahren kein Anzeichen für eine breitere Popularität antilutherischer Positionen in Deutschland.

Soweit in großen Zügen das Bild, das sich der Forschung hinsichtlich der Flugschriften der frühen Reformation heute bietet. Es gilt für Deutschland insgesamt – unsere Frage ist nun: Wie paßt Erfurt da hinein? Ehe ich diese Frage zu beantworten suche, ein paar Andeutungen zu den Konditionen, mit denen Luthers Sache in dieser Stadt zu rechnen hatte. Sie waren, wie vor allem Scribner[14] gezeigt hat, ambivalent – Erfurt war ja Luthers Studienort, sein altes Kloster, seine alte Universität, er war mit engen Freunden dort verbunden, an der Spitze sein altvertrauter Ordensbruder Johannes Lang, Dr. theol., zeitweiliger Prior und Distriktsvikar. Bei Gelegenheit seines Erfurter Aufenthalts auf der Reise nach Worms sind neben seiner allgemeinen Popularität auch

11) David V. N. Bagchi, Luther's Earliest Opponents. Catholic Controversialists, 1518–1525. Minneapolis 1991, S. 188.

12) Bei Walter Friedensburg, Beiträge zum Briefwechsel der katholischen Gelehrten Deutschlands im Reformationszeitalter 3. In: Zeitschrift für Kirchengeschichte 18 (1898) S. 420–463 (435 f.).

13) Bei Martin von Hase, Johann Michael, genannt Michel Buchfürer alias Michel Kremer. Straßburg 1928, S. 25.

14) Robert W. Scribner, Civic Unity and the Reformation in Erfurt. In: Past & Present 66 (1975) S. 29–60.

diese spezifischen Konnexionen, die zwischen der Stadt und Luther bestanden, in der spontanen Anteilnahme zumal von Studenten und jungen Magistern wohl erkennbar geworden. Auch bestimmte soziale Gegebenheiten der Großstadt begünstigten das Neue, das jedoch andererseits gewissen durchgeformten Widerständen ebenfalls begegnete. Die Stadt hatte ja auch ihre konservativen Strukturen – das Doktorenkollegium der alten Universität, das sich wie überall an den hohen Schulen in Deutschland den Neuerungen aus der Neugründung Wittenberg verschloß, den beträchtlichen Anteil von Geistlichen an der Einwohnerschaft, den angesichts des unklaren Status der Stadt und der außenpolitischen Risiken vorsichtigen und verhältnismäßig unsicheren Rat.

Wie ich vermuten möchte, hängt es nicht zuletzt mit diesen Ambivalenzen zusammen, daß Erfurt als Kommunikationsort, d. h. jetzt als Publikationsort, der frühen Reformation einige Besonderheiten, ja eine eigene Prägung aufweist. Die Zahlen habe ich schon genannt. An ihnen fällt einem als erstes ins Auge, daß hier die Reformations-Publizistik erst verhältnismäßig spät einsetzte. An dem Boom der ersten Jahre, dem Großgeschäft mit Nachdrucken früher Luther-Schriften, haben sich Erfurter Drucker kaum beteiligt. Ohnehin bestanden zum Zeitpunkt 1517 nur zwei Firmen in der Stadt, Hans Knappe d. Ä., der seit Jahren nur lateinisch gedruckt hatte, und Matthes Maler, von denen zunächst keiner die neuen Chancen ergriffen hat – die je zwei Erfurter Luther-Drucke von 1519 und 1520, die nachgewiesen sind,[15] sind ganz untypisch. So hat z. B. keine der großen Reformationsschriften Luthers von 1520 einen Erfurter Nachdruck erfahren. Bei Knappe erschien stattdessen in jenem Jahr die Bannandrohungsbulle, und zwar mit dem fiktiven Impressum Jacobus Mazochius in Rom[16] – d. h. dieser Drucker verfocht wohl sogar eine antilutherische Gesinnung und nahm dafür Risiken auf sich; und tatsächlich kam es zum Eklat, Studenten stürmten seine Werkstatt, rissen die Auflage an sich und warfen sie ins Wasser[17] – Zensurzustände einmal mit umgekehrter Frontrichtung. Zu einem Hauptautor wurde Luther im Erfurter Druckgewerbe erst mit dem Jahr 1521 – damals veröffentlichte Maler, der nun offenbar eine geschäftlich-religiöse Entscheidung gefällt hatte, insgesamt zehn Luther-Titel,[18] und er sowie weitere neu einsetzende Firmen (Stürmer, Buchfürer, Loersfeld) verwandelten in den folgenden Jahren dann auch Erfurt zu einem Zentrum der Reformationspublizistik – insgesamt erschienen hier dann bis 1525 189 Luther-Drucke, im Jahr 1523 allein 63.

Eine ähnliche Entwicklung läßt sich bei den reformatorischen Flugschriften neben Luther beobachten. Aus der Zeit vor 1521, wo es allerdings dergleichen auch noch kaum gab, sind eigentlich nur die Ausgaben der vermutlich von Johannes Lang stammenden Nachschrift der Leipziger Disputation von 1519 nennenswert, die Matthes Maler erstmals herausbrachte und die er im selben Jahr immerhin noch dreimal

15) von Hase, Bibliographie (wie Anm. 3) Nr. 303, 395 a, 311, 408 a.
16) Ebd. Nr. 310.
17) Weiss, Bürger (wie Anm. 2) S. 119f.
18) von Hase, Bibliographie (wie Anm. 3) Nr. 429–438.

nachdrucken konnte.[19] Auch in diesem Bereich setzte in Erfurt wie überall in Deutschland die große Wende erst im Jahr 1521 ein; damals kamen 16, insgesamt bis 1525 aber nicht weniger als 240 weitere Schriften, die man als reformatorisch qualifizieren kann, in Erfurter Druckereien heraus, 1523 allein 99. Dabei handelte es sich um ein ganz buntes Material; sozusagen alle erfolgreichen Autoren der Zeit, Ulrich von Hutten und Hartmut von Cronberg, Melanchthon und Zwingli, Eberlin und Kettenbach, Argula von Grumbach und der Bauer von Wöhrd, fanden auch ihre Erfurter Nachdrucker.

In meinen bisherigen Zahlen habe ich diejenigen Schriften nicht berücksichtigt, die aus Erfurt selbst stammten. Mit ihnen stoßen wir auf eine weitere, ja die wohl auffälligste Besonderheit der Erfurter Buchdruckgeschichte in dieser Zeit: Es gab hier eine ziemlich ausgedehnte Produktion von lokalem Reformationsschrifttum – in Erfurt arbeitete der Buchdruck nicht nur für die deutsche, sondern auch für die Erfurter Öffentlichkeit. Dazu gibt es nur in wenigen anderen deutschen Städten eine Entsprechung – nach meiner Kenntnis kann man eigentlich nur Magdeburg sowie in gewisser Hinsicht Straßburg mit der hiesigen Situation vergleichen. Denn es waren keine beliebigen literarischen Produkte der Erfurter Autoren (außer dem Arzt Dr. Johann Copp sind es durchweg Geistliche); vielmehr handelt es sich zum überwiegenden Teil um Streitschriften, die aufeinander bezogen waren, bis hin zu einer ganzen Kette von Behauptung, Bestreitung und Bekräftigung, alles in allem bis 1525 31 Drucke. Das bedeutet, daß es in Erfurt neben der Ebene von Öffentlichkeit, die in diesen reformatorischen Städten die gewöhnliche war, der Öffentlichkeit der Kanzel, noch eine zweite gab, die des Buches. D. h. hier konnte sich die lokale Diskussion um die Sache Luthers zu so etwas wie einem Netzwerk ausbilden, die Inhalte ließen sich speichern und immer neu abrufen, also einprägen. So wird man durch das Studium der Druckgeschichte zu der Vermutung geführt, daß der Meinungsstreit um die Reformation in Erfurt mit besonderer Intensität ausgetragen worden ist, wobei es die Autoren an der Heftigkeit, Härte, ja Bitterkeit nicht fehlen ließen. – Daß dies in Erfurt so war, dafür gibt es ja auch sonst Indizien, und es gibt auch benennbare Gründe. Da sowohl die Universität als auch die beiden Stiftskapitel als altgläubige Institutionen einstweilen fortbestanden, war die Sicherung des Katholischen hier ungewöhnlich dicht; auch wenn es nach einiger Zeit kaum noch Studenten in Erfurt gab, so war doch eine institutionelle Basis für entschlossene Verteidiger der alten Kirche gegeben.

Und solche fanden sich. Vor allem ein Autor rückte unter diesen Umständen in den Vordergrund, der Augustiner und einstige Erfurter Theologieprofessor Bartholomäus Arnoldi von Usingen, ein im Jahre 1522, als er Prediger an der Marienkirche wurde, etwa 57jähriger Mann, der schon seit langem als gelehrter Schriftsteller hervorgetreten war und in den nun folgenden Jahren bis 1525 weitere neun Schriften und Bücher im Gesamtumfang von 330 alten Druckseiten in Erfurt publizierte,[20] mehr als jeder andere,

19) Ebd. Nr. 388–390 a. Neuerdings weist Claus (Drucke [wie Anm. 4] S. 307, Nr. 11) außerdem einen Erfurter Druck der Schrift *Canonici indocti* Oekolampads von 1519 nach.

20) von Hase, Bibliographie (wie Anm. 3) Nr. 312, 319–321, 528, 543, 543 a, 691, 692.

auch mehr als jeder Erfurter Lutheranhänger. Drei dieser Schriften erfuhren je einen auswärtigen Nachdruck[21] – Anlaß, um ihm zwar vielleicht nicht, mit Kleineidam, einen „guten Absatz“ und „großen Bucherfolg“ zuzusprechen,[22] aber doch zu konstatieren, daß seine Bücher offenbar nicht bloß Ladenhüter waren. Dabei waren sie durchweg lateinisch abgefaßt und auf den gelehrten Diskurs zugeschnitten – Laien wurden von Arnoldi literarisch kaum gesucht und auch wohl kaum erreicht.

Drei verschiedene Erfurter Drucker, Knappe d. Ä., Maler und Loersfeld, haben Arnoldis Schriften gedruckt, jeder von ihnen brachte auch reformatorische Autoren aus Erfurt, ja zum Teil dieselben, mit denen der Stiftsprediger sich auseinandersetzte – den Pfarrer der Michaeliskirche Johann Culsamer sowie den Pfarrer der Bartholomäuskirche Aegidius Mechler, einen ehemaligen Franziskaner.[23] Auch das ist eine Erfurter Besonderheit; normalerweise waren auch für die Drucker die Fronten schon vor 1525 derart gefestigt, daß sie nur der einen oder der anderen Konfessionspartei zuarbeiteten. Freilich schrieben die reformatorischen Autoren im Unterschied zu Arnoldi auch in Erfurt in der Regel deutsch – vermutlich waren die Leser in der Stadt dann doch in unterschiedlichen Gesellschaftsbereichen und Bildungsschichten zu suchen.

Hier müßte weitergearbeitet werden – eine wissenschaftliche Monographie über den Erfurter Flugschriften-Streit der frühen Reformation ist ein Desiderat.[24] Ich kann an dieser Stelle abbrechen – mehr als „Erwägungen“, also Hinweis- und Deutungsfragmente, hatte ich Ihnen ja nicht angekündigt. Vielleicht haben sie dennoch den einen oder anderen Nutzen gebracht, sowohl um die Erfurter Lokalgeschichte als auch um die deutsche Reformationsgeschichte etwas deutlicher zu profilieren. Denn immerhin – das sei am Ende noch einmal festgehalten –: Erfurt hat damals in Deutschland maßgeblich mitgesprochen.

---

21) Vgl. Wilbirgis Klaiber, Katholische Kontroverstheologen und Reformer des 16. Jahrhunderts. Münster/Westf. 1978, Nr. 3153–3155.

22) Kleineidam III S. 22 f.

23) von Hase, Bibliographie (wie Anm. 3) Nr. 178, 452, 615, 775, 1088, 1090.

24) Über die den Zölibat betreffenden Schriften bereitet Stephen Buckwalter in Göttingen eine Dissertation vor.

STEFAN RHEIN

# Philipp Melanchthon und Eobanus Hessus

## *Wittenberger Reformation und Erfurter „Poetenburg“*

Zum Gedenken an Horst Koehn (gest. 27. 1. 1992)

Die Darstellung der zahlreichen Beziehungen des Wittenberger Humanisten und Reformators zu Erfurt kann nicht Ziel dieses kleinen Beitrags sein.[1] Der Briefwechsel etwa mit Johannes Lang; Melanchthons ausführliche Beschreibung von Luthers Erfurter Aufenthalt im Oktober 1522 (MBW 240); Besuche in Erfurt, oft auf Durchreise; Bekanntschaft mit Heinrich Urban, dem Procurator des Zisterzienserklosters von Georgenthal, mit Euricius Cordus, Crotus Rubeanus, Peter Eberbach, Georg Petz, dem Mediziner Georg Sturtz u. a. bieten ein vielfältiges Tableau, den Beziehungen zwischen Melanchthon und Erfurter Gelehrten, zwischen Wittenberg und Erfurt nachzugehen. Im notwendigerweise verengten Blick steht im folgenden ausschließlich das Verhältnis zwischen Melanchthon und Eobanus Hessus, dem königlichen Haupt der Erfurter Humanisten-Sodalität, zur Diskussion.

Als Melanchthon vom Tod des am 5. Oktober 1540 verstorbenen Eobanus Hessus erfuhr,[2] bat er nicht nur den Wittenberger Johannes Stigel um ein Epicedion (MBW 2546), sondern formulierte auch selbst seine Trauer in einem – leider verschollenen – Brief an Paul Eber.[3] Diesem Brief legte Melanchthon drei eigene lateinische Distichen bei, in denen er am Kontrast zu den mythischen durch Schiffbruch untergegangenen Argonauten Christi Fürsorge für seine Streiter erbittet: „Das Schiff, das Jason fuhr und in dem er das goldene Vließ mit sich führte, stürzte ihn auf der Rückreise in den Untergang. Dich, Christus, bedrängt Deine Argo, die Du lenkst, nicht, sondern siegreich und ohne Verluste errettest Du Dein Schiff. Uns mögest Du also in den sicheren Hafen führen und lenken; lasse, Christus, nicht zu, daß Deine Seeleute

---

1) Im folgenden werden diese Abkürzungen verwendet: CR = Corpus Reformatorum. Philippi Melanthonis opera omnia quae supersunt. Bd. 1–28. Hg. Karl G. Bretschneider/Heinrich Bindseil, Halle/Braunschweig. 1834–1860; MBW = Melanchthons Briefwechsel. Hg. Heinz Scheible, Stuttgart 1977ff.; WA Br = D. Martin Luthers Werke. Briefwechsel. Bd. 1ff., Weimar 1930ff.

2) Literatur zu Eobanus Hessus bei Harry Vredeveld, in: Literaturlexikon. Autoren und Werke deutscher Sprache. Hg. Walther Killy, Bd. 5, Gütersloh 1990, S. 282–285; die umfassendste Biographie bis heute Carl Krause, Helius Eobanus Hessus. Sein Leben und seine Werke. 2 Bde., Gotha 1879. Vgl. zuletzt Paul Gerhard Schmidt, Das Mittelalterbild hessischer Humanisten. In: Humanismus und Historiographie. Hg. August Buck, Weinheim 1991, S. 137–141, S. 138–141. Vgl. künftig: Humanistische Lyrik des 16. Jahrhunderts. Hg. Wilhelm Kühlmann [u. a.], Frankfurt/M. 1996 (im Druck).

3) Christian Franz Paullini, Rerum et antiquitatum germanicarum syntagma. Frankfurt/Main 1698, S. 148.

vernichtet werden."[4] Diese Verse reflektieren die gespannten Erwartungen vor dem unmittelbar bevorstehenden Wormser Religionsgespräch, schlagen aber zugleich – als Briefbeigabe – die Brücke zu dem verstorbenen Eobanus Hessus: Wie Jason von der schweren Last seines Schiffes Argo erschlagen wurde, so ist wohl auch Eobanus unter der Last seiner vielfältigen Geschäfte, Tätigkeiten und Aufgaben zusammengebrochen. Melanchthons Bitte um Beistand umschließt gewiß auch den christlichen, evangelischen „Seemann" Eobanus. Melanchthons Verse mit ihrem Rückgriff auf den griechischen Mythos und der Kernaussage evangelischer Heilserwartung sind dadurch auch ein poetischer Abschied von einem langjährigen Gefährten im Kampf für die oft angegriffene Synthese von humanistischer Bildung und reformatorischem Bekenntnis.

Philipp Melanchthon und Eobanus Hessus werden von der Forschung selten gemeinsam wahrgenommen, mit einer gewichtigen Ausnahme: Ihre Lebenswege trafen sich an einem herausragenden Punkt der deutschen Bildungsgeschichte, bei der Gründung der Oberen Schule in Nürnberg im Mai 1526: Melanchthon, der *spiritus rector* des neuen Schultyps, Eobanus, auf Empfehlung Melanchthons der dortige erste Lehrer für lateinische Dichtkunst, vereint beim Aufbauwerk der von dem Rat der evangelischen Reichsstadt Nürnberg gegründeten und hoffnungsvoll begonnenen *christlichen* und *gelerten* Schule.[5] Der gemeinsame Aufenthalt in Nürnberg hat übrigens eine moderne literarische Bearbeitung stimuliert: Martin Walser läßt in seinem Theaterstück „Das Sauspiel. Szenen aus dem 16. Jahrhundert" beide zur Schuleinweihung auftreten und verteilt die Rollen stereotypisch: Melanchthon als trockener, unbeholfener, obrigkeitsgehorsamer Intellektueller, Eobanus Hessus als aufgedrehter Conférencier (um nur kurz eine Regieanweisung zur Szene „Politik in der Badstube" zu zitieren: „Melanchthon bewundert Camerarius, weil ihm die Ausgelassenheit nicht gelingt, obwohl er sich immer wieder so richtig gehen lassen will. Eoban Hesse trinkt und singt und wiegt sich, so gut es geht").[6] Intellektualität und Sinnenfreude sind indessen keineswegs holzschnittartig auf unsere beiden Protagonisten verteilt. Auch Reformation und Poesie sind nicht – wie der Titel meines Beitrags suggeriert – in zwei Städten getrennt beheimatet. Es ließe sich vielmehr gerade an Melanchthon und Eoban exemplarisch aufzeigen, daß die Reformation weit entfernt davon war, in der deutschen Literaturgeschichte eine „literarische Pause" – so die Polemik des späten 19. Jahrhunderts – darzustellen. Ganz im Gegenteil: das Aufleben und intensivierte Bemühen um einzelne poetische Textgattungen ist ohne den reformatorischen Kontext nicht denkbar, so etwa die große Anzahl von reformatorischen Bildgedichten, begründet von Melanchthon

4) Abdruck in CR 10, 563 Nr. 169; vgl. Otto Clemen, Beiträge zur Reformationsgeschichte aus Büchern und Handschriften der Zwickauer Ratsschulbibliothek. Heft 2, Berlin 1902, S. 141f. Zur Entstehung der Verse vgl. MBW 2539.

5) Die Quellen zur Schulgründung, auch der Ratsbeschluß zur Anstellung Eobans, in: Melanchthon-Gymnasium, Humanistisches Gymnasium. 450. Schuljahr. Festschrift und Jahresbericht 1975/76. Nürnberg [1976], S. 14–21, S. 19.

6) Martin Walser, Das Sauspiel. Szenen aus dem 16. Jahrhundert. Mit Materialien hg. Werner Brändle, Frankfurt/Main 1978, S. 69.

und seiner Schule,[7] oder die Rezeption der poetischen Heroidenbriefe und ihre evangelische Umformung bei Hessus.[8]

Die gesamte Fülle der Kontakte und Bezüge zwischen Melanchthon und Eoban zusammenzutragen, ist bei der fast 25jährigen Zeitspanne, die hierfür auszumessen ist, kaum möglich. Schon der junge Tübinger Student Melanchthon hat gewiß von seinem Mentor Reuchlin manches über den begeisterten Reuchlinisten aus Erfurt erfahren: Eoban wurde unter die *viri clari* des von und für Reuchlin publizierten Briefcorpus aufgenommen;[9] Reuchlin verlieh dem Dichter den Ehrentitel „König", wie Eoban selbst in seiner Elegie *Cur vocetur Rex* stolz ausführt;[10] Eoban erhielt einen prominenten Platz unter den Humanisten, die in den satirischen Dunkelmännerbriefen die moderne Gegenfront zur tumben Schar der Kölner Scholastiker bilden; Eobans Epicedion auf Reuchlin läßt die schwäbischen Musen einen eindrucksvollen Abschied auf den Hochverehrten anstimmen.[11]

Melanchthon hat Reuchlins überschwengliches Urteil über den begnadeten Dichterkönig ohne Einschränkung geteilt: Schon die erste Erwähnung, ein Gruß in dem Brief an Johannes Lang vom 11. August 1519, tituliert *Eobano deliciis Musarum*,[12] 1526 hebt Melanchthon ihn unter den deutschen Poeten als besten hervor,[13] und noch Jahre nach seinem Tod, nämlich 1544, gebührt Eoban für Melanchthon der erste Rang unter den zeitgenössischen Dichtern.[14] Melanchthon hat vor allem die Psalmendichtung Eobans aufs höchste bewundert; in häufigen Briefen fordert er ihn zu neuen Psalmenparaphrasen auf, bittet gemeinsame Bekannte, den bisweilen zögerlichen Dichter zu ermuntern, und hält ihn schlechthin für den König im Genre der Psalmendichtungen.[15] Persönlich kennengelernt haben sich beide wohl Ende 1520, als Melanchthon dem Erfurter Humanistenkreis einen Besuch abstattete und bei Georg Petz aus Forchheim wohnte.[16] Nicht nur bei der Berufung nach Nürnberg, sondern auch bei der Übersiedlung nach Marburg 1536 hat Melanchthon durch ein Gutachten förderlich mitgewirkt, in dem er

7) Stefan Rhein, Melanchthons griechische Gedichte. Sigmaringen 1996 [im Druck].

8) Heinrich Dörrie, Der heroische Brief. Bestandsaufnahme, Geschichte, Kritik einer humanistisch-barocken Literaturgattung. Berlin 1968, S. 368ff.

9) Brief vom 6. 1. 1515, in dem Eoban auch Melanchthon zu den Kündern von Reuchlins Ruhm zählt, in: Johann Reuchlins Briefwechsel. Hg. Ludwig Geiger, Stuttgart 1875 (ND Hildesheim 1962), S. 233.

10) Helius Eobanus Hessus, Operum Farragines duae. Schwäbisch Hall 1539 [Melanchthonhaus Bretten L 218], fol. 220v. Eoban schickte Reuchlin seine versifizierten Heroidenbriefe (1514 erschienen), vgl. Johannes Alexander Brassican, in: Helius Eobanus Hessus, Epistolarum familiarium libri XII. Marburg 1543 [HAB Wolfenbüttel 105 Quodl. 2° (2)], fol. C4r.

11) Eobanus, Farragines (wie Anm. 10) fol. 162r–164r. Vgl. jetzt: Helius Eobanus Hessus, Dichtungen (lateinisch und deutsch). Bd. 3. Hg. u. übers. Harry Vredeveld, Bern 1990, S. 150–157.

12) MBW 62; MBW.T 1, S. 146; CR 1, 107.

13) MBW 437 (1. 1. 1526); CR 1, 720: *Estque conductus Eobanus, quo ex nostris hominibus nemo adhuc felicior poeta fuit, qui cum poetas enarret, tum ad carmen scribendum adulescentiam assuefaciat.*

14) MBW 3457 (16. 2. 1544); CR 5, 41.

15) MBW 610 (23. 10. 1527); CR 1, 921.

16) Zu Georg Petz vgl. Ulman Weiss, Die frommen Bürger von Erfurt. Die Stadt und ihre Kirche im Spätmittelalter und in der Reformationszeit. Weimar 1988, S. 323.

die herausragende poetische Begabung *(zu dieser Zeit in Italia und Teutschland kein besser Poet)* und die pädagogische Kompetenz Eobans rühmt.[17]

Wer in Briefen Melanchthons nach Eoban Ausschau hält, bekommt von der Quantität her den Eindruck, daß in Eobans Nürnberger Jahren (1526 bis 1533) der Kontakt besonders intensiv war. Drei Viertel aller Briefstellen, in denen Melanchthon Eoban erwähnt, fallen in diese Jahre. Es handelt sich dabei aber zumeist um Grußformeln ohne spezifische Aussagen in Briefen an Joachim Camerarius, Melanchthons engsten Freund und Eobans Kollegen an der Nürnberger Schule. Ein wichtiges Briefthema sind Eobans verschiedene Dichtungen, die Melanchthon meist direkt vom Autor erhält: etwa die 1527 und 1530 erschienenen Psalmen, die *Venus triumphans* und das *Epithalamion*, beides Hochzeitslieder für Camerarius (MBW 582), die *Idyllia*[18] usw. – ein literarisches und poetisches Commercium, das den Gepflogenheiten der humanistischen Idee von der „gelehrten Freundschaft" folgt,[19] auch wenn in diesem Fall die poetischen Gaben fast ausschließlich aus einer Feder kommen und Melanchthon – trotz des eigenen reichen dichterichen Œuvres – wohl aus dem Gefühl der völligen Unterlegenheit nur ein Briefgedicht an Eoban richtete (MBW 1782) und nur wenige eigene Gedichte ihm zusandte. Bezeichnend für die Hochachtung gegenüber dem fremden Ingenium ist beispielsweise, daß in der einzigen zu Lebzeiten publizierten Gesamtausgabe seiner Gedichte Melanchthon im Vorwort sich selbst den Titel *poeta* abspricht, die eigenen Gedichte als *ineptiae* vorstellt und zum Kontrast wahre, vorbildliche Dichter aufzählt, an erster Stelle Eobanus Hessus,[20] darüber hinaus wird die Sammlung – Referenz an den *Rex Poetarum* – von Eobans Elegie *De calumnia* abgeschlossen.[21]

Das gemeinsame Interesse an Dichtung – als Kunstform, als pädagogisches Mittel, als publizistisches Medium – hat die Verbindung über die Jahre hindurch aufrechterhalten; in diesem literarischen Austausch spielte Melanchthon vorrangig die Rolle des Motivierenden, des Anregers, auf dessen Veranlassung hin Eoban z. B. den „Ausruf gegen die Heuchelei der Mönchskutte" *(In hypocrisim vestitus Monastici ekphonesis)* und die eben genannte „Elegie von der Verleumdung" *(De calumnia)* verfaßte.[22] Auch zur Abfassung

17) Abdruck des Gutachtens in CR 3, 55; MBW 1724 (11. 4. 1536). Kritische Äußerungen zu Eobans Fehlverhalten fehlen allerdings keineswegs, vgl. MBW 455; 912f., oder MBW 500 mit der Bitte an Camerarius, sich um – den immerhin zwölf Jahre älteren – Eoban zu kümmern.

18) *Idyllia mea hodie* [= 3. September 1525] *transmisi Philippo, reditura ad me brevi, tum fortasse ad vos quoque aliquando* (EOBANUS, Epistolae familiares [wie Anm. 10] fol. D3 r/v).

19) Vgl. dazu exemplarisch ROBERT SEIDEL, Gelehrte Freundschaft – Die Epistula ad Philippum Melanchthonem des Jacob Micyllus. In: Daphnis 19,4 (1990) S. 567–633, bes. S. 567–585.

20) Melanchthons Vorwort zur 1560 herausgegebenen Edition seiner *Epigrammata* durch Hildebrand Grathusius in CR 9, 956–958.

21) PHILIPP MELANCHTHON, Epigrammatum libri tres, Wittenberg 1560 [Melanchthonhaus Bretten M 309], fol. N1r–N4v.

22) Zur *‚Ekphonesis'* vgl. KRAUSE, Eobanus (wie Anm. 2) Bd. 2, S. 31. Zu *‚De calumnia'* vgl. MBW 2027 (1. 5. 1538); Text des Briefes in OTTO CLEMEN, Kleine Schriften zur Reformationsgeschichte. Bd. 6. Hg. ERNST KOCH, Leipzig 1985, S. 182–184. Vgl. den Gedichtanfang: *Dicere quos habeat vesana Calumnia mores, / Me brevibus numeris docte Philippe iubes. / Obsequor* (...) (HELIUS

christlicher *Fasten* drängte ihn Melanchthon, wie Camerarius in seiner Biographie *Narratio de Helio Eobano Hesso* vermerkt,[23] und in der poetischen Widmung einer kleinen Gedichtsammlung, u. a. mit Epitaphien auf Friedrich den Weisen von Sachsen und auf Wilhelm Nesen, richtet Eoban das Wort sogleich an Melanchthon: *Carmina polliciti tibi mittimus ista Philippe.*[24] Im Einleitungsgedicht zu seiner metrischen Übersetzung des gesamten Psalters spricht Eoban ausführlich *de fructu et utilitate lectionis Psalmorum* und endet mit Hinweisen auf die Entstehungsgeschichte seines Werks; dabei wird einzig Melanchthon namentlich genannt, dessen literarisch kompetente Zustimmung *(Philippo doctiloquo)* der nunmehr vorliegenden Psalmendichtung gleichsam ihren Wert und ihre Würde attestiert.[25] Die literarische Zusammenarbeit dokumentiert sich zudem in Gedichten aus der Feder Eobans, die in Werken Melanchthons abgedruckt wurden, etwa in den verschiedenen Auflagen der *Grammatica latina*,[26] in der *Grammatica graeca*[27] und in der *Syntaxis*.[28] Nicht zu vergessen sind thematische Gemeinsamkeiten in der jeweiligen Produktion, wie beispielsweise die Gestalt des Nationalhelden Arminius, die beide in Gedichten feierten.[29]

---

EOBANUS HESSUS, Descriptio Calumniae, ad doctissimum virum Philippum Melanthonem. Marburg 1539 [HAB Wolfenbüttel, Sign. K 315 Helmst. 8° (6)], fol. A2r).

23) In der Ausgabe Leipzig 1696 [Melanchthonhaus Bretten Ma 55] auf p. 54: *Opus autem egregium atque praeclarum autore et hortatore Philippo Melanchthone inchoare coeperat, ut ad Christianum ritum Fastorum libros conscriberet.* Vgl. auch EOBANUS, Epistolae familiares (wie Anm. 10) fol. Q6v u. R1r.

24) HELIUS EOBANUS HESSUS, Ad illustrissimum Principem Ioannem Fridericum Ducem Saxoniae. Elegia. Nürnberg 1526, fol. a1v [mir liegt eine Kopie aus der Chicago Newberry Library vor].

25) Erstausgabe: Marburg: C. Egenolff 1537. Zitat aus: HELIUS EOBANUS HESSUS, Psalterium Davidis carmine redditum, Straßburg 1544 [Melanchthonhaus Bretten L 219], p. 14. KRAUSE, Eobanus (wie Anm. 2) Bd. 2, S. 190 spricht ebenfalls von dem Druck, den Melanchthon auf den Psalmendichter ausübte: „Das (sc. die Übersetzung des Psalters) war fast lediglich das Werk der Wittenberger, welche nicht müde wurden, dazu anzutreiben. Eoban scherzte, er arbeite nur deshalb mit aller Macht auf die Vollendung eines Psalters hin, um endlich einmal die lieben, aber doch sehr lästigen Wittenberger Mahner los zu werden." In der *Ekphonesis* hat Eoban vier Psalmen publiziert, die er ein Jahr zuvor auf „Befehl Melanchthons" verfaßt habe *(psalmos quatuor quos anno superiori Philippi nostri iussu in versus contraxeram, vel distraxeram potius, adieci)*, vgl. HELIUS EOBANUS HESSUS, In Hypocrisim vestitus monastici ekphonesis. Nürnberg 1527 [HAB Wolfenbüttel, Sign.: Yv 970. ° Helmst. 4], fol. A1v. Die Hochschätzung, die Eoban Melanchthon entgegenbrachte, zeigt sich auch in seiner Vorrede der Vergil-Annotationen, in der Melanchthon neben Erasmus zum größten Gelehrten der Gegenwart erklärt wird: *horum temporum doctißimos viros Erasmum ac Philippum* (HELIUS EOBANUS HESSUS, In P. Virgilii Maronis Bucolica ac Georgica adnotationes. Hagenau 1529 [HAB Wolfenbüttel, Sign.: P 2062. 8° Helmst. 2], fol. A3r). Camerarius überliefert in seiner Briefausgabe (Tertius libellus epistolarum H. Eobani Hessi et aliorum quorundam virorum, Leipzig 1561 [Melanchthonhaus Bretten L 848]) vier Lobgedichte Eobans auf Melanchthons lateinische Übersetzung der Olynthischen Rede des Demosthenes (fol. C6r/v).

26) Verzeichnis der im deutschen Sprachbereich erschienenen Drucke des XVI. Jahrhunderts [= VD 16]. Bd. 13, Stuttgart 1988, M 3360, 3362–3364, 3366, 3368, 3372–3373, 3382, 3386, 3389.

27) Ebd., M 3498.

28) Ebd., M 4032–4035, 4037, 4039, 4048, 4050–4052, 4054, 4057–4059, 4066, 4069–4070, 4246–4249, 4251, 4253, 4268, 4271–4273, 4275, 4282, 4286, 4288, 4298, 4301, 4303.

29) EOBANUS, Farragines (wie Anm. 10) fol. 297r–298r; Melanchthon: CR 10, 555; CR 17, 637. Zum nationalen Humanismus, zur Hutten- und „Arminius"-Rezeption vgl. WILHELM KREUTZ, Die Deutschen und Ulrich von Hutten. Rezeption von Autor und Werk seit dem 16. Jahrhundert. München

Die Psalmendichtung Eobans wurde nicht nur von Melanchthon, sondern von anderen Wittenberger Reformatoren mit besonderem Lob bedacht: Justus Jonas preist das dichterische *ingenium* des alten Freundes,[30] Luther hebt Eoban unter allen Dichtern Italiens und Deutschlands hervor und bekennt seine *summa voluptas* bei der Lektüre.[31] Auf verschiedenen Argumentationsebenen entbietet Melanchthon seinen großen Respekt: persönliche Freude und Erquickung beim Lesen der exakt übertragenen und metrisch-musikalischen Verse; Lob Gottes, Ursprung und eigentliche Aufgabe jeder Poesie; besseres Verständnis der Psalmen durch die Versifizierung; erzieherische Wirkung auf die Jugend (Moral und Eloquenz); ethischer Nutzen für alle – so Melanchthon in seinem Brief an Eoban vom 1. August 1537, der in die Psalmen-Ausgabe aufgenommen wurde.[32] Auffällig ist bei diesem Brief Melanchthons häufiger Rekurs auf den öffentlichen Nutzen, auf das *officium* der Dichter in der *res publica*, auf die Verpflichtung der Allgemeinheit gegenüber solchen dichterischen Werken. Die Nobilitierung der Dichtkunst, sie ist nicht nur Lobhudelei vor dem Dichterkönig, sie ist nicht nur der Versuch, Eoban auf dem Weg christlicher Poesie zu bestärken, ihn zu überzeugen, weiterhin *res divinas* zu preisen, diese öffentliche Nobilitierung ist m. E. nicht zuletzt eine wichtige – modern formuliert – wissenschafts- und kulturpolitische Aussage Melanchthons über den Stellenwert von Dichtung, im weitesten Sinne: von Bildung in der reformatorischen Gesellschaft. Dignität soll eine Bildung erhalten, die – jenseits des biblischen Kanons – auf antike Kultur und Literatur zurückgreift (Melanchthon zitiert Pindar und Plato zur Beschreibung der Aufgaben des Dichters), vorbildlich soll eine Bildung werden, die die antike Stilisierung und Rhetorisierung als didaktisches und hermeneutisches Instrumentarium positiv bewertet und die den Musen ihren Platz in der Kirche beläßt *(Ecclesiam pulcherrimo monumento ornasti).*

Vielleicht scheint diese Beschreibung zu weit zu gehen und einem Widmungsbrief zu viel an grundsätzlicher Programmatik zu verleihen. Unbestreitbar ist gleichwohl, daß die Problemkonstellation „Bildung"/„Antike"/„Humanismus" versus „Kirche"/„Reformation", vor allem die Symbiose von humanistischer Bildung und reformatorischem Glauben, Melanchthon und Eoban in ganz besonderer Weise tangierte und sie in einen gleichsinnigen Austausch miteinander brachte. Diese zentrale Fragestellung führt uns in das Erfurt der zwanziger Jahre zurück, in die Sturmjahre der Reformation, als etwa in Erfurt das „Pfaffenstürmen" am 11. und 12. Juni 1521 wütete, bis hin zu den Wirren des Bauernkriegs.[33] Eobans Position als Dozent der *Humaniora* wurde in jenen Jahren vor allem durch den Verlust humanistischer Freunde, die Erfurt in Scharen verließen, und

---

1984, S. 33 zusammenfassend: „(...) Philipp Melanchthon, der im 16. Jahrhundert neben Eoban Hesse die größten Verdienste am Nachleben Ulrichs von Hutten sich erwarb."

30) Der Briefwechsel des Justus Jonas. Hg. Gustav Kawerau, Halle 1884 (ND Hildesheim 1964) Bd. 1, S. 258f.

31) WA Br 8, S. 106–108.

32) MBW 1923 (1. 8. 1537); CR 3, 393–395.

33) Vom Pfaffenstürmen berichtet auch Eoban: *Nobiscum varii tumultus sunt, aedes Canonicorum expugnatae omnes. Supra 50. domos expugnatae una nocte sunt. Hac noctu quum haec scriberem, septem*

durch das rapide Absinken der Studentenzahlen[34] erschüttert, nicht nur was den Lebensunterhalt, sondern auch was die humanistische Existenzform betraf. Eine doppelte Front stand dem Humanisten entgegen: einerseits die altgläubigen Scholastiker (nach Juli 1522 war der philosophische Fakultätsrat geschlossen katholisch), andererseits die evangelischen Prädikanten, die radikalen „Pseudoevangelisten", die – so Eoban in seinem Bauernkriegszyklus *De tumultibus horum temporum Querela* – von Satan gesandt Luthers Wiederherstellung des wahren Glaubens untergraben und das leichtgläubige Volk zum Aufruhr verführen.[35] In die Kritik geriet dabei insbesondere der humanistische Sprachunterricht, das Ideal des eloquenten Sprechens, das die Dichtkunst mit einschloß. Eoban, dessen berufliche Grundlage gefährdet war, suchte Gesinnungsgenossen und fand Unterstützung vor allem bei Melanchthon. Dieser richtete an den Erfurter Humanisten einen unterstützenden Brief, in dem er die Pseudotheologen *(pseudotheologoi)*, die unter dem Vorwand theologischer Studien die *literae humaniores* verachten, heftig attackiert: „Bei Gott, wie verkehrt betreiben diese Leute Theologie, die allein durch Verachtung guter Dinge Wissen besitzen wollen. Was ist dieser Irrtum anderes, als daß er eine neue Sophistik (bzw. Scholastik), noch dümmer und unfrömmer als jene vergangene, hervorbringen wird."[36] Diese Aussage des Frühjahrs 1523 charakterisiert Melanchthons damalige intensivierte Zuwendung zu den humanistischen Fächern als Reaktion auf die lauten Gegner, die sich ausschließlich und ohne humanistische Umwege mit Theologie beschäftigen wollten. Die Briefpassage unterstreicht überdies ein Epochengefühl der humanistisch orientierten Zeitgenossen, das man mit Alain Dufour so formulieren könnte: Die Zeit des Humanismus erscheint als ein Moment zwischen zwei scholastischen Perioden, der vergangenen Scholastik des Mittelalters auf der einen Seite und der drohenden Scholastik der protestantischen Orthodoxie und der Gegenreformation auf der anderen Seite.[37]

Eobanus Hessus publizierte im gleichen Jahr 1523 diesen und einen anderen Melanchthon-Brief, dazu weitere Briefe von Mosellan, Jonas, Draconites und von Luther, der die Befürchtung einer Barbarisierung infolge der neuen Theologie für grundlos einschätzte *(Caeterum timores isti vestri ti nihil moveant, ubi timetis, fore, ut barbariores fiamus germani, quam unquam fuerimus, casu literarum per theologiam nostram.*

---

*aedes sacerdotum conflagrarunt exustae a fundamentis. Pestis nobiscum aliquandiu saevit, sed desaevit opinor* (Eobanus, Epistolae familiares [wie Anm. 10] fol. G5v).

34) Kleineidam III S. 30–35.

35) Vgl. Eckart Schäfer, Der deutsche Bauernkrieg in der neulateinischen Literatur. In: Daphnis 9,1 (1980) S. 1–31, S. 9–11.

36) MBW 273 (29. 3. 1523); CR 1, 613: *Bone Deus! quam praepostere theologicantur qui solo rerum bonarum contemptu sapere videri volunt. Quid hic error aliud quam novam sophisticen magisque illa priore et stultam et impiam pariet?*

37) Alain Dufour, Humanisme et réformation. Etat de la question. In: International Congress of Historical Sciences. Bd. 3, Wien 1965, S. 57–74, S. 70: „En conclusion, nous voici tentés de définir un âge de l'humanisme, qui inclurait les premières générations des réformateurs, comme un moment entre deux scolastiques."

*Habent quidam suos quoque timores saepius, ubi nullus est timor).*[38] Der Titel der kleinen Sammlung verkündet die Botschaft: *De non contemnendis studiis humanioribus futuro theologo maxime necessariis aliquot clarorum virorum ad Eobanum Hessum epistolae* – wer dachte da nicht an die *Clarorum virorum epistolae* (...) *ad Ioannem Reuchlin Phorcensem* und an die Kontinuität des Kampfes gegen bildungsfeindliche Dunkelmänner!? Die evangelischen Prädikanten, aber auch Johannes Lang, der Eoban vor Luther antireformatorischer Umtriebe bezichtigte,[39] werden nun zu heftig befehdeten Gegnern; Erfurt wird für Eoban zunehmend zum Ort von Verleumdung und Streit, von Bildungsfeindschaft und Bildungslosigkeit.

Daß bei den Erfurter Konflikten um den Wert einer humanistischen, auf antiker Rhetorik und Poesie basierenden Bildung eine vermeintliche Frontziehung, hier altgläubig, dort evangelisch, in die Irre führen konnte, zeigt der Brief von Mutianus Rufus an Erasmus mit der Nachricht, Eoban sei wieder zum alten Glauben zurückgekehrt.[40] Mutian, aber auch 350 Jahre später der Eobanus-Hessus-Biograph Carl Krause – „mit dieser maßlosen (...) Charakteristik des Erfurter Prädikantentums (...) sagte sich Eoban öffentlich und unzweideutig von der reformatorischen Partei los“[41] – erkannten nicht, daß die Grenzen nicht so einfach zu ziehen waren und es sich vielmehr um Auseinandersetzungen innerhalb des reformatorischen Lagers handelte.[42] So ist diese Auseinandersetzung vielmehr ein Konflikt zwischen zwei Strömungen innerhalb der neuen Theologie, ein Streit um *pura simplicitas* versus Bildung, ein Streit gegen und für die „Pluralisierung der Weltbilder“,[43] ein Streit um die gewünschte oder befürchtete „Retheologisierung des öffentlichen Lebens“.[44] Auf Eobans Seite stand bei dieser

---

38) WA Br 3, S. 50.

39) Vgl. WA Br 2, S. 566 (Juni 1522) u. WA Br 3, S. 49.

40) Opus epistolarum Des. Erasmi Roterodami. Bd. 5, Hg. Percy Stafford Allen, Oxford 1924, S. 410 (Brief vom 23[?]. 2. 1524). Zur altkirchlichen Prägung des Mutian-Kreises und des *Hodoeporicon* von Eoban (datiert auf 28. 12. 1518) vgl. Hermann Wiegand, Hodoeporica. Studien zur neulateinischen Reisedichtung. Baden-Baden 1984, S. 58–63. Für Friedrich Myconius dagegen gehört Eoban zu den festen Stützen der Reformation in Erfurt, vgl. die Edition seiner Geschichte der Reformation in: Otto Clemen, in: Kleine Schriften zur Reformationsgeschichte. Bd. 7 (wie Anm. 22) S. 165.

41) Krause, Eobanus (wie Anm. 2) Bd. 1, S. 379 (als Resümee zu den drei satirischen Dialogen *Melaenus, Misologus, Fugitivi*).

42) Winfried Trillitzsch, Humanismus und Reformation: Der Erfurter Humanist und „Dichterkönig“ Helius Eobanus Hessus. In: Wissenschaftliche Zeitschrift der Friedrich-Schiller-Universität Jena (Gesellschaftswissenschaftliche Reihe) 33 (1984) S. 343–357, S. 353 bietet für seine zu sehr von konfessionellen Gesichtspunkten her gedachte Behauptung („Er [sc. Eoban] mußte sich mit den ‚Papisten' arrangieren, die allerdings auch seinen bildungspolitischen Auffassungen stärker entsprachen als die Erfurter reformatorischen Prädikanten“) keinen Beleg.

43) Jan-Dirk Müller, Zum Verhältnis von Reformation und Renaissance in der deutschen Literatur des 16. Jahrhunderts. In: Renaissance – Reformation. Gegensätze und Gemeinsamkeiten. Hg. August Buck, Wiesbaden 1984, S. 227–253, S. 230.

44) So Wilhelm Kühlmann, Poeten und Puritaner: Christliche und pagane Poesie im deutschen Humanismus (mit einem Exkurs zur Prudentius-Rezeption in Deutschland). In: Pirckheimer Jahrbuch 1993, S. 149–180, 158. Hans Georg Kemper, Deutsche Lyrik der frühen Neuzeit. Bd. 1, Tübingen

Auseinandersetzung ohne Einschränkungen Melanchthon, der in verschiedenen Briefen und Gedichten mit Klagen über den Bildungsverfall, über die Verachtung der Dichtkunst, über die neue Barbarei, die sich auch im Vordringen der Volkssprache manifestiere, über den einhergehenden Sittenfall direkt angesprochen wird und damit von Eoban zum Schutzschild gegen den drohenden Untergang erhoben wird.[45] Melanchthon hat überdies Eoban in dem Bemühen unterstützt, seine evangelische Rechtgläubigkeit in der Öffentlichkeit unter Beweis zu stellen: Eobans Klagelied der Kirche an Luther (1523) wurde von Melanchthon zum Druck empfohlen.[46]

Die oft nur pauschal diagnostizierte Bildungsfeindschaft reformatorischer Kreise muß differenziert gesehen werden: Wenn Eoban und Melanchthon über den *contemptus studiorum* klagen, dann meinen sie damit die Vernachlässigung der im engen Sinne humanistischen Fächer Grammatik, Rhetorik und Poesie, die zeitgenössische Ablehnung der antiken Tradition und des antikisierenden Bildungshorizontes, die Abkehr von den antiken Berufungsinstanzen, die Vorbehalte gegenüber der rhetorischen Stilisierung und Literarisierung des Erkannten. Ihre Gegner, wenn sie nicht radikale Verächter der gesamten Bildung, des Buch- und Universitätswissens sind (besonders Schwärmer), verengen Bildung auf ein pragmatisches Fachwissen und halten die humanistische Sprachbildung für unnütz angesichts drängender Sachfragen, zumal auf dem Gebiet der Theologie, da hier – und nicht etwa auf dem Gebiet der Verslehre – die aktuellen Auseinandersetzungen stattfinden. Im übrigen hat der Konflikt zwischen christlicher Heilslehre und der paganen Bildungstradition humanistischer Musen seine eigene Geschichte und geht von innerhumanistischen Debatten (z. B. dem Streit zwischen Jacob Locher und Jacob Wimpfeling [1506–1510]) bis hin zu innerprotestanti-

---

1987, erwähnt Eobanus Hessus und seine Sorge über den Niedergang des Bildungswesens unter der Kapitelüberschrift „Einschüchterung und Konfessionalisierung der Musen" (S. 137).

45) Vgl. Müller, Renaissance und Reformation (wie Anm. 43) S. 231–233. Eoban selbst bekennt in einem Brief an Johannes Lang vom 19. 11. 1525, daß ihm einzig Melanchthons Unterstützung für die eigenen Studien geblieben sei: *Omnis amet tam infelices, tamque infructuosas literas? Unus, ut de me dicam, Philippus bona me spe implet futurum, uti meis studiis consulatur, a caeteris omnibus desertus sum* (in: Otto Clemen, Aus dem Lebenskreise des Erfurter Reformators Johannes Lang. In: ARG 38 [1941] S. 34–54, S. 42). Zum festen Bündnis Eobans mit Melanchthon und zum beständigen reformatorischen Rahmen seines humanistischen Werkes vgl. Trillitzsch, Humanismus und Reformation (wie Anm. 42) S. 354: „Die persönliche Stellung Eoban Hessus' zu Luther und seiner Reformation ist aus dem Obigen deutlich erkennbar: Der Dichter hat zeitlebens an seinem freundschaftlichen Verhältnis zu den Wittenberger Reformatoren festgehalten, und es ist auch in den Zeiten der Auseinandersetzungen mit den radikalen Lutheranern in Erfurt zu keiner Trübung der Beziehungen zu Luther und Melanchthon gekommen. Dazu hat sicherlich auch die verständnisvolle und um Ausgleich bemühte Haltung Melanchthons wesentlich beigetragen. (...) Seine [sc. Eobans] treue Ergebenheit gegenüber der Reformation haben auch verschiedene, nicht immer bildungsfreundliche Begleiterscheinungen derselben nicht ernstlich zu erschüttern vermocht."

46) So Nikolaus Gerbel in dem Widmungsbrief an Johannes Setzer: *Philippus Melanchthon* (...) *unice commendavit carmen hoc Eobani Hessi, ut* (...) *in publicum prodiret* (Helius Eobanus Hessus, Ecclesiae afflictae epistola ad Lutherum. Hagenau 1523 [HAB Wolfenbüttel K 64 Helmst. 4°], fol. A1v).

schen Auseinandersetzungen um das Verhältnis von Theologie und säkularer Bildung.[47] Nicht nur in Erfurt, sondern auch in Wittenberg waren die humanistischen *artes dicendi* mit ihren rhetorischen und poetischen Lernzielen in Mißkredit geraten. Daß die Krise an der Universität Wittenberg – im Gegensatz zu Erfurt – nur von kurzer Dauer war (1522/1523), lag insbesondere an Melanchthon, der mit programmatischen Reden (*Encomium eloquentiae*, März 1523) und weitreichenden Reformen (neue Studienordnung im Wintersemester 1523/1524, Einführung der Deklamationen) die geordnete Abfolge von humanistischem Trivium und theologischem Bibelstudium durchsetzen konnte.[48] Melanchthon, der als Rektor im Wintersemester 1523/1524 die institutionellen Möglichkeiten zur Etablierung des eigenen Bildungsprogramms hatte, besaß zudem die intellektuelle Kraft, den Kritikern die notwendige Einheit von gründlicher sprachlicher Ausbildung und schriftbezogener Theologie zu verdeutlichen. Universitärer Einfluß und bildungsprogrammatische Überzeugungskraft standen Eoban nicht zur Verfügung, zudem war die Erfurter Situation in Magistrat und Universität durch Streitigkeiten zwischen der altgläubigen und lutherischen Fraktion weitaus komplizierter als im reformatorischen Wittenberg.[49] Auch Luther zog seine Schlüsse aus der wissenschaftsfeindlichen Stimmung und versicherte nicht nur Eoban in seinem schon zitierten Brief vom 29. März 1523, daß die humanistischen Kernfächer Rhetorik und Poesie zum Verständnis der Bibel wesentlich beitragen. Seine Plädoyers für den Bildungswert der antiken Sprachen, der philologischen Exegese und der Klassikerlektüre wie auch sein verstärkter Einsatz für ein humanistisch „eingefärbtes“ protestantisches Schulsystem in den Jahren nach 1523, vor allem sein 1524 erschienener Aufruf *An die Ratherren aller Städte deutsches Lands, daß sie christliche Schulen aufrichten und halten sollen*, zeigen Luther auf der Seite Melanchthons und Eobans.[50]

Die Schriften Melanchthons und Eobans in diesen Jahren mit ihren gegenseitigen Bezugnahmen, vor allem die *Querela de contemptu literarum ad Philippum Melanchthonem*, können in unserem Zusammenhang nicht ausführlich vorgestellt werden.

---

47) Vgl. umfassend WILHELM KÜHLMANN, Poeten und Puritaner (wie Anm. 44).

48) Aufschlußreich HEINZ SCHEIBLE, Melanchthons Bildungsprogramm. In: Lebenslehren und Weltentwürfe im Übergang vom Mittelalter zur Neuzeit. Hg. HARTMUT BOOCKMANN [u. a.], Göttingen 1989, S. 233–248, S. 237–244.

49) Vgl. ULMAN WEISS, Die frommen Bürger (wie Anm. 16) S. 190f. u. 230f. In Zusammenhang mit dem Erfurter „Kanzelkrieg“ (also von 1522 bis 1525) – in diesem Konflikt standen sich bekanntlich reformatorische und altgläubige Geistliche gegenüber – spricht BOB SCRIBNER, Die Eigentümlichkeit der Erfurter Reformation. In: Erfurt 742–1992. Stadtgeschichte – Universitätsgeschichte. Hg. ULMAN WEISS, Weimar 1992, S. 241–254, S. 246, von einem „starken Zusammengehörigkeitsgefühl“ der evangelischen Bewegung und zitiert dazu auch Eobanus Hessus. Die genannten innerreformatorischen Debatten wird man indessen nicht völlig ignorieren dürfen.

50) Vgl. MARTIN BRECHT, Martin Luther. Zweiter Band: Ordnung und Abgrenzung der Reformation 1521–1532. Stuttgart 1986, S. 140–143. Luthers Haltung zur Erfurter Reformation und die besonderen Schwierigkeiten in Erfurt („eigentümliche Führungslosigkeit“) werden eingehend dargestellt von CHRISTIAN PETERS, „Erfurt ist Erfurt, wird's bleiben und ist's immer gewesen ...“ – Luthers Einwirkungen auf die Erfurter Reformation. In: Erfurt 742–1992 (wie Anm. 49) S. 255–275.

Eobans Werke zeigen in ihren häufigen Apostrophen und Referenzen an Melanchthon, daß die Zeitläufte zwischen 1521 und 1526, also bis zu Eobans Berufung nach Nürnberg, eine intensive und gleichgerichtete Zusammenarbeit zwischen dem Erfurter Poeten und dem Wittenberger Reformator hervorbrachten. Weniger die gemeinsame Arbeit bei der Entwicklung der Oberen Schule in Nürnberg, als die Ereignisse, die zu dieser Schule als projektiertem Hort christlicher und gelehrter Bildung führten, brachten den Wittenberger und den Erfurter Seite an Seite.

1526 war Eobans schwierige Zeit in Erfurt vorerst beendet; er ging, von Melanchthon empfohlen, nach Nürnberg.[51] Albrecht Dürer entwarf in diesen Wochen der Schulgründung den bekannten Kupferstich Melanchthons; die beigegebenen zwei lateinischen Verse *(Viventis potuit Durerius ora Philippi/ Mentem non potuit pingere docta manus)* stammen von Hessus;[52] unter diesen vier Figuren verbergen sich höchstwahrscheinlich zwei historische Persönlichkeiten: Johannes ist Melanchthon, Markus ist Eobanus Hessus. Gerade letzterer ist durch physiognomische Vergleiche sehr deutlich identifizierbar, so Bernhard Saran in einer von der Hessus- und Melanchthonforschung bislang kaum rezipierten Abhandlung.[53] Die Bibelworte in den unter den Bildtafeln angebrachten Schriftblöcken sprechen von „falschen Propheten, falschen Lehrern“, „verderblichen Sekten“, die „verkommen“ und „lasterhaft“ sind; der Evangelist, in dessen Maske Eoban geschlüpft ist, Markus, zieht daraus die Konsequenz: „... habt acht auf die Schriftgelehrten, die gehen gern in langen Kleidern und lassen sich gerne grüssen auf dem Markt. Und sitzen gern obenan in den Schulen und über Tisch. Sie fressen der Witwen Häuser und wenden langes Gebet dafür. Dieselben werden desto mehr Verdammnis empfangen“ (Mk 12,38–41).

---

51) 1525 schreibt Eoban einen mit Berufung auf Melanchthon selbstbewußten, Geldforderungen keineswegs scheuenden Brief an den Nürnberger Rat und begründet seinen Weggang mit den brachliegenden Literarstudien in Erfurt: *Tametsi enim et hinc non ita facile dimittor, tamen, quoniam et ego tota vita nullis aliis in rebus praeter literarum studiis versatus sum, et in hac nostra civitate, fatali (opinor) horum temporum tumultu, minus florent, parvoque in precio sunt ea quae dixi, literarum studia*, vgl. Eobanus, Epistolae familiares (wie Anm. 10) fol. D1v.

52) Zum Freundschaftsverhältnis zwischen Dürer und Eoban vgl. Krause, Eobanus (wie Anm. 2) Bd. 2, S. 47–49. Die Autorschaft Eobans an den Melanchthon-Versen ist eine Vermutung von Saran, Vier Apostel (wie Anm. 53) S. 185 (nach Hans Rupprich). Sie läßt sich durch eine Briefnotiz absichern: Johannes Alexander Brassicanus bittet in einem undatierten Brief (durch die Grüße an Pirckheimer und Camerarius jedoch eindeutig in Eobans Nürnberger Jahre nach 1526 datierbar), Eoban möge – im Gegenzug zu Versen Brassicans auf ein Bild Eobans – die Verse, die er auf Portraits von Dürer, Erasmus und Philipp [Melanchthon] verfaßt habe, ihm zuschicken: *Audio Durerum et Erasmum et Philippum expressisse. Quas imagines si cum literis tuis ad me dederis, est quod accipiam gratissime* (Eobanus, Epistolae familiares [wie Anm. 10] fol. C5r).

53) Bernhard Saran, Eobanus Hesse, Melanchthon und Dürer. Unbefangene Fragen zu den „Vier Aposteln“. In: Oberbayerisches Archiv 105 (1980) S. 183–210; die Identifikation des Johannes mit Melanchthon bei Gerhard Pfeiffer, Die Vorbilder zu Albrecht Dürers ‚Vier Aposteln‘. Melanchthon und sein Freundeskreis. In: Jahresbericht über das Melanchthon-Gymnasium in Nürnberg für das Schuljahr 1959/60 (Wissenschaftliche Beilage), Nürnberg 1960.

Ob die Erfurter Prädikanten („Schriftgelehrte“[54]) und Dunkelmänner die Botschaft, die ihnen Melanchthon und Eoban gemeinsam zuriefen, empfangen und verstanden haben?

## *Exkurs*
## *Zum Verhältnis zwischen Johannes Lang und Eobanus Hessus*

Zum Verhältnis zwischen dem Erfurter Reformator Lang und dem Erfurter Dichterkönig Eoban gibt es keine befriedigende Darstellung. Die publizierten Briefe Eobans an Lang bieten erste Einblicke: 1513 lobt er ihn als einstmals *meus communium studiorum dulcissimus comes* (Eobanus, Epistolae familiares [wie Anm. 10] fol. B2r), 1516 freut er sich über Langs klösterliche Ehren (fol. B2v), 1519 geht es um den Austausch von *Graeca* (fol. B4r). Dazwischen (fol. B3r) steht ein undatierter Brief, in dem Eoban nach einem geplatzten Gesprächstermin seine Freundschaft zu Lang und insbesondere seine evangelische Linientreue heftig betont: *Nam et iam testatus apud illos sum stare me ab Evangelica veritate, a qua nulla vi humana avelli unquam queam, et esse Luthero amiciss [imus] atque id semper facturus sum, et aliquanto progressu temporis liberius, ut senties. Ideo vero haec scribo, ut plane intelligas, non perdidisse te amicum Eobanum, quem oro, ut ea, qua semper solitus es, benevolentia, prosequaris. Non ausim rogare te, ut in hoc angulo, in quem incautum coniectum esse me, indignissime fero, me convenias, sed quid faciam? Sero sapiunt, etc. Sed erumpam brevi, si crepere nequeam, Deo propicio* (fol. B 3r). Die Schlußformel *Ex carcere meo Pomeriano* (aus meinem Mauerkerker) unterstreicht die Bedrängnis. Ein ähnlich gestimmter Brief ist im dritten Band abgedruckt; Eoban bittet am 10. 3. 1521 fast schon unterwürfig um Entschuldigung für zu spätes Antworten, versichert den Gehorsam *(nos tibi merito paremus)*, ersehnt ein Treffen, obgleich Lang ja zu Recht die Philosophen hasse *(Quod si tu ita et merito odisti philosophos, propterea ne et nos deseres?)* und beschwört Christus, wenn in seinem Gedicht irgend etwas Anstößiges sei *(Quod ut est periculosum satis, ita saepe poenitentia longa me afflixit)* (fol. F6r/v). Um die Distanznahme zu Lang und zugleich die Vorsicht vor dessen zensorischem Auftreten, das Entschuldigen moralischer Lizenzen in der Poesie, das insistierende Bekennen der eigenen lutherischen Überzeugung in eine Chronologie zu bringen, bedarf es einer genauen Durchsicht des – einer überaus notwendigen kritischen Edition harrenden – Briefwechsels Eobans und anderer Erfurter Protagonisten, vor allem natürlich Langs. Krause, Eobanus (wie Anm. 2) Bd. 1, S. 362ff. schildert die zunehmenden Differenzen zwischen den früheren Freunden und bietet Textauszüge aus Briefen Eobans an Lang von 1523, aus dem den Bruch offen-

54) Vielleicht zielt der Vorwurf, Witwen auszubeuten, auf Johannes Lang, der 1524 die reiche Witwe des Weißgerbers Heinrich Mattern geheiratet hatte (sie starb 1528), vgl. WA Br 3, S. 318 Anm. 4 u. WA Br 4, S. 447.

sichtlich besiegelnden Absagebrief vom 24. 1.3524 bis zu den flehentlichen Bitten um Langs Unterstützung bei der Wiedergewährung seines vom städtischen Magistrat nicht mehr gezahlten Gehalts (Juni 1525; Krause, S. 406). Aus Nürnberg läßt Eoban am 13. 1. 1526 Grüße an Lang, *seculorum memoria dignissimum virum, amicum summum nostrum*, ausrichten (fol. E3r). Da Lang sich offensichtlich nicht meldete, verheimlicht der Brief vom 31. 7. 1526 nicht einen etwas bitteren Rückblick auf die Erfurter Jahre: Echte Freundschaft habe ihr Fundament in gemeinsamen Studien und lasse sich nicht durch Zeitläufte beirren; bei ungerechten Vorwürfen habe er immer gehofft, daß einmal die Wahrheit ans Licht komme *(Itaque pro hominum natura, et temporum iniuria patienter tuli istiusmodi interpellationes, futurum ratus ut aliquando veritas ipsa ostenderet, quantum habiturum amicum fuisses Eobanum).* In Nürnberg sei er *humaniter, ut ipse me vix agnoscam* aufgenommen worden, so daß es ihm angesichts der einstigen Erfurter Gemeinheiten nun endlich bestens ergehe *(quod respectu istorum Erfordiensium sordium in clarissima luce mihi positus videar)* (fol. F6v/G1r). Noch 1527 spricht er vor Lang von der Babylonischen Gefangenschaft in Erfurt, von der damaligen Uneinigkeit des Freundeskreises, erinnert an seine Luther-Elegien, die ehemals voller Hoffnung den Tod der päpstlichen Bestie prophezeiten; obwohl dies noch nicht eingetroffen sei, werde das Ende der römischen Übel kommen. Und in reformatorischer Weiterführung der Huttenschen Humanismus-Emphase ruft Eoban aus: *O foelix saeculum, ego me nunc denique natum gratulor, haec aetas moribus apta meis, ut ait ille* (fol. G3r). Der Briefwechsel Eobans an Lang setzt sich in den dreißiger Jahren fort und zeigt ein durchaus komplexes Erfurt-Bild: Am 1. 1. 1531 kommt Eoban auf den Unterschied zwischen seiner jetzigen poetischen Existenz in Nürnberg und seinem einstigen Jammertal in Erfurt zu sprechen und beklagt die geistige Enge Erfurts: [Nürnberg] *ubi Musis meis tandem vere sum redditus, quod apud vos propter summam rei domesticae angustiam non licuit, ex qua quoniam semel me explicui, audio isthic esse qui male de me loquantur, ac omnibus modis obstent, ne ego Erphurdiam aliquando redeam, quos homines ego stultissimos esse arbitror, qui metuunt ne relicta hac foelici, pro mea conditione, fortuna, rursus me in istas miserias deijciam.* Er werde nie wieder nach Erfurt zurückkehren, dies an die Adresse seiner Verleumder gerichtet (fol. G4r). Ein Jahr später, am 28. 1. 1532, sieht der Dichter manches anders: Er schwärmt vom alten Erfurt, nur die bürgerschaftliche Mißachtung der Studien hält ihn zurück. Für Eoban bleibt Erfurt die Stadt der fehlenden (humanistischen) Bildung: *Si esset qualis olim erat Erfordia, nusquam mallem vivere, sed in ista rerum perturbatione, et studiorum contemptu quis non etiam oderit tumultuosam, et sui prorsus ignaram civitatem. Si scholam instauraturi sunt, miror si te non adhibent principem consiliorum omnium, nam de reliquis despero, quos novi intus et in cute, ut dicitur* (fol. G4v).

SIEGFRIED BRÄUER

# Simon Hoffmann – „ein lybhaber ewangelischer warheytt"

Mit seiner Selbstbezeichnung als Liebhaber der evangelischen Wahrheit ist der Erfurter Prediger Simon Hoffmann wenig bekannt geworden. Das liegt nur teilweise daran, daß sein Brief an Herzog Johann von Sachsen (1525–1532) vom 8. März 1524, der diese Selbstbezeichnung als Zusatz zur Unterschrift enthält, bislang ungedruckt geblieben war.[1] Bekannter ist Hoffmann als angeblicher Hauptmann des Frankenhäuser Haufens im Thüringer Bauernaufstand von 1525. Als Bauernhauptmann hat ihn beispielsweise 1925 der Schriftsteller Tim Klein (1870–1944) in seiner Müntzertragödie auf die Bühne gestellt.[2] Dieser Irrtum geht vermutlich auf Wilhelm Falckenheiners Arbeit über Philipp von Hessen (1518–1567) zurück und ist noch in der Bauernkriegsliteratur der jüngsten Vergangenheit anzutreffen.[3] In der Lokalgeschichtsschreibung ist angenommen worden, Hoffmann sei Stadtschreiber in Frankenhausen oder gar ein ehemaliger Erfurter Augustiner gewesen.[4] Für diese Fehlurteile ist auch die schwierige Quellenlage mit verantwortlich, denn verbürgte Nachrichten über Hoffmanns Werdegang und Wirken gibt es nur wenige. Sie sollen im folgenden zusammengestellt werden. Der reformatorischen Tätigkeit in Erfurt und der Beteiligung am Bauernkrieg ist besondere Aufmerksamkeit zu widmen. Im Mittelpunkt muß jedoch Hoffmanns einzige erhaltene Druckschrift stehen, seine Stolberger Osterpredigt von 1523 über die Priorität des Glaubens. Sie ist die umfangreichste Quelle zu Hoffmanns reformatorischer Überzeugung, zumindest im Frühjahr 1523.

Das Geburtsjahr ist wie bei vielen seiner Zeitgenossen nicht bekannt. Es wird in den letzten Jahren des 15. Jahrhunderts anzusetzen sein, wenn der zu Ostern 1512 in der

---

1) Thür. HStA, Reg. G 364, Bl. 64$^{a}$–64$^{b}$.

2) TIM KLEIN, Thomas Münzer. Eine Tragödie in einem Vorspiel und drei Aufzügen. In: Zeitwende 1 II (1925) S. 370–392, 498–519, bes. S. 370. Zu Kleines Drama vgl. JAY ROSELLINI, Thomas Müntzer im deutschen Drama. Verteufelung, Apotheose und Kritik. Bern, Frankfurt a. M., Las Vegas 1978, S. 121 f.

3) WILHELM FALCKENHEINER, Philipp der Großmütige im Bauernkriege. Mit urkundlichen Beilagen. Marburg 1887, S. 70. Vgl. z. B. ADOLF LAUBE, MAX STEINMETZ, GÜNTER VOGLER, Illustrierte Geschichte der deutschen frühbürgerlichen Revolution. Berlin 1974, S. 274.

4) REINHARD JORDAN, Die Schlacht bei Frankenhausen. 2. Aufl. Mühlhausen 1908, S. 31 (Stadtschreiber); EMIL PFITZNER, Tileman Platner oder die Reformation in der Stadt und Grafschaft Stolberg im Jubeljahr des 400jährigen Geburtstages Dr. Martin Luthers. Stolberg (1883), S. 20 (Augustiner). Pfitzner schreibt fälschlich Samuel Hoffmann.

Erfurter Matrikel inskribierte *Simon Hoffmann de Hilperßhaußen* mit dem späteren Prediger identisch ist. Die Ortsangabe wird als Hildburghausen aufzuschlüsseln sein.[5] 1513 erwarb Hoffmann den akademischen Grad eines baccalaurius artium.[6] Ob und wann er die Magisterprüfung absolvierte, ist nicht überliefert. Nur in der letzten Nachricht über ihn, im Ausweisungsbeschluß des Nürnberger Rates vom 22. Juli 1525, wird er als Erfurter Magister bezeichnet.[7] Die Jahre nach dem Studium liegen völlig im dunkeln. Erst für die Zeit von 1523 bis 1525 wird Hoffmann durch Quellen einigermaßen faßbar. In dem eingangs erwähnten Schreiben an Herzog Johann gibt er an, daß er die göttliche Wahrheit *ein Jar langk unnd ettliche zeit tzwber* (!) *zw erffurdt vorkondiget* habe. Er ist demnach von Anfang 1523 an in Erfurt als reformatorischer Prediger tätig gewesen. Sein Ruf muß im Frühjahr 1523 auch bereits über das Erfurter Gebiet hinausgereicht haben, denn zum Osterfest (5. April 1523) wurde er nach Stolberg zu einer Gastpredigt über eine bedrängende Glaubensfrage eingeladen.

Stolberg, die Residenzstadt der Grafschaft Stolberg-Wernigerode, hatte zu dieser Zeit nicht ganz 3000 Einwohner.[8] Zu Erfurt stand die Harzstadt in enger Beziehung, vor allem, seitdem die Stadtkirche St. Martin durch die testamentarische Verfügung Graf Heinrichs VIII. von 1464 der Universität inkorporiert worden war.[9] In der Zeit von 1460 bis 1526 stand Stolberg mit sechs in Erfurt promovierten Magistern an der Spitze Ostsachsens.[10] Mindestens der Magistergrad gehörte zu den Voraussetzungen, um die Stelle des Stolberger Stadtpfarrers bekleiden zu können. Erwünscht waren sogar theologische Grade, der eines Baccalaureus in der Heiligen Schrift oder gar der eines Doktors. Der Stolberger Bürgerssohn Tilemann Platner, der 1519 dieses Amt übernahm, war Erfurter Magister. Als er 1520 die beiden ältesten Grafensöhne Wolfgang und Ludwig zum Studium an die Wittenberger Universität begleitete, hatte er sich längst der reformatorischen Bewegung angeschlossen. Als Graf Wolfgang nach den Gepflogenheiten der Zeit zum Sommersemester 1521 mit dem Amt des Rektors betraut wurde, übernahm Platner die Funktion des Vizerektors und führte die Universitätsgeschäfte. Zusammen mit Justus Jonas erwarb er den theologischen Doktortitel.

---

5) W II, S. 274. Die Namensform Hilpershausen ist für Hildburghausen belegt. (vgl. Karl Theodor Lauter, Hildburghausen. In: Deutsches Städtebuch, Bd. 2, Stuttgart/Berlin 1941, S. 311–313, bes. S. 311). In einer Hildburghäuser Einwohnerliste von 1412 wird ein Hans Hoffmann genannt (vgl. Rudolf Armin Human, Chronik der Stadt Hildburghausen. Hildburghausen 1888, S. 341).

6) StAE 1-1 X.B. XIII-46, Bd. 6. Bl. 81[b].

7) Thür. HStA, Reg. G 364, Bl. 64[a].

8) Emil Pfitzner, Die Kirche St. Martini zu Stolberg am Harz im Mittelalter. In: Zeitschrift des Harz-Vereins für Geschichte und Altertumskunde 23 (1890) S. 292–332, bes. S. 313. Zur Geschichte Stolbergs existiert keine neuere Untersuchung. Das reichlich vorhandene Archivmaterial ist weitgehend noch unausgewertet (vgl. Berent Schwineköper, Provinz Sachsen/Anhalt. 2. Aufl. Stuttgart 1987, S. 453–455).

9) Johann Arnold Zeitfuchs, Stolbergische Kirchen- und Stadt-Historie. Frankfurt/Leipzig 1717, S. 395f. 1473 war die Inkorporation abgeschlossen (vgl. Kleineidam II, S. 10 und 387).

10) Ebd., S. 346.

Melanchthon widmete ihm sein theologisches Lehrbuch, die *Loci communes* von 1521.[11] An den Auseinandersetzungen der Universitätsgelehrten um die Feier der Messe im Allerheiligenstift war er gleichfalls beteiligt. Der Kurfürst stoppte damals die Reformer, die auf die Abschaffung der Messe drängten.[12]

Anderthalb Jahre später – Platner nahm längst wieder die Verwaltung seines geistlichen Amtes in Stolberg selbst wahr – trat auch in der gräflichen Residenzstadt die Meßproblematik in ihr lösungsreifes Stadium. Der regierende Graf Botho III. (1467–1538) blieb bis ans Lebensende der römischen Kirche verbunden, gewährte aber der reformatorischen Bewegung in seinem Gebiet einen großen Spielraum. Vorsicht war allerdings geboten, und nur ein schrittweises Vorgehen bei der Umgestaltung der kirchlichen Verhältnisse war ratsam, denn Graf Botho war sowohl Herzog Georg von Sachsen (1500–1539), als auch Kardinal Albrecht von Mainz (1514–1545) dienstlich verpflichtet. Für Herzog Georg war er zeitweilig als Hauptmann, jedoch auch als Gesandter tätig. Gleichzeitig diente er Kardinal Albrecht als Rat und von 1515 bis 1524 auch als Hofmeister für die Stifter Magdeburg und Halberstadt, vor allem in den Zeiten der Abwesenheit des Erzbischofs von seiner Residenz. Kaiser Karl V. (1519–1556) nutzte ebenfalls Graf Bothos diplomatische Fähigkeiten als Rat.[13]

Die geistige Elite der Harzstadt stand im Frühjahr 1523 längst auf seiten der Wittenberger Reformation. Neben dem Pfarrer der Stadtkirche St. Martin ist der Lateinschulrektor Johann Spangenberg zu nennen, der seit 1520 auch als Mittagsprediger wirkte.[14] Nicht unbekannt in der Reformationsgeschichte – wegen ihrer Verbindung zu Luther und Melanchthon – sind die gräflichen Beamten, die Rentmeister Wilhelm Reiffenstein aus der Wetterau, ein angeheirateter Verwandter Luthers, und Heinrich Schneidewin aus Wiehe.[15] Justus Jonas widmete im Sommer 1523 Reiffenstein seine gegen den Konstanzer Weihbischof Johann Faber gerichtete Verteidigungsschrift für die

---

11) Theodor Kolde (Hg.), Die Loci communes Philipp Melanchthons in ihrer Urgestalt. 4. Aufl. Leipzig/Erlangen 1925, S. 56–58. Zu Platner vgl. Eduard Jacobs, Tilemann Plattner. In: ADB Bd. 2, S. 262–265; Otto Plathner, Die Familie Plathner. Berlin 1866 und 1874 (Erster Nachtrag).

12) D. Martin Luthers Werke. Kritische Ausgabe. Bd. 8, Weimar 1889, S. 401–406 (= WA); Wilhelm H. Neuser, Die Abendmahlslehre Melanchthons in ihrer geschichtlichen Entwicklung (1519–1530). Neukirchen-Vluyn 1968, S. 129–144.

13) Eduard Jacobs, Botho (der Glückselige) von Stolberg-Wernigerode. In: ADB Bd. 36, S. 327f. Jacob vermutet sicher zu Recht, daß Botho seine beiden jüngeren Söhne Heinrich und Albrecht mit Rücksicht auf Herzog Georg im Wintersemester 1525 auf die Universität Leipzig schickte (vgl. Eduard Jacobs, Übersichtliche Geschichte des Schrifttums und des Bücherwesens in der Grafschaft Wernigerode. In: Zeitschrift des Harzvereins für Geschichte und Altertumskunde 6 [1873] S. 96–134, 329–391, bes. S. 331).

14) Gustav Kawerau, Spangenberg, Vater und Sohn. In: Realenzyklopädie der protestantischen Theologie und Kirche. 3. Aufl., Bd. 18, Leipzig 1906, S. 563–572, bes. S. 564.

15) Eduard Jacobs, Die Humanistenfamilie Reiffenstein. In: Vierteljahresschrift für Kultur und Literatur der Renaissance 2 (1887) S. 71–96; ders., Reiffenstein. In: ADB Bd. 27, S. 691–693; ders., Luthers Tischgenosse Johann Wilhelm Reiffenstein. In: Zeitschrift des Vereins für Kirchengeschichte in der Provinz Sachsen 3 (1906) S. 48–67; Rudolf von Jacobi, Heinrich und Johannes Schneidewein. In: ADB Bd. 32, S. 144–149.

Priesterehe.[16] In diesen Kreis der reformatorisch eingestellten Stolberger Beamten gehörte offenbar auch der gräfliche Küchenschreiber Daniel Kaldenbach.[17] Auf ihrer Seite stand der damalige Bürgermeister Hans Goldschmidt.[18] Er war auch von Beruf Goldschmied und Erzprobierer. Durch seinen Beruf stand er in enger Verbindung zum Grafenhaus, für das er auch arbeitete. Zur Stolberger Familie Müntzer hatte er ebenfalls gute Kontakte, vermutlich aus verwandtschaftlichen Gründen.[19] Weitere Namen von Stolbergern, die sich im Frühjahr 1523 für die Reformation engagierten, kennen wir nicht, obgleich sich mit Sicherheit die Zahl der Befürworter des neuen Glaubens nicht auf das Bildungsbürgertum und einen Teil der Geistlichen und Pädagogen beschränkt hat. Es ist auch anzunehmen, daß Thomas Müntzer Kontakt zu seiner Heimatstadt gehalten hat. Vielleicht hat er gar unmittelbar vor der Amtsübernahme in Allstedt die Harzstadt noch einmal aufgesucht. Johann Spangenbergs Erinnerung an eine Predigt Müntzers zu Palmarum, *welche verstendigen Leuten allerley nachdenckens gemachet*, wird im allgemeinen auf 1522 datiert.[20] Zwingend ist das nicht. Sein Beginn mit einer Neugestaltung des Gottesdienstes, insbesondere der Messe, könnte auf einen zeitlichen und sachlichen Zusammenhang zur Problemlage in Stolberg hinweisen.[21] Hier drängte die Frage nach dem Verständnis der Messe ebenfalls nach einer Lösung, so daß man sich mit Simon Hoffmann für Verkündigung am darauffolgenden Festtag, dem Ostersonn-

---

16) Gustav Kawerau (Hg.), Der Briefwechsel des Justus Jonas. Bd. 1, Halle 1884, S. 87f. (*Adversus Johannem Fabrum Constantinensem Vicarium scortationis patronum pro coniugio sacerdotali Justi Jonae defensio*. Wittenberg 1523: 10. August).

17) Vgl. Jacobs, Humanistenfamilie Reiffenstein (wie Anm. 15) S. 82. Vermutlich war Kaldenbach später in Bitterfeld tätig (vgl. Friedrich Schmidt, Geschichte der Stadt Sangerhausen. Bd. 2, Sangerhausen 1906, S. 378f.). 1564 soll er Rentmeister des Grafen Ludwig von Stolberg gewesen sein (vgl. Zeitfuchs, Stolbergische Kirchen- und Stadt-Historie [wie Anm. 9] S. 367).

18) Stadtarchiv Stolberg, Rechnungen der Ratskämmerei, A 37. Er ist bereits vorher als Ratsmeister nachweisbar: 1506 (Stadtarchiv Stolberg, Rechnungen der Ratskämmerei A 27), 1517 (ebd., A 31), 1520 (ebd., A 34), 1501 war er Ratskämmerer (ebd., A 24).

19) Als Probierer wird er z. B. 1524 in der Renteirechnung erwähnt (vgl. LHASA Rep. H. Stolberg-Wernigerode, Stolberg – Stolberg F I Nr. XXXV, Bl. 39[b]). In dieser Funktion war er wohl Nachfolger von Matthis Montzer (vgl. ebd., F I Nr. VII [1500/1501]). Bei der am St. Thomastag 1489 durch Graf Heinrich VIII. gestifteten ewigen Spende zu St. Martin scheint Hans Goldschmidt die Stelle von Matthis Montzer eingenommen zu haben (vgl. Stadtarchiv Stolberg, G 2–9: Matthis Montzer [1487–1501], G 10–15: Hans Goldschmidt [1502/03–1508/09]). Er starb vermutlich 1528/29, denn bei der Geschoßzahlung wird er 1528 noch aufgeführt (A 40, Bl. 3[a]), 1529 erscheint an seiner Stelle Mertin Ronenaug mit derselben Summe von 3 Geschoßmark (A 41, Bl. 3[a]) [wie Anm. 18]). Die archivalische Überlieferung über ihn und seine Goldschmiedearbeiten für das Grafenhaus ist noch unbearbeitet.

20) Walter Elliger, Thomas Müntzer. Leben und Werk. Göttingen 1975, S. 219.

21) Zur Allstedter Gottesdienstreform vgl. Siegfried Bräuer (Hg.), Thomas Müntzer, Deutsche Evangelische Messe. Berlin 1988, S. 8–18; ders.: „do durch dye zeyt nicht vorgebens vorswinde". Thomas Müntzers Reform des Gottesdienstes. In: Zeitschrift für Gottesdienst und Predigt 7 (6/1989) S. 13–18. Zu Müntzers Abendmahlsverständnis vor Allstedt vgl. Ernst Koch, Das Sakramentsverständnis Thomas Müntzers. In: Siegfried Bräuer und Helmar Junghans (Hg.), Der Theologe Thomas Müntzer. Untersuchungen zu seiner Entwicklung und Lehre. Berlin/Göttingen 1989, S. 129–155, bes. S. 132–134.

tag (5. April 1523) einen „Gastprediger“ aus Erfurt holte. Die Möglichkeit dieses Zusammenhangs sollte zumindest erwogen werden.

Über Simon Hoffmanns Beziehungen zu den Stolbergern informiert uns nur die Widmungsvorrede seines Ostersermons, in der er sich an den *achtbaren vnd weisen burgermeistern vnd gantze Gemein*, seine *gelybten brůderen*, wendet. Er hatte ihnen, entsprechend ihrem *begir vnnd durst byßher*, zugesagt, seine Stolberger Osterpredigt *zu der frewmesse .../sonderlich vonn der genissunge des fleiches vnd blutes Christi*, zuzusenden. Da *es sich hat vorweilet vnd yn vorharünge kommen*, ist er von den Stolbergern *auch mit schrifft vormant* worden. Er nennt auch den Grund, weshalb er auf die Mahnung positiv reagiert hat: *da sich ettlich an* (sc. seiner Predigt) *irren vnd begeren/meine Wort in ein vernemlichern vorstanndt zu bringen*. Er bezeugt ihnen, daß sie *dem lauthern vnd reinen waren Wort gottes* anhängen und bittet sie, ihren Pfarrer Tilman Platner, Heinrich Schneidewin und Daniel Rentmeister (Kaldenbach) *mit sampt allenn die do liebenn/das ware wort gottes etc.*[22]

Selbst wenn unklar bleibt, weshalb sich die Stolberger gerade von Hoffmanns Verkündigung Klarheit erhofften und wie er überhaupt ins Spiel kam, deutlich ist, daß es um ein lösungsbedürftiges Problem zu einem kritischen Termin ging. Hoffmann erwähnt es eingangs selbst. Es gezieme sich eigentlich zu diesem Fest *von der frolichen aufferstehüng Christi zů predigen*. Das wolle er jedoch dem Nachmittagsgottesdienst vorbehalten. Vielmehr wolle er *auß bith vil frommer christen*, und *vmb der willen/die noch schwach seint im glauben/von dem blůt vnd fleisch Christi/welchs entpfangen wurdt, gessen vnd drüncken/durch den glauben des heiligen wort gottes* reden (Bl. a2[a]). Deshalb habe er sich zum Frühgottesdienst für Joh. 6, 53–58 als Predigttext entschieden. Damit entsprach Hoffmann der Situation, denn das Osterfest war für die junge reformatorische Bewegung einer der neuralgischen Punkte, an denen sie sich herausgefordert sah, Position zur geltenden kirchlichen Tradition zu beziehen. Seit dem IV. Laterankonzil von 1215 war jeder Gläubige verpflichtet, wenigstens zu Ostern *(ad minus in Pascha)* das Altarsakrament zu empfangen.[23] Während im Einflußbereich der Wittenberger Reformation zu dieser Zeit sonst meist Fragen des Abendmahlsgebrauchs, die Ausspendung in beiderlei Gestalt oder als Übergangsform die *manducatio spiritualis* (Teilnahme an der Eucharisti nur im Glaubensvollzug) diskutiert wurde, konzentriert

---

22) Ain sermonn//geschen am Ostertag//zu der frwe messe zu//Stolbergk durch//Simon Hoff=//mann.//Gedruckt zů Erffurdt durch//Michael Bůchfůrer. (1523), Bl. a[b]. Vgl. Martin von Hase, Bibliographie der Erfurter Drucke von 1501–1550. 3. Aufl. Nieuwkoop 1968, S. 91 f., Nr. 621, S. 172, TE 3. Helmut Claus, Erfurter Drucke der ersten Hälfte des 16. Jahrhunderts. In: Ulman Weiss (Hg.), Erfurt 742–1992. Stadtgeschichte – Universitätsgeschichte. Weimar 1992, S. 295–314, bes. S. 309. Bei von Hase und Claus nicht verzeichnete Exemplare: Marktkirchenbibliothek Goslar Nr. 356 (danach wird mit Bl.-Angabe zitiert), Universitäts- und Landesbibliothek Halle Ji 3256[k].

23) Zur sogenannten Osterpflicht vgl. Heinrich Denzinger/Adolf Schönmetzer S. J. (Hg.), Enchiridion Symbolorum. 36. Aufl., Freiburg 1976, S. 264 Nr. 812 (Cap. 21); Josef Miller S. J., Österliche Zeit. In: Lexikon für Theologie und Kirche. 3. Aufl., Bd. 7, Freiburg 1986, Sp. 1277.

sich Hoffmann auf theologische Grundfragen des Sakramentsverständnisses.[24] Er sieht sie mit der Perikope Joh. 6, 53–58, die er eingangs wörtlich nach Luthers Septembertestament von 1522 wiedergibt, besonders in den Versen 53f. klar gestellt und beantwortet. Seit den Tagen der alten Kirche war das Verständnis dieser Perikope umstritten. Die Theologen aus der alexandrinischen Tradition, voran Origenes, haben in der Regel die Aussage über das Essen und Trinken von Fleisch und Blut des Menschensohnes als Bildwort verstanden, das den Glauben und das Wort Gottes meint. Joh. 6,53f. ist auf den Glaubenden bezogen, der durch das Wort Christi ernährt wird. Die Theologen aus der antiochenischen Tradition dagegen verstanden die Stelle eucharistisch. Im Spätmittelalter setzte sich die eucharistische Interpretation weitgehend durch, doch blieb der Glaubensbezug vor allem durch das Augustinwort „glaube und du hast gegessen" *(crede, et manducasti)* ebenfalls lebendig.[25] Die Reformatoren schlossen sich der Tradition der Alexandriner an und beriefen sich immer wieder auf das Dictum Augustins. Luther zitiert es bereits in seinem *Sermon von dem hochwürdigen Sakrament des Heyligen Waren Leychnams Christi* von 1519.[26] Die eucharistische Tradition der Interpretation von Joh. 6,53–58 verband sich in der frühen antireformatorischen Polemik mit der Option für die Abendmahlsspendung unter einer Gestalt (Brot) und dem Vorwurf des Hussitismus. 1520 vertrat diese Position der Leipziger Franziskaner Augustin Alveld in seiner Kontroversschrift *Tractatus de communione sub vtraque* gegen Luther. Er gab damit den Anstoß für Luthers literarische Kritik der traditionellen Sakramentslehre in Gestalt der Reformationsschrift *De captivitate Babylonica ecclesiae praeludium*, die im gleichen Jahr noch erschien. Schon in der Einleitung bemüht sich Luther, den Gegnern und ihrer eucharistischen Interpretation exegetisch den Boden wegzuziehen. Nicht mit einer Silbe rede das 6. Kapitel des Johannesevangeliums vom Sakrament, Christus spreche hier klar vom Glauben an das Mensch gewordene Wort.[27]

Hoffmann vertritt das durch Luther geprägte frühreformatorische Verständnis von Joh. 6, vermutlich kennt er auch Luthers Reformationsschrift.[28] Es ist denkbar, daß er sich mit seiner Polemik teilweise gleichfalls an die Adresse der Gegner Luthers aus den Bettelorden wendet. Möglicherweise fließen auch eigene Erfahrungen aus seiner Erfur-

24) Zum Rückgriff auf die *manducatio spiritualis* in den Jahren 1522–1525 durch Jakob Strauß, Martin Reinhart, Urban Rhegius u.a. vgl. Reinhard Schwarz, Abendmahlsgemeinschaft durch das Evangelium. Obwohl der Tisch des Herrn „durch menschliche Irrung versperrt ist". Texte aus der Frühzeit der Reformation. In: Lutherjahrbuch 59 (1992) S. 38–78.

25) Zur Auslegungstradition der Perikope vgl. Rudolf Schnackenburg, Das Johannesevangelium. T. 2, Leipzig 1971, S. 96–100.

26) WA Bd. 2, S. 742; Martin Luther, Studienausgabe. Hg. Hans-Ulrich Delius, Bd. 1, Berlin 1979, S. 273 und Anm. 7 (= StA).

27) WA Bd. 6, S. 502; StA Bd. 2, S. 178; Luther führt in diesem Zusammenhang auch die Augustinstelle an: StA 2, S. 179 und 199. Ähnlich argumentiert z. B. Andreas Osiander, Gesamtausgabe. Hg. Gerhard Müller und Gottfried Seebass, Bd. 1, Gütersloh 1975, S. 239.

28) Eine direkte Bezugnahme ist nicht nachweisbar, es gibt aber Anklänge bei Formulierungen und biblischen Belegen, z. B. 1. Mose 9, 12–17 bei Luther (StA Bd. 2, S. 196 und 198) und bei Hoffmann (Bl. b2[b]).

ter Tätigkeit mit ein. Widerstand profilierter Mönchstheologen gegen die reformatorische Bewegung ist für Stolberg jedenfalls schwer vorstellbar. Er hätte vermutlich nur aus den Kreisen der Terminarier kommen können, da in der Harzstadt kein Kloster existierte.[29] Hoffmann schließt sich auch Luthers Übersetzung des Neuen Testaments an, nicht nur, wie erwähnt, in der Wiedergabe des Predigttextes. In der Gedankenführung, in Auswahl und Einsatz der vielen wörtlichen Bibelzitate und in der sprachlichen Gestaltung geht Hoffmann eigene Wege. 31mal zitiert er das Alte Testament, fast doppelt so oft das Neue Testament. Zwei Drittel der neutestamentlichen Zitate entnimmt er den Evangelien, danach dominiert der Römerbrief. Die meisten Bibelstellenangaben werden als Marginalien ausgeworfen.[30] Viele biblische Belege werden blockweise gehäuft. Das ist in der reformatorischen Flugschriftenliteratur durchaus üblich, nicht jedoch bei Luther.

Eine klare Gliederung ist bei Hoffmanns Predigt nicht erkennbar, dennoch gibt es eine logische und durchsichtige Abfolge. Nach der Wiedergabe des Predigttextes legt der Prediger seine exegetische Kernaussage deutlich konturiert dar und untermauert sie immer wieder mit kumulativ angeordneten Schriftbelegen. Mehrfach nutzt der Prediger die Gelegenheit zu polemischen, vor allem antimonastischen, Einlassungen, einmal verwendet er die direkte Paränese. Eingangs formuliert Hoffmann, wie erwähnt, seine Kernthese: *zům ersten in der schrifft heist essen/mit dem hertzen in Christum zů glauben/zů dem andern brot in der schrifft ist das ware wort gottes, hie ist clar in dißem evangelio/das jr essennt vnnd trincket blůt vnd fleisch Christi/so jr hőret/vorkündigen das wort gottes/vnd mit dem hertzen darein glaubet* (ebd.). Das konnten *vnsere alte hillebrent,* die altgläubigen Theologen und Priester, nicht in ihre alten Köpfe bringen.[31] Sie hätten Christus *vmb den taglonn vorkaufft vnd gefressen/dan alle dy do Christum opffern in jren ampten* (= Gottesdiensten)/*die creutzigen Christum* (bl. a2–a2$^{b}$). Das einhellige Zeugnis der Heiligen Schrift weise aus, daß die Messe kein Opfer sei. Das *zeichen des fleisches vnd bluttes* sei gegeben, *auff das mir in den gecreutzigten got gegleuben/vnd sollen wissen, das mir mussen sterben gleich wie Christus ist gestorben/ vnd durch den glauben/widerumb auffersten/gleich wie christus vom tődt erstanden ist*

29) Zu den Stolberger Terminariern der Augustiner, Dominikaner und Franziskaner vgl. Pfitzner, Kirche (wie Anm. 8) S. 318f.

30) Hoffmann zitiert: 1. Mose 1; 9, 14–16; 15,6; 2. Mose 16, 20; 19,5; 5. Mose 4,2; 8,3; 12,32; Spr. 30,5; Ps. 50,9; 107,20; 118,22; Jes. 31, 33b; 33; 40,8; 44,8; 52,3; 53,4; 53,5; 53,12; 59,21; 60,12; 65,11; Jer. 2,19; 9,23; 11,3f; 17,13; Hes. 36,20; Amos 8,11; Sach. 1,3; Hab. 2,4; Matth. 4,4; 6,11; 8,8; 9,12; 10,12; 10,32f; 11,20–24; 20,20; 21,42–44; 24,35; 25,11–30; 26,26; 26,26–28; Mark. 8,38; 12,31f; 13,22–24; 14,22; 16,16; Luk. 9,26; 11,28; 12,17. 19–22; 16,17; 17,7–10; 19,11–16; 22, 14–20; Joh. 1,1.12.14a.14; 3,5; 3,20f; 5,24; 6,34–36, 39. 40–42a. 53–56.60.66–69; 8,12; 8,47.51; 10,12.27; 13,1–15; 14,6; 15,13f; Apg 1,5; 3,13–19; Röm 1,16–18; 2,18; 3,4.23f; 6,8.23; 9,16; 10,16.17; 1. Kor. 2,14f; 11,23–25; 11,24; 11,24–26; Gal. 1,8; 2,21; 2. Joh. 3,20f; 1. Petr. 2,24; 3,18.

31) Die polemische Metapher ist sonst nicht nachweisbar. Vgl. Jakob und Wilhelm Grimm, Deutsches Wörterbuch. Bd. 4/II, Leipzig 1877, Sp. 1322: Hildebrandsgriff für schlaue, ränkevolle Handlungen. In Luthers Weihnachtspostille wird Hildebrand als Synonym für große Mörder oder Leutefresser gebraucht (vgl. WA Bd. 10/I, S. 620).

(Bl. a2[b]). Im Gegensatz zum vergänglichen Manna, der Wüstenspeise Israels, sei das Wort Gottes die ewige beständige Speise, die lebendig mache. Joh. 6 rede also nicht vom natürlichen, sondern vom geistlichen Brot. Die Summe dieser Perikope sei demnach mit der Aussage von Joh. 1, 14 identisch, d. h. es sei zu glauben, daß das Wort Fleisch geworden und für uns gestorben sei, und wer ihm glaube, werde das ewige Leben haben.[32] Das gelte aber nur für den Glauben des Herzens, mit dem allein das Wort Gottes gegessen werden müsse, nicht für die äußerlichen Zeichen oder Werke an sich, für die Taufe, die Beschneidung sowie den Genuß von Fleisch und Blut Christi. Immer wieder variiert Hoffmann seine reformatorischen Grundeinsichten, beispielsweise sei Gott *allen vnsern wercken nichts schuldig, so got vns etwas zů gůt* tue oder geschehen lasse, so geschehe das *aus lauter barmhertzigkeit, das ewige leben* sei *ein gabe gottes/ vnd nicht aus vnserm vordinst*, der Glaube mache *allein gerecht vnd selig* (Bl. b7[b]). Allein den Glaubenden *in seinem namen* gebe *er gewalt kinder gottis zu werden* (Bl. b2[a]); es sei *das sacrament des fleischs vnnd blutes Christi/nicht anderst/dan ein zeichen der zusagunge gottis/gleich wie der regenbogen Gene. 9* (Bl. b2[b]).[33] Gegen Ende seiner Predigt wendet sich Hoffmann mit einer eindringlichen Mahnung direkt an die Hörer und Leser: *Wolt jr gottis schaffe sein, so hőret auch sein wort vnd nicht der papisten wort vnd gesetze, die nür mit/ban vnd gehorsam/vnnd todtsunden gebiethen* (Bl. b2[b]–b3[a]). Dazu sei *die artzenei des blůttes vnnd fleisches christi* gut, *das kein mensch vorczweiffel zu seinen sunden*. Entscheidend sei, dem Wort Gottes zu glauben, das Himmel und Erde und alle Dinge geschaffen habe. Die *verachtung des evangelij, widder zů horen/nach zu sehen/sunder nür ketzerei gescholten/vnd vordampt*, das sei die unvergebbare Sünde wider den Heiligen Geist (Matth. 12,31–37). Sie werde Gottes hartem Gericht anheimfallen (Bl. b3[a]).

Die Gegner, an die er seine Warnung richtet, nennt Hoffmann gegen Ende seiner Predigt nicht konkret. Das ist in den vorangehenden Ausführungen mehrfach bereits geschehen. Auf die Polemik gegen die *alten hillebrents*, die Repräsentanten der römischen Kirche, wurde schon hingewiesen. Sie nimmt er immer wieder in seiner Predigt aufs Korn. Er nennt sie *vnsere alten grokőpffe* (Bl. a4[a]). Wie einst die Juden gegen Jesus murrten und meinten, sie würden ihn als Josephs Sohn nur allzu gut kennen (Joh. 6,40), so lehnten sie die Verkündigung des reformatorischen Predigers ab mit Worten wie: *O was solt der wissen, ist ein junger leffel, kennen wir ihn doch wol, so wissen wir, wer er ist* (Bl. a4[a]). In diesem Vorwurf artikuliert sich wohl der Generationskonflikt, der zwischen den Vertretern altgläubiger und reformatorischer Theologie auch vorhanden war.[34] Wie viele seiner Zeitgenossen, Luther voran, interpretierte Hoffmann die Kon-

32) Hoffmann kombiniert Joh. 1, 14 mit Joh. 6, 47.

33) 1. Mose 9, 14–16.

34) Zum Verständnis der Reformation als Generationskonflikt vgl. Herbert Schöffler, Die Reformation. Frankfurt a. M. (1936), S. 3–40, 98 u. ö.

flikte mit der altkirchlichen Geistlichkeit im Lichte der Passionsgeschichte Jesu.[35] So wirft er ihnen vor, nach dem Beispiel der Juden als *galgenrither/vnd hohenprister/vnd geitzmagen ... wider das Evangelium/das ist Christum*, zu streben (Bl. b3[a]). In Stolberg dürfte Hoffmann profilierte Verteidiger des alten Kirchenwesens schon nicht mehr vorgefunden haben. Eher könnte er die Erfurter Verhältnisse im Blick gehabt haben, die in Stolberger Bürgerkreisen wohlbekannt waren. Konkrete Ansatzpunkte sind aber auch hierfür nicht erkennbar. Letztlich argumentiert Hoffmann auf der Ebene reformatorischer Polemik unter Verwendung zeitgenössischer Kontroversen-Klischees.

In ähnlich allgemeinen Bahnen, aber ausführlicher und im Ton schärfer, bewegt sich Hoffmann bei seinen Auseinandersetzungen mit den monastischen Gegnern. Auf die Bettelorden vor allem hat er es abgesehen. Als er auf das schriftwidrige Werk-Vertrauen zu sprechen kommt, läßt er sich das in der zeitgenössischen humanistischen und Flugschriftenliteratur beliebte Exempel vom Jetzerhandel in Bern nicht entgehen. Er bezeichnet ihn als *lappenwerck/welches die kuttenhengst habenn auffgericht/nemelich die Dominicaner* (Bl. a3[a]). Sie hätten für solchen Betrug und solche Abgötterei mit der Feuerstrafe den zustehenden Lohn erhalten.[36] Am Pranger gesellt er ihnen dann noch die Franziskaner und die Benediktiner zu. Eine konkrete Situation im geographischen Umfeld scheint er auch hier nicht anzuvisieren. Es kommt jedoch noch härter, denn er wirft *allen die do leben in menschengesetz* vor, sie seien Christusverleugner. Dann adressiert er seine Vorwürfe direkt: *nemlich münch, pfaffen vnd das schandt nünnen fihe*. Größere Laster und Sünde als in den Klöstern gäbe es nicht auf Erden. Es graue ihm, davon zu reden. Das Klostervolk habe keinerlei Basis in der Heiligen Schrift. Fürsten, Grafen und Herren, Erbare und Unerbare, also Standespersonen und gewöhnliche Bürger, sollten Tag und Nacht keine Ruhe haben, *biß das sie jr blůt vnd fleisch widder zu gott brechten/vnd auff den wegk der warheit gottis* (Bl. a4[b]). Doch nichts dergleichen geschehe, stattdessen lasse man sie *got für vns bithen/in solchen elenden mortsgruben* (Bl. a4[b]–b[a]). Hoffmann schildert mit dramatischen Worten die anstrengenden und dennoch vergeblichen Gebetsmühen der monastischen Söhne und Töchter, um ihre Eltern vor der Verdammnis zu retten. Dann fordert er seine Predigthörer direkt auf: *Sehet hie jr christlichen hertzen/lasset auch das zů sinne gehen/vnd helfett den gefangen loß/er dan sie/zům jüngsten tag ewich zeter vber euch schreyen/ja vber leib vnd seel* (Bl. b[a]). Hoffmann hat diese eindringliche Mahnung nicht über die Köpfe hinweg gesprochen. Wir wissen, daß sich zu dieser Zeit noch Stolberger in den Klöstern befanden, voran Graf Bothos Tochter Anna, die schon mit zwölf Jahren (1516) zur Äbtissin des Stifts Quedlinburg gewählt wurde und sich erst 1539 der Reformation

35) Zur Passionsgeschichte als Interpretament reformatorischer Ereignisse vgl. JOHANNES SCHILLING, Passio Doctoris Martini Lutheri. Bibliographie, Texte und Untersuchungen. Gütersloh 1989, S. 101–107.

36) Zum Jetzerprozeß von 1507 bis 1509 vgl. OSKAR VASELLA, Johannes Jetzer. In: Lexikon für Theologie und Kirche. 3. Aufl. Freiburg 1956, Sp. 968 f.; HANS VON GREYERZ, Der Jetzerprozeß und die Humanisten. In: Archiv des Historischen Vereins des Kantons Bern 31 (1932) S. 243–299.

zuwandte.[37] Von den Bürgersöhnen kennen wir die beiden Erfurter Benediktiner Veit Goldschmidt und Martin Gentzel, die in Kontakt zu Thomas Müntzer standen. Während Gentzel 1525 das Peterskloster verließ, mißlang Goldschmidts Trennungsversuch. 1526/1527 mußte er einige Zeit in Klosterhaft verbringen.[38] Unmittelbare Wirkungen scheint Hoffmanns antimonastischer Paränese offenbar nicht beschieden gewesen zu sein.

Es ist vermutet worden, Hoffmanns Predigt lasse „eine Neigung zur Erwachsenentaufe" erkennen, denn er habe betont, daß *der glaube vor der tauff stehet* (Bl. a3[a]).[39] Zu dieser Vermutung ist jedoch kein Anlaß. Dem Taufproblem gilt in dieser Predigt gar nicht das Interesse. Im Mittelpunkt steht die grundsätzliche Bedeutung des Glaubens. Dafür wird, wie auch sonst bei reformatorischen Theologen, Mark. 16,16 als Beleg in Anspruch genommen. In ähnlicher Weise hatte Luther in seiner Reformationsschrift *De captivitate Babylonica ecclesiae*, also vor seiner Auseinandersetzung mit den „Zwikkauer Propheten", die grundsätzliche Priorität des Glaubens für den Christen unter Berufung auf Mark. 16, 16 betont.[40] Spiritualismus kann Hoffmann ebenfalls nicht unterstellt werden, wenn er sich gegen den Vorwurf, er sei für die richtige Lehrerkenntnis noch zu jung, mit Jer. 31, 33b und Jes. 59, 21 verteidigt: *Das der heylige geist/das gesetze schreibet in die hertzen der menschen vnd sie werden alle von got gelart* (Bl. a4[a]). Den biblischen Belegen entnimmt er, daß der Glaube letztlich nicht vom Alter oder von der Gelehrsamkeit abhängig ist. So werden die Bibelstellen neben Joel 3,1 auch sonst häufig zur Autorisierung in Anspruch genommen.[41] Jer. 31,33 gehört auch zu den Kernstellen Thomas Müntzers. Sie erhält bei ihm allerdings ein ganz anderes Gewicht. Sie gehört in den Zusammenhang des Weges zum wahren Glauben, den jeder Mensch gehen soll, und sie zeigt die apokalyptische Dimension der reformatorischen Ereignisse an.[42] Es it auch sonst wenig Ähnlichkeit in Sprachgestaltung und Gedankenführung

37) Vgl. Zeitfuchs, Stolbergische Kirchen- und Stadt-Historie (wie Anm. 9) S. 56–59; Karl Janicke, Anna (von Stolberg), Äbtissin von Quedlinburg. In: ADB Bd. 1, S. 469f.

38) Thomas Müntzer, Schriften und Briefe. Kritische Gesamtausgabe. Hg. Günther Franz unter Mitarbeit von Paul Kirn, Gütersloh 1968, S. 378, Nr. 29; Ulman Weiss, Die frommen Bürger von Erfurt. Die Stadt und ihre Kirche im Spätmittelalter und in der Reformationszeit. Weimar 1988, S. 326f.

39) Weiss, Die frommen Bürger (wie Anm. 38) S. 161f., Anm. 274.

40) WA Bd. 6, S. 521; StA Bd. 2, S. 202; WA Br. Bd. 2, S. 508. Vgl. auch Osiander, Gesamtausgabe (wie Anm. 27) Bd. 1, S. 239 (Osiander zitiert 1524 Mark. 16,16 wie Hoffmann im Zusammenhang mit Joh. 6,56). Zur anders akzentuierten Verwendung von Mark. 16,16 durch Luther in der Polemik gegen die „Zwickauer Propheten" vgl. WA Br. Bd. 2, S. 425 und 508.

41) Vgl. z. B. den Flugschriftenangriff der Frau des ernestinischen Schössers von Eisenberg, Elisabeth Weida, auf den reformationsfeindlichen Abt von Pegau, Simon Plick: Wyder das vnchristlich schreyben vñ//Lesterbůch/des Apts Simon zů Pegaw vnnd seyner//Brůder. Durch Vrsula Weydin Schősserin zů//Eyssenbergk/Eyn gegrůndt Christlich//schrifft Gőtlich wort vnnd Ehe = //lich leben belangende. Johelis 2 (Joel 3,1). o. O. (Zwickau) 1524. Landesbibliothek Dresden: Hist. eccles. E. 360,24; Helmut Claus, Die Zwickauer Drucke des 16. Jahrhunderts. T. 1, Gotha 1985, S. 115f., Nr. 86.

42) Vgl. z. B. Müntzer, Schriften und Briefe (wie Anm. 38) S. 277 und dazu Reinhard Schwarz, Die apokalyptische Theologie Thomas Müntzers und der Taboriten. Tübingen 1977, S. 10f.

zwischen Hoffmanns Predigt und Müntzers schriftlichen Äußerungen dieser Zeit feststellbar. Nur ein reichliches Vierteljahr später, am 18. Juli 1523 richtete Müntzer seinen *ernsten sendebriff an seine/lieben bruder zu Stolberg/unfüglichen auffrur/zu meiden.*[43] Sprachlich und gedanklich wird der Leser in eine andere Welt geführt als bei Hoffmann. Dessen Verkündigung bewegt sich im Frühjahr 1523 im Rahmen der Wittenberger Reformation. Sie ist konzentriert auf die zentralen Anliegen der reformatorischen Erkenntnis, auf das Wort Gottes in Gestalt des Evangeliums von Jesus Christus, auf die angebotene Gnade und den antwortenden Glauben. Anzeichen, daß ein möglicher Kontakt zu Müntzer im Frühjahr 1523 bereits Hoffmanns Verkündigung geprägt habe, gibt es nicht, es sei denn, in den Schlußsätzen seiner Predigt wäre ein Müntzer vertrautes Stichwort *werck gottis*, als Signal für eine bereits weiterreichende Übereinstimmung zu verstehen: *nhün solt ich sagen was die werck gottis* (sc. die bei denen ans Licht kommen, die nach Joh. 3, 20f. die Wahrheit tun) *weren/welhs aber zu disem mhal/hiebey lassen bleiben/Aber gedenck den esel auffs eiß zutreiben/vnd den lesterernn vnnd schender des wharen wordt gottis da maul bas zw reyben* (Bl. b3$^{b}$).[44]

Offenbar hat er zu diesem Vorhaben in Erfurt schon bald Gelegenheit gehabt und diese auch reichlich genutzt. Ulman Weiß hat darauf hingewiesen, daß die Erfurter Chronistik des 17. Jahrhunderts das Jahr 1523 als das für die Erfurter Reformation entscheidende Jahr gesehen hat.[45] An einigen Kirchen, an denen die Pfarrerwahl den Altarmännern zustand, gab es bereits ordentlich berufene und angestellte reformatorische Prediger. Einer von ihnen, Ägidius Mechler, heiratete als Erster am 13. Juli. Bereits am 5. Juli spendete Johannes Culsamer erstmalig in der Stadt das Abendmahl in beiderlei Gestalt. Dieser punktuelle Beginn und sukzessive Ausbau wird in der Geschichtsschreibung nicht selten überschätzt. Soweit zu sehen ist, ist die Entwicklung in den einzelnen Erfurter Gemeinden noch nicht archivalisch untersucht worden. Vom Differenzierungsprozeß innerhalb der reformatorischen Bewegung, besonders von den seit 1522 nachweisbaren Spannungen zwischen Eobanus Hessus und Johannes Lang, die im Frühjahr 1523 auch nach außen hin wahrnehmbar wurden, gilt das gleiche.[46] Wir kennen die Erfurter Verhältnisse des Jahres 1523 noch zu wenig im Detail. Es ist nicht sicher, ob die Beschreibung, die Bob Scribner gegeben hat, nicht doch zu pauschal

---

43) Müntzer, Schriften und Briefe (wie Anm. 38) S. 21–24. Müntzers Sendbrief wird allgemein als eine Reaktion auf einen Differenzierungsprozeß innerhalb der reformatorischen Bewegung in Stolberg verstanden. Davon ist jedoch sonst nichts bekannt. Er könnte aber auch als Beitrag zur Bewältigung der Situation verstanden werden, die durch das kaiserliche Mandat vom 6. März 1523 mit seiner eindringlichen Warnung vor Aufruhr entstanden war: Verunsicherung und Vorsicht in reformatorischen Kreisen, eilfertiges Aufgreifen des Aufruhrvorwurfes von antireformatorischer Seite.

44) Zu Müntzers Verständnis vom *werk Gottes*, das zum Glauben führende Wirken Gottes an den Erwählten, das vor allem zu erleiden ist, vgl. Rudolf Mau, Gott und Schöpfung bei Thomas Müntzer. In: Bräuer/Junghans (Hg.), Müntzer (wie Anm. 21) S. 11–38, bes. S. 19f.

45) Weiss, Die frommen Bürger (wie Anm. 38) S. 155 und S. 142f.

46) Der Konflikt zwischen Hessus und Lang wird in der Regel noch nach der Darstellung von Krause beurteilt (vgl. Carl Krause, Helius Eobanus Hessus. Sein Leben und seine Werke. Bd. 1, Gotha 1879, S. 341–381; vgl. aber jetzt Stefan Rhein, oben S. 294f.).

formuliert ist: „Der Rat wurde von mächtigen Anhängern der evangelischen Bewegung aus den eigenen Reihen beeinflußt und sah deshalb neutral und wachsam zu, als die Bewegung sich ausbreitete. Er gewährte den Evangelischen freien Spielraum und schritt nur dann ein, als heterodoxe Meinung in Aufruhr überzulaufen drohte, was 1523 durch das Zusammenwirken von sozialen Beschwerden und antiklerikaler Gewaltätigkeit geschah".[47] Vermutlich steht für Scribner das Erfurter Wirken Hoffmanns bei diesen Worten schon in Hintergrund, da er unmittelbar danach darauf eingeht. Eine solche festlegende Interpretation von Hoffmanns Tätigkeit ist angesichts der gegenwärtig bekannten Quellen jedoch nicht möglich. Wir kennen nur die Beschwerde Hoffmanns bei Herzog Johann und die Zurückweisung der Vorwürfe durch den Erfurter Rat, beides Monate nach dem Beginn des Konflikts vorgebracht. Ausbruch, Hintergründe und Verlauf des Konfliktes lassen sich aus den Quellen nicht erschließen. Der ganze Vorgang ist für Erfurt singulär und gibt Rätsel auf. Fest steht nach Hoffmanns eigener Schilderung, daß er seit Jahresanfang als Prediger in Erfurt tätig war, offenbar ohne feste Anstellung. Er gibt an, daß er sich davon kaum hätte ernähren können.[48] Unter den Erfurter Predigern ist er zu dieser Zeit damit kein Sonderfall. Im Sommer, vermutlich im August 1523, ist er vom Erfurter Rat gefangen gesetzt und drei Stunden der Folter unterworfen worden. Er sei dadurch *zu einem ungesunden menschen gemacht* worden, gibt er an. Erst nach über 21 Wochen sei er durch schriftliche Intervention Herzog Johanns von Sachsen und anderer Herren in Bürgenhand frei gekommen. Der Rat verlangte ihm die übliche Sicherheitsmaßnahme ab, eine schriftliche Urfehde. Es ist ihm aber gestattet worden, in Gegenwart seiner Bürgen vor dem Sitzenden Rat *das wort gottes in aller macht und crafft zu predigen wy fur*. Nach seiner Auffassung ist der Rat gegen ihn vorgegangen *on alle ursach, on alles recht, und on alle warheit*. Die Gerichtsakten sind nicht erhalten. Die Motive des Rates bleiben im dunkeln. Hoffmanns Schilderung, außerhalb Erfurts Monate später geschrieben, konnte sich auf die wichtigsten Fakten beschränken, da er Herzog Johann angesichts neuer Schwierigkeiten nur den Vorgang wieder ins Gedächtnis rufen mußte, an dem er als Fürsprecher beteiligt gewesen war. Hoffmann macht zu Recht auf die ungewöhnliche Handlungsweise des Rates aufmerksam, der mit einem Prediger umging wie *mit mordern und dippen*. Als reine Willkür ist sie genauso wenig vorstellbar, wie als ausschließlich reformationsfeindliche Aktion. Zumindest muß die rechtsgeschichtliche Einsicht mit bedacht werden: „Die Anwendung der Folter ist das sicherste Zeichen dafür, daß die Obrigkeit von sich aus mit Hilfe der Erklärungen und Aussagen des Beschuldigten den tatsächlichen Sachverhalt erforschen will".[49] Der Sachverhalt, dem der Erfurter Rat im Falle Hoffmanns auf die Spur kommen wollte, bleibt im dunkeln. Die Vermutung liegt

47) Bob Scribner, Die Eigentümlichkeit der Erfurter Reformation. In: Weiss, Erfurt 742–1992 (wie Anm. 22) S. 241–254, bes. S. 242.

48) Zum folgenden vgl. Anh. 2.

49) Eberhard Schmidt, Einführung in die Geschichte der deutschen Strafrechtspflege. 3. Aufl., Göttingen 1965, S. 91.

nahe, Hoffmanns Verkündigung war von dem Verdacht mitbetroffen. Die Entscheidung, ob die ihm zur Last gelegten Abweichungen – mit den Begriffen Luthers ausgedrückt – mehr die Lehre oder das Leben betrafen, ist ohne einen Schritt über die Grenze ins Spekulative nicht zu treffen.[50] Den Nachweis, daß die Verdächtigungen grundlos waren, wollte Hoffmann sicher mit seiner Predigt vor dem Sitzenden Rat erbringen. Auch dieser Vorgang war sehr ungewöhnlich. Es ist gut denkbar, daß bei dieser Erlaubnis die ernestinischen Räte mitgewirkt haben. Hilfeersuchen von Angeklagten bei Herzog Johann hat es angesichts der Einflußkonkurrenz von Mainz und Sachsen auf Erfurt auch sonst gegeben. Als der Erfurter Amtmann in Vippach, Anthonius Schmidt, im Juli 1523 vom Erfurter Rat zur Verantwortung gezogen wurde und sicheres Geleit verlangte, traten die Räte Herzog Johanns ebenfalls für den Angeklagten ein.[51] Herzog Johann wurde zu dieser Zeit überdies mehrfach von bedrängten reformatorischen Predigern um Beistand angegangen. Von dieser Möglichkeit hat im Herbst 1523 bekanntlich Heinrich Pfeiffer Gebrauch gemacht.[52]

Nicht sicher ist, ob Hoffmann nach seiner Urfehde offiziell der Stadt verwiesen worden ist. Zu Jahresanfang hielt er sich in Vippach, einem zum städtischen Landgebiet gehörenden Amt auf. Seit Juli 1523 war als Nachfolger von Anthonius Schmidt als Amtsverweser der Ratsherr Hans Weidenhain dort tätig, der zu den engagierten Förderern der reformatorischen Bewegung gehörte.[53] Es ist anzunehmen, daß Hoffmanns Beziehung zu Weidenhain schon zur Zeit des städtischen Wirkens bestand. Vielleicht gehörte der Ratsherr zu den Bürgen des Predigers, deren Namen uns nicht überliefert sind. Was sich in Vippach im einzelnen abgespielt hat, läßt sich nicht rekonstruieren. Davon, daß Hoffmann regelrecht von den Bauern als Prediger angenommen wurde, sagen die Quellen nichts.[54] Die Aufforderung an Weidenhain vom

---

50) Die Angabe Scribners, „Ende Juni 1523 kam es zu Gewalttätigkeiten in den Erfurter Dörfern, zum Sturm auf Pfarrhäuser und Totschlag mehrerer Menschen" (Scribner, Eigentümlichkeit [wie Anm. 47] S. 248) ist in dieser Verallgemeinerung schwerlich quellenmäßig zu belegen.

51) StAE 1–1 XXI 1b 1b (1523–1526) Bd. 1, Bl. 43[b]: Der Rat versichert Schmidt am 11. Juli 1523 im Beisein der Räte Herzog Johanns, daß ihm kein Leid geschehen soll. Es wäre noch zu prüfen, ob zwischen dem Konflikt um Schmidt und dem um Hoffmann eine Verbindung bestand.

52) Walther Peter Fuchs (Hg.), Akten zur Geschichte des Bauernkriegs in Mitteldeutschland. Bd. 2, Jena 1942, S. 19, Nr. 1101.

53) StAE 1–1 XXI 1b 1b (wie Anm. 51) Bl. 43[b]. Der Rat schickt seinem Vippacher Amtsverweser Hans Weidenhain am 11. Juli 1523 das Gerichtsbuch zu. Weidenhain besaß 1530 ein Vermögen von 673 fl. Er war 1519, 1524 und 1529 im Rat (1529 als 3. Ratsmeister). Er starb am 29. 9. 1530 (vgl. Weiss, Die frommen Bürger, S. 315). Im Bauernaufstand 1525 wird er als Ratsmann, Bierzapfer und Sympathisant der Aufständischen genannt, vgl. Fuchs, Akten (wie Anm. 51) S. 449, Nr. 1639 und S. 670, Nr. 1871. Zu den stadtnahen Erfurter Ämtern und Amtleuten (im Unterschied zu den sieben Vogteien) vgl. Georg Oergel, Das ehemalige Erfurtische Gebiet. In: MVGAE 24 (1903) S. 159–190, bes. S. 179–181; Wilhelm Schum, Über bäuerliche Verhältnisse und die Verfassung der Landgemeinden im Erfurter Gebiete zur Zeit der Reformation. In: Zeitschrift des Vereins für Thüringische Geschichte und Altertumskunde NF 1 (1879) S. 1–102, bes. S. 56–61.

54) Weiss, Die frommen Bürger (wie Anm. 38) S. 164; Scribner, Eigentümlichkeit (wie Anm. 47) S. 248.

5. Januar 1523, Hoffmann auszuweisen und die Pfarre wie zuvor versorgen zu lassen, könnte allerdings auf die Möglichkeit hinweisen.[55] Gepredigt hat Hoffmann in Vippach, das bezeugt er mit seinem Protest gegen die Ratsmaßnahmen. Sicher ist auch, daß Weidenhain die Ratsanordnung befolgen mußte. Er war im Frühjahr bereits wieder in Erfurt tätig.[56]

Hoffmann blieb in der Nähe der Stadt. Er wurde Prediger in Mittelhausen, das seit 1482 zum ernestinischen Gebiet gehörte. Nachdem der Erfurter Rat bereits vorher Hoffmann bei Strafe verboten hatte, in der Stadt und im Landgebiet als Prediger zu wirken, ist wohl auch der Versuch unternommen worden, ihm im nahen Mittelhausen ebenfalls das Handwerk zu legen. Der Prediger wehrte sich. Er schrieb dem Erfurter Rat einen geharnischten Protest, der nicht erhalten geblieben ist.[57] Am 27. Februar 1524 beschwerte sich der Rat darüber bei Herzog Johann, dem Landesherrn des Predigers und schickte ihm eine Kopie des Protestschreibens, das er als *lesterlich, schmelich vnd vnwarfftig* (!) bezeichnet, zu. Er bestreitet, ihm *das wort gottes zu predigen vorbotten* zu haben. Wahr sei dagegen, *das Simon Hoffmann vffm predigstull, wann er hat das wort gots vorkundigen sollen, nichts gethan, dan die leuth geschmeet, gelestert vnd zu auffrur geredt.* Das hätten sie ihm aus obrigkeitlicher Verantwortung verboten. Sie bitten den Fürsten, ihnen behilflich zu sein, daß der Prediger sein Schmähen und Lästern abstelle und bestraft werde. Es bleibt unklar, ob der Vorwurf, *zu auffrur geredt* zu haben, sich auch auf die Zeit von Hoffmanns Wirken in der Stadt bezieht. Das Stichwort „Aufruhr“ hatten städtische und landesherrliche Obrigkeiten zu dieser Zeit schnell bei der Hand. Selten wurde genauer ausgeführt, was als aufruhrstiftend angesehen wurde. Das Ratsschreiben läßt erkennen, daß Hoffmann dem Fürsten nicht erst „vorgestellt“ werden mußte. Eine Antwort aus Weimar ist nicht bekannt. Dort ging jedoch noch eine weitere Klage gegen Hoffmann ein, *von einem vngelarthen pfaffen* aus Mittelhausen, wie ihn Hoffmann bezeichnet. Worum es ging, wissen wir nicht. Wir

---

55) StAE 1–1 XXI 1b 1b (wie Anm. 51) Bl. 93$^{b}$: *An Amptsvorweser zu vippich.* Vnsern gruß zuvor. *Ersamer, lieber getrewer, vnß kompt glaublich fhur, das Er Simon Hoffman bey Euch daussen sei vnd von Euch mit Einem pferde auffgehalten werde, des wir gahr kein gefallen tragen, Ist derwegen vnser beger, Ir wollet denselben angesichts brieffs von Euch weysen vnd den pfarner die pfarre wie vor beschehen vorsorgen lassen. Daran thut Ir vnser Ernstlich meynung.* Geben Vnter Vnserm Secretum *Dinstags noch Innocentum puerorum Anno domini XVXX iij* (5. Januar 1524).

56) Weidenhain wurde am 12. Januar 1524 zum nächsten Morgen ins Rathaus bestellt. Er sollte sich auf einen einwöchentlichen Aufenthalt in Erfurt einrichten und die Amtsverwaltung für diese Zeit dem Briefüberbringer übergeben (ebd., Bl. 90$^{b}$). Ende Januar 1524 war er noch Vippacher Amtsverweser (ebd., Bl. 93$^{b}$). Vom 14. März 1524 an ist Asmus von Drebes als Amtmann in Vippach nachweisbar (ebd., Bl. 110$^{b}$). Da Weidenhain 1524 als Ratsherr nachweisbar ist (vgl. Anm. 15), hat ihm der Kontakt zu Hoffmann keinen Nachteil erbracht.

57) Gerhard Günther, der die Datierung des Ratsschreibens mit der des Briefes an Herzog Johann vertauscht, nimmt irrtümlich an, Hoffmann habe eine Schrift gegen den Erfurter Rat verbreitet (vgl. Gerhard Günther, Thomas Müntzer und der Bauernkrieg in Thüringen. Ein Überblick. In: Beiträge zur Geschichte Thüringens 1968, Erfurt 1968, S. 172–206, bes. S. 204 (mit falscher Datierung der Quelle). Weiß denkt gar an eine gedruckte Apologie Hoffmanns (vgl. Weiss, Die frommen Bürger [wie Anm. 38] S. 161).

kennen nur Hoffmanns sofortige Reaktion. Er erklärt sich in einem Schreiben an den Landesherrn in Weimar vom 8. März 1524 bereit, sich vor dem Fürsten in Gegenwart des Klägers schriftlich und mündlich zu verantworten. Dafür erbittet er ein vierwöchiges freies Geleit. Er läßt schon jetzt keinen Zweifel daran, daß es ihm bei seinem Wirken um die „evangelische Wahrheit“ geht. Mehrfach nimmt er in seinem Schreiben diesen Begriff für sich in Anspruch, bis zum Zusatz bei der Unterschrift. An dieser Stelle bricht die Überlieferung zu Hoffmann zunächst einmal ab. Es ist nicht bekannt, ob das Verhör der beiden Geistlichen in Weimar stattgefunden hat und ob sich Hoffmann noch für einige Zeit als Prediger in Mittelhausen halten konnte.

Erst mehr als ein Jahr später begegnet uns sein Name wieder. Er befindet sich an der Seite Thomas Müntzers in Frankenhausen. Am 13. Mai 1525 schreibt er den Begleitbrief zu Müntzers Hilfeersuchen vom gleichen Datum an die Erfurter. Wann Hoffmann zu den Aufständischen gestoßen ist, geht aus den Quellen nicht hervor.[58] Das gleiche gilt für sein Verhältnis zu Müntzer. Zur Situation in Frankenhausen, dem Wirtschaftszentrum der Grafschaft Schwarzburg, im Frühjahr 1525 existiert keine neuere wissenschaftliche Untersuchung.[59] Müntzer war von einer bevorstehenden Konfrontation apokalyptischen Ausmaßes zwischen den Aufständischen, die den Willen Gottes zu vollziehen hatten, und den tyrannischen Fürsten, die sich diesem Willen widersetzten, überzeugt. Das bedeutete für ihn nicht, die militärischen Erfordernisse für gegenstandslos zu halten. Ob er schon an dem Hilfeersuchen der „Versammlung zu Frankenhausen“ bei Kurfürst Johann von Sachsen gegen die Bedrohung von seiten des Grafen Ernst von Mansfeld (1479–1531) beteiligt war, ist fraglich. Die Absage durch die kursächsischen Räte in Weimar vom 13. Mai 1525 wird in der ersten Tageshälfte dieses Sonnabends genausowenig bereits in Frankenhausen eingetroffen gewesen sein wie die hinhaltende Antwort der Aufständischen von Walkenried.[60] Die Quellen belegen, daß zu diesem Zeitpunkt über Standort und Route der Fürstenheere noch keine genauen

58) Am 11. März 1525 bittet der Rat von Frankenhausen Graf Heinrich XXXI. von Schwarzburg um die Erlaubnis, einen Prediger anstellen zu dürfen oder dem Magister, der bereits in der Stadt gepredigt hat, zu erlauben, daß er sein Jahr vollende (Fuchs, Akten [wie Anm. 52] S. 74, Nr. 1163). War dieser Magister, der *zu keinem aufroher adder gezenke, sunder alleine gots ehre und liebe des negsten vorkundiget,* womöglich Hoffmann?

59) Die neueren Darstellungen konzentrieren sich auf die „Schlacht“ vom 15. Mai 1525 oder die wirtschaftlichen Verhältnisse. Bensings Arbeit leidet, von einer Vielzahl konkreter Fehler in der Quellenverarbeitung abgesehen, vor allem unter spekulativen Konstruktionen, die ihre Wurzel in einer unreflektierten Übernahme von marxistischen Deutungsmustern des 19. Jahrhunderts haben (Lokalborniertheit, radikale und gemäßigte Partei u. ä.) (vgl. Manfred Bensing, Thomas Müntzer und der Thüringer Aufstand 1525. Berlin 1966, S. 189–194 u. ä.). Zur Wirtschafts- und Sozialgeschichte vgl. Liselotte Pflaumbaum, Beitrag zur Frankenhäuser Stadtgeschichte. 2. Aufl., Bad Frankenhausen 1977; Liselotte Pflaumbaum/Franz Heinemann, Die Besitzverhältnisse in Frankenhausen um 1525. In: Historische Beiträge zur Kyffhäuserlandschaft. Bad Frankenhausen 1955, S. 60–67; Ludwig Rommel, Die Einwohnerschaft der Stadt Frankenhausen in der Schlacht vom 15. Mai 1525. In: Jahrbuch für Regionalgeschichte 10 (1983) S. 93–107.

60) Fuchs, Akten (wie Anm. 52) S. 178, Nr. 1431; Müntzer, Schriften und Briefe (wie Anm. 38) S. 470, Nr. 90.

Informationen vorlagen. Das hessische Heer des Landgrafen Philipp wurde am 13. Mai noch in Eisenach vermutet.[61] An diesem Tag entschlossen sich die aufständischen Frankenhäuser, Thomas Müntzer und Simon Hoffmann, die Erfurter um militärische Hilfe zu bitten. Wiederum bleibt unklar, ob in Frankenhausen die Erfurter Situation gut genug bekannt war. Die Nachrichten von den Veränderungen in Erfurt nach dem Einmarsch der Bauern am 28. April 1525 und der Formierung eines ewigen Rates mit neuem Stadtsekret, wohl auch die Annahme von 28 Artikeln der Bürger und Bauern am 9. Mai hatten sicher im Thüringischen die Runde gemacht. Vermutlich wußte Müntzer sogar, daß man Luther und Melanchthon um Begutachtung der Artikel gebeten und sie zu diesem Zweck nach Erfurt eingeladen hatte. Seine Befürchtung, die Erfurter könnten durch *dye 2 Lutherischen breyfresser myt yhrer beschmyrten barmhertzigkeyt weych gemacht* worden sein, deutet in diese Richtung.[62] Man hat angenommen, daß die Kenntnis der Erfurter Situation von dem Buchführer und späteren Täufer Hans Hut stammt, der sich von Erfurt aus zu den Aufständischen nach Frankenhausen begeben hat.[63] Das ist jedoch nicht zwingend. Es könnten auch andere Verbindungen genutzt worden sein, beispielsweise die von Simon Hoffmann zu seinem ehemaligen Wirkungskreis. In Frankenhausen dürfte allerdings kaum bekannt gewesen sein, daß der Erfurter Rat am 6. Mai, zur gleichen Zeit, zu der er die Landwehr wieder abmarschieren ließ, Herzog Johann Vertragstreue zusicherte und Herzog Georgs Amtmann von Freiburg die erbetene Proviantlieferung für den Kriegszug gegen die Aufständischen zusagte.[64] Die Kunde, daß der Erfurter Rat am 11. Mai die Beistandsaufforderung des Mühlhäuser Rates abschlägig beschieden hatte, dürfte ebenfalls noch nicht nach Frankenhausen gedrungen sein.[65]

Es ist angedeutet worden, daß sich Müntzer nicht ganz sicher war, ob die Erfurter inzwischen nicht doch dem Einfluß Luthers und Melanchthons Raum gegeben haben.

---

61) Johann Lorentz erfuhr erst am 13. Mai in Erfurt die Neuigkeit und meldet sie den Frankenhäusern, Landgraf Philipp von Hessen sei am 12. Mai 1525 in Langensalza eingetroffen, während Herzog Georg noch zu Buttstädt liege. Beide beabsichtigten, vor Mühlhausen zu ziehen (vgl. Fuchs, Akten [wie Anm. 52] S. 282, Nr. 1437. Herzog Georgs Heer lagerte noch am 13. Mai in Eckartsberga. Der Herzog entschloß sich erst an diesem Tag, statt in Richtung Allstedt, nach Frankenhausen zu ziehen (vgl. Felician Gess [Hg.], Akten und Briefe zur Kirchenpolitik Herzog Georgs von Sachsen. Bd. 2, Berlin 1917, S. 220, Anm. 1 und S. 226, Anm. 1).

62) Müntzer, Schriften und Briefe (wie Anm. 38) S. 471f. Nr. 91. Franz hat, wie alle anderen Herausgeber des Müntzerbriefwechsels, die arabische 2 übersehen. Sie ist selbst in den Arbeiten übergangen worden, in denen eine Fotografie von Müntzers Handschrift wiedergegeben wurde (vgl. Fritz Wiegand, Ein Brief Thomas Müntzers an die Gemeinde zu Erfurt. In: Aus der Vergangenheit der Stadt Erfurt. 2 [1955] S. 127–132). Die richtige Lesung bislang nur bei Kurt Dülfer (Hg.), Dokumente zur Reformationsgeschichte. Stuttgart 1972, S. 20f. (dafür andere Falschlesungen).

63) Müntzer, Schriften und Briefe (wie Anm. 38) S. 471, Anm. 3; Fuchs, Akten (wie Anm. 52) S. 897, Nr. 2102. Zu den Erfurter Verhältnissen vgl. Weiss, Die frommen Bürger (wie Anm. 38) S. 176–194.

64) Wiegand, Brief (wie Anm. 62) S. 131.

65) Fuchs, Akten (wie Anm. 52) S. 269, Nr. 1415. Die Antwort kann sich nicht auf das Anschreiben der Gemeinde zu Mühlhausen vom 9. Mai (ebd., S. 254, Nr. 1394) bezogen haben, wie Fuchs behauptet.

Er beschwört sie, davon abzusehen und gemeinsam mit ihnen dem Befehl Gottes zu folgen und das Gericht an den Gottlosen zu vollziehen. Diese Aufforderung konkretisiert er durch die Bitte, ihnen mit Bewaffneten und Geschütz zu Hilfe zu kommen und untermauert sie mit den apokalyptischen Bibelstellen, die in seinen Briefen dieser Tage auch sonst begegnen.[66] Noch setzt Müntzer so große Hoffnung auf die Erfurter, daß er meint, er könne auf eine apokalyptische Beglaubigung seiner Unterschrift wie im Falle seines Briefes an die Eisenacher verzichten. Es genügte, wenn er sich darauf beruft, im Auftrage der Christenheit insgesamt, der wahren Kirche, zu handeln.[67] Er erwartet, daß sich die Erfurter nun endgültig auf die Seite des richtenden Gottes schlagen. Sicher ist er sich nicht, deshalb greift er auf singuläre Weise zu einer doppelten flankierenden Maßnahme. Zunächst läßt er den in Erfurt wohlbekannten Prediger Simon Hoffmann ein Begleitschreiben abfassen. Hoffmann hat es nicht nötig, sich den Erfurtern gegenüber zu legitimieren oder sich ihnen auch nur in Erinnerung zu rufen. Seine Beurteilung der Situation ist die gleiche wie bei Müntzer, in der Diktion unterscheidet sich seine Darstellung allerdings. Sie ist etwas nüchterner gehalten, weniger angereichert durch die aggressive Bilderwelt der biblischen Apokalyptik. Er setzt bei dem allgemeinen Wissen an, daß die Welt durch die tyrannischen Regenten beherrscht wird und teilt Gottes Entschluß mit, diese angemaßte Gewalt zu zerstören. In diesem Zusammenhang macht er sie im Anschluß an bekannte Bibelworte (3. Mose 26, 36 und Ps. 3,7) darauf aufmerksam, daß sich die Gottlosen jetzt schon fürchten, im Gegensatz zum Gerechten.[68] Gleich Müntzer setzt er Hoffnung in die Erfurter Bereitschaft zum Beistand mit Mannschaft und Geschütz. Als gemeinsames Ziel wird angegeben, die Herstellung der Gleichheit der Stände, von Herrschern und Beherrschten. Er sichert ihnen, falls notwendig, ebenfalls Beistand zu und erbittet ihre Rückäußerung.

Das ganze Ausmaß der Ungewißheit, wie die Erfurter auf das Hilfeersuchen reagieren werden, wird offenbart, als Hoffmann einen kurzen Brieftext der *Cristlich*en *Gemein zw Franckenhawsenn* anfügt. Durch Hoffmanns Feder bittet die Gemeinde, sich Müntzers Schreiben anzunehmen. Sie bietet sich mit Leib und Gut als Pfand für das auszuleihende Geschütz an und bekräftigt das mit dem Stadtsiegel. Eine dreifach autorisierte Bitte um Hilfe ist ein singulärer Vorgang im erhalten gebliebenen Brief-

---

66) Müntzer, Schriften und Briefe (wie Anm. 38) S. 471 f. Dieselben Bibelstellen hatte Müntzer am Tage zuvor auch den Mansfelder Grafen vorgehalten (ebd., S. 467–469, Nr. 88 und S. 469 f., Nr. 89).

67) Ebd., S. 472: *Thomas Müntzer von wegen der gemeinen christenheydt*. Vgl. auch S. 464 (An die Eisenacher, 2. Mai 1525): *Thomas Müntzer mit dem schwerthe Gydeonis*.

68) 3. Mose 26, 36 (Schreck durch ein raschelndes Blatt) wird zur Kennzeichnung der Angst von Gottlosen auch bei Müntzer angewendet vgl. ebd., S. 433, Luther zitiert die Bibelstelle ebenfalls (z. B. WA Bd. 8, S. 677. Bd. 18, S. 297; WA Br. Bd. 1, S. 158). Das Erschrecken über ein rauschendes Blatt wird von Luther auch mehrfach im Zusammenhang der Gewissensproblematik erwähnt (vgl. Günter Jacob, Der Gewissensbegriff in der Theologie Luthers. Tübingen 1929, S. 29 f.). Ps. 3,7 (Furchtlosigkeit des Gerechten vor Hunderttausend) ist ebenfalls eine gern von Müntzer angeführte Bibelstelle, vgl. Müntzer, Schriften und Briefe (wie Anm. 38) S. 105 (Übersetzung), S. 260, S. 454, S. 461. Zu Luther vgl. D. Martin Luther, Operationes in psalmos 1519–1521. T. 2, hg. Gerhard Hammer und Manfred Biersack, Köln/Wien 1981, S. 146–148.

wechsel Müntzers. Aller wortgewaltig zum Ausdruck gebrachte Glaubensmut kann nicht darüber hinwegtäuschen, daß auf seiten der Aufständischen in Frankenhausen das Gespür für den Ernst der Lage nicht abhanden gekommen war. *Dy Cristlich Gemein zw Franckenhawsen*, die offenbar an die Stelle des Rates getreten ist, hat den Brief wohl noch am Morgen des 13. Mai ausgefertigt.[69] Der Frankenhäuser Bürger Johann Lorentz, der offenbar von Anfang an zu den führenden Köpfen der Aufständischen in der Stadt gehört hat und der schon das Hilfeersuchen der Frankenhäuser vom 28./29. April 1525 ins Feldlager des Mühlhäuser Haufens gebracht hat, übernahm auch die Mission nach Erfurt.[70] Er wurde von einem weiteren Frankenhäuser, Johann Hesse, begleitet.[71] Als die beiden Frankenhäuser Gesandten in Erfurt noch am selben Tag eintrafen, war dort wohl inzwischen aus Weimar die Aufforderung des neuen Kurfürsten Johann vom Vortage in den Händen des Rates, sich für die militärische Unterstützung des Feldzuges gegen die Aufständischen bereitzuhalten.[72] Die Gesandten konnten die Briefe nicht aushändigen. Da der Rat nicht mit in der Adresse genannt war, war niemand offiziell bereit, sie entgegenzunehmen. Lorentz schickte Hesse mit den Briefen wieder zurück und bat in einem Begleitbrief, das Hilfeersuchen an die Erfurter umzuadressieren. Einige Neuigkeiten über die Absichten der Fürstenheere und die Verhandlungen der Erfurter mit dem sächsischen Kurfürsten in Weimar fügte er hinzu.[73] Hesse ist nicht wieder nach Erfurt zurückgekehrt, da am 14. Mai bereits das der Schlacht vorangehende Scharmützel vor den Toren Frankenhausens stattfand.[74] Die Dokumente über den ergebnislosen Versuch, militärische Unterstützung aus Erfurt zu holen, fielen bei der Gefangennahme Müntzers in die Hände Landgraf Philipps von Hessen, der sie als Beutegut mitnahm.[75]

---

69) Wann und auf welche Weise *Dy Cristliche Gemein* die Funktionen des Rates in Frankenhausen übernommen hat, mit welcher Kompetenz sie ausgestattet und wie dieses Leitungsinstrument zusammengesetzt war, ist bislang noch nicht untersucht worden. Im März 1525 war der Rat noch im Amt (vgl. Fuchs, Akten [wie Anm. 52] S. 74, Nr. 163). Ende April 1525 hatte *Dy Cristliche Gemein* in Frankenhausen bereits das Heft in die Hand genommen (vgl. Müntzer, Schriften und Briefe [wie Anm. 38] S. 457 f., Nr. 77).

70) Johann Lorentz ist zusammen mit Heinrich Winter d. J. nach späterer Aussage belasteter Einwohner von Artern, Heldrungen und Voigtstedt bei Müntzer in Ebeleben gewesen und hat die Zusage des baldigen Zugs nach Frankenhausen erhalten (vgl. Fuchs, Akten [wie Anm. 52] S. 894, Nr. 2101). An der Gefangennahme der Dienstleute des Grafen Ernst von Mansfeld vor Artern (Matern von Gehofen u. a.) war Lorentz ebenfalls aktiv beteiligt (vgl. ebd., S. 895). Lorentz besaß in Frankenhausen ein Haus und eine Sölde (Solsiedestätte) (vgl. Johann Karl Seidemann, Kleine Schriften zur Reformationsgeschichte [1842–1880]. Mit einer Vorbemerkung u. unter Ergänzung zahlreicher Quellenangaben hg. Ernst Koch, Bd. 1, Leipzig 1990, S. 299 f.).

71) Hesse war Pfänner und besaß ein Haus und anderthalbe Sölde (vgl. ebd., S. 301 und 299).

72) Theodor Eitner, Erfurt und die Bauernaufstände im 16. Jahrhundert. Phil. Diss., Halle 1903, S. 102 f.

73) Vgl. Anlage 3.

74) Vgl. Bensing, Thüringer Aufstand (wie Anm. 59) S. 216–220.

75) Vgl. Manfred Kobuch, Thomas Müntzers Nachlaß. Teil 1. In: Archivmitteilungen 6/1989, S. 200–203, bes. S. 202 f.

Sowohl Lorentz als auch Hesse konnten sich in Sicherheit bringen und standen in der Folgezeit auf der Fahndungsliste Herzog Georgs.[76]

Unter den Steckbriefen der Sieger von Frankenhausen findet sich Hoffmanns Name nicht. Herzog Georg forderte bereits am Tag nach der Schlacht (16. Mai) den Erfurter Rat auf, flüchtigen Aufständischen in seiner Stadt nachzuspüren.[77] An Hoffmann dachten die Erfurter dabei sicher nicht, da ja für ihn noch die Ausweisung von 1523/1524 in Geltung war. Außerdem war gerüchtweise bekannt geworden, Hoffmann sei in Frankenhausen geköpft worden. Diese Nachricht hat bereits in die zeitgenössische Chronistik Eingang gefunden.[78] Später ist diese Überlieferung mit der Information, die der Mansfelder Kanzler Johann Rühel am 21. Mai 1525 an Luther weitergab, zusammengeflossen: *Sie haben zu Heldrungen fünff Pfaffen ihre Köpffe abgeschlagen.*[79] In dieser Form ist sie in der Bauernkriegsliteratur tradiert worden bis in die jüngste Zeit.[80] Wie Hans Hut ist es Hoffmann jedoch gelungen, sich in der Schlacht bei Frankenhausen der Gefangennahme zu entziehen. Möglicherweise sind sie gemeinsam geflohen oder haben bald wieder Kontakt zueinander bekommen. Für Hut wird angenommen, daß er sich zunächst nach Mühlhausen begab. Nach der Kapitulation der Reichsstadt ist er in seiner Heimat, in Bibra, nachweisbar. Am 30. Mai 1525 predigte er dort, von Müntzers Lehre noch immer überzeugt, über die Sakramente, gegen Bilderverehrung und Messe sowie vom notwendigen Gericht über Pfaffen und Obrigkeit. Danach hielt er sich eine Zeitlang in Nürnberg auf und arbeitete dort in verschiedenen Berufen.[81] Hinweise für einen gemeinsamen Weg Hoffmanns und Huts nach Süden gibt es nicht. Die Vermutung liegt jedoch nahe, daß Hoffmann zunächst wie Hut die Entscheidung gegen das Fürstenheer in Mühlhausen erwartet hat und daß er nach dem Fall dieser letzten großen Bastion des Thüringer Aufstandes mit Hilfe von Huts Verbindungen in Nürnberg Fuß zu fassen suchte. Er ist zur gleichen Zeit wie Hut in Nürnberg nachweisbar. Dieser wird auch den Kontakt zu einem der Nürnberger Drucker hergestellt haben. Erst relativ spät ist in der Regionalforschung auf einen Nürnberger Ratsbeschluß vom 22. Juli 1525 über ein Druckverbot, die Konfiskation des Manuskripts und die Ausweisung des Autors

---

76) Johann Lorentz gehörte zu der Gruppe der zweiundzwanzig flüchtigen Frankenhäuser, denen Herzog Georg kein Geleit gewähren wollte (vgl. Gess, Akten [wie Anm. 61] S. 311; Manfred Kobuch/Ernst Müller [Hg.], Der deutsche Bauernkrieg in Dokumenten. Weimar 1975, S. 102f., Nr. 43).

77) Gess, Akten (wie Anm. 61) S. 229f., Nr. 983.

78) Richard Thiele (Hg.), Erphurdianus Antiquitatum Variloquus Incerti Auctoris, nebst einem Anhang historischer Notizen über den Bauernkrieg in und um Erfurt im Jahre 1525. Halle 1906, S. 252f.: *et Symonem Hoepfman concionatorem ibidem* (sc. Frankenhausen) *decollaverunt.*

79) WA Br. Bd. 3, S. 505. Vgl. bereits bei Reinhard Jordan, Weiteres zur Geschichte der Unruhen 1523/25. In: Mühlhäuser Geschichtsblätter 11 (1909) S. 101–105, bes. S. 103.

80) Z. B. Bensing, Thüringer Aufstand (wie Anm. 59) S. 254.

81) Gottfried Seebass, Müntzers Erbe. Werk, Leben und Theologie des Hans Hut († 1527). Habil.-Schrift. Erlangen-Nürnberg 1972. Bd. 1, S. 180–185.

hingewiesen worden.[82] Der Ratsbucheintrag lautet: *Item magistro Symoni Schrautenpach von Erffurt, der sich hierher gethan und ain ungeschickt exemplar der fursten uberfall zu Franckenhausen und Mulhausen antreffend, in druck gegeben hat, ist von ains erbern Rats wegen gesagt: Weyl er den schwurmergaissten und auffrurn zu Mulhausen verwanndt gewest und davon entwichen sey, derselben und annder Ursachen halb ains erbern Rats fug nit, ine alhie zu gedulden, vil weiter zu gestatten, sein exemplar alhie zu drucken oder ime widerumb zuzustellen, darumb soll er sich noch by scheinender sonnen auß ains Rats gepieten machen und sich darinnen nit mer betreffen lassen. Per herrn Wolffen Stromern und herrn Leo Schurstab, am Samstag 22. Juli 1525.* Von derselben Hand ist am linken Rand zu Schrautenpach ergänzt *vel Hofman.*[83]

Wer von den Nürnberger Druckern im Juli 1525 noch das Wagnis eingegangen ist, eine Rechtfertigung des Thüringer Aufstandes und eine Anklage gegen die fürstlichen Sieger in Druck zu nehmen, ist nicht überliefert, desgleichen wie der Rat Kunde davon erhielt. Zwei bekannte Drucker, Hieronymus Höltzel, der bereits wegen Müntzers *Hochverursachter Schutzrede* und Karlstadts *Von dem widerchristlichen Mißbrauch des Herren Brot und Kelch* in Schwierigkeiten geraten war und der Formschneider und Drucker Hieronymus Andreae befanden sich schon seit Wochen in schwerer Haft.[84] Am 30. Mai 1525 hatte der Nürnberger Rat alle Drucker *auf die ordnung schweren lassen, das sy kainerley werck setzen und trücken wollen, es sey dann zuvor nach der ordnung besichtigt und zu trücken zugelassen worden.*[85] Wie im Falle Heinrich Pfeiffers Ende Oktober 1524, beschlagnahmte der Rat die Druckvorlage.[86] Die Kennzeichnung des *ungeschickten* (unpassenden) Manuskripts durch den Nürnberger Rat muß nicht identisch mit dem tatsächlichen Titel gewesen sein. Hoffmanns Protestschrift gegen *der fursten uberfall* bestätigt aber auf jeden Fall den Verdacht, daß bei der Schlacht von

---

82) Mit Angabe der Quelle bei Günther Bauer, Anfänge täuferischer Gemeindebildung in Franken. Nürnberg 1966, S. 254. Ein Hinweis bereits bei Karl Schottenloher, Die Entwicklung der Buchdruckerkunst in Franken bis 1530. Würzburg 1910, S. 76 (nur Simon Schrautenbach, fälschlich Flugblattdruck).

83) Stadtarchiv Nürnberg, Nürnberger Ratsbücher Nr. 13, Bl. 28[a]. Der Eintrag im Ratsprotokoll ist kürzer, ohne die Namensvariante Hoffmann und in der Sache identisch. Der Schlußsatz: *Darumb sol er sich bey sonnenschein noch aus Nurenberg machen, nit mehr in eins Raths gepiet kumen, das sol er auch schweren, man sol im auch das buechlein nit wider geben, damit nit untat daraus entstee* (vgl. Nürnberger Ratsverlässe Nr. 719, Bl. 10[b]).

84) Zu Höltzel vgl. Günter Vogler, Nürnberg 1524/25. Studien zur Geschichte der reformatorischen und sozialen Bewegung in der Reichsstadt. Berlin 1982, S. 223–232, 247–250 u. ö.; Gerhard Pfeiffer (Hg.), Quellen zur Nürnberger Reformationsgeschichte. Von der Duldung liturgischer Änderungen bis zur Ausübung des Kirchenregiments durch den Rat (Juni 1524–Juni 1525). Nürnberg 1968, S. 32. RV 229f. und 235; S. 93 RV 690, S. 94 RV 701, S. 97 RV 738 und 741, S. 423f. Br. 236. Zu Andreae vgl. Georg Lenckner, Hieronymus Andreae, Formschneider in Nürnberg und M. Bernhard Bubenleben, Pfarrer in Mergentheim. In: Württembergisch Franken NF 28/29 (1953/54) S. 152–154; Pfeiffer (Hg.), Quellen, S. 87 RV 641, S. 90 RV 669, S. 91 RV 676, S. 411f. Br. 215, S. 95 RV 719.

85) Ebd., S. 95 RV 721.

86) Zur Beschlagnahme von zwei Manuskripten Heinrich Pfeiffers und seiner Ausweisung vgl. Osiander, Gesamtausgabe (wie Anm. 27) S. 255–266; Vogler, Nürnberg (wie Anm. 84) S. 204–212.

Frankenhausen nicht alles nach der üblichen Kriegsordnung zugegangen sei. Gegen diesen Verdacht, der unmittelbar nach der Schlacht aufkam, hatten die Wittenberger Reformatoren wie die Ratgeber und Geistlichen aus dem Umkreis Herzog Georgs von Sachsen eine Flugschriftenkampagne in Gang gesetzt.[87] In Nürnberg dürfte diese Problematik nicht unbekannt gewesen sein. Der Rat sah aber als Hauptgrund, die sofortige Ausweisung Hoffmanns zu beschließen und zwei Ratsherren mit der Durchführung zu beauftragen, nicht in der versuchten Drucklegung. Entscheidend war das Urteil, daß Hoffmann *den schwurmergaissten und auffrurn zu Mulhausen* verwandt gewesen sei. Mit einer ähnlichen Begründung waren am 29. Oktober 1524 bereits Heinrich Pfeiffer und am 17. Dezember der Karlstadtanhänger Martin Reinhart aus Nürnberg ausgewiesen worden.[88] Der Versuch, unter anderem Namen in Nürnberg seine Abrechnung mit den Gegnern des Thüringer Aufstandes zum Druck zu bringen, scheiterte gründlich.[89] Von da ab fehlt jede Spur von Hoffmann.

Als Prediger der reformatorischen Bewegung in Erfurt und Stolberg erscheint Simon Hoffmann 1523 nahezu ohne Vorgeschichte in den Quellen. Reichlich zwei Jahre später verschwindet sein Name ebenso plötzlich wieder aus den Quellen. Seine Entwicklung vom Verkündiger des reformatorischen Glaubens, wie ihn Luthers Schriften erschlossen hatten, zum Interpreten des Aufruhrs von 1525 als Gottes Gericht an den Gottlosen und Tyrannen, läßt sich nicht nachzeichnen. Was ihn an Müntzer beeindruckt hat und auch nach dem Debakel von Frankenhausen offenbar nicht zu einer Revision seiner Überzeugung gebracht hat, wissen wir ebenso wenig. Soviel dürfte deutlich sein, daß es ihm nicht um vordergründige Veränderungen ging. Die Erkenntnis der Wahrheit Gottes, im johanneischen Sinn christologisch verstanden, war ihm ein zentrales Anliegen in seiner Stolberger Osterpredigt. Jeder sollte *auff den wegk der warheit gottis* (Bl. a4$^{b}$), zum Christusvertrauen allein, gebracht werden. Ohne das Wort Gottes gab es für ihn keine Wahrheit, keine Gerechtigkeit, keine Barmherzigkeit (Bl. b$^{b}$). Bereits zu dieser Zeit meinte er, der Zorn Gottes werde offenbar über alles gottlose Wesen und alle Untugend der Menschen, die Gottes Wahrheit aufhalten (Bl. b2$^{a}$). Nach seiner Vertreibung aus dem Erfurter Gebiet bleibt er dabei, daß er in Erfurt die göttliche Wahrheit reichlich ein Jahr verkündigt habe und erbietet sich, vor dem Landesherrn in Gegenwart seiner Ankläger *antwort zw geben mit ewangelischer warheit*. Selbst als er sich mit Müntzers Hilfeersuchen an die Erfurter vor der Entscheidung bei Frankenhausen identifiziert, bittet er um Unterstützung *bei gottlicher warheit und gerechtigkeit*. Die Erfurter sind für ihn nach wie vor Mitbrüder und Liebhaber der Wahrheit.[90] Es ist

87) Siegfried Bräuer, Die zeitgenössischen Dichtungen über Thomas Müntzer und den Thüringer Bauernaufstand. Theol. Diss., Leipzig 1973, S. 175–177 u. ö.

88) Zu Pfeiffer vgl. Anm. 86, zu Reinhart vgl. Pfeiffer (Hg.), Quellen (wie Anm. 84) S. 32 RV 233 und Vogler, Nürnberg (wie Anm. 84) S. 232–250.

89) Zur Wahl des Namens Schrautenbach sind keine Anhaltspunkte bekannt. Als Ortsname ist nur Schraudenbach bei Schweinfurt nachweisbar.

90) Bei Müntzer ist „Liebhaber" nicht nachweisbar, aber Heinrich Pfeiffer bezeichnet in seiner Supplikation vom November 1523 Herzog Johann als *liphaber des lebendigen godesworts* (vgl. Fuchs,

allerdings unverkennbar, daß der „Titel“ Liebhaber evangelischer Wahrheit, mit dem er sich im Frühjahr 1524 gegenüber seinem Landesherrn ausgewiesen hat, inzwischen eine Akzentverlagerung erfahren hat. Er dürfte nunmehr näher bei der Theologie Müntzers als der von Luther gelegen haben.

# Anhang

## *Anlage 1*

Rat zu Erfurt an Herzog Johann von Sachsen,
Erfurt, 27. Februar 1524

Hdschr.: StAE 1-1 XXI 1a, 1c, Bd. 1 (1523–1526), Bl. 59[b]–60[a]. Konzept mit vielen inhaltlich bedeutungslosen Verbesserungen. Bl. 59[a] Dreizeiliger Briefanfang und Adresse, durchgestrichen.

[Bl. 59[b]] *An Herrn Johannsen, Hertzog zu Sachsen etc.*

*Gnediger Furst und Herre,* Euer *f*ürstliche gnaden *vermelden wir undertheniglich clagende, das uns Simon Hoffeman ein lesterlich, schmelich und unwarfftig* [!] *schrifft, der wir* Euer *f*ürstliche gnaden *einlegend Copey zuschicken, zugeschrieben hat, dieweil er dan under andern stucken, die alle der warheit entkege, angezeygt, als solten wir ime das wort gottes zu predigen vorbotten haben etc. Wollen wir* Euer *f*ürstliche gnaden *undertheniglich nicht pergen, das er uns in demselben merglich gewaldt thut, das uns dan auch in keinen weg leydlich. Aber wahr ist es, das Simon Hoffman uffm predigstull, wann er hat das wort gots vorkundigen sollen, nichts gethan, dan die leuth geschmeet, gelestert und zu auffrur geredt, das uns dan als der oberichaidt unleidlich gewest und ime* [Bl. 60[a]] *solchs vorbotten und nicht gestatten wollen, derwegen er uns also lestert. Bitten derhalben in undterthenigkeit* Euer *f*ürstliche gnaden *wollen uns mit gnedigen Rath beheilpfen sein, domit gedachter Simon solch schmee und lestern abstelle und umb geubte lesterung ungestrafft nicht pleybe.*

---

Akten [wie Anm. 52] S. 19, Nr. 1101. Es handelt sich um eine formelhafte Wendung der reformatorischen Briefrhetorik, deren Aussagekraft nicht überschätzt werden sollte (vgl. auch Liebhaber des Evangeliums [WA Br. Bd. 2, S. 583: Herzog Johann durch Luther; WA Br. Bd. 3, S. 141: Regensburger Rat durch Luther]; Liebhaber göttlicher Wahrheit bzw. der Wahrheit in Christo [WA Br. Bd. 2, S. 616: Mauricius Pfleumner durch Altenburger Rat; Bd. 3, S. 466: Luther, Bugenhagen, Melanchthon durch Paracelsus]; Liebhaber des göttlichen Wortes [WA Br. Bd. 3, S. 520: Luther u. a. durch Kurfürst Johann]).

*Das wollen wir umb* Euer fürstliche gnaden *underthenigs fleys willig vordyenen.* Geben vnter vnserm Secretum *Sonabets nach Reminiscere Anno domini XV XXiiij.*

## *Anlage 2*

Simon Hoffmann an Herzog Johann von Sachsen

[Mittelhausen], 8. März 1524

Hdschr.: Thür. HStA Reg. G 364, Nr. 32, Bl. 64[a–b], Ausfertigung, Siegelspuren. Dorsalvermerk Bl. 64[b].

Lit.: Martin von Hase, Johann Michael, genannt Michel Buchfürer alias Michel Kremer. Straßburg 1928, S. 105, Anm. 218a.
Ulman Weiss, Die frommen Bürger von Erfurt. Weimar 1988, S. 161, Anm. 274.

[Bl. 64[b]] *Dem Durchleuchtigen Hochgeboren Fursten unnd Herrn, Herrn Johanssen, Herczog zw sachßen, lantgraffe yn Doringen unnd Margckraffe zw meyssen, meynnem gnedigen Herrn.*

[Bl. 64[a]] *Durchleuchtiger Hochgebornner Furst unnd herre.* Euer fürstliche gnaden *sein mein untherthenige gehorsame pflichtige dynnst altzeyt zuwor bereit. Gnediger furst und herre, ich armer unworstendiger dyner der warheit gib* euer fürstliche gnaden *clagende zw erkennen, das ich umb gottlicher warheit willen, welche ich ein Jar langck unnd ettliche zeit tzwber* [!] *zw erffurdt vorkondiget und schwerlich dye enthaltung meyns mauls darvon gehabt, aber den ewangelischen lon hat myr dye orberkeyt geben, nemlichen 3 stundt mit myr gespilet der passion, wy dye juden mit cristo, mich zw einem ungesunden menschen gemacht, wydder gottliche gerechtigkeit, wy dan dye recht mit mordern und dippen pfleget zw handeln. On alle ursach, on alles recht und on alle warheit, nur mutwillen und frewelichen gewalt an myr gewbet, doch wber 21 wochen durch furschrifft* Euer fürstliche gnaden *und ander hern merher an burgenhandt loeß gegeben, welchs ich mich gegen* Euer fürstliche gnaden *hoch bedangck. Nun ist ein schrifftliche orpheede begriffen, welche ich gedengck fest zw halden und byßher nicht von myr wbertretthen. Myr ist vorgonnet worden, in gegenwertigkeit meiner burgen, yn einem sitzenden radt das wort gottes in aller macht und crafft zw predigen, wy fur. Nun ferhet dye oeberkeit zw und vorbeutht myr das in der stadt, darzw mit schrifften und trawortten, yn irem gericht meines leybes und lebens unsicher zw sein, und zwm letzthen in* Euer fürstliche gnaden *gericht desselben gleichen. Nun besorge ich, das ich gegen* Euer fürstliche gnaden *mit unwarheit mecht*

*vorungelimpffet sein, wyewol ich mich erbithe, fur* Euer fürstliche gnaden *mit leyb unnd leben allen menschen zw recht zw sthen unnd antwort zw geben mit ewangelischer warheit, gelarthen und ungelarthen.*
*Nun hab ich mich gewandt zw der armen gemein des dorffs mittelhawssen, den ynwonern unnd landtfolgk ein wochen adder 8 das wort gottes daselbest geprediget. Nun bin ich und ein gemein vor* Euer fürstliche gnaden *mit unwarheit vorkligckett worden, von einem ungelarthen pfaffen, daselbest wonnende, welche ich mich fur* Euer fürstliche gnaden *in gegenwertigkeit desselben pfaffen mundlich unnd schrifftlich gedengck zwvorantworthen. Alßo das meyn* Euer fürstliche gnaden *durch bitht umb gottlicher warheit willen und umb gottes willen* Euer fürstliche gnaden *vor gewalt mit schrifftlichem fridt und sicherlichem geleidt 4 Wochen langk, byß das ich zw gnediger vorhorunge unnd Antwort mocht kommen.* Euer ffürstliche gnaden *woll sich hirynne gegen myr umb ewangelischer warheit willen guttwillich ertzeigen. Das wil ich umb dyselbe* Euer fürstliche gnaden *altzeit mit leyb unnd leben vordynnen. Bit des* Euer fürstliche gnaden *gnedig antwort.*

*Geben dinstag nach Letare Anno 24.*
*E*uer *F*ürstliche *G*naden
*unthertheniger dynner*
*unnd cappelan*

*Symon Hoffman, ein lybhaber*
*ewangelischer warheytt*

## *Anlage 3*

Simon Hoffmann und die Christliche Gemeinde zu Frankenhausen an die ganze Gemeinde in Erfurt

Frankenhausen, 13. Mai 1525

Hdschr.: Hessisches Staatsarchiv Marburg, Landgrafschaft Hessen-Kassel und Kurfürstentum Hessen bis 1806, 3: Politisches Archiv des Landgrafen Philipp des Großmütigen, Nr. 209, Bl. 23.

Edit.: Wilhelm Falckenhainer, Philipp der Großmütige im Bauernkriege. Marburg 1887, S. 127f. Nr. 27; Günther Franz (Hg.), Der deutsche Bauernkrieg 1525. Hg. in zeitgenössischen Zeugnissen. Berlin 1926. S. 234 (ohne den Nachsatz); danach Alfred Meusel/Heinz Kamnitzer, Thomas Müntzer und seine Zeit. Berlin 1952, S. 277; Walther Peter Fuchs (Hg.), Akten zur Geschichte des Bauernkriegs in Mitteldeutschland. Bd. 2, Jena 1942, S. 281f., Nr. 1436; Fritz Wiegand, Ein Brief Thomas Müntzers an die Gemeinde zu

Erfurt. In: Aus der Vergangenheit der Stadt Erfurt 2 (1955) S. 128 (unvollständig); GÜNTHER FRANZ (Hg.), Quellen zur Geschichte des Bauernkrieges. München 1963, S. 522, Nr. 182.

[Bl. 23b] *Unsern mitbrudern, der gantzen gemeyn zu Erffurdt.*

[Bl. 23a] *Frid und gnad durch Cristum, unnsern heyllandt. Gelybten bruder, ihr wisset zu guther massen mit was gewaldt und ungerechtigkeit dy gantze welt ersossen*[!] *und vorfurhet durch dye tyranney der grausame, wutige tyranne unnd regenten. Nun itzund dyweyl Gott sein wort, urteyl und gerechtigkeit erwegcket, solchen unchristlichen gewalt durch sein grym zu vorstorhen, denn solche eygenne angenommene gewalt hat keynne werhunge und bestandt. Wy ir itzund vornemhet, das sich dy gottlosen vor einem blat forchten, das von dem bawm fellet* [3. Mose 26,36], *aber der gerecht forcht sich nit vor hunderttausent.* [Ps. 3,7]. *Vorhoffen wyr unß zu euch als zu unnsern mitbruder und lybhabern der warheit unnd gerechtigkeit, wollet in der not bey unß thun, als wyr bey euch selbest thun wolten unnd unnß bey gottlicher warheyt und gerechtigkeit helffen enthalten, damit dy oberhandt, fursten, graven, edel unnd unedel, unß vorgleicht mochten werden. Derhalben weß wyr unnß zu euch sollen vorsehen mit beystandt, manschaft, geschucze, wollet ir unnß bruderlich untherichten unnd zu vorstehn geben, vordeynnen myr umb euch mit leyb unnd gut.*

*Geben von den brudern unnd gemeyn zu Frangckenhawsen.*
*Symon Hoffmann*

*Auch bitthen wyr, ihr wollet Thomaß Montzers schreyben, von unser bruderschafft wegen, euch furderlich lassen sein und euch nit schwermachen. Des geschutzes halben wollen wyr von Franckenhawsen bey trauen und erhen leyb und gut euch zu pfandt setzen, euch soch* [!] *geschutze widderumb zu behendigen.*

*Geben mit unserm stadtsecret. Datum sonnabent nach Jubilate.*

*Dy crystlich gemein*
*zu Franckenhawsenn*

VOLKMAR JOESTEL

# Konflikte um zwei Erfurter Kleriker in Ostthüringen während der Reformation

Am Beispiel Erfurt läßt sich die politische und kirchenpolitische Rivalität zwischen Kursachsen und Kurmainz paradigmatisch aufzeigen. Die Reformation vertiefte diese Gegensätze, in die auch ostthüringische Gebiete involviert waren. Kirchenpolitisch gehörte die große Pfarrei Orlamünde zur Sedes Oberweimar des Archidiakonats Beatae Mariae Virginis in Erfurt.[1] Im Zuge des Ausbaus des spätmittelalterlichen landesherrlichen Kirchenregiments versuchten jedoch die Ernestiner bereits im 15. Jahrhundert erfolgreich, ihren kirchenpolitischen Einfluß zu vergrößern.[2] Diese Politik setzte Kurfürst Friedrich der Weise (1486–1525) erfolgreich fort. Seit 1504 liefen intensive Verhandlungen mit der Kurie unter Ausschluß der Bischöfe über die Inkorporierung auch vieler thüringischer Pfarreien in kurfürstliche kirchliche Einrichtungen. So wurde die zu Erfurt gehörende Parochie Orlamünde durch päpstliches Dekret vom 20. Juni 1507 dem Wittenberger Allerheiligenstift inkorporiert, dessen Patron der Stifter, Kurfürst Friedrich der Weise wurde. Praktisch wirksam war diese Regelung seit 1509.[3] Zu der überdurchschnittlich großen Parochie gehörten viele Landgemeinden, u. a. Heilingen. Auch an diesem kleinen Dorfe sollte sich, wie aufzuzeigen sein wird, die Rivalität zwischen Kursachsen und Mainz erweisen.

Rudolf Herrmann meinte, daß spätestens 1523 die geistliche Gerichtsbarkeit Erfurts in Ostthüringen ihre Macht verloren habe.[4] Eigentlich jedoch trifft diese Einschätzung schon für die Zeit seit Anfang 1522 zu. Der letzte nachweisbare Beleg dafür, daß es in Ostthüringen, zumindest im Gebiet des mittleren Saaletals, überhaupt noch eine Erfurter kirchliche Obrigkeit gab, stammt aus dem Dezember 1521. – Zu Beginn des Jahres 1522 kam es auch in Neustadt/Orla, das als Filiale der Pfarrei Neunhofen zur Sedes Pößneck des Erfurter Archidiakonats St. Marien gehörte,[5] zu Reformbestrebun-

---

1) Martin Hannappel, Das Gebiet des Archidiakonats Beatae Mariae Virginis Erfurt am Ausgang des Mittelalters. Ein Beitrag zur kirchlichen Topographie Thüringens. Jena 1941, S. 190–223.

2) Wilhelm Wintruff, Landesherrliche Kirchenpolitik in Thüringen am Ausgang des Mittelalters. Halle/S. 1914; Rudolf Zieschang, Die Anfänge eines landesherrlichen Kirchenregiments in Sachsen am Ausgang des Mittelalters. Leipzig 1910.

3) Friedrich Israel, Das Wittenberger Universitätsarchiv, seine Geschichte und seine Bestände. Halle/S. 1913, Nr. 83 u. 86.

4) Rudolf Herrmann, Die Einführung der Reformation in Neustadt a. d. Orla. Nach einem Vortrag zum Reformationsjubiläum am 31. Oktober 1927. Neustadt/O. 1927, S. 19.

5) Hannappel, Gebiet (wie Anm. 1) S. 305 f.

gen im Augustinerkloster und in der Stadtgemeinde, gefördet durch die Auswirkungen der Wittenberger Bewegung 1521/1522. Nur kurze Zeit zuvor war die von Erfurt bestätigte Stiftung eines neuen Altars der Schneiderinnung in der Neustädter Stadtkirche der letzte, gleichsam offizielle Vorgang zwischen Erfurt und den zu ihm gehörenden Teilen Ostthüringens. Am 3. September 1521 teilten im Namen der gesamten Schneiderinnung deren Mitglieder Johannes Link, Nikolaus Thumlink und Nikolaus Heprun dem Mainzer Siegler in Erfurt, Matthias Reynick, mit, daß sie mit der Hauptsumme von 400 Gulden den neuen Altar der Maria und des Evangelisten Johannes in der Stadtkirche St. Johannes mit drei Wochenmessen dotierten. Die 20 Gulden jährlicher Zinse sollen dem Inhaber der Vikarie, dem Pfarrverweser von Neunhofen, Andreas Götze, zukommen.[6] Am 12. Dezember 1521 erfolgte die Bestätigung dieser Stiftung durch das Marienstift in Erfurt.[7]

Gleichsam unterhalb der offiziellen kirchenpolitischen Ebene wirkten jedoch auch nach diesen Ereignissen die traditionellen Verbindungen zwischen Erfurt und Ostthüringen weiter, von den kursächsischen Beamten wachsam registriert. Ein Beispiel dafür ist der Streit um das Pfarrbesetzungsrecht in Heilingen im Jahre 1520. Er macht schlaglichtartig die Probleme, die durch die beginnende Reformation noch verschärft wurden, deutlich. In diesen Streit war Erfurt insofern einbezogen, als ein Erfurter Kleriker, Johannes Gotze, auch Coci oder Koch genannt, auf die Heilingener Pfarrstelle Ansprüche erhob. – Coci war einer der in der römischen Kirche häufig auftretenden Pfründenjäger. Im Juni 1515 wurde er vom Offizial der Erfurter Marienkirche in die Vikarie St. Salvator und St. Marien in der Thomaskirche investiert. Diese Pfründe tauschte er 1518 und wurde so Rektor der Benediktikirche. Wegen dieser Transaktion wurde er 1521 abgesetzt.[8] Im Juni des gleichen Jahres gehörte Coci zu den Opfern des Erfurter Pfaffensturms. Ein Volkslied, das darüber berichtet, kolportiert das Gerücht, ein Weiberheld gewesen zu sein, der mit über 100 Frauen geschlafen habe. Die Pfaffenstürmer hätten ihn daher entmannen wollen. Weil sie ihn jedoch nicht antrafen, hätten sie nur sein Haus zerstört.[9] Noch 1536 warfen ihm die Stiftsherren von St. Severi vor, sich unrechtmäßig unter illegitimer Berufung auf Erzbischof Albrecht (1514–1545) in den Besitz der Pfründe St. Barbarae setzen zu wollen.[10] Am 18. Februar 1536 antwortete Erzbischof Albrecht aus Halle dem Marienstift auf ein nicht überliefertes Schreiben, in dem das Stift sich wohl über die rechtlichen Hintergründe des Anspruchs

---

6) Rudolf Herrmann, Die Meßpriester in einer Thüringer Kleinstadt vor der Reformation und ihr Verhältnis zum Bauernkrieg. In: Zeitschrift des Vereins für thüringische Geschichte und Altertumskunde NF 26 (1925) S. 4.

7) Harry Wünscher, Neustädter Kirchengeschichte. Neustadt/O. 1894, S. 3 u. 28; Ratsarchiv Neustadt/O.: Cap. VIII, Nr. 3, Bl. 1.

8) Josef Pilvousek, Die Prälaten des Kollegiatstiftes St. Marien in Erfurt von 1400–1555. Leipzig 1988, S. 108, 175.

9) Die historischen Volkslieder der Deutschen vom 13. bis 16. Jahrhundert, gesammelt und erläutert von Rochus von Liliencron, Bd. 3, Leipzig 1867, S. 374f.

10) DA Marienstift XII c IV, Bl. 1–5.

Cocis auf die Erfurter Pfründe St. Barbarae erkundigte. Der Erzbischof übermittelt dazu folgende Informationen: Nach dem Tode des Stifters des Altars St. Barbarae, Gunther de Heringen, habe die Vikarie zunächst Martin Vehe innegehabt. Nach dessen Resignation sei sie aus erzbischöflicher Vollmacht an Wolfgang Feylen übergeben worden. Dem Erzbischof sei nun glaubhaft versichert worden, *das Johan Cocj vicarius bey Euch, vnderstehe gemeltenn wolffgangen zu molestirn wilchs vns nicht wenigk befrembdt, auch zu mißfallen reichet, dann offentlich das er gar keyn gerechtickeyt darzu hat.*[11] Daher solle das Erfurter Stift diese Unrechtmäßigkeit Cocis unterbinden. In einem Brief an Erzbischof Albrecht vom 1. März 1536 rechtfertigt sich Coci, nicht ohne sich über das Stift St. Marien zu beschweren. Die Stiftsherren hätten ihm vorgehalten, daß er sich in Halle unberechtigterweise die Erfurter Meßstiftung St. Barbarae besorgt habe, weshalb er beim Stift *in grosse verdacht, vngunst vnd vngnade*[12] gefallen sei. Jedoch sei er, Coci, seit 20 Jahren nicht mehr in Halle gewesen. Das war eine Ausflucht, denn zu den Vorwürfen selbst verliert er kein Wort.

Jedoch hatte sich Coci schon viel früher als Pfründenjäger betätigt. 1518 oder 1519 war der Wittenberger Magister Bonifatius von Roda, ein persönlicher Bekannter Karlstadts und möglicherweise auch Müntzers, Pleban in Heilingen bei Orlamünde geworden.[13] Zu Beginn des Jahres 1520 nun versuchte Coci als Vikar am Kapitel St. Severi, Roda aus seiner Pfarrei zu verdrängen und sich selbst in deren Besitz zu bringen. Über diesen Vorgang berichten vier Dokumente aus dem Thüringischen Hauptstaatsarchiv Weimar. Sie machen die Brisanz auch scheinbar nebensächlicher Angelegenheiten, wie der Besetzung von Dorfpfarreien, für die kurfürstliche Politik schlaglichtartig deutlich.

Das erste Dokument, ein Brief Herzog Johanns (1525–1532) an Johann Reinboth, den auch für Orlamünde zuständigen kursächsischen Amtmann zur Leuchtenburg, stammt vom 7. Februar 1520.[14] Der Herzog teilt dem sich in Erfurt aufhaltenden Amtmann mit, daß er ein Schreiben des Kurfürsten erhalten habe, worin dieser wiederum den Erhalt eines Briefes des Pfarrers zu Heilingen anzeigte. Dieser habe mitgeteilt, daß ein Kurtisan zu Erfurt und Vikar an der dortigen St.-Severi-Kirche namens Johannes Coci ihn, den Pfarrer, angefochten und bedrängt habe, indem er selbst Anspruch auf die Heilinger Pfarrstelle erhebe. Herzog Johann fordert den Amtmann auf, die beiden Kapitel Unser Lieben Frauen und St. Severi in Erfurt aufzusuchen und ihnen im Namen der kursächsischen Regenten anzuzeigen, daß der Vikar unrechtmäßig handelt, wie aus einem Verzeichnis Herzog Wilhelms III. (1440–1482) hervorgehe. Sollten die Erfurter Kleriker von ihrem unbegründeten Ansinnen dem Pfarrer von Heilingen gegenüber nicht Abstand nehmen, sähe sich der Kurfürst veranlaßt, beiden Kapiteln Schutz und

11) Ebd., Bl. 2.

12) Ebd., Bl. 1.

13) Volkmar Joestel, Soziale und politische Implikationen des Wirkens Andreas Bodensteins als radikaler reformatorischer Prediger in Thüringen 1523/24. Phil. Diss., Leipzig 1990 (MS), S. 105–107.

14) Thür. HStA Ernestinisches Gesamtarchiv: Reg G 304, Bl. 44 f.

Schirm aufzukündigen. Die Kapitel sollen den Vikar bewegen, den Heilingener Pfarrer nicht mehr zu belästigen. Würden die Kapitel dies nicht tun, sähen sich Johann und Kurfürst Friedrich gezwungen, deren Pfründen und Zinse aus ernestinischen Territorien zu beschlagnahmen. Den Erfurter Rat solle der Amtmann ebenfalls bewegen, dem Vikar, sollte der von seinem Ansinnen nicht Abstand nehmen, seinen Schutz aufzukündigen. Als Postskriptum wird dem Amtmann geboten, die Antworten der beiden Kapitel und des Rats dem Herzog schriftlich mitzuteilen.

Der zweite Brief ist genau einen Monat später datiert, nämlich auf den 7. März 1520.[15] Er stammt von Coci und ist an Dechant und Kapitel der Stiftskirche St. Severi in Erfurt gerichtet. Das Kapitel hatte Coci vorgeladen und ihm die Beschwerde des Amtmanns mitgeteilt. Coci rechtfertigt nun sein Handeln. Die Pfarre von Heilingen sei am 15. Mai 1518 durch den Tod des Pfarrers Johannes Vyhes vakant geworden. Nach der Präsentation durch den Orlamünder Pfarrer wäre der Heilingener Pfarrer stets durch den Offizial der Stiftskirche Unser Lieben Frauen in Erfurt investiert worden. Diesmal jedoch sei das nicht erfolgt, weshalb sich der Vikar direkt nach Rom gewandt habe, um seinen Anspruch auf die Pfarre von Heilingen einzuklagen. Mit dieser Behauptung hatte Coci sogar recht, denn nach dem Tode des Offizials Valentin Jungermann 1518 wurde diese Stelle nicht wieder besetzt, weshalb es auch keine förmlichen Investituren mehr gab.[16] Unter dem Druck des Kurfürsten erklärt Coci jetzt, daß er, um die Billigkeit nicht zu verletzen, sich erbiete, sein Anliegen noch einmal vor dem Stiftskapitel vorzutragen, was auch Bonifatius von Roda tun möge. Sollte er, Coci, jedoch vor dem Kapitel kein Recht erhalten, womit er nach der massiven Intervention des Kurfürsten offensichtlich rechnet, möge das Kapitel ihn wenigstens bei dem in gleicher Sache in Rom anhängigen Prozeß unterstützen.

Unter dem 10. März berichten nun Dechant und Kapitel von St. Severi dem Kurfürsten über das erfolgte Gespräch mit Reinboth.[17] Der kurfürstliche Amtmann habe vorgebracht, daß Coci den Pfarrer zu Heilingen mit „römischen Briefen" belästige, obgleich doch bekannt sei, daß der Kurfürst die Orlamünder Pfarre samt den ihr inkorporierten Pfarreien der Wittenberger Universität einverleibt habe und sich dabei auf ausdrückliche päpstliche Bestätigung berufen könne. Der Amtmann habe darauf hingewiesen, daß in einem ähnlichen Falle in Coburg ein gewisser Gunther Gerstenberger, der in ähnlicher Weise Ambitionen auf die dortige Pfarrstelle angemeldet habe, von den kurfürstlichen Beamten kurzerhand ins Gefängnis geworfen worden sei.

Das letzte in dieser Angelegenheit erhaltene Dokument ist ein undatiertes, im Auftrage des Kurfürsten durch die Wittenberger Universität ausgestelltes und an Deutlichkeit nichts zu wünschen übrig lassendes Gutachten.[18] Die Pfarrei Orlamünde sei mit Zustimmung des Papstes der Universität Wittenberg inkorporiert worden. Es sei

---

15) Ebd., Bl. 46.
16) Kleineidam II S. 330f.
17) Thür. HStA Ernestinisches Gesamtarchiv: Reg G 304, Bl. 48.
18) Ebd., Bl. 50f.

nicht das erste Mal, daß die Kurtisanen zu Erfurt und anderen Orten jede sich bietende Gelegenheit nutzen, um sich widerrechtlich in den Besitz von Pfarreien zu bringen. Der Kurfürst habe jedoch verordnet, daß bei Erledigung eines Pfarrlehens die Wittenberger Universität dem Kurfürsten den neuen Pfarrer vorschlagen solle. Daher hätten Universität und Allerheiligenstift von Wittenberg für die vakante Pfarrstelle in Heilingen Magister Bonifatius von Roda präsentiert. Da er zur Seelsorge tauglich und verständig sei, habe ihn der Kurfürst rechtskräftig instituieren lassen. Nun käme Johannes Coci hervor, der früher zu Rom ein Koch und Diener gewesen sei. Wie tauglich er aber zur Seelsorge sei, bleibe genauso unerfindlich wie die Frage, ob er überhaupt am Pfarrort residieren wolle. Coci berufe sich auf seine angebliche Einsetzung durch den Papst, vergesse jedoch, daß Herr Bonifatius durch den Kurfürsten *als a patrono Laico* präsentiert worden ist. Auch das Kapitel St. Severi wisse ganz genau, daß es dem päpstlichen Stuhl nicht zustehe, das kurfürstliche Präsentationsrecht zu umgehen oder zu verletzen. Daher seien die Kapitel und der Erfurter Rat ernstlich davor zu warnen, solche Leute zu beherbergen oder gar zu verteidigen, die kurfürstlichem Schutz und Schirm zuwiderhandeln. Da es sich hier um einen Präzedenzfall handele, sei Konsequenz geboten, sonst werden die Kurtisanen sukzessive das gesamte kurfürstliche Präsentationsrecht beseitigen, die Lehen in Rom erwerben und somit geltendem Recht zuwiderhandelnd die rechtmäßigen Pfarrer vertreiben.

Über den Ausgang der Angelegenheit liegen keine Quellen vor. Bonifatius von Roda war jedoch noch 1524 Pleban in Heilingen. Karlstadt selbst berichtete darüber folgendes. Nach dem Erhalt eines Briefs Müntzers mit der Aufforderung, sich dessen Allstedter Bund anzuschließen, habe er den Brief in der ersten Erregung zerrissen. Später sei er mit den Schnipseln zu Bonifatius von Roda nach Heilingen geritten, habe den Brief wieder zusammengesetzt und mit dem Pleban beraten.[19] Jedenfalls hat sich, wie nicht anders zu erwarten, in dem Streit zwischen Roda und Coci der Kurfürst durchgesetzt. Diese Auseinandersetzung gehörte inhaltlich noch nicht in den Zusammenhang der Reformation, sondern in den Zusammenhang der ernestinischen Bestrebungen zum Ausbau des landesherrlichen Kirchenregiments.

Ein weiterer in Ostthüringen nachweisbarer Kleriker aus Erfurt war Nikolaus Rottendörfer, über den Josef Pilvousek einige Fakten zusammengetragen hat.[20] Rottendörfer war einer der ersten Erfurter, die sich des Vorwurfs erwehren mußten, Lutheraner zu sein. Als Kanonikus von St. Marien hatte er zusammen mit den beiden Kanonikern von St. Severi Johannes Draco und Justus Jonas am 6. April 1521 am feierlichen Empfang der Universität für den gebannten Ketzer Martin Luther teilgenommen, der sich auf der Reise zum Wormser Reichstag in Erfurt aufhielt. Da Jonas mit Luther die Reise nach Worms fortgesetzt hatte, konnten die beiden Dechanten Johannes Weidemann und Jakob Doliatoris nur Rottendörfer und Draco verhören.

---

19) Karlstadts Schriften aus den Jahren 1523–1525. Hg. Erich Hertzsch, Bd. 2, Halle/S. 1957, S. 11,18–32.

20) Pilvousek, Prälaten (wie Anm. 8) S. 13, 43, 52, 175, 230, 233f., 261.

Während letzterer standhaft blieb, daher exkommuniziert und nahezu gewaltsam der Kirche verwiesen wurde, kroch jener zu Kreuze, indem er erklärte, weder ein Anhänger Luthers zu sein noch seine Schriften gelesen zu haben. Er fand daraufhin Gnade.[21]

Bis zu seinem Tode 1534 blieb Rottendörfer Anhänger der römischen Kirche. Darauf deuten zumindest folgende Fakten hin. Wohl kurz vor seinem Tode hatte er seine Kurie, also sein privates Wohnhaus, an den Kanoniker Friedrich Burdian verkauft, mit der Bedingung, daß er, Rottendörfer, noch bis zu seinem Tode darin wohnen dürfe. Der Vertrag zwischen beiden besagte auch, daß Burdian Rottendörfers Kelter, Braupfanne und Zubehör nutzen dürfe, welche jedoch nach Burdians Tod an Rottendörfer bzw. dessen Erben zurückfallen sollen. Schon 1535, also ein Jahr nach Rottendörfers Tod, gab es darüber Streit. Burdian weigerte sich, die Gerätschaften an den Bruder des Verstorbenen, Hans Rottendörfer, herauszugeben. In Burdians Testament aus dem Jahre 1550 erfährt man die Hintergründe. Auch jetzt noch weigerte er sich, dem Bruder als einem Lutheraner das Geld auszuhändigen, weil er glaubte, daß Hans Rottendörfers lutherische Haltung nicht den Intentionen des verstorbenen Bruders entspreche.[22] Ein weiterer Hinweis darauf, daß Nikolaus Rottendörfer nach seinem „Ausrutscher" 1521 zur alten Kirche zurückgekehrt war, ist wohl auch darin zu vermuten, daß 1522 Studenten in der Erfurter Universitätsmatrikel die Gesichter der Heiligen und bildliche Darstellungen altgläubiger Professoren und Stiftsherren zerkratzten. Darunter befand sich auch ein Bildnis Nikolaus Rottendörfers, der im Chorgewand die Madonna verehrt.[23]

In dieses Bild paßt auch, daß Rottendörfer in Orlamünde eine dotierte Meßstiftung innehatte, die er 1525 zäh zu verteidigen suchte. Am 15. Januar dieses Jahres antwortete er auf einen nicht bekannten Brief Herzog Johanns.[24] Dieser hatte Rottendörfer geschrieben, daß er eine Vikarie in Orlamünde innehabe, die mit der Aufgabe verbunden sei, *dem pfarrer mit predigenn vnnd reichung der Sacrament behulffenn zuseynn.* Da das seit vier Jahren nicht geschehen sei, verfüge er, Johann, daß Rottendörfer binnen vier Wochen die Vikarie in Orlamünde beziehen und ordentlich verwalten solle. Offensichtlich also war Rottendörfer auch als Orlamünder Meßpriester in Erfurt wohnen geblieben. Gegen die herzogliche Forderung nach Präsenz in Orlamünde führte Rottendörfer nun die unterschiedlichsten Gründe an. Er habe bekanntlich die Vikarie mit Erlaubnis des Wittenberger Allerheiligenstifts und des Kurfürsten erworben. Traditionell sei sie mit vier zu haltenden Wochenmessen verbunden. Kurz nach Erlangung des Lehens habe sich Rottendörfer persönlich nach Orlamünde begeben und mit 40 Gulden das zur Vikarie gehörige Haus ausgebaut. Danach habe er *angezeigte*

---

21) Ulman Weiss, Die frommen Bürger von Erfurt. Die Stadt und ihre Kirche im Spätmittelalter und in der Reformationszeit. Weimar 1988, S. 124f.

22) Pilvousek, Prälaten (wie Anm. 8) S. 233f.

23) Weiss, Bürger (wie Anm. 21) S. 148.

24) Thür. HStA Ernestinisches Gesamtarchiv Reg. Ii 142, Bl. 1; Hermann Barge, Andreas Bodenstein von Karlstadt. Bd. 2, Leipzig 1905, S. 101.

*Mess vleissiglich bestallt vnnd vorlehnnet*, sie also wohl, wie weithin üblich, durch einen Stellvertreter lesen lassen, *Bys so lange das Doctor Karlstat die altar zubrochenn vnnd angebenn hatt, das dye Mess nichts sey, Auch furder Mess zuhaltten nicht gestadtenn hat wullenn*. Rottendörfer habe seine Präsenzpflicht in Orlamünde auch deshalb nicht einhalten können, da er aus der Vikarie in der gesamten Zeit ihres Besitzes nicht einmal 20 Gulden Zinse erhalten habe. Man möge ihm auch zugute halten, daß er für den Ausbau des Hauses gesorgt habe. Das sei doch wohl wichtiger, als die Erfüllung seiner Hilfsdienste in der Pfarrei. Diese sei so reich dotiert, daß sie, wie bisher auch erfolgt, einen eigenen Kaplan als Helfer bei der Verwaltung der Sakramente und bei der Predigt halten und ernähren könne. Daher bitte er, Rottendörfer, ihn *inn diesen schwynden leufften* nicht zur Präsenz in Orlamünde zu zwingen, sondern ihn und seine Habe zu beschützen, *bis solang E f g vnd ander vberckeith widder eyn eintrechttige ordenung in der kirchenn wurd auffgericht*.

Coci und Rottendörfer gehörten zu jenen Erfurter Klerikern in Ostthüringen, die keine Anhänger der Reformation wurden, sondern der alten Kirche verbunden blieben. Ein wichtiger Hintergrund für diese Haltung mag die Tatsache gewesen sein, daß die Zinsen aus Meßstiftungen die Haupteinnahmequelle der Altaristen waren. Und gerade die Meßstiftungen wurden ja durch die Reformation in Frage gestellt. Die beiden Beispiele unterstreichen diese Erkenntnis Rudolf Herrmanns, die er anhand einer Studie über den niederen Klerus in Neustadt/Orla verifiziert hat.[25]

25) Herrmann, Meßpriester (wie Anm. 6) bes. S. 17f., 25.

# Das Erfurter Buchwesen im 15. und 16. Jahrhundert

HOLGER NICKEL

# Zum Erfurter Buchdruck im 15. Jahrhundert

Das Buchwesen Erfurts nach Gutenbergs Erfindung zeigt sich dem ostdeutschen Betrachter – vielleicht gar mit dem Hintergrund der Berliner Inkunabelsammlung – seltsam zwiegesichtig: Einerseits sind da die dickleibigen Erfurter Einbände, oft im Folioformat, in denen man sich als Spiegelbeklebung leicht die Almanache in GW II, des Sigismund von Stockheim oder Jakob Honniger vorstellen kann,[1] zum anderen erinnert man die populären Heftchen von wenigen Blatt, die nur durch die bibliothekarische Formatbestimmung nach der Bogenbrechung zu Quartos aufrücken konnten. Man fühlt sich verpflichtet, nach Erklärung für die Extreme „ganz klein" und „groß" zu suchen, zu welchletzterem noch die Holzdeckel kommen, die den Umfang von drei oder mehr der erwähnten Heftchen haben mögen. Verständnis ist am ehesten aus Vergleichen zu erwarten, als Objekt bietet sich Leipzig an. Denn es ist ebenso Universitätsstadt.

Im Einbandbereich dürfen wir Parallelen annehmen. Die Werkstätten beider Städte bearbeiteten Produkte unterschiedlicher Herkunft.[2] In Leipzig ist offensichtlich, daß Buchführerbände in den Handel gingen, z. T. über die Stadtgrenzen hinaus.[3] Hier wie dort wäre eine Statistik der bearbeiteten Texte nützlich, so daß Mehrfachbindungen des gleichen Werks die kommerzielle Ausrichtung der Werkstatt dokumentierten. Die am Stempelmaterial orientierte Einbandforschung würde Zusatzinformationen gewinnen, die angesichts der Klosterbibliotheken Erfurts, die nach Reformation und Säkularisation zerstreut wurden, von Belang sind.

Im Druckbereich beginnen, nachdem wir die Parallelität der Almanache konstatiert haben, sogleich Unterschiede: in der Zahl der Offizinen vielleicht weniger, denn Leipzig beherbergte im Grunde keine übergroße Zahl: die Brandis-Brüder, Kachelofen, Landsberg, Arnold von Köln, Boettiger, Lotter, Stöckel und Thanner, dazu die

1) Gesamtkatalog der Wiegendrucke. Bd. 8, Stuttgart/Berlin 1978. Der vorliegende Beitrag basiert auf gedruckten und ungedruckten Materialien des „GW". Zu den Beziehungen früher Inkunabeldrukker zur Erfurter Universität vgl. ALBERT KAPR, Hat Johannes Gutenberg an der Erfurter Universität studiert? In: Gutenberg-Jahrbuch 55 (1980) S. 21–29.

2) HEINRICH GRIMM, Die Buchführer des deutschen Kulturbereichs und ihre Niederlassungsorte in der Zeitspanne 1490 bis um 1550. In: Archiv für Geschichte des Buchwesens 7 (1966/67) Sp. 1667f.

3) ERNST KYRISS, Verzierte gotische Einbände im alten deutschen Sprachgebiet. Stuttgart 1951–1958, Nr. 102 und 104. Vgl. auch NINON SUCKOW und HOLGER NICKEL, Libri M. henrici segers. In: Von der Wirkung des Buches. Festgabe für Horst Kunze. Berlin 1990, S. 23 Anm. 9.

Capotius-Druckerei, die Ursula Altmann[4] jetzt mit dem Namen Andreas Frisner verbindet. In Erfurt begegnen uns Hans Sporer, Wolfgang Schenck, Paul von Hachenberg, Paul Wider und die Ayrers, dazu einige Offizinen mit Notnamen. Diese sind ein deutliches Zeichen des schlechten Forschungsstandes des Erfurter Buchdrucks – und auch dieser Versuch wird kaum Neues beisteuern. Der Grund liegt in der extremen Seltenheit vieler Erfurter Druckwerke. Fundierte Aussagen zu den Ayrers und Sporer sind zudem nur im Kontext ihrer sonstigen Produktion möglich, und die ist weit über die Bibliotheken Europas verstreut.

Der Hauptunterschied ist die Quantität der Druckproduktion. Das von Leipzig oder Köln gewonnene Bild einer universitären Buchlandschaft, die ja durch eine abschätzbare Nachfrage den Druckern die Möglichkeit zu relativ sicherer Gestaltung ihrer Angebote gab, trifft auf Erfurt nicht zu. Zeichen sind auch die „Schulausgaben“ mit Durchschuß, in denen Studenten Interlinearglossen anbrachten und die in Erfurt nur knapp vertreten sind.[5] Es scheint, daß Erfurt in der universitären Literaturversorgung weitgehend von außen abhängig war, oder der Bedarf wurde handschriftlich befriedigt. Der Beschluß vom Sommersemester 1458, die Werke des Scotus und Wilhelms von Ockham auf Fakultätskosten in Basel abschreiben zu lassen,[6] deutet auf intensive Buchbeziehungen der philosophischen Fakultät, freilich zu einer Zeit, als Gutenbergs Erfindung ihren Zug durch Europa noch nicht angetreten hatte.

Die in den Drucken dokumentierten Verbindungen des *studium Erfordiense* oder seines Lehrkörpers zum örtlichen Buchdruck sind: In GW 2332 (Aristeas) wird die Institution genannt, Bernhard Ebeling aus Braunschweig veröffentlicht den juristischen Traktat *De rerum et verborum significatione* (GW 3900), Ludeo Cappel bezeichnet sich als *scholasticus ecclesiae BMV Erfordiensis* (GW 6027), GW 6395 beruft sich auf den Theologieprofessor Johannes Dorsten, Jakob Honniger nennt in seinen Almanachen (Einbl 690.691) die *hohe Schule zu Erffort* (deutsch und lateinisch), Johannes de Paltz veröffentlicht eine *Quaestio* von 1486 (H 1154), Johannes Carnificis de Lutrea verweist auf die Approbation seines Aristoteles-Kommentars durch die Universität (H 10 350), die Psellus-Ausgabe H 13 535 ist ebenso wie der Martianus Capella (H 4372) mit einem Kommentar des Nikolaus Marschalk versehen. Dazu kommen zwei Einblattdrucke (Einbl 1246.1247) mit Quaestionen. Der gewichtigste Druck ist mit 72 Blatt in Quart der Aristoteles-Kommentar, gefolgt von Ebeling mit 58 Blatt. Diese Umfänge sind die stärksten des frei finanzierten Erfurter Inkunabeldrucks – im Unterschied zu dem

---

4) Ursula Altmann, Andreas Frisner, der Drucker des Capotius und Martin Landsberg. Erscheint in: Johannes Gutenberg – Regionale Aspekte des frühen Buchdrucks. Berlin 1993, S. 203–217 (Beiträge aus der Staatsbibliothek zu Berlin. 1).

5) Ursula Altmann, Klassiker-Ausgaben für Studenten und Lateinschüler am Ende des 15. Jahrhunderts. In: Von der Wirkung des Buches. Festgabe für Horst Kunze. Berlin 1990, S. 148–159; Holger Nickel, Mit Durchschuß. Zu Preisrelationen im Buchwesen der Inkunabelzeit. In: Zur Arbeit mit dem Gesamtkatalog der Wiegendrucke. Vorträge der Internationalen Fachtagung vom 26.–30. 11. 1979. Berlin 1989, S. 127–136.

6) Kleineidam II S. 36.

zweibändigen *Lectionarium* der Bursfelder Kongregation aus dem Peterskloster. Es wird deutlich, wie kurz der Atem der Druckereien war. 27 Jahre mußten seit Einführung des Buchdrucks durch jenen geheimnisvollen Ablaßbrief von 1473[7] vergehen, ehe Wolfgang Schenck 1500 mit seiner Edition der Logikvorlesungen Trutfetters die hundert überschritt – und wir die Grenze des Inkunabelzeitalters übertreten, das Jahr von Luthers Immatrikulation erreichen und 1502 den vorläufigen Höhepunkt des Erfurter Buchwesens, Nikolaus Marschalks Ausgabe des *Enchiridion poetarum classicorum* mit 456 Blatt in Quart und 46 Holzschnitten (Hase 91).[8]

In dieser Aufzählung der literarischen Tätigkeit von Erfurter Autoren fehlen: Jodocus Erfordiensis (der von Kleineidam[9] herausgestellte *Vocabularius utriusque iuris* ist in Offizinen der Stadt nicht belegt; außerdem wird der Text allgemein ohne Verfasserangabe gedruckt); Bartholomäus Arnoldi von Usingen (er könnte geradezu als Negativbeispiel für die Wirksamkeit des Erfurter Buchdrucks dienen, sind doch vor 1500 alle seine Werke in Leipzig publiziert worden [GW 3461–3465]); Johannes Schramms *Quaestio fabulosa.*[10] Mir bereitet die Schrift inhaltliche und buchhistorische Probleme, die freilich den Katalog zwischen *hollenhippenmenner* und *pflastertreter* nicht berühren, zumal er weitgehend abgeschrieben ist. Die Frage ist, ob Schramm humorvoll das übliche Studentenleben verspotten oder gezielt Auswüchse an der Erfurter Universität geißeln wollte, d. h. wie scharf sein Werk auf Erfurter Zustände zugeschnitten war. – Friedrich Zarncke[11] hat Mitte vorigen Jahrhunderts das Büchlein als eine Collage (ein „Plagiat") aus Poggios *Facetiae* (gedruckt z. B. Leipzig 1491, H 13 196), Jodocus Gallus' *Monopolium des Leichtschiffs* und Bartholomäus Gribus' *Monopolium philosophorum, vulgo Die Schelmenzunft* erwiesen. Die letzten beiden Schriften, der Gallus mit der Aufzählung der Berufe, sind in GW 8476 zusammen publiziert. Jakob Wimpfeling fungiert in der *Quaestio* des Gallus als Präsident, und er ließ einen Widmungsbrief an den Drucker Peter Attendorn der ganzen Sammlung *Directorium Statuum* vorangehen. Man wird daraus schließen, daß er mit seiner Rolle in der Publikation einverstanden war. Ähnliches darf man bei dem Präsidenten des Erfurter Quodlibets, dem späteren Mitglied des *Collegium Maius* und Rektor Johannes Gans, bezweifeln, ist doch Gribus' Schelmenzunft zu einer Schweinezunft geworden, und Schramm hat kräftig vulgarisiert. So hat bereits Zarncke „der Gedanke widerstrebt",[12] daß die Rede wirklich in Erfurt gehalten wurde. Schließlich führt sie den Titel *Quaestio fabulosa.* Nicht wegen seiner Verstöße gegen die guten Sitten eines noch nicht existierenden Urheberrechts,

7) Albert Kapr, Der Erfurter Ablaßbrief von 1473. Eine druckhistorische Studie zum 500. Jahr des Buchdrucks in Erfurt. In: Beiträge zur Inkunabelkunde 3. Folge 6 (1975) S. 30–37.

8) Martin von Hase, Bibliographie der Erfurter Drucke von 1501–1550. In: Archiv für Geschichte des Buchwesens 8 (1967) Sp. 655–1096.

9) Kleineidam II S. 81–82.

10) Vgl. VB 1117. Vgl. auch den Beitrag von Jürgen Miethke, oben S. 187f.

11) Friedrich Zarncke, Die Deutschen Universitäten im Mittelalter. 1. Beitr., Leipzig 1857, S. 250–252.

12) Zarncke, Universitäten (wie Anm. 11) S. 252.

sondern wegen des Tons der Invektive dürfte der Student Johannes Schramm aus Dachau, der im Wintersemester 1489/1490 unter dem Rektorat Henning Gödes seine medizinischen Studien begann,[13] nach der Veröffentlichung des Textes bei institutionsstolzen *Professores* kaum Karriere gemacht haben.

Die Frage der Erstausgabe der *Quaestio* ist also zu überdenken, und ich bekenne, daß der Leipziger Druck Martin Landsbergs (H 14 527) für mich aus Gründen psychologischer Plausibilität vor dem Erfurter (VB 1117) liegen muß. Schramm hätte sein Faß Jauche von Leipzig aus über Erfurt ausgeschüttet. Ein Indiz ist die Namenssubscriptio: Der selten leere Student heißt in Leipzig *Schrotenworffel*, ebenso in dem Olmützer Nachdruck von 1499 (C 5315, der die in Noten gesetzten Rufe Erfurter Biertrinker nicht übernehmen mochte). In Erfurt unterschreibt er sich *Schroteworffel*. Das Datum 1494 widerspricht diesen Vermutungen nicht, denn es steht nicht im Impressum der Drucke, sondern meint das – fabulöse ? – Disputationsdatum. Landsberg hat die in seiner Ausgabe verwendeten Typen bis 1496 benutzt, so daß sein Buch zwischen 1494 (also nach vier bis fünf Studienjahren Schramms) und 1496 erschienen sein muß. Als Druck lag der Text gewissermaßen auf der Straße und konnte in Erfurt auch ohne Schramms Beteiligung nachgedruckt werden. Am Thema mußte nur Interesse herrschen. Dies scheint in Erfurt der Fall gewesen zu sein, denn der aus der Stadt stammende Sammelband der Staatsbibliothek zu Berlin, der die Inkunabel 1117 enthält, umfaßt ebenso die Erstausgabe der (ja auch den Alkohol thematisierenden) Dunkelmännerbriefe (VD 16 E 1720) wie Eobanus Hessus' *De generibus ebriosorum et ebrietate vitanda* (VD 16 E 1497, wohlgemerkt nicht in der Erfurter Ausgabe Mathes Malers, sondern im Nachdruck des Mainzers Johann Schöffer).[14]

Solche Nachrichten können natürlich den Ruf Erfurts als Zentrum des deutschen Humanismus nicht beeinträchtigen. Hier geht es um das Buchwesen. Ihm fehlte im 15. Jahrhundert wohl doch die herausragende humanistisch-wissenschaftliche Strahlkraft, ebenso eine Wirkung über die engere Region hinaus. Ich bin bei diesem Fazit dem Inkunabelforscher Ernst Schulz[15] verpflichtet, der – sinngemäß – an der Anzahl der Ausgaben eines Textes Verbreitung, Beliebtheit und das allgemeine Bedürfnis danach abschätzte. Der Kontrast zum Buchwesen Leipzigs ist krass, auch wenn ein intimerer Kenner der Erfurter Lehre z. B. reklamierte, daß gemäß den theologischen Interessen an der Erläuterung der Messe[16] Drucke wie GW 8245, Bernardus de Parentinis' *Compendium super repraesentatione et significatione missae* (BMC II 590. VB 1115), *Spruch von der Heiligen Messe* (C 5604), *Arm und reich sei kundgetan* (Juntke: Marien B 46) oder Texte zur Beichte wie *De instructionibus confessorum* (H 9248) und Matthaeus de

13) W I S. 429.

14) Bereits Zarncke (Universitäten [wie Anm. 11] S. 254) hat den Band ausgewertet (vgl. auch S. 116–154 Abdruck des Textes).

15) Ernst Schulz, Aufgaben und Ziele der Inkunabelforschung. München 1924 (Antiquariatskatalog, zum 70. Geburtstag von Jacques Rosenthal).

16) Kleineidam II S. 26–36.

Cracovias *De modo confitendi* (H 1345.1346) dem Universitätsbereich zuzuschlagen sind. Weder die Lebendigkeit Leipzigs scheint erreicht noch die Ausdehnung seiner Literaturlandschaft.[17] Dabei gelten auch für die Pleißestadt Einschränkungen wie in Erfurt, wir finden weder das *Corpus iuris* noch Sentenzenausgaben oder -kommentare. Den Petrus Lombardus kommentierte man in beiden Städten offensichtlich nach handschriftlichen Vorlagen oder Importen, und man orientierte sich an Handschriften und auswärtigen Drucken über andere Kommentare. In Leipzig aber sind die Autoritäten Aristoteles und Cicero gut, Thomas von Aquin überhaupt vertreten.

Eine Universität ohne Buch ist schwer vorstellbar, und „Buch" bedeutet in der Zeit beginnender Massenproduktion „Druck". Wahrscheinlich haben wir für die gesamte Inkunabelperiode die Frage literarisch-ökonomischer Arbeitsteilung zu klären, als hätten Grundlagenwerke potente überregionale Offizinen vertrieben, Spezialliteratur wäre aber von örtlichen Anbietern vorgelegt worden. Wenn man die auch personalen Beziehungen im Druckwesen Kölns und Leipzigs und die Wanderung von Textvorlagen betrachtet, kann man sogar an eine überregionale Produktion von Spezialliteratur denken. Leipzig hat bei diesen oft nicht umfangreichen Schriften offensichtlich weit ausgestrahlt. – Ähnlich könnte man Köln als Quelle des in Erfurt benötigten Universitätsschrifttums vermuten. Als Indiz werte ich – vor detaillierten Untersuchungen – die Zusammensetzung der Berliner Inkunabelsammlung. Sie ist 1908 nach der Auflösung der Erfurter Königlichen Bibliothek durch umfangreiches historisches Buchgut bereichert worden.[18] Ernst Voulliéme hat im Manuskript für die Nachträge seines Inkunabelkatalogs (hier „VB" zitiert) dokumentiert, daß sich 85 Kölner Drucke in dem Erfurter Zugewinn befanden.[19] Dazu kommen jene Bände, die bereits vor 1908 in der Preußischen Sammlung waren wie der erwähnte Sammelband mit dem Johannes Schramm, der auch ein Kölner *Manuale scholarium* (VB 1034) enthält. Aufschluß über diese Buchbewegungen gewährte auch, wenn spätmittelalterliche „gotische" Einbände Erfurter Werkstätten um Kölner Drucke analysiert würden. Sogar die Dunkelmännerbriefe sind als Argument zu nutzen, belegen sie doch, daß sich die Blicke Erfurter Universitätsangehöriger – über die theologische Orientierung hinaus[20] – besonders nach Köln richteten.

Jenseits dieser Gelehrtenliteratur präsentiert sich Erfurt dagegen als eine ganz andere Buchlandschaft, nämlich volkstümlicher Literatur. Zuerst seien neben den schon erwähnten Almanachen die Ablaßbriefe genannt. Die Quellen erlauben einige Präzisie-

17) Holger Nickel, Die Widmungempfänger Leipziger Inkunabeln. In: Sächsische Heimatblätter 31 (1985) S. 79–82. Ich habe damals übrigens keinen in Erfurt ansässigen Widmungsempfänger festgestellt.

18) Ursula Altmann, Die Inkunabelsammlung. In: Deutsche Staatsbibliothek 1661–1961. Bd. 1, Leipzig (1961) S. 392.

19) Ich danke Frau Dr. Anneliese Schmitt für die Auskünfte aus dem Voulliéme-Manuskript.

20) Kleineidam II S. 146.

rungen: Der Ablaß von 1473 läßt sich durch Falckensteins *Historie von Erffurth*[21] auf drei Wochen nach Trinitatis einengen, die Entstehung des Drucks zum 13. Juni ist also zu vermuten. Bei der Notiz über *literas, indulgenciam et confessionalia*, die Nikolaus von Siegen unter dem Jahre 1483 mit einem Bischof und apostolischen Legat Bartholomaeus verbindet,[22] denkt man am ehesten an Bartholomaeus de Camerino, doch sind bei GW 3429 und 3430 weder Erfurter Drucke noch Exemplare verzeichnet. Die Entstehung der wegen des Ablasses für Tote besonderen Peraudi-Formulare (Einbl 1106–1108) ist durch das Memoriale des Konrad Stolle auf fünf Wochen nach Mittfasten 1488, also bis Mitte April, eingeengt.[23] Stolle und Nikolaus von Siegen berichten von den Beichtbriefen.[24] Auch in Zusammenhang mit Peraudis Erfurt-Besuch von 1490 nennt Nikolaus *litere confessionum et absoluciones*[25] (Einbl 1150). Interessant ist, daß gleich zwei anonyme Berichte (neben denen Sebastian Brants GW 5029–32) von der Geburt der siamesischen Zwillinge in Bürstadt bei Worms in Erfurt die Presse verließen: GW 5709 und 10578. Die Mädchen hießen übrigens Katharina und Anna, wie wir einem handschriftlichen Eintrag im 1989 erworbenen Berliner Exemplar der Schönsperger-Ausgabe von Hartmann Schedels *Liber chronicarum* (H 14 511, VB 232 a) entnehmen.

Es scheint nicht notwendig, hier die deutschsprachige Literatur aus Erfurter Pressen aufzuzählen. Belangvoll wäre das Ergebnis erst mit germanistischer Wertung. Die meisten Titel finden sich in Band 13 von Albert Schramms „Bilderschmuck der Frühdrucke",[26] sind doch die Titelblätter oft mit Holzschnitten ausgestattet. Einige Texte hat Hans Sporer aus Bamberg mitgebracht. Nicht im „Schramm" enthalten sind die 13 Holzschnitte des *Gebet von den Zwölfboten mit den zwölf Stücken des christlichen Glaubens*, wovon die Ratsschulbibliothek Zwickau ein Unikum besitzt. Jahr (95) und *Erdfort* werden genannt, nicht aber der Drucker. Da die Typen denen des Bursfelder Lektionars gleichen, könnte man das Heft mit der Druckerei des Petersklosters verbinden. Freilich läßt mich Nikolaus von Siegen zweifeln, seine Chronik reicht

21) Johann Heinrich von Falckenstein, Civitatis Erffurtensis Historia Critica et Diplomatica oder ... Historie von Erffurth. Erffurh(!) 1739, S. 340.

22) Nicolaus de Siegen OSB, Chronicon Ecclesiasticum, Hg. Franz X. Wegele, Jena 1855, S. 474.

23) Konrad Stolle, Memoriale. Bearb. Richard Thiele, Halle 1900, S. 440–441. – Zum Ablaß vgl. Nikolaus Paulus, Raimund Peraudi als Ablaßkommissar. In: Historisches Jahrbuch 21 (1900) S. 645–682. Auch anderswo reichten die Erstauflagen der Ablaßbriefe nicht aus: Guido Rotthoff, Ein Kölner Einblattdruck von 1487 für Xanten. In: Annalen des Historischen Vereins für den Niederrhein 170 (1968) S. 264–267; dazu Severin Corsten, Der Ablaß zugunsten der Kathedrale von Saintes. Seine Verkündigung am Niederrhein im Spiegel der Wiegendrucke. In: Annalen des Historischen Vereins für den Niederrhein 177 (1975) S. 62–75, auch in: ders., Studien zum Kölner Frühdruck. Köln 1985, S. 84–102.

24) Stolle, Memoriale (wie Anm. 23) S. 440; Nicolaus de Siegen, Chronicon (wie Anm. 22) S. 479.

25) Ebd., S. 482.

26) Albert Schramm, Der Bilderschmuck der Frühdrucke. Bd. 13, Leipzig 1930, Tafel 58 ff.

bekanntlich bis zum Todesjahr 1495, und außer den Aktivitäten des Jahres 1479[27] werden in Verbindung mit dem Kloster weder Druckproduktionen noch im Verzeichnis der Mitbrüder Drucker erwähnt.

Ich hatte eingangs von der Seltenheit vieler Erfurter Druckwerke gesprochen. Diese Feststellung ist im Hinblick auf die volkstümliche Literatur zu relativieren, denn der Buchdruck Erfurts böte uns längst kein so farbiges Bild, wären nicht diese raren Hefte so – verhältnismäßig – reichhaltig an Titeln auf uns gekommen. Zudem läßt die Überlieferungssituation zweifeln, ob wir wirklich alle Produkte geerbt haben. In der Berliner Sammlung sind die Inkunabeln aus Voulliémes Werkstatt 2 „Heidericus & Marx Ayrer" und 3 „Hans Sporer" als Einzelhefte erhalten (Provenienz oft: Generalpostmeister Karl Ferdinand Friedrich von Nagler). Dies entspricht nicht unserer Erfahrung, denn wir stellen uns solche Stücke als ehemalige Teile von Sammelbänden vor. Ich werde nicht behaupten, jene Hefte hätten die Spanne von 500 Jahren ganz ohne den Schutz von Holzdeckeln und Beibänden überdauert, ich will nur auf das Problem „Sammelband" hinweisen. Es mag dem antiquarischen Dokumentationsinteresse eines stolzen Besitzers entsprechen: Der Bibliophile Stephan Roth in Zwickau vereinigte seine Erwerbungen zu solchen Trophäen seines Sammeleifers. Diese „Nutzung" ist aber entgegengesetzt dem „Sitz im Leben", den die Drucke hatten: Nach der Vereinigung zum Sammelband, der heute die Berliner Signatur Inc. 1117 trägt, hat wohl niemand nach der darin enthaltenen Grammatik des Georgius Agricola (VD 16 A 931) gelernt. Die *Wege von Erfurt nach Rom* trug der Pilger erst einmal auf der Reise mit sich, ehe er einen Sammelband binden ließ – ähnlich dem, den aus Mitgebringseln einer Romwallfahrt letzthin das Antiquariat H. P. Kraus[28] anbot. Auch zu Lektüre und Textverleih eignete sich der Einzeltitel eher als das Konvolut.

Konsequent weitergedacht, führen diese Beobachtungen und Erwägungen in ein Dilemma: Der hier mehrfach benutzte Begriff „Heft" signalisiert die breite Zugänglichkeit eines Texts aufgrund des niedrigen Handelswertes. Die Marktwirtschaft auch unserer Tage funktioniert, wenn die Angebote der Hersteller ökonomisch von ihren Zielgruppen angenommen werden können, wobei bei Büchern das Wechselspiel zwischen wirtschaftlicher Möglichkeit und Kaufentschluß besonders kompliziert ist. Nützlichkeit aber wird auch damals Kaufhemmungen beseitigt haben, Unterhaltung galt gewiß eher als Luxus.

Erfurter volkstümliche Literatur wie der *Herzog Ernst* (H 6676), der *Sigenot* (VB 1123) und die *Sibyllenweissagung* (VB 1128) erreichten 20–30 Blatt. Ebensolche Umfänge hatte ich bei den „Schulausgaben" mit Durchschuß – für junge Leute im

---

27) Nicolaus de Siegen, Chronicon (wie Anm. 22) S. 464. Dazu jetzt Wolfgang Schmitz, Klösterliche Buchkultur auf neuen Wegen? Die Entstehungsbedingungen von Klosterdruckereien im ersten Jahrhundert nach Gutenberg. In: Buch und Biblothekswissenschaft im Informationszeitalter. Internationale Festschrift für Paul Kaegbein [...] München/New York/London/Paris 1990, S. 349.

28) Catalogue 188 (New York) Nr. 53.

Studium – statistisch am häufigsten festgestellt.[29] Dies bedeutet wohl, daß wir wegen der geschilderten Überlebensprobleme volkstümlicher Literatur jenseits der bibliographischen Faßbarkeit ein Kontinuum von Angebot und Nachfrage vermuten dürfen. Ernst Schulz[30] wäre partiell zu revidieren. Als Argument zählt auch, daß diese schmalen Texte schnell nachgedruckt werden konnten, wenn alte Vorräte aufgebraucht waren, die Aufwendungen hielten sich in den Grenzen, die der Drucker durch die Neuauflage absteckte. Erfurt würde uns lehren, auch durch das „Wander“dasein Sporers und der Ayrer, daß wir trotz regionaler Unterschiede in Themen mit einer potentiellen Ubiquität zu rechnen haben, wenn wir fragen: „Was lasen unsere Vorvordern um die Wende vom 15. zum 16. Jahrhundert zu ihrer Unterhaltung und Belehrung?“[31] Faßbare Ausgaben dieser geringen Umfänge gehörten weniger in die individuelle Druckgeschichte einer Offizin oder Stadt, sondern wären literarhistorischer Beleg für den Eintritt des Textes in das neue Medium. Das nähme der bibliographischen Forschung Kriterien für die Beurteilung von Druckwerkstätten – und das Recht, die nicht mit Folianten in unseren Sammlungen vertretenen Handwerker als Winkel- und Wanderdrucker abzuqualifizieren.

---

29) Nickel, Mit Durchschuß (wie Anm. 5); Anneliese Schmitt, Möglichkeiten der Verbreitung und Wirkung populärer deutschsprachiger Literatur im 15. Jahrhundert. In: Zur Arbeit mit dem Gesamtkatalog der Wiegendrucke (wie Anm. 5) S. 138 geht von 8 bis 40 Blatt aus.

30) Ernst Schulz, Aufgaben (wie Anm. 15).

31) Formulierung für „die Kölner“ von Rudolf Juchhoff, in: Essays in honour of Victor Scholderer. Mainz 1970, S. 201–212. Juchhoff S. 204: „Bei der Aufzählung der Ausgaben muß man natürlich im Auge behalten, daß nach aller Wahrscheinlichkeit nur ein Teil der Drucke auf uns gekommen ist.“ Zum Problemkreis auch Schmitt, Möglichkeiten (wie Anm. 29).

RENATE SCHIPKE

# Neue Funde aus den ehemaligen Bibliotheken von St. Peter und der Kartause in Erfurt

Glanz und Wirkung des mittelalterlichen Erfurt weit über die Stadtgrenzen hinaus beruhte nicht zuletzt auf der unermüdlichen Betriebsamkeit seiner Ordensleute, insbesondere der Benediktiner auf dem Petersberg und der Kartäuser von St. Salvator. – Placidus Muth, der letzte Abt von St. Peter vor der 1803 erfolgten Auflösung des Klosters, war der Ansicht, daß die Verdienste *um physische und moralische Cultur* von Anbeginn *sich auf vermehrte Urbarmachung der hiesigen Gegenden noch vor der Entstehung der Stadt konzentrierten, und auf Unterstützung des ersten Handels nach dieser, auf ihr Mitbewerben ... für die Bildung der Jugend durch Schulen, für die Künste vorzüglich durch Gold- und Silbertinkturen bei Handschriften, durch Glasmalerei, durch Typographie, für Literatur und Wissenschaft nach dem abwechselnden Gange verschiedener Zeitalter und deren Bedürfnisse.*[1]

St. Peter gilt als das wichtigste thüringische Kloster, dessen Bedeutung aus der Tätigkeit der Konventsmitglieder, literarischer Notizen und heute noch vorhandener Bestände der einst bekannten Bibliothek so umfassend erschlossen werden konnte. Es besaß die erste Klosterdruckerei auf thüringisch-sächsischem Boden und verfügte außer einem leistungsstarken Skriptorium über eine ansehnliche Buchbinderei mit eigenen und später hinzugekauften Stempeln. Die ältesten Bibliotheksbestände wurden allerdings durch Brände zwischen 1068 und 1142 vernichtet. Auch wurde die Bibliothek während des Dreißigjährigen Krieges 1632 Opfer schwedischer Plünderungen. Der im Jahre 1783 angelegte und noch erhaltene Katalog enthält 371 Handschriften, von denen bisher Stücke in etwa 60 europäischen Bibliotheken und Archiven entdeckt werden konnten.[2]

Den Ruhm, die reichste Bibliothek der Stadt zu sein, konnte jedoch die Kartause St. Salvator für sich in Anspruch nehmen, die 1372 gegründet und ebenso wie St. Peter 1803 aufgehoben wurde. Die Kartause besaß 1412 bereits 321 Bände, obwohl sie schon ein Viertel ihres Bestandes 1380 an die von Erfurt aus gegründete Kartause in Eisenach abgegeben hatte. Der in der Erfurter Kartause um 1475 angelegte und bis 1520 ergänzte Katalog mit etwa 800 Handschriften und Drucken, wohl das Werk des dortigen

1) Joseph Theele, Die Handschriften des Benediktinerklosters S. Petri zu Erfurt. Ein bibliotheksgeschichtlicher Rekonstruktionsversuch. Leipzig 1920, S. 15.

2) Sigrid Krämer, Handschriften-Erbe. T. 1, München 1989, S. 224–233. – Standort des Kataloges: Erfurt, Bibl. des Domarchivs (Signatur von Theele nicht mitgeteilt).

Bibliothekars Jacobus Volradi, dürfte sehr wahrscheinlich das umfangreichste Katalogwerk einer mittelalterlichen Bibliothek im deutschsprachigen Raum sein. Der heute noch vorhandene Bestand verteilt sich derzeit auf circa 65 europäische und amerikanische Bibliotheken.[3]

Die an der Berliner Staatsbibliothek Unter den Linden 1972 eingerichtete und bis 1992 tätige Arbeitsstelle für die Erfassung mittelalterlicher Handschriften in den nunmehr neuen Bundesländern (ZIH) entdeckte bei der Katalogisierung des in Frage stehenden Materials eine Reihe weiterer Handschriften aus St. Peter und der Kartause St. Salvator, deren Herkunft bisher unbekannt geblieben war. So fanden sich allein in der Turmbibliothek St. Andreas in Eisleben außer den bereits bekannten Erfurter Provenienzen weitere vier Handschriften (je zwei aus St. Peter und der Kartause), die der schon zitierten Übersicht von Sigrid Krämer hinzuzufügen sind. Die Verfasserin hat darin versucht, den noch erhaltenen Bestand mittelalterlicher deutscher Klosterbibliotheken zu erfassen und die heutigen Standorte anzuzeigen. Daß durch die moderne Katalogisierung hier immer wieder Ergänzungen und Zusätze notwendig werden, liegt in der Natur der Sache, nicht etwa an mangelnder Sorgfalt.

Die Aufhebung des Petersklosters und der Kartause im Jahre 1803 führte zwangsläufig zur Auflösung der Bibliotheken und Zerstreuung der Bestände. Eine größere Anzahl von Handschriften aus beiden Sammlungen gelangte in die Bibliothek des Stiftsregierungsrates Friedrich Gottlieb Julius von Bülow auf Schloß Beyernaumburg bei Sangerhausen, einem leidenschaftlichen Bücher- und Kunstsammler. Nach dessen Tode verfügte das Oberlandesgericht in Naumburg die Versteigerung der *Bibliotheca Büloviana*, die 1836 in Eisleben stattfand, nachdem ein Gesamtverkauf an den Kaiser von Rußland sich zerschlagen hatte. Auf dieser Auktion erwarb ein Bergrath Plümicke aus Eisleben drei dieser in Frage stehenden vier Handschriften Erfurter Provenienz, die vierte Handschrift ersteigerte er 1839 auf einer Hallenser Auktion. Alle Stücke schenkte er, einem entsprechenden Eintrag in den Handschriften zufolge, 1856 der Turmbibliothek St. Andreas, wo sich heute insgesamt zehn Handschriften aus St. Peter und der Kartause St. Salvator befinden.[4]

---

3) KRÄMER, Handschriften-Erbe (wie Anm. 2) S. 215–224. – Standort des Kataloges: Erfurt, Bibl. des Domarchivs, Ms. Hist. 6.

4) St. Peter: Hs. M 987 (Kat. Erf. 1783: Quart. 28; Versteigerung Bülov. 1836: Bd. 3, Nr. 459), Hs. 210 (Kat. Erf. 1783: Quart. 31a–d; Versteigerung Bülov. 1836: Bd. 3, Nr. 1221? oder 1222), Hs. 969 (Kat. Erf. 1783: Fol. 80), Hs. [2] (Kat. Erf. 1783: Quart. 99; Auktion Halle 1839: Nr. 2086; fehlt bei KRÄMER, Handschriften-Erbe [wie Anm. 2]), Hs. [4] (Kat. Erf. 1783: Quart. 71?; Versteigerung Bülov. Bd. 3, Nr. 388; fehlt bei KRÄMER, Handschriften-Erbe [wie Anm. 2]). – Kartause St. Salvator: Hs. A 39 (Kat. Volradi: A 39+39$^{2}$ = Mittelalterl. Bibl.kat. 2, München 1928, S. 258–259; Versteigerung Bülov. 1836 Bd. 3, Nr. 303), Hs. M 960 (Kat. Volradi: D 19 = Mittelalterl. Bibl.kat. 2, München 1928, S. 320–322; Versteigerung Bülov. Bd. 3, Nr. 68), Hs. [3] (Kat. Volradi: L 41$^{primo}$ = Mittelalterl. Bibl.-kat. 2, München 1928, S. 452; Versteigerung Bülov. 1836: Bd. 3, Nr. 389; fehlt bei KRÄMER, Handschriften-Erbe [wie Anm. 2]) Hs. M 986 [E] (Versteigerung Bülov. 1836: Bd. 3, Nr. 460), Hs. 961 (Kat. Volradi: O 99 = Mittelalterl. Bibl.kat. 2, München 1928, S. 504; Versteigerung Bülov. 1836: Bd. 3, Nr. 304; fehlt bei KRÄMER, Handschriften-Erbe [wie Anm. 2]).

Weitere Handschriften aus beiden Erfurter Klöstern lassen sich in der Forschungs- und Landesbibliothek Gotha nachweisen, darunter wertvolle Stücke aus dem St. Willibrords-Kloster in Echternach.[5] Die 1794 aus Echternach vertriebenen Mönche retteten sich mit einem Teil ihrer Handschriften nach St. Peter in Erfurt. Doch der ebenfalls dort anwesende, aus Frankreich emigrierte Benediktiner Jean Baptiste Maugérard, der eine recht zwielichtige Rolle bei der Veräußerung von Klostergut spielte, handelte diese schönen Stücke den Echternachern nach nur kurzer Verweildauer in der Erfurter Bibliothek ab und verkaufte sie an Herzog Ernst II. (1772–1804) von Sachsen-Gotha für dessen exzellente Büchersammlung auf Schloß Friedenstein. So wurde St. Peter kurz vor seiner Aufhebung ein wichtiger Umschlagplatz für den Verkauf wertvoller Handschriften. Krämer berücksichtigt diese Zwischenstation nicht. Über Maugérards Vermittlung gelangten außerdem insgesamt mindestens zehn Handschriften direkt aus St. Peter in die Gothaer Bibliothek, die Krämer in ihrer Übersicht nennt. Dagegen ist ihr eine Handschrift aus der Kartause, Memb. II 66, entgangen, eine *Biblia vulgata* aus dem 14. Jahrhundert.

Auf der Versteigerung der *Bibliotheca Büloviana* wurden u. a. mehrere Handschriften aus St. Peter für die Bibliothek der Grafen von Stolberg-Wernigerode erworben. Die Sammlung schloß am 1. August 1929 ihre Pforten für die öffentliche Benutzung, der Bestand wurde sukzessive an Interessenten im In- und Ausland (auch nach Amerika) verkauft. Ein Teil der Handschriften, darunter eine im Verzeichnis von Krämer fehlende Handschrift aus St. Peter,[6] gelangte auf diesem Weg in die Universitäts- und Landesbibliothek Halle/Sa.

Ein weiterer größerer zusammenhängender Bestand von Handschriften aus St. Peter ist nach der Säkularisierung 1908 an die Berliner Staatsbibliothek übergegangen. In jüngster Zeit konnte dieser Provenienzgruppe eine weitere Handschrift hinzugefügt werden, die durch die Katalogisierungsarbeiten für das ZIH entdeckt worden ist. Diese Handschrift gelangte zunächst auf unbekanntem Wege in die Kirchenbibliothek St. Katharinen in Oebisfelde (Kreis Stendal, Bezirk Magdeburg). Sie wurde im 12. Jahrhundert geschrieben und gehört somit zum älteren Bestand der Klosterbibliothek St. Peter. Zwei weitere Handschriften aus der Kartause im Besitz der Berliner Staatsbibliothek sind Krämer ebenfalls entgangen. Es sind Ms. Boruss. fol. 980 und das Fragment Nr. 70. Erstere wurde 1879 im Antiquariat Rosenthal in München angekauft. Sie war schon zu diesem Zeitpunkt nicht vollständig, erhalten ist nur der Anhang (33 Bll.) mit verschiedenen Traktaten zum Wilsnacker Wunderblut. Er war ursprünglich an die Schriften des Thomas von Aquino angebunden. Reste eines Kommentars zu den Sentenzen (I,5) des Petrus Lombardus enthält Fragment 70, das seine Provenienz ausdrücklich durch den

5) Memb. I 70, 71 und 103.
6) Stolb.-Wernig. Za 67 (Versteigerung Bülov. 1836: Bd. 3, Nr. 252?).

noch erhaltenen Besitzeintrag *Hoc volumen est fratrum Carthusiensium prope Erffordiensem* festlegt. Die vollständige Handschrift gilt als verloren.

Resümierend ist nach dieser kurzen Übersicht festzuhalten, daß durch die Erschließungstätigkeit der Berliner Arbeitsstelle insgesamt neun Handschriften wiedergefunden werden konnten, deren Herkunft aus St. Peter bzw. der Kartause St. Salvator bisher nicht bekannt war.[7] Hiermit konnte ein weiterer – wenn auch kleiner – Schritt auf dem Wege der Rekonstruktion der beiden außerordentlich bedeutsamen Bibliotheken im mittelalterlichen Erfurt getan werden.

Die sieben vollständig erhaltenen Handschriften tragen mit großer Wahrscheinlichkeit noch die im 15. Jahrhundert gefertigten Einbände, wobei ein Einband mit Sicherheit in der Buchbinderwerkstatt von St. Peter angefertigt worden ist. Er trägt einige der von Paul Schwenke in seinem Exkurs über die Buchbinderei des Petersklosters[8] für die Petriner Werkstatt als charakteristisch festgestellten Stempel und wurde vor 1461 angefertigt. Die übrigen Einbände sind in ähnlicher Manier gestaltet und legen die Vermutung ihrer Herstellung in den eigenen Werkstätten nahe.

Fast alle Stücke sind Papierhandschriften aus dem 15. Jahrhundert, mit Ausnahme des Epistolars aus St. Peter, einer Pergamenthandschrift aus dem 12. Jahrhundert und der Perlbibel aus der Kartause, einer Pergamenthandschrift aus dem 14. Jahrhundert. Die aus dem Bibliotheksbestand von St. Peter wiedergefundenen Stücke enthalten Anweisungen für die Durchführung des Gottesdienstes, Modalitäten für den Einstieg in das Klosterleben, Predigtsammlungen und eine kommentierte *Philosophia pauperum* des Albertus de Orlamünde. Letztere Handschrift trägt den schon erwähnten Petriner Originaleinband und gehört heute der Eislebener Turmbibliothek (Hs.[2]).[9] Die Texte entsprechen somit dem für den praktischen Gebrauch notwendigen Fundus der Klosterbibliothek; sie sind bis auf das Epistolar auch in dem 1783 angefertigten Katalog von St. Peter nachweisbar.

Die Kartäuser zeichneten sich bekanntlich entsprechend ihrer Ordensregeln, denen zufolge gemäß der strengen Schweigepflicht Seelsorge-, Prediger- und Unterrichtstätigkeit weitestgehend ausgeschlossen waren, durch besonderen Eifer im Bücherlesen, Büchersammeln und Bücherschreiben aus. Das Ergebnis dieser Aktivitäten waren die im Vergleich zu den Klosterbibliotheken anderer Ordensgemeinschaften sehr umfänglichen Büchersammlungen.[10] Das gilt insbesondere für die Erfurter Kartause, deren

7) St. Peter: Ms. Lat. oct. 500 (Staatsbibliothek zu Berlin – Preußischer Kulturbesitz), Hs. [2] und [4] (Turmbibliothek St. Andreas, Eisleben), Stolb.-Wernig. Za 67 (Univ. u. Landesbibliothek Halle/Sa.). – Kartause St. Salvator: Ms. Boruss. fol. 980 und Fragment 70 (Staatsbibliothek zu Berlin – Preußischer Kulturbesitz), Hs. [3] und 961 (Turmbibliothek St. Andreas, Eisleben), Memb. II 66 (Forschungs- u. Landesbibliothek Gotha).

8) Paul Schwenke, Die Buchbinderei des Petersklosters (mit Abb. von insg. 32 Stempeln). In: Theele, Handschriften (wie Anm. 1) S. 38–45.

9) Schwenke, Buchbinderei (wie Anm. 8) erwähnt die Hs. auf S. 42 und weist die Stempel Nr. 9 (Steinbock), 10 (Vögel am Lebensbaum) und 16 (Lamm Gottes) der Petriner Werkstatt zu.

10) Ladislaus Buzas, Deutsche Bibliotheksgeschichte des Mittelalters. Wiesbaden 1975, S. 57.

Bestand wir durch Volradis Katalog sehr gut kennen. Große Teile der über die ganze Welt zerstreuten Bibliothek konnten bisher anhand dieses Kataloges identifiziert werden. Auch die hier vorgestellten neu entdeckten Handschriften lassen sich – sofern sie vollständig erhalten sind – im Katalog verifizieren. Sie enthalten die schon erwähnten Traktate zum Wilsnacker Wunderblut, echte und unechte Werke des Augustinus nebst einer *Confessio ordinis Carthusiensium*, Predigten des Matthaeus von Krakau, eine vollständige *Biblia vulgata* mit den üblichen Einleitungsstücken und Prologen. Sie spiegeln auch anhand dieser wenigen zufällig entdeckten Beispiele die wesentlichen Bestandskategorien einer mittelalterlichen Klosterbibliothek wider: die Bibel, die Liturgica, die Ordensstatuten und verwandte Texte, die Kirchenväter, zeitgenössische Autoren und Texte (allerdings in unterschiedlichem Umfang).

Zu hoffen bleibt abschließend, daß mit der Vorstellung bisher unbeachtet gebliebener Zeugnisse der Buchkultur im mittelalterlichen Erfurt das Bild von den sorgfältig angelegten und nach praktischen Gesichtspunkten ausgebauten Ordensbibliotheken um ein weniges abgerundet werden konnte.

KONRAD VON RABENAU

# Erfurter Buchbinder im 16. Jahrhundert

Vorbemerkung: Die Abbildungen in diesem Aufsatz mußten in unterschiedlichem Maße verkleinert werden. Es sind daher die Maßangaben im Anhang zu beachten.

Die Erfurter Einbandgeschichte des 15. Jahrhunderts ist gut bekannt. Bedingt durch die geistigen Interessen der vielen kirchlichen Einrichtungen der Stadt, vor allem aber der 1392 gegründeten und stark besuchten Universität,[1] lag eine Fülle von Material vor und machte Erfurt zum idealen Ansatzpunkt für eine methodisch begründete Erforschung der Einbandgestaltung des 15. Jahrhunderts, wie Paul Schwenke bei seinen Studien über die Einbände der Gutenbergbibel erkannt hat.[2] Der Umfang der Literatur über Erfurter Buchbinder jenes Jahrhunderts zeigt, in welchem Maße man den Werkstätten, der Anwendung ihrer Schmuckwerkzeuge und der Verbreitung Erfurter Einbände auf die Spur gekommen ist.[3]

Dagegen ist von der Leistung Erfurter Buchbinder im 16. Jahrhundert bisher nur wenig bekannt. In dem Repertorium von Konrad Haebler und Ilse Schunke wird kein Buchbindername mit der Stadt Erfurt in Verbindung gebracht.[4] Georg Kirsten, der wichtigste Buchbindermeister Erfurts in dieser Zeit, wird sogar für Wittenberg in

---

1) Der Gründung der Universität durch päpstliches Privileg war die Entwicklung des Erfurter Schulwesens zu einem Studium generale artium vorausgegangen. Vgl. Sönke Lorenz, Das Erfurter „Studium generale artium" – Deutschlands älteste Hochschule. In: Erfurt 742–1992. Stadtgeschichte – Universitätsgeschichte. Hg. Ulman Weiss, Weimar 1992, S. 123–134.

2) Paul Schwenke, Untersuchungen zur Geschichte des ersten Buchdruckes. In: Festschrift zur Gutenbergfeier. Berlin 1900, S. 63–66; ders., Der Buchbinder mit dem Lautenspieler und dem Knoten. In: Wiegendrucke und Handschriften. Festgabe Konrad Haebler zum 60. Geburtstag. Berlin 1919, S. 122–144; In: Joseph Theele, Die Handschriften des Benediktinerklosters S. Petri zu Erfurt. Leipzig 1920, S. 38–45.

3) Vgl. die auf Erfurt bezogenen Arbeiten in: Friedrich-Adolf Schmidt-Künsemüller, Bibliographie zur Geschichte der Einbandkunst von den Anfängen bis 1985. Wiesbaden 1987, Register S. 508; Ernst Kyriss (Verzierte gotische Einbände im alten deutschen Sprachgebiet. Stuttgart 1953) verzeichnet nur folgende Erfurter Werkstätten: Nr. 47 Nikolaus von Havelberg; Nr. 68 Wilhelmus Winter; Nr. 93 „Hund nach links". Eine weitaus größere Anzahl hat Ilse Schunke (Die Schwenke-Sammlung gotischer Stempel- und Einbanddurchreibungen ... Bd. 1, Berlin 1979) angegeben und in dem Manuskript des unvollendeten und noch nicht veröffentlichten Bandes 2, S. 224–273 beschrieben. Die publizierten Arbeiten von Adolf Rhein sind dabei berücksichtigt, nicht aber das Manuskript seiner Gesamtdarstellung.

4) Vgl. Konrad Haebler, Rollen- und Plattenstempel des XVI. Jahrhunderts. Bd. 1–2. Leipzig 1928; Ilse Schunke, Die Einbände der Palatina in der Vatikanischen Bibliothek. Bd. 1, Città del

Anspruch genommen.[5] Allerdings ging es Erfurt dabei, verursacht durch die Forschungslage, nicht besser als etwa Danzig, Hamburg, Lübeck und anderen bedeutenden Städten.[6] Bedauerlich ist nur, daß heute viel mehr bekannt sein könnte, aber bisher nicht ausreichend publiziert wurde. Denn der Satz von Max Joseph Husung: „Wenn alle Städte Deutschlands so gut aufgearbeitet würden, wie es mit Erfurt durch Adolf Rhein geschieht, wäre es um die Geschichte der Einbandforschung in Deutschland aufs beste bestellt"[7] gilt auch für die hier behandelte Zeit.

Von Adolf Rhein, den Husung so nachdrücklich gelobt hat, soll deshalb zuerst die Rede sein.[8] Adolf Rhein, geboren am 7. Juni 1885 in Erfurt und daselbst gestorben am 13. Dezember 1964, war der Sohn des Erfurter Buchbindermeisters Bernhard Rhein, der das Vertrauen seiner Zunftkollegen besaß und Obermeister der Innung wurde, der sich auch literarisch betätigte, eine Zunftgeschichte Erfurts schrieb, über seine Wanderzeit berichtete und sogar Gedichte verfaßte.[9] Daher kannte Adolf Rhein das Milieu des Handwerkerlebens von früh an, wollte aber eigentlich Lehrer werden. Er fügte sich aber den Wünschen des Vaters und wurde durch die Lehrzeit von 1899 bis 1902 auf eine spätere Übernahme des Betriebes vorbereitet. Gleichzeitig besuchte er eine Abendschule, um seine allgemeine Bildung zu erweitern. Während der Gehilfen- bzw. Gesellenzeit vertiefte er seine Fachkenntnisse an der Erfurter Kunstgewerbeschule[10] und der Geraer Vergolderschule. Fast zwei Jahre lang, vom August 1904 bis zum Juni 1906, ging er auf Wanderschaft und lernte durch die Arbeit in einer Hofbuchbinderei (C. Feigler in Karlsruhe), einer Großbuchbinderei (H. Wennberg in Stuttgart) und einer Sortimentsbuchbinderei (H. Zellweger in Zürich) die verschiedenen Ausprägungen seines Berufes kennen. Eine Italienreise von zwei Monaten schloß sich an, bevor er in die väterliche Buchbinderei zurückkehrte und sie nach acht Jahren der Mitarbeit im März 1914 übernahm. Offenbar hat ihm die wirtschaftliche Seite seines Berufes nicht gelegen, denn schon nach wenigen Monaten, am Anfang des Jahres 1915, hat er das

---

Vaticano 1962, S. 157–158 und 318, weist zwei Bände des 16. Jahrhunderts (Pal. VI 119.201) Erfurter Buchbindern zu, weil die Drucke dort entstanden sind. Das kann noch nicht als gesichert gelten.

5) Haebler, Rollen- und Plattenstempel (wie Anm. 4) Bd. 1, S. 225–226 identifiziert den Erfurter Meister Georg Kirsten mit einem im Wittenberger Archiv erwähnten Georg Kersten.

6) Vgl. Konrad von Rabenau, Ein „neuer Haebler". Überlegungen zur weiteren Arbeit an dem Repertorium des figürlichen Einbandschmucks aus dem 16. Jahrhundert. In: De libris compactis miscellanea. Bruxelles 1984, S. 104.

7) Max Joseph Husung, Rezension in: St. Wiborada 5 (1936) S. 160.

8) Die Angaben über den Lebenslauf habe ich Unterlagen in seinem Nachlaß entnommen: Lebenslauf vom 14. Nov. 1949 und „Berufliche Tätigkeiten" 1950. Außerdem vgl. den Artikel: Adolf Rhein 75 Jahre. In: Allgemeiner Anzeiger für Buchbinderei 73 (1960) S. 311.

9) Bernhard Rhein, Festschrift zur Feier des 300jährigen Jubiläums der Buchbinder-Innung zu Erfurt. Erfurt 1896; ders., Werken und Wirken. Gedichte aus dem Handwerkerleben. Erfurt 1925. Außerdem befindet sich in dem Nachlaß Adolf Rhein ein Sammelband mit dem Titel: Aus dem Handwerkerleben. Gesammelte Schriften unseres Vaters Bernhard Rhein 1880–1910.

10) Die Angabe in: Adolf Rhein 75 Jahre (wie Anm. 8), daß er „nie eine Kunstschule besuchte", ist also unrichtig.

Geschäft aufgegeben und ist in den Dienst der Erfurter Stadtbücherei getreten. Dort blieb er auch nach seiner Rückkehr von Kriegsdienst und Gefangenschaft (August 1915 bis März 1920) noch sechs Jahre. Seine Hauptaufgabe war die Restaurierung von beschädigten Büchern der *Amploniana*. Daneben wandte er sich aber energisch und planmäßig der Erforschung der Einbandschätze dieser traditionsreichen Bibliothek zu. Die Lehrtätigkeit, sein ursprüngliches Lebensziel, erreichte er im Jahre 1926 mit der Berufung zum Fachlehrer an der Erfurter Meisterschule, an der er bis zum Jahre 1946 blieb.[11] Dann verlor er diese Stelle, da er sich 1935 der NSDAP angeschlossen und schon vorher in bestimmtem Maße deren Kulturpolitik unterstützt hatte.[12] Er mußte als Buchbindergehilfe (1946–1947) und als Bibliothekar an den Städtischen Bühnen Erfurts (1947–1954) für seinen Lebensunterhalt sorgen.

Seinen eigentlichen Beruf hatte Adolf Rhein aber schon seit langem in der Forschung und Veröffentlichung seiner Ergebnisse gefunden. Seit 1924 erschien in verschiedenen Fachzeitschriften eine große Zahl solider und förderlicher Aufsätze.[13] Seine Einzelarbeiten zur Technik und Geschichte des Buchbindens konnte er mit der Veröffentlichung „Das Buchbinderbuch" (Leipzig 1954) – es war die Neubearbeitung eines renommierten Fachbuches, das 1930 unter dem Titel „Das illustrierte Buchbinderbuch" in 9. Auflage erschienen war – zusammenfassen und krönen. Dagegen blieb ihm die Publikation seiner umfassenden Forschungen zur Geschichte des Erfurter Bucheinbandes versagt. Er hat zwar in zwei Ausstellungskatalogen und einer Kurzdarstellung in den Jahren 1924, 1929 und 1937 andeuten können, was er von der Erfurter Einbandgeschichte wußte,[14] aber das mehrbändige Manuskript „Alte Erfurter Einbandmeister 1440–1530" kam nicht zum Druck und muß aus dem Nachlaßmaterial rekonstruiert werden.[15] Erhalten hat sich dagegen das Manuskript des vollständigen Katalogs „Die Wiegendruckeinbände der Stadt- und Hochschulbibliothek Erfurt" mit 200 Seiten und 40 Tafeln. Das dritte große Vorhaben, eine Anleitung für Restauratoren von Büchern

11) Über seine Tätigkeit an der 1898 gegründeten und 1904 erbauten Einrichtung vgl. Ruth und Eberhard Menzel, Die Erfurter Kunstgewerbeschule, Programm und Wirkung. In: Erfurt 742–1992 (wie Anm. 1) S. 588–589.

12) Ebd., S. 593.

13) Seine Arbeiten sind bei Schmidt-Künsemüller, Bibliographie (wie Anm. 3) S. 481 nicht vollständig verzeichnet. Die Bearbeitung des Nachlasses wird die Basis geben für eine Personalbibliographie.

14) 1000 Jahre Schrift und Buch. Führer durch die Ausstellung im Erfurter Kunstverein [für die Tagung der deutschen Bibliothekare] Juni bis August 1924. Erfurt 1924; Alt-Erfurter Einbandkunst und Buchkunst. In: Das Erfurter Kunsthandwerk. Hg. Herbert Kunze, Erfurt 1929, S. 27–72, T. 1–9; Erfurter Buchbinder seit 500 Jahren. In: Festschrift zum dritten Reichsinnungstag des Buchbinder-Handwerks 23. bis 27. Juli 1937 in Erfurt. Erfurt 1937.

15) Im Nachlaß finden sich in festen Einbänden nur: „Erfurter Einbandmeister II: Peters-, Augustiner-Kloster" sowie der Katalog: „Die Einbände der Wissenschaftlichen Bibliothek Erfurt". Aus den ungeordneten einzelnen Manuskriptseiten ließ sich inzwischen das geplante Werk fast vollständig zusammenstellen. Dabei hat sich ergeben, daß Rhein den ersten Teil zu der erwähnten selbständigen Geschichte der Einbandtechnik ausbauen wollte und daß nur der zweite Teil speziell der Geschichte der Erfurter Buchbinder gewidmet blieb.

des 15. und 16. Jahrhunderts unter dem Titel „Werkgedanken am alten Bucheinband“, das die Binde- und Schmuckweisen der deutschen Buchbinder dieser Periode darstellen sollte und auf 300 Seiten sowie 400 Abbildungen kalkuliert war, ist wohl über die Planung nicht hinausgekommen. Der gesamte schriftliche Nachlaß ist an die Erfurter Stadtbibliothek gekommen. Er enthält die Vorarbeiten und Materialien, auf die sich Rhein in seiner Darstellung gestützt hat. Da der Nachlaß ganz ungeordnet in die Bibliothek gelangt ist, war er lange Zeit für die Einbandforscher nicht zugänglich. Es konnte aber in diesem Jahr mit der freundlichen Erlaubnis der Leitung der Bibliothek die Sichtung und Ordnung begonnen werden, so daß die Forschung in Zukunft an diese überaus wichtige Vorarbeit anschließen kann.[16]

Die folgenden, noch sehr vorläufigen Bemerkungen zur Erfurter Einbandgeschichte des 16. Jahrhunderts verdanken dem Material und den Einsichten, die Rhein aus den Beständen der Stadtbibliothek und der städtischen und kirchlichen Archive gewonnen hat, die wesentliche Orientierung. Schon vor der Einsicht in den Nachlaß konnte ich eigene Erkenntnisse durch die Erfassung der Einbände der Bibliothek des Evangelischen Ministeriums in Erfurt gewinnen. Rhein hat diese Sammlung nur selten berücksichtigt, vermutlich weil er wußte, daß sie nicht planmäßig aufgebaut worden, sondern überwiegend durch Schenkung einzelner Bücher entstanden war.[17] Das ist keine günstige Voraussetzung für das Auffinden von Werkstattzusammenhängen. Da aber die Stiftungen in der Regel von Erfurter Geistlichen und anderen Bürgern kamen, hat die planmäßige Erfassung des gesamten Materials doch wichtige Hinweise zum Thema dieser Arbeit gebracht. – Im Vordergrund meiner Darlegungen wird nicht die Zuweisung der verwendeten Schmuckwerkzeuge an einzelne Erfurter Werkstätten stehen, sondern die Entwicklung des Einbandstils und die Bedeutung der verwendeten Bildmotive als Anzeichen der geistigen Orientierung in dieser Stadt.[18] Fünf Stufen der Entwicklung werden dabei erkennbar.

---

16) Für die Möglichkeit, daran mitzuwirken, danke ich besonders Dr. Johannes Kadenbach.

17) Zur Geschichte der Bibliothek vgl. Erich Wiemann, Die Erfurter evangelischen Kirchenbibliotheken. In: Erfurter Heimatbrief Nr. 28 (1974) S. 68–74; Nr. 29 (1974) S. 34–36.

18) In diese Richtung hat Ilse Schunke ihre Forschungen gerichtet und ist dabei zu entschiedenen Aussagen gekommen. Vgl. Ilse Schunke, Der Kölner Rollen- und Platteneinband im 16. Jahrhundert. In: Beiträge zum Rollen- und Platteneinband im 16. Jahrhundert. Konrad Haebler zum 80. Geburtstag am 29. Oktober 1937 gewidmet. Leipzig 1937, S. 311–397. Auch wenn man in der behandelten Zeit einen schnellen und weiträumigen Austausch von Vorstellungen und Bildern voraussetzen und daher im Urteil behutsam sein muß, bleibt die Frage nach den Gründen der auswählenden Rezeption in einer Stadt oder Region wichtig und führt auch zu der Frage nach Initiativen und Eigenbeiträgen.

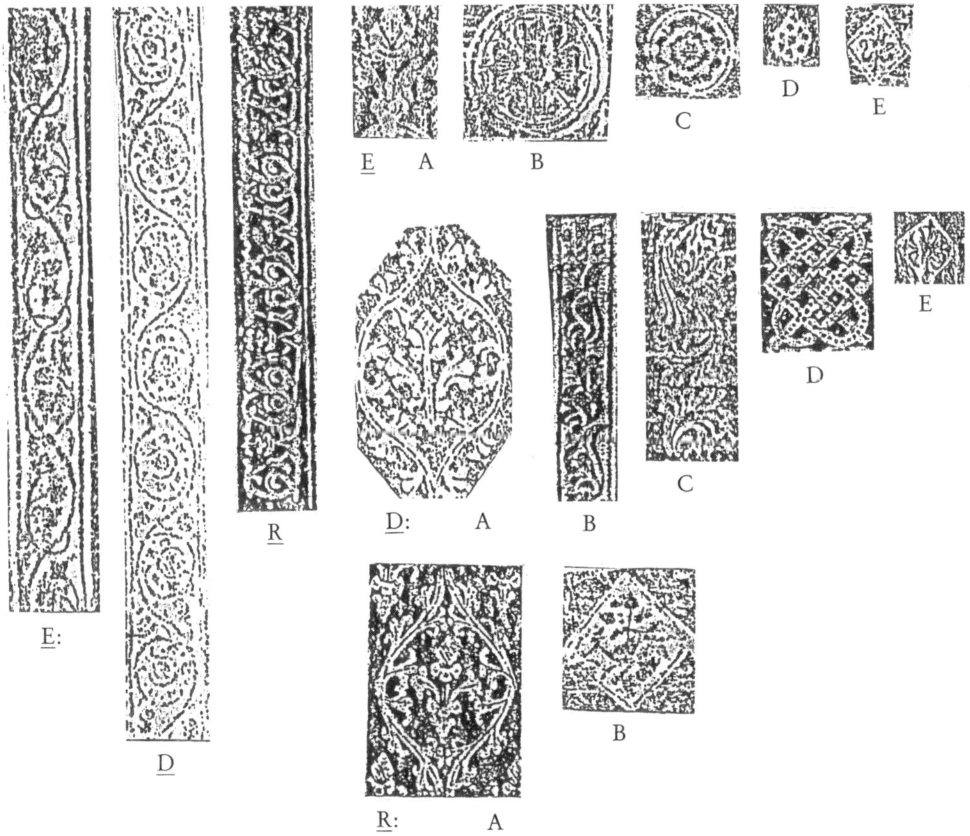


14 Erfurter Buchbinder mit einer Rankenrolle (nach A. Rhein)
E: Der Erfurter Buchbinder mit der Efeurolle 1508–1520
D: Der Binder des Dom-Gradual 1515–1525
R: Der Rollstempler 1528 oder später

### *1. Buchbinder mit einer Rankenrolle* (Abb. 14)

Die spätgotische Einbandkunst endet nach Adolf Rhein in Erfurt erst um 1530.[19] Bis dahin wird in vielen Klöstern und bürgerlichen Werkstätten der Stadt der Einband noch ausschließlich durch das Streicheisen und Einzelstempel gestaltet. Es gibt aber Anzeichen der Erlahmung dieses Stils. Die in Erfurt beliebten Namenstempel verschwinden. Die starke Armatur wird reduziert oder ganz weggelassen, die Deckelaufteilung auf ein einziges Schema beschränkt. Für Handvergoldung gibt es nur schüchterne Versuche. Das gilt sowohl für die elf Werkstätten der bürgerlichen Buchbinder wie für die meisten

19) Rhein, Einbandkunst (wie Anm. 14) S. 8–42; ders.: Buchbinder (wie Anm. 14) S. 21–30.

Klosterwerkstätten.[20] Eine Ausnahme macht die Werkstatt des St. Petersklosters in der Zeit von 1500 bis 1520, der vierten und vorletzten Phase ihrer Entwicklung.[21] Hier werden kühne Entwürfe auf geometrischer Grundlage, Ledereinlagen und die Benutzung einer Handpresse für das Einprägen des Klostersiegels versucht. In ihrer letzten Phase von 1520 bis 1525 verzichtet aber auch diese Werkstatt auf alle Neuerungen.

In der gleichen Periode setzt sich aber in einigen Werkstätten das neue Instrument der Einbandrolle durch, das die mühsame Repetition ornamentaler Stempelmotive, die bestimmt waren, einen kontinuierlichen Rahmen zu bilden, ersetzen soll.[22] Unter den Klöstern geht das der Augustiner voran und setzt für einen Rahmen, der aus Ranken gebildet wird, die Rolle ein und behält diesen Stil bis etwa 1550 bei.[23] Drei bürgerliche Buchbinder haben offenbar nur kürzere Zeit mit dem Werkzeug der Rankenrolle gearbeitet: 1508–1520 der Buchbinder mit der Efeurolle, 1515–1525 der Buchbinder des Dom-Gradual und seit 1528 oder später der Rollstempler.[24] Die von diesen Werkstätten verwendeten spätgotischen Einzelstempel unterscheiden sich nur geringfügig voneinander. Jede Rankenrolle hat aber eine ausgeprägte Eigenart und konnte ein Erkennungszeichen für die Werkstätten sein, die dafür noch keine Initialen verwenden.

### 2. *Buchbinder mit einer Vasenrolle* (Abb. 15, 16)

Anders ist das bei zwei Buchbindern, die eine Vasenrolle verwenden: der Buchbinder für IKM 1519–1539, der Buchbinder des Evangelienbuches um 1525 und der Buchbinder des Vargula-Zinsbuches 1525–1528.[25] Die beiden zuletzt genannten verwenden eine so ähnliche Rolle, daß ihre Arbeiten daran nicht auf den ersten Blick unterschieden werden konnten. Die Vasenrolle und der von ihnen auch verwendete Flechtwerk-Stempel dokumentieren den wachsenden Einfluß von Renaissanceformen. Bei den übrigen Stempeln dieser Gruppe wird aber der spätgotische Stil noch fortgeführt: Rautengerank und Blattwerk, durchbohrtes Herz. Einen größeren Schritt in die neue Richtung macht der Buchbinder für IKM. In seine Vasenrolle ist eine Figur eingefügt, und er verwendet eine kleine zweiseitige Platte mit symbolischen Figuren.[26] Sie wurde

---

20) RHEIN, Einbandkunst (wie Anm. 14) S. 39; DERS., Buchbinder (wie Anm. 14) S. 21.

21) ADOLF RHEIN, Aus der Praxis einer alten Klosterbuchbinderei. In: Archiv für Buchbinderei 24/25 (1924–1925) S. 46; DERS., Einbandkunst (wie Anm. 14) S. 40; DERS., Buchbinder (wie Anm. 14) S. 27–28.

22) RHEIN, Einbandkunst (wie Anm. 14) S. 38–42; DERS., Buchbinder (wie Anm. 14) S. 30–31.

23) Ebd., S. 29.

24) RHEIN, Einbandkunst (wie Anm. 14) S. 40; DERS., Buchbinder (wie Anm. 14) S. 30–31.

25) Ebd.

26) Die Platte mißt 43x39 mm und findet sich auf den Bänden der Erfurter Ministerialbibliothek Te X 3 und Tp IVe JOHANNES BRENZ, In evangelium secundum Lucam ... homiliae. Frankfurt/M. 1541, gebunden 1542. Das Datum beweist, daß dieser Buchbinder länger tätig gewesen ist, als Rhein annimmt. Ob es sich dabei um dieselbe Platte handelt, die RHEIN (Buchbinder [wie Anm. 14] S. 31) als Werkzeug des „Binders des Vargula-Zinsbuches“ erwähnt, konnte ich noch nicht feststellen. An der ungeschickten Einfügung des Plattenbildes ist zu erkennen, daß die Technik des Pressendruckes noch nicht sicher beherrscht wurde.

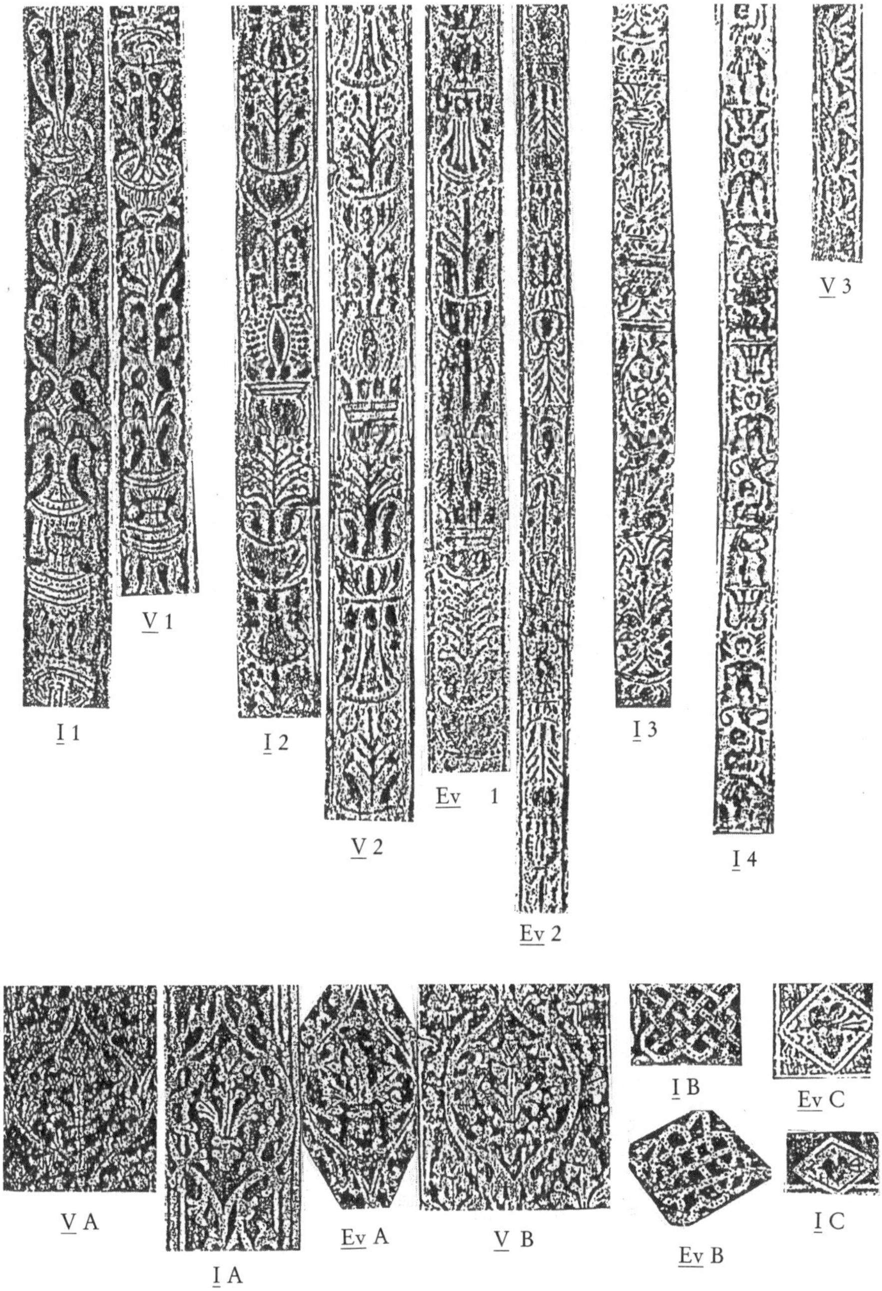


15 Erfurter Buchbinder mit Vasenrollen (nach A. Rhein)
I: Buchbinder für IKM 1519–1539
Ev: Buchbinder des Evangelienbuches um 1525
V: Buchbinder des Vargula-Zinsbuches 1525–1528

16 Erfurt. Buchbinder des Vargula-Zinsbuches

geschaffen als Supralibros für einen HJ. Den Initialen ist ein Totenschädel als Memento mori[27] hinzugefügt mit der griechischen Inschrift: εμοι το ζην Χριστος // το αποθανειν κερδος [Phil. 1,21]. Auf dem Bild der Rückseite sitzen drei Richter auf ihren Stühlen, und die Inschrift lautet: *SENAT*us *THEBAN*us.[28] Gedanken und Vorstellungen der Reformation drücken sich aus.

### *3. Der erste ausgeprägte Renaissance-Buchbinder* (Abb. 17)

Die neue Art dieser Werkstatt zeigt sich an ihren Initialen H. K. auf den Rollen (1–4). Eine Deutung der Buchstaben H. K. als Hans Koch ergibt sich aus einer Akteneintragung von 1569.[29] Vermutlich handelt es sich um einen Erfurter Familienbetrieb, der in mehreren Generationen Bestand hatte, da eine der HK-signierten Rollen von 1525 stammt und 1565 ein Christoph Koch erwähnt wird. – Folgende Rollen werden in dieser Werkstatt verwendet:

1. 127x14, stilisierte Früchte in vier Abschnitten, bezeichnet HK;
2. 120x16, vermutlich Parisurteil: drei bekleidete Göttinnen und Hermesbüste, bezeichnet HK und 1525;
3. 116x13, Christkind mit Kreuz und Wappen IHS – Putte mit Wappen HK oder FK – Putte mit Wappen: Hauszeichen? – Putten mit Wappen Erfurt;
4. 148x14, vier Landsknechte, einer mit Ast und Wappen, bezeichnet HK;
5. 118x15, vier Köpfe in Medaillon (Flügelhelm nach rechts – Frau nach links – Knappe mit Kappe nach rechts – Frau nach links), dazwischen Gehänge;
6. 113x8, vier Köpfe ohne Einfassung (Helm nach links – Frau nach links – Frau mit Kappe nach links – Frau mit Haube nach rechts), dazwischen Gehänge mit einer stehenden Figur.

Außerdem Stempel mit folgenden Motiven: Blattwerk (A, B), Knospe (C), Eichel (D), kleine Rosette (E) und Flechtwerk (F–G). Zwar wirken bei den Stempeln noch die Formen der Spätgotik nach und die verwendete Vasenrolle (R. 1) ähnelt denen der erwähnten Gruppe, aber Kopf- und Figurenrollen (R. 2–6) werden als neuartige Ausdrucksmittel angewendet, und in der Wappendarstellung auf der Puttenrolle (R. 3) wird

---

27) In der humanistischen Periode wird der spätgotische Verweis auf den kommenden Tod, das Memento-mori-Motiv, dadurch fortgeführt, daß einem Bildnis ein Totenschädel beigefügt wird. Vgl. Ernst Buchner, Das deutsche Bildnis der Spätgotik und der frühen Dürerzeit. Berlin 1953, S. 85–86, wo es sich vermutlich um ein Bildnis Friedrichs des Weisen (1486–1525) handelt. Eine Erneuerung dieser Darstellungstradition findet sich in den Selbstbildnissen von Arnold Böcklin „mit fiedelndem Tod" 1872 und von Lovis Corinth „mit Skelett" 1896.

28) Eine Deutung für dieses Thema konnte ich noch nicht finden. Vermutlich handelt es sich um eine Gerichtsdarstellung.

29) Rhein, Buchbinder (wie Anm. 14) S. 31. Die Archivauszüge sind in seinem Handexemplar des Buches vermerkt. Noch nicht gesichert ist, ob zu dieser Erfurter Werkstatt auch ein Meister mit den Initialen I. K. gehört, der eine Platte mit dem Wappen des Mainzer Erzbischofs Daniel Brendel von Homburg (1555–1582) und dem betenden David (Haebler I 242, VIII. IX) sowie eine Salvator-Rolle (Haebler I 242, 6) benutzt hat.

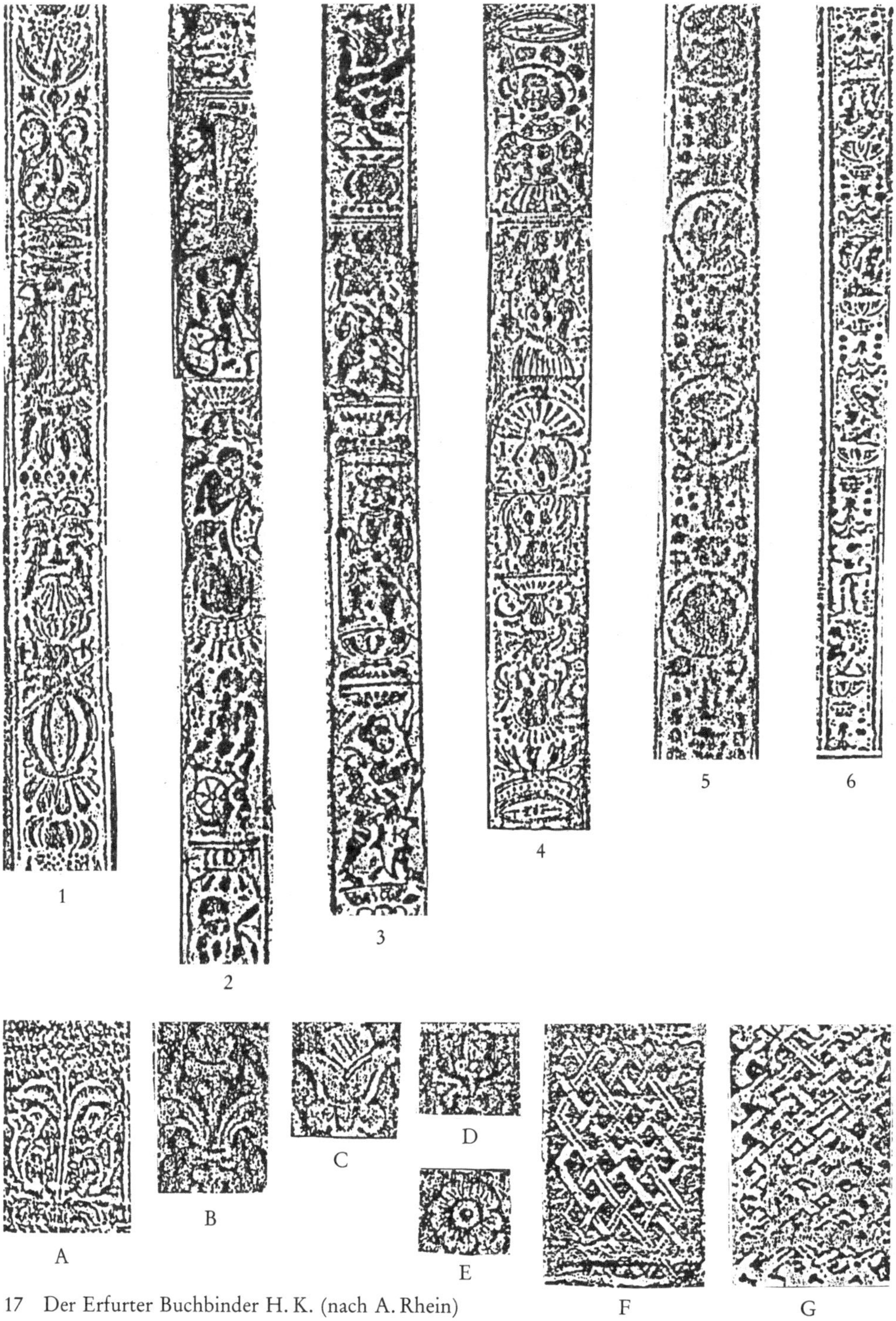


17 Der Erfurter Buchbinder H. K. (nach A. Rhein)

als Zeichen größeren Selbstbewußtseins auf die Herkunft der Handwerksarbeit aus Erfurt hingewiesen.

### *4. Der Wittenberger Stil bei Georg Kirsten, Adolar Stein und anderen Erfurter Meistern* (Liste und Abb. 18–27)

Die Veränderung des Stils im Sinne der Wittenberger Reformation ist in Erfurt vor allem mit dem Namen des Buchbinders Georg Kirsten verbunden, der spätestens seit 1576 tätig war und erst 1627 gestorben ist.[30] Offenbar wegen seines Fleißes und seiner soliden Arbeit hat er einen großen Teil der Aufträge der Stadt und anderer Institutionen und Personen erhalten. Er hat seine Arbeiten fast regelmäßig durch eine Platte mit vollem Namen kenntlich gemacht, was außer ihm nur noch Adolarius Stein tat. Dagegen wissen wir bisher nicht, in welcher Art und mit welchen Schmuckwerkzeugen Christoph Reichardt,[31] der Vorsteher, und die sechs weiteren Meister der Innung, die 1596 gegründet wurde,[32] gebunden haben. Es muß auch offen bleiben, ob nicht schon vor Georg Kirsten der Wittenberger Stil nach Erfurt vorgedrungen ist.[33]

Ein wesentlicher Bestandteil des neuen Stils war die Benutzung der Platte, deren Bilder nur mit Hilfe einer Presse und eines Preßstocks in das Leder eingeprägt werden konnten.[34] Die von den humanistisch orientierten Buchbindern verwendete Rolle hatte die bedeutsame Figur auf die Einbände gebracht. Deren Wirkung war aber dadurch eingeschränkt, daß sie zu einer Bildserie gehörte und innerhalb eines umlaufenden Rahmens ornamental wirken mußte. Durch die Verwendung der Platte rückte das Bild in den Mittelpunkt der Darstellungen auf dem Buchdeckel. Die Themenauswahl der Platten[35] hatte in Wittenberg ein spezifisches Gepräge durch eine Verbindung und

---

30) Rhein, 1000 Jahre (wie Anm. 14) S. 7; ders., Einbandkunst (wie Anm. 14) S. 43; ders., Buchbinder (wie Anm. 14) S. 33–34. Die von Haebler, Rollen- und Plattenstempel (wie Anm. 4) S. 225 für Georg Kirsten aufgeführte Jagdrolle (Nr. 2) und die Platten I.II haben sich bei den Bänden des Erfurter Georg Kirsten nicht finden lassen.

31) Rhein, Einbandkunst (wie Anm. 14) S. 44; ders., Buchbinder (wie Anm. 14) S. 36 schreibt Christoph Reichardt die Einführung des „welschen", d. h. des italienisch-französischen Stils in Erfurt zu.

32) Zur Gründung der Innung vgl. Rhein, Festschrift (wie Anm. 9) S. 27–32 und ders., Buchbinder (wie Anm. 14) S. 37–41.

33) Rhein, Einbandkunst (wie Anm. 14) S. 43; ders., Buchbinder (wie Anm. 14) S. 33 nimmt an, daß zuerst 1565 ein „Buchbinder mit der Auferstehungsplatte" das neue Werkzeug in der Wittenberger Art eingesetzt haben soll.

34) Rhein hat auf die Bedeutung dieser technischen Neuerung immer wieder hingewiesen und auf eine konsequente Unterscheidung von Platte oder Preßstock und Stempel Wert gelegt (vgl. Rhein 1000 Jahre [wie Anm. 14] S. 7; ders., Einbandkunst [wie Anm. 14] S. 39; ders., Buchbinder [wie Anm. 14] S. 33; ders., Falsche Begriffe in der Einbandgeschichte. In: Gutenberg-Jahrbuch 1960, S. 366–367). Dort ist auch ein zweiseitig gravierter Preßstock mit dem Supralibros der Erfurter Kartause abgebildet (s. Abb. 18 Nr. VI).

35) Der Entwicklung dieses Stils ist die Arbeit von Ilse Schunke, Studien zum Bilderschmuck der deutschen Renaissance-Einbände. Wiesbaden 1959 gewidmet.

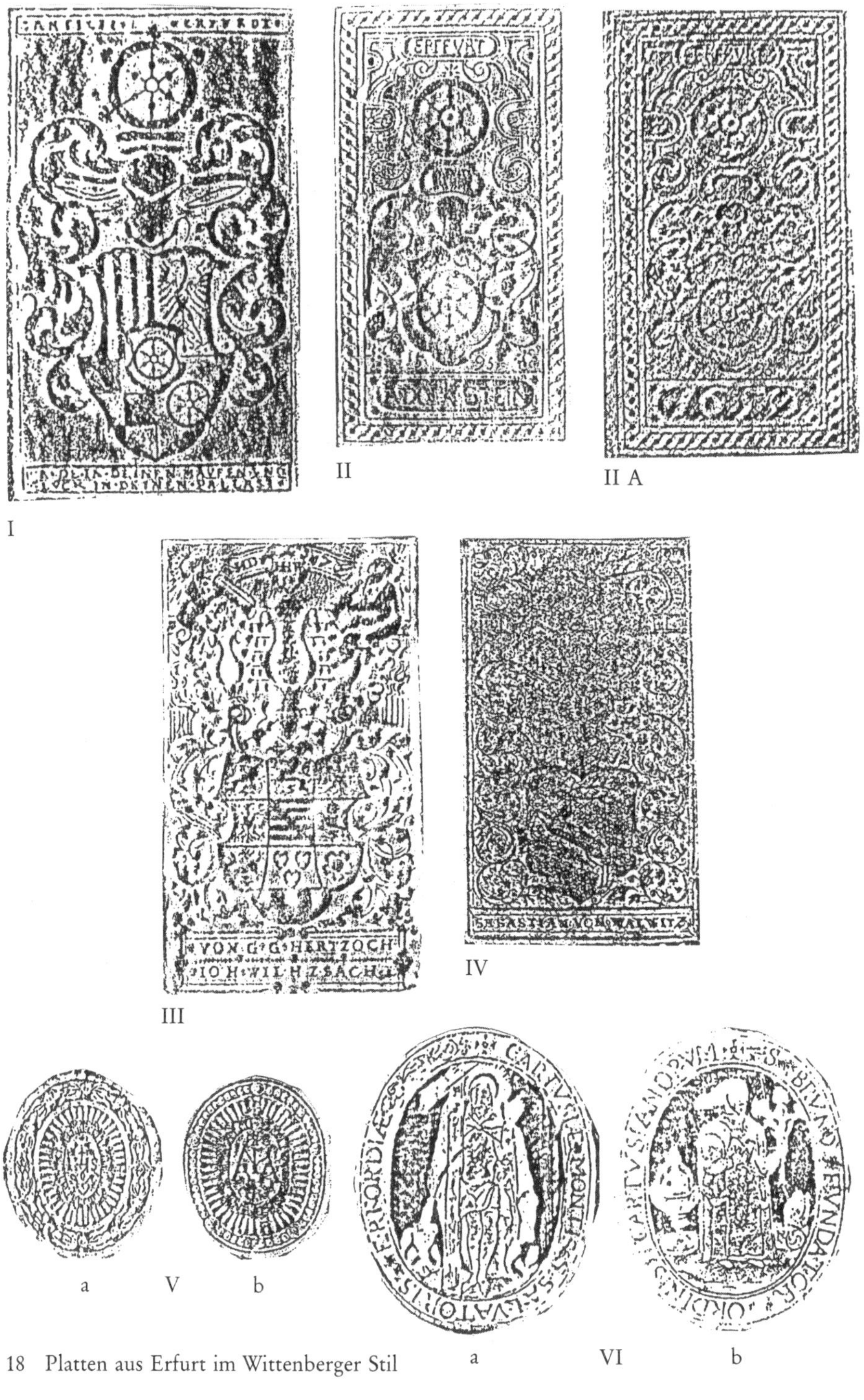


18 Platten aus Erfurt im Wittenberger Stil

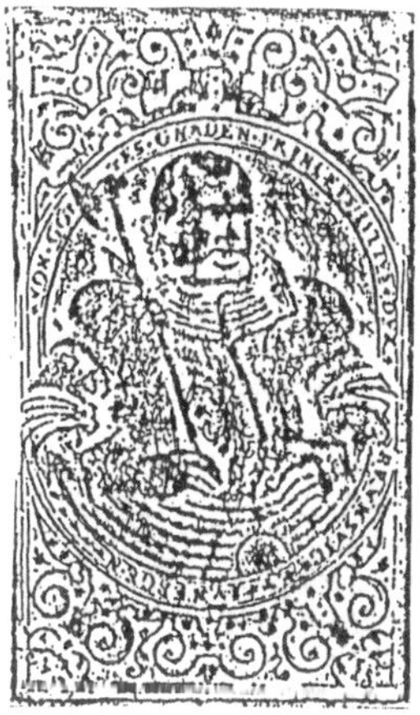

a VII b

a VIII b

IX

19 Platten aus Erfurt im Wittenberger Stil

X

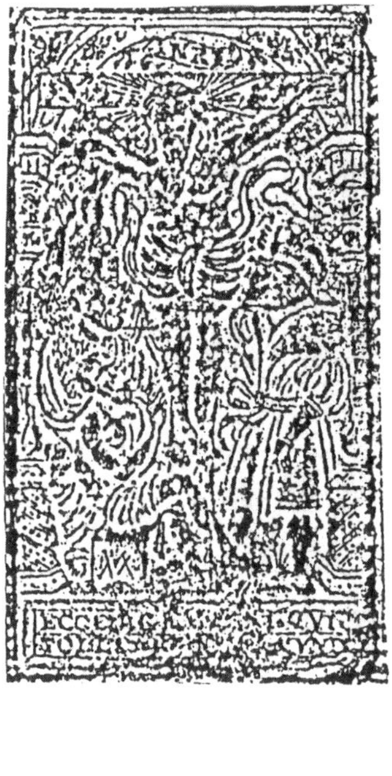

XI

20 Platten aus Erfurt im Wittenberger Stil

XII Georg Kirsten, Erfurt Georg Römhelt, Schmalkalden

A. M.
XIII

XIV

21 Platten aus Erfurt im Wittenberger Stil

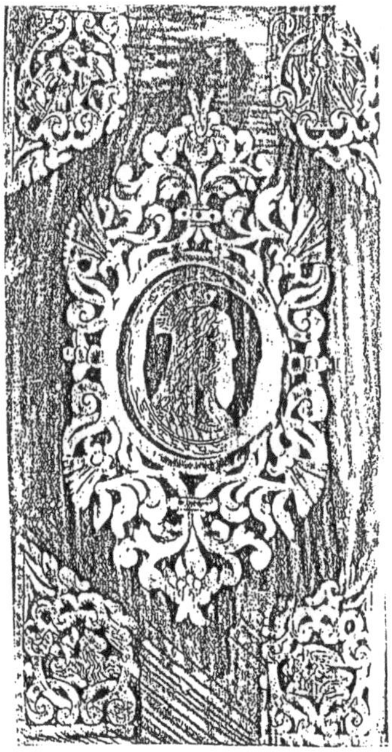

XV

XVI

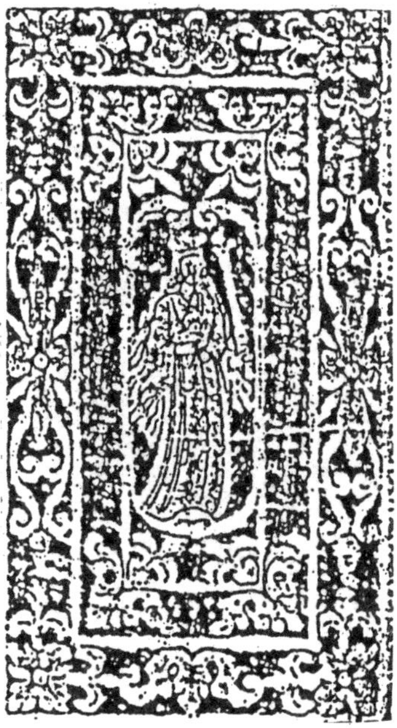

XVII

22 Platten aus Erfurt im Wittenberger Stil

XVIII

XX

XIX

XXI

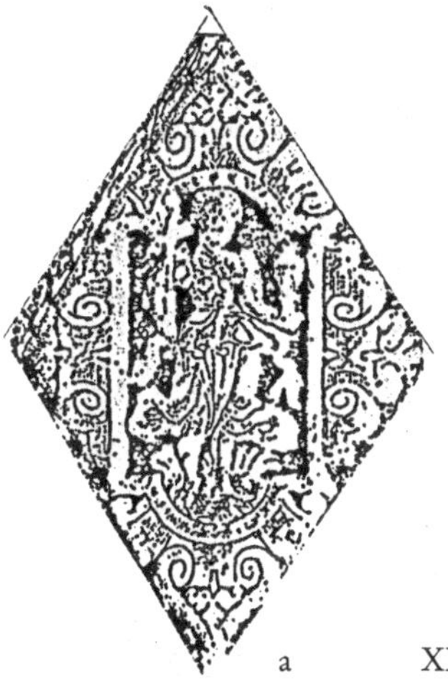

a

b

XXII

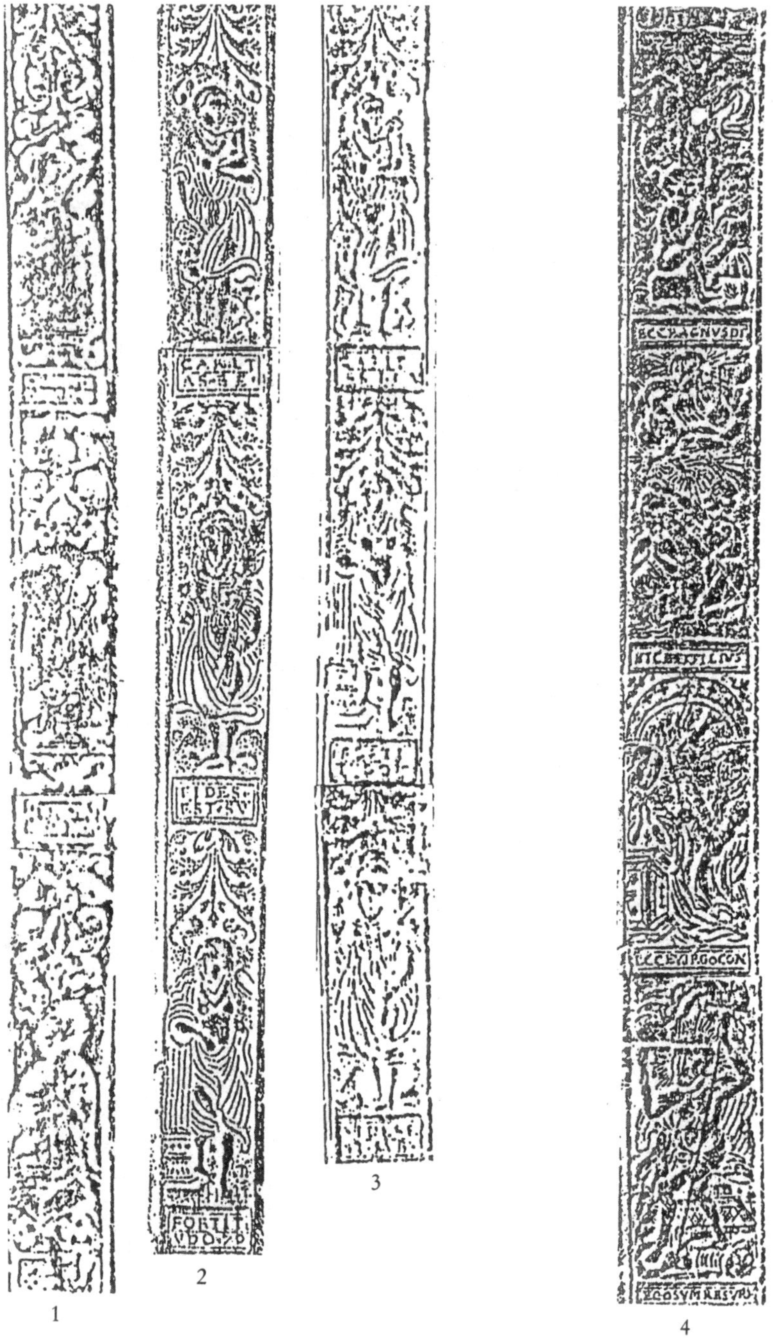


24 Rollen aus Erfurt im Wittenberger Stil

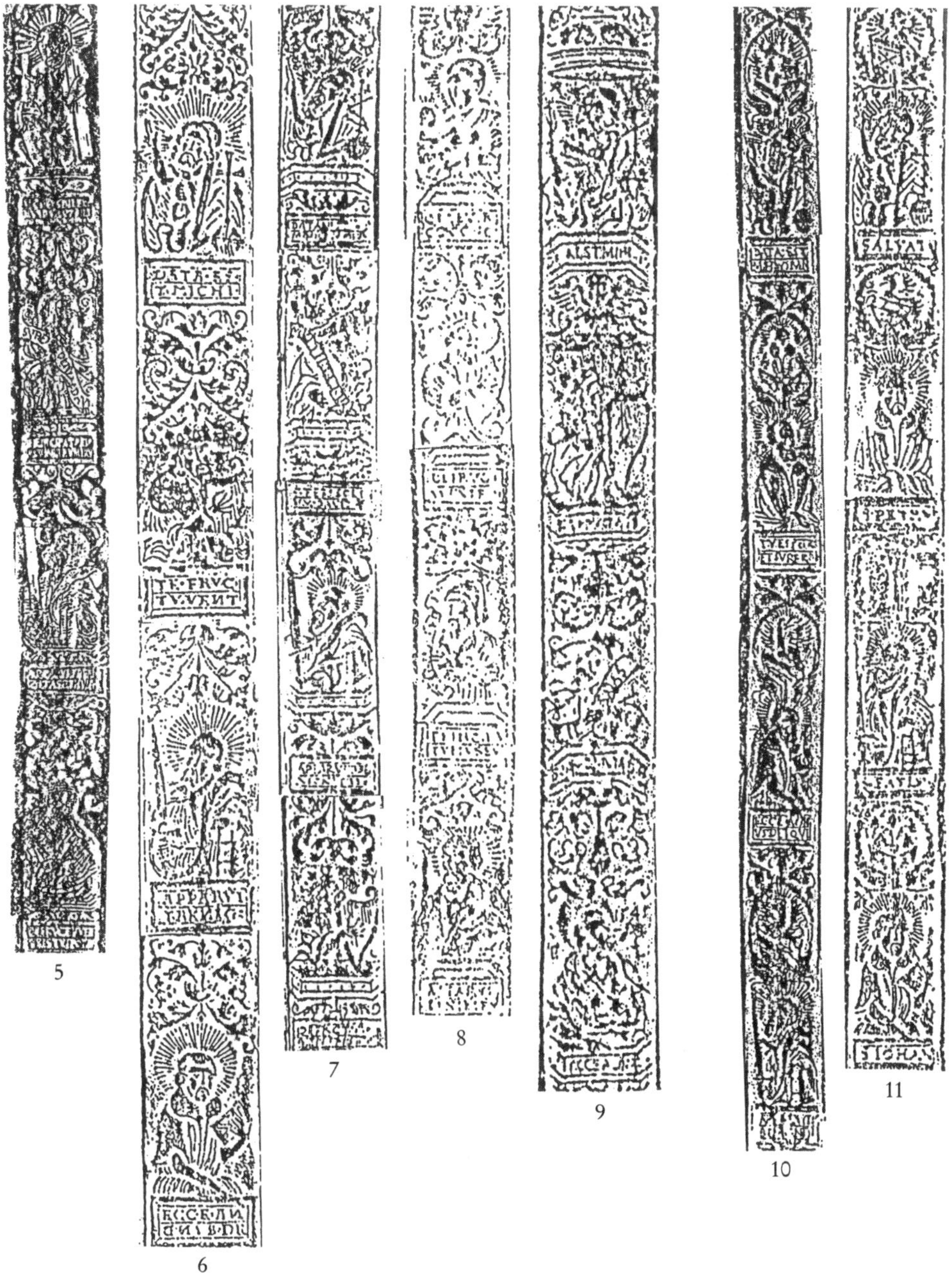


25 Rollen aus Erfurt im Wittenberger Stil

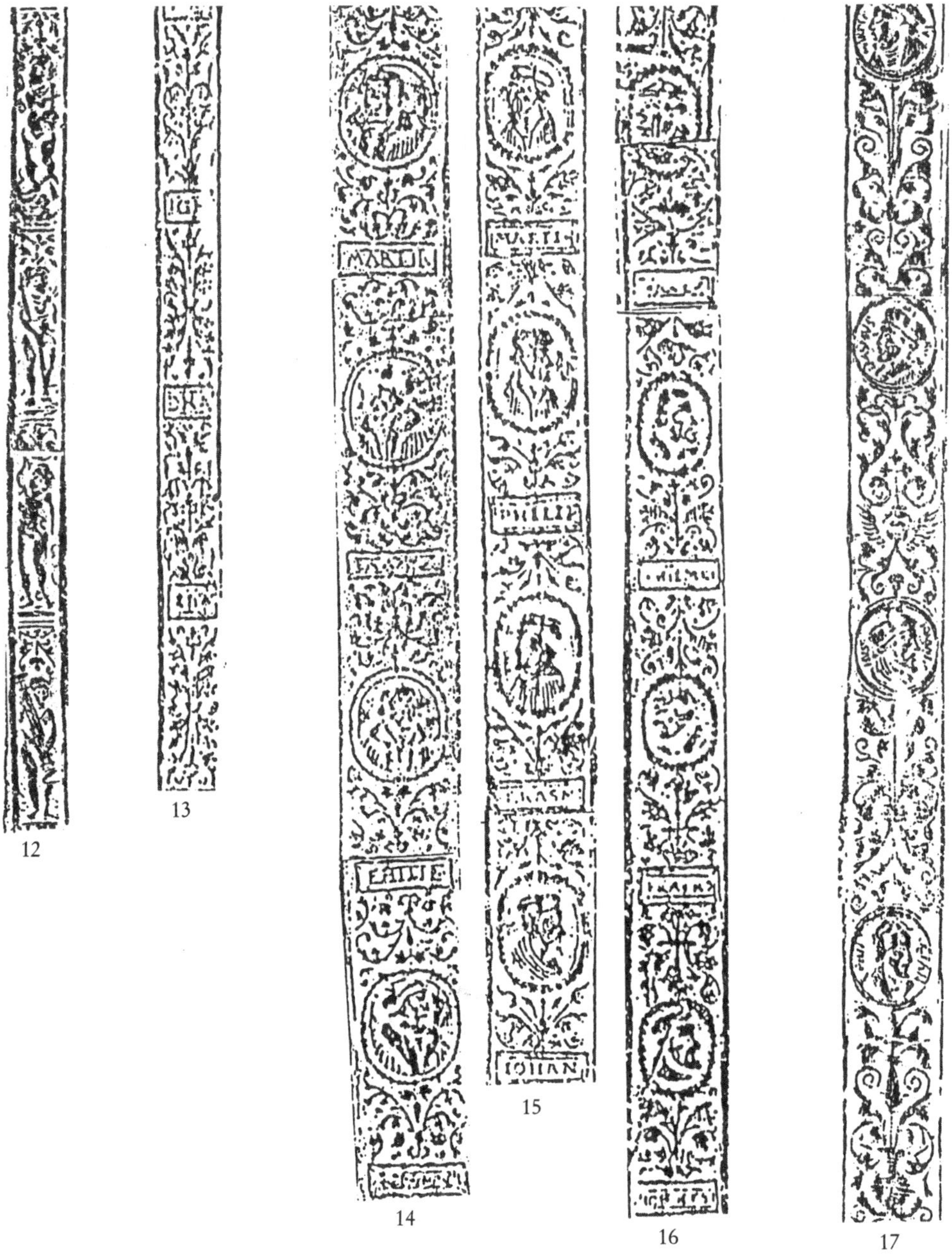


26 Rollen aus Erfurt im Wittenberger Stil

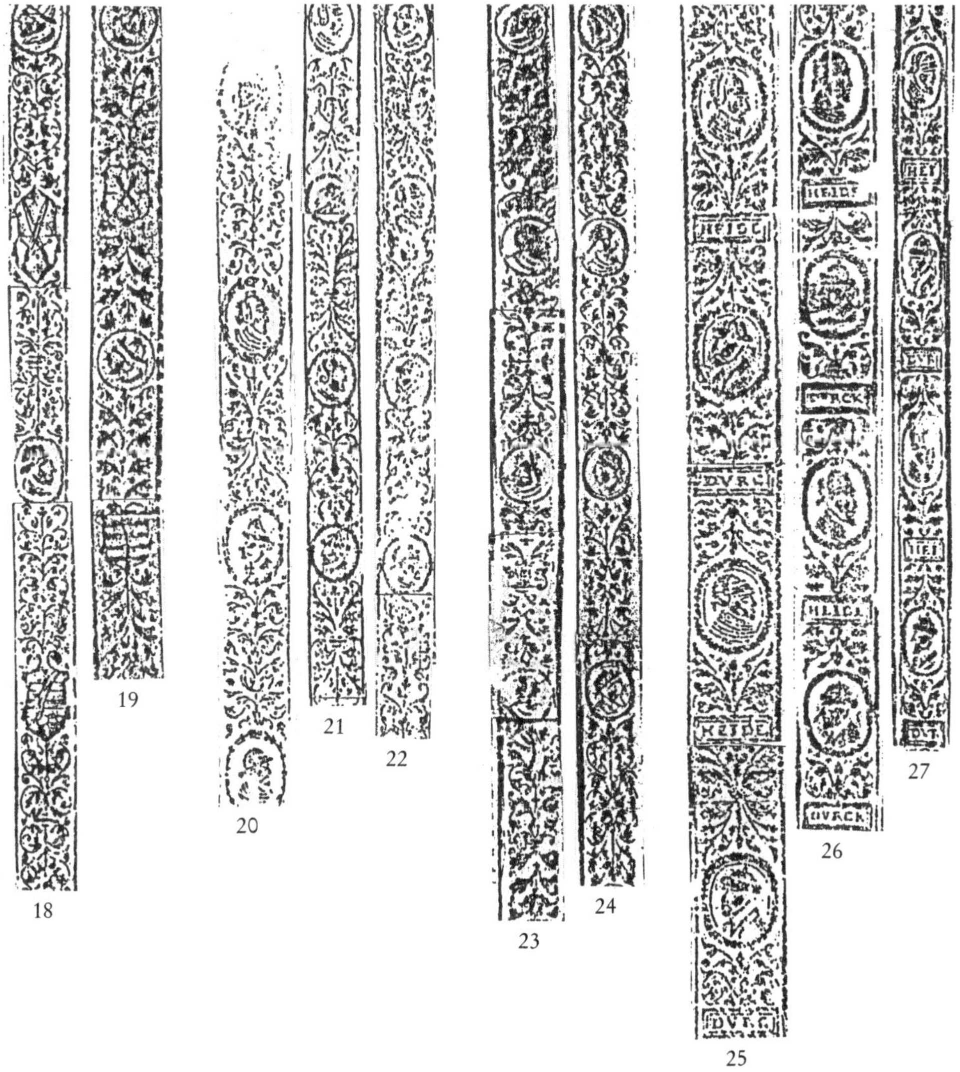


27 Rollen aus Erfurt im Wittenberger Stil

Durchdringung von humanistischen Symbolfiguren und christlichen Zentralaussagen.[36] Die Darstellungsweise bestimmten Lukas Cranach und seine Werkstatt. Dieser Stil ist in großen Teilen Deutschlands schnell aufgenommen worden. Für seine Verbreitung werden Bücher gesorgt haben, die aus Wittenberg von Studenten mitgebracht oder von Buchführern feilgeboten wurden, vor allem aber Werkzeuge, die von den Stechern auf den großen Messen angeboten wurden. Im Falle Erfurts muß man auch damit rechnen, daß Wittenberger Schmuckwerkzeuge nach Erfurt verkauft wurden.[37] Denn dafür, daß Rollen und Platten, die mit den Initialen F. L. und A. M. gezeichnet sind, zusammen mit dem Material von Georg Kirsten benutzt wurden, gibt es keine bessere Erklärung. Mit Erfurter Meistern, die in den Urkunden erscheinen, lassen sich diese Initialen nicht verbinden; in Wittenberg stehen dagegen geeignete Namen zur Verfügung. Grund für einen Verkauf können der schnellere Wechsel in der Beliebtheit von Themen, aber auch wirtschaftliche Schwierigkeiten durch den rückläufigen Besuch der Wittenberger Universität und verstärkte Konkurrenz in der Buchproduktion gewesen sein.

Auf diesem oder jenem Wege ist also der Wittenberger Stil auch für Erfurt bestimmend geworden. Allerdings wurde das ikonographische Repertoire nur mit größeren Auslassungen und Abschwächungen übernommen.[38] Die Bildnisse der Reformatoren und ihrer Schutzherren, der sächsischen Kurfürsten, sowie deren Wappen sind selten oder fehlen ganz. Bisher hat sich für Erfurt nur eine Platte mit Luther und Melanchthon gefunden und eine andere mit Luther allein.[39] Allerdings gibt es drei Rollen, auf denen ihre Köpfe zusammen mit denen von Erasmus und Hus wiedergegeben und durch Unterschriften bezeichnet werden.[40] Eine von ihnen entfernt sich vom Üblichen, weil hier Luther und Melanchthon nicht im vollen Profil, sondern in Dreiviertelansicht wiedergegeben sind.[41] Es erscheint kein Porträt eines sächsischen Fürsten, und erst spät taucht ein sächsisches Wappen auf, aber nicht das eines der Kurfürsten, sondern das des Herzogs Johann Wilhelm von Sachsen-Weimar (1554–1573). Es ist von Adolar Stein verwendet worden, vielleicht als der ursprüngliche Eigentümer die Platte schon ausgesondert hatte.[42] Eigentümlich ist, daß eine Platte mit den Bildnissen der Braunschweiger

36) Konrad von Rabenau, Reformation und Humanismus im Spiegel der Wittenberger Bucheinbände des 16. Jahrhunderts. In: Von der Macht der Bilder. Beiträge des C.I.H.A.-Kolloquiums „Kunst der Reformation". Leipzig 1983, S. 319–340.

37) Es hat sich z. B. gezeigt, daß Wittenberger Platten mit den Initialen der Werkstätten H. C., I. F. und T. R. auf Einbände der Flensburger Kirchenbibliothek geprägt wurden, die sonst Rollen benutzen, welche aus norddeutschen Werkstätten stammen. Vgl. Gerhard Kraack, Die St.-Nikolai-Bibliothek zu Flensburg. Flensburg 1984, S. 134–137.

38) Eine Übersicht läßt sich zur Zeit nur aus dem „Ikonographischen Index" gewinnen, den Haebler, Rollen- und Plattenstempel (wie Anm. 4) Bd. 2, S. 350–459 gegeben hat.

39) Vgl. Platten VIII.IX der Liste im Anhang.

40) Vgl. Rollen 14–16.

41) Vgl. Rolle 17. Die Rolle ergänzt die Reihe der Reformatoren durch den Kopf Kaiser Karls V., wie es vermutlich in der Interimszeit üblich wurde.

42) Vgl. Platte III. Außerdem tragen die Rollen 18–19 das Wappen Sachsens (auch „Wettin" genannt) und das sächsische Kurwappen. Die sonst übliche Folge von vier sächsischen Wappen fehlt.

Herzöge Julius (1568–1588) und Heinrich Julius (1589–1613) auch für Bücher des Rates verwendet worden ist.[43] Es gab Handelsbeziehungen zu Braunschweig.[44] Sollte aber noch mehr, etwa eine ähnliche Zwischenposition in der Konfessionsfrage mit dieser Darstellung ausgedrückt werden? Von den in Wittenberg sehr mannigfaltigen biblisch-theologischen Themen wurde in Erfurt auch nur weniges übernommen, nichts aus dem Alten Testament und aus dem Neuen nicht die Verkündigung an Maria, die Geburt Jesu, seine Taufe sowie das zentrale Rechtfertigungsbild von Gericht und Gnade.[45] Selbst die von dieser Darstellung abgeleitete Art der Kreuzigungsdarstellung und der sieghaften Auferstehung[46] ist in Erfurt nicht so dominierend wie in Wittenberg und in vielen anderen Städten. Vermieden wurden auch das Bildnis Jesu als Salvator und die Darstellung des Jüngsten Gerichtes.

Ähnlich kümmerlich ist das Repertoire bei den sonst so stark benutzten Symbolgestalten der Tugenden und der Lebensmächte *Fortuna* und *Venus*. Zwei Platten dieser Art sind nur unvollständig überliefert: Zu einer sitzenden *Iustitia* fehlt die Gegenseite mit der *Fortuna*,[47] zu dem Paar *Fides* und *Spes* fehlt die Darstellung der *Caritas* mit dem Bettler.[48] Besonders auffällig ist es, daß es keine Platte mit *Iustitia* und *Lucrecia* gibt.[49] Es sind auch nur drei Rollen mit dieser Thematik überliefert.[50]

So weit die Defizite. Dagegen kann man ein deutliches Interesse an der Trinitätsdarstellung sehen. Es gibt einmal eine sehr häufig verwendete Platte, die die Grundaussage in zwei Versionen wiedergibt.[51] Die eine ist traditionell und wird von der Forschung „Gnadenstuhl" genannt: Gottvater hält den toten Christus in seinen Armen und über ihm schwebt die Taube des Heiligen Geistes.[52] Auf der Rückseite dieser Platte wird aber

---

Die übrigen Kopfrollen 20–27 zeigen kein Wappen. Sie zeigen meist einen Kopf mit Helm nach rechts und einen Kopf mit Turban nach links. Das bedeutet nach den Beschriftungen auf den Rollen 25–27 „Heide" und „Türke".

43) Vgl. Platte VIII.

44) Zu Beziehungen zwischen Erfurt und Braunschweig vgl. Ulman Weiss, Die frommen Bürger von Erfurt. Die Stadt und ihre Kirche im Spätmittelalter und in der Reformationszeit. Weimar 1988, S. 173; Werner Mägdefrau, Erfurt in der Geschichte Thüringens. In: Weiss, Erfurt 742–1992 (wie Anm. 1) S. 30–31; Günther Röblitz, Erfurter Münzgeschichte der Groschenperiode bis zur ersten Talerprägung 1548. In: ebd., S. 344.

45) Konrad von Rabenau, Reformation (wie Anm. 36) S. 320–321.

46) Konrad von Rabenau, Ein Einband aus dem Besitz Lucas Cranach des Jüngeren. In: Gutenberg-Jahrbuch 1980, S. 312–315. Belegt ist für Erfurt dagegen eine Rolle (12) mit dem Christkind, das das Kreuz und den Weltapfel hält und von drei Putten mit Leidenswerkzeugen begleitet wird.

47) Vgl. Platte XVIII.

48) Vgl. Platte XX.

49) Die *Lucrecia*-Platte XIX tritt zusammen mit einer David-Platte X auf.

50) Vgl. Rolle 1, eine schlecht erhaltene, negativ geschnittene Rolle mit *Caritas, Fides* und *Spes*; 2–3, zwei Rollen mit *Caritas* und *Fortitudo,* dazu entweder *Fides* oder *Spes.*

51) Vgl. Platten XIII a und XIX a.b.

52) Hannelore Sachs, Ernst Badstübner, Helga Neumann, Christliche Ikonographie in Stichworten. Leipzig 1973, S. 100–101 (Artikel Dreifaltigkeit). Im Wittenberger Bereich findet sich die traditionelle Darstellung auf einem Holzschnitt des Druckers Johann Crato in: Philipp Melanchthon, Epistolarum selectarum aliquot. Wittenberg 1565.

der gleiche Sinngehalt in einer neuen, von der Theologie der Reformatoren bestimmten Gestalt[53] ausgedrückt. Das Wortsymbol des Gnadenstuhls (griech. Ιλαστεριον, lat. propriatorium) wird in ein konkretes Bild überführt. Dargestellt wird die Sühnestätte des Alten Testaments, die Bundeslade mit den Cherubenköpfen und darüber der Gekreuzigte. Er wird als Gotteserscheinung angesehen und darum wie in der Vision des Jesaja eingehüllt in Rauch und Wolken. Er bringt den Sieg. Deshalb werden unter dem Kreuz und der Bundeslade Welt, Tod und Hölle gezeigt. – Der Hauptdarstellung in einer Cartouche werden im seitlichen und unteren Teil des umgebenden Rahmens sechs Engel hinzugefügt: zwei von ihnen halten das Kreuz und bezeugen damit die ewige Gültigkeit des Kreuzesgeschehens, zwei steigen aus einem Füllhorn und deuten auf den Segen der Versöhnung, zwei weisen auf die unterworfenen Verderbensmächte. Im oberen Teil des Rahmens erscheint jhwe, der alttestamentliche Gottesname, in einer Gloriole und darunter die Taube des Heiligen Geistes. Damit wird die Entsühnung als Gesamtwerk der Trinität bezeichnet. Ohne Zweifel ist das eine vertiefte und christologisch konzentrierte Darstellung der Trinität.

Auf einer weiteren Platte wird ebenfalls die traditionelle Trinitätsdarstellung wiedergegeben. Hier wird die Cartouche von vier Engeln mit den Leidenswerkzeugen umringt. Auf der Gegenseite befindet sich ein Abendmahlsbild. Die Jünger sind mit Jesus an einem runden Tisch versammelt. Mit der einen Hand weist er auf das Lamm vor ihm; die andere hebt er in einem Verkündigungsgestus und identifiziert sich so mit dem Lamm als Opfertier. Die Selbsthingabe wird wirksam durch den Heiligen Geist, der ungewöhnlicherweise in das Bild eingefügt ist. Auch hier ist protestantische Interpretation erkennbar.[54] Aber die betonten Themen sind doch so ausgewählt, daß sie auch von Katholiken akzeptiert oder toleriert werden konnten. Dabei hat das lutherische Glaubensbekenntnis die Trinitätslehre als gemeinsame Tradition betont. Das war wichtig in einer Stadt, in der die Reformation nicht voll durchdringen konnte und deshalb gedeihliches Zusammenleben von Bürgern verschiedener Konfessionen notwendig war.[55]

---

53) Die Verbindung zwischen Bundeslade und Kreuz hat im 13. Jahrhundert schon Abt Suger auf einem Glasfenster in St. Denis hergestellt. Die Reformation hat diesen Bezug erneut zur Darstellung gebracht. Ein früher Beleg dafür ist ein Relief von Peter Dell, auf dem die Bundeslade ausdrücklich mit der Bezeichnung Gnadenstuhl belegt wird. Die Vorlage für die Darstellung auf der Einbandplatte ist das Titelblatt von Philipp Melanchthon, Corpus doctrinae christianae. Leipzig: Voegelin 1560. Es ist deshalb denkbar, daß Melanchthon an der Entwicklung der Bildidee mitgewirkt hat. Eine etwas andere Fassung hat das Titelblatt von Lucas Bacmeister, Forma precationum piarum. Leipzig: Voegelin 1581, abgebildet bei Kurt Goldammer, Kultsymbolik des Protestantismus. Tafelband. Stuttgart 1967, S. 78.

54) Eine ähnliche Darstellung in Philipp Melanchthon, In evangelia, quae usitato more diebus dominicis et festis proponuntur, annotationes recogn. Leipzig 1555, S. 672. Vermutlich war die Abendmahlsszene in Dürers Kleiner Passion von 1511 der Ausgangspunkt für diese Darstellungstradition.

55) Weiss, Bürger (wie Anm. 44) S. 286–287. Zur Tendenz einer gewissen konfessionellen Unbestimmtheit paßt auch die Spruch-Rolle mit den Initialen des Spruches „Es steht alles in Gottes Händen, der kann alles wenden“ (13).

Die katholische Bewegung in der Stadt hatte den verhaltenen protestantischen Tendenzen wenig Spezifisches entgegenzusetzen. In diese Richtung weisen wahrscheinlich die beiden Salvatorrollen mit den Evangelistensymbolen,[56] auf denen Petrus Paulus und Johannes dem Täufer vorgeordnet ist. Auf der einen dieser Rollen[57] steht vor den Namen der Unterschriften ausdrücklich das *S*ankt davor. Die übrigen drei Salvatorrollen und die Rolle mit Maria und dem Christkind,[58] die keine Evangelistensymbole bei sich haben, sind dagegen in der Folge der Figuren und den Texten unspezifisch und auf eine christologische Aussage ausgerichtet. – Die Anliegen der katholischen Bewegung sind sont nur durch die Supralibros von zwei Ordensniederlassungen zum Ausdruck gebracht worden. Die Jesuiten haben ihre Symbole mit dem Namen Jesus und Maria, Grundlage ihrer Meditation, gezeigt.[59] Die Kartäuser bildeten auf einem siegelartigen Preßstock den Schmerzensmann ab mit der Umschrift: *CARTVSIAE .MONTIS. S.SALVATORIS. ERFORDIAE* und den Ordensstifter mit der Inschrift: *S. BRVNO. FVNDATOR.ORDINIS.CARTVSIANORUM.*[60]

Sonst ist in der Erfindung und Gestaltung der bisher erwähnten Platten nichts originell. Alles findet sich schon im Wittenberger Programm vor. Es gibt aber zwei Ausnahmen. Die erste ist, daß sich Georg Kirsten eine Platte stechen ließ, auf der auf beiden Seiten sein voller Name steht und durch die Bezeichnung *Meisder* bzw. *M*eister sein Standesbewußtsein zum Ausdruck kommt.[61] Damit verbindet er ein Glaubensbekenntnis, ausgedrückt in dem Bildprogramm der Platte und den zugefügten Texten. Auf der Vorderseite steht das Kruzifix über der Bundeslade unter einem Bogen. Im Unterschied zu der oben beschriebenen Darstellung des protestantischen Gnadenstuhls fehlen hier die trinitarischen Motive von Gottesname und Heiligem Geist und die Darstellung der besiegten Mächte als Hinweis auf die Auferstehung. Es ist also eine frühe Form der Bildidee. Hinzugefügt sind zwei Texte. Der erste steht auf Tafeln neben

56) Vgl. Rollen 1, eine schlecht erhaltene, negativ geschnittene Rolle mit *Caritas, Fides* und *Spes*; 2–3 zwei Rollen mit *Caritas* und *Fortitudo,* dazu entweder *Fides* oder *Spes.*

57) Rolle 11.

58) Vgl. Rollen 5–9.

59) Nachdem schon 1565 die Erlaubnis zur Gründung eines Jesuitenkollegs gegeben worden war, wurde 1597 mit einer Missio aus zwei Priestern begonnen, aus der 1601 eine Residenz und 1615 ein Kolleg im Gebäude des Chorherrenstifts der Regulierten Augustiner hervorgingen. Vgl. Bernhard Duhr, Geschichte der Jesuiten in den Ländern deutscher Zunge. Bd. 1, Freiburg/Br. 1907, S. 422–426; Friedrich Schütz, Das Mainzer Rad an der Gera. Erfurt 1992, S. 67–68.

60) Eine Niederlassung des 1084 von Bruno von Köln gegründeten radikalen Meditationsordens gab es seit 1371 in Erfurt. Sie bestand mit ihrer bedeutenden Bibliothek bis 1803. Zur Ikonographie des Heiligen Bruno vgl. Hiltgart L. Kellner, Reclams Lexikon der Heiligen und der biblischen Gestalten. 6., durchges. Aufl., Stuttgart 1987, S. 96–97.

61) Als wichtige Erfurter Einbandplatte wurde sie bisher abgebildet von Martin Wähler, Die Blütezeit des Erfurter Buchgewerbes (1450–1530). In: MVGAE 42 (1924) S. 18, Abb. 6; Adolf Rhein, Der geschmackliche Einfluß der Werkzeuge auf die Einbandverzierung bis zum Rolleneinband. In: Archiv für Buchbinderei 27 (1927) S. 111–113, Abb. 176; Ulman Weiss, Dieweil nun das Menschlich leben schwaer und bitter ist. Die Predigten des Magisters Lambert Heck im Jahre 1589. In: Erfurt 742–1992 (wie Anm. 1) Abb. 46 und dazu S. 365.

dem Kruzifix: *CHR*istu*S MOR//T*uus *EST ET // REVIXI//T MORT*ibVs *//ET VIVE//NTIB*us *DO*minus sit (Röm. 14,9). Darunter steht: *VITA.MIHI.CHRISTU// S.ET.MORS.LVCRVM* (Phil. 1,21). Ganz ungewöhnlich ist auch die Verbindung dieses Heilsbildes mit dem der *Justitia* auf der Rückseite der Platte. Sie ist wie üblich als Halbfigur gegeben und mit Schwert und Waage ausgerüstet. Die Unterschrift macht aber die Verbindung verständlich: *IVSTITE QVIS P//ICTVRAM :LVMINE CER*nit, dic: Deus est iustus iustaque fecit (Gerechtigkeit, wer [dein] Bild sieht, sage: Gott ist gerecht und schafft das Gerechte).[62] Das Heilsgeschehen am Kreuz und die Gerechtigkeit werden also verbunden, damit erkannt und geglaubt wird, daß Gerechtigkeit nicht zerstörerisch, sondern heilsam wirkt, das heilsame Kreuz aber der Gerechtigkeit Gottes zum Siege verhilft. Das ist ganz im Sinne der Rechtfertigungstheologie Luthers konzipiert. Georg Kirsten muß also ein persönlich überzeugter und theologisch gebildeter Anhänger der Reformation gewesen sein.

Es ist gut zu verstehen, daß diese Platte Eindruck gemacht hat und Nachahmung fand. Den vorderen Teil der Platte[63] hat *MEISDER:GEORGIVS ROMHELT S* bzw. *GEORGIVS ROMHELT ZV SCHMALKALDEN* genau wiederholt, die Rückseite aber ersetzt durch ein Bild seines Namenspatrons, des heiligen Georg, wie er die Prinzessin vor dem Drachen errettet. Er macht als Protestant mit der Unterschrift Georg zu einem Typus Christi als dem eigentlichen Erretter des bedrohten Menschen: *VT.HIC.PVELL*am *SIC.TV.IESV.IVVAS.TVOS* (Wie hier der heilige Georg das Mädchen, so rettest Du, Jesus, die Deinen).

Eine Platte mit seinem Namen hat sich auch ein anderer Meister, Adolar Stein, im Jahr 1595 anfertigen lassen.[64] Hier fehlen aber tiefere Bezüge. Er beschränkt sich bei dieser Platte auf die Wiedergabe des einfachen Wappens der Stadt Erfurt. Doch steigert er damit eine Aussage, die viele Buchbinder der Zeit machen. Auf einer Rolle bringen sie in Verbindung mit ihrem Hauszeichen oder ihrem persönlichen Symbol auch das Wappen ihres Wirkungsortes an. Stein aber setzt es auf die Platte. Vielleicht wollte er damit auch in Konkurrenz zu Georg Kirsten treten, der für viele Aufträge, die er für den Rat der Stadt zu erledigen hatte, das große fünfteilige Wappen benutzen durfte.[65]

---

62) Die Quelle für diesen Text ist noch nicht bekannt.

63) Auf diesen Zusammenhang hat schon Adolf Rhein aufmerksam gemacht. Die Darstellung des Heiligen Georg knüpft an die mittelalterliche Sitte an, bei Altarstiftungen und Epitaphien hinter dem Stifter ihren Namenspatron darzustellen.

64) Vgl. Platte II. Das hier benutzte einfache Wappen der Stadt findet sich in gleicher Gestalt auf dem Erfurter Taler von 1548. Vgl. Röblitz, Erfurter Münzgeschichte (wie Anm. 44) S. 342–344.

65) Dieses fünfteilige Wappen zeigt außer dem Wappen der Stadt als Herzschild auch die der zum Erfurter Territorium gehörigen Herrschaften Kapellendorf, Vieselbach, Vippach und Vargula. Zur Benutzung dieser Platte von 1494 bis 1710 vgl. Rhein, Einbandkunst (wie Anm. 14) S. 43. Einen Beleg für die unwahrscheinlich frühe Entstehung der Platte habe ich in dem Material von Adolf Rhein noch nicht gefunden. Nach der Überschrift ist die Platte für den Gebrauch der Kanzlei, also deren Urkunden und Akteneinbände angefertigt worden. Zur Kanzlei vgl. Aloys Schmidt, Die Kanzlei der Stadt Erfurt bis zum Jahre 1500. In: MVGAE 40/41 (1921) S. 1–88. Die Wappenplatte von Adolar Stein ist später vom Rat benutzt worden, da sie sich in einer Variante findet, bei der der Name durch die Jahreszahl

Die Erfurter haben sich relativ spät den Wittenberger Stil angeeignet und ihn dann aber auch relativ schnell aufgegeben oder mit Elementen der aus Italien und Frankreich kommenden rein ornamentalen Einbandgestaltung vermengt. Diese fünfte Stufe in der Erfurter Stilentwicklung der Einbände wird hier nicht mehr dargestellt. Sie beginnt mit der Verwendung von Ornamentplatten und großen Lilien.[66] Auf diese Weise konnte noch besser die Frage nach der Konfession der Kunden umgangen werden. Und doch sind die alten Platten und Rollen teilweise sogar bis zum Anfang des 19. Jahrhunderts für bestimmte Aufträge, besonders für das Binden von Bibeln, Gesangbüchern und theologischer Literatur, im Gebrauch geblieben. Vielleicht wurden sie nicht in einer einzelnen Werkstatt, sondern beim Innungsvorsteher oder auf dem Rathaus aufbewahrt und bei Bedarf, zum Beispiel für die Anfertigung von Meisterstücken zur Verfügung gestellt.[67]

Mein Versuch, die Erfurter Einbandkunst des 16. Jahrhunderts von ihren ikonographischen Elementen her zu deuten, muß unter dem Vorbehalt stehen, daß die Erfassung des Materials, vor allem aber die Sichtung des Nachlasses von Adolf Rhein, noch nicht abgeschlossen ist.

# Anhang

## *Liste der Platten und Rollen,*

die seit der zweiten Hälfte des 16. Jahrhunderts von Erfurter Buchbindern benutzt wurden. (Auf eine genauere Beschreibung wird verzichtet, wenn sie in dem Repertorium von Konrad Haebler schon gegeben wurde. Die beiden Seiten einer Platte sind unter einer gemeinsamen Ziffer geführt. Folgende Abkürzungen werden benutzt: MB = Ministerialbibliothek, WAB = Wissenschaftliche Allgemeinbibliothek.)

### *Platten*

#### a) Wappen

I 92x57 großes fünfteiliges Wappen der Stadt Erfurt.
Inschrift oben: CANTSLEI.ERFURDI., unten: *FRIDE IN DEINEN MAVERN VNT // GLVCK IN:DEINEN PALLAST*en [Ps. 122,7]
Beleg: Bei Georg Kirsten und späteren Buchbindern
Erfurt, MB Te IX 27, gebunden 1607.

---

1650 ersetzt ist, und da sie auf dem Einband der Löber-Innungsordnung (StAE 1-1 VIII Aa 85) Verwendung fand.

66) Damit hält der aus Italien und Frankreich kommende „welsche" Einbandstil in Erfurt Einzug. Besonders der erste Obermeister der Erfurter Buchbinderinnung Christoph Reichardt scheint den neuen Stil kultiviert zu haben (vgl. Rhein, Buchbinder [wie Anm. 14] S. 38; Hellmuth Helwig, Das deutsche Buchbinder-Handwerk. Handwerks- und Kulturgeschichte. Bd. 2, Stuttgart 1965, S. 28–38).

67) Zu den Bedingungen der Meisterprüfung vgl. Helwig, Das deutsche Buchbinder-Handwerk (wie Anm. 66) S. 18–29.

II 85x46 kleines Wappen der Stadt Erfurt
Inschrift oben: *ERFVRT*, unten: *ADOLAR STEIN 1595*
Beleg: Erfurt, MB Te IIc5; Druck von 1595, gebunden: 1644.

II A 85x46 dieselbe Platte wie II, aber
Inschrift unten: *1650*
Beleg: Erfurt, Archiv VIII Aa 85

III 87x52 Wappen des Herzogtums Sachsen (ohne Kurwappen)
Unterschrift: *VON.G.*ottes *G.*naden *HERTZOCH//.IOH.*ann *WIL.*helm *H.*erzog *Z.*u *SACHS*en,
Inschrift oben: *MD.67* (= 1567), im Schild: *HHW*
Beleg: wie II

IV 78x47 Adelswappen mit Unterschrift
SEBASTIAN VON WALWITZ
Belege: Nach Angabe von A. Rhein in Archivbänden von 1682 an.

V a 30x32 Medaillon mit Jesuitensymbol im Strahlenkranz

V b 30x32 Medaillon mit Mariensymbol im Strahlenkranz
Belege: Erfurt, MB Tp 4460; Druck von 1617 zusammen mit Material von F. L.

VI a 60x49 Medaillon mit Christus als Schmerzensmann
Umschrift: *CARTVSIAE MONTIS SALVATORIS ERFORDIAE*

VI b 60x49 Medaillon mit Bild des Heiligen Bruno
Umschrift: *S:BRVNO FVNDATOR ORDINIS CARTVSIANORUM*
Beleg: Missale Cartusianum 1602, Sammlung A. Rhein A 50

b) Porträts

VII a 82x51 Bildnis des Herzogs Julius von Braunschweig in Cartouche mit Beschlagwerk. Umschrift: *VON.GOT//TES. GNADEN.PRINCEPS.IVLIVS.DVX.//BRVNSVI*Censis.*ET.LVNEB*ur-*GEN*sis.

VII b 82x51 Bildnis des Herzogs Julius von Braunschweig in Cartouche mit Beschlagwerk.
Umschrift: *VON.GOTTES.GNADEN.HENRICH IVLIVS. EPISCOP*us// *ZV HALBERSTAD HERTZOG ZV BRUNSWEIG*
Belege: Bremen Stadtbibliothek XII 9a;
gebunden 1587; Erfurt, Stadtarchiv seit 1628.

VIII a 85x44 Brustbild Luthers nach rechts unter einfachem Bogen, Unterschrift dreizeilig: *NOSSE CVPIS FACIEM LVTHERI//HANC CERNE TABELLAM.SI//MENTEM LIBROS CONSVULE*

VIII b 85x44 Brustbild Melanchthons nach links unter einfachem Bogen, Unterschrift zweizeilig: *FORMA PHILIPPE TVA EST// SED MENS TVA NESCIA PINGI*
Beleg: Erfurt MB Ts 39, gebunden für das Evangelische Ministerium

IX 76x44 Brustbild Luthers nach links unter einfachem Bogen, Unterschrift: *NOSSE.CVPIS.FACIEM.LVTHERI.HA//NC.CERNE.TABELLAM.SI-.MENTEM*
Beleg: Erfurt, MB Te IIc 43; Druck von 1574

c) Biblisch-theologische Themen

X 71x41 David mit Harfe, kniend = Haebler II 272, III
Beleg: Erfurt, WAB Op patr fol 56; gebunden 1588 für MWFE

XI a 77x42 Crucifixus mit Adam, Moses und Prophet unter einfachem Bogen = Haebler I 467, XXXIII, bezeichnet MV Monogramm

XI b 77x42 Auferstehung unter dreigeteiltem Bogen = Haebler II 283, XII
Belege: Halle, Leopoldina N 65, gebunden 1575; Erfurt, MB Ts 61, gebunden 1585 u. a. bis 1708

XII a 76x45 Crucifixus mit Bundeslade unter einfachem Bogen, bezeichnet Georg Kirsten = Haebler I 225, IV

XII b 76x45 Justitia, Halbfigur unter einfachem Bogen = Haebler I 225, III
Belege: Erfurt, MB Ts 171, Druck 1547; Te IX 43, gebunden 1570; Erfurt, WAB Eu 4175, gebunden 1675

XIII a 85x53 Trinität (Gnadenstuhl) in Cartouche mit Evangelistensymbolen, bezeichnet A. M. = Haebler I 276, VII

XIII b 85x53 Abendmahl in Cartouche mit Putten, bezeichnet A. M. = Haebler I 276, VIII
Belege: Erfurt, MB Te IIg 15, gebunden 1600 u. a. bis 1652 mit Material von Georg Kirsten

XIV a 88x50 Trinität (Gnadenstuhl) unter dreiteiligem Bogen mit Inschrift: *ALSO HAT GOT DIE WELT GELIBD DAS ER SEINEN SON* gab [Joh. 3,16]
In den Zwickeln Engel mit den Leidenswerkzeugen; darunter Sockel mit den Wappen: Kursachsen und Sachsen („Wettin“)

XIV b 88x50 Kreuzigung mit Bundeslade (protestantischer Gnadenstuhl) in Cartouche; Unterschrift: *CHRISTVS PER PROPRIVM SAN//GVINEM INGRESSVS EST IN SANCT*um [Hebr. 9,12]
Beleg: Sammlung A. Rhein

XV 43x36 Bildnis Jesu *(Vera icon)* nach rechts in Medaillon mit Ornamentrahmen und Eckstücken mit Evangelistensymbolen
Beleg: Erfurt, MB Ts 3005, Druck 1610, nach A. Rhein benutzt von Christoph Reichardt

XVI 55x35 Christkind mit Kreuz in Medaillon mit Ornamentrahmen
Beleg: Erfurt, WAB B 4 8° 669, nach A. Rhein benutzt von Christoph Reichardt

XVII Stempel mit Maria auf der Mondsichel
Beleg: Erfurt, WAB Th past 2° 15, Druck 1688

d) Tugenden

XVIII 86x54 *Justitia* sitzend nach rechts, unter geteiltem Bogen; bezeichnet I. F. 1569 = Haebler I 118,I
Beleg: Erfurt, Archiv XXIV I 2, gebunden 1665

XIX 77x41 *Lucrecia* Halbfigur = Haebler II 271, II
Beleg: wie X

XX 88x52 *Fides* und *Spes* in Cartouche, bezeichnet H. F. = Haebler I 115, VIII
Beleg: Erfurt, WAB univ 2° 157, nach A. Rhein bei dem Nachfolger von Georg Kirsten

XXI 45x35 *Justitia* auf Medaillon
Beleg: Erfurt, WAB VIII Aa 147, gebunden 1656

XXII a 90x58 *Justitia* in Ornamentrahmen

XXII b 90x58 *Fides* in Ornamentrahmen
Beleg: Erfurt, WAB VIII Aa 23 a, gebunden 1665

*Rollen*

a) Tugenden

1 198x15 negativ; Inschriften darüber (schlecht lesbar): Caritas: *CARITA // …*; Spes: *NON CONF // VN …*; Fides (?): …
Beleg: Sammlung A. Rhein

2 194x15 In Ganzfiguren: Caritas – Fides – Fortitudo, bezeichnet 1576 = Haebler II 45,2
Beleg: Erfurt, Archiv Brückenbuch 1650

3 179x16 In Ganzfiguren: *CARIT*as *// EST – FORTI // TVDO – SPES E // ST –*.
Beleg: Missale Cartusianum (Sammlung A. Rhein A 50) mit Platte VI

b) Crucifixus-Rolle

4 208x22 Crucifixus: *ECCE AGNVS DE*i; Taufe Jesu: *HIC EST FILIVS* meus dilectus; Verkündigung; *ECCE VIRGO CON*cipiet; Auferstehung: *EGO SVM RESVRR*ectio
Beleg: Berlin, Staatsbibliothek Hg 222, gebunden 1600 bei Georg Kirsten

c) Salvator-Rollen

5 172x15 negativ geschnittene Rolle: Christkind mit Kreuz – Jesaja – Paulus – David 1540 = Haebler I 260, 1 F. L.
Beleg: wie IX

6 215x22 Salvator: *DATA.ES // T.MICHI* –; David: *TE* (!)*.FRVC. // TV.VENT*ris tui –; Paulus: *APPARVI // T BENIG*nitas –; Johannes der Täufer: *ECCE.AN // GNUS:DE*i
Beleg: Erfurt WAB Hu 2°55, Druck von 1652; nach A. Rhein bei „Buchbinder des Adam Schwind“

7 190x18 Salvator – Jesaja – Paulus – David = Haebler II 189, 73
Beleg: Erfurt, MB Tp IV e 32, Druck von 1585

8 181x18 Christkind mit Maria: *ECCE VIR//GO CON*cipiet –; David: *DE FRVCT //V VENTRI*s tui –; Jesaja: *PRINCIPA//TVS EIVS SV*per umerum eius –; Paulus: *APPARVI*t // *BENI*gnitas *ET –;* bezeichnet *NP* Monogramm (Stecher)
Beleg: Erfurt WAB Hu 2°55, Druck von 1652; nach A. Rhein bei „Buchbinder des Adam Schwind"

9 195x21 Salvator–David–Jesaja–Johannes der Täufer; bezeichnet F. L. = Haebler I 260, 4
Beleg: Erfurt, MB Tu VII 160, gebunden 1579

10 208x15 Salvator–Petrus–Johannes der Täufer–Paulus mit Evangelistensymbolen = Haebler I 260,5 F. L.
Beleg: wie bei R. 9

11 183x18 Mit Evangelistensymbolen; Salvator: *SALVAT*or –; Petrus: *S PETRV*s –; Paulus: *S PAVLV*s –; Johannes der Täufer: *S IOHAN*nes
Beleg: Erfurt, WAB Th univ 2°157, nach A. Rhein bei Nachfolger G. Kirstens

d) Rolle Christkind mit Putten

12 118x9 Christkind mit Kreuz–Putte mit Hammer–Putte mit Nägeln–Putte mit Martersäule
Beleg: wie IX

e) Rolle mit Spruch in Anfangsbuchstaben

13 119x11 Blattornamente mit Schriftzeilen; *ESA* = Es steht alles; *IGH* = in Gottes Händen; *DKA* = der kann alles; *ZBW* = zum besten wenden
Beleg: Erfurt, WAB Th 2837, Druck von 1580

f) Rollen mit den Bildnissen der Reformatoren

14 158x18 Reformatoren mit Unterschriften = Haebler I 225,4
Beleg: wie 3

15 174x18 Reformatoren mit Unterschriften: *MARTIN* [Luther] – *ERASMV*s – *PHILIP*p Melanchthon – *IOHAN* [Hus]
Beleg: Erfurt, MB Te IIc 5, Druck von 1595 für die Kaufmannskirche

16 175x14 Reformatoren mit Unterschriften: *MAR*tin *LV*ther – *PHIL*ipp *MEL*anchthon – *ERAS*mus *RO*terdamus – *IOH*annes *HUS*
Beleg: Erfurt, MB Te VII 13, gedruckt 1660

17 148x17 Reformatoren mit Umschrift an den Köpfen: *MAR*tin Luther – *PHILI*p *MELAN*chthon – (Erasmus) – (Hus) – (Karl V.) [Die Umschriften sind nicht sicher zu lesen.]
Beleg: Erfurter Archiv in Sammlung A. Rhein

## g) Kopf-Rollen

18 158x11 2 Köpfe mit 2 Wappen (Türke–Kursachsen–Heide–„Wettin“)
Beleg: Erfurt, Archiv R 164, 2a, gebunden 1636

19 130x13 2 Köpfe, 2 Wappen (Heide–Kursachsen–Türke–„Wettin“)
Beleg: Erfurt, Archiv A II 37, gebunden 1650, nach A. Rhein bei „Buchbinder für Abt Zimmer“

20 84x14 2 Köpfe im Kranz mit Blattwerk: Heide–Türke
Beleg: Erfurt WAB Ki 532, Druck von 1618

21 135x10 4 Köpfe (Heide–Türke–Heide–Türke) mit Engelskopf, Riegel, Vase, Riegel = Haebler I 260, 6 F. L.
Beleg: Erfurt, MB Th 5461, gedruckt 1604

22 128x11 4 Köpfe mit Blattwerk (Heide–Türke–Heide–Türke); bei A. M.
Beleg: Erfurt, MB Ts 183, gebunden 1610

23 131x12 4 Köpfe (Bekränzter–Helm–Bekränzter–Helm) mit Blattwerk
Beleg: Erfurt, Archiv III 18, datiert 1583

24 187x11 4 Köpfe (Bekränzter–Helm–Bekränzter–Helm) mit Blattwerk = Haebler I 225,1 G. K.
Beleg: Erfurt, MB Te IVe 39, gedruckt 1609

25 193x17 4 Köpfe mit Unterschrift: *HEIDE – DVRC – HEIDE – DVRC* mit Blattwerk
Beleg: wie X

26 156x15 4 Köpfe mit Unterschrift: *HEIDE – DVRCK – HEIDE – DVRCK*
Beleg: Archiv. Facultatis medicae statuta ... 1577

27 70x11 2 Köpfe mit Unterschrift: *HEI*de – *DVR*ke
Beleg: wie 24

# Kunst und Denkmalpflege

ROLAND MÖLLER

# Monumentale Malerei des späten Mittelalters in Erfurt

Der zu seiner Zeit im Jahre 1929 vortrefflich aufbereitete erste Inventarband über die Kunstdenkmale der Stadt Erfurt, mit dem Dom, der Severikirche, dem Peterskloster und der Zitadelle verzeichnet in den Regesten Nr. 71–73 aus den Jahre 1494 bis 1496 und später in den Jahren 1531/1532 Regesten 100 umfangreicher Ausgaben für Malereien und Vergolderarbeiten.[1] Die Bearbeiter des Dominventars konstatierten zwar diese größeren Geldbeträge, konnten aber mangels vorhandener Sachzeugnisse keine konkrete Zuordnung vornehmen. Für die späteren Ausgaben wurde eine figürliche Malerei an den Wetterfahnen vermutet. Was sich hinter diesen Angaben tatsächlich verbarg, fand erst durch die in den Jahen 1972/1973 durchgeführte Restaurierung an dem monumentalen Wandbild des Heiligen Christophorus im Erfurter Dom seine Erklärung. Deshalb soll zunächst die Betrachtung dieses Bildes erfolgen (Abb. 28).[2]

Der Schriftbandtext des den großen Christophorus adorierenden Stifters *Depreco-r.ad.coelum.mane.o.Christophore.perfer.* gibt Hinweis auf die Entstehungsgeschichte des Gemäldes, welches aufgrund eines Gelübdes des damaligen Domdekans Marcus Decker entstanden ist. Dieser soll auf seiner Pilgerfahrt nach Santiago de Compostella auf einer Flußdurchquerung vor dem Ertrinken gerettet worden sein, nachdem er in seiner Todesangst Fürbitte erfleht hatte. Die Übersetzung dieses daktylischen Hexameters lautet: Ich bete flehend zum Himmel; bleibe, oh Christophorus, und bringe mich ans Ziel.[3]

Auf der unteren Randleiste des Bildes wird nochmals der Anlaß dieser Bildstiftung genannt und zudem ein (zwar indirekter) Hinweis auf den Maler gegeben. Die Paraphrase des lateinisch verfaßten Doppelverses – ein elegisches Distichon benennt folgenden Sachverhalt: Ich, Decker, schulde als Dank für meine Rettung dir, Christophorus, einem Maler, der an Berühmtheit dem Parrhasios gleichkommt, zu(dem) die(se) Inschrift und (das) Gold und (die) Purpurfarbe als Zugabe. Schone darauf deine lieben

1) Die Kunstdenkmale der Provinz Sachsen. Die Stadt Erfurt. Bd. 1, Burg 1929, S. 65–66. Regesten S. 27 Nr. 70, 71, S. 27/28 Nr. 71, 72, S. 28 Nr. 73, S. 30 Nr. 86, S. 32/33 Nr. 100.

2) Roland Möller, Wandmalerei im Dom zu Erfurt. In: Restaurierte Kunstwerke in der DDR, Ausstellungskatalog. Berlin 1980, S. 234–236; ders., Die Restaurierung des Wandbildes „Heiliger Christophorus" im Dom zu Erfurt. In: Berichte des 5. Internationalen Seminars für Restauratoren vom 29. 6.–9. 7. 1985 in Veszprem. Budapest 1985, Bd. 1, S. 165–176.

3) Herr Albert Kulch vom Theologischen Studium in Erfurt übernahm die Übersetzung und Interpretation der Texte, für die ihm der Autor herzlich dankt.

und dankbaren Verehrer. Das im Ornament eingefügte Datum – 6. September 1499 – gibt wohl die Fertigstellung des Bildes an, laut Beleg wird etwa zum gleichen Zeitpunkt abgerüstet.[4] Außer der Position für Gerüstabbau sind für diese aufwendige Malerei keinerlei Abrechnungsbelege im Bauamt notiert, vermutlich hat der Domdekan Decker die Kosten in persönlicher Opfergabe getragen. Für die über dem Wort *Parhasion* der Schriftleiste in das Ornament eingestreuten gotischen Minuskeln *ae* fand sich bislang keine Deutung.

Die Bildkomposition des wandteppichartigen Bildes folgt zeitgenössischen Stichen. Zentrale Figur ist der durch den Fluß watende Christophorus mit dem frontal blickenden Christusknaben auf der Schulter. Den unteren Bildbereich füllt eine Flußlandschaft aus, die mit naturhaften und phantastischen Tieren und Pflanzen bedeckt ist. Auf der linken unteren Bildhälfte kniet der Stifter, darüber befindet sich der (stets dazugehörende) Eremit, der mit seiner Laterne leuchtet. Waren diese Bilddetails bereits immer einigermaßen erkennbar, so trat erst im Zusammenhang der zeitaufwendigen Konservierung und der danach möglich gewordenen Oberflächenreinigung im Bildhintergrund rechts oben die Ansicht des Erfurter Doms zutage, dessen versuchte perspektivische Wiedergabe und Genauigkeit in der Architekturdarstellung überrascht (Abb. 29). Dem Augenschein nach wurde die Blicksituation von der Ecke Marktstraße oder vom Allerheiligenturm gewählt und vermutlich durch Naturstudien vorbereitet.

Wie im folgenden noch aufgezeigt wird, ist die als Vedute zu sehende Ansicht des Erfurter Domes (von Nordosten) von größter lokal- und kunstgeschichtlicher Bedeutung. Es erschließt sich damit zum einen das in den Akten der *Fabrica* umfangreiche und aufschlußreiche Dokumentenmaterial[5] und vergegenwärtigt uns zum anderen eine Seite der mittelalterlichen Kunst, von der bisher nur sehr geringe Kenntnisse vorliegen, nämlich von der Bemalung und Polychromierung von Dächern.

Die drei schlanken Turmhelme des Erfurter Domes waren an der zum Stadtzentrum gerichteten Ostseite mit ca. acht Meter hohen Figuren bemalt. Wie aus der zeitdokumentarischen Abbildung im Christophorusbild zu entnehmen ist, erhoben sich unmittelbar über dem Turmansatz die spitzen Turmhelme mit figürlichen Malereien: Am Mittelturmhelm die Muttergottes im Strahlenkreuz und auf den Seitentürmen die beiden Patrone des Domes, Adelarius und Eobanus. Beide hatten als Gefährten des heiligen Bonifatius zusammen mit diesem den Märtyrertod bei Dokkum gefunden. Die farbkräftige Malerei wird von farbwechselnden Kanten eingefaßt, die oben mit vergoldeten Knäufen enden.

Der Sichtbezug der monumentalen Figuren war offensichtlich auf große Entfernung bedacht, vermutlich auch in ihrer ausdrücklichen östlichen Ausrichtung mit Bezug auf

4) Rechnungen des Marienstiftes im Domarchiv Erfurt. Amt der Fabrica 1498/99, II D 2, Bl. 171 „abzunehmen das Gerüste vom Bilde Christophori". Vgl. auch Kunstdenkmale (wie Anm. 1) S. 29 Nr. 79.

5) Rechnungen und Belege des Marienstiftes im Domarchiv Erfurt. Amt der Fabrica 1493–1496, II D 2, Bl. 40, 52, 61, 80, 171 und Amt der Fabrica 1531–1532, II D 2, Bl. 338–342.

die *Via Regia*, die von Weimar oder Gotha kommend, direkt auf den Erfurter Dom fluchtete. Nach schriftlicher Überlieferung soll auch die sogenannte Totenleuchte als nördlicher Eckaufbau des Triangelportals aus Anlaß der Wegeorientierung errichtet sein, mit der Absicht, diese nachts mit einem Licht zu versehen, um Reisenden den rechten Weg zur Stadt zu weisen.[6] Dieses Architekturteil ist ebenso wie der Figurenschmuck des Triangelportals auf dem Christophorusbild gut zu erkennen. Wie gewichtig diese Bilder mit den Patronen des Domes noch der nachfolgenden Generation gewesen sein müssen, erklärt wohl deren vollständige Restaurierung im Sinne einer Wiederholung oder Neuschöpfung im Jahre 1531/1532. Davon gibt es allerdings keine Bildbelege, jedoch sehr detaillierte und für die Handwerkstechnologie des frühen 16. Jahrhunderts recht aufschlußreiche Rechnungen. Auf deren Auswertung und die Ergebnisse wird später noch eingegangen.

Wer war nun der Maler dieser monumentalen Figurendarstellungen des späten 15. Jahrhunderts? – Nach der Chronik Konrad Stolles brachte das Jahr 1493 der Marienkirche die schlanken Spitzen wieder: In der Woche vor Pfingsten, 20.–25. 5., die südliche, am 14. 8. die mittelste, am 2. 11. die nördliche, freilich nur im Sparrenwerk.[7] Am 5. September 1494 wird in den Bauakten ein *magistro Leonardo Pictori* genannt, dem man die Malerei des Bildes am Südturm übertrug. Vorangegangen waren Ausgaben für ein Marienbild auf Leinwand im Zusammenhang der Türmemalerei. Hierbei dürfte es sich um einen Entwurf als Vorbereitung für die am Mittelturm auszuführende Malerei der Muttergottes im Strahlenkranz handeln. Die Kosten für diese Arbeit betrugen 11 Gulden und 31 Groschen.[8]

Dagegen beliefen sich die Kosten für Malerei und Vergolderarbeiten *ad turrim* auf 41 Gulden. Ferner erhielt Meister Henricus der Goldschläger 12 Gulden für den Turm St. Adelarii; für den dritten Turm – hier kann es sich nur um den des St. Eobani gewidmeten Turm handeln – wurden ohne nähere Angaben dem Maler 3½ Gulden abgerechnet. Vergleichsweise dazu die Ausgaben in den Jahren 1495/1496: Der Zimmermann erhält für das Decken der Türme 37 Gulden, für Kupfer und dessen Verarbeitung werden 60 Schock, 39 Groschen und 154 Gulden gezahlt. Aus den Rechnungsbelegen läßt sich rekonstruieren, daß 1494 Entwürfe entstanden und als erstes das Mittelturmbild gemalt worden ist, auch die beiden seitlichen Türme vielleicht vorbereitet wurden. Die Fertigstellung der Malereien erfolgte im Jahre 1496, denn für Meister Linhart wird letztmals eine Auszahlung in Höhe von 35 Schock und 2½ Gulden für Farbe und die Bemalung an den drei Türmen genannt. – Vergleicht man nun die Maßverhältnisse

6) Karl Arnhold, Der Dom zu Erfurt. Erfurt 1876, S. 34.

7) Heinrich Beyer, Kurze Geschichte der Stiftskirche Beatae Mariae Virginis zu Erfurt. Erfurt 1873, S. 152 zitiert Konrad Stolle. Das Jahr 1493 brachte der Marienkirche die schlanken Spitzen wieder. In der Woche vor Pfingsten (20.–25. 5.) die südliche, am 14. 9. die mittelste, am 2. 11. die nördliche, freilich nur im Sparrenwerk.

8) Für die Durchsicht dieser Belege dankt der Autor Herrn Dr. Johannes Kadenbach, Erfurt. – Vgl. DA Marienstift, Amt Fabrica II D 2, Bl. 61. Hier auch die folgenden Angaben.

zwischen den Figuren der Turmhelme mit dem 8,80 Meter hohen und sechs Meter breiten Christophorusbild, so ergibt sich schon rein formal eine gewisse Übereinstimmung. Bei der genauen Wiedergabe der gesamten Domarchitektur in ihren Einzelheiten, sonderlich der Turmhelmbemalung, außerdem noch in beiden Fällen die in gleicher Maltechnik ausgeführte Malerei, darf man den für die Türmemalerei benannten Meister Linhart auch als Maler für das Christophorusbild annehmen.

Es ist seit längerem bekannt, daß gegen Ende des 15. Jahrhunderts in Erfurt Linhart Koenbergk eine produktive Schnitz- und Malerwerkstatt betrieb. Der namentliche Nachweis, eben als Maler, war bei der Restaurierung des Hochaltars der Predigerkirche an denselben hinter dem Podest unter dem Beweinungsrelief versteckt gefunden worden.[9] Die entdeckte Signatur lautet: *·1·4·92* (darunter:) *Linhart Koͤnbergk* (daneben:) *mgr huius operis* (Meister dieser Arbeit). – Nach der Chronik Konrad Stolles erhielt der zwischen 1493 und 1511 mehrfach bezeugte Maler Linhart Koenbergk 1511 für die benachbarte Paulskirche einen Altarauftrag. Mit großer Wahrscheinlichkeit handelt es sich um das signierte Werk, welches dann nach der Reformation in die Predigerkirche überführt wurde.[10] Zu dieser Zeit ist im Schreinzentrum wohl auch anstelle der ursprünglichen Marienkrönungsgruppe das spätgotische Beweinungsrelief eingebracht worden.

Auf den ursprünglichen Standort in der Paulskirche verweisen die beiden Apostel Petrus und Paulus, die gleich zweimal großformatig erscheinen: Im Inneren als Schnitzfiguren und auf den Außenseiten gemalt. Hier werden die durchgängigen Bildflächen von den überlebensgroßen Figuren der Apostel Paulus und Petrus ausgefüllt (Abb. 30). Kompositionelle und farbige Übereinstimmung, nicht zuletzt die maltechnologischen Charakteristika untersetzen die These, daß hier der gleiche Maler, wie der für die Monumentalgemälde an den Turmhelmen und das Votivbild des Heiligen Christophorus im Dom zu Erfurt am Werke war und den das Domstift laut Belegen in den Jahren 1494 bis 1496 und 1499 beschäftigte. Ein Maler, der sich offensichtlich zu seiner Zeit allergrößter Wertschätzung erfreute, denn nur so erklärt sich aus unserer Sicht der übertriebene Vergleich mit Parrhasios, einem der bedeutendsten Maler der Antike, dessen Schaffenszeit im 5. Jahrhundert v. Chr. lag.

Die in dem elegischen Distichon ausgedrückte Form der Wertschätzung und Verehrung für den Erfurter Maler *Parrhasion. Elegos. aurum. tyriumque. parergon. Post. caro. decker. debeo. parce. tuo 1499 (die 6ta. sepr.)* läßt den hohen Wissensstand des Stifters

---

9) Laut Mitteldeutsche Zeitung vom 5. 8. 1920 wies erstmals B. Hirsch in einem Vortrag im Erfurter Altertumsverein auf die neu entdeckte Inschrift hin (vgl. Hans Huth, Künstler und Werkstatt der Spätgotik. Darmstadt 1967, S. 100–101.

10) Zur urkundlichen Erwähnung Koenbergks vgl. u. a. StAE 1-1 XXIII a, Bd. 1, S. 241, Bd. 3, Bl. 68, Bd. 4, Bl. 112; vgl. auch Alfred Overmann, Der Hochaltar der Predigerkirche und sein Meister. In: ders., Aus Erfurts alter Zeit. Gesammelte Aufsätze zur Erfurter Kulturgeschichte. Erfurt 1948, S. 70–72; Gerhard Kaiser, Die Predigerkirche zu Erfurt. Berlin 1980, S. 25–28.

28 Erfurt. Dom St. Mariae, Christophorus-Wandbild (Südwand des Langhauses)

29 Detail des Christophorus-Wandbildes

30 Erfurt. Predigerkirche, Flügelaußenseiten des Hochaltars mit Petrus und Paulus

31 Matrikel der Erfurter Universität. Widmungsblatt des Rektors Marcus Decker

32 Kölner Meister um 1450–1460: Legende der Heiligen Ursula. „Die Ankunft der Heiligen Ursula in Köln". Detail mit Hohem Chor des Kölner Doms

Marcus Decker erkennen,[11] der natürlich als Universitätsgelehrter (Abb. 31) gute Kenntnisse über die antiken Schriftsteller besaß. Sein Bezug auf Parrhasios setzt ein gründliches Studium der *Naturalis historiae* des Plinius Secundus d. Ä. voraus.[12] – Soviel zu den Malereien des ausgehenden 15. Jahrhunderts.

Über die bereits nach einer Generation notwendig gewordene Restaurierung bzw. Rekonstruktion der Turmhelmbemalung geben die Erfurter Dombaurechnungen aus den Jahren 1531/1532[13] wesentlich detailliertere Auskünfte als die aus den Jahren 1494–1496. Sie vermitteln nicht nur einen umfassenden Überblick von der Reparatur mit Zimmermannsarbeit und neuer Kupferdeckung, Maler- und Vergolderarbeiten, sondern sie geben außerdem detaillierte Hinweise in die handwerkliche Vorbereitung und Durchführung komplexer Arbeiten einschließlich der Beschaffung von Materialien u. a. Gepflogenheiten in jener Zeit. Die abrechnungsbelegten Ausgaben beliefen sich für Meister Caspar den Maler und seinen Gehilfen für Gold und Material auf 92 Gulden, 9 Sexagenam, 337½ Schock, 14 Groschen und 98 Pfennige, demgegenüber stehen an ausgewiesenen Lohnkosten 47 Gulden, 6 Schock und 1½ Dirham. Die genaue Abrechnung macht deutlich, daß dem Auftraggeber die Beschaffung des Materials mit Kostenübernahme oblag und die Entlohnung der Arbeit in getrennter Abrechnung erfolgte. Also anders als bei der ersten Bemalung 1494–1496, dort hatte Meister Linhart Geldbeträge für die Farbe und die Ausführung der Malerei erhalten. – Durch unsere materialtechnologischen Kenntnisse und unsere Einsichten in die Entstehung von derartigen Wandmalereien, läßt sich ein ungefähres Bild über die technologische Durchführung der Malerei machen, was wiederum auch Rückschlüsse auf deren Gestaltung zuläßt. Danach wird sich die Malerei von 1531/1532 im Formalen und in der Farbigkeit an die Figurenfolge der Erstbemalung angelehnt haben.

Bei dem derzeitigen Wissensstand über regionale Maß- und Währungseinheiten ist es kaum möglich, einen direkten Vergleich über den materiellen Umfang und Aufwand zwischen der ersten Bemalung und der Restaurierung im Jahre 1531/1532 herzustellen. Und trotz der genauen Abrechnungsbelege aus dieser Zeit lassen die unterschiedlichen Bemessungsangaben auch keinen absoluten Einblick und Vergleich von Aufwand und Entschädigung, und damit in die wirtschaftlichen Verhältnisse jener Zeit zu. Teilweise werden die Positionen in den unterschiedlichen nichtmetrischen Körper- und Hohl-

---

11) Marcus Decker (zu ihm vgl. Josef Pilvousek, Die Prälaten des Kollegiatstiftes St. Marien in Erfurt von 1400–1555. Leipzig 1988, S. 168–173) war im Wintersemester 1483/84 Rektor der Erfurter Universität. Das Schmuckblatt in der Matrikel zeigt ihn in ähnlich adorierender Haltung wie im Christophorusbild links neben Maria knieend; in der linken Ausbauchung der O-Initiale ist der Heilige Petrus, rechts der Heilige Paulus dargestellt (StAE 1-1 X B XIII-46 Bd. 1, Bl. 229[a]). Eine der Türmemalerei vergleichbare Malerei mit Maria auf der Mondsichel, flankiert von der Heiligen Katharina und dem Heiligen Jakobus, zeigt das Schmuckblatt des Rektors Johannes Biermost (ebd. Bl. 267[b]).

12) Plinius Secundus d. Ä., Naturalis historiae. Übers. und hg. Roderich König, München 1978, S. 55–59.

13) DA Marienstift, Amt Fabrica II D 2, Bl. 338–342.

maßen angegeben, Bezeichnungen, die gleichzeitig währungstechnische Bedeutung haben.[14] So zum Beispiel Pfund, Schock, Dutzend, Viertel (Quartel), Pinte, Lot, oder als Körper- und Hohlmaße auch noch Tönnlein, Fäßlein, Schergelein. Bei den Währungsangaben überwiegen Schock, Floren (sowohl als rheinischer wie ungarischer), Sexagenam, Groschen und Pfennige; zweimal erscheint der arabische Diram (dirhem). – Einige offensichtlich lokale Kürzel sind zur Zeit nicht aufzulösen.

Nach den Zimmerer- und Kupferarbeiten, die von 1531 fortlaufend noch bis nach Pfingsten 1532 abgerechnet werden, kommt es dann folgerichtig zur Beauftragung der Maler- und Vergolderarbeiten. Die Akkordierung oder Verdingung, und zwar in Einzelabschnitten, erfolgte mit dem Meister Caspar (dem Maler) wie schon bei den anderen Gewerken, wohl als juristische Präsenz, stets im Bereich von vier Verantwortlichen, eines wechselnden Personenkreises, unter denen immer der *magister fabrice* (der Baumeister des Domstifts) zugegen war. Die erste Abrechnung der Malerleistungen am 16. März 1532 enthält den Einkauf des Blattgoldes in großen Mengen und verschiedenen Qualitäten (7 Buch à 300 Blätter Ungarisch Feingold 23½ Karat; ½ Buch à 200 große Blätter = 10 Zentimeter Kantenlänge; 70 Blätter zweiblättriges = doppeltes Ungarisches Feingold; 100 Buch Zwischgold, d. h. Gold auf Silberunterlage geschlagen, also ein etwas minderwertigeres und billigeres Gold).[15] Die Menge reichte aus, um ca. 32 Quadratmeter mit Blattmetall zu belegen. Die Endkosten für diese Position beliefen sich auf 32 Floren, 35 Schock (Gulden?), 4 Pfennige.

Wir erfahren von der gleichzeitigen Akkordierung mit Meister Caspar, daß dieser Maler das Gold an den drei Knaufen, den Knaufstengeln und an den drei Bildern zu verarbeiten hat. Allerdings erwähnt dann der Schlußbeleg am 2. Juli 1532 ausdrücklich eine nicht verdingte zusätzliche Leistung, für die der Maler zusätzlich noch 2 Floren erhielt. Diese betraf den Knaufstempel und Knauf auf dem Turm gegen St. Sever, der beweglich, also vermutlich mit einer Wetterfahne versehen war. Außerdem bewilligten die Herrn Magister Sulore, Nicolaj, Heinrich Vogt und der Baumeister am Ende der Tätigkeit dem Maler 3 Floren als Trinkgeld.

In der ersten Liste werden die Materialien aufgeführt, die offenbar von Meister Caspar besorgt wurden. In einer anderen Aufstellung folgten weitere, umfänglichere, auch ausgefallene Materialien, die ein Jheronimus Braun (sicher ein Erfurter Krämer) in Nürnberg kaufte und in zwei Speditionen nach Erfurt brachte, wozu der Fuhrlohn und das Geleite mit abgerechnet wurde. Der Materialeinkauf gestattet in der Gegenüberstellung mit der verakkordierten und abgerechneten Durchführung der Arbeit einen guten Überblick über das polychrome Programm und die Technologie der Malereiausführung: Von den zwei Tönnlein *lautter clar* Leinöl mit 27 *stobichen* (Stübchen) Inhalt, das

14) Hans-Joachim von Alberti, Maß und Gewicht. Berlin 1957.

15) Die quadratischen Formate des mittelalterlichen Blattgoldes, Zwischgold, Silber, Zinn und den späteren Blattmetalllegierungen waren unterschiedlich. Moderne Blattmetalle haben im allgemeinen folgende Kantenlängen: Doppelgold 22½ Karat mit 80–85 Millimeter; doppelstarkes Dukatengold ca. 23½ karätig 65–80 Millimeter; Zwischgold 80 Millimeter.

Pfund für 8 Groschen, wurden am Ende ca. 200 Liter verbraucht, eine Bindemittelmenge, die, auch nach heutiger Kalkulation, notwendig war, um die kupferbedeckten Turmhelme laut Akkordierung dreimal zu streichen. Als Farbpigment für diesen Grundton diente die beträchtliche Menge von 69 Pfund (oder Liter als Körpermaß) Berggrün, also Malachit, eine Farbe, die auch zu jener Zeit nicht billig war. Auf diesem grünen Untergrund, der an grünpatiniertes Kupfer erinnert, kam die farbige Malerei zur Ausführung. Hingegen dienten die 14 Pfund *Dantzker verneyß* sicher als Anlegeöl für das Blattgold, welches auf einer Bleigelb-Unterschicht aufgetragen wurde, wozu ein Teil der verrechneten 47 Pfund Bleigelb Verwendung fand. Der Name „Danziger Firnis" verweist auf den Umschlageplatz an der Ostsee; die Qualität des baltischen oder küstennahen Leinöls galt im Mittelalter als besonders gut.

Alle anderen, im Mengenumfang geringeren Farben dürften für die eigentliche Malerei verwendet worden sein. Es sind dies: Mennige und Parisrot (ein sehr teurer Rotholzlack), neben dem genannten Bleigelb noch Ockergelb und Lackgelb (Schüttgelb oder Safran), Malachit und Grünspan, Azurit (Lasurblau) und Wollblau. Hinter dieser Bezeichnung verbirgt sich Indigo oder Waid. Für Erfurt erstaunt der Bezug dieses Farbmittels aus Nürnberg, war doch die einheimische Produktion zu dieser Zeit marktführend. Weitere Farben sind Bleiweiß und Kienruß (Schwarz) sowie Lasurfarbe, hier kann es sich nur um Lapislazuli handeln, da die geringe Menge von ½ Pfund 3 Lot (ca. 500 Gramm) den sehr hohen Preis von 10½ Schock ausmachte. Im Vergleich dazu kosteten die 100 Buch (= 24000 Blätter) Zwischgold 12 Schock. Das eingekaufte Parisrot, insgesamt 1060 Gramm, oder die 1½ Stübchen Kienruß stehen mengenmäßig in keinem vergleichbaren Bezug zu den anderen Körperfarben. So können die über 2 Raumliter Menge Parisrot oder die 7,5 Liter Kienruß je nach realisierter Farbtonintensität ein sehr unterschiedliches Farbvolumen ergeben; das heißt, hier ist davon auszugehen, ob ein lasurhafter oder, wie beim Schwarz anzunehmen, ein deckender Farbauftrag beabsichtigt war.

Außerdem werden noch abgerechnet: Baumwolle, die zum Andrücken des Blattmaterials gedient haben muß; Folien, vermutlich aus Zinn für Schablonen, sicher um Ornamentmuster rationell auftragen zu können; etwas Leim, zwei glasierte Töpfe, ein Topf für Firnis (Anlegeöl), der andere für die Grünspan-Farbe, auch ein Sieb und Leinen. Pinsel werden nicht aufgeführt; Werkzeuge gehörten offensichtlich zur Ausrüstung des Malers. Lokalgeschichtlich interessant erscheint der Hinweis über den Bezug von *34 lot pareiss rothe farbe von Peter von Maintz frawen gekaufft*, ergibt sich doch damit die Eingrenzung der Schaffenszeit des für das erste Drittel des 16. Jahrhunderts namentlich bekanntesten Erfurter Malers, der u. a. auch einige Halbrundbilder an den Pfeilern im Erfurter Dom schuf. Die Malereitechnologie für die Türme läßt sich somit aufgrund der Hinweise einigermaßen nachvollziehen: Nach dem dreimaligen Grünanstrich und der Vergoldung erfolgte die farbige Anlage der Bildformen, danach in weiteren Arbeitsabschnitten die Fertigstellung der Malerei mit Deckfarben und Ölfarblasuren, vor allem mit den Farblacken Gelb, Rot, Grün und Lapislazuli-Blau (vermutlich für den Marienmantel). Des weiteren ist an Farbaufhellungen mit Bleiweiß bzw. an die Schattierung mit Kienruß zu denken. Der offensichtlich bewußte Einsatz bestimmter Materialien wie die unterschiedlichen Blattmetall- und Farbqualitäten sowie des Bindemittels ist für die Malereitechnologie jener Zeit sehr aufschlußreich. Ebenso wie die ältere Malerei bereits nach 35 Jahren erneuert werden mußte (auf der um 1525 entstandenen Stadtansicht ist sie bereits nicht mehr abgebildet), haben die in Öltechnik gemalten Bilder offenbar auch nicht lange gehalten.

Damit relativieren sich die vielfach übertriebenen Vorstellungen von der handwerklichen Qualität und Haltbarkeit mittelalterlicher Erzeugnisse. Im Falle der Turmhelmbemalung waren für deren Erhaltung technologie- und witterungsbedingt zeitliche Grenzen gesetzt. So verwundert es nicht, wenn im allgemeinen von Architekturbemalungen, wozu die weit sichtbaren Dachflächen insbesondere von Repräsentationsbauten geradezu verlockten, so gut wie keine Originalzeugnisse erhalten geblieben sind. Und die archivalischen Hinweise vermitteln darüber in der Regel nur ein ungefähres Bild. Dennoch belegen eine Anzahl von Abbildungen auf mittelalterlichen Miniaturen und Gemälden dokumentarisch die dekorative oder künstlerische Gestaltung der Dächer sowohl mit Holzschindeln, Dachsteinen (Schiefer), Blei- oder Kupferplatten.[16]

Von den genannten Materialien versprechen nur Natursteine oder keramische Dachziegel und bedingt Kupferplatten eine längere Haltbarkeit. Dekorativ verzierte Dächer generell erneuert, zum Beispiel auf dem Stephansdom in Wien, auf Pfarrkirchen und Turmhelmen in Bozen, Terlan, Trient, Basel, Baden, Genf, Lausanne, Neuchâtel, Colmar, Schwäbisch Gmünd und anderen Orten. Zahlreiche Gemälde oder Zeichnungen belegen augenfällig die Vorliebe für solche längst verlorenen Gestaltungen. Motive ihrer Musterungen sind Bänder, zickzackförmige Reihungen, Rauten, Schachbrettmuster bzw. ungeordnete Farbzusammenstellungen bis hin zu den das Material wertmäßig veredelnden Farben (z. B. Innsbruck, „Goldenes Dachl" um 1500, in vergoldetem Kupfer).[17] Seit dem späten Mittelalter treten dann heraldische Motive auf farbig glasierten Ziegeln oder als Dachmusterungen hinzu. Vergoldete oder farbige Firstkämme, Krabben, Gratmotive und Türmchen ergänzen die polychrome oder vergoldete Dachgestaltung.[18] Während Ziegel- oder Schieferdächer technikbedingt nur ein grob

---

16) Folgende Beispiele mögen darauf verweisen: Lucas Moser, Magdalenenaltar, um 1431 in Tiefenbronn: Das an eine rote Mauer angefügte Dach ist mit rot- und graugefärbten (Schiefer)platten zu Rhombenmustern verlegt. – Pacher-Werkstatt, Martyrium des Hl. Laurentius, letztes Viertel 15. Jh. in München, Pinakothek: Über einer grüngestrichenen Arkadenfassade mit Zinnenabschluß ist das Dach im Zickzackmuster durch die Farbabfolge rot, gelblich-weiß, braun, blau, rot, gelblich-weiß gestaltet; auf dem First dann ein vergoldeter Knauf mit heraldisch verzierter Wetterfahne. – Albrecht Dürer gibt akribisch genau in seinen Aquarellen farbige Dächer und Turmhelme wieder („Der Trockensteg am Hallertor", Dach mit Rautenmuster und Vierpässen; „Der Hof der Burg zu Innsbruck A", Vorderer linker Treppenturm mit schwarz-weiß-gestreiften Graten und grünem Turmhelm).

17) Hermann Phleps, Farbige Architektur bei den Römern und im Mittelalter. Berlin 1929, S. 108–113.

18) Phleps, Farbige Architektur (wie Anm. 17) S. 112. L. von Fisenne, Die polychrome Ausstattung der Außenfassaden mittelalterlicher Bauten. In: Zeitschrift für christliche Kunst. 1890, Sp. 68. Nach den Ausführungen von Fisenne (Sp. 73) soll die an der Kathedrale von Angers um 1540 anstelle

gezeichnetes Mosaik oder Retikulat ermöglichten, gestattete das in Blei-, Zinn- oder Kupferplatten ausgeführte Metalldach vielfältigere Möglichkeiten in der Verzierung, allerdings mit dem Nachteil der rascheren Zerstörung.

So konnte man bei Bleidächern die Musterung durch Vergoldung, Dunkelbeizung, Schwärzung – bekannt vom spätgotischen vergoldeten Dachreiter der Kölner Ratskapelle – oder Asphaltüberzüge – wie auf der bleigedeckten Kuppel von St. Gereon in Köln – ferner auch als Verzinnung ausführen.[19] Zum Beispiel überzogen die Bleidächer auf den Westtürmen der Liebfrauenkirche Halberstadt im 12. Jahrhundert figürliche Darstellungen mit vergoldeten Umrißlinien, und an der südöstlichen Helmfläche des Südostturmes soll sich eine durch aufgelegte Metallstreifen gekennzeichnete große Rittergestalt befunden haben.[20] Bis vor kurzem existierten noch Reste der Bleideckung u. a. mit gemalten krabbenartigen Formen, die noch aus dem 11./12. Jahrhundert stammen sollen.

Nach Violet-le-Duc trug die Kirche Notre-Dame zu Châlons-sur-Marne ein Bleidach mit eingravierten Ornamenten und Figuren, wobei die Flächen innerhalb der mit einer schwarzen Masse gefüllten vertieften Linierungen durch Bemalung und Vergoldung abgehoben wurden.[21] Auch die Kathedrale von Paris soll ein mit brillianten Farben und Vergoldung geschmücktes Dach besessen haben, wozu noch glasierte Pfannen und Glastafeln kamen, deren Unterlage mit Gold und Zinn belegt war. Solcherart Dächer müssen in ihrer Wirkung dem eines monumentalisierten Niello entsprochen haben. Oder sollten außer den dem Mittelalter entsprechenden komplexen Architekturgestaltungen noch andere – etwa ikonographische – Beweggründe zu solchen Bildprogrammen der Anlaß gewesen sein, wie dies für die Hohe Domkirche in Köln überliefert ist?

Wie im Falle der Erfurter Türmemalerei können einige Gemälde mit der Legende der Heiligen Ursula im Wallraf-Richartz-Museum Köln als zeitgetreue Darstellungen der

---

des abgebrannten Turmes errichtete Kuppel mit Blei gedeckt und in Blau und Gold behandelt worden, ebenfalls der Dachreiter mit Blei bedeckt und mit goldenen Lilien bemalt gewesen sein (womit entweder auf die Heraldik der französischen Könige Bezug genommen wurde oder aber die Lilien als Mariensymbolik zu deuten sind). Der Maler Roland Lagout hatte bereits im Jahre 1537 die Bleideckung der Laterne mit nicht überlieferten Motiven farbig verziert, 1540 bemalte er noch die Leiste und die Köpfe unterhalb der Laterne. Die Inschrift des Frieses soll gelautet haben: DA PACEM DOMINE IN DIEBUS NOSTRIS ET DISSIPA GENTES QUI BELLA VOLUNT. Ähnlich wie in Erfurt war das Kupferdach der St. Martins-Kapelle des Straßburger Münsters bemalt, allerdings nicht figürlich, sondern neben den rot angestrichenen Flächen säumte man Firste und Grate mit schwarz-gelben Friesen, vergoldete die Knöpfe der Walme und Dachfenster und bemalte deren Seitenflächen mit Fischblasen als illusionistisches Maßwerk.

19) Von Fisenne, Polychrome Ausstattung (wie Anm. 18) Sp. 68; Phleps, Farbige Architektur (wie Anm. 17) S. 111: Ludwig Arntz, Bleideckung und ihr Schmuck mit Beispielen Kölner Arbeit. In: Zeitschrift für christliche Kunst 31 (1918) S. 6f., Abb. 4 und 5.

20) Friedrich G. H. Lucanus, Die Liebfrauenkirche zu Halberstadt. Halberstadt 1849. Phleps, Farbige Architektur (wie Anm. 17) S. 112.

21) Von Fisenne, Polychrome Ausstattung (wie Anm. 18) Sp. 68. Phleps, Farbige Architektur (wie Anm. 17) S. 112.

Dachgestaltung herangezogen werden. Ein um 1411 datiertes Bild vom Meister der kleinen Passion gibt den Hohen Chor mit vergoldetem Dachreiter und Kreuz über dem Chorhaupt wieder.[22] Aus der Werkstatt eines Kölner Meisters zwischen 1450 und 1460 stammt eine Bildfolge, von denen zwei Gemälde mit großer Genauigkeit die Stadtsilhouette mit der Kölner Domkirche zeigen (Abb. 32).[23] Über bläulichem Schiefer- oder Kupferdach erhebt sich der Dachreiter mit vergoldeter Spitze und Kreuz (welches in jüngster Zeit gerade wieder eine Blattgoldauflage erhalten hat). Am Westgiebel ist ein sechsstrahliger Stern zu sehen. Nach älteren Nachrichten soll die Abdeckung des Daches mit Bleiplatten erfolgt sein, die mit flacher Zinnlötung, mit vielfach vergoldeten Zieraten und großen Buchstaben, welche Verse auf die Heiligen Drei Könige bildeten, damasziert gewesen sind.[24] Dazu waren die reich durchbrochenen Dachkämme mit Gold und Farben geschmückt. So wie der Hohe Chor der Kölner Domkirche mit dem in Gold und anderem Zierat betonten Dach über der gotischen Fassadenarchitektur muten auch andere Kirchen in ihrer Außengestalt wie monumentale Schreingehäuse an. In Köln könnte der gemalte Stern zusammen mit dem Schrifttext ikonografische Bedeutung gehabt haben, nämlich mit deutlichem Bezug auf die im Inneren aufbewahrten Reliquien und das Patrozinium der Heiligen Drei Könige. – Violet-le-Duc verwies bereits im Zusammenhang mit polychromierten Kirchenfassaden und deren colorierten Dachgestaltungen auf eine der Goldschmiede- und Emaillearbeit ähnliche Behandlung.[25]

Im Falle des Erfurter Domes könnte mit der Turmhelmbemalung eine Anknüpfung an die ältere, traditionelle Verehrung der Patrone erfolgt sein. Bereits in der Mitte des 12. Jahrhunderts war im Inneren des Nordturms als Andachtsstätte und Kultraum eine Kapelle eingerichtet worden, wo in einem Stuckretabel die Muttergottes in Begleitung zweier Bischöfe (vermutlich handelt es sich um die Heiligen Adelarius und Eoban) im Zusammenspiel mit lichtmystischen Phänomen erschien und verehrt wurde. Ende des 15. Jahrhunderts wurden die Hauptpatrone an den Türmen gegen Osten in monumentaler Weise vergegenwärtigt. Bei der Abrechnung über das Zwischgold wird ausdrücklich dessen Verwendung auch „zu den Jahreszahlen" genannt, möglicherweise gehörten auch noch ergänzende Schrifttexte dazu.

Ähnlich wie für den Kölner Domchor vermutet, entstand demnach auch in Erfurt eine neue Art Sichtbezug oder Schaustellung, sicherlich auch mit agitatorischem Aspekt, und möglicherweise auch als Hinweis auf die im Inneren aufbewahrten

22) Frank Günter Zehnder, Katalog der Altkölner Malerei. Köln 1990, S. 340–343. Farb. Abb. in Hugo Borger/Frank Günter Zehnder, Köln – Die Stadt als Kunstwerk. Köln 1982, Abb. S. 68.

23) Zehnder, Kölner Malerei (wie Anm. 23) S. 200–208; farb. Abb. in Borger/Zehnder, Köln (wie Anm. 23) S. 73.

24) von Fisenne, Polychrome Ausstattung (wie Anm. 18) Sp. 68.

25) von Fisenne, Polychrome Ausstattung (wie Anm. 18) Sp. 68. Für wichtige Hinweise dankt Vf. Herrn Dombaumeister Arnold Wolff.

Reliquien.[26] Vielleicht eine Art monumentalisierte Schreinarchitektur, der die schlanken Turmhelme mit dem polychromen und vergoldeten Figurenschmuck eine zusätzliche Betonung und Wirkung verliehen. Die Malerei muß besonders eindrucksvoll aus der unmittelbaren Nähe von der Platzfront vor dem Domhügel gewirkt haben. Diesem Platz in seiner architektonischen Gestaltung zusammen mit der aufwendigen Stufenanlage kam nicht zuletzt die suggestive Funktion zu, die Gläubigen über die Stufen empor zum Triangelportal und in das Gotteshaus zu führen. Dessen äußere Gestalt, geprägt durch den Hohen Chor und die Dreierturmgruppe, die sich in St. Sever nochmals wiederholte, machte die vielgepriesene Krone des mittelalterlichen *Erfordia turrita* aus.

26) Roland Möller, Das Stuckretabel im Dom zu Erfurt. In: Beiträge zur Erhaltung von Kunstwerken 3 (1987) S. 10–18, Anm. 30–34.

HELGA HOFFMANN

# Der Meister der Crispinuslegende ist der Monogrammist DH

## *Neue Erkenntnisse zur Wirksamkeit des Malers in Thüringen in der ersten Hälfte des 16. Jahrhunderts*

Die thüringische Malerei und Bildschnitzerei ist in den ersten Jahrzehnten des 16. Jahrhunderts noch weitgehend in die Herstellung von Altarretabeln integriert. Ihre Zentren sind Saalfeld und Erfurt. Wenngleich sich in Erfurt die Künste qualitativ nicht mehr mit den Traditionen des 14. und 15. Jahrhunderts messen können, so kann man rein quantitativ durchaus zunächst von einer Blüte sprechen: selbst viele kleine Dorfkirchen leisten sich nun ein mehr oder weniger aufwendiges Altarretabel. Mit der Durchsetzung der Reformation in den thüringischen Gebieten seit ca. 1525 aber gehen die Aufträge an Schnitzer und Maler rapide zurück. Nicht zufällig lassen sich datierte Altäre noch für die Jahre 1517, 1518 und 1519 nachweisen, nicht aber mehr für die zwanziger Jahre. Den fast ausnahmslos anonymen Künstlern war damit die Lebensgrundlage weitgehend entzogen, und wir wissen nichts oder nur wenig über ihr weiteres Schicksal.

Nur die Stadt Erfurt selbst, in der sich für einige Jahrzehnte neben den protestantischen Kräften altkirchlich gesonnene Kreise um das Marien- und das Severistift sowie um die Universität behaupten konnten, bot einigen Künstlern Überlebenschancen, wie im folgenden am Beispiel des Meisters der Crispinuslegende gezeigt werden soll.

Erst vor einigen Jahren konnte I. Lübbeke das bis dahin schmale und umstrittene Werk dieses Malers, der zuletzt dem salzburgischen Kunstkreis zugerechnet worden war, durch überzeugende Zuschreibungen erweitern und vor allem in den thüringischen Raum lokalisieren.[1] Es erwies sich, daß der nach einem Altarflügel mit den Darstellungen der Heiligen Crispinus und Crispinianus in der Schusterwerkstatt auf der Außenseite und den Heiligen Achatius, Christophorus und Leonhard auf der Innenseite benannte Maler aus Süddeutschland gekommen sein muß, in Erfurt ansässig wurde und damit den auch für Sachsen beobachteten Einfluß der Kunst der Donauschule nach Thüringen trug.[2] Hier konnten ihm seine Hauptwerke nachgewiesen werden: die Flügelmalereien der großen Doppelflügelaltäre in Molschleben (1518) und aus Großengottern, die Flügelgemälde eines ehemaligen Altares in Großmölsen und vor allem

1) Isolde Lübbeke, Der Meister der Crispinuslegende – der Maler einer thüringischen Altarwerkstatt. In: Zeitschrift des Deutschen Vereins für Kunstwissenschaft 38 (1984) S. 14–46.

2) Hannelore Sachs, Donauländische Einflüsse in der sächsischen Kunst der Spätgotik. In: Forschungen und Berichte 9 (1967) S. 19–27.

diejenigen eines von I. Lübbeke rekonstruierten, großen doppelflügeligen Marienkrönungsaltares, der, wie anschließend nachgewiesen wurde, aus der Peterskirche in Straußfurt stammt.[3] Auch zwei in Budapest aufbewahrte Flügel, die je einen heiligen Bischof zeigen, gehörten zu einem thüringischen Altar. Dazu kommen vier, heute einzelne, Tafeln im Germanischen Nationalmuseum Nürnberg mit je einem stehenden Heiligen, ehemals Innen- und Außenseiten zweier Altarflügel, sowie ein ebenfalls auseinandergesägter Altarflügel im Museum der Stadt Regensburg mit den Darstellungen der Heimsuchung und der Anbetung der Könige. Weiterhin ordnete I. Lübbeke noch einen Jacobus-Altar aus Großengottern sowie ein Tafelgemälde mit der Anbetung der Könige im Schloßmuseum Weimar dem Werkkomplex zu.

Durch seine künstlerischen Eigenheiten setzt sich der Maler von der in Thüringen üblichen Altarmalerei der Zeit deutlich ab: Er bevorzugt Kompositionen aus relativ monumentalen Figuren, die in einer Vordergrundbühne lebendig agieren. Ihre wie „gebremst" wirkenden Bewegungen sind weniger von organisch-plastischer Körperauffassung getragen, als vielmehr durch schwungvoll drapierte Gewänder mit dünnen Parallelfaltenbündeln suggeriert. Die Figuren bezeichnen den nötigen Handlungsraum, so daß architektonische Details wie angeschnittene Wände, Bögen oder Pfeiler, auch Bäume, nur sparsam, figurenbetonend und in bildgliedernder Funktion eingesetzt sind. Eine typische „Donaulandschaft" mit burgbekrönten oder schneebedeckten Bergen bildet ohne Vermittlung eines ausgeprägten Mittelgrundes zuweilen den Hintergrund. Die Farbigkeit ist, zumindest bei den Flügelinnenseiten, bestimmt durch kräftige, leuchtende Rot-, Gelb-, Grün- und Blautöne, auch Weiß, vor zurückhaltenderen Grün- und Brauntönen im Hintergrund. Besonders signifikant sind der Wechsel von Licht- und Schattenpartien, die Lichter auf den Faltenstegen und die mit weißem Kontur aufgehellten Gewandsäume. Die geschnitzten Teile dieser Altäre stammen entweder aus der Werkstatt des sogenannten Großenlupnitzer Meisters oder des ebenfalls in der süddeutschen Kunst wurzelnden Meisters der Anbetung der Könige.[4]

Das einzige datierte Werk ist der Altar in Molschleben von 1518. Eine stilistische Entwicklung innerhalb des neu zusammengestellten Œuvres und dessen zeitliche

---

3) Rainer Wendler, Zur Provenienz eines Marienaltares – Ergebnisse einer Restaurierung. In: Forschungen und Berichte 26 (1987) S. 97–102.

4) Zur Werkstatt des Meisters des Großenlupnitzer Altares vgl. Margarete Riemschneider-Hoerner, Thüringer Altarwerkstätten der Spätgotik. Masch.-Manuskript o. J. (um 1930), S. 237–254; das dort zusammengestellte, sehr umfangreiche Œuvre bedarf der Differenzierung. – Zur Werkstatt des Meisters der Anbetung der Könige vgl. erstmals Alfred Overmann, Die älteren Kunstdenkmäler der Plastik, der Malerei und des Kunstgewerbes der Stadt Erfurt. Erfurt 1911, Nr. 197–199, 201, 202; danach Riemschneider-Hoerner, Altarwerkstätten, S. 263–268, 271, 272; Thieme-Becker, Bd. 37, S. 92f.; Fritz Kämpfer/Günter u. Klaus Beyer, Mittelalterliche Bildwerke aus Thüringer Dorfkirchen. Dresden 1955, S. 24; Lübbeke, Meister (wie Anm. 1) S. 36–38, 45. Da der Meister der Crispinuslegende gleichzeitig für beide Schnitzer tätig war, wird man schließen müssen, daß Maler- und Schnitzerwerkstätten in Thüringen getrennt arbeiteten. Dies bestätigt sich auch im Falle des Schnitzers des Meckfelder Altares und seiner Maler. Eine gemeinsame Werkstatt nimmt hingegen an Lübbeke, Meister (wie Anm. 1) S. 30, 32, 45 und passim.

Abfolge war nicht erkennbar. Eine pauschale Eingrenzung ließ sich nur in den Zeitraum von ca. 1513, dem Erscheinungsjahr von Albrecht Altdorfers Holzschnittfolge „Sündenfall und Erlösung des Menschengeschlechts", die der Maler ebenso als Vorlage benutzte wie Holzschnitte Dürers, bis ca. 1525, da mit dem Rückgang der Aufträge für Altarretabel zu rechnen ist, vornehmen. Im folgenden sollen weitere Zuschreibungen, auch Präzisierungen, vorgenommen werden, durch die der zeitliche Rahmen des Wirkens des Meisters der Crispinuslegende in Thüringen erweitert und seine künstlerische Persönlichkeit genauer akzentuiert werden kann.

## *Altargemälde um 1520*

Zunächst sind die Gemälde des Altares in der St. Georgskirche in Mühlhausen unschwer als Werke des Meisters der Crispinuslegende zu erkennen.[5] Der Aufbau der geschnitzten Teile ist der aus zahlreichen Beispielen der Werkstatt des Großenlupnitzer Meisters bekannte:[6] Eine mittlere Marienkrönungsgruppe wird flankiert von Johannes Ev. links und Bartholomäus rechts; in den Flügeln stehen hier je zwei Heilige, links Barbara und Christophorus, rechts Katharina und Wolfgang. Aus der Serienproduktion der betriebsamen Werkstatt resultiert die Übereinstimmung der Marienkrönungsgruppe mit der entsprechenden der Altäre aus Straußfurt, in der Marienkirche Mühlhausen und in Bellstedt; der Wolfgang ist ein Gegenstück zum Straußfurter Petrus, der Christophorus gleicht dem Christophorus im linken Flügel des Altars aus Schönau vor dem Walde (Schloßmuseum Gotha), auch dem des Altares in Molschleben.[7] Nur sind beim Altar der Georgskirche die Figuren steifer, die Gesichter, besonders die der weiblichen Heiligen mit den schlitzförmigen Augen, typisierter, der Faltenstil ist trocken und formelhaft. Mit aufwendigem, teils gemaltem plastischen Zierat sind die Gewandsäume bedeckt, bei Christus, Gottvater und Bartholomäus enthalten sie Inschriften.

Weit lebendiger sind die gemalten Flügelaußenseiten, die die Heiligen Apollonia und Rochus links und die Gregorsmesse rechts zeigen (Abb. 33, 34). Letztere ist von A. Dürers Holzschnitt gleichen Themas, 1511, abzuleiten.[8] Von diesem hat der Maler die diagonale Gesamtkomposition übernommen mit den beiden knieenden Hauptfigu-

---

5) H: 146 cm, Flügelbreite: 75,5 cm. Die Schleierbretter sind größtenteils erneuert, die Fassungen übermalt. Lit.: Beschreibende Darstellung der älteren Bau- und Kunstdenkmäler der Provinz Sachsen. IV: Kreis Mühlhausen. Halle 1881, S. 100; Ernst Badstübner, Das alte Mühlhausen. Kunstgeschichte einer mittelalterlichen Stadt. Leipzig 1989, S. 175, Abb. 83; vgl. auch Lübbeke, Meister (wie Anm. 1) S. 45, Anm. 133.

6) Vgl. Riemschneider-Hoerner, Altarwerkstätten (wie Anm. 4) S. 253; danach Margarete Brodmann, Meister Peter von Mainz. Eine Erfurter Malerwerkstatt vom Anfang des 16. Jahrhunderts. Jena 1935, S. 38.

7) Vgl. Lübbeke, Meister (wie Anm. 1) Abb. 16, 21, 19, 22.

8) B. 123 (= Adam Bartsch, Le peintre-graveur. Vol. 1–21. Vienne 1803–1821). Vgl. Brodmann, Peter von Mainz (wie Anm. 6) S. 42 f.

ren vorn und der auf dem Altar erscheinenden, von den *arma* umgebenen Figur Christi, insbesondere aber Haltung und Gestik des hl. Gregor und die Gebärde des Diakons rechts, der mit hoch erhobenem, über den Kopf geführtem Arm das Weihrauchgefäß hält und es mit der anderen Hand von unten stützt, schließlich auch Details wie die beiden Altarleuchter. Anders aber als Dürer, auf dessen Blatt der Raum nicht konkret bestimmbar ist, verlegt der Crispinus-Meister die Szene in einen Innenraum, der aufs sparsamste ausschnitthaft angegeben ist und der von dem Stufenaltar in der Breite völlig ausgefüllt wird. Aus der diagonalen Verspannung bei Dürer ist hier ein Übereinander geworden (was freilich auch auf das schmale Hochformat des Flügels zurückzuführen ist); die Vorderfläche des Altars überragt die Knieenden vorn derart, daß ihnen der Blick auf die Erscheinung des Schmerzensmannes eigentlich verstellt ist. Gleichwohl verleihen die schwungvolle Linienführung der Figuren, ihre gedrängte Anordnung im Vordergrund, die vehemente Bewegung des Diakons mit dem Weihrauchgefäß, der, vom Rahmen angeschnitten, durch die schmale Rundbogenöffnung den Raum eilends zu betreten scheint, und die Aufwärtsentwicklung der Komposition der Szene viel Lebendigkeit und Glaubwürdigkeit. Um einigermaßen eine Einheit mit diesem szenischen Bild herzustellen, ist auf dem linken Flügel hinter Rochus und Apollonia eine Raumecke angedeutet. Ähnliche ausschnitthaft angegebene Räume finden sich in einigen Mariendarstellungen des Straußfurter Altares, z. B. Beschneidung und Darbringung im Tempel.

Darüber hinaus sind die künstlerischen Kennzeichen des Crispinus-Meisters ebenso deutlich an den Figurentypen, der Linienführung ihrer Gestaltumrisse und ihrer Binnengliederung, am Gewandstil mit den schmalen, durch Lichter betonten Parallelfalten und den aufgehellten Saumkonturen, auch an Einzelheiten wie den ringförmigen „zerfransten" Nimben. Die hier zurückhaltende Farbigkeit, die bestimmt ist von Moosgrün, Ocker, Braun und Weiß sowie sehr sparsam verwendetem, teils durch Weiß aufgehelltem Blau und Rot, entspricht derjenigen der Flügelaußenseiten mit den Nothelfern vom Straußfurter Altar.[9] Überhaupt stehen die beiden Gemälde denjenigen der Altäre aus Straußfurt und in Molschleben besonders nahe – man vergleiche nur den Mühlhäuser Rochus mit dem Rochus auf der Predella des Molschlebener Altares[10] oder die Apollonia mit der Barbara von der rechten Flügelaußenseite des Straußfurter Altares.

Gerade Figuren wie diese haben, ausgehend von M. Brodmann, den Gedanken an eine stilistische Nähe zu L. Cranach d. Ä. angeregt,[11] ja sogar zu der ganz abwegigen

9) Farbabb.: Kunst der Reformationszeit. Katalog zur Ausstellung in den Staatlichen Museen zu Berlin 26. 8.–13. 11. 1983. Berlin 1983, S. 94 f., Kat.-Nr. B 1.

10) Lübbeke, Meister (wie Anm. 1) Abb. 22.

11) Brodmann (Peter von Mainz [wie Anm. 6] S. 39, 42, 45) schreibt die Flügel der Werkstatt des Peter von Mainz zu und innerhalb dieser zwei verschiedenen Gruppen; den mit der Gregorsmesse ordnet sie (zusammen mit den Gemälden der Flügel aus Schönau vor dem Walde [Schloßmuseum Gotha] und denen des Altares in Bellstedt) einer mehr von Dürer beeinflußten, den mit Rochus und Apollonia (zusammen mit den Gemälden in Molschleben und Pferdingsleben) einer mehr zu Cranach

Zuschreibung der Gemälde an die Werkstatt L. Cranachs d. Ä. geführt.[12] Mögen in der Tat dem Crispinus-Meister graphische Blätter Cranachs wie z. B. die Holzschnitte mit der hl. Barbara und der hl. Katharina von 1519[13] bekannt gewesen sein, so beschränkt sich die Anregung auf Äußerlichkeiten wie die modische Kleidung mit dem gefältelten Hemd unter dem taillierten Kleid mit den gepufften Ärmeln und eventuell auf Motive des Figurentyps wie die abfallende Schulterpartie. Insgesamt aber ist die Figurenauffassung des Crispinus-Meisters dem spätgotischen Ideal weit mehr verhaftet als die Cranachs.

Da die Herkunft des Retabels bis jetzt unbekannt ist, läßt sich seine Entstehung nicht zwingend mit der sogleich nach den Vorgängen in Mühlhausen 1525 einsetzenden Rekatholisierung in Verbindung bringen.[14] Die Ikonographie des Altars deutet darauf hin, daß er ursprünglich nicht in der Georgskirche stand; eher ist anzunehmen, daß er später entweder aus einer anderen Kirche Mühlhausens in die Georgskirche versetzt oder gar aus einem Ort außerhalb Mühlhausens in die durch die Bilderstürme ihrer Kirchenausstattungen beraubten Stadt gebracht worden ist.[15] Die stilistische Nähe der Tafeln zu den Malereien der Altäre in Straußfurt, in Molschleben und auch den Bischofs-Tafeln in Budapest macht eine zeitliche Einordnung um 1520 oder die Jahre danach am wahrscheinlichsten.

Die zuletzt genannten beiden Tafeln in Budapest sind genauer, als bisher angenommen, zu bestimmen. Die beiden dargestellten Bischöfe sind weder als Adolar und Eoban[16] noch ist der der rechten Tafel als Jacobus minor[17] zu identifizieren, der nicht Bischof war und folglich nicht als solcher dargestellt wird. Bei dem der linken

---

tendierenden Gruppe zu, wobei sie dieses Gemälde der gleichen Hand wie die Bellstedter Gemälde zuweist. Stilistische Nähe zu Cranach sieht auch Badstübner (Mühlhausen [wie Anm. 5]). – Über das Verhältnis des Meisters der Crispinuslegende zu Peter von Mainz vgl. Lübbeke, Meister (wie Anm. 1) S. 43 ff.

12) Gerhard Günther/Winfried Korf, Mühlhausen. Leipzig 1986, S. 107 f., Abb. 63 (Gregorsmesse).

13) B. 69, 71 (wie Anm. 8). – Lucas Cranach der Ältere. Das gesamte graphische Werk. Einl.: Johannes Jahn. Hg. Marianne Bernhard. Berlin 1972, S. 344, 345.

14) So Badstübner, Mühlhausen (wie Anm. 5).

15) Da den bevorzugten Platz rechts neben der Mittelgruppe, auf dem man den Titelheiligen der Kirche, St. Georg, erwartet, Johannes Ev. einnimmt, könnte man an die Johanniskirche in Mühlhausen als ehemaligen Standort denken, die 1571 (Badstübner, Mühlhausen [wie Anm. 5] S. 26) oder 1577 (Inv. Prov. Sachsen, Mühlhausen [wie Anm. 5] S. 95) abgebrochen wurde. Die Darstellungen des hl. Rochus, des Schutzheiligen gegen Pest und andere Seuchen, und der hl. Apollonia, der Schutzheiligen gegen Zahnleiden, würden zudem mit der Tatsache in Einklang stehen, daß die Johanniskirche auf dem Kirchhof des Antoniushospitals stand und zu diesem gehörte (ebd.). Da für diese Kirche 1343 neben dem Patrozinium Johannes Ev. auch das Johannes des Täufers genannt wird (außerdem das des hl. Jodocus), ließe sich allerdings auch der heute in der Marienkirche stehende Hauptaltar auf die Johanniskirche beziehen.

16) Lübbeke, Meister (wie Anm. 1) S. 14; dort Anm. 3 die ältere Literatur.

17) János Végh, Deutsche Tafelbilder des 16. Jahrhunderts. Budapest 1972, zu Tf. 22.

Tafel dürfte es sich um Wolfgang handeln,[18] bei dem der rechten dagegen um den heiligen Severus, Bischof von Ravenna. Der Wollbogen weist auf seine Herkunft als Wollweber, weshalb er auch als Patron dieser Handwerker verehrt wurde.[19] Wir gewinnen somit einen wichtigen Hinweis auf Erfurt als wahrscheinlichen Bestimmungsort der Tafeln, wo das Severistift, das die Reliquien des Heiligen besaß, das Zentrum seiner Verehrung war.[20]

### *Tafelgemälde aus dem dritten und vierten Jahrzehnt des 16. Jahrhunderts*

Von der weitgehend homogenen ersten Werkgruppe setzt sich eine weitere deutlich ab. Es handelt sich zunächst um eine Tafel mit der Darstellung der Himmelfahrt und Krönung Mariae (Abb. 58), eines der konvexen Pfeilerbilder im Dom zu Erfurt, das bisher der Werkstatt des Peter von Mainz zugeschrieben, neuerdings aber von E. Schubert zusammen mit dem im folgenden besprochenen Tafelbild mit Christus als Weltenrichter als von einem „anderen Meister" stammend angesehen worden ist.[21]

Das außerordentlich qualitätvolle Werk geht zurück auf Dürers Holzschnitt der „Krönung Mariae" von 1510 aus dem „Marienleben", erschienen 1511.[22] Wohl dem Wunsch der Stifter entsprechend, die in den unteren Ecken knieend dargestellt sind, hat der Maler die Komposition erweitert und zugleich bild-räumlich „vertieft": Hinter den Apostelgruppen rechts und links, die den in die Tiefe führenden Sarkophag umstehen, ragen mehrere hohe Bäume auf, die in Dürers Blatt nur ausschnitthaft im Hintergrund angedeutet sind; über ihnen befindet sich auf jeder Seite eine Propheten-Halbfigur, aus

18) Wie Anm. 17.

19) Joseph Braun, Tracht und Attribute der Heiligen in der deutschen Kunst. Stuttgart 1943, Sp. 656–658.

20) Edgar Lehmann/Ernst Schubert, Dom und Severikirche zu Erfurt. Leipzig 1988, S. 180. – Zur Zusammengehörigkeit der beiden Tafelgemälde mit einer weiteren gemalten Darstellung des hl. Nikolaus, einem Heimsuchungsrelief und vier geschnitzten Einzelfiguren (alle diese Teile verschollen) vgl. Lübbeke, Meister (wie Anm. 1) S. 30. Aus der Abbildung dieser Teile im Versteigerungskatalog der Sammlung Oskar Eisenmann/H. Schneider, Cassel 1906 bei M. Cramer, Nr. 406, Taf. XV ist m. E. ersichtlich, daß damals die gemeinsame Rahmung einschließlich der beiden, das mittlere Relief einfassenden abgetreppten Pfeilerchen größtenteils neu war. Daher muß man annehmen, daß es sich ursprünglich vermutlich um ein Altarretabel mit einem beweglichen Flügelpaar handelte, bei dem die beiden Bischöfe die Flügelaußenseiten bildeten. – Die Zuweisung der geschnitzten Teile an die Werkstatt des Meisters des Großenlupnitzer Altares erscheint fraglich. Insbesondere die dünnen, zum Teil eng anliegenden Gewänder der Maria und der Elisabeth mit den großen geblähten, aber starren Umschlägen sind mit dem Gewandstil des Reliefs der Geburt Christi und Anbetung der Könige in Udestedt vergleichbar (Kämpfer/Beyer, Bildwerke [wie Anm. 4] Abb. 108). Vielleicht stammen beide Werke von einem selbständigen, in der Werkstatt beschäftigten Schnitzer.

21) Overmann, Kunstdenkmäler (wie Anm. 4) Nr. 318. Die Kunstdenkmale der Provinz Sachsen. Die Stadt Erfurt. Bd. 1, Burg 1929, S. 276, Nr. 67; hier die Maße von Höhe und Breite vertauscht, die Tafel mißt ca. 180 x 172 cm; Brodmann, Peter von Mainz (wie Anm. 6) S. 10 ff.; Lehmann/Schubert, Dom (wie Anm. 20) S. 173.

22) B. 94 (wie Anm. 8). Vgl. Brodmann, Peter von Mainz (wie Anm. 6) S. 11.

einer Wolke ragend. Hinter dem Sarkophag dehnt sich eine flache Landschaft in die Tiefe mit einem Fluß, dessen Ufer von Gebäuden gesäumt und die in der Ferne durch blauweiße zerklüftete Berge abgeschlossen ist. Durch diese Erweiterungen ist die Himmelszone mit der Szene der Krönung Mariae durch Christus und Gottvater, die sich besonders stark an das graphische Vorbild anlehnt, weiter nach oben „entrückt". Zugleich ist auch Platz gewonnen für etliche Spruchbänder, die den Stiftern, Aposteln, Engeln, Propheten und der Krönungsgruppe selbst beigegeben sind und die Zitate zum Lobpreis der Jungfrau enthalten.[23]

Zunächst sind es die für den Meister der Crispinuslegende kennzeichnenden stilistischen Merkmale, die uns berechtigen, das Pfeilerbild in sein Werk einzureihen: Die Figurentypen, der großzügige Parallelfaltenstil der Gewänder mit den kräftigen Licht- und Schattenpartien sowie den charakteristischen kleinen Schlängelfalten und hellen Saumkonturen, die knappen Landschaftselemente, wie man sie auf den Tafeln in Molschleben, im Hintergrund der Geburtsszene des Straußfurter Altares und in einigen kleinen Szenen der Großmölsener Flügel, besonders Kreuzigung (Abb. 56) und Grablegung, findet. Dazu kommt die kräftige, leuchtende und lichte Farbigkeit: Rot und Grün in verschiedenen Abstufungen, Blau und Gelb, Rotviolett, Rosa sowie schließlich das Arbeiten nach einer graphischen Vorlage.

Vergleicht man das Gemälde jedoch mit den bisher betrachteten, so fallen besonders auf eine Beruhigung der sonst etwas hektischen Bewegungen der Figuren, ihre stärker organisch-plastische Auffassung und die stofflicheren, fülligeren Gewänder, deren sonst dünne, wie plissiert wirkende Parallelfaltenbahnen von weich gerundeteren abgelöst sind. Die Figur ist stärker zum Träger des Kleides geworden, als daß dessen graphischer und malerischer Eigenwert die Bewegung der Figur suggerierte. Auch spürt man ein ausgeprägteres Gefühl für die Einbindung der Figur in den Bildraum. Obwohl der Maler die Hauptfiguren Petrus rechts und Paulus links vorn sowie den sitzenden Apostel, der sich auf den Rand des Sarkophages stützt, ziemlich genau aus dem Dürerschen Holzschnitt übernommen hat und die bei Dürer sich in der Tiefe verlierenden übrigen Apostel wieder näher in eine Vordergrundzone rückt, gelingt es ihm, sie zu lebendigen Zweier- und Dreiergruppen zu arrangieren; im Gespräch aufeinander bezogen, ist ihre Haltung und Gestik durchaus vielfältig, frei und ungezwungen.

Ähnlich war die Zueinanderwendung einiger Apostel auf der Mitteltafel des 1508/09 von Albrecht Dürer und seiner Werkstatt ausgeführten Heller-Altares mit der Darstel-

23) Da sie im Inventar nicht korrekt und ohne Quellen wiedergegeben sind, seien sie hier aufgeführt: Stifter links: *Scio q(ue) redemptor me(us) vivit* (Hiob, 19, 25); Stifter rechts: *Parce michi d(omi)ne nih(il) eni(m) su(n)t dies* (vgl. Ps. 89 u. 90). Über den Aposteln rechts: *Ista est speciosa inter filias hic* (Hohesl. 5, 9). Über Paulus: *Astitit regina a dexteris tuis* Ps. 44, 10); Prophet rechts: *Benedicta es tu filia a d(omi)no* (Judith 13, 23); Prophet links: *Ista est pulcherri(m)a inter filia(s)* (Hohesl. 5, 9). Bei den Engeln oben rechts: *Egred(i)mi(ni) et videte filiam sion d(omi)ne* (vgl. Hohesl. 3, 11). Bei den Engeln oben links: *Que est ista q(uae) ascendit per desertu(m)* (Hohesl. 3, 6). Zwischen Christus und Gottvater: *Surge propera amica mea speciosa* (vgl. Hohesl. 2, 10 u. 13). Für Hilfe bei der Ermittlung der genauen Lesart und der Quellen danke ich Herrn Weihbischof Hans-Reinhard Koch, Erfurt.

lung der Himmelfahrt und Krönung Mariae, an die der Holzschnitt anknüpft.[24] Sollte sich daraus der Schluß ziehen lassen, daß der Maler der Erfurter Tafel dieses Malwerk Dürers kannte oder es vielleicht während seiner Entstehung in der Werkstatt Dürers gesehen hat? Auf seine mögliche „Schulung oder vorübergehende Tätigkeit im Fränkischen", in Nürnberg und/oder Bamberg, hat bereits I. Lübbeke hingewiesen.[25] Daß es sich trotz der aufgezeigten Abweichungen von seinen uns bisher bekannten stilistischen Eigenheiten um ein Werk des Meisters der Crispinuslegende handelt, erhellt zusätzlich aus der charakteristischen Unterzeichnung, die bei verschiedenen Werken des Malers häufig schon mit bloßem Auge erkennbar ist (Abb. 36, 37). Sie zeigt mit breitem Pinsel außerordentlich locker, vehement, großzügig und summarisch umrissene Konturen, kurze, gebogene, einzelne oder miteinander verbundene Striche zur Angabe der Haare, durchlaufende oder abbrechende Wellen- oder Bogenreihen oder haarnadelartige Kürzel zur Kennzeichnung von Faltenstaus an den Ärmeln, dazu breite Schattenbahnen wie z. B. an Kopf und Rücken des aufblickenden Petrus. Es ist der gleiche unverwechselbare Duktus wie ihn die Unterzeichnung der Budapester Bischöfe und auch die der Gemälde des Straußfurter Altares aufweist. Zum Vergleich kann in diesem Zusammenhang die einzige dem Meister der Crispinuslegende bisher zugeschriebene Zeichnung mit der Darstellung der heiligen Achatius, Christophorus und Cyriakus herangezogen werden (Abb. 38).[26] Wenngleich die unterschiedlichen Medien nur begrenzt vergleichbar sind, erscheinen doch wesentliche Merkmale sehr ähnlich: die großzügig skizzierten, durchgezogenen Faltenangaben, die kurzen Schlängel- und Wellenlinien der Ärmel, die häkchenartigen Angaben der Haare, die zuweilen spröden Konturen der Bärte, die breiten und großflächigen Schattenzonen, insgesamt der vehemente und sichere Duktus. Die Wahrscheinlichkeit der gleichen Autorschaft ist zumindest groß.

Was die zeitliche Einordnung der Marientafel im Dom angeht, so bietet zunächst nur das Jahr 1511 als Erscheinungsjahr von Dürers Marienleben einen *terminus post quem*. Ihrer entwickelteren Stilistik zufolge möchte man zu einer gegenüber den Altartafeln etwas späteren Datierung tendieren, also um oder nach 1525. Die Tafel selbst bietet Anhaltspunkte, aus denen sich indes keine zuverlässige zeitliche Bestimmung ableiten läßt. Sie ist die Stiftung zweier Domherren, die durch Talar, Chorhemd, Mozetta und Barett als solche gekennzeichnet sind, die rechts und links unten mit ihren Wappen und mit je einem Begleiter dargestellt sind. Derjenige links ist der berühmte Jurist Henning

24) 1729 in der Münchener Residenz verbrannt. Kopie von dem Frankfurter Maler Jobst Herrich, abgeb.: PETER STRIEDER, Dürer. Königstein 1981, Abb. 408. – Vgl. BRODMANN, Peter von Mainz (wie Anm. 6) S. 11 f.

25) LÜBBEKE, Meister (wie Anm. 1) S. 44 f.

26) Feder in Braun, grau laviert, auf rosa getöntem Papier, 143x99 mm, Staatliche Graphische Sammlung München, Inv.-Nr. 1966 : 33. Es handelt sich um eine Skizze zur Innenseite des in der Österreichischen Galerie Wien befindlichen Altarflügels mit der Darstellung der hl. Crispinus und Crispinianus auf der Außenseite (LÜBBEKE, Meister [wie Anm. 1] S. 17).

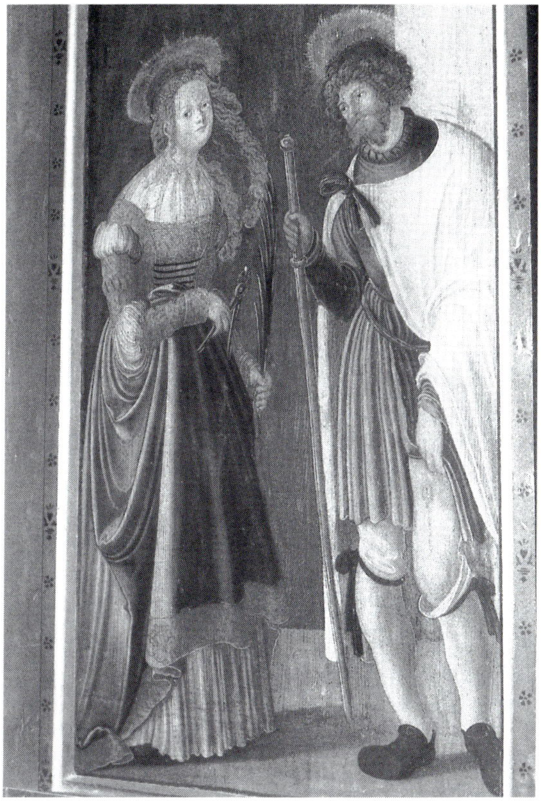

33 Die Heiligen Apollonia und Rochus. Außenseite des linken Flügels des Schnitzaltars in St. Georg, Mühlhausen

34 Die Messe des Heiligen Gregor. Außenseite des rechten Flügels des Schnitzaltars in St. Georg, Mühlhausen

35 Jakobus befreit den Knaben vom Galgen. Rechte Flügelaußenseite des Jakobus-Altars aus Großengottern (Zustand vor Restaurierung)

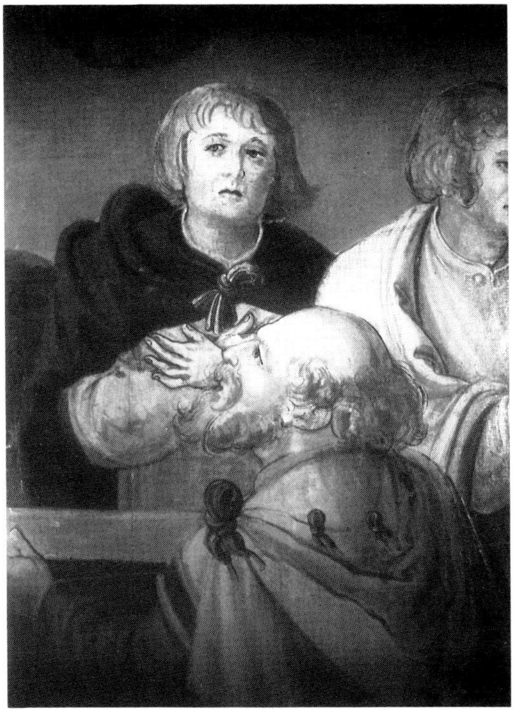

36 Himmelfahrt und Krönung Mariae. Detail: Köpfe der Apostel Petrus und Johannes (?)

37 Infrarot-Aufnahme

38 Die Heiligen Achatius, Christophorus und Cyriakus. Zeichnung (München, Staatliche Graphische Sammlung)

39 Erfurt. Dom St. Mariae, Christus als Weltenrichter

40 Christus als Weltenrichter.
Detail: Apostelgruppe mit Paulus und Petrus

41 Infrarot-Aufnahme

42 Matrikel der Erfurter Universität.
Maria mit dem Kinde zwischen Johannes dem Täufer und Andreas

43 Matrikel der Erfurter Universität.
Kreuzigung Christi mit Maria und Johannes

44 Matrikel der Erfurter Universität.
Christus am Ölberg

45 Matrikel der Erfurter Universität. Anbetung der Könige

46 Matrikel der Erfurter Universität. Der Rektor Cornelius Linden vor dem Kruzifixus kniend

47 Matrikel der Erfurter Universität. Geburt Christi und die Apostel Petrus und Paulus

48 Matrikel der Erfurter Universität. Maria mit dem Kinde zwischen zwei heiligen Bischöfen (Adolar und Eoban?)

49 Matrikel der Erfurter Universität. Auferstehung Christi

50 Matrikel der Erfurter Universität. Der Rektor Friedrich Burdian vor dem Kruzifixus kniend

51 Christus am Ölberg. Außenseite des linken Innenflügels des Marienkrönungsaltars aus Großengottern

52 Geißelung Christi. Außenseite des linken Innenflügels des Marienkrönungsaltars aus Großengottern

53 Dornenkrönung und Verspottung Christi. Außenseite des rechten Innenflügels des Marienkrönungsaltars aus Großengottern

54 Geburt Christi. Detail der Außenseite des rechten Flügels in Großmölsen

55 Anbetung der Könige. Detail der Außenseite des rechten Flügels in Großmölsen

56 Kreuzigung Christi. Detail der Außenseite des linken Flügels in Großmölsen

57 Anbetung der Könige. Ausschnitt: Kniender König (Infrarot-Aufnahme) (Kunstsammlungen zu Weimar)

58 Erfurt. Dom St. Mariae, Himmelfahrt und Krönung Mariae

Goede.[27] Sein Wappen, eine fünfblättrige rote Rose im halben goldenen Stern, findet sich auch auf seinem Bronze-Epitaph, das wenige Meter von dem Marien-Bild entfernt an der Langhaus-Nordwand des Domes angebracht ist. Aufgrund seines Wappens – im schräg rechts geteilten Feld oben auf rotem Grund ein goldener achtstrahliger Stern, unten auf goldenem Grund eine fünfblättrige rote Rose – ist der Stifter rechts als der Jurist und Kantor an St. Marien Matthias Meyer zu bestimmen.[28]

Beide Rechtsgelehrte und Kanoniker waren, u. a. als Parteigänger des sächsischen Kurfürsten, eng und freundschaftlich miteinander verbunden. Nach Henning Goedes Tod 1521 fungierte Meyer als Testamentsvollstrecker, und er gab auch das genannte Epitaph in der Vischer-Werkstatt in Nürnberg in Auftrag. Doch läßt sich aus dem Todesjahr Goedes m. E. nicht zwingend ein terminus ante quem für die Entstehung des Bildes ableiten. Matthias Meyer kann das Marienbild als eine Art Vermächtnis und gemeinsame Stiftung auch nach dem Tod Goedes in Auftrag gegeben haben. Ein terminus ante quem ist lediglich das Todesjahr Meyers 1530. Von den übrigen etwa gleichgroßen konvexen Pfeilerbildern im Dom, die zum Teil ebenfalls Stiftungen geistlicher Personen sind, ist das früheste 1506, das späteste 1534 datiert, zwei sind 1522 entstanden.[29] Auch in diesem Zusammenhang steht einer Datierung der Marien-Tafel in die späteren zwanziger Jahre nichts im Wege.[30]

Die gleiche Handschrift weist ein weiteres Tafelbild im Erfurter Dom auf, die segmentbogenförmige Darstellung des Christus als Weltenrichter, das sich an unauffälliger Stelle, über der östlichen Triangel-Tür, befindet[31] (Abb. 39). Es zeigt über einem dreiteiligen Wolkenband und vor gelbem, nach unten ins Orange übergehenden Himmel in der Mitte den Richter-Christus in dunkelrotem Mantel, auf dem Regenbogen thronend, die gläserne Weltkugel zu Füßen; Schwert und Lilie entfahren seitwärts seinem Kopfe. Links nähern sich betend heilige Frauen, angeführt von Maria in dunkelrotem Mantel und weißem Kopftuch, rechts die Apostel, vorn der wiederum dunkelrot gekleidete Paulus, hinter ihm Petrus in grünem Mantel. Über ihnen ist je ein

27) Zu ihm vgl. Josef Pilvousek, Die Prälaten des Kollegiatstiftes St. Marien zu Erfurt von 1400–1555. Leipzig 1988. S. 208 ff.

28) Ebd., S. 256 ff. – Die Bestimmung des Wappens erfolgte aufgrund des Vergleichs mit der Illumination in der Erfurter Universitätsmatrikel anläßlich des ersten Rektorates des Matthias Meyer, Sommersemester 1508 (W II, S. 243, Anm. 1).

29) Es handelt sich um weitere sieben Tafeln (vgl. Inv. Erfurt I [wie Anm. 21] S. 274 ff., Nr. 62–64, 66, 69–71; Lehmann/Schubert, Dom [wie Anm. 20] S. 173).

30) Brodmann (Peter von Mainz [wie Anm. 6] S. 11) erkannte, daß das Gemälde „stilistisch" „ein Spätwerk" sei aufgrund der „formale(n) Einheit" und datierte es daher, auch unter Berücksichtigung des Stifters Henning Goede, seines Wappens und seines Epitaphs von 1521 in dieses Jahr (ebd., S. 11, 46), dabei den zweiten Stifter und dessen Wappen nicht erwähnend.

31) Tempera/Holz, ca. 150 x 300 cm. Das Gemälde ist vor einigen Jahren im Institut für Denkmalpflege, Arbeitsstelle Erfurt, restauriert worden. Lit.: Inv. Erfurt I (wie Anm. 21) S. 282, Nr. 72, Abb. 223; Lehmann/Schubert, Dom (wie Anm. 20) S. 180.

posauneblasender Engel angeordnet. Geflügelte Engelköpfchen umgeben oben den himmlischen Richter, eines schließt die Szene unter der Weltkugel ab.[32]

Mit der klar gegliederten, sparsamen Komposition, dem Verzicht auf Details, dem Hell-Dunkel-Kontrast und der Beschränkung auf dunkles Rot, Blau und Grün hat sich der Maler geschickt dem ungünstigen Anbringungsort der Tafel anzupassen gewußt, ohne freilich eine monumentale Wirkung zu erzielen. Es ist kaum nötig, an den Figurentypen und dem Gewandstil die typischen Gestaltungsmerkmale des Meisters zu verifizieren. Verwiesen sei nur auf die Ähnlichkeit der Köpfe der Maria im Weltgericht mit dem der Anna aus der Sippendarstellung im Altar in Molschleben oder aus der Begegnung von Joachim und Anna unter der Goldenen Pforte auf dem Großmölsener Flügel,[33] der Petrus-Köpfe im Weltgericht und in der Himmelfahrt und Krönung Mariae oder den jugendlichen Kopftyp der Posaunenengel mit lockigem weichem „Bubikopf", wie er auf den Flügelaußenseiten des Straußfurter Altares für die Heiligen Veit und Pantaleon[34] verwendet ist oder in der Himmelfahrt und Krönung Mariae in dem jugendlichen Apostel hinter Petrus.

Auch der Duktus der hier besonders deutlich hervortretenden breiten Pinsel-Unterzeichnung mit den Schattenbahnen, nervösen Abbreviaturen und sicheren, formumreißenden Konturen ist unverkennbar der des Crispinus-Meisters (Abb. 40, 41). Bedingt durch das relativ große Format der Tafel und die größeren Dimensionen der Komposition insgesamt wie der Figuren im einzelnen ist sie hier noch freier und vehementer als sonst und hatte Pentimenti zur Folge wie z. B. bei der Ausführung des flatternden Posaunentuches.

Zur Datierung gibt es in diesem Falle keinerlei außerkünstlerische Anhaltspunkte. Einerseits ist der stilistische Zusammenhang mit der Marientafel ein ziemlich enger, doch bleibt andererseits diese, nun durch einen Gewinn an Räumlichkeit und Figurenvolumen modifizierte Stilistik des Malers bis in die vierziger Jahre weitgehend unverändert erhalten, wie noch zu zeigen sein wird; auch behält Dürers Graphik ihre Vorbildlichkeit: Die Gestalt des richtenden Christus dürfte sich auf die des thronenden Richter-Christus in Dürers Blatt des Jüngsten Gerichts aus der kleinen Holzschnitt-Passion von 1509/1510 zurückführen lassen.[35] So bleibt für die Entstehung der Tafel ein weiter Spielraum für die Jahre um oder nach 1525.[36]

32) Im Inventar fälschlich als Taube des hl. Geistes angegeben.

33) LÜBBEKE, Meister (wie Anm. 1) Abb. 23, 31.

34) Ebd., Abb. 15.

35) B. 52 (wie Anm. 8). – Die im Inventar konstatierte Ähnlichkeit mit dem „Jüngsten Gericht" des Lucas van Leyden, 1526/27 (Leyden, Stedelijk Museum) ist nur sehr allgemeiner Art; eine Kenntnis dieses Werkes durch den Crispinus-Meister kann man sicher nicht voraussetzen.

36) Auch das Inventar gibt als Entstehungszeit „1530/40" an. S. dazu unten S. 406f.

## *Die Illuminationen in der Erfurter Universitäts-Matrikel*

Wie die beiden Dom-Tafeln beweisen, hat offensichtlich auch der Crispinus-Meister nach der Einführung der Reformation sein Auskommen mittels anderer Aufträge suchen müssen und auch gefunden. Die respektable Qualität seiner Malerei, die Fähigkeit, fortgeschrittene Stilelemente aufzunehmen und zu integrieren, ohne doch den traditionellen ikonographischen Rahmen wie den stilistisch angestammten Boden der Kunst der Donau-Schule und des Dürer-Umkreises ganz zu verlassen, entsprach offenbar den Anschauungen führender Erfurter Kleriker und Gelehrter der Universität, die altkirchlich geblieben waren. So finden wir nun den Meister der Crispinuslegende überraschend mit einer neuen Aufgabe betraut: Über einen verhältnismäßig langen Zeitraum, für die Jahre von 1534 bis 1547, schuf er die Illuminationen in der Matrikel der Erfurter Universität zu den Rektoraten (Abb. 42–50).[37]

Diese Blätter sind einerseits besonders bedeutungsvoll durch ihre feststehende Datierung (wobei zu berücksichtigen ist, daß die Eintragungen und damit auch die jeweilige Illumination erst nach Ablauf des Rektorates, also gegebenenfalls im darauffolgenden Jahr, vorgenommen wurde, wie es im Falle des Rektorates des Henning Hopfe – s. Anhang Nr. 8 – durch die Datierung auf 1547 belegt ist), andererseits dadurch, daß sie alle mit dem ligierten Monogramm DH signiert sind, das stets innerhalb des Bildfeldes und zwar unten, meist seitlich, angebracht ist. Schon aufgrund dessen ist die Zusammengehörigkeit der Zeichnungen mehrmals erkannt, wenngleich ihre Qualität sehr unterschiedlich beurteilt worden ist und ohne daß ihre Verknüpfung mit anderen Werken einer in Thüringen tätigen Künstlerpersönlichkeit erfolgt wäre.[38] Auch bis jetzt ist es nicht möglich, die Initialen mit einem Künstlernamen zu verbinden (dies könnte nur das Ergebnis aufwendiger archivalischer Recherchen sein), so daß wir vorläufig im Meister der Crispinuslegende nur den Monogrammisten DH erkennen können.

Bei den Illuminationen handelt es sich meist um ganzseitige bildmäßige Darstellungen von herkömmlichen Szenen aus dem Leben Christi und Mariae, von einer Bordüre aus vegetabilem Renaissancedekor oder nur von einem einfachen Rahmen umgeben. Gewöhnlich unten ist das Wappen des Rektors zu sehen, zuweilen dieser selbst (Anhang Nr. 6, 9; Nr. 4). In einigen Fällen beginnt der Text mit einer Initiale. Zuerst fällt eines auf: Fast bis zum Schluß hält der Maler an den traditionellen ikonographischen Modellen und an der Verwendung graphischer Vorlagen, nun fast ausschließlich

---

37) StAE 1–1/X B XIII–42, Bd. 2 (1497–1599). – Die Darstellungen sind im Anhang aufgeführt und ausführlich beschrieben.

38) Overmann (Kunstdenkmäler [wie Anm. 4] Nr. 333, S. 326) sah in ihnen die „Hand eines nicht über den handwerklichen Durchschnitt sich erhebenden Meisters“; Ulrich und Kornelia Mittelstädt (Die Buchmalerei der Erfurter Universitätsmatrikel. Beschreibung und kunstgeschichtliche Einordnung der Illuminationen von 1392 bis 1530. Dipl.arbeit Päd. Hochschule Erfurt 1983, S. 154) beurteilen den Maler als einen „sehr qualitätvollen“. Vgl. Fritz Wiegand, Die Erfurter Studentenmatrikel – ein Beitrag zur Geschichte der Erfurter Buchbindekunst und Buchmalerei. In: Marginalien H. 17 (1964) S. 48.

von Albrecht Dürer, fest. Die „Anbetung“ des Blattes zu 1540 (Anhang Nr. 4) und die Geburtsszene desjenigen zu 1541 (Anhang Nr. 5) wiederholen die entsprechenden Szenen des Straußfurter Altares, die ihrerseits teilweise schon Motive Dürers aufnahmen.

Der Johannes in der „Kreuzigung“ des Blattes zu 1535 (Anhang Nr. 2) ist ziemlich genau übernommen aus Dürers Kupferstich der Kreuzigung von 1508.[39] Der Gestus dieses Johannes aber, der in Dürers Darstellung schmerzerfüllt-klagend die erhobenen Hände ringt, ist dem Maler DH zum harmlosen und eher anbetend wirkenden Armeerheben geraten. In der Gestalt des schlafend liegenden Petrus im Ölberg-Blatt zu 1538 (Anhang Nr. 3) ist vielleicht eine Reminiszenz an die Figur des Petrus auf Dürers Ölberg-Blatt aus der Kupferstich-Passion zu erkennen.[40] Selbst noch das vorletzte Blatt, die auf 1547 datierte „Auferstehung Christi“, geht auf den Kupferstich des gleichen Themas von 1512 aus Dürers Kupferstich-Passion zurück.[41]

Sowohl in den Kompositionen wie in Einzelheiten wird deutlich, daß sich in den Illuminationen die Stilmerkmale des Malers DH wiederholen; man vergleiche die Szenen der Geburt Christi und der Anbetung der Könige mit den entsprechenden des Straußfurter Altares und der Anbetung in Regensburg[42] oder die Maria der Kreuzigung des Blattes zu 1535 (Anhang Nr. 2) mit der Maria des Weltgerichts im Dom. Die Übereinstimmung in Figurentypen, Farbigkeit, Licht-Schatten-Verteilung, in den Lichtreflexen und der Konturierungsart sind evident. Besonders überzeugend läßt sich dies am Typ des Christus und Einzelheiten seiner Bildung aufzeigen wie er in der „Gregorsmesse“ des Mühlhäuser Gemäldes (Abb. 34) auftritt, in der Kreuzigung in Großmölsen (Abb. 56), in der Ecce-Homo-Darstellung und der Geißelungsszene des Großengotterner Marienkrönungsaltares (Abb. 52) und den Kreuzigungen der Matrikelblätter zu 1535 (Anhang Nr. 2), 1543 (Anhang Nr. 6) und 1547 (Anhang Nr. 9). Die Proportionen des Körpers und seine Modellierung und Konturierung, die stachlige Dornenkrone, die Faltung des Lendentuches und seine flatternden Zipfel, auch die stets verwendete Form des T-Kreuzes sind gleich. Schließlich gleicht die Figur des Bischofs (Adolar?), der im Matrikelblatt zu 1544 (Anhang Nr. 7) links neben der Madonna steht, dem Bischof Blasius im rechten Flügel des Straußfurter Altares, und das charakteristische eingeknickte, etwas unsichere Standmotiv des Budapester Severus taucht wieder auf beim Andreas des Matrikelblattes zu 1534 (Anhang Nr. 1).

Die Gewänder allerdings sind nun, selbst gegenüber der Dom-Tafel mit Himmelfahrt und Krönung Mariae, noch fülliger geworden; zuweilen schlingen sie sich wie bei dem Blatt zu 1534 mit der Madonna zwischen Johannes dem Täufer und Andreas (Anhang Nr. 1) in strudelnder Bewegung und mit wulstigen Falten in schon manirierter Weise um die Körper. Auch das Gefühl für das Einfügen der Figuren in den Raum und ihr

---

39) B. 24 (wie Anm. 8).
40) B. 4 (wie Anm. 8).
41) B. 17 (wie Anm. 8).
42) Lübbeke, Meister (wie Anm. 1) Abb. 10, 11, 6.

Verhältnis zueinander ist ein fortgeschritteneres geworden. Architekturen und Architekturelemente wie in der Geburts- und Anbetungsszene werden nun deutlicher raumbildend eingesetzt. Die Figuren werden maßstäblich kleiner, agieren zwar noch in einer Vordergrundzone, nun aber in aufgelockerter Anordnung und realer aufeinander bezogen, besonders eindringlich in der Art, wie die beiden Apostel Petrus und Paulus, die eigentlich als Standfiguren auf Renaissancesockeln vor die Szene postiert sind, in das Geschehen einbezogen werden und Josef sich jäh zu Petrus wendet.

Besonders deutlich zeigt sich dies beim Vergleich des Ölberg-Blattes zu 1538 (Anhang Nr. 3) mit der entsprechenden Szene des Großengotterner Altares (Abb. 51), sowohl kompositionell als auch in Details. Während aber im Altargemälde die Gestalt Christi zentraler und beherrschender erscheint, von den schlafenden Jüngern isoliert, indem sie etwas weiter nach hinten gerückt ist und den Horizont überragt, ist sie im Matrikelblatt den gleichmäßiger verteilten Figuren nur zugeordnet und nur noch durch Haltung und Geste hervorgehoben. Der Gewinn an Realität ist erkauft mit dem endgültigen Verlust an spätmittelalterlich-religiöser Überzeugungskraft. Deutlich wird dies in den beiden Blättern, die die vor dem Kruzifixus knieenden Rektoren Cornelius Linden (Anhang Nr. 6) und Friedrich Burdian (Anhang Nr. 9) zeigen. Obwohl die Inschriften noch ein traditionelles Verhältnis des Beters zum Gekreuzigten spiegeln, wird sowohl in dem Gewicht, das ihnen beigemessen wird, wie auch in der Gestaltung der Szene sichtbar, daß für das Individuum tradierte Glaubensinhalte nicht mehr unbezweifelbar gültig sind.[42a] Diese Züge mischen sich mit fast anekdotischen in der „Auferstehung", in der der von einem rauschenden roten Mantel umhüllte auferstandene Christus einem Mann zugewandt ist, der durch seine Kleidung und den geschulterten Morgenstern den Habitus eines zeitgenössischen Bauern aufweist und wie vertrauensvoll grüßend hinzuzutreten scheint.

Obwohl also eine – wenn auch begrenzte – stilistische Entwicklung des Malers zu beobachten ist, blieb ihm im wesentlichen das erarbeitete und erprobte Formrepertoire stets verfügbar und wurde variabel eingesetzt: Die Figuren des Blattes zu 1544 – die Madonna zwischen Adolar und Eoban (Anhang Nr. 7) – stehen in ihrer schmalen Geschlossenheit, der graphischen Gewandbehandlung und den kleinen Köpfen denen der großen Altäre und einigen Einzeltafeln aus den Jahren um 1520/1525 viel näher als die Maria, Johannes der Täufer und Andreas des zehn Jahre älteren Blattes von 1534!

Auf ein Detail der Matrikel-Illuminationen ist noch besonders hinzuweisen: auf die Schrifttafel mit dem Gebet des Cornelius Linden und das Schriftband im gleichen Blatt (Anhang Nr. 6). Die breite Pinselschrift mit ihrem sicheren und eigenwilligen Duktus, der durch betonte Versalien und Auszierungen eine äußere Wirkung anstrebt, zeigt

---

42a) Vgl. den Holzschnitt: Christoph Scheurl mit seinen Söhnen vor dem Kruzifix, um 1540/1542 (Dieter Koepplin, Tilman Falk, Lucas Cranach. Katalog der Ausstellung Basel 1974, Bd. 2, Nr. 344.)

möglicherweise die Hand des Malers und korrespondiert in einzelnen Bildungen mit dem Duktus der Unterzeichnungen.

### *Die stilistische und zeitliche Stellung der Altargemälde aus Großengottern und in Großmölsen und der „Weltgerichts"-Tafel*

Unter dem Blickwinkel der datierten Matrikelblätter nehmen, wie schon angedeutet, die Passionsszenen des Großengotterner Marienaltares[43] und auch die kleinen Szenen der freudenreichen und der schmerzenreichen Maria auf den Großmölsener Flügeln[44] in der künstlerischen Entwicklung des Malers eine gewisse Mittlerstellung ein zwischen den Matrikelblättern und Dom-Tafeln einerseits und den früheren Altarwerken andererseits. Zweifellos stehen die Figuren der Großengotterner Gemälde in Typ, linearem Umriß und Gewandstil und auch die Architekturelemente denen der großen Altarwerke sehr nahe; im kleineren Figurenmaßstab aber und in der zuweilen etwas lockeren Gruppierung, z. B. in den Szenen der Dornenkrönung/Verspottung, der Geißelung und des Christus am Ölberg (Abb. 51–53) weisen sie auf die späteren Werke hin. Noch deutlicher läßt sich diese Tendenz an den Marien- und Passionsszenen der Großmölsener Flügel beobachten. Vielleicht mitbedingt durch das kleine Format (18x23 bzw. 19x28,5 cm) weisen sie eine erstaunliche Lebendigkeit im Szenischen und Reichtum des Details auf. Die Figuren sind – wie auch die der freudenreichen und der schmerzenreichen Maria – von stärkerer körperlicher Präsenz; das architektonische oder landschaftliche Ambiente ist, z. B. in der Geburt Christi, der Anbetung oder der Kreuzigung

43) Zu diesem Altar vgl. Lübbeke, Meister (wie Anm. 1) S. 35–37. Die Altarteile werden gegenwärtig in den Kirchlichen Werkstätten für Restaurierung Erfurt restauriert und danach, mit neuen Schreinen versehen, in der Erfurter Wigbertikirche aufgestellt werden. Den Mitarbeitern der Kirchlichen Werkstätten danke ich für die Besichtigung der Tafeln und Reliefs, für Auskünfte und Fotos. – Nachzutragen ist, daß es sich bei der außer der Hl. Walpurga die mittlere Krönungsgruppe flankierenden Heiligen nicht um Barbara, sondern um Katharina handelt; in der Kleiderborte über der Brust finden sich die Buchstaben SAN RI. – Ein Flachrelief mit der Darstellung des Schmerzensmannes zwischen zwei anbetenden Engeln in Halbfiguren (bei Lübbeke, Meister [wie Anm. 1] Abb. 29, auf dem Jacobus-Altar erkennbar) bildete aufgrund seiner Größe – die Länge beträgt mit 102 cm die gleiche wie die des Marientod-Reliefs – und seiner Ikonographie wahrscheinlich die Verschlußtafel des Predellenschreins. – Die heute stark beriebenen Maltafeln wiesen ehemals eine intensive Farbigkeit auf: verschiedene Rottöne, vor allem Zinnober und Rotviolett, Grün, Blau, Gelb, auch Grau und Weiß, die Architekturen waren grünlich, grau und bräunlich. – Einige der Passionsdarstellungen lehnen sich partiell an Holzschnitte Albrecht Altdorfers aus der Folge „Sündenfall und Erlösung des Menschengeschlechtes", um 1513, an (vgl. Franz Winzinger, Albrecht Altdorfer, Graphik. München 1963, 44, 48, 49), während die Darstellung des Christus vor Kaiphas im wesentlichen Dürers Blatt in der Kleinen Holzschnitt-Passion folgt (B. 29 [wie Anm. 8]).

44) Vgl. hierzu Lübbeke, Meister (wie Anm. 1) S. 37 ff. – Außer den dort aufgeführten Teilen sind noch erhalten die kleinen, entstellend übermalten Schnitzfiguren der Maria und des Johannes aus einer Kreuzigung, die sicher im Gesprenge stand (vgl. Kämpfer/Beyer, Bildwerke [wie Anm. 4] S. 24, Tf. 104, 105); Brodmann (Peter von Mainz [wie Anm. 8] S. 5 f., 46) schreibt die Gemälde Peter von Mainz zu und datiert sie 1517.

(Abb. 54–56) von weit größerem Eigenwert als in den Altarwerken von Straußfurt oder Molschleben und auch des Großengotterner Marienaltares.

Vielleicht also sind die Großmölsener Altarflügel zeitlich am engsten an die Gruppe der Domtafeln und der Matrikel-Illumination heranzurücken. Doch muß man sich angesichts der relativ geringen stilistischen Unterschiede vor dezidierten chronologischen Schlüssen hüten: Der Jacobus-Altar aus Großengottern, dessen Reliefs wie die der Großmölsener Flügel und des Marienaltares aus Großengottern aus der Werkstatt des Meisters der Anbetung der Könige stammen, ist auf der rechten Flügelaußenseite auf das Jahr 1517 datiert. Was jedoch die Datierung des „Weltgerichts" im Dom angeht, so findet man nun eine so starke Übereinstimmung beispielsweise der Gestalt der Maria mit der des Kreuzigungsblattes zu 1535 (Anhang Nr. 2) oder der Gestalt Christi mit der des Auferstehungsblattes von 1547 (Anhang Nr. 8), daß man die Entstehung der Dom-Tafel ebenfalls in die dreißiger oder vierziger Jahre rücken kann.

An der Identität des Schöpfers der Altargemälde, der Dom-Tafeln und der Matrikel-Illuminationen ist gewiß nicht zu zweifeln. Die Unterschiede sind das Resultat einer mehrere Jahrzehnte währenden Tätigkeit. Die Grundauffassung des Malers ist über einen relativ langen Zeitraum die gleiche geblieben; von den neuen Tendenzen der Kunst etwa des Cranach-Kreises ist er nur peripher berührt worden.

### *Abzuschreibende Werke, Schulwerke und verwandte Werke*

Der Umfang des erhaltenen Werkes des Malers DH erlaubt es, weitere mit ihm in Verbindung gebrachte Malereien noch einmal kritisch zu betrachten. Es erweist sich, daß die Zuschreibung zweier Werke, der Tafel mit der Darstellung der Anbetung der Könige im Schloßmuseum Weimar und des Jacobusaltars aus Großengottern nicht zu halten ist. An sich zeigt die Weimarer Tafel durchaus Anklänge an die Auffassung des Malers DH;[45] doch sind sie mehr motivischer Art und weniger solche der stilistischen Haltung. Durch ihre Statik und ihr stärkeres Volumen, ihre Größe, kompakte Zusammendrängung und geschlossenen Umriß unterscheiden sich die Figuren der Weimarer Anbetung selbst von der sehr ausgeprägten Figuration der Heiligen Sippe auf den Tafeln des Molschlebener Altares des Monogrammisten DH und der ihr eigenen Beweglichkeit, Höhenstaffelung und schwungvollen Linearität. Auch ist der Gewandstil schwerfälliger, schwungloser und teils formelhafter wie sich beispielsweise in der schlauchartigen Faltenführung über dem vorgesetzten Knie des Königs rechts zeigt.

Eine beträchtliche Abweichung von der zeichnerischen Handschrift des Malers DH weist darüber hinaus die Unterzeichnung der Weimarer Anbetung auf (Abb. 57). Sie ist mit dünnem Pinsel ausgeführt, die Faltenläufe und -brüche sind exakt und kleinteilig mittels durchgezogener und gebrochener Linienzüge gezeichnet und die Schattenzonen durch enge Parallelschraffuren markiert. Auch hier kommen Pentimenti vor, wie z. B.

---

45) Vgl. LÜBBEKE, Meister (wie Anm. 1) S. 42 mit Literatur, Abb. 33.

beim Rock des Mohrenkönigs. Diese kleinteilige, genaue Art der Unterzeichnung findet sich ähnlich bei Peter von Mainz (Gemälde mit Darstellung des Stammbaumes Mariae, 1513, im Erfurter Dom),[46] ohne aber daß man die beiden Maler identifizieren könnte. Die reiche Flächenfüllung der Gemälde des Peter von Mainz, seine Landschaften und Figurentypen sind von der robusteren und etwas phlegmatischen Art des Malers der Weimarer Anbetung verschieden. Möglicherweise handelt es sich um einen selbständigen Mitarbeiter dieser Werkstatt, der Anregungen durch den Maler DH verarbeitet hat, wie umgekehrt dieser von Peter von Mainz beeinflußt worden ist.[47]

Die vier geschnitzten Szenen der Flügelinnenseiten und die vier gemalten Szenen der Flügelaußenseiten des Jacobus-Altars aus Großengottern von 1517 (Abb. 35)[48] beinhalten zwei ziemlich selten dargestellte Legenden um den Apostel und Pilger-Heiligen Jacobus: Die Gemälde schildern die Legende von der Pilgerfamilie, die Reliefs die Ereignisse um seinen Tod.[49] Insgesamt ist die künstlerische Qualität des Altars eine deutlich geringere als die der bisher betrachteten Werke. Schnitzer und Maler waren auf eine ähnliche, erzählerhafte und etwas naive Weise bemüht, die wesentlichen Inhalte der Legendenberichte zur Anschuung zu bringen. Allen Szenen dürften Entwürfe von der gleichen Hand zugrundeliegen.[50] Die geschnitzten Teile stammen zweifellos aus der Werkstatt des Meisters der Anbetung der Könige; die Standfiguren aber sind in ihrer Haltung starr, die Köpfe gleichförmig, der Parallelfaltenstil ist schematisch angewendet. Die Raum- und Landschaftshintergründe der Reliefs wirken aufgrund der Disproportionen zu den Figurengruppen kulissenhaft und sind weniger differenziert als in den Reliefs des Großengotterner Marienkrönungsaltares und der Großmölsener Flügel. In

---

46) Ebd., S. 43f., Abb. 34.

47) Mit der Ausgliederung der Weimarer Anbetung der Könige aus dem Werk des Malers DH entfällt auch der Vorschlag I. Lübbekes (ebd. S. 42f.), sie mit den beiden Nürnberger Flügeln zu einem Triptychon zu vereinen, da es sich bei diesen eindeutig um Werke des Malers DH handelt.

48) Vgl. Lübbeke, Meister (wie Anm. 1) S. 37, Abb. 29. – Der Mittelschrein (160,5 x 152 x 21,5 cm) und die Figuren des Jacobus und Nikolaus befinden sich jetzt in den Kirchlichen Werkstätten für Restaurierung Erfurt, die Figur der Walpurga und die Flügel (160,5 x 75,5 x 19,5 cm) bei Hans Bruckschlegel, Erfurt, zur Restaurierung. Beiden habe ich für die Besichtigung der Teile zu danken.

49) Flügelaußenseiten: links oben: Vater und Sohn schlafend in der Herberge, der Wirt will den Silberbecher verstecken; links unten: Die Szene ist nicht eindeutig zu bestimmen (Jacobus, begleitet von Frau und Sohn des Pilgers, bezichtigt den leugnenden Wirt des Betrugs?); rechts oben: Jacobus befreit den Sohn vom Galgen; rechts unten: Das Brathuhn fliegt davon als Zeichen für den ungläubigen Richter, daß Tote lebendig werden können. Flügelinnenseiten: links oben: Jacobus, auf dem Wege zur Richtstätte, heilt einen Lahmen, Josias wird bekehrt (fraglich, ob der Knieende im Vordergrund Josias ist; auf der Enthauptungsszene ist er bärtig dargestellt); links unten: Jacobus vor Herodes Agrippa; rechts oben: Enthauptung des Jacobus und des Josias; rechts unten: Stiere ziehen den Wagen mit dem Leichnam des Jacobus zum Palast der Königin Lupa, an dessen Stelle später die Wallfahrtskirche erbaut wird (vgl. Lexikon der christlichen Ikonographie. Bd. 7, 1974, Sp. 24).

50) Hinter dem unteren Relief des linken Flügels befindet sich auf der Schreinwand ein skizzenhafter „Arbeitsaufriß“ zur Szene der Enthauptung des Jacobus (vgl. J. Voss, Ein unbekannter Typ spätgotischer Bildhauerzeichnungen. In: Neue Museumskunde 26 (1983) S. 56, Abb. 15, 16). Aufschluß über die Autorschaft der Zeichnung brächte vielleicht ein Vergleich mit IR-Aufnahmen der Gemälde.

den Gemälden erinnern die kräftige Farbigkeit, bei der rote und grüne Töne dominieren, die aufgelichteten Partien und Parallelfaltenstege an den Maler DH, auch Einzelmotive wie der jugendliche männliche Kopftypus mit dem lockeren „Bubikopf" und die gelegentlich auftauchenden blau-weißen Berge im Hintergrund. Aber in den Disproportionen von Haupt- und Nebenfiguren, in ihrer ängstlichen Nebeneinanderreihung, der unbeholfenen Raumdarstellung und mangelnden malerischen Differenzierung gibt sich ein nur bescheidenes Talent zu erkennen.

Sicher wurzelte der Maler im mitteldeutschen Raum, worauf auch die Kleidung deutet. Ebenso zeigen auch die – qualitativ unterschiedlichen – Maler der Altäre in Pferdingsleben,[51] in Bellstedt,[52] aus Schönau vor dem Walde (Flügel im Schloßmuseum Gotha) und der Marienkirche in Mühlhausen Stiltendenzen dieser vom Monogrammisten DH (und vom Meister der Anbetung der Könige) nach Thüringen getragenen Kunst der Donauschule. Ihr Verhältnis zum Monogrammisten DH, etwa im Sinne einer Schulbildung oder zeitweiligen Werkstattzugehörigkeit, ist aber nur vage zu bestimmen, obwohl die geschnitzten Teile der Altäre in Bellstedt und Mühlhausen der Werkstatt des Großenlupnitzer Meisters angehören, die der beiden anderen ihr nahestehen. Sie alle zeigen, „daß der Meister der Crispinus-Legende keine völlig isolierte Stellung innerhalb der thüringischen Malerei des zweiten Jahrzehnts des 16. Jahrhunderts innehatte".[53]

Eine unabhängige, eigenständige Persönlichkeit begegnet uns im Maler der „Verkündigung" und der „Heimsuchung" der Flügel des Altares aus Schönau, der vermutlich aus dem fränkischen Raum kam.[54] Nur der Maler der vier großformatigen Figuren der Flügelaußenseiten des Hochaltares der Mühlhäuser Marienkirche (Maria mit dem Kinde und Johannes Ev., Johannes der Täufer und Anna Selbdritt) läßt sich aufgrund vieler motivischer und stilistischer Gemeinsamkeiten enger an den Maler DH anschließen.[55] Die seltsame

---

51) Lübbeke, Meister (wie Anm. 1) S. 28 m. Lit., 32.

52) Ebd., S. 30 m. Lit., 32. Die gemalten Flügelaußenseiten (Öltempera/Fichte, 196 x 113 cm) zeigen die Geburt Christi und die Anbetung der Könige. In der erhaltenen Predella stehen vier (ehemals fünf) vollplastische Halbfiguren (Anna selbdritt, gekrönte weibliche Heilige, zwei Diakone – wohl Stephanus und Laurentius); außerdem ist eine kleine vollplastische Christophorus-Figur erhalten, die vermutlich im Gesprenge stand.

53) Lübbeke, Meister (wie Anm. 1) S. 32.

54) Bau- und Kunstdenkmäler Thüringens. Sachsen-Gotha II. Jena 1898, S. 109 f.; Riemschneider-Hoerner, Altarwerkstätten (wie Anm. 4) S. 253 f., 270; Lübbeke, Meister (wie Anm. 1) S. 32. – Die Szene der Verkündigung folgt Dürers Holzschnitt aus der Kleinen Passion, B. 19 (wie Anm. 8); vgl. Brodmann, Peter von Mainz (wie Anm. 6) S. 41 f. – Die geschnitzten Figuren der Flügelinnenseiten – links Katharina und Christophorus, rechts Jacobus d. Ä. und Barbara – zeigen in den weiblichen Figurentypen, in Gewandmotiven und im Gewandstil auffallende Parallelen zu den Figuren des Altars in Frauenbreitungen von 1518, der als fränkische Arbeit gilt (vgl. Bau- und Kunstdenkmäler Thüringens. Sachsen-Meiningen I/2. Jena 1910, S. 58 f. m. Tf. u. Abb.; Georg Voss, Thüringische Holzschnitzerei des Mittelalters und der Renaissance. In: Oskar Doering/Georg Voss, Meisterwerke der Kunst aus Sachsen und Thüringen. Magdeburg 1905, S. 83, Tf. 95, 77.

55) Badstübner, Mühlhausen (wie Anm. 5) S. 173–175, Abb. 36, 37; ders., Die Gemälde des Hochaltars der Marienkirche in Mühlhausen. In: Mühlhäuser Beiträge 12 (1989) S. 90–93, Abb.; Hans Bruckschlegel, Zur Restaurierung der Gemälde des Hochaltars der Marienkirche in Mühlhausen. In:

Unbeweglichkeit und Schwerfälligkeit seiner Figuren, die schweren und starren Gewänder, die künstlerisch nicht integrierte Licht-Schatten-Verteilung und Eigenheiten der Gesichtsbildung wie auch die (soweit auf den IR-Aufnahmen erkennbare) kleinteilige, dünne sparsame Unterzeichnung verbieten jedoch eine Identifizierung beider Maler.

Von keinem dieser verschiedenen Maler aber kennen wir bisher ein weiteres Werk. Ihre Tätigkeit als Altarmaler fand sicher – im Gegensatz zu der des Monogrammisten DH – im dritten Jahrzehnt des 16. Jahrhunderts ein Ende.[56]

# Anhang

## *Beschreibung der Illuminationen des Monogrammisten DH in der Erfurter Universitätsmatrikel*[57]

Nr. 1 fol. 157v: 271. Rekt., Ostern 1534, Johannes Mengershausen[58] (Abb. 42)

Ganzseitige Darstellung (23,5 x 16,5 cm): Im größeren oberen Feld vor blauem Grund stehend Maria mit Kind (blaues Kleid, rotvioletter Mantel) zwischen Johannes dem Täufer (braunes Untergewand, zinnoberroter Mantel) und Andreas (zinnoberrotes Kleid, grüner Mantel). Vergoldete Scheibennimben. Der Schmuckrahmen mit weißen Ornamenten auf blauem Grund zwischen roten Vorstößen. Im unteren kleineren, ungerahmten Feld auf gelbem Grund in der Mitte das Wappen des Rektors mit Helmzier (Schild geteilt: oben auf goldenem Grund aufsteigender halber roter Löwe, unten grüne Ranken) zwischen lappigen Blattranken in Rot und Hellgrün.

---

Ebd., S. 93–94. – Badstübner (Gemälde, S. 91) möchte „in den hinweisenden Gesten der beiden Johannes – ... – den Einfluß früher Reformationskunst und ihrer Vorläufer erkennen". Man findet einen ähnlich intensiven Zeigegestus beim Johannes Baptista des Matrikelblattes zu 1534 (Anhang Nr. 1). Doch ist bei den Mühlhäuser Gemälden deutlich unterschieden zwischen dem auf das Lamm weisenden Gestus des Täufers und dem den Kelch segnenden des Evangelisten. Die Intensität der Gesten ist auch früher schon ausgeprägt, wie z. B. beim Hochaltar des Michel Erhart von 1493 in der ehemaligen Klosterkirche zu Blaubeuren, so daß ein Reflex früher Reformationskunst, zumal in dem konventionellen Gesamtzusammenhang, m. E. hier nicht zu interpretieren ist. Auch erscheint der Zeigegestus des Täufers eher unbestimmt als auf das Christuskind gerichtet.

56) Nach Abschluß des Manuskriptes erschien Isolde Lübbekes Aufsatz über eine weitere, beidseitig bemalte Tafel des Meisters der Crispinus-Legende bzw. seiner Werkstatt, die sich im Art Museum der Princeton University befindet: A Double-Sided Panel by the Master of the Crispin Legend. In: Records of the Art Museum, Princeton University 52 (1993) S. 3–21, sowie dies., Thüringische Altargemälde des frühen 16. Jahrhunderts. In: Jahrbuch des Vereins für christliche Kunst in München e. V. 19 (1993) S. 441–482 (mit Zuschreibung der Gemälde der Flügelaußenseiten des Altars in Helbra, Krs. Eisleben).

57) Die Zählung der Rektorate und weitere Angaben dazu nach W II. Bei den Eintragungen zu den hier nicht aufgeführten Rektoraten 1536, 1537, 1539 und 1542 fehlen die Bilder und Initialen oder waren sie nicht vorgesehen.

58) W II S. 341 ff. – Zu Johannes Mengershausen vgl. Pilvousek, Prälaten (wie Anm. 27) S. 264.

fol. 158r: Oben links in rechteckigem Feld auf vergoldetem Grund Initiale F aus lappigem rotviolettem Blattrankenwerk gebildet; die obere Querleiste läuft in einen Drachenkopf mit blattförmiger Zunge aus.

Die Textseite rechts und unten begrenzt von einer breiten Borte, darin auf gelbem Grund unten Hausmarke des Rektors zwischen Blattranken und Blüten sowie symmetrischen Ornamenten aus eingerollten Blättern u. ä. in Rotviolett, Blau und Hellgrün.

Nr. 2 fol. 159v: 272. Rekt., Ostern 1535, Johannes Algesheim[59] (Abb. 43)

Ganzseitige Darstellung (23,5x16,5 cm): Christus am Kreuz mit Maria (blaues Gewand, weißes Kopftuch) und Johannes (gelbes Untergewand, zinnoberroter Mantel) vor grünlicher Hügel- und blauer Berglandschaft; tiefblauer, nach unten zu sich aufhellender und links ins Rosa übergehender Himmel. Vergoldete Scheibennimben mit Strahlen. – Breite umlaufende Schmuckleiste aus Blattranken und symmetrischen Renaissanceornamenten auf gelbem Grund. In den Ecken rotviolette Rundmedaillons mit antikisierenden gelben Profilköpfen, unten in der Mitte das Wappen des Rektors (zwei grüne Ranken mit drei blauen Trauben auf silbernem Grund).

Nr. 3 fol. 165v: 275. Rekt., Ostern 1538, Jacob Russel[60] (Abb. 44)

Ganzseitige Darstellung (23x16,8 cm): Christus am Ölberg. Christus in grauviolettem Gewand mit gelber Ausschnittborte, Johannes in gelbem Untergewand und zinnoberrotem Mantel, Petrus in blauem Untergewand und weißem Mantel, Andreas in karminrotem Untergewand und hellgrünem Mantel. Vor dem graublauen, von weißen Wolkenstreifen durchzogenen Himmel schwebt in einer gelben Glorie ein Engel mit dem Kreuz herab. Reiche Landschaft mit braunem Felsen, mit Bäumen, einer Stadt und blauweißen Bergen. Der Schmuckrahmen ähnlich wie bei Nr. 1. – fol. 166r: Links oben Initiale K, rotviolett in türkisfarbenem Feld, aus Blättern, Füllhörnern, Voluten, Drachenköpfen.

Nr. 4 fol. 169v: 277. Rekt., Michaelis 1540, Johannes Rudolphi[61] (Abb. 45)

Ganzseitige Darstellung (23x15,5 cm): Im größeren oberen Feld Anbetung der Könige vor Bogenarchitektur und Landschaftsausblick. Blaue Rahmenleiste. Im unteren rotgerahmten Feld vor blauem, mit hellen Ranken verzierten Grund die Halbfiguren von Johannes Ev. und des Rektors in der Kleidung des Kanonikers, zwischen ihnen sein Wappen (durch einen grünen Balken geteilt, oben auf goldenem Grund schwarzer Adler, unten roter Löwe?); darüber der schwarze Hut mit Schnüren und Quasten des apostolischen Protonotars.

59) W II S. 343 ff. – Zu Johannes Algesheim aus Groningen vgl. Kleineidam III S. 295 passim.
60) W II S. 348 ff. – Zu Jacob Russel vgl. Kleineidam III S. 51, 76 f., 166.
61) W II S. 352 ff. – Zu Johannes Rudolphi vgl. Pilvousek, Prälaten (wie Anm. 27) S. 180 ff.

Nr. 5 fol. 172r: 278. Rekt., Michaelis 1541, Heinrich Herebold[62] (Abb. 47)

Halbseitige Darstellung (12,7x19,5 cm): Geburt Christi. Maria in blauem Kleid und rotviolettem Mantel, Josef in grünem Untergewand und zinnoberrotem Mantel; der angeschnittene Raum mit hell-rotviolett-bräunlichem Boden und Mauerwerk auf hellblauen Pfeilern mit weißen Renaissanceornamenten und mit gelben Kämpfern. Im Hintergrund Verkündigung an einen Hirten. Zu beiden Seiten vor der rot gerahmten Szene auf flachen Renaissancesockeln die Apostel Petrus (blaues Untergewand, hell-rotvioletter Mantel) und Paulus (hellbraunes Untergewand, hellgrüner Mantel). Auf der oberen Rahmenleiste: *Ave Maria gratia plena d(omi)n(u)s tecum.* Unten im Bildfeld: *Benedicta tu in mulierib(us): et benedict(us) fruct(u)s ventris tui.* In der blauen mit zarten, weiß gezeichneten Ranken verzierten Initiale N auf goldenem Grund das Wappen des Rektors (gold/rot geteilter Schild, oben roter Löwenkopf, aus dessen Maul drei weiße Strahlen in das rote Feld ragen).

Nr. 6 fol. 174v: 279. Rekt., Michaelis 1543, Cornelius Linden[63] (Abb. 46)

Ganzseitige Darstellung (22,8x15 cm): Der jugendlich wirkende Rektor in blauviolettem Talar kniet vor dem Kruzifixus; hinter ihm auf braunem Felsen ein Baum aufwachsend; Landschaftsausblick auf Wiese, Gebäude, blauweiße Berge und Burg; blaugrauer Himmel mit bräunlichen Wolken. Spruchband des Rektors: *Tu es patientia mea d(omi)ne, d(omi)ne mea a iuventute mea spes psal: 70* (= Ps. 71, 5). Den unteren Rahmen überschneidend ein Bittgebet des Cornelius Linden an Jesus in Form von vier Distichen.[64] Breiter Rahmen: Zwischen roten Vorstößen auf blauem Grund weiße

62) W II S. 354 ff. – Zu Heinrich Herebold aus Höxter vgl. Kleineidam III S. 166 passim; Abb.: Wiegand, Studentenmatrikel (wie Anm. 38) bei S. 48.

63) W II S. 358 ff. – Zu Cornelius Linden vgl. Kleineidam III passim.

64) Die Verse lauten: *Precatio M. Cor: Linde(n) ad Iesum*
*Qui licet i(n) digno pro me cruce pass(us) acerba*
*Dignatus triste(m) Chr(ist)e subire nece(m)*
*Da misero venia(m), da robur ut aspera s(em)p(er)*
*Que veniu(n)t (a)equa me(n)te dolenda fera(m)*
*Neve etia(m) variis obstrict(us) casib(us) unq(uam)*
*Adflictisq(ue) malis opprimar, adfer ope(m).*
*Da ta(n)de(m) vit(a)e post ultima fata beat(a)e*
*Premia, Ferq(ue) aures i(n) mea vota pias.* Deutsch:
Gebet des Magisters Cornelius Linden zu Jesus
Christus, der du ohne Schuld für mich am schmerzhaften
Kreuz gelitten und den Tod auf dich genommen hast,
gewähre dem Unwürdigen Vergebung, gib mir Kraft,
damit ich alles widrige Geschick mit gelassenem und
reuigem Sinn ertrage; gewähre mir Beistand, damit ich
nicht in Sünden und Schlechtigkeiten verstrickt werde.
Gewähre mir endlich nach dem Tode den Lohn eines
seligen Lebens und neige dich gnädig meinem Gebet.
Für Hilfe danke ich Herrn Dr. Johannes Kadenbach, Erfurt.

Ranken und Ornamente; in den Ecken vier Wappen: o. li. das Wappen von Köln (geteilt, oben auf schwarzem Grund drei gelbe Kronen, unten auf gelbem Grund schwarze Aufschrift: *o felix Colonia*); o. re. Wappen von Rheinberg (= Berka; auf schwarzem Grund weißes Kreuz, im Schnittpunkt der Kreuzarme auf Rot ein weißer Schlüssel, Inschrift: *Ber-cka*); u. li. Wappen Lindens (im hellvioletten Feld auf grünem Hügel eine grüne Linde; das gleiche Wappen steht auch in der blauen Initiale O auf goldenem Grund am Beginn des Textes fol. 175r); u. re.: nach links aufsteigender goldener Löwe im blauen Feld (Grafen von Schwarzburg?).

Nr. 7 fol. 177r: 280. Rekt., Michaelis 1544, Nicolaus Algesheim[65] (Abb. 48)

Etwa ¾seitige Darstellung (18,5 x 15,3 cm): Innerhalb einer breiten blauen Schmuckleiste mit weißen Arabesken auf vergoldetem rankenverziertem Grund die rotviolette Initiale P mit Blattwerk; darin Maria mit Kind zwischen zwei Bischöfen (Adolar und Eoban?). Die Farbigkeit auf Rotviolett, Blau, Grün und Weiß abgestimmt. In den gleichen Farben die Blattranken und Blüten, die unten die Textzeilen umgeben.

Nr. 8 fol. 179r: 281. Rekt., Ostern 1546, Henning Hopfe[66] (Abb. 49)

Etwas über halbseitige Darstellung (14 x 15,2 cm): In schmalem rotem Rahmen Auferstehung Christi. Christus steht in voluminösem, zinnoberrotem, bewegtem Mantel auf dem versiegelten dunkelgrauen Sarkophag. Der rechts herantretende Mann in rotem, geknöpftem Rock und grünem Hut, einen geschulterten Morgenstern tragend. Vorn links ein aufschauender Wächter in gelbem Rock und blauen Strümpfen, der zweite, schlafende Wächter in hellblauem Untergewand, gelben Strümpfen und grauem Harnisch. Brauner Boden, grüne Wiesen, brauner Burgberg und blauweiße Berge im Hintergrund, blauer sich aufhellender Himmel. Die Signatur an der vorderen Schmalseite des Sarkophages; auf dem Stein rechts, auf dem der schlafende Wächter sitzt, die Jahreszahl 1547. Inschrift: *Resurrectio Christi initium saluti.* Darunter blauweiße Initiale O in vergoldetem, blaugrau umrandetem Feld. Unten drei Wappen; li: gespaltener Schild, schwarz und golden; Mitte: Wappen des Rektors (auf weißem Grund eine Hopfenranke mit grünen Blättern und brauner Rebe, zuseiten des Schilds die Initialen H H); re: Wappen von Göttingen (gekröntes goldenes g auf Silber).

Nr. 9 fol. 182r: 282. Rekt., Michaelis 1547, Friedrich Burdian[67] (Abb. 50)

Ganzseitige Darstellung (22 x 17 cm): Der Rektor in schwarzem Talar und weißem Chorhemd vor dem Kruzifixus knieend. Am Fuß des Kreuzes sein Wappen: ein Meerweibchen in rotem Feld. Hinter dem Rektor ein steil aufsteigender graubrauner Burgberg; rechts im Hintergrund eine Stadt am Wasser, blauweiße Bergkette und blauer, weiß sich aufhellender Himmel. Oben links eine Inschrifttafel: *miserator et*

---

65) W II S. 361 ff. – Zu Nicolaus Algesheim vgl. Kleineidam III S. 155, 192.
66) W II S. 363 ff. – Zu Henning Hopfe vgl. Pilvousek, Prälaten (wie Anm. 27) S. 119, 132, 183.
67) W II S. 367 ff. – Zu Friedrich Burdian vgl. Pilvousek, Prälaten (wie Anm. 27) S. 229 ff.

*misericors / domine Deus suavis / mitis patiens et mul- / tae misericordiae om- / nibus invocantibus te / Respice in me et mise- / rere mei. Ps. 85* (= Ps. 86, 5. 15. 16). Der letzte Vers ist nochmals direkt auf das Bild geschrieben, von Burdian ausgehend zum Kruzifix gerichtet.

fol. 182v: Blaue Initiale R auf goldenem Rankengrund in rot umrandetem Feld.

FRANZ JÄGER

# Die Gutachten und Entwürfe Karl Friedrich Schinkels zur Restaurierung des Erfurter Doms

Das Jubiläum der Ersterwähnung Erfurts vor 1250 Jahren rückt auch die Erfurter Stiftskirche Beatae Mariae Virginis stärker in das öffentliche Interesse. Die erhaltenen romanischen und gotischen Bauteile und die reiche Ausstattung des Mariendoms lassen eine komplizierte Baugeschichte erkennen, die bis heute nur bruchstückhaft erforscht ist. Fast unbeachtet blieb die Restaurierung des Domes im 19. Jahrhundert, der wir aber letztlich die substantielle Erhaltung des damals stark gefährdeten Bauwerks verdanken. Die Restaurierung vollzog sich in mehreren Etappen, deren erste 1829 begonnen und im wesentlichen 1835 abgeschlossen wurde. An ihr war das Mitglied der preußischen Oberbaudeputation, der Oberbaudirektor Karl Friedrich Schinkel, maßgeblich beteiligt. Schinkels Baugutachten veranlaßten die ersten Maßnahmen zur baulichen Sicherung des Domes; die von ihm entworfenen Ausstattungsstücke bestimmten den Raumeindruck des Dominneren bis weit in unser Jahrhundert. Diese Gutachten und Entwürfe sollen hier erstmals vorgestellt werden. Sie sind wie alle Arbeiten, die Schinkel für Erfurt ausführte,[1] bisher nicht kunsthistorisch ausgewertet.

Nach dem Ende der napoleonischen Kriege und dem Abzug der letzten französischen Besatzungstruppen aus Erfurt im Jahre 1814 befand sich das katholische Domstift an einem Tiefpunkt seiner Geschichte. Nachhaltig wirkende politische Ereignisse, wie der Übergang der Stadt Erfurt aus dem Besitz des Kurfürstentums Mainz an das Königreich Preußen im Jahre 1802, der Verlust zahlreicher Besitztümer sowie weltlicher und geistlicher Privilegien infolge des Reichsdeputationshauptschlusses von 1803 und schließlich die Zerstörung von Stiftsbesitz während der Belagerung Erfurts durch die preußische Armee im Winter 1813/1814 hatten dem Stift seine herausragende gesellschaftliche Bedeutung für Erfurt und Thüringen genommen.

Die Domkirche selbst hatte die Kriegswirren und die Bombardierung Erfurts fast unversehrt überstanden, doch waren an ihren Fassaden zahlreiche, im Laufe der Jahrhunderte eingetretene Schäden festzustellen. Durch Verwitterung, Brand und mutwillige Zerstörung waren die Fialen und Balustraden der Türme, des Domchores und des prächtigen Nordostportals, des sogenannten Triangelportals, sowie der Skulp-

1) Alfred von Wolzogen, Aus Schinkels Nachlaß. Bd. IV, Berlin 1864, verzeichnet den Entwurf zu einem neuen Rathaus in Erfurt (M XX b, Nr. 105) und Entwürfe zum St. Martinsstift in Erfurt (MX XLV b, Nr. 20, 21). Zum Entwurf für das Erfurter Rathaus siehe auch Horst Benneckenstein, Erfurter Spuren eines großen Baumeisters. In: „Das Volk“ vom 13. 3. 1981.

turenschmuck der Chorstrebepfeiler beschädigt oder verloren gegangen (Abb. 59). Weitere bauliche Schäden an den Türmen der Kirche stellte Schinkel auf seiner Dienstreise 1833 fest. Die Bausubstanz des Langhauses wies hingegen nur wenige Schäden auf.

Das Innere des Domes war nach der Nutzung als Stall und Scheune durch die französische Kavallerie stark verschmutzt, die reiche Ausstattung teils beschädigt, teils vernichtet. Die Besatzungssoldaten hatten die Altarschranken, Teile des Chorgestühls und zahlreiche Altarretabel im Winter 1813/1814 verheizt[2] und Teile der übrigen Ausstattung gestohlen oder zerstört.[3] Trotz aller Verwüstungen waren aber einige große Objekte der Domausstattung wie Hochaltar, Kanzel, Orgel und Tauftabernakel im wesentlichen erhalten geblieben. Nach dem Abzug der französischen Truppen mußte das Domkapitel erhebliche Mittel für eine umfassende Reinigung und provisorische Instandsetzung verausgaben, bis der Dom am 10. November 1815 wieder geweiht werden konnte.[4] Dennoch verlegte man wegen des auf Dauer unbefriedigenden Gesamtzustandes der Stiftskirche die traditionelle Fronleichnamsprozession des Marienstifts an die Lorenzkirche.[5]

Zweifellos war es ein dringendes Bedürfnis des Domkapitels, die katholische Hauptkirche Erfurts wieder instandzusetzen, sobald es die politischen und wirtschaftlichen Verhältnisse erlaubten. Zu diesem Zweck schlossen die Stiftskapitularen 1829 zwei Verträge mit dem aus Bayern zugereisten Dekorateur und Gemälderestaurator Stanislaus von Pereira über umfassende Anstreich- und Erneuerungsarbeiten an der Ausstattung und den Glasfenstern der Kirche. Der erste „Contract“ beinhaltet nur Reinigungs-, Anstreich- und Vergoldungsarbeiten an den Wänden und der Ausstattung der Kirche;[6] der zweite vereinbart neben ähnlichen Arbeiten die Durchführung restauratorischer Maßnahmen an Teilen der Ausstattung und an den gotischen Glasfenstern des Domes.[7] Der barocke Hochaltar sollte werkgerecht ergänzt und das aus dem 16. Jahrhundert stammende Tauftabernakel in der Weise neu gestrichen werden, daß es „das frühere Ansehen“ erhalte. Das Kapitel verfügte weiter, 20 unbemalte weiße Fenster in Langhaus und Chor des Domes im „altdeutschen“ Stil zu bemalen, um ihnen ein „möglichst übereinstimmendes Aussehen“ zu geben. Die auf alten Fotografien überlieferten Altarbauten Pereiras im nördlichen Querhausarm des Domes vereinten spätgotische und barocke Heiligenfiguren in einer gotisierenden Dekoration, die mit ihren

2) DA GG. VI, a3: Undatiertes Manuskript. Constantin Beyer, Nachträge zu der neuen Chronik von Erfurt vom Jahre 1736 bis 1815. Erfurt 1823, S. 94, 98. M. Schmerbauch, Geschichte und Beschreibung des Doms zu Erfurt (...). Erfurt 1829, S. 38.

3) H. J. Meyer, Johann Ritschl von Hartenbach, Der Dom zu Erfurt. Erfurt 1818, S. 27f.; Beyer, Nachträge (wie Anm. 2) S. 94, 98.

4) DA M.St. VIII, 5: 1816 Mai 10.

5) Joachim Meisner, Nachreformatorische katholische Frömmigkeitsformen in Erfurt. Leipzig 1971, S. 119.

6) DA M.St. VIII, 7: 1829 Juli 23.

7) DA M.St. VIII, 7: 1829 August 29.

59 J. G. Wendel: Dom und Severikirche von Osten (um 1819)

60 Erfurt. Dom St. Mariae, Altäre im nördlichen Querhausflügel (19. Jh.)

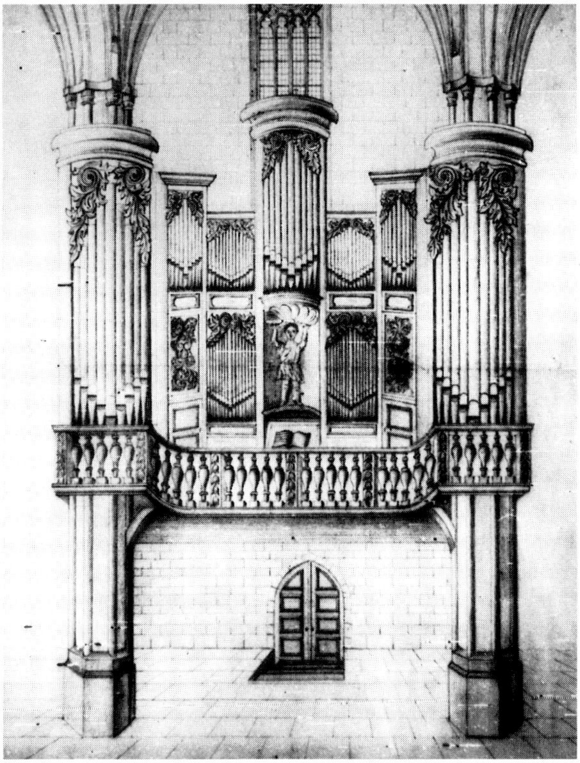

61 Erfurt. Dom St. Mariae, barocke Orgel von 1684–1689, Zeichnung von Florenz (um 1874, nach einem Aufmaß von 1826)

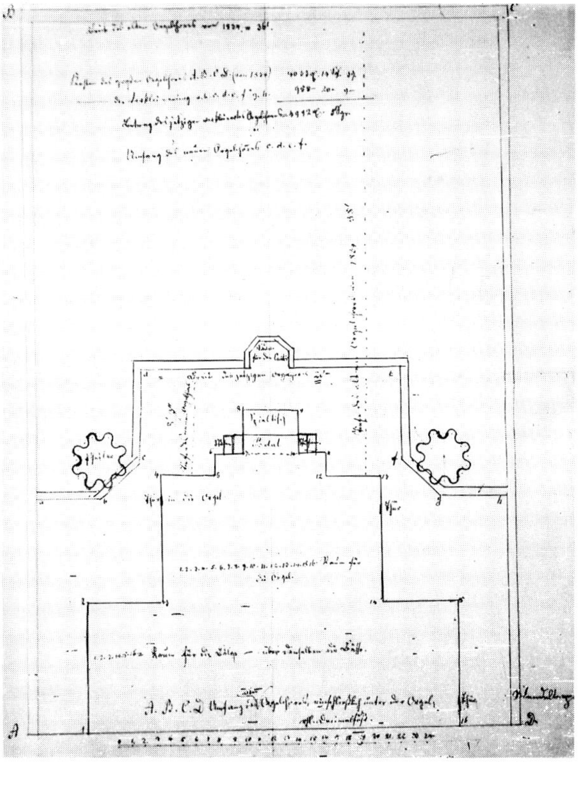

62 Erfurt. Dom St. Mariae, Grundriß der Orgelempore mit späteren Veränderungen, Zeichnung von C. A. Gleitz (um 1874)

63 Erfurt. Dom St. Mariae, Innenansicht nach Westen mit Kanzel und Orgel nach Entwürfen von Karl Friedrich Schinkel (Fotografie 1887)

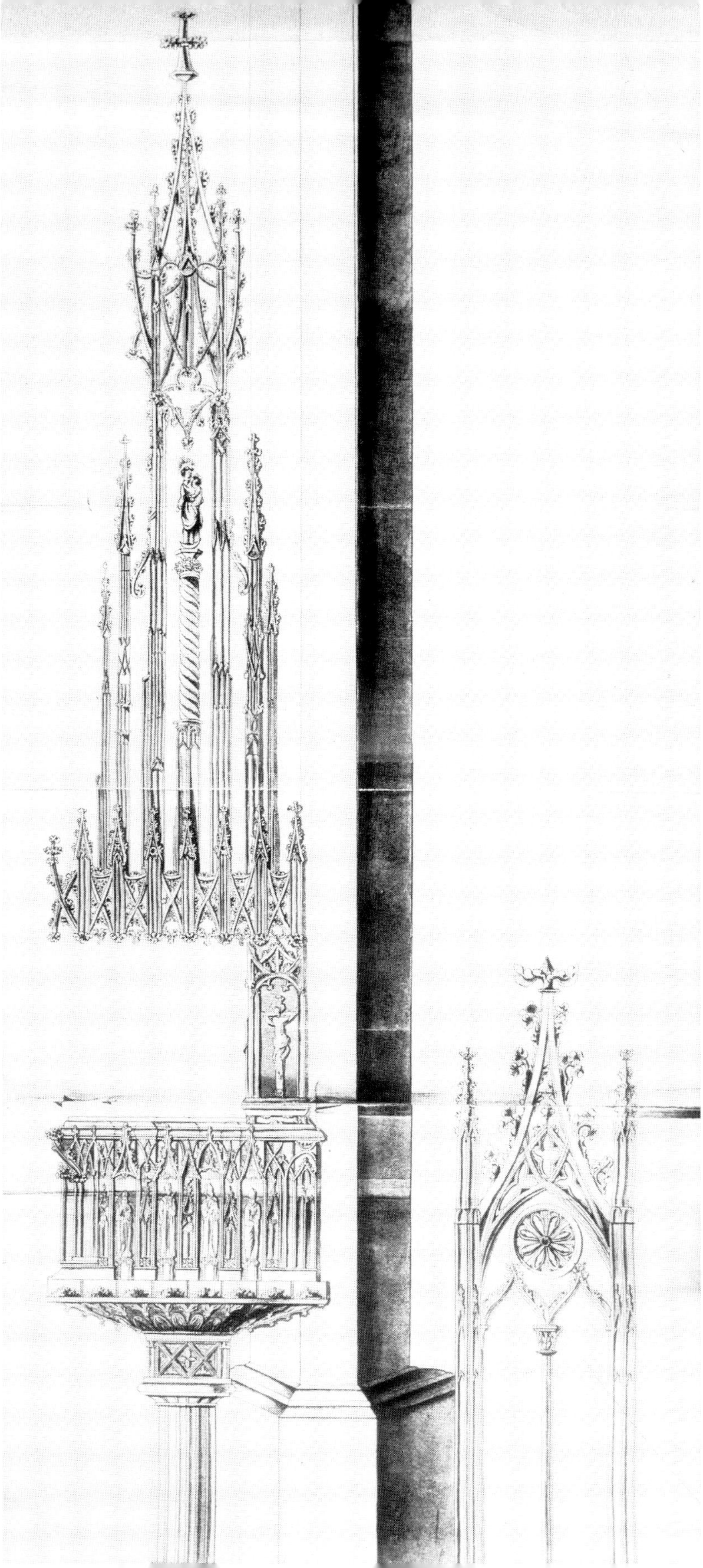

64 Erfurt. Dom St. Mariae, Entwurf für eine Kanzel von Karl Schropp (1830)

willkürlich verwendeten Spitzbögen, Maßwerkornamenten, Fialen und krabbenbesetzten Profilen eine aus heutiger Sicht unzureichende Kenntnis der gotischen Formensprache verrät (Abb. 60). Die Altarneubauten ergänzten die sonst auf Konservierung des Bestehenden gerichtete Domerneuerung.

Die gleiche, erkennbar konservatorische Absicht bestimmt auch den Vertrag mit dem Orgelbauer Ernst Siegfried Hesse. Ihm wurde der Bau eines neuen Orgelprospekts übertragen, der „in antikem Style, wie die alte Orgel“, bei Wiederverwendung ihres „gut vergoldeten geschmackvollen Schnitzwerks“ ausgeführt werden sollte[8] (Abb. 61). – Auch war die Errichtung einer neuen Domkanzel vorgesehen, ohne daß bis zum Sommer 1830 über ihre Aufstellung und künstlerische Gestaltung entschieden wurde. – Die vom Domkapitel angestrebte konservierende Wiederherstellung des Innern der Kirche und ihrer Ausstattung hat Pereira zur vollen Zufriedenheit der Auftraggeber ausgeführt. Die Kapitularen bescheinigten ihm in einem Schreiben an die Erfurter Regierung vom Juni 1830, Gemälde mit Geschick restauriert und die neuen Fenster in qualitätvoller Weise bemalt zu haben.[9] Ganz anders lautete die Wertung Schinkels.

Im Sommer 1830 wurde Schinkel als Mitglied der preußischen Oberbaudeputation zu Berlin mit der Prüfung der Erfurter Dombausachen beauftragt. Die Oberbaudeputation war 1809/1810 als zentraler Fachausschuß zur Begutachtung von Bauangelegenheiten in Preußen reorganisiert worden. Innerhalb des Kollegiums leitete Schinkel ein Ressort, dessen Kompetenzbereich nach den Ausführungen Paul Ortwin Raves „den Prachtbau, die Hochbauten und die Bauten bei Hofe“[10] umfaßte. Zu den Hochbauten gehörten auch sämtliche historische Bauwerke, deren Pflege dem Staat oblag. Das waren neben Burgen, alten Befestigungswerken, Schlössern und Gütern aus herrschaftlichem Besitz vor allem jene Klöster- und Stiftsgebäude, die der brandenburgische und spätere preußische Staat während der Reformation und nach dem Reichsdeputationshauptschluß von 1803 in Besitz genommen hatte. Nicht nur die gewachsene Zahl in Staatsbesitz befindlicher mittelalterlicher Bauwerke, sondern auch ihre gesteigerte Wertschätzung als Zeugnisse nationaler Größe und Geschichte verlangten von den staatlichen Behörden ein größeres Verantwortungsbewußtsein im Umgang mit diesen Denkmalen. Deshalb ordnete der preußische König Friedrich Wilhelm III. (1797–1840) per Kabinettsorder vom 4. Oktober 1815 an, „daß bei jeder wesentlichen Veränderung an öffentlichen Gebäuden oder Denkmälern diejenige Staatsbehörde, welche solche vorzunehmen beabsichtigt, zuvor mit der Oberbaudeputation kommuniziren ... soll“.[11] Nach dieser Verfügung übernahm die Oberbaudeputation de facto die Auf-

8) Abschrift des Vertrags in: Carl Anton Gleitz, Geschichtliches der Orgel überhaupt, der Domorgel zu Erfurt insbesondere (...). Erfurt 1874/76, S. 72–82. (MS in Wissenschaftliche Allgemeinbibliothek Erfurt CE 8° 27 r).

9) DA M.St. VIII, 7: 1830 Juni 22.

10) Paul Ortwin Rave, Schinkel als Beamter. Ein Abschnitt preußischer Bauverwaltung. In: Zentralblatt der Bauverwaltung 52 (1932) S. 88–94.

11) A. von Wussow, Die Erhaltung der Denkmäler in den Kulturstaaten der Gegenwart. Anlagenband. Berlin 1885, S. 10 (Nr. 1).

gaben einer Denkmalschutzbehörde bis zur Berufung des ersten Konservators der preußischen Denkmale im Jahre 1843.[12]

Von den Restaurierungsvorhaben des Erfurter Domkapitels hat die Oberbaudeputation nur zufällig Kenntnis erhalten. Im November 1829 hielt sich der kunstinteressierte preußische Kronprinz Friedrich Wilhelm (1840–1861) in Erfurt auf, besichtigte den Dom und traf mit Pereira zusammen, der ihn angeblich ohne Rücksprache mit dem Domkapitel um Unterstützung für das Restaurierungsprojekt bat.[13] Der Kronprinz wandte sich an die preußische Bezirksregierung von Erfurt mit der Bitte, einen Teil des seit 1803 von ihr verwalteten Stiftsvermögens für die Restaurierung zu verwenden.[14] Als die Regierung, von der Vorgehensweise befremdet, eine Klarstellung wünschte, distanzierte sich das Domkapitel von dem eigenmächtigen Handeln Pereiras, bestätigte aber die Notwendigkeit einer finanziellen Hilfeleistung. Daraufhin sprach die Bezirksregierung wegen der Gewährung von Zuschüssen für die Domrestaurierung bei der preußischen Regierung in Berlin vor, die ihrerseits die Oberbaudeputation als zuständiges Fachorgan um eine Stellungnahme bat. Namens der Oberbaudeputation lehnte Schinkel jede Unterstützung für die begonnenen Restaurierungsarbeiten rigoros ab. Er kritisierte die künstlerische Gestaltung, die technische Ausführung und die mangelnde Rücksichtnahme auf denkmalpflegerische Belange. In seinem gutachterlichen Schreiben vom 14. Juli 1830, das Schinkel auf der Grundlage von Regierungsberichten und eingesandten Zeichnungen und Modellen Pereiras verfaßte, bezeichnete Schinkel Pereira als Dilettanten, der „nicht die ersten Begriffe richtiger Zeichnung irgend eines Ornaments, des menschlichen Körpers und des Gewandes besitzt" und dem „auch jede Käntniß vom Styl und Charakter irgend einer Kunstperiode fehlt". Pereira seien die Arbeiten so schnell wie möglich zu entziehen.[15] Geleitet von anderen ästhetischen Auffassungen, stellte sich Schinkel gegen das Domkapitel, das bekanntlich die Arbeiten Pereiras als künstlerische Leistung gewürdigt hatte.

Die von Pereira angewandte Technik der Glasbemalung – eine Art Hinterglasmalerei – hat Schinkel zu Recht kritisiert. Schon 1834 begann man, die abblätternden Glasmalereien Pereiras wieder zu entfernen.[16] Schinkel urteilte in Fragen der Glasmalerei mit einer gewissen Kompetenz, denn er hatte selbst 1829/1830 farbige Glasfenster für den Neubau der Friedrichwerderschen Kirche in Berlin und für die Restau-

---

12) A. VON WUSSOW, Die Erhaltung der Denkmäler in den Kulturstaaten der Gegenwart. 2 Bde., Berlin 1885 und PAUL ORTWIN RAVE, Die Anfänge der Denkmalpflege in Preußen. In: Deutsche Kunst und Denkmalpflege 2/3 (1935) S. 34–44.

13) So die Darstellung des Domkapitels in einem Brief an die Erfurter Regierung (DA, M. St. VIII, 7: 1830 Januar 4).

14) DA, M.St. VIII, 7: 1829 November 27 (Abschrift).

15) Merseburg, Geheimes Staatsarchiv Preußischer Kulturbesitz (= GSA) Rep. 93 D, Lit. Gc, Tit. XVIII, Nr. 3, Bd. 2, Bl. 4ª.

16) Ebd., Rep. 93 D, Lit. Gc, Tit. XVIII, Nr. 3, Bd. 2, Bl. 91ª (1834 Dezember 4).

rierung der Marienkirche in Frankfurt an der Oder nach eigenen Entwürfen anfertigen lassen.[17]

Die mangelnde Aufmerksamkeit der Erfurter Baubehörde, die erst nach dem Brief des Kronprinzen von der Domrestaurierung Kenntnis genommen hatte, tadelte Schinkel auf das heftigste. Es wäre ihre Pflicht „ex officio“ gewesen, über die „Erhaltung“ des Domes zu Erfurt als „eines der merkwürdigsten Gebäude des Mittelalters in Deutschland“ zu wachen.[18] Die Bezirksregierung von Erfurt wies Schinkel in ihrem Schreiben vom Oktober 1830 darauf hin, daß das Marienstift nicht säkularisiert sei und „die Befugniß beibehalten hat, über alle baulichen Einrichtungen an dem Dom, ohne Einmischung der Behörden verfügen zu dürfen“. Schinkel erwiderte, diese Regelung sei dem Denkmalschutz abträglich, und forderte in einem Brief an das Kultusministerium, die Verfügungsfreiheit des Domkapitels über den Dom einzuschränken.[19] Schon in einem Memorandum zum Denkmalschutz von 1815 hatte er die Auffassung vertreten, der Schutz historischer Bauwerke sei eine Aufgabe des Staates, und demgemäß müsse die letzte Entscheidungsbefugnis über konservatorische und restauratorische Maßnahmen bei staatlichen Fachbehörden liegen.[20] Die vom Kultusministerium eingeholten Gutachten zur Restaurierung des Erfurter Domes gaben ihm erneut Gelegenheit, seine Auffassungen der preußischen Zentralregierung vorzutragen. Gegenüber dem Domkapitel konnte sich Schinkel durchsetzen. Planung und Bau von Orgel und Kanzel wurden ausgesetzt und Pereira alle Arbeiten entzogen.

Nach der Entlassung Pereiras im Oktober 1830[21] kamen die Restaurierungsarbeiten zum Erliegen. Das Domkapitel drängte wiederholt den im nächsten Jahr zur Bauaufnahme nach Erfurt geschickten Bauconducteur Pflughaupt, die Oberbaudeputation zu veranlassen, ihre Planungen für eine neue Kanzel und eine neue Orgel zu forcieren, damit der Gottesdienst bald wieder aufgenommen werden könne.[22] Am 22. Oktober 1831 berichtete Schinkel in einem Brief an das Kultusministerium: „Zur Beschleunigung der Sache haben wir hier einen Entwurf von dem Orgelchor (d. h. von der Orgelempore, F. J.) fertigen lassen, wobei auf die gewünschte Vergrößerung des Raumes für die Musiker und Sänger und auf eine amphitheatralische Anordnung derselben gerücksichtigt worden ist. ... In Rücksicht des Orgelgehäuses sind wir mit der geschweiften Form, welches dasselbe nach dem Grundriß (in Anlehnung an die Form der barocken

---

17) Paul Ortwin Rave, Schinkel-Lebenswerk. Berlin, Erster Teil: Bauten für die Kunst, Kirchen, Denkmalpflege. Berlin 1941, S. 282–284; Hans Kania/Hans-Herbert Möller, Schinkel-Lebenswerk. Mark Brandenburg. Berlin 1960, S. 261.

18) Merseburg GSA, Rep. 93 D Lit. Gc, Tit. XVIII, Nr. 3, Bd. 2, Bl. 5ª.

19) Ebd., Bl. 7ª–10ª (1830 November 15).

20) So Schinkel in seinem Gutachten zur Schloßkirche in Wittenberg von 1815 August 17. Auszugsweise abgedruckt in: Die Denkmalpflege 3 (1901) S. 6–7. Vgl. auch Norbert Huse, Denkmalpflege. Deutsche Texte aus drei Jahrhunderten. München 1984, S. 70–73.

21) DA M.St. VIII, 7: 1830 Oktober 12.

22) Merseburg GSA, Rep. 93 D, Lit. Gc, Tit. XVIII, Nr. 3, Bd. 2, Bl. 17ª–18ᵇ (1831 Juni 20), Bl. 25ªf. (1831 Oktober 22).

Orgel, F. J.) bekommen soll, nicht einverstanden und haben deshalb auf der von uns gegebenen Zeichnung des Chores zugleich auch das Orgelgehäuse dargestellt, wonach dasselbe ganz getrennt von den Pfeilern zu stehen kommt ... Für den Bau der Kanzel werden wir noch einen besonderen Entwurf fertigen lassen ..."[23] Das „wir“ darf nicht darüber täuschen, daß der Entwurf in Schinkels Atelier entstanden war, in dessen Ressort derartige Entwurfsaufgaben fielen. Vor kurzem ist es gelungen, die in Schinkels Nachlaß aufbewahrte Zeichnung eines Orgelprospekts durch einen Vergleich mit alten Fotografien des Erfurter Domes als den Entwurf für die Domorgel zu identifizieren.[24] Die Hauptansicht des Prospekts ergänzt ein schematisierter Grundriß der Orgel und der Orgelempore, den der Verf. in den nachgelassenen Manuskripten des Domorganisten Carl Anton Gleitz gefunden hat (Abb. 62). Gleitz, seit 1822 Domorganist, hat in seinen Aufzeichnungen die Entstehung der „Schinkel-Orgel“ kurz beschrieben und diesen Grundriß beigefügt.[25]

Die vor der Westwand des Langhauses errichtete Orgelempore erstreckte sich über anderthalb Joche des Mittelschiffs; ihre Flanken ragten in die Seitenschiffe hinein.[26] Auf der Empore stand die massige Orgel, ein im Grundriß rechteckiger, allseitig geschlossener Aufbau mit zurückgesetzten seitlichen Anbauten. Der verblendete untere Teil verbarg die Bälge. An der Hauptfront waren die Pfeifen in rhythmischer Ordnung axialsymmetrisch aufgestellt. Rechteckige Blendrahmen mit eingesetzten Spitzbögen faßten sie der Größe nach in Gruppen zusammen. Verschiedenartige gotisierende Ornamente schmückten die Emporenbrüstung und die Blendrahmen. An den Ecken des Orgelgehäuses standen zierliche Fialen. Der ganz flach gehaltene Prospekt zeigte keine betonten Vertikalen; breite Simse setzten Bauteile und Gliederungselemente voneinander ab (Abb. 63). Das Orgelgehäuse wirkt nicht als gotische Schöpfung, sondern als ein mit gotisierenden Formen dekorierter moderner Zweckbau. Der Prospekt der Erfurter Domorgel variiert einen Grundentwurf, den Schinkel seit der zweiten Hälfte der zwanziger Jahre mehrfach für Orgelprospekte benutzte: Auf einem hohen Sockel entfaltete sich ein fünfteiliger Orgelprospekt; schmalere und kleinere Zwischenstücke verbanden die größeren Mittel- und Seitenteile; Blendrahmen und gerade Simse gaben dem Prospekt eine klare Kontur. Dem Stil der Kirchen entsprechend, schmückten gotische oder klassizistische Ornamente, Fialen oder Akroterien den Prospekt.[27]

---

23) Ebd., Bl. 23ᵃf.

24) Die Entdeckung gelang Herrn Eckard von Garnier, Berlin, dem ich für seine Auskünfte zu Dank verpflichtet bin. Es handelt sich um die Zeichnung M. XLIV f., Nr. 240 der Schinkelsammlung im Alten Museum zu Berlin. Das Blatt wurde fälschlicherweise von HANS VOGEL (Schinkel-Lebenswerk. Pommern. Berlin 1952, S. 68–69) als „Entwurf für das Orgelgehäuse der Marienkirche in Treptow an der Rega“ publiziert.

25) Wissenschaftliche Allgemeinbibliothek, Erfurt, CE 2° 122 t.

26) Die Orgelempore wurde noch im 19. Jahrhundert wieder verkleinert (ebd.).

27) Eine dem Typ entsprechende, schlichtere gotische Orgel aus dem Jahre 1829 befindet sich in Götterswickerhamm (EVA BRÜES, Schinkel-Lebenswerk. Die Rheinlande. Berlin 1968, S. 227–229). Mit

Am 10. Januar 1832 teilt die Oberbaudeputation dem Kultusministerium mit, daß sie nun auch einen verbindlichen Entwurf für die Kanzel des Doms angefertigt habe. Der unterzeichnende Schinkel gibt detaillierte Bauanweisungen für das Domkapitel und die Regierung in Erfurt, will aber für die Anfertigung der geplanten Skulpturen selbst Sorge tragen.[28] Schon in einem früheren Brief äußerte er Zweifel, daß es in Erfurt Bildhauer gebe, die Skulpturen in der gewünschten Qualität ausführen könnten.[29]

Schinkels Entwurf für Kanzelfuß und -korb folgte weitgehend gotischen Vorbildern[30] (Abb. 63). An den Ecken waren auf Konsolen von Baldachinen beschirmte Apostelfiguren angebracht. Über der Kanzel schwebte der wegen seiner konsequent architektonischen Gestaltung eindrucksvolle Schalldeckel. In seiner Mitte erhob sich ein oktogonaler, von Strebebögen gestützter Turm mit schmalen Maßwerkfenstern und durchbrochenem spitzen Helm – ein geradezu modellhafter Entwurf eines hochgotischen Kirchturms. Eine Inschrift umzog das mit Fialen und Kreuzblumen verzierte Kranzgesims: *Estote autem factores verbi et non auditores tantum fallentes vosmet ipsos.* (Seid aber Täter des Worts und nicht Hörer allein, wodurch ihr euch selbst betrüget. Jac. 1,22.) Dieser Vers wurde auf Geheiß der Erfurter Regierung angebracht.[31]

Für die Neubauten von Kanzel und Orgel lagen auch Entwürfe des Erfurter Buchbinders und „Modelleurs" Karl Schropp vor, die Schinkel mit der Begründung zurückwies, sie seien nicht der Schlichtheit des Domes angemessen.[32] Der von Schropp entworfene Kanzelkorb war reicher verziert als der Schinkels; der Abschluß des kunstvollen Schalldeckels imitierte das Gesprenge am spätgotischen Baldachin über dem Taufbecken der benachbarten Stiftskirche St. Severi[33] (Abb. 64).

Im Frühjahr 1834 waren die Arbeiten am Kanzelkorb soweit abgeschlossen, daß die Apostelfiguren aufgestellt werden konnten. Zur Kosteneinsparung, wie Schinkel ausdrücklich vermerkte, ließ die Oberbaudeputation nur Gipsfiguren von den Modellen jener Apostelfiguren gießen, die der Bildhauer Friedrich Tieck für die von Schinkel entworfene Altarbrüstung im Berliner Dom geschaffen hatte. Die stilistische Einheit des Ganzen war durch die künstlerischen Vorbilder, die „altdeutschen" Skulpturen Peter

---

klassizistischem Zierat versehen ist eine ähnliche, wahrscheinlich um 1826 konzipierte Orgel in Schalkendorf (Günther Grundmann, Schinkel-Lebenswerk. Schlesien. Berlin 1941, S. 220–221).

28) Merseburg GSA, Rep. 93 D, Lit. Gc, Tit. XVIII, Nr. 3, Bd. 2, Bl. 29[a]–30[b].

29) Ebd., Bl. 9[b], 10[a].

30) Zum Vergleich sei hier auf die Anlage der sogenannten Capestran-Kanzel am Wiener Dom (Hartmut Boockmann, Die Stadt im späten Mittelalter. Leipzig 1986, S. 237) und auf den skulpturengeschmückten Kanzelkorb in der Pfarrkirche von Eglosheim verwiesen (Franz Rademacher, Die Kanzel in ihrer architektonischen und künstlerischen Entwicklung. In: Zeitschrift für christliche Kunst 34 [1921] S. 173, 176).

31) Thüringisches Staatsarchiv Gotha, Hochbauamt Erfurt 5 a, Nr. 58: 1834 Oktober 11.

32) Merseburg GSA, Rep. 93 D, Lit. Gc, Tit. XVIII, Nr. 3, Bd. 2, Bl. 29[a]–30[b].

33) Thüringisches Staatsarchiv Gotha, Hochbauamt Erfurt 5 a, Nr. 56: Zeichnung mit Brief von 1830 April 20.

Vischers, hinreichend gesichert.[34] Kanzel und Orgel wurden im Sommer 1835 vollendet und der Dom am 18. Oktober 1835 wieder geweiht.

Im Juli 1833 trat Schinkel eine Dienstreise durch die preußischen Provinzen Sachsen, Rheinland und Westfalen mit der Absicht an, „sowohl diese Provinzen als das dortige Bau-Personal kennen zu lernen, auch gleichzeitig mehrere bedeutende Kirchenbauten, Restaurationen wichtiger Bauwerke, wie die des Domes zu Magdeburg, Erfurt und Cöln und in Ausführung begriffene Gebäude in Augenschein zu nehmen".[35] Am 15. Juli traf er in Erfurt ein. Während der Besichtigung des Domes weckte vor allem der zwischen den beiden romanischen Türmen errichtete gotische Mittelturm seine Besorgnis. Schinkel bemerkte Verformungen und große Risse im Mauerwerk des Turmes, die er auf spätere bauliche Veränderungen und die Schwingungen beim Läuten der im Mittelturm aufgehängten großen Glocke, der Gloriosa, zurückführte. In seinem abschließenden Bericht erklärte er Sicherungsmaßnahmen für dringend notwendig.[36] Der seit 1833 als Bauleiter am Dom tätige Bauconducteur Pabst wies Schinkel darauf hin, daß auch der obere Teil des Turmmauerwerks beschädigt sei, und schlug vor, zur Ausbesserung des Mauerwerks und zur Kosteneinsparung das ohnehin beschädigte Sterngewölbe im Mittelturm zu entfernen.[37] Die angemahnten Sicherungsarbeiten verzögerten sich jedoch, so daß Pabst im Sommer 1835 den bei der Oberbaudeputation tätigen Bauassessor Busse bat, die Turminstandsetzung zu beschleunigen. Pabst empfahl jetzt, den „bedeutungslosen und defecten Unterbau" des Mittelturms abzutragen.[38] Andere Instandsetzungspläne beinhalteten schließlich eine teilweise Abtragung aller drei Türme und ihren Wiederaufbau mit neuem Material. Schinkel stand diesen Plänen, die die Restaurierungspraxis der kommenden Jahrzehnte vorwegnahmen, keineswegs ablehnend gegenüber. Er wies das Projekt nur deshalb zurück, weil er glaubte, daß der seiner Meinung nach begrenzte „architectonische Werth" der Türme eine solche kostspielige Art der Restaurierung, die er offenbar für denkmalpflegerisch vertretbar hielt, nicht rechtfertigen würde.[39]

Im Mai 1833 begann man mit der Reparatur der beschädigten Substruktionen des Domchores, der sogenannten Kavaten.[40] Ein Jahr später meldete Pabst in einem an Schinkel persönlich gerichteten Brief die Auffindung von Kavaten an der Südseite des Chores, die noch im Mittelalter bei einer Vergrößerung der dem Domchor vorgelagerten Terrasse verschüttet worden waren.[41] Zugleich präsentierte Pabst einen Vorschlag, die nachträgliche Aufschüttung wieder abzutragen und entlang der Südkavaten in

---

34) Merseburg GSA, Rep. 93 D, Lit. Gc, Tit. XVIII, Nr. 3, Bd. 2, Bl. 69ᵃf. (1834 April 4).
35) Merseburg GSA, Rep. 93 B, Nr. 24, Bl. 22ᵃ (1833 Februar 2).
36) Ebd., Nr. 994, Bl. 43ᵃ–45ᵇ (1833 September 8).
37) Ebd., Rep. 93 D, Lit. Gc, Tit. XVIII, Nr. 3, Bd. 2, Bl. 61ᵃ–64ᵃ (1833 Oktober 28).
38) Ebd., Lit. Gc, Tit. XVIII, Nr. 3, Bd. 2, Bl. 98ᵃ–99ᵇ (1835 Juli 22).
39) Ebd., Lit. Gc, Tit. XVIII, Nr. 3, Bd. 2, Bl. 109ᵃf. (1836 April 24).
40) Thüringisches Staatsarchiv Gotha, Hochbauamt Erfurt 5a, Nr. 57: 1833 Juni 2.
41) Im Grundriß dargestellt in: Die Kunstdenkmale der Provinz Sachsen. Erster Band: Die Stadt Erfurt I. Bearb. Karl Becker [u. a.], Burg 1929, Taf. XIV.

Analogie zu den Breiten Stufen oder Graden an der Nordseite des Chores eine Treppe anzulegen.[42] Doch Schinkel lehnte wieder aus Kostengründen ab.[43] Der überkommene Zustand blieb bis heute erhalten.

Die Restaurierung des Erfurter Domes war zur Zeit Schinkels Stückwerk geblieben. Obwohl die Oberbaudeputation den Bau aufnehmen ließ, entwickelte sie kein Konzept zur umfassenden Wiederherstellung des Domes. Die preußischen Behörden waren nicht sonderlich um eine Restaurierung bemüht, weil sie dem Dom weder als Kunstdenkmal, wie Schinkel deutlich machte, noch als historisches Denkmal besonderen Wert beimaßen. Sie ließen zunächst nur die notwendigsten Instandsetzungsarbeiten und die für den Gottesdienst unentbehrlichen Ausstattungsstücke ausführen. – Bemühungen Schinkels um eine möglichst schonende, konservierende Wiederherstellung des Domes und seiner Ausstattung sind nicht erkennbar. Schinkel tolerierte zwar den Versuch einer stilgerechten konservierenden Wiederherstellung des Dominnern durch das Domkapitel, gab aber einer teilweisen Regotisierung der Ausstattung den Vorzug. Die formal-ästhetischen Qualitäten der nach Schinkels Entwürfen gefertigten Ausstattungsstücke sind beachtlich, übertreffen aber nicht ähnliche Arbeiten von seiner Hand. Der Orgelprospekt läßt eine gewisse Normiertheit erkennen, die vielleicht durch die große Zahl ähnlicher, in dienstlichem Auftrag auszuführender Entwürfe notwendig wurde. Schinkels ablehnende Haltung zu den gotisierenden Arbeiten Schropps und Pereiras ist hauptsächlich in seinen abweichenden ästhetischen Auffassungen begründet. Schinkel, der sich seit den frühen zwanziger Jahren, d. h., seit dem Ausgang seiner „romantischen Zeit“,[44] einen sachlichen Blick auf die mittelalterliche Baukunst bewahrte, lehnte den phantastischen, kompilatorischen Gotizismus der Arbeiten Pereiras und Schropps ab, die ganz und gar der zeittypischen gefühlsgeprägten Gotikrezeption verpflichtet waren. Er bevorzugte eine strenge, übersichtliche Gliederung und eine zurückhaltende Dekorierung der kirchlichen Ausstattungsstücke. Doch zeigen die Entwürfe Schinkels sowie die Schropps und Pereiras in der ihnen eigentümlichen willkürlichen Adaption gotischer Formen wohl nur zwei Seiten einer Medaille: Sie repräsentieren verschiedene Tendenzen innerhalb der frühen Neugotik.

Schon die Stilpuristen der nachfolgenden Generationen bezweifelten den künstlerischen Wert der von Schinkel entworfenen Orgel und Kanzel. Die Geringschätzung seiner Arbeiten (oder die Unkenntnis von Schinkels Urheberschaft) führte schließlich vor fast drei Jahrzehnten zum Abbruch seiner Ausstattungsstücke.

---

42) Merseburg GSA, Rep. 93 D, Lit. Gc, Tit. XVIII, Nr. 3, Bd. 2, Bl. 89[a]–91[b] (1834 Dezember 4).

43) Ebd., Bl. 93[a] (1835 Februar 20).

44) In seinem Buch über die architekturtheoretischen Schriften Schinkels charakterisiert Peschken die Jahre zwischen 1810 und 1815 als seine „hochromantische Zeit“ (Goerd Peschken, Schinkel-Lebenswerk. Das architektonische Lehrbuch. München 1979, S. 24–37). In diesen Jahren schuf Schinkel auch eine Reihe (nicht realisierter) neogotischer Architekturentwürfe und malte seine großen „Dombilder“, heute in München und Berlin (vgl. Georg Friedrich Koch, Schinkels architektonische Entwürfe im gotischen Stil 1810–1815. In: Zeitschrift für Kunstgeschichte 32 [1969] S. 262–316).

HOLGER REINHARDT

# Neue Befunde am bürgerlichen Wohnhaus in Erfurt

In den 1960er und 70er Jahren wurden durch das damalige Institut für Denkmalpflege, Arbeitsstelle Erfurt, umfangreiche, systematische Untersuchungen zur Architekturfarbigkeit an wichtigen Wohnbauten des 16. bis 18. Jahrhunderts durchgeführt. Diese Untersuchungen waren Grundlage für die international vielbeachtete Rekonstruktion historischer Architekturpolychromie an solchen Gebäuden wie dem Haus „Zum Breiten Herd“, dem Haus „Zum Roten Ochsen“, dem Haus „Zum Mohrenkopf“ oder dem Haus „Zur hohen Lilie“ in Erfurt.[1] Im Zusammenhang mit der Umgestaltung von Anger und Bahnhofstraße konnten die Forschungen auf die Architekturpolychromie des 19. und frühen 20. Jahrhunderts ausgedehnt werden.[2]

Zunehmender Verfall und Abriß insbesondere weniger bedeutsam erscheinender Bauten in den 1980er Jahren deckten eine Reihe interessanter Befunde auf. Diese ließen ahnen, daß nicht nur die Wohnbauten der reichen Erfurter Kaufleute repräsentative Farbfassungen im Inneren wie im Äußeren aufwiesen. Das Bedürfnis nach einer gestalterischen Aufwertung läßt sich auch bei ehemals einfachsten Wohnbauten nachweisen. Dabei wurden die zur jeweiligen Zeit modernen Formelemente aufgegriffen und in mehr oder minder gekonnter oder verstandener Weise nachvollzogen. Als Beispiel sei hier die bis vor kurzem erhaltene „Beschlagwerksmalerei“ am Ostgiebel des Hauses Pergamentergasse 17 genannt, die allerdings eine Innenfassung des durch Abriß verlorengegangenen Gebäudes Nr. 18 war (Abb. 65). – Die umfangreiche Bautätigkeit im Rahmen des Substanzsicherungsprogrammes des Landes Thüringen und der Stadt Erfurt seit 1990 und die verstärkten Aktivitäten privater und öffentlicher Bauherren zur Instandsetzung der historischen Bausubstanz haben zu einer enormen Zunahme der Befunde zur Architekturpolychromie und zur Ausstattung der bürgerlichen Wohnbauten geführt. Aufgrund des quantitativen Anstieges der Arbeitsaufgaben und des begrenzten Personalbestandes war es dem Thüringischen Landesamt für Denkmalpflege nur bedingt möglich, die Befunde systematisch zu untersuchen und auszuwerten.

1) Gerd Kaiser, Roland Möller, Erfurter Bürgerhausfassaden der Renaissance. Zur Wiederherstellung der Einheit von Schmuckform und Farbigkeit. In: Denkmale in Thüringen, Weimar 1975, S. 94–129.

2) Untersuchungsberichte des Institutes für Denkmalpflege, jetzt im Archiv des Restaurierungsateliers des Thüringischen Landesamtes für Denkmalpflege.

Dennoch wurde versucht, die Befunde zu erfassen und zu dokumentieren. In einigen Gebäuden konnte durch den Einsatz von Studenten im Rahmen eines Praktikums bzw. durch professionelle Forschung freiberuflicher Restauratoren bzw. Bauforscher die Befundlage präzisiert und vertieft werden (z. B. Michaelisstraße 9, Michaelisstr. 10, Michaelisstr. 49, Fischmarkt 27, Fischmarkt 4, Marktstraße 50). Nachfolgend soll versucht werden, einige der interessantesten Erkenntnisse und Befunde kurz vorzustellen.

Erfurt ist durch einen hohen Anteil an Fachwerkbauten geprägt, die erst ab etwa dem Ende des 18. Jahrhunderts und verstärkt seit dem 19. Jahrhundert verputzt wurden. Bis dahin spielte das konstruktive Gefüge des Fachwerkes an diesen Häusern eine wesentliche Rolle für die Gestaltung der Fassungen. Prinzipiell wird bis in das ausgehende 18. Jahrhundert weitgehend auf das durch die Fachwerkkonstruktion vorgegebene Raster Rücksicht genommen. Teilweise wird es aus gestalterischen Gründen sogar malerisch ergänzt (Allerheiligenstr. 2, Pergamentergasse 14). Die Farbe der Balken beschneidet um wenige Zentimeter die Gefache; ein fast immer schwarzer, ca. 5 mm breiter Strich läuft im Abstand von etwa 2 cm parallel zur Malkante der Balkenfarbe. Entweder überschneiden sich diese Striche in den Ecken (Pergamentergasse 14), oder sie laufen ab dem Berührungspunkt diagonal auf die Eckpunkte der Balkenfarbigkeit zu (Allerheiligenstraße 2, Allerheiligenstr. 19), oder sie enden blind an ihren Berührungspunkten (Allerheiligenstr. 2, Michaelisstr. 49, Krämerbrücke 32). Dieses prinzipielle Gestaltungssystem läßt sich etwa ab Mitte des 16. Jahrhunderts bis in das 18. Jahrhundert verfolgen. Insbesondere die im 16. und frühen 17. Jahrhundert entstandenen Fassungen werden durch florale Ornamente in den durch die Begleitstriche entstehenden Ecken (Allerheiligenstraße 2) oder auch die gesamten Gefache überdeckend (Weiße Gasse 7) ergänzt. Daneben gibt es eine ganze Reihe an Sonderformen bis hin zu kompletten illusionistischen Architekturelementen (Allerheiligenstr. 2; Diele im ersten Obergeschoß).

Bei den Deckenbalken treten ebenfalls immer wieder typische Gestaltungselemente auf, die oft nur geringfügig variieren und in Bauten mit teilweise massivem Mauerwerk entsprechend sind. Besonders auffällig sind die meist paarweise auftretenden Diagonalstreifen in der Mitte der Balken, oft begleitet durch schmale schwarze Striche (Fischmarkt 6, Krämerbrücke 17, Krämerbrücke 32, Domplatz 14, Allerheiligenstraße 2, Marktstraße 50). Aber auch die negative Darstellung dieser Dekoration, also weiße Diagonalstriche auf schwarzem Grund, ist bereits aufgefunden (Haus „Zum Rebstock“, Futterstraße 2). Diese Form findet sich über einen langen Zeitraum in Ausmalungen des späten 16. Jahrhundert bis in das 18. Jahrhundert hinein. Bei den wenigen älteren bisher nachgewiesenen Fassungen an Deckenbalken wurden einfache schwarze oder rote Anstriche (Fischmarkt 6) oder aufwendige ornamentale Gestaltungen (Fischmarkt 27, Fischmarkt 6) festgestellt (Abb. 66). Zuweilen treten auch schwarze oder rote Rahmungen weißer Binnenflächen auf (Fischmarkt 6). Diese Flächen sind dann bei Fassungen des 16./17. Jahrhunderts mit geometrisch-floralen Ornamenten ausgefüllt (Allerheiligenstraße 2; Allerheiligenstraße 19) oder wie im Haus Michaelisstraße 48 mit einem schablonierten Beschlagwerk bemalt.

Aus den wenigen bisher entdeckten Resten historischer Außenfassungen am Fachwerkhaus läßt sich schließen, daß Gestaltungssystem und Farbigkeit der Fassaden den Innenraumfassungen weitgehend entsprachen, vielleicht aber stärker auf die rein grafischen Elemente Beschneidung und Begleitstrich beschränkt blieben. Der wichtigste und umfangreichste Befund hierzu ist am Nordgiebel des nördlichen Hausteiles von Michaelisstraße 49 erhalten. Leider wurde er etwa 1990 bei einer Schuttberäumung schwer beschädigt. Das Fachwerk ist schwarz, die weiß gekalkten Gefache werden etwa 1,5 cm beschnitten und im Abstand von ca. 4,5 bis 5 cm von einem schwarzen Ritzer begleitet, der an den Berührungspunkten endet. Dieser Ritzer ist über einem an einer Stelle noch deutlich sichtbaren Schnurschlag freihand gezogen. Der Befund blieb deshalb solange erhalten, da er seit der Aufstockung des Hauses „Zum Schwarzen Horn" gegen Ende des 16. Jahrhunderts durch den nun höheren Giebel von Nr. 48 geschützt wurde. Interessant ist auch, daß die Dachhaut von Nr. 48 entlang des Giebels ebenfalls mit einem Begleitstrich versehen war. Aber auch an der Allerheiligenstraße 19 konnten zwei Außenfassungen nachgewiesen werden, die der zweiten und dritten Innenraumfassung entsprechen: weiß gekalkte Gefache, oxidrotes Fachwerk mit Gefachbeschneidung, schwarzer, unmittelbar anliegender Begleitstrich. Allerdings konnte hier der dünne schwarze Begleitstrich in einigen Zentimetern Abstand zur Beschneidung nicht nachgewiesen werden. Diese Fassung wurde bei der jüngsten Instandsetzung des Hauses wiederholt. Besonders bemerkenswert sind die Befunde zur Außenfassung an der in Massivbauweise errichteten Straßenfassade im Haus „Zum schwarzen Horn", Michaelisstraße 48. Hier wurde eine aufwendige Ornamentik auf den gliedernden Werksteinteilen freigelegt. Sie zeigt am Portal und den Fensterstürzen Rollwerk sowie in den Profilen des Hauptgesimses und der Fenstergewände ein Blattwerkfries. Die Malerei ist als Grisaille ausgeführt (Abb. 67). Da es sich hier eindeutig um die Erstfassung handelt, ist diese Fassung ziemlich exakt in das Jahr 1549 zu datieren. Fassungsreste auf dem im ersten Obergeschoß fragmentarisch erhaltenen zugehörigen Putz deuten darauf hin, daß zumindest der unmittelbare Bereich um die Fenstergewände in die Gestaltung mit einbezogen war.

Als Beispiel für eine die gesamte Fachwerkfassade überdeckende florale, polychrome Fassung ist das Haus Pergamentergasse 17 zu nennen. An diesem wohl im späten 16. Jahrhundert erbauten zweigeschossigen Fachwerkbau konnte als dritte Fassung auf dem Fachwerk ein ockergelbes florales Ornament auf einem von oxidrot zum rosa changierenden Fondton festgestellt werden. Da die Ornamente an den Kanten des Fachwerkes regelrecht abgeschnitten sind, ist mit ziemlicher Sicherheit anzunehmen, daß sie auf den Gefachen weitergeführt waren. Eine ähnliche Gestaltung findet sich auf einem Putz im ersten Obergeschoß im Haus „Zur Lamprete" (Grüne Apotheke, Domplatz 30). Der einzige Hinweis auf eine Datierung der Fassung am Haus Pergamentergasse 17 ist der Umstand, daß sie die letzte Fassung vor einer Umgestaltung der Fassade mit einem vollflächigen Verputz und hölzernen Gliederungselementen (Eckquaderung, Simsprofil, Fensterbekleidungen) ist. Diese Umgestaltung ist stilistisch um 1800 anzusetzen. Die vollflächige florale Fassung könnte also um die Mitte des 18. Jahrhunderts entstanden sein.

Dieser Befund bestätigt die in anderen Städten und Gebieten gemachte Beobachtung, daß etwa ab der zweiten Hälfte des 18. Jahrhunderts die farbliche Trennung zwischen Fachwerk und Gefachen aufgegeben wurde. Zunächst vernachlässigte man das konstruktive Gefüge, später folgten gänzlich monochrome Fassungen im Sinne von Massivfassaden. Das trifft nicht nur auf Neubauten, sondern auch auf einen Teil der vorhandenen älteren Fachwerkbauten zu. Fachwerk und Gefache sind also ganz im Zeitgeschmack des aufkommenden Klassizismus in einem Ton gestrichen. Restauratorisch nachgewiesen werden konnte das bisher am Haus „Zur Löwenburg", Allerheiligenstraße 2, das nach 1774 einen Fassadenanstrich in einem zarten Grau und etwas später (ca. 1800) in einem leicht gelblich gebrochenen Weiß erhielt.

Zu den bereits seit längerem bekannten und teilweise restaurierten Bohlenstuben in Erfurt (Haus „Zum Sonneborn" in der Großen Arche, „Zur Engelsburg", „Zur Windmühle", „Zum Güldenen Sternberg" in der Allerheiligenstraße und im Haus Krämerbrücke 17) sind in den letzten Jahren eine ganze Reihe weiterer Bohlenstuben entdeckt worden. Dabei können grob drei Typen unterschieden werden. Der wohl ursprüngliche Typus dürfte die Blockstube sein. Von den in den Fachwerkhäusern Michaelisstraße 49 und Weiße Gasse 7 ehemals vorhandenen vier Bohlenwänden sind nur noch je drei erhalten. Die Wand zur Straßenseite kragte früher wie bei allen anderen Bohlenstubentypen aus, wurde jedoch vermutlich im Zusammenhang mit dem vollflächigen Verputz der Fassaden im 19. Jahrhundert abgesägt. Bei Fachwerkhäusern ist diese Auskragung allen Bohlenstubentypen gemeinsam. Der Sinn dieser Auskragung konnte bisher noch nicht ermittelt werden. Aus ursprünglich nur drei Bohlenwänden bestehen die Blockstuben in Häusern mit massiver Fassade, wie sie in den Häusern „Zum Güldenen Rad" (Marktstraße 50), „Zum Rebstock" (Futterstraße 2) und Michaelisstraße 40 gefunden wurden. Die Decken der Blockstuben sind entweder als Brett-Balkendecke oder nur als Balkendecke ausgebildet. Als Sonderform wurde eine reine Balkendecke aus profilierten Balken in der Weißen Gasse 37 nachgewiesen, die aber lediglich als Decke eines in gewöhnlichem Fachwerk errichteten Wohnraumes dient. – Als zweiter Typus finden sich Bohlenstuben mit senkrechten Bohlen, die meist in den Boden eingezapft sind und oben durch ein Kranzgesims zusammengehalten werden. Dieser Typus weist Ähnlichkeiten mit der Stabbauweise auf. Ob hier ein direkter Zusammenhang besteht, wurde bisher nicht untersucht. In den Häusern Kreuzsand 9 *(Bursa pauperum)*, Krämerbrücke 17 und 32 sind Beispiele zu finden. Während die Bohlen in der *Bursa pauperum* unprofiliert sind, entsteht bei den beiden Stuben auf der Krämerbrücke durch seitliche Profilierung der Bretter und aufgenagelte Profilleisten am oberen Abschluß der Bretter eine Art Kassettierung[3] (Abb. 68). Als Kassettierung von Wänden ist auch der dritte Typus aufzufassen. Hier sind besonders breite oder mehrere Bretter durch aufgesetzte Profilleisten zu größeren Kassetten

3) Holger Reinhardt, Dokumentation der dekorativen Farbfassungen und Restaurierungskonzeption für einen historischen Raum im Haus „Zum Roten Turm" auf der Krämerbrücke zu Erfurt. Abschlußarbeit, Typoskript, Potsdam 1988.

65 Erfurt. Pergamentergasse 17, Gefachdekoration am Ostgiebel, ehemals Innenraumdekoration des Nachbarhauses Nr. 18

66 Erfurt. Fischmarkt 6, bemalter Deckenbalken im ersten Obergeschoß

67 Erfurt. Michaelisstraße 48, „Haus zum Schwarzen Horn“, illusionistische Fassadenbemalung nach teilweiser Freilegung

68 Erfurt. Krämerbrücke 17, Decke der Bohlenstube im ersten Obergeschoß (Detail)

zusammengefaßt. Zwar ist die Konstruktion der beiden bisher aufgefundenen Räume dieses Typus (Allerheiligenstr. 8, Allerheiligenstr. 19) wieder ähnlich der Stabbauweise, doch finden sich durchaus Bereiche, wo die Bretter lediglich auf Latten aufgenagelt sind. Auch die Stärke der verbauten Bohlen ist geringer. Hier wird eine Abkehr von den traditionellen Konstruktionen deutlich. Eigentlich kann man nicht mehr von einer Bohlenstube im ursprünglichen Sinne reden. Trotzdem dienen die Bretter auch hier nicht nur als Träger sehr aufwendiger Dekorationsmalerei, sondern verdecken eine dicke, wärmedämmende Lehm-Strohschicht. Auch dieser späte Typ der Bohlenstube ist nicht allein der repräsentativste Raum des Hauses, sondern auch der am besten zu klimatisierende gewesen. Die erwähnten, an allen Bohlenstuben anzutreffenden reichen Fassungen scheinen ein typisches Merkmal westthüringer Bohlenstuben zu sein, während z.B. in Ostthüringen fast ausschließlich holzsichtige Bohlenstuben mit nur sparsamen Teilfassungen in Profilen usw. vorherrschen. – Neben den erwähnten und bisher bekannten Bohlenstuben wurden in der Allerheiligenstraße 18 und Michaelisstraße 41 weitere aufgefunden, die aber noch nicht untersucht sind und auch noch nicht zugeordnet werden können. Auch ist bekannt, daß in jüngerer Vergangenheit mindestens eine Bohlenstube durch Abriß unerkannt vernichtet wurde (Michaelisstraße 36/ Ecke Drachengasse).

Abschließend soll auf einen Raum hingewiesen werden, dessen Entdeckung mit Sicherheit zu den wichtigsten Befunden der letzten Zeit gehört und wohl überregionale Bedeutung für die Hausforschung haben dürfte. In einem zum Grundstück Fischmarkt 27 gehörenden, an der Rathausgasse gelegenen massiven Gebäude befindet sich ein repräsentativ ausgemalter Innenraum, dessen ursprüngliche Nutzung als Wohnraum sehr nahe liegt.[4] Stilkritische und dendrochronologische Untersuchungen ergaben eine Entstehungszeit um 1250. Damit ist dieser Raum der älteste bisher bekannte, noch fast vollständig erhaltene profane, bürgerliche Innenraum in Thüringen. Die noch ausstehende Gesamtuntersuchung des Gebäudes dürfte weitere Aufschlüsse zur mittelalterlichen Wohnkultur in Deutschland ergeben.

Mit dieser kurzen und zwangsläufig unvollständigen Aufzählung einiger wichtiger Befunde dürfte deutlich werden, wie reich und teilweise einmalig der Bestand an Befunden zur bürgerlichen Wohnkultur in Erfurt ist. Trotz bisher durchgeführter detaillierter Untersuchungen an einzelnen Bauten ist eine systematische Forschung zu Struktur, Ausstattung und Farbigkeit in nächster Zeit von großer Wichtigkeit. Der verstärkt einsetzende Bauboom, nicht der historischen Substanz angepaßte moderne Nutzungsanforderungen, Unverstand und auch unbeabsichtigte Vernichtung nichterkannter Befunde bei ungenügender Bauvorbereitung werden zu weiteren schwerwiegenden Verlusten führen, wie sie z.B. beim Haus Wenigemarkt 17 bereits eingetreten

4) Kerstin Förster, Susanne Launer, Untersuchungen eines historischen Raumes mit bemalter Balkendecke im ersten OG des Hauses Fischmarkt 27 in Erfurt. Dokumentation eines Semesterpraktikums der HfBK Dresden beim Thüringischen Landesamt für Denkmalpflege. Betreuer Holger Reinhardt, Typoskript, Erfurt 1992.

und für den Komplex Schlösserstraße 23 in nächster Zeit zu befürchten sind. Erfurt als eine der wenigen mittelalterlichen „Großstädte“ in Deutschland, die von den Zerstörungen des Zweiten Weltkrieges und der Modernisierungswelle der fünfziger bis siebziger Jahre verschont blieb, bietet die nur noch selten anzutreffende Chance, Wohnkultur der Stadtbevölkerung anhand von Primärquellen zu erforschen. Diese Chance muß im Interesse unseres kulturellen Selbstverständnisses genutzt werden.

# Erfurter Gewerbe und Handel im Mittelalter und in der frühen Neuzeit

KLAUS FRIEDLAND

# Erfurt im Fernhandelssystem der Hanse

Europa – der nach Westen gewendete Teil der Alten Welt, geographisch und sprachlich eigentlich gar nichts Selbständiges, gar kein eigener Erdteil, geschichtlich aber eben doch und besonders, was seine Menschen angeht. Europäer sind wir, genau besehen, erst nach der Jahrtausendwende geworden, als die Bewohner Europas in einer höchst eindrucksvollen Bevölkerungsexplosion auf 75 Millionen emporschnellten und dadurch zu der ersten großen gemeinsamen Aktion gezwungen wurden, sich planend, produzierend zu versorgen, miteinander zu leben, zu wirtschaften: so hat das ja Erfurts großer Wirtschafts- und Sozialhistoriker Max Weber formuliert. Erfurt ist Frühеuropäer, Erfurt ist Integrator für diese historische Gemeinschaft. Dafür drei Beispiele. Ein triviales zuerst. Um das Jahr 1300 schrieb der Rat zu Eisenach an den Lübecker Rat, man werde Lübecks Forderungen entsprechend selbstverständlich gegen die Betrügereien im Hopfenhandel vorgehen; Lübeck und seine Nachbarstädte möchten sich aber auch darum kümmern, daß künftig Heringe gleicher Qualität geliefert würden; man höre hier von allen Seiten Klagen, die von Lübeck und Lübecks Nachbarstädten gelieferten Heringe seien obenauf in den Tonnen zwar gut und frisch, in der Mitte aber schlecht und faul *(quod allecia ... sint bona et recentia in extremitatibus tunnarum et in medio sint vilia et putrida).*[1]

Dieser Hering kam aus Schonen, dem damals dänischen Süden des heutigen Schweden. Er wurde von Kaufleuten aus den Hansestädten an der Küste – allein aus Lübeck werden für das Jahr 1400 900 Großkaufleute genannt – ins Binnenland verhandelt, 100 bis 300 000 Tonnen jährlich, in Fässern genau festgelegten Inhalts (117,36 Liter), die von Frauen gepackt wurden – nebenbei den einzigen weiblichen Wesen, die von der Hanse in ihren auswärtigen Kontoren beschäftigt wurden. Das geschah unter strenger Aufsicht[2] – nicht streng genug freilich, wie der Eisenacher Fall beweist. Hering – mit norwegischem Stockfisch und Getreide wichtigstes Versorgungsgut, das die Hanse bei den bedürftigen Abnehmern des größer gewordenen Europa vertrieb, eiweißreich, als Fastenspeise erlaubt, für die Vorratshaltung geeignet. Es hat sogar Gelehrte gegeben, deren Meinung bis in unsere Tage durchschlägt (sie beruht übrigens auf einem Quellenmißverständnis), Glück und Reichtum seien den Hansekaufleuten mit den Herings-

1) Philippe Dollinger, Die Hanse. Stuttgart [4]1989, S. 563.
2) Klaus Friedland, Die Hanse. Stuttgart, Berlin, Köln 1991, S. 69.

schwärmen zugeflossen, zwischen Nord- und Ostsee sei immer nur Hering befördert worden, weit kultivierter dagegen die Bayern, die zwischen Augsburg und Venedig mit Perlen und Spezereien gehandelt hätten. Wir werden sehen.

Versorgungsgüter wie den Hering brachten die Hansekaufleute zu den Nahmärkten für den Weiterverkauf an den Verbraucher wie zum Beispiel Eisenach, auf dem Wege von Lübeck über Lüneburg – Hildesheim – Seesen – Duderstadt – Eisenach. Der nach Wert und Umfang bedeutendere Warenstrom, Fernhandels-, Umschlag- und Durchgangsware, verlief auf demselben Wege über Langensalza, dann aber nach Erfurt, Handelszentrum, Durchgangsstation und Kreuzungspunkt von nordsüdlichen und westöstlichen Hauptverkehrswegen, schon in alter Zeit vom Westen, dem Mittelrhein, auf den Geraübergang zu und auf die Pfalz und den späteren Bischofssitz Merseburg hin, vom Norden weiter über Arnstadt, Ilmenau, Coburg und Bamberg nach Nürnberg.[3]

Beispiel Nummer zwei. Im Jahre 1066, also lange bevor man sich in Eisenach über Hering beklagte, schloß man in Erfurt mit einem weit ausholenden Mauerring die jüngere Kaufmannssiedlung rechts der Gera, die von weither gekommenen Fernhändlern unter anderem aus Friesland besiedelt war, zusammen mit dem auf dem westlichen Gera-Ufer gelegenen Altstadtkern an der karolingischen Pfalz Petersberg – im selben Jahre, in dem der große Wendensturm das Schicksal des einzigen wikingisch-friesischen Transferhafens Haithabu in der westlichen Ostsee besiegelte und Wilhelm der Eroberer die dänische Herrschaft über England durch normannische ersetzte. Genauer besehen ist das durchaus kein Zufall, denn durch die wendischen und normannischen Eroberungen wurden die intensiven wikingisch-dänischen Handelsverbindungen zwischen den skandinavischen Ländern und England abgebrochen und mußten ersetzt werden durch die Versorgung Englands und schließlich auch Westeuropas von den südlichen Küsten der Ostsee her und aus dem Binnenland. Diese binnenländisch-nordwesteuropäische Verbindung haben vor allem die Friesen geknüpft. Die Friesen, die nach Erfurt kamen, haben damit zu tun.[4] – Erfurt ist mit Esslingen (866), Köln und Regensburg (10. Jahrhundert) wegweisend für eine Entwicklung gewesen, die auf eine Sicherung des Kaufmanns auf seinen langgestreckten und zum guten Teil durch Gebiete fremder oder überhaupt nicht praktizierter Rechtshoheit führenden Wegen hinauslief. Das ist nichts anderes als das später von der Hanse angewendete Prinzip, die Kaufleute weithin im europäischen Fernhandelsnetz durch die Rechtshoheit ihrer jeweiligen Heimatstädte zu schützen und zu sichern.

Die fortifikatorische und rechtliche Einbeziehung des Kaufmanns – und das heißt in unserem Fall auch des Fernhandels und des Warenaustauschs – in die Gemeinde bedeutet jedoch darüber hinaus nicht mehr und nicht weniger, als daß die Erfurter ziemlich als erste in Mitteleuropa ihr Verhältnis zum Raum, das Verständnis des

---

3) LUISE GERBING, Erfurter Handel und Handelsstraßen. In: MVGAE 21 (1900) S. 97–148.

4) FRIEDLAND, Hanse (wie Anm. 2) S. 58 ff.; HANS PLANITZ, Die deutsche Stadt im Mittelalter. Wien, Köln, Graz 1973, Register: „Erfurt“.

handelnden Menschen von seinem Platz in der Welt änderten. Der mittelalterliche Mensch, auch der Stadtbewohner, erfährt und realisiert seine Welt im wesentlichen im Umkreis der ihm bekannten Umwelt, das heißt innerhalb der Herkunftsorte und des Zuzugsgebietes seiner Bürger. Das ist im allgemeinen ein Kreis von weniger als 20 Kilometer Radius. Städtische und auch dörfliche Siedlung wird vom mittelalterlichen Menschen verstanden als ein mikrokosmisches Abbild des göttlichen Universums, mit Kirche und Rathaus als geistlichen und weltlichen Zentralbaulichkeiten, die Herrschaft und Ordnung gegenständlich machen in einer weithin noch nicht dem göttlichen Ordnungswillen unterworfenen Welt. Das Verhältnis des Menschen zum unbekannten Raum hingegen ist, im Rahmen mittelalterlicher Vorstellungen vom Bau des Weltalls in Thomas von Aquinos Philosophie ebenso wie in der literarischen Vision Dantes, bestimmt durch Vorstellungen vorchristlicher und alttestamentlicher Mythen, von Monstren, Fabelwesen, Ungeheuern, Gestaltungen der Angst vor dem Ungewissen, das räumlich, in Maßen, in Dimensionen, in humanitär-kommunikativen Vorstellungen eigentlich gar nicht faßbar wird. Gegenüber solchen, wie erklärlich, weithin durch Angst und Ablehnung alles Fremden bestimmten Auffassungen zeitigt der Prozeß der Urbanisierung Europas seit der Jahrtausendwende, das heißt die Entwicklung kollektiv geleiteter, nicht mehr herrschaftlich regierter Städte ein wesentlich weiter ausgreifendes Stück Weltkenntnis, Weltverständnis; Raum ist Chance für humanitäre Gestaltung geworden, Stadt ist Realisierung des verfügbar gewordenen Raums. Erfurt ist eines der frühesten Beispiele für diesen Prozeß, und sein stadtrechtsgeschichtlicher Niederschlag ist die Duldung nicht nur der von weither Gekommenen, sondern ihre Einbeziehung in die Bürgergemeinde und deren Teilnahme an den weithin reichenden Aktivitäten dieser Kaufleute.

Und dabei geht es nun ganz gewiß nicht um ein paar Heringsverkäufer, die wie im Falle unseres Eisenacher Beispiels mit Mogelpackungen ihren Schnitt zu machen versuchen. Damals ging es ja auch außer den Heringen noch um Hopfen: Hopfen ist ein typisch Erfurter Ausfuhrartikel, dazu Karden, Safflor, Waid und Getreide, auch Hanf und Anis: das sind im wesentlichen Artikel für die Tuchbereitung und Färbung, Kardendisteln für das Aufrauhen und Kämmen der Tuchoberfläche, die Safflordistel zum Gelb- oder Rotfärben, der Waid für blau. Dafür erhielt man Scharlachtuche, Pelze, Felle, Wachs, Leinen, Ingwer und anderes aus dem Norden und verhandelte diese zum Teil sehr kostbaren Waren (Wachs, Pelze, Scharlachtücher, Gewürze) weiter, zum Teil nach Süden, zum Teil an den Adel und die Geistlichkeit der Umgebung. In die Niederlande, dieses stets brotgetreidebedürftige Gebiet, gingen während einer späteren Versorgungskrise jährlich 40 bis 50 Wagen Getreide (1491).[5] Über den Umfang des Handels mit den anderen genannten Gütern kann man sich eine ungefähre Vorstellung anhand leidlich erschlossener Quellen im Lübecker Archiv machen (die weitaus meisten

5) Memoriale, thüringisch-erfurtische Chronik von Konrad Stolle. Bearb. Richard Thiele, Halle 1900, S. 445.

dort sind, wegen jahrzehntelanger Nachkriegsauslagerung, noch unbearbeitet): danach waren während dreieinhalb (zufällig genauer erforschten) Jahrzehnten (1327–1363) ungefähr tausend, jährlich zwischen 800 und 1200 Erfurter Partner von Lübeckern, mit denen sie in handelsgesellschaftlicher Vertragsbindung oder Absprache standen. Große Lübecker Handelshäuser hatten Faktoren oder Kommissionäre, die für sie auf der Erfurter Handelsroute tätig waren, und Erfurter unterhielten in Lübeck, auch in Hamburg, Lüneburg und anderswo Niederlagen, wo die dorthin gelieferten Waren – soweit sie von Lübeckern aus dem Osten kamen wie Wachs und Pelze und soweit sie, meist wiederum von Lübeckern, zum großen Umschlagplatz des Westens nach Brügge gebracht werden sollten wie die Artikel zum Färben und Zurichten der flandrischen Wolltuche, zwischengelagert wurden. Erfurter Kaufleute beziehungsweise ihre Exportgüter hatten solchermaßen auch etwas mit dem Seetransport auf den hansischen Koggen zu tun, während Getreide natürlich auf dem Landwege nach Holland und Flandern befördert wurde, und zu Lande gingen wohl zum Teil auch die schon seit Karls des Großen Zeiten berühmten und kostbaren friesischen Tuche – so genannt, weil sie von friesischen Kaufleuten gehandelt wurden (daher noch heute Fries); hergestellt wurden sie in Flandern aus der besonders wertvollen langfaserigen englischen Wolle.

Beispiel drei, geliefert nicht eigentlich von mir, sondern von Erfurts Altarchivar Fritz Wiegand, der eine der für die Erfurter Handelsgeschichte bedeutendsten Quellengruppen erschlossen und damit zugleich einen Überblick über hansische Wirtschaftsorganisationen möglich gemacht hat, der von Erfurt aus weit über das hansische Wirtschaftsgebiet hinreicht.[6] Es geht um 22 Schriftstücke, Briefe, Zahlungsanweisungen, Wechsel, die der Lübecker Flandernkaufmann Reinekin Mornewech im Jahre 1290 an den Lübecker Rat richtete, und zwar im Zusammenhang mit Geldern in Höhe von 4406 Mark lübeckisch, die Mornewech in Brügge von verschiedenen anderen Kaufleuten aufnahm, um für den Lübecker Rat weisungsgemäß Zahlungen dort leisten zu können. Der Betrag, er ließe sich nach der Kaufkraft des heutigen Geldes ungefähr auf 4 Millionen berechnen, sollte für umfängliche politische Projekte der Lübecker investiert werden – sie gingen in diesen Jahrzehnten mit Plänen um, in Flandern ständiges Eigentum an Gebäuden, Hafeneinrichtungen und Gerichtsstätten zu erwerben. Mornewech lieh sich das Geld bei Braunschweigern, Magdeburgern, Rigaern und Stendalern, zu einem sehr wesentlichen Teil – weit über ¼ der Gesamtsumme – aber Erfurtern. Mit Sicherheit haben diese Erfurter – 13 Personen werden genannt, fast alle Ratsmitglieder – dieses Geld nicht von Erfurt nach Brügge transportiert, sondern in Brügge eingenommen, mutmaßlich für Waid-Lieferungen. In Brügge ist das Geld auch geblieben, denn Mornewech, der es von den Erfurtern borgte, investierte es dort im Interesse des Lübecker Rates. Die Rückzahlung der Schulden erfolgte nicht in Brügge, sondern in Lübeck, wohin das Geld durch Wechsel und durch Zahlungsanweisungen transferiert

6) Fritz Wiegand, Über hansische Beziehungen Erfurts. In: Hansische Studien. Heinrich Sproemberg zum 70. Geburtstag. Berlin 1961, S. 398–408.

wurde. Erfurter, im Besitz eines solchen Wechsels oder einer solchen Zahlungsanweisung, konnten sich dann in Lübeck mit Pelzwerk, mit Wachs oder mit Fisch versorgen, den sie auf dem Rückweg nach Erfurt mitnahmen.[7]

Wir sind über diese Art „Dreiecksgeschäfte" im hansischen Wirtschaftsbereich auch anderweitig wohl unterrichtet; ihr Sinn war, möglichst bargeldlos Fernhandelsgüter im erheblichen Umfang transferieren zu können. Dafür war nun freilich eine Errungenschaft wesentlich, die die Kaufleute erst in der zweiten Hälfte des 13. Jahrhunderts machten: die Fähigkeit zu lesen und zu schreiben. Der Lübecker Großkaufmann Mornewech konnte schreiben – er ist einer der frühesten Lübecker, die über die Schriftlichkeit verfügten, denn erst seit 1250 lehrte man dort Bürgerkinder diese Fähigkeit, die zuvor nur der Geistlichkeit eigen war.[8] Es wäre von einigem Interesse zu wissen, wieweit die von Fritz Wiegand identifizierten 13 Erfurter, deren etliche mit Wechselbriefen und Tratten beim Lübecker Rat als einer Art hansischer Zentralbank vorstellig wurden, ebenfalls lese- und schreibkundig waren. Daß diese Fähigkeit damals vom Süden her, zumindest von Absolventen südlicher Hochschulen (Bologna wird genannt) wieder Eingang fand, ist wahrscheinlich; die Erfurter haben daran zumindestens soweit Anteil, als sie bei der Entstehung einer Reihe von überaus inhaltsträchtigen Urkunden zumindest mittelbar beteiligt gewesen sind.

An diesem verhältnismäßig frühen Punkt in der hansischen Geschichte Erfurts ist einzuhalten. Natürlich wäre vieles zu sagen über die Städtebündnisse, die Rechtsschutz- und Straßensicherungsverträge, an denen Erfurt späterhin beteiligt war oder von denen es profitierte. Erfurt, Mühlhausen, Nordhausen sind die drei in diesem Zusammenhang immer wieder genannten Städte. Es ging darum zu zeigen, welchen Anteil Erfurt am Zustandekommen, am Aufbau dieses so eindrucksvollen, hernach über mehr als 400 Jahre wirksam gebliebenen Wirtschaftsverbandes hatte. Und dabei ist denn doch noch eine Merkwürdigkeit zu erwähnen: der erstaunliche Zusammenhalt in der Hanse, die ja nur als eine Solidargemeinschaft von Ost bis West und als ein Kartell des Vertrauens zu verstehen ist, kam unter anderem durch eine vergleichsweise leicht erklärbare Gemeinsamkeit aller ihrer Mitglieder zustande. Richtiger: fast aller ihrer Mitglieder. Gemeint ist die niederdeutsche Sprache und die gemeinsame Herkunft aus dem westfälisch-niederrheinischen Raum, von wo sich im 12. und 13. Jahrhundert junge und unternehmungslustige Kaufleute nach Osten begaben, Handelsniederlassungen und dann Städte oder kaufmännisch bestimmte Stadtteile gründeten. In den Hansestädten des Ostseegebietes sei man mindestens im dritten Grade blutsverwandt, hieß es schon damals. Ein Lübecker Ratmann konnte mit Sicherheit einen seiner Vettern im Rostocker oder im Revaler Rat finden und umgekehrt. Wichtiges Bindeglied, gerade für die Rechtsgemeinschaft all dieser bürgerlichen Kaufleute, war die gemeinsame Sprache, das Niederdeut-

7) Urkundenbuch der Stadt Lübeck. Bd. 1, Lübeck 1843, Nr. 553–568, Bd. 2, Lübeck 1858, Nr. 72–79.

8) Klaus Friedland, Italiens Beiträge zur Schriftlichkeit im frühhansischen Lübeck. In: Nord und Süd in der deutschen Geschichte des Mittelalters. Hg. Werner Paravicini, Sigmaringen 1990, passim.

sche – in der Tat eine Sprache, kein Dialekt; Dialekte gab es zwar in der niederdeutschen Sprache, als Ganzes steht sie jedoch dem Englischen, auch skandinavischen Sprachen näher als etwa oberdeutschen Sprachformen wie dem Bayerischen und anderem, und sie konnte auch ohne Dolmetscher in ganz Nordeuropa verstanden werden, außer in den slawisch und in den romanisch sprechenden Gebieten. Die Erfurter sprachen und sprechen aber nicht als einzige in der Hanse Mitteldeutsch; auch die Hansestädte Breslau und Krakau, dazu Thorn, Kulm und Elbing (zumindest in ihrer Amtssprache) gehören der mitteldeutschen Sprachgruppe an, die letztgenannten übrigens durch Einfluß der Ordenskanzleien, die ja wiederum stark vom Thüringischen geprägt sind. Auch Köln, mittelfränkisch, gehört der genannten großen niederdeutschen Sprachgemeinschaft nicht an. Köln, Erfurt, Breslau haben die Hanse einfügen helfen in das wirtschaftliche Leben Europas zum rheinischen Süden, zum orientalischen Südosten und, am Erfurter Kreuz zwischen der Ost-West- und der Nord-Süd-Straße, zum mitteleuropäischen Binnenland. Erfurt war für diese große Wirtschaftsgemeinschaft als Initiator einer der Wichtigsten und als Integrator einer der Wirksamsten.

MARKUS J. WENNINGER

# Geldkreditgeschäfte im mittelalterlichen Erfurt

Die Wirtschaft des späteren Mittelalters war bekanntlich in großem Umfang eine Kreditwirtschaft.[1] Geschäfte in Handel, Gewerbe und Dienstleistungsbereich wurden dabei häufig – in bestimmten Sparten fast immer – nicht Zug um Zug abgewickelt, sondern eine Seite erbrachte eine Vorleistung, die den Geschäftspartner erst zu einem späteren Zeitpunkt zu einer Gegenleistung verpflichtete und so deklariertermaßen oder zumindest de facto einen diesem gewährten Kredit darstellte. Einen besonderen Platz nehmen in diesem Zusammenhang die reinen Geldkredite ein, jene Geschäfte also, bei denen einer geleisteten Zahlung keine Gegenleistung in Form von Waren oder Dienstleistungen gegenüberstand und auch keine gleichzeitige Zahlung in anderer Währung (Wechselgeschäft), sondern eine einmalig oder in Form von Raten erfolgende spätere Zahlung. Obwohl sie schon seit langem das Interesse der Forschung gefunden haben,[2] gibt es nach wie vor viele offene Fragen, und zwar sowohl im rechtlichen Bereich wie hinsichtlich der an solchen Geschäften beteiligten Personen und Personengruppen, dem Zweck von Kreditaufnahmen[3] oder der praktischen Abwicklung der Kreditgeschäfte.

Zu wenig Beachtung fanden bisher auch Regionalstudien, vor allem solche, die über die Erfassung einzelner Geschäftsarten, Schuldner- oder Gläubigergruppen hinausgehend versuchen, möglichst den gesamten Finanz- und Kreditapparat eines bestimmten Raumes zu beleuchten.[4] Die bessere Kenntnis der Hintergründe von regionalen Spezifika könnte es in weiterer Folge ermöglichen, das Wesen des mittelalterlichen Kredit-

1) Darüber schon BRUNO KUSKE in seiner immer noch wichtigen Abhandlung: Die Entstehung der Kreditwirtschaft und des Kapitalverkehrs (nach rheinisch-norddeutschen Quellen). In: Die Kreditwirtschaft 1 (1927) S. 1ff. und seither in vielfältigen Zusammenhängen immer wieder betont.

2) Ich erinnere diesbezüglich nur an das wichtige Buch von MAX NEUMANN, Geschichte des Wuchers in Deutschland bis zur Begründung der heutigen Zinsgesetze (1654). Halle 1865. Die weitere Literatur ist inzwischen fast unübersehbar. Ziemlich umfassend ging zuletzt – trotz der an sich gegebenen räumlichen Beschränktheit seines Themas – darauf ein MARKUS BITTMANN, Kreditwirtschaft und Finanzierungsmethoden. Studien zu den wirtschaftlichen Verhältnissen des Adels im westlichen Bodenseeraum 1300–1500. Stuttgart 1991, insbesonder S. 111–130.

3) Einen besonders diffizilen Teil dieses Bereiches untersuchte jüngst RUDOLF HOLBACH, „Im auff Arbeit gelihen". Zur Rolle des Kredits in der gewerblichen Produktion vom Mittelalter bis ins 16. Jh. In: Kredit im spätmittelalterlichen und frühneuzeitlichen Europa. Hg. MICHAEL NORTH, Köln–Wien 1991, S. 133–158.

4) Einen sehr interessanten Ansatz dazu aus der Sicht des Adels lieferte kürzlich BITTMANN, Kreditwirtschaft (wie Anm. 2).

systems an sich und die Möglichkeiten und Motivationshorizonte der daran Beteiligten besser zu verstehen.

An dieser Stelle den gesamten mittelalterlichen Kreditapparat einer Stadt wie Erfurt zu durchleuchten, ist natürlich schon rein aus Platzgründen unmöglich. Andererseits wurden mittelalterliche Kreditgeschäfte zu DDR-Zeiten geradezu totgeschwiegen,[5] und einschlägige Regionalstudien zu Erfurt oder Thüringen gibt es überhaupt nur zum Rentenkauf des 16. Jahrhunderts.[6] Es wäre also ein weites Feld zu beackern, von dem hier nur einige Grundlinien und verschiedene Details angesprochen werden können. Sollten sie zu weiteren Forschungen vor Ort Anlaß geben, hätten sie ihren Zweck erfüllt.

Wenn in der deutschsprachigen Literatur Geldkreditgeschäfte des Mittelalters angesprochen werden, werden sie im allgemeinen mit Juden,[7] eventuell auch mit Lombarden und Kawerschen in Verbindung gebracht, mit bestimmten Bevölkerungsgruppen also, die nach weit verbreiteter Ansicht aufgrund ihres Status' als Nichtchristen bzw. aufgrund von besonderen Regelungen vom sonst für alle abendländischen Christen geltenden sogenannten Kanonischen Zinsverbot (dem im Kirchenrecht seit dem 2. Laterankonzil 1139 enthaltenen Verbot, für entliehenes Geld Zinsen zu nehmen) ausgenommen waren. Dieses Zinsverbot galt fast der gesamten älteren Literatur als jene Norm, die überall in der lateinischen Christenheit gültig war und trotz mancher Übertretungen im großen und ganzen auch akzeptiert wurde. Aber auch jüngere Arbeiten übernahmen häufig mehr oder weniger unkritisch diese Anschauung.[8] Dabei zeigt sich bei näherer Untersuchung schon bald, daß man von gewohnten Vorstellungen

---

5) Und zwar – so weit es das Staatsgebiet der ehemaligen DDR betrifft – auch von westlichen Publikationen: Der mittelalterliche Geldkredit wird weder in der sonst auch in wirtschaftlicher Hinsicht recht ausführlichen Geschichte Thüringens. Hg. HANS PATZE/WALTER SCHLESINGER, Bd. 2,2, Köln–Wien 1973, noch von HANS MOTTEK, Wirtschaftsgeschichte Deutschlands. Ein Grundriß. Bd. 1, Berlin 1983 (hier immerhin angedeutet S. 200f.), entsprechend bzw. überhaupt berücksichtigt. Auch die in den letzten Jahren erschienenen beiden umfangreichen Bände zur Geschichte Erfurts gehen – abgesehen von der Erwähnung einzelner Verpfändungen und anderer Geldgeschäfte – trotz der Bedeutung Erfurts als Kapitalmarkt im Mittelalter auf dieses Problem so gut wie nicht (Erfurt 742–1992. Stadtgeschichte, Universitätsgeschichte. Hg. ULMAN WEISS, Weimar 1992; in den Beiträgen dieses Bandes steht allerdings die Geistesgeschichte im Vordergrund) bzw. nur sehr knapp und zumindest hinsichtlich der Diktion in etwas ideologieverhafteter Klischeehaftigkeit (WERNER MÄGDEFRAU/ERIKA LANGER, Die Entfaltung der Stadt von der Mitte des 11. bis zum Ende des 15. Jh. In: Geschichte der Stadt Erfurt. Hg. WILLIBALD GUTSCHE, Weimar ²1989, S. 53–102, hier besonders S. 80f. und 89f.) ein.

6) WIELAND HELD, Zwischen Marktplatz und Anger. Stadt-Land-Beziehungen im 16. Jh. in Thüringen. Weimar 1988 (insbes. Kap. V); ANTJE BAUER, Der Rentenkauf in Erfurt in der Mitte des 16. Jh. In: Mühlhäuser Beiträge zu Geschichte, Kulturgeschichte, Natur und Umwelt 13 (1990) S. 63–72.

X 7) Im Zusammenhang mit Erfurt wurden sie noch jüngst als „Träger des mittelalterlichen Geldhandels" bezeichnet, s. ULMAN WEISS, Die frommen Bürger von Erfurt. Die Stadt und ihre Kirche im Spätmittelalter und in der Reformationszeit. Weimar 1988, S. 12.

X 8) Einen kompakten, in Einzelheiten allerdings auch zu korrigierenden Überblick mit umfassenden Literaturangaben gibt FRANTIŠEK GRAUS, Pest – Geißler – Judenmorde. Das 14. Jahrhundert als Krisenzeit. Göttingen 1987, S. 353–370.

dieser Art abrücken muß, wenn man die Bedingungen und den Stellenwert der mittelalterlichen Geldleihe und damit auch die dabei geübten Praktiken besser verstehen will. Ich fasse dazu zunächst kurz einige Ergebnisse von Arbeiten, die mich seit längerer Zeit beschäftigen,[9] zusammen.

Schon von ihrem Selbstverständnis her mußte die mittelalterliche Kirche – in noch größerem Umfang als die moderne – zu gesellschaftlichen Problemen Stellung nehmen, falls diese religiöse oder moralische Fragen im weitesten Sinn berührten oder von der Kirche unter solchen Aspekten gesehen wurden. Es war für die Kirche daher nur logisch, sich in der Zeit einer sich rasch intensivierenden Geldwirtschaft – also in den Jahrzehnten nach dem ersten Kreuzzug – mit diesem Phänomen und seinen Konsequenzen verstärkt auseinanderzusetzen und entsprechende Verhaltensmaßregeln zu erlassen. Die Grundlage für solche Regeln mußte in einer Buchreligion wie dem Christentum in erster Linie die Bibel sein, in zweiter die Schriften der Kirchenväter und frühere Konzilsentscheidungen. Unter diesen Umständen konnte die Entscheidung in der Zinsenfrage gar nicht anders ausfallen als gegen eine – in den Augen der Kirche: all zu – materialistische Einstellung und zugunsten jenes Zinsverbots, welches 1139 auf dem 2. Laterankonzil erstmals allgemeingültig ausformuliert wurde.

Dieses Zinsverbot besagt nun nichts anderes, als daß – abgesehen von bestimmten besonderen Situationen – jede Geldleihe gegen Zinsen unstatthaft ist und Verstöße dagegen durch entsprechende Kirchenstrafen geahndet werden müssen. Unter den Begriff „Zinsen“ fiel dabei alles, was der Gläubiger über das verliehene Kapital hinaus vom Schuldner zurückerhielt, gleich, ob es sich dabei um Geld, Naturalien oder sonstiges handelte. Streng genommen fiel daher jede der zu dieser Zeit schon lange üblichen und unter den Fürsten und Adeligen weit verbreiteten Verpfändungen zinspflichtiger Güter, Herrschaften oder Städte, bei denen der Pfandnehmer so lange den Ertrag des betreffenden Pfandes erhielt, bis ihm die Pfandsumme zurückbezahlt worden war, unter das kanonische Zinsverbot. Auf dem Provinzialkonzil von Tour 1163 und ihm folgend auf dem 3. Laterankonzil 1179 wurde das auch eindeutig festgestellt; „heimlicher Wucher“ wurde der einschlägige terminus technicus. Da aber solche Verpfändungen gerade innerhalb der politischen Führungsschicht für eine funktionierende Politik nicht mehr wegzudenken waren und sich um diesbezügliche kirchliche Verbote daher kaum jemand kümmerte, fand man sich innerhalb der Kirche mit ihrer quasi selbstverständlichen Existenz meist schon bald ab.

9) Estmals angesprochen in: Markus J. Wenninger, Zur Praxis des Geld- und Kreditgeschäftes im österreichischen Spätmittelalter. Staatsprüfungsarbeit am Institut für österreichische Geschichtsforschung (masch.), Wien 1983; Wesentliches auch in: ders., Juden und Christen als Geldgeber im hohen und späten Mittelalter. In: Die Juden in ihrer mittelalterlichen Umwelt. Hg. Alfred Ebenbauer und Klaus Zatloukal, Wien–Köln–Weimar 1991, S. 281–299; dort auch die entsprechenden Belege. Ausführliche Ausarbeitung mit umfangreichen Detailnachweisen in absehbarer Zeit im Rahmen meiner Habilitationsarbeit.

Um so mehr konzentrierte die Kirche nun ihre Bemühungen auf die Unterdrückung des „offenen Wuchers", also jener Kreditgeschäfte, bei denen die Zinsen nicht mehr aus dem Ertrag einer verpfändeten Einnahmequelle bestanden, sondern unmittelbar vom entliehenen Kapital berechnet und direkt bezahlt wurden. Viele Konzilien des 12.–15. Jahrhunderts brachten die diesbezüglich geltenden Vorschriften in Erinnerung oder erließen konkretisierende neue. In Predigten und mehr oder weniger erbaulichen, moralisierenden, beispielhaften oder drohenden Geschichten – besonders zahlreich und eindringlich schon im früheren 13. Jahrhundert durch Caesarius von Heisterbach in seinem *Dialogus miraculorum* geschildert – wurde der Wucher angeprangert, und die Darstellung von Wucherern unter den Verdammten zählte seit dem 13. Jahrhundert bei Weltgerichtsdarstellungen an Kirchenportalen und anderswo zum Standardrepertoire. Freilich war diesen Bemühungen kein besonderer Erfolg beschieden. In Italien war zur Zeit der Ausformulierung des Zinsverbots die Kreditwirtschaft offensichtlich schon so selbstverständlich, daß es weitgehend wirkungslos blieb;[10] nur formal nahm man darauf Rücksicht, indem man Kreditverträge so abfaßte, daß die Zinsen daraus nicht ersichtlich wurden bzw. de iure unter eine der vom Kirchenrecht gewährten Ausnahmebestimmungen fielen.

Diese Art von Kreditverträgen setzte sich in der Folge auch nördlich der Alpen rasch durch. Die Situation war hier allerdings insofern anders, als einerseits die Geldwirtschaft weniger weit entwickelt, andererseits die zünftische Organisation der einzelnen Berufe und die damit verbundenen Monopolisierungstendenzen für berufsspezifische Tätigkeiten intensiver war. Ersteres scheint in Verbindung mit der intensiven antiwucherischen Propaganda der Kirche doch dazu geführt zu haben, daß die Geldleihe als „hauptberufliche" Tätigkeit nördlich der Alpen eher verpönt blieb, letzteres dazu, daß zumindest die kleineren, kurzfristigen, alltäglichen Kreditgeschäfte weitestgehend einer Quasi-Zunft der Geldleiher vorbehalten blieben.[11] In ihrer Verbindung hatten diese beiden Punkte zur Folge, daß die berufsmäßige Geldleihe in Deutschland nicht von einheimischen Christen, sondern entweder von südländischen Christen (Lombarden bzw. Kawerschen) oder von Juden als Nichtchristen, die damit dem Kanonischen Recht nicht unterworfen waren, ausgeübt wurde. Beide Gruppen hatten gegenüber den Einheimischen außerdem den Vorteil einer generationenlangen Erfahrung mit Geldgeschäften und verfügten darüber hinaus durch ihre Handelstätigkeit, wegen der sie

10) Wenn trotzdem vor allem aus dem 13. und dem frühen 14. Jahrhundert zahlreiche gerichtliche Wucherklagen mit nachfolgenden Prozessen bekannt sind, dann deshalb, weil darin einerseits Schuldner mitunter eine Möglichkeit sahen, sich vor Zinszahlungen zu drücken, und andererseits manche eifrige Kirchenmänner eben doch dem Gesetz und dem Prinzip zum Durchbruch verhelfen wollten.

11) Nur so ist es zu erklären, daß z. B. in bayrischen Landfrieden aus der Mitte des 13. Jahrhunderts Christen streng geboten wird, im Rahmen der Pfandleihe (also nicht hinsichtlich der oben angesprochenen Verpfänung liegender Güter) Pfänder ausschließlich an Juden zu versetzen (s. die Zusätze zum Landfrieden von 1244 und den Landfrieden von 1256 (?), Art. „De usuris", gedruckt bei Joseph Chmel, Urkunden- und Notizensammlung des Abtes Hermann von Niederaltaich und mehrerer seiner Nachfolger. 1242 bis ca. 1300. In: Archiv für Kunde österreichischer Geschichtsquellen 1 (1848) H. 1, S. 54 und 68).

ursprünglich nach Deutschland gekommen waren, sowohl über genügend Kapital für Kredite wie auch häufig über internationale Verbindungen.

Lombarden[12] – und auch Kawerschen, wobei diese Bezeichnungen häufig synonym verwendet wurden – waren in Deutschland fast ausschließlich im Rheingebiet und in Tirol tätig, was wohl mit der Nähe dieser Gebiete zu Italien bzw. zu den alten Messestädten der Champagne, mit ihrer gegenüber Mittel- und Ostdeutschland wesentlich größeren Wirtschaftskraft und mit ihrer Lage auf dem Weg zur für Italien so wichtigen englischen Wolle und flandrischen Tuchproduktion zusammenhängt. Damit blieb die gewerbliche Geldleihe in Mittel-, Ost- und Südostdeutschland den Juden vorbehalten, die in diesen Gebieten ebenso wie weiter westlich als Träger eines für die betreffende Zeit umfangreichen Fernhandels schon im 9. Jahrhundert nachgewiesen sind, vielleicht auch schon im 8. anwesend waren.[13]

In Erfurt, auch damals einem der bedeutendsten Orte Mitteldeutschlands, könnten um diese Zeit bereits Juden ansässig gewesen sein.[14] Zumindest kamen aber Juden am Beginn des 9. Jahrhunderts hier regelmäßig durch und hatten wohl auch einen Handelsstützpunkt oder eine ähnliche Niederlassung.[15] Zweifelsfrei nachweisbar sind sie freilich erst um 1200,[16] doch existierte zu dieser Zeit bereits eine nicht unbedeutende Gemeinde. Deren Mitglieder waren zwar ziemlich sicher auch noch im Warenhandel tätig, aber jedenfalls in erster Linie in Geldgeschäften engagiert.[17]

---

12) Zu ihnen zuletzt Winfried Reichert, Lombarden zwischen Rhein und Maas. Versuch einer Zwischenbilanz. In: Rheinische Vierteljahresblätter 51 (1987) S. 188–223.

13) Dazu zuletzt Markus J. Wenninger, Die Siedlungsgeschichte der innerösterreichischen Juden im Mittelalter und das Problem der „Juden"-Orte. In: Bericht über den 16. österreichischen Historikertag in Krems 1984. Wien 1985, S. 190–217, hier ab S. 194.

14) Daß Bonifatius „nach einer unverbürgten Volkstradition ... schon im Jahr 719 hier Juden vorgefunden haben" soll (Adolph Jaraczewsky, Die Geschichte der Juden in Erfurt. Erfurt 1868, S. 1), ist zwar nicht völlig unmöglich, aber als Nachricht doch eher ins Reich der Legenden zu verweisen. Zur Geschichte der Juden in Erfurt s. außerdem die betreffenden Artikel in Germania Judaica, Bd. 1–3, Tübingen 1963–1987 (dort auch weitere Literatur), und Graus, Pest (wie Anm. 8) vor allem S. 189–193.

15) Durch die Nennung im Diedenhofener Kapitular Karls des Großen im Jahr 805 ist Erfurt jedenfalls für diese Zeit als wichtiger Handelsplatz im Osten des Reichs ausgewiesen. Ein Vergleich mit sonst von Juden benutzten bzw. nach ihnen genannten Orten macht einen jüdischen Stützpunkt auch – und gerade – in Erfurt sehr wahrscheinlich (vgl. Wenninger, Siedlungsgeschichte [wie Anm. 13] S. 204 ff.).

16) Die Angaben von Jaraczewsky, Geschichte (wie Anm. 14) S. 2 f., sind entsprechend Germania Judaica I, S. 98, zu korrigieren.

17) Zur Bedeutung von Geld- und Warenhandel bei den deutschen Juden des 12. Jahrhunderts vor allem Georg Caro, Sozial- und Wirtschaftsgeschichte der Juden im Mittelalter und der Neuzeit. Bd. 1, Leipzig 1908, S. 225 ff., und Bruno Hahn, Die wirtschaftliche Tätigkeit der Juden im fränkischen und deutschen Reich bis zum 2. Kreuzzug. Freiburg im Br. 1911, S. 99 ff.; vgl. dazu auch die Aussagen des konvertierten Juden Hermannus Judaeus über seine und seiner Verwandten Geschäftstätigkeit (Hermannus Quondam Judaeus, Opusculum de conversione sua. Hg. Gerlinde Niemeyer, Weimar 1963, S. 72). Hermann lebte zwar im Rheinland, doch dürfte sich die Tätigkeit der Juden in den verschiedenen Gebieten des Reichs kaum wesentlich unterschieden haben.

Allerdings wurde, da den Juden im zünftisch geregelten Handel und Gewerbe fast jede entsprechende Tätigkeit außer für den Eigenbedarf sehr erschwert war[18] und auch in den nicht von einer Zunft monopolisierten Bereichen die christliche Konkurrenz stetig wuchs, der Anteil der Geldgeschäfte im Erwerbsleben der Juden immer größer. Neben den üblichen Darlehen an die Bürger des Ortes finden sich unter den Geschäftspartnern der Erfurter Juden mit teilweise sehr hohen Krediten – 1000 Gulden und darüber – zahlreiche Adelige aus dem gesamten thüringischen Raum, und zwar nicht nur im 13. und 14. Jahrhundert, in denen Judenschulden bei einem Adeligen ohnedies fast zur normalen Wirtschaftsführung gehörten, sondern auch im 15., als weiter im Westen und Süden Adelige nur mehr vereinzelt als Schuldner von Juden begegnen.[19]

Als einzige Gruppe gewerbsmäßiger Geldleiher waren die Juden zwar die offensichtlichsten, aber bei weitem nicht die einzigen Kreditgeber im mittelalterlichen Erfurt. Zumindest gelegentlich scheinen typische Judengeschäfte – also Vergabe kurzfristiger Kredite gegen Pfänder und/oder Schuldbriefe – auch von Christen getätigt worden zu sein,[20] und selbst Kleriker nahmen zumindest gelegentlich *eczlich wucher* für verliehenes Geld.[21] Wegen der Gefahr, mit dem Kanonischen Zinsverbot in Konflikt zu kommen, bleiben bei solchen Geschäften allerdings im allgemeinen vor allem jene Formulierungen unklar, hinter denen sich Zinszahlungen verbergen können. Wie weit von Christen wirklich Geldkredite gegeben wurden, ist im Einzelfall auch deshalb schwer zu sagen, weil der Grund einer bestehenden Schuld nur selten genannt wurde und es formal sonst keinen Unterschied zwischen Schuldbriefen aufgrund eines Geldkredits und solchen aufgrund anderer Verpflichtungen (z. B. wegen der nicht sofort erfolgten Bezahlung einer Warenlieferung[22]) gibt. Sicher ist jedenfalls, daß in Erfurt schon im 13. Jahrhundert Pfandobjekte an Dritte weiterverpfändet[23] und spätestens im 14. Jahrhundert Schuldbriefe in Art eines Wertpapiers

18) Ausnahmen waren allerdings möglich, vgl. Graus, Pest (wie Anm. 8) S. 353.

19) Einzelbelege s. Germania Judaica I–III (wie Anm. 14) jeweils unter „Erfurt".

20) Vgl. z. B. UB I Nr. 277 (Auflistung bestehender Schuldverhältnisse diverser Adliger an Erfurter Christen und Juden 1275), ebd., II S. 60–62 (1330); UB Stifter II Nr. 479 (1393).

21) So im Bekenntnis des Priesters Johann Matthis unter einer Fülle anderer Delikte im Jahr 1503, s. Georg May, Die geistliche Gerichtsbarkeit des Erzbischofs von Mainz im Thüringen des späten Mittelalters. Das Generalgericht zu Erfurt. Leipzig 1956, S. 197.

22) Dieser Grund ausdrücklich festgehalten z. B. 1334 in einem Schuldbrief der Grafen Heinrich und Günther von Schwarzburg für mehrere Erfurter Bürger über die nicht unbeträchtliche Summe von 229 Mark Silber (UB II Nr. 118).

23) Vgl. UB I Nr. 289.

weitergegeben werden konnten,[24] und daß an solchen Transaktionen auch Klöster beteiligt waren.[25]

Schon früh und teilweise in großem Umfang traten außerdem sowohl die Stadt als Ganzes wie auch einzelne ihrer Bürger und Klöster als Gläubiger vor allem von Adeligen der weiteren Umgebung auf,[26] und spätestens in der zweiten Hälfte des 13. Jahrhunderts dürfte es zum Alltäglichen gehört haben, daß Auswärtige – zu denken ist hier vor allem an die Adeligen der weiteren Umgebung – Schulden bei Erfurtern hatten.[27] Aber auch König Rudolf (1273–1291) nahm 1291 bei einem Konsortium von neun Erfurter Bürgern einen Kredit über 1000 Mark Silber auf,[28] und auch untereinander machten Erfurter Bürger oft Schulden, wie sich aus einer Verordnung des Mainzer Domkapitels von 1285 ergibt, nach der jeder Erfurter Bürger, dessen Schulden vom erzbischöflichen Schultheißen in Erfurt anerkannt worden waren, die Stadt bis zur Begleichung dieser seiner Schulden meiden oder in den Turm gesetzt werden sollte; ausgenommen waren nur jene, die Frei- oder Erbgüter besaßen,[29] bei denen also für eine hinlängliche Sicherstellung gesorgt war.

Die Bedeutung des Erfurter Kredites für den Thüringer Raum ist zur Genüge daraus ersichtlich, daß sich in der Folge gerade dessen bedeutendsten Adelige, die Landgrafen von Thüringen, die Grafen von Gleichen, Schwarzburg und andere, immer wieder mit zum Teil sehr beträchtlichen Summen seiner bedienten und der Stadt dafür im Lauf der Zeit zahlreiche Güter und Herrschaften zum Pfand setzten.[30] Aus solchen nicht

24) Das wird durch die „Orderklausel" belegt, nach der die Rückzahlung der Schuld nicht unbedingt an den im Schuldschein genannten Gläubiger, sondern an den jeweiligen Inhaber des Scheins zu erfolgen hatte; diese kommt schon 1385 (UB II Nr. 912) und wieder 1393 in einem Schuldschein von Hans Holczhusin und Heinrich Hesse zu Dornheim für den Erfurter Bürger Borghard von Kaschim vor (s. das Regest im UB Stifter II Nr. 935, die Urkunde selbst ist nach Auskunft des Archivs zwischenzeitig in Verlust geraten, so daß Näheres nicht mehr überprüfbar ist).

25) Das ergibt sich daraus, daß der in der vorigen Anm. zu 1393 genannte Schuldschein auf irgendeinem Weg in den Besitz des Severistiftes gekommen sein muß (vgl. ebd., Anm. 1); im in Anm. 23 erwähnten Fall erfolgte die Weiterverpfändung an das Augustiner-Eremiten-Kloster Erfurt.

26) Vor 1235 schuldet Volmar, Vogt in Stotternheim, dem Theoderich Dux 7 Mark (UB Stifter I Nr. 246f.), 1246/47 Kg. Heinrich Raspe mehreren Erfurter Bürgern zusammen 762½ Mark, die aus päpstlichen Subsidien zurückbezahlt werden (ebd., Nr. 280 und 282), 1249 Graf Ernst von Gleichen dem Peterskloster 7 Mark Silber, wofür diesem bis zur Rückzahlung der Ertrag von 4 Hufen zukommen soll (ebd., Nr. 298), und vor 1264 Mai 24 verpfändete der Mainzer Erzbischof der Stadt Erfurt diverse städtische Einkünfte (UB I Nr. 185ff.).

27) Das ergibt sich aus einem Erfurter Ratsstatut von 1278, nach dem der Rat *nullum ... conducere intra Erfordensem civitatem nisi de sui creditoris consensu* (niemandem ohne Einwilligung seines Gläubigers in der Stadt Geleit geben sollte) außer dem Landgrafen und seinen Dienern und einigen anderen (UB I Nr. 293).

28) UB I Nr. 411.

29) Siehe UB I Nr. 359; mit entsprechendem Geleit (vgl. dazu oben Anm. 27) konnte ein Schuldner die Stadt aber trotzdem ungefährdet betreten.

30) Einige Beispiele: 1270 versetzte Landgraf Albert von Thüringen der Stadt die Grafschaft an der Schmalen Gera gegen 160 Mark Silber *usualis* (UB I Nr. 242), 1315 Landgraf Friedrich die kleine Grafschaft ebd. gegen 300 Mark lötiges Silber (UB I Nr. 581), und 1316 Graf Hermann von Gleichen

rückgelösten oder nach einiger Zeit endgültig verkauften Pfandschaften resultierte ein beträchtlicher Teil des umfangreichen Territoriums, das sich Erfurt im Spätmittelalter erwerben konnte,[31] und weitere Herrschaftsrechte, darunter auch so wesentliche innerstädtische wie Münze, Marktmeister- und Schultheißenamt konnte die Stadt auf ähnlichem Weg auf Dauer oder doch zumindest für längere Zeit erwerben.[32] Auch der Weg Erfurts zu einer relativ großen Unabhängigkeit von den Mainzer Erzbischöfen wurde also zu einem wesentlichen Teil durch den Einsatz finanzieller Mittel ermöglicht.

Umgekehrt griffen aber auch die Erzbischöfe gelegentlich auf Erfurter Kredite zurück, um bei entsprechender Gelegenheit ihr eigenes Territorium durch Zukauf von Burgen und Herrschaften abrunden zu können. So erwarb Erzbischof Gerhard II. (1288–1305) im Jahre 1294 um 1100 Mark reines und 500 Mark gebräuchliches Silber von den Grafen von Gleichen – wichtigen Mainzer Amtsträgern in Thüringen, die dadurch gleichzeitig geschwächt und am Aufbau eines eigenen Territoriums behindert wurden – die Burgen Gleichenstein, Scharfenstein und Birkenstein sowie das Eichsfeld,[33] mußte aber dafür Gelder bei Erfurt und Heiligenstadt aufnehmen.[34] Dies entsprach durchaus den Gegebenheiten der Zeit: Der Kauf von Herrschaften und Herrschaftsrechten war ein wichtiger Schritt im Rahmen des Vorgangs der Territorialisierung und des Aufbaus eines eigenen Territoriums.

Wie überall spielten auch im Erfurter Kreditwesen die Rentendarlehen eine große Rolle. Renten galten rechtlich in ihrer ursprünglichen, nicht ablösbaren Form nicht als Kredit, sondern als eine Sache, die in ähnlicher Weise gekauft werden konnte wie z. B. ein zinspflichtiges Gut: Gegen eine einmalige Zahlung sicherte man sich eine von einem Haus oder einer sonstigen Liegenschaft jährlich zu erbringende Leistung. Renten waren

---

für 300 Mark lötigen Silbers die Grafschaft Vieselbach, auf die er 1324 weitere 100 und 1327 abermals 200 Mark Silber aufnahm, wobei der Stadt für zusätzliche 200 Mark die Kaufmöglichkeit eingeräumt wurde (UB I Nr. 589f., II Nr. 30 und 60). Auch im 15. Jahrhundert bedienten sich die Landgrafen noch im großen Umfang Erfurter Gelder (vgl. Die Chronik Hartung Cammermeisters. Bearb. Robert Reiche, Halle 1896, S. XV–XXIV).

31) Bis zur endgültigen Erwerbung einer Herrschaft konnte dabei einige Zeit vergehen. So war die Grafschaft Vieselbach (vgl. vorige Anm.) bereits 1296 aufgrund einer Schuld des Ritters Hermann von Hirsingerode in den Lehensbesitz der Stadt Erfurt gelangt und diese von Graf Heinrich von Gleichen auch mit der Grafschaft belehnt worden (UB I Nr. 448 und 454), während der endgültige Verkauf durch Graf Hermann von Gleichen erst 1343 erfolgte (UB II Nr. 227ff.).

32) UB I Nr. 392f. (1289); s. a. Mägdefrau/Langer, Entfaltung (wie Anm. 5) S. 68. Aber erst 1354 konnte die Stadt vom Erzstift Münze und Schlagsatz zu Erfurt kaufen, und auch dann nur unter dem Vorbehalt des Wiederkaufs (UB II Nr. 416).

33) 1924 Nov. 13, s. Friedrich Schütz, Das Mainzer Rad an der Gera. Kurmainz und Erfurt 742–1802. Eine Ausstellung der Stadt Mainz zum Erfurter Stadtjubiläum 742–1992. Mainz 1991, S. 31f., Hans Patze, Politische Geschichte im hohen und späten Mittelalter. In: Geschichte Thüringens (wie Anm. 5) S. 61f.

34) Vgl. ebd. und verschiedene vom Erzbischof wenige Wochen zuvor ausgestellte Urkunden, die ihm von der Stadt und verschiedenen Erfurter Stiftern – die die ihnen gewährten Privilegien jedenfalls entsprechend honorieren mußten – einen wesentlichen Teil des Kaufgeldes einbrachten (s. UB I Nr. 436, UB Stifter I Nr. 708ff.).

deshalb nicht dem Kanonischen Zinsverbot unterworfen und daher für geistliche Institutionen als Geldanlage besonders geeignet.[35] Alle geistlichen Institutionen Erfurts beteiligten sich daher in Abhängigkeit von ihren Möglichkeiten am Rentenhandel, aber auch zahlreiche Bürger nützten die Gelegenheit, einen Teil ihres Besitzes in langfristig gesicherte Einkünfte zu investieren.

Nun waren geistliche Institutionen an der Rückkäuflichkeit von Renten im allgemeinen nicht interessiert, da diese der Sicherung ihres Lebensunterhaltes und der Erfüllung von regelmäßigen Verpflichtungen im Rahmen von Seelgerätstiftungen u. ä. dienten. Anders lag die Sache bei den Bürgern und Städten, deren Anlage- bzw. Kreditbedürfnis zwar oft langfristig, aber jedenfalls nicht auf die Ewigkeit hin ausgerichtet war, und die deshalb neue Wege für Kreditgeschäfte suchten. Wenn nun Renten wie liegende Güter behandelt wurden, konnten sie auch weiterverkauft oder vom ursprünglichen Verkäufer wieder zurückgekauft werden. Von hier war der Weg zur echten Wiederkaufsrente, bei der die Rückkaufsmöglichkeit von vornherein vereinbart wurde, nicht mehr weit. Im Rahmen dieser Entwicklung ist es vermutlich keine nebensächliche Formulierungsfrage, sondern ein manchmal recht deutlicher Hinweis auf die Begleitumstände des betreffenden Geschäftsabschlusses, wenn die Rückkaufsmöglichkeit mitunter kommentiert wird. So räumte in einem Fall der Käufer der Verkäuferin durch seine *gratiam et amicitiam specialem* das Rückkaufsrecht ein, allerdings erst nach frühestens sechs Jahren,[36] während sich dieses der Verkäufer in anderen Fällen ausdrücklich vorbehalten konnte,[37] was darauf schließen läßt, daß hier das Interesse zur Geldanlage jenes zur Kreditaufnahme deutlich überwog bzw. daß der Verkäufer sich aus den potentiellen Anlegern jenen aussuchen konnte, der ihm die besten Konditionen bot.

Eine solche Rente war nun zwar zumindest für längerfristige Kredite als echtes Kreditinstrument einsetzbar, hatte aber de facto den Charakter eines Darlehens gegen Zinsen angenommen und wäre als solches dem Kanonischen Zinsverbot unterworfen gewesen. Im 14. und 15. Jahrhundert gab es daher mancherorts heftige Diskussionen über die Zulässigkeit des Rückkaufs von Renten. Diese Diskussionen gab es möglicherweise vor allem im gelehrten universitären Umfeld, freilich auch dort nicht überall.[38]

---

35) Daraus darf man aber, insbesondere für die Zeit vor 1300, nicht schließen, daß sie sich an anderen Kreditarten nicht beteiligt hätten, vgl. ANDREAS SCHLUNK, Kloster und Kredit. Die Rolle der Klöster als Kreditgeber und Kreditnehmer vornehmlich im 14. Jahrhundert. In: Scripta Mercaturae 23 (1989) S. 36–74.

36) UB II Nr. 124 (1335); die wörtliche Übersetzung davon *(durch gunst und fruntschaft)* in einer deutschen Urkunde von 1385 (UB II Nr. 912); ähnlich 1387: die Gnade der Käufer ermöglicht den Verkäufern den Rückkauf, *wann wir daz vermogen adir wan uns daz eben adir fugsam ist* (UB Stifter III Nr. 142).

37) Z. B. UB Stifter II Nr. 750, 766, 800 und öfter.

38) Am heftigsten wurden sie in Wien während der ersten Jahrzehnte des Bestehens der dortigen Universität ausgetragen (dazu WINFRIED TRUSEN, Spätmittelalterliche Jurisprudenz und Wirtschaftsethik, dargestellt an Wiener Gutachten des 14. Jahrhunderts. Wiesbaden 1961, bes. S. 111–137), spielten auf dem Konstanzer Konzil eine Rolle (s. CLEMENS BAUER, Diskussionen um die Zins- und Wucherfrage auf dem Konstanzer Konzil. In: Das Konzil von Konstanz. Beiträge zu seiner Geschichte und

Die Praxis sah jedenfalls häufig anders aus. In Erfurt scheint wie anderswo auch die Frage der Erlaubtheit von Wiederkaufsrenten nie ein Thema gewesen zu sein, denn mehrfach wurde bereits im früheren 14. Jahrhundert ausdrücklich eine befristete oder auch unbefristete Rückkaufsmöglichkeit vereinbart.[39] Vieles spricht dafür, daß auch ohne eine solche Vereinbarung mit Zustimmung des Käufers ein Rückkauf durchaus möglich war, daß sie also nur dem Verkäufer ausdrücklich das Recht des Rückkaufs sicherte bzw. der Käufer von vornherein seine Zustimmung zu einem solchen gab. In den entsprechenden Formulierungen spiegelt sich eine mit der Intensivierung der Geldwirtschaft fortschreitende Besserstellung des Verkäufers, d. h. des Kapitalsuchenden, gegenüber dem Käufer bzw. Anlagesuchenden.[40]

Auch ein Verkauf oder eine Weitergabe in anderer Form an Dritte war möglich, wobei sich der Verkäufer in zunächst eher umständlichen Formulierungen,[41] die mit der Zeit zur sogenannten Orderklausel[42] vereinfacht wurden, das Wiederkaufsrecht auch bezüglich dieser Dritten vorbehalten konnte. Erstmals 1385 wurde dann auch ein ausdrückliches Kündigungsrecht des Käufers festgehalten[43] und damit der letzte Schritt auf dem Weg von der Rente zum bloßen Geldkredit vollzogen.

Rückkaufsvereinbarungen über Renten begegnen uns in Erfurt übrigens schon um die Mitte des 13. Jahrhunderts, doch handelt es sich in diesen Fällen formal nicht eindeutig um Rentenkaufverträge, sondern um verschiedene Zwitterformen, Verträge also, die von ihrer formalen Struktur her nicht eindeutig zuordenbar sind. Die betreffenden Rechtsgeschäfte können ein Mittelding zwischen Renten- und Güterkauf,[44]

Theologie. Freiburg im Br. 1964, S. 174–186), und auch die während der ersten Hälfte des 15. Jahrhunderts in Köln mehrfach und zunehmend detailliert erlassenen Wuchergesetze könnten unter dem Einfluß dortiger Universitätslehrer zustandegekommen sein.

39) Z. B. 1318 (UB Stifter I Nr. 1071: Rückkauf innerhalb eines Jahres möglich) oder 1326 (UB II Nr. 49: Rückkauf jederzeit, wenn die Verkäufer *so mechtik worden von Gotis gnaden*, daß sie dazu imstande sind).

40) Vgl. dazu oben zu Anm. 36 f.

41) So durch die Klausel, daß die Verkäufer die in Rede stehenden Renten von ... *emptorius seu hiis, quibus ipsi eadem bona donaverint, vendiderint vel legaverint vel in quascunque personas transtulerint quomodocunque, reemere poterimus* ... um den selben Betrag, um den sie verkauft worden waren (1346 Dez. 1, UB Stifter II Nr. 249). Die Tatsache, daß sowohl die Verkäufer (Erzbischof Heinrich von Mainz und die Provisoren der Mainzer Kirche) wie auch die Käufer (Stiftsherren des Marien- und des Severistifts in Erfurt) dem geistlichen Stand angehörten, macht recht deutlich, daß die Wiederkaufsklausel kaum rechtliche oder moralische Bedenken erweckt haben dürfte.

42) In der Formulierung ... *ader wer desen bryff ynne hat mit yrme guten wissen und willen* ... (so 1385 Nr. 912, S. 666) oder ähnlich; s. dazu auch Bernhard Kirchgässner, Zur Geschichte und Bedeutung der Order-Klausel am südwestdeutschen Kapitalmarkt im 14. und 15. Jahrhundert. In: Wirtschaftskräfte und Wirtschaftswege. Festschrift für Hermann Kellenbenz. Hg. Jürgen Schneider [u. a.], Stuttgart 1978, Bd. 1, S. 373–386.

43) Mit achtwöchiger Kündigungsfrist konnte er jährlich zu Weihnachten – allerdings erst nach einer Mindestlaufzeit von *zcwey iar ader dry iar* – die Rücklösung durch den Verkäufer verlangen (UB II Nr. 912, S. 666).

44) Z. B. UB Stifter I Nr. 291 (vor 1248 Juli 17).

Rentenkauf und Verpfändung[45] oder auch zwischen Renten- und Schuldvertrag[46] sein.

Zusammen mit den vor allem bei Juden aufgenommenen Krediten gegen „Schreinpfand" (Wertgegenstand) sind damit alle wichtigen Kreditformen der Zeit angesprochen. Oft verwischen sich dabei nicht nur die formalen Grenzen der verschiedenen Geschäftsarten, sondern auch die Geschäfte selbst fließen ineinander: Wenn Schuldner großen Geldbedarf hatten oder potentiellen Investoren viel Kapital zur Verfügung stand, nahmen sie häufig nicht nur eine der verschiedenen Kredit- bzw. Anlageformen in Anspruch, sondern mehrere parallel. So nahmen z. B. in den siebziger und achtziger Jahren des 14. Jahrhunderts die Grafen von Schwarzburg nicht nur viele Kredite bei diversen Juden auf,[47] sondern auch beim Erfurter Marienstift,[48] bei verschiedenen Erfurter Bürgern und anderen,[49] und beschafften sich Geld durch Kriegsdienste[50] und Verkäufe.[51] Ähnliches gilt auch für die Grafen von Kefernberg und von Gleichen; es war das normale Wirtschaften eines adeligen Haushaltes dieser Zeit.

Auch „Umschuldungsaktionen" werden mehrfach ausdrücklich erwähnt. Sie waren dann ein Ausweg, wenn sich herausstellte, daß ein zunächst nur kurzfristig und daher hochverzinslich aufgenommener Kredit nicht so rasch zurückgezahlt werden konnte wie ursprünglich beabsichtigt. Mehrfach wurden auf diese Art zur Bezahlung von Schulden und/oder zur Einlösung von Pfändern unter dem Vorbehalt des Wiederkaufs Renten,[52] Liegenschaften[53] oder andere Einkommensquellen[54] verkauft. Der Hinweis auf bestehende Schulden findet sich dabei vor allem bei Verkäufen durch geistliche Institutionen, weil aufgrund kirchenrechtlicher Vorschriften Kirchengut nur in dringenden Notfällen und um das betreffende Gotteshaus vor schwererem Schaden zu bewahren, verkauft werden durfte. Es drängt sich jedoch der Verdacht auf, daß ein solcher Passus nicht immer den Tatsachen entsprach, sondern gelegentlich nur zur

45) Z. B. UB I Nr. 179 (1262).

46) Z. B. UB Stifter I Nr. 475 (1277).

47) Einzelnachweise s. Germania Judaica III/1 (wie Anm. 14) S. 322, Anm. 176.

48) Eine um 1376 aufgenommene Schuld von 100 Mark und 600 Gulden war 1398 immer noch offen (vgl. UB Stifter II Nr. 979).

49) Siehe UB II Nr. 989.

50) Entsprechender Vertrag mit Erzbischof Adolf von Mainz 1377 Apr. 8; die Vorauszahlung auf die dafür zugesicherten 3500 Gulden wurde sofort zur Abdeckung von Schulden verwendet, siehe UB II Nr. 780.

51) Z. B. 1387 durch den Verkauf etlicher Güter und Zinse (UB II Nr. 951).

52) Z. B. 1378 durch mehrere Brüder von Salza an das Severistift (UB Stifter II Nr. 800).

53) 1324 verkauften die Johanniter-Ordenshäuser Weißensee und Erfurt zur Einlösung eines verpfändeten Hofes dem Erfurter Peterskloster 1½ Hufen (UB Stifter I Nr. 1235 und 1249).

54) Erzbischof Gerlach von Mainz sah 1354 zusammen mit dem Domkapitel das Erzstift derart mit *grozser und swerer burden der schulde beswerit und beladen, also daz wir leyder nach unsir macht die schulde zu leschene getwungen werden, off daz wir vermiden grozeren schaden, und wanne wir und unsir stifft nykeine bewegeliche gut haben, damede wir di obgenante schulde abegelegen mogen, und wir auch darzu keinen besseren weg finden nicht konnen*, verkaufen sie der Stadt Erfurt wiederkäuflich Münze und Schlagschatz zu Erfurt (UB II Nr. 416).

formalen Absicherung eines aus anderen Gründen getätigten Geschäftes in die Urkunde eingefügt wurde. So verkaufte z. B. im Dezember 1323 das Erfurter Peterskloster *videntes nostrum monasterium urgenti debito oneratum, de cuius solucione inter nos sepe tractavimus propter hoc specialiter convocati, et invenimus, quod in rebus mobilibus nobis facultas extitit, dictum urgens debitum persolvendi, sed pro solucione huiusmodi aliquas res immobiles vendere nobis necessarium erat,* mehrere Güter um 56 Mark Silber,[55] war aber schon im folgenden Jahr wieder in der Lage, in zwei Raten insgesamt 97 Mark Silber für den Erwerb anderer Güter auszugeben.[56]

Durch die problemlose Wiedereinlösung von Renten (bei der die Schuld wie erwähnt an eine Liegenschaft gebunden war) verwischten sich die Grenzen zwischen diesen und praktisch gleich hoch verzinsten Anleihen (an einer Person hängende Schulden), wie sie gerade im städtischen Bereich häufig waren, zunehmend. Wenn also in dieser Hinsicht die Gegebenheiten in Erfurt als durchaus fortschrittlich bezeichnet werden müssen, hinkte die Entwicklung bei der Höhe der Rentenzinsen hinter jener im Westen und Süden des Reichs deutlich hinterher. Das ist insofern von Bedeutung, als die Höhe der Zinsen allgemein und der Rentenzinsen im besonderen als Maß für die geldwirtschaftliche Entwicklung einer Region angesehen werden kann. Denn nach dem Gesetz von Angebot und Nachfrage, das die Höhe der Zinsen im wesentlichen bestimmte, mußten diese um so niedriger werden, je mehr Geld in einer Region verfügbar war bzw. je größer das Interesse der Anleger gegenüber dem der potentiellen Schuldner war, ins Geschäft zu kommen.

Die Zinsen waren daher nach Zeit und Ort einem starken Wandel unterworfen und konnten vor allem in der früheren Zeit (etwa bis in die erste Hälfte des 14. Jahrhunderts), in der sich offensichtlich erst allgemein anerkannte Geschäftsbedingungen herausbilden mußten, auch an ein und demselben Ort starken Schwankungen unterliegen.[57] Dies gilt insbesondere für Kredite gegen Pfänder und/oder Schuldscheine, bei denen Kriterien wie Laufzeit, Höhe des Kapitals und Bonität des Schuldners eine wesentlich größere Rolle spielten als bei Renten. Vorsicht ist hier aber zusätzlich deshalb geboten, weil die bis in die zweite Hälfte des 14. Jahrhunderts überwiegend verwendete Vereinbarung von Verzugszinsen (d. h. daß Zinsen erst dann berechnet

55) „... in Anbetracht dessen, daß unser Kloster mit überfälliger Schuld beladen ist, über deren Rückzahlung wir uns oft in eigens dafür einberufenen Zusammenkünften beraten haben, kamen wir zum Ergebnis, daß wir mit Mobilien keine Möglichkeit haben, die genannte fällige Schuld zu begleichen, sondern daß wir für die Rückzahlung einige Immobilien verkaufen müssen“ (UB Stifter I Nr. 1221).

56) Ebd. Nr. 1235 und 1249.

57) Abgesehen von den Rentenzinsen ist dies vor allem an Judenschulden ablesbar, da im allgemeinen nur in diesen Schuldscheinen Zinssätze genannt werden (zur Höhe dieser Zinsen zu verschiedenen Zeiten und an verschiedenen Orten siehe Neumann, Wucher [wie Anm. 2] S. 319 ff.; Moses Hoffmann, Der Geldhandel der deutschen Juden während des Mittelalters bis zum Jahr 1350. Ein Beitrag zur deutschen Wirtschaftsgeschichte im Mittelalter. Leipzig 1910, S. 70 ff.; Markus J. Wenninger, Man bedarf keiner Juden mehr. Ursachen und Hintergründe ihrer Vertreibung aus den deutschen Reichsstädten im 15. Jahrhundert. Wien– Köln–Graz 1981, S. 230 ff. u. a.).

wurden, wenn zum im Schuldschein festgelegten Termin die angegebene Schuldsumme – die allerdings bereits aus dem Kapital und den bis zu diesem Termin fälligen Zinsen bestand – nicht bezahlt wurde) entweder einfach den auch schon vorher angewendeten Zinssatz fortschreiben[58] oder aber als zusätzliches Druckmittel gegen Terminüberschreitungen einen erhöhten Zinssatz festlegen konnte.[59] Trotz verschiedener Ausnahmen im Detail kann man insgesamt aber doch sagen, daß die Zinsen von den wirtschaftlich wesentlich weiter fortgeschrittenen Rheingebieten nach Osten bzw. Nordosten hin zu-, im Lauf des 14. und 15. Jahrhunderts aber überall abnahmen.[60]

So waren die Rentenzinssätze ursprünglich meist bei 10 % gelegen, vor allem im Osten teilweise auch darüber. Während sie aber in den westlichen und südwestlichen Reichsgebieten noch vor 1300 diesen Wert zum Teil deutlich unterschritten und sich noch im ersten Viertel des 14. Jahrhunderts meist bei 7–5 % einpendelten, im 15. Jahrhundert teilweise auch unter 5 % sanken,[61] nahmen sie in Erfurt eine ganz andere Entwicklung. Zwar lagen sie auch hier – sofern man den spärlichen Belegen Repräsentativität zuerkennt – um die Mitte des 13. Jahrhunderts meist deutlich unter 10 %, stiegen aber dann an und bewegten sich im letzten Viertel des 13. und dem ersten des 14. Jahrhunderts bei 10 % oder knapp darunter. Erst in der ersten Hälfte des 15. Jahrhunderts überwiegen Werte von 8⅓ bis 6⅔ %, in der zweiten solche von 6⅔ bis 5 %.[62] Das entspricht etwa dem Zinsniveau in Norddeutschland und Sachsen, liegt zwar deutlich unter dem Niveau in den Ostgebieten,[63] aber ebenso deutlich über jenem in West- und Süddeutschland.[64]

Die Zinssätze des Mittelalters waren allerdings nicht nur hinsichtlich Zeit und Raum, sondern auch hinsichtlich der Geschäftsart und der näheren Geschäftsbedingungen

58) So jedenfalls bei den relativ niedrigen Zinsen von 1 Pfennig je Pfund und Woche (entspricht 21⅔ % jährlich), die 1371 von Graf Johann von Schwarzburg mit einigen Erfurter Juden für eine Schuld von 400 Pfund Erfurter Pfennig vereinbart wurde (UB II Nr. 667).

59) Das war offensichtlich zwei Jahre später der Fall, als zwischen denselben Personen die dreifachen (Verzugs-)Zinsen vereinbart wurden (UB II Nr. 701); zum Problem insgesamt siehe Wenninger, Praxis (wie Anm. 9) S. 102 ff.

60) Die umfangreichste Tabelle dazu bei Neumann, Wucher (wie Anm. 2) S. 266–273; außerdem gibt es zahlreiche Einzeluntersuchungen. Neumanns Tabelle berücksichtigt – wenn auch teilweise zu wenig differenziert – in breiter Streuung das gesamte Reichsgebiet, enthält aber keinerlei Angaben zu Erfurt oder dem sonstigen thüringischen Raum.

61) Vgl. ebd.

62) Vgl. dazu die Tabelle im Anhang mit den entsprechenden Einzelbelegen.

63) Von ihnen berücksichtigt Neumann, Wucher (wie Anm. 2) in seiner Tabelle Preußen, Danzig und Breslau.

64) Bezeichnend für diesen Unterschied ist, daß Erfurt 1468, als sich das Erzstift Mainz in höchsten Finanznöten befand und Gefahr lief, der an Metzer Lombarden verpfändeten Domreliquien verlustig zu gehen, zwar grundsätzlich bereit war, dem Mainzer Domkapitel 2000 und dem Erzbischof 3000 Gulden zu leihen, aber nur gegen 6 %, während in Mainz und sonst am Rhein 5 % üblich waren (vgl. Die Protokolle des Mainzer Domkapitels. 1. Bd.: Die Protokolle aus der Zeit 1450–1484. Bearb. Fritz Herrmann und Hans Knies, Darmstadt 1976, Nr. 513/1, 516/3, 517/4 und öfter sowie Nr. 33, 36, 52/1, 259/3, 263 g, 682, 866 und 1229 Anm.).

starken Schwankungen unterworfen. So wurden bei Verpfändungen nutzbarer Güter – der innerhalb des Feudaladels weit überwiegenden Art von Kreditaufnahmen – im allgemeinen Zinsen verrechnet, die in etwa jenen von Renten entsprachen.[65] Ganz anders war die Situation, wenn ein kurzfristiger Kredit gegen „Schreinpfand" oder Schuldbrief bei einem gewerbsmäßigen Geldleiher aufgenommen wurde. Horrorzinsen von manchmal weit über 100 % waren hier im 13. und beginnenden 14. Jahrhundert keine Seltenheit, müssen aber auch unter den Bedingungen des Marktes gesehen werden. Ein Kredit wurde im Prinzip um so teurer, je kleiner sein Betrag, je kürzer seine Laufzeit und je schlechter seine Sicherstellung war. Die genannten exorbitant hohen Kreditkosten konnten sich demnach bei längerfristigen höheren Krediten mit guter Sicherstellung auf Beträge reduzieren, die von Rentenzinssätzen nicht mehr weit entfernt waren oder ihnen sogar völlig entsprachen.[66]

Es scheint mir angebracht, hier einige Bemerkungen über die in Erfurt bei Schuldverträgen verwendeten Währungen einzuflechten.[67] Größere Geldbeträge, wie etwa die Kaufsummen für Renten, wurden im 13. Jahrhundert fast ausschließlich, im größeren Teil des 14. Jahrhunderts überwiegend in Gewichtsmark Silber angegeben, wobei allerdings zwischen dem reinen („lötigen", *argentum purum*) und dem legierten (nichtlötigen, *argentum usualis*) Silber, das dem für die Pfennigausprägung verwendeten Material entsprach und daher in je unterschiedlichen Feinheitsgraden verwendet wurde, unterschieden werden muß. In den letzten beiden Jahrzehnten des 14. Jahrhunderts erfolgten Wertangaben in Mark Silber fast nur noch bei der Festlegung von größeren Renten und Rentenkaufbeträgen, jedenfalls wegen der so besser als mit den wertinstabilen Münzen möglichen Fixierung des Rentenwerts. Dem entspricht auch die zu dieser Zeit noch gelegentlich vorkommende Verwendung von Mark Silber in Schadloshaltungsversprechen, wenn damit die Gewährleistungspflicht über einen bestimmten Wert (also nicht über eine nominale Summe, deren Wert bei jeder Münzverschlechterung geringer wurde) festgeschrieben werden sollte.[68] Im 15. Jahrhundert erfolgte die Verwendung von Mark Silber nur mehr in Ausnahmefällen.[69]

Die Mark Silber als Maßeinheit für größere Summen wurde zunächst durch Silbermünzen und hier vor allem durch böhmische und Meißner Groschen ersetzt, die im Wert stabiler waren als die kleinen Pfennige. Gulden (ausschließlich Rheinische)

---

65) Da aber die Erträge der verpfändeten Güter nur selten genannt werden, kann dies im Einzelfall nur selten nachgewiesen werden. Leichter geht es dort, wo dem Gläubiger nicht einfach die gesamten Einkünfte aus einer verpfändeten Einnahmequelle zufielen, sondern nur ein konkret genannter Betrag, so z. B. UB II Nr. 791 (1377; 8⅓ %), oder ebd., Nr. 876 (1383; 10 %).

66) Vgl. oben ad Anm. 58; dazu WENNINGER, Praxis (wie Anm. 9) S. 130ff.; vgl. GRAUS, Pest (wie Anm. 8) S. 365f.

67) Zur Erfurter Währungsgeschichte allgemein s. GÜNTHER RÖBLITZ, Erfurter Münzgeschichte der Groschenperiode bis zur ersten Talerprägung 1548. In: Erfurt 742–1992 (wie Anm. 5) S. 331–345, und die dort angegebene Literatur.

68) Z. B. 1395 (UB Stifter II Nr. 945).

69) Z. B. ebd. III Nr. 205 und 233 (1449 bzw. 1457).

werden erstmals in den späteren sechziger Jahren des 14. Jahrhunderts erwähnt[70] und setzten sich allmählich immer mehr durch,[71] bis sie, allerdings erst im letzten Drittel des 15. Jahrhunderts, bei Renten und in anderen Fällen, in denen man ein möglichst stabiles Wertmaß benötigte, fast ausschließlich verwendet wurden.

Durch die entsprechenden Nennungen in Urkunden erfahren wir, welche Währungen zu einer bestimmten Zeit in einem bestimmten Gebiet umliefen. Es wäre aber ein Fehler zu glauben, daß die realen Zahlungen tatsächlich immer in den genannten Währungen erfolgt wären. Tatsächlich bildeten diese oft nur einen Wertmesser für die zu bezahlende Summe, während die Zahlung selbst auch in anderen Währungen oder sogar in Realien erfolgen konnte.[72]

Jene „mäßigen" Zinsen, wie sie bei Renten verlangt wurden, wurden seit der ersten Hälfte des 15. Jahrhunderts auch von der Kirche offiziell toleriert.[73] „Wucher" bezeichnete in der Folge nicht mehr die Zinsnahme überhaupt, sondern nur mehr das Nehmen „übermäßiger" (im eigentlichen Sinn dieses Wortes), also deutlich über dem Rentenzinssatz liegender Zinsen und wurde in dieser Form nach wie vor vehement bekämpft. Das hieß aber auch, daß sich der Wuchervorwurf und damit die intensive Propaganda gegen den Wucher immer mehr auf jene gewerbsmäßigen Geldleiher, welche kleine und teilweise schlecht abgesicherte kurzfristige Kredite gegen entsprechend hohe Zinsen verliehen, konzentrierte. Und da sich die Lombarden wegen der für sie schlechter gewordenen Geschäftsbedingungen in der ersten Hälfte des 15. Jahrhunderts weitgehend aus Deutschland zurückzogen, richtete sich der Wuchervorwurf, der ursprünglich ausschließlich den christlichen Wucherern gegolten hatte, nun weit überwiegend gegen die Juden, die pauschal als die Wucherer schlechthin bezeichnet wurden. Dabei bemühte man sich nicht, den Dingen auf den Grund zu gehen und die wirtschaftlichen und gesellschaftlichen Hintergründe dieser Art von Kreditgeschäften aufzuzeigen. Der Wucher galt nicht nur Kirchenleuten, vor allem Angehörigen der Bettelorden, sondern auch weit darüber hinausgehenden Kreisen der Gesellschaft als Erzübel schlechthin, das für allerlei andere Mißstände verantwortlich gemacht wurde. Noch in der Reformation war daher der nicht ganz unberechtigte Vorwurf eines Erfurter Predigers an die alte

70) Z. B. ebd. II Nr. 652.

71) Vgl. dazu das Hauptverbreitungsgebiet des Rheinischen Guldens bei Peter Spufford, Money and its Use in Medieval Europe. Cambridge–New York 1988, S. 280f.: bis in die 70er Jahre des 14. Jahrhunderts das Niederrhein-Main-Gebiet, außerhalb davon nur relativ wenige Belege.

72) Dementsprechend halten Renten- oder Wiederkaufsurkunden öfter fest, daß der Rückkauf einer in Mark lötigen Silbers bewerteten Rente oder Liegenschaft nach dem dann jeweils gültigen Kurs in Münzen erfolgen kann (z. B. UB Stifter II Nr. 555 [1362]), und in einer Quittung für den Dekan des Erfurter Marienstifts über bezahlte Gelder aus dem päpstlichen Zehnten heißt es, daß die Bezahlung der in Mark Silber angegebenen Summe *tam in parato quam in pignoribus* (sowohl in Bargeld – meint hier wohl Münzen – wie in Pfändern) erfolgte (ebd. I Nr. 571; ähnlich ebd. Nr. 886 und öfter).

73) Trusen, Jurisprudenz (wie Anm. 38) S. 212f.

Kirche, sie pflege mit Wucherern vertraulichen Umgang,[74] eine wirksame propagandistische Waffe.

Die Juden waren aber nicht nur vom Wuchervorwurf wesentlich stärker betroffen als früher; auch ihre soziale Situation hatte sich wesentlich geändert. Als angebliche Feinde Christi und der Christenheit wurden sie aus religiösen Gründen immer mehr angefeindet; Pogrome, Schuldentilgungen und überzogene Steuerforderungen hatten die wirtschaftliche Kraft vieler von ihnen stark in Mitleidenschaft gezogen, und durch die Intensivierung der Geldwirtschaft verfügten nun auch viel mehr einheimische Christen in größerem Ausmaß über Bargeld, so daß am Ausgang des Mittelalters die großen Kreditgeschäfte weitestgehend innerhalb des Adels und des Patriziats abgewickelt wurden.

Die antijüdischen Maßnahmen des Kardinals Nikolaus von Kues mit seinen Versuchen, die Kennzeichnungspflicht für Juden in Deutschland durchzusetzen,[75] und die häufig ebenfalls die antijüdischen Gefühle seiner Zuhörer ansprechenden Predigten des Franziskaners Johannes Capestrano[76] am Beginn der fünfziger Jahre des 15. Jahrhunderts brachten das Faß schließlich zum Überlaufen. Angebliche Verbindungen zwischen einzelnen reichen Juden und den Herren von Vitztum einige Jahre zuvor zwecks beiderseitiger Bereicherung – *mit der vitczthum rothe unnd hulffe* sollen die Juden *arme grafe und rittere mit gesuche* (also durch ihre Zinsforderungen für entliehenes Kapital) um ihre Burgen gebracht haben, welche anschließend die Vitztum weit unter Wert von den Juden erworben und an die früheren Eigentümer zu Lehen vergeben hätten, wofür sie 10 % der Kaufsumme als jährliche Lehenabgabe forderten[77] – dürften im Zusam-

---

74) Bartholomäus Arnoldi von Usingen stellte fest, daß die Kirche nur mit *usurariis ... familiaritatem habet*, s. Weiss, Die frommen Bürger (wie Anm. 7) S. 151.

75) Zu seinem Besuch in Erfurt s. Die Chronik Hartung Cammermeisters (wie Anm. 30) S. 127–131.

76) Zu seiner Anwesenheit in Erfurt im August und September 1452 s. Johannes Hofer, Johannes Kapistran. Ein Leben im Kampf um die Reform der Kirche. Neue, bearb. Aufl., Bd. 2, Heidelberg 1965, S. 164–168. Vom Inhalt seiner dortigen Predigten, deren letzte mehrere 10 000 (!) Zuhörer fand, ist nicht viel überliefert; wie anderswo dürfte eines seiner wichtigsten Anliegen der Wucher gewesen sein, der bei ihm auch immer wieder einen Ausgangspunkt für Verbalattacken gegen die Juden bildete (vgl. z. B. seine Nürnberger Predigten, ebd., S. 156 f.). Auch in Halle, wo sich Capestrano anschließend aufhielt, trugen seine Predigten wesentlich dazu bei, daß die dortigen Juden – ähnlich wie in Erfurt – wegen massiver Boykottmaßnahmen der Bevölkerung in einer Art Mittelding zwischen freiwilligem Abzug und Vertreibung 1453 oder 1454 die Stadt verließen (s. Germania Judaica III/1 [wie Anm. 14] S. 502, und Fritz Backhaus, Judenfeindschaft und Judenvertreibung im Mittelalter. Zur Ausweisung der Juden aus dem Mittelelberaum im 15. Jahrhundert. In: Jahrbuch für die Geschichte Mittel- und Ostdeutschlands 36 (1987) S. 275–332, hier 296 f.).

77) So berichtet jedenfalls Konrad Stolle, Memoriale, thüringisch-erfurtische Chronik. Bearb. Richard Thiele, Halle 1900, S. 233; vgl. auch Germania Judaica III/1 (wie Anm. 14) S. 315, Nr. 42. Tatsächlich dürfte sich der geschilderte Vorgang so abgespielt haben, daß die Vitztum nicht erst die bereits verfallenen Herrschaften von den jüdischen Gläubigern günstig kauften, sondern schon die überfälligen Forderungen, die sie anschließend den Schuldnern präsentierten. Diesen blieb dann, wenn sie ihrer zum Pfand gesetzten Herrschaften nicht durch Gerichtsbeschluß verlustig gehen wollten, nichts anderes übrig, als ihr freies Eigen den Vitztum aufzugeben und von diesen als Lehen wieder in Empfang zu nehmen; das war übrigens im Spätmittelalter ein durchaus üblicher Weg, sich Kapital zu

menhang mit der Vitztum-Fehde ein übriges getan haben: 1453 entzog der Rat den Juden seinen Schutz und erklärte, die gerichtliche Eintreibung ihrer Schuldforderungen nicht länger dulden zu wollen. Da unter solchen Umständen an eine Fortführung ihrer Geschäfte nicht zu denken war, verließen die Juden in der Folge – ohne förmliche Vertreibung – die Stadt, die einige Jahre später gegen eine beträchtliche Abschlagszahlung für die nun ausfallenden Judensteuern vom Erzbischof das Privileg erhielt, *zcu ewigen gezeiten* keine Juden mehr aufnehmen zu müssen.[78] Die Juden selbst konnten sich freilich in einigen nahegelegenen Dörfern ansiedeln und von dort aus die gewohnten Geschäfte einigermaßen weiterbetreiben.[79]

Die Vertreibung der Juden aus Erfurt änderte nichts an den wirtschaftlichen Verhältnissen allgemein oder an den Bedingungen der Geldleihe im besonderen. Die oben aufgezeigten Entwicklungen führten dazu, daß es um 1500 in der Praxis im wesentlichen nur mehr zwei Arten von Kreditgeschäften gab: kurzfristige (mit einer Laufzeit von meist einigen Wochen oder Monaten) über meist kleinere Summen und gesichert durch einen mehr oder weniger wertvollen verpfändeten Gegenstand gegen immer noch relativ hohe Zinsen von etwa 30–43⅓ %,[80] und längerfristige (Laufzeit mindestens ein Jahr bis – zumindest theoretisch – unbegrenzt), deren Formen zwar aus sehr verschiedenen Wurzeln mit ganz unterschiedlichen Arten der Besicherung und Zinszahlung kamen (Rente, Anleihe, Verpfändung, Kredit gegen Schuldschein), die sich aber formal und inhaltlich inzwischen weitgehend aneinander angenähert hatten, gegen Zinsen von meist 4–6 %. Erfurt bildet hier keine Ausnahme. Zwar lassen sich die Geschäfte der Juden nach ihrer Vertreibung aus der Stadt nur mehr schwer verfolgen, aber die Renten und sonstigen Kreditgeschäfte fügen sich durchaus in das Bild des übrigen Deutschland ein. Der Übergang zum neuzeitlichen Kreditwesen war damit vollzogen.

---

beschaffen (wenn auch um den Preis der Aufgabe der Eigenständigkeit) bzw. sein Territorium auszubauen (wenn man investierbares Kapital hatte), vgl. z. B. UB I Nr. 537. Die Vitztum konnten auf diese Art nicht nur ihre Herrschaft ausbauen, sondern außerdem – wenn die von Stolle gemachten Zahlenangaben stimmen – eine wesentlich bessere Rendite für ihr Kapital erzielen, als wenn sie es in Renten oder Anleihen investiert hätten, für die in dieser Zeit nur mehr zwischen 6⅔ und 8⅓ % zu erzielen waren (vgl. die Tabelle im Anhang).

78) S. Jaraczewsky, Geschichte (wie Anm. 14) Urk. XVIII, S. 99.

79) S. Germania Judaica III/1, S. 216, Jaraczewsky, Geschichte (wie Anm. 14) S. 58f. und Urk. XVIII, S. 98ff.; zum Abzug der Juden aus Erfurt und seinem Nachspiel s. auch Eberhard Holtz, Erfurt und Kaiser Friedrich III. (1440–1493). Berührungspunkte einer Territorialstadt zur Zentralgewalt des späten Mittelalters. In: Erfurt 742–1992 (wie Anm. 5) S. 185–201, hier: 188f.

80) Die Zinsen kurzfristiger Kredite wurden im allgemeinen wöchentlich berechnet. Der im 15. Jahrhundert häufige Satz von (auf das Jahr umgelegt) 43⅓ % ergibt sich dabei, wenn von 1 Pfund wöchentlich 2 Pfennige oder von 2 Schock Groschen wöchentlich 1 Groschen genommen werden. Zu den teilweise stark variierenden Zinssätzen bei Judenschulden s. Germania Judaica III/1 (wie Anm. 14) S. 322f., Anm. 176–190; vgl. dazu jedoch oben ad Anm. 58f.

# Anhang

## *Rentenzinsfuß-Tabelle Erfurt*

Die folgende Tabelle enthält in erster Linie die Zinsangaben für sogenannte Ewigrenten, jene Renten also, die rechtlich gesehen nicht an eine Person, sondern an eine Liegenschaft gebunden waren, und im Gegensatz zu den Leibrenten zeitlich nicht begrenzt und daher – wenn sie nicht zurückgekauft wurden – zumindest theoretisch bis in alle Ewigkeit zu zahlen waren. Zur besseren Vergleichsmöglichkeit sind aber auch Anleihen (mit Rentenzinssatz verzinste Personalkredite; gekennzeichnet durch *) und verschiedene Zwischenformen (sofern sie mit einem dem Rentenzinssatz der jeweiligen Zeit entsprechenden Satz verzinst wurden; gekennzeichnet durch +) mit aufgenommen.[81] Wo Kapital und Rente in unterschiedlichen Währungseinheiten angegeben sind (z. B. Mark Silber und Pfund Pfennige) wurde der Zinsberechnung das meist aus anderen Quellen erschlossene Wertverhältnis dieser beiden Einheiten zugrundegelegt.[82] Ein $\sim$ (ungefähr), $<$ (kleiner als) oder $>$ (größer als) steht dem Zinssatz dann voran, wenn die Rentenzahlung teilweise in Naturalien erfolgte (meistens eine bestimmte Anzahl Hühner, aber auch Gänse, Getreide oder anderes), so daß ein genauer Wert nicht angegeben werden kann.

Seit der zweiten Hälfte des 14. Jahrhunderts werden die Belege für Rentengeschäfte so zahlreich, daß es nicht sinnvoll schien, alle anzuführen. Weggelassen wurden vor allem zahlreiche Belege für das Mittelfeld der jeweiligen Bandbreite.

---

81) Eine genaue Unterscheidung von Renten und ähnlich verzinsten anderen Kreditformen ist in der Praxis häufig schwierig bzw. nur theoretisch an einzelnen Formulierungen festzumachen, die aber für die Praxis kaum von wesentlicher Bedeutung gewesen sein dürften, vgl. dazu auch Bittmann, Kreditwirtschaft (wie Anm. 2) S. 114.

82) Zu den in Erfurt verwendeten Währungen s. Röblitz, Münzgeschichte (wie Anm. 67).

| Jahr | % | Quelle |
|---|---|---|
| 1248 | 7,7 + | UB I, 138 |
| 1248 | 10 + | UBSt I, 291 |
| 1262 | 9 + | UB I, 179 |
| 1265 | 6¼ | UB I, 189f. |
| 1269 | 6⅔ | UB I, 229 |
| 1277 | 10 | UB I, 290 |
| 1277 | 8⅓ + | UBSt I, 475 |
| 1283 | 10 | UB I, 330 |
| 1296 | 6,2 | UB I, 453 |
| 1303 | 12,6 | UB I, 508 |
| 1304 | 12 | UBSt I, 843 |
| 1305 | 7,5 | UBSt I, 866 |
| 1307 | 11⅔ | UBSt I, 911 |
| 1311 | 10 | UBSt I, 946 |
| 1312 | 12,5 | UBSt I, 953 |
| 1314 | 20 + | UB I, 576 |
| 1315 | 20 + | UBSt I, 994 |
| 1315 | 20,8 | UBSt I, 1011 |
| 1316 | 10,7 + | UBSt I, 1018 |
| 1318 | 14,3 | UBSt I, 1071 |
| 1318 | 12,5 | UBSt I, 1072 |
| 1320 | 20,8 | UBSt I, 1125 |
| 1326 | ~11 | UB II, 49 |
| 1327 | 9,8 | UB II, 67 |
| 1335 | 10 | UB II, 124 |
| 1337 | 10 | UBSt II, 68 |
| 1338 | 10 | UBSt II, 95 |
| 1341 | <10 | UBSt II, 129 |
| 1342 | ~10 | UBSt II, 151 |
| 1346 | ~10 | UBSt II, 249 |
| 1346 | 10 * | UB II, 264 |
| 1348 | 5,7 + | UB II, 290 |
| 1349 | 8,5 | UBSt II, 296 |
| 1350 | ~ 9 | UBSt II, 332 |
| 1350 | 10 | UBSt III, 82 |
| 1351 | ~ 9,8 | UBSt II, 335 |
| 1351 | ~ 9,3 | UBSt III, 86 |
| 1351 | 12 | UBSt II, 339 |
| 1353 | 10 + | UB II, 408 |
| 1354 | 11,1 | UBSt II, 381 |
| 1354 | 10 | UBSt II, 385 |
| 1355 | 10 + | UB II, 433 |
| 1356 | 10,5 | UBSt II, 413 |
| 1356 | 10 | UBSt III, 101 |
| 1357 | 7 | UBSt III, 103 |
| 1357 | 10 | UB II, 494 |
| 1359 | 10 | UB II, 495 |
| 1361 | 7,14 | UBSt III, 114 |
| 1362 | 10 | UBSt II, 548 |
| 1362 | 11,1 | UBSt II, 555 |
| 1363 | 10 | UBSt II, 563 |
| 1363 | > 8 | UBSt II, 566 |
| 1364 | 10 + | UB II, 568 |
| 1365 | 10 | UBSt II, 598 |
| 1365 | 8⅓ | UB II, 579 |
| 1365 | 12 | UB II, 589 |
| 1366 | 13,8 | UBSt II, 596 |
| 1366 | 6⅔ | UB II, 601 |
| 1367 | 10 | UB II, 605 |
| 1367 | 10 * | UB II, 611 |
| 1368 | 5 | UB II, 627 |
| 1368 | 10 | UBSt II, 654 |
| 1371 | 12,5 | UB II, 659 |
| 1371 | 8⅓ | UBSt II, 700 |
| 1373 | 10 | UBSt II, 743 |
| 1374 | 6⅔ | UB II, 712 |
| 1375 | 10 | UBSt II, 766 |
| 1376 | 10 * | UBSt II, 979 |
| 1377 | 8⅓ * | UB II, 791[a] |
| 1378 | 13⅓ + | UB II, 810 |
| 1378 | 10 + | UB II, 810 |
| 1378 | 17,5 + | UB II, 810[b] |
| 1378 | 10 | UBSt II, 800 |
| 1379 | 8 | UB II, 821 |
| 1381 | 10 * | UB II, 989,1 |
| 1381 | 10 * | UB II, 989,2 |
| 1381 | 5 * | UB II, 989,5[c] |
| 1383 | 10 | UBSt II, 825 |
| 1384 | 10,3 | UBSt II, 831 |
| 1384 | 10 * | UB II, 989,12 |
| 1385 | 10 | UBSt II, 844 |
| 1385 | ~ 9,5 | UB II, 909 |
| 1385 | 8⅓ | UBSt II, 853 |
| 1387 | 8⅓ | UB II, 948 |
| 1387 | 10 | UBSt III, 142 |
| 1388 | 10 | UB II, 958 |
| 1389 | 12,5 | UB II, 979 |
| 1389 | 10 | UBSt II, 886f. |
| 1390 | 6¼ | UB II, 990 |
| 1393 | 8⅓ | UB II, 1030 |
| 1393 | 10 | UBSt II, 933 |
| 1394 | 8 | UB II, 1047 |
| 1395 | 8⅓ | UB II, 1080 |

| Jahr | % | Quelle |
|---|---|---|
| 1397 | 7,7 * | UB II, 1108 |
| 1397 | 15,4 * | UB II, 1108[d] |
| 1397 | 8⅓ * | UB II, 1108 |
| 1397 | 7,23 * | UB II, 1108 |
| 1397 | 9,13 * | UB II, 1108 |
| 1397 | 8⅓ * | UB II, 1108 |
| 1397 | 10 | UBSt II, 959 |
| 1398 | 8⅓ | UBSt II, 978 |
| 1400 | 8⅓ | UB II, 1143 |
| 1400 | 10 | UBSt II, 1002 |
| 1403 | 10 | UBSt III, 154 |
| 1434 | 6¼ | UBSt III, 176 |
| 1434 | 10 | UBSt III, 178 |
| 1436 | 6⅔ | UBSt III, 180 |
| 1437 | 6⅔ | UBSt III, 182 |
| 1443 | 7,14 | UBSt III, 188 |
| 1444 | 6⅔ | UBStIII,191f. |
| 1446 | 8⅓ | UBSt III, 194 |
| 1446 | 5,71 | UBSt III, 195 |
| 1446 | 5 | UBSt III, 199 |
| 1449 | 6⅔ | UBSt III, 205 |
| 1453 | 8⅓ | UBSt III, 221 |
| 1454 | 8⅓ | UBSt III, 224 |
| 1455 | 6⅔ | UBSt III, 226 |
| 1455 | 5 | UBSt III, 227 |
| 1459 | 8⅓ | UBSt III, 239 |
| 1460 | 5 | UBSt III, 240 |
| 1462 | 8⅓ | UBSt III, 244 |
| 1463 | 8⅓ | UBSt III, 248 |
| 1463 | 5 | UBStIII,249f. |
| 1465 | 6⅔ | UBSt III, 252 |
| 1469 | 5 | UBSt III, 256 |
| 1469 | 5,71 | UBSt III, 258 |
| 1470 | 8⅓ | UBSt III, 260 |
| 1471 | 6 | UBSt III, 264 |
| 1475 | 2,86 | UBSt III, 273 |
| 1477 | 8⅓ | UBStIII,279f. |
| 1478 | 6⅔ | UBSt III, 284 |
| 1483 | 6⅔ | UBSt III, 297 |
| 1484 | 7,4 | UBSt III, 303 |
| 1487 | 6 | UBSt III, 308 |
| 1491 | 6⅔ | UBSt III, 319 |
| 1492 | 5 | UBSt III, 321 |
| 1493 | 7 | UBSt III, 322 |
| 1494 | 6 | UBSt III, 326 |
| 1495 | 8 | UBSt III, 329 |
| 1501 | 8 | UBSt III, 346 |
| 1502 | 5 | UBSt III, 347 |

a) Hier liegt eigentlich keine Geldaufnahme vor, sondern der Erwählte Adolf von Mainz zahlt diesen Zins (je 1 fl jährlich für 12 fl des Kapitals) aus dem Zoll zu Ehrenfels an zwei Erfurter Bürger, da er eine umfangreiche Warenlieferung (Wert: 3402 fl) nicht bezahlen kann.

b) Diese drei Einträge sind nicht im Original, sondern nur in einem zeitgenössischen Register erhalten. Der letzte fällt so sehr aus dem Rahmen der üblichen Zinssätze, daß sich die Frage aufdrängt, ob hier eine fehlerhafte Eintragung vorliegt.

c) Mit einiger Wahrscheinlichkeit liegt hier in der Quellenangabe (10 Mark jährl. für 200 Mark Kapital) ein Druck- oder Schreibfehler vor, sicher jedenfalls bei einem weiteren Eintrag (Nr. 989,8) dieser Serie, nach dem für 100 Mark Kapital jährlich 100 Mark Zinsen gezahlt worden wären.

d) Auch hier liegt ein zeitgenössisches Register (über Geldaufnahmen der Stadt Erfurt bei verschiedenen Bürgern) vor, dessen unterschiedliche Zinssätze darauf schließen lassen, daß es keinen allgemein gültigen einheitlichen Satz gab, sondern daß sie in individuellen Verhandlungen zustandegekommen sind. Freilich gab es dafür einen bestimmten Rahmen, von dem die 15,4 % so weit abweichen, daß sich auch hier die Frage nach einem eventuell fehlerhaften Eintrag stellt.

WIELAND HELD

# Das Landgebiet Erfurts und dessen Wirkungen auf die Ökonomik der Stadt in der frühen Neuzeit

Die Bürgerschaft und die Wirtschaft der Stadt Erfurt, dieses größten und bedeutendsten kommunalen Gemeinwesens Thüringens, schöpfte einen nicht unerheblichen Teil der Lebenskraft und auch der materiellen Ressourcen aus einem Territorium stattlicher Größenordnung. Es scheint keineswegs vermessen festzustellen, daß sich Erfurts Größe und Relevanz im Spätmittelalter und in der Frühneuzeit nur schwer ohne diesen eigenen, zur Stadt gehörenden ländlichen Raum vorstellen läßt.

Entsprechend frühzeitig wurde diesem Gegenstand in der stadtgeschichtlichen Literatur Beachtung geschenkt. Vor etwas mehr als 100 Jahren lieferte Freiherr von Tettau eine erste Aufstellung der ratsherrlichen Landerwerbungen seit der Mitte des 13. Jahrhunderts.[1] Zu Anfang unseres Säkulums beschäftigte sich Georg Oergel mit dem Erfurter Landgebiet,[2] wobei er sich insbesondere auf die jeweilige Herkunft der Lehnbesitzungen und auf die Art der Verwaltung des Territoriums seitens der Stadt konzentrierte. Beide Arbeiten unterschätzen die einzelbürgerlichen Landerwerbungen und die Käufe von Rentenrechten im Umland. Es schien daher gerechtfertigt, daß die Forschungen zu den Vorgängen um das Zustandekommen des Erfurter Territoriums gegen Ende der siebziger Jahre wieder aufgenommen wurden.[3] Diese Untersuchungen konzentrierten sich nunmehr auf den Erwerb von Gerichtsgerechtsamen, von Lehen bzw. von Landbesitz und von Grundrenten, und zwar von seiten der Bürger der Stadt, einzelner städtischer Institutionen und des Rates. Als Quellen dienen vor allem gedruckt vorliegende Urkunden.[4] Gegen Ende des 15. Jahrhunderts zählten zum Erfurter Territorium immerhin 83 Dörfer und die Stadt Sömmerda.[5] Dem Erfurter Land-

---

1) Vgl. WILHELM JOHANN ALBERT VON TETTAU, Geschichtliche Darstellung des Gebietes der Stadt Erfurt und der Besitzungen der dortigen Stiftungen. In: MVGAE 13 (1887) S. 1–165.

2) Vgl. GEORG OERGEL, Das ehemalige Erfurter Gebiet. In: ebd., 24 (1903) S. 159–190.

3) Vgl. WIELAND HELD, Die Land- und Grundrentenerwerbungen sowie die Bemühungen um ländliche Gerichtsrechte von seiten des Rates und der Bürger der Stadt Erfurt vom 12. Jahrhundert bis 1400. In: Jahrbuch für Wirtschaftsgeschichte Teil II, S. 149–168; DERS., Das Volumen des Land- und Grundrentenbesitzes einiger bedeutender geistlicher Stiftungen und Klöster Erfurts bis 1400. In: Jahrbuch für Regionalgeschichte 8 (1981) S. 175–193.

4) Vgl. UB I–II.

5) StAE 2/122–5 Bl. 67; vgl. auch THEODOR TH. NEUBAUER, Zur Geschichte der mittelalterlichen Stadt Erfurt. In: MVGAE 35 (1914) S. 10–11; vgl. auch OERGEL, Gebiet (wie Anm. 2) S. 164 f.

gebiet wird in der Literatur eine Größe bis zu 900 km² zugemessen.[6] Eine Kernfrage schien für den Erfurter Rat schon frühzeitig die Erwerbung von Gerichtsrechten im umliegenden ländlichen Raum zu sein. Dabei fällt auf, daß dieselben meist für ganze Ortschaften bzw. sogar Grafschaften auf dem Wege des Pfandkaufs oder Kaufs erlangt wurden. Urkundlich faßbar wird dies erstmalig im Jahre 1269, als die Stadt die Herrschaft über Dorf und Burg Stotternheim an sich brachte.[7] Im Oktober 1270 kam die Gerichtshoheit über die nahe Erfurt gelegene sogenannte Grafschaft an der schmalen Gera (*quod comiciam nostram minorem in Mittelhusen apud Geram …*[8]) hinzu. Noch früher als der Rat bemühten sich Erfurter Bürger um Gerichtsrechte über Dörfer bzw. dörfliche Fluren. Urkundlich wird dies erstmalig im Juli 1266 faßbar, als die Erfurter Gothefridus und Sifridus von Nordhausen sowie Cunradus Brunonus die Teilgerichtsrechte über das Dorf Schwerborn von Graf Albert von Gleichen pfandweise erwarben.[9] Der Rat und die Erfurter Bürgerschaft brachten bis 1400 in 74 Dörfern, in der Grafschaft an der schmalen Gera und in zwei Städten die totale und in weiteren 22 Dörfern die partielle Gerichtshoheit an sich.[10] Die Gerichtsrechte im die Stadt umgebenden ländlichen Raum waren den Erfurtern sehr wichtig. Sie verstärkten den Einfluß der Bürger und ihres Rates auf die Dörfer und deren Bewohner. Es verwundert somit nicht, daß derartige Gerechtsame, waren sie einmal von seiten der Erfurter erworben worden, im Besitze der Stadt bleiben sollten. Und dies wurde bereits im 14. Jahrhundert auf dem Verordnungswege geregelt. Im Zuchtbrief des Jahres 1351 findet sich denn auch der Passus: *Welcher Burger hat eygene Dörffer und Gerychte, der sal sie niergend noch niemant verkauffen, er enhab die dane vor geboten dem Rathe.*[11]

Im Laufe der Zeit gelang es dem Erfurter Rat, über den Erwerb von derartigen Gerichtsgerechtsamen die Rechtsprechung über immer mehr Menschen des entstehenden Erfurter Landgebietes an sich zu ziehen. Das verstärkte Erfurts Einfluß im Umland. Das Gerichtsbuch des Erfurter Rates von 1482 bis 1492 dokumentiert Zivilrechtsverhandlungen zwischen Bürgern der Stadt und Dorfbewohnern. Das Erfurter Ratsgericht entschied nach diesem Zeugnis viele Streitfälle um Flurstücke bzw. Erbschaftsauseinandersetzungen zwischen Bauern einzelner Landgemeinden.[12] Die Ratsverwaltung ließ schließlich für die einzelnen Vogteien im Territorium Gerichtsbücher anlegen. Aus einem solchen, nämlich dem der Vogtei Kerpsleben von 1515 bis 1517 geht zum Beispiel die Verhandlung eines Bechstedter Bauern in einer Familienangelegenheit vor dem Vogt

---

6) Während NEUBAUER (Geschichte [wie Anm. 5] S. 11) von ca. 610 km² ausgeht, berechnet HANS GIESECKE (Das alte Erfurt. Leipzig 1972, S. 64) eine Größe von 900 km².

7) Vgl. UB I Nr. 228.

8) Vgl. ebd., Nr. 242.

9) Vgl. ebd., Nr. 206.

10) Vgl. HELD, Grundrentenerwerbungen (wie Anm. 3) S. 157.

11) Zitiert nach NEUBAUER, Geschichte (wie Anm. 5) S. 9.

12) Vgl. ANDREAS LUDWIG JAKOB MICHELSEN, Aus dem Gerichtsbuche des Rathes zu Erfurt von 1482–1492. In: Rechtsdenkmale aus Thüringen 4 (1861) S. 373–375.

hervor.[13] Mitte des 16. Jahrhunderts standen u. a. die Heimbürgen der Dörfer Andisleben und Walschleben vor dem Ratsgericht in Erfurt *von wegenn des flur gewends auch Triefft und huth weyde In den winckelnn oder Braunss weiden genant*. Beide Gemeinden stritten sich um ein Weidestück, dessen Qualität nach Ansicht der Walschlebener durch einen von den Andislebenern vorgenommenen Wasseraufstau der Gera beeinträchtigt wurde.[14]

Ab Mitte des 13. Jahrhunderts lassen sich in zunehmendem Maße Bemühungen des Rates und einzelner Bürger der Stadt um Lehens- und Rentenbesitz im Umland nachweisen. Das war bezeichnenderweise die Zeit, in der die Kommune dem Mainzer Erzbischof als dem Stadtherrn wesentliche Befugnisse im Rahmen der bürgergemeindlichen Selbstverwaltung abringen konnte.[15] König Rudolf von Habsburg verlieh der Stadt zum Beispiel im Jahre 1282 das *Privilegium de non evocando*,[16] womit kein Erfurter vor ein auswärtiges Gericht gezogen werden durfte. Im Land- und Lehenserwerb waren die Bürger zu Anfang aktiver als ihr Rat. Auch bemühten sie sich um Grund und Boden bedeutend früher als der Rat. So datiert die erste urkundliche Erwähnung bürgerlichen Landbesitzes bereits aus dem Jahre 1193,[17] während derartige Aktivitäten des Rats zum erstenmal 1269 aus den urkundlichen Nachrichten aufscheinen.[18] Damit erfolgte der bürgerliche Landerwerb ebenso frühzeitig wie der Lübecks, aber zeitlich weit vor demjenigen der Bürger solcher Städte wie Nürnberg, Mühlhausen in Thüringen, Rostock und Stralsund.[19]

Nach der Überlieferung brachten Erfurter Bürger bis 1320, mithin 128 Jahre nach der ersten schriftlichen Erwähnung, etwa 400 Hufen Land in 64 Dörfern und in der unmittelbaren Nachbarschaft der Stadt in ihren Besitz. Da eine Erfurter Hufe 32 Acker[20] und ein Acker $2642m^2$ umfaßten,[21] waren dies immerhin etwa 3400 Hektar Ackerland. Im Verlaufe des 14. Jahrhunderts nahmen die Land- und Grundrentenerwerbungen des Rates und der Bürger erheblich zu. Das beweist allein schon die größer

---

13) Vgl. StAE 1–1 XXI 8, 6, Bl. 138–140.

14) Vgl. ebd., 1–1 XXI 9, 1, Bl. 136 (Bruchstück eines Ratsgerichtsbuches von 1556–1561).

15) Vgl. Erich Wiemann, Beiträge zur Erfurter Ratsverwaltung des Mittelalters. T. 2: Die städtische Handels- und Gewerbeverwaltung. In: MVGAE 52 (1938) S. 45 ff.; Theodor Th. Neubauer, Das tolle Jahr von Erfurt. Hg. Martin Wähler, Weimar 1948, S. VIII ff.

16) Vgl. UB I Nr. 324; vgl. auch Werner Mägdefrau, Der Thüringer Städtebund im Mittelalter. Weimar 1977, S. 105 f.

17) Vgl. UB I Nr. 58.

18) Vgl. ebd., Nr. 228.

19) Vgl. Konrad Fritze, Bürger und Bauern zur Hansezeit. Studien zu den Stadt-Land-Beziehungen an der südwestlichen Ostseeküste vom 13. bis zum 16. Jahrhundert. Weimar 1976, S. 57; Fritz Schnelbögl, Die wirtschaftliche Bedeutung ihres Landgebietes für die Reichsstadt Nürnberg. In: Beiträge zur Wirtschaftsgeschichte Nürnbergs. Hg. Stadtarchiv Nürnberg, Nürnberg 1967, Bd. 1, S. 288; Dietrich Lösche, Zur Lage der Bauern im Gebiet der freien Reichsstadt Mühlhausen i. Th. im 15. und 16. Jahrhundert. Phil. Diss. Berlin 1961, S. 18 f.

20) Vgl. StAE 2/111–9, Bl. 197 f.

21) Vgl. Reinhold Jauernig, Die alten in Thüringen gebräuchlichen Maße und ihre Umwandlung. Gotha 1929, S. 15: 1 Hufe waren im Erfurter Raum also knapp 8,5 Hektar.

werdende Dichte der urkundlichen Überlieferung. Dabei waren derartige Aktivitäten von seiten der Bürger bei weitem höher als dieselben des Ratsregiments.[22] In den acht Dezennien von 1321 bis 1400 erwarben der Erfurter Rat etwa 65 Hufen oder 552 Hektar und die Bürger 311 Hufen oder 2640 Hektar.[23]

Wie umfangreich die Initiativen und Bemühungen der Erfurter Bürger um Land in dieser Zeit gewesen sind, offenbart auch ein gräflich hennebergisches Lehensverzeichnis vom Jahre 1317. Dort spielten von den um Lehen der Henneberger nachsuchenden Städtebürgern die von Erfurt bei weitem die größte Rolle. Allein 25 Namen von Erfurter Bürgergeschlechtern tauchen in diesem Katalog auf.[24] Obzwar es keine Garantie für die Vollständigkeit des Quellenmaterials gibt, belegen die überlieferten Urkunden der Stadt Erfurt bis zum Jahre 1400 einen bürgerlich-städtischen Landbesitz, wobei der bürgerliche und der ratseigene Grund und Boden zusammengefaßt wurden, von mindestens 830 Hufen oder etwa 7000 Hektar, der sich in 105 Dörfern sowie in der Nähe von Erfurt und Weimar nachweisen läßt.[25] Es steht natürlich die Aufgabe, aus dem vorhandenen urkundlichen und anderen Quellenmaterial des 15. und 16. Jahrhunderts die mit Sicherheit zunehmende Ausweitung des bürgerlichen Land- und Lehnsbesitzes im ländlichen Raum im einzelnen zu verfolgen. Um einen Vergleich zu haben, Mühlhausen in Thüringen hatte 1525 einen bürgerlichen Landbesitz von 593 Hufen.[26] Zudem wandte sich das Interesse der Erfurter seit dem 13. Jahrhundert dem Umland auch im Hinblick auf den Erwerb von Grundrenten zu. Bis 1400 verfügten Bürger dieser Großstadt über Zinseinkünfte in immerhin 77 Dörfern, aber auch in unmittelbarer Nähe ihrer Heimatstadt sowie Arnstadts, Königsees, Weißensees und Remdas.[27]

Nur in den seltensten Fällen kamen Transaktionen von Land, Renten oder Gerichtsrechten aus bürgerlicher oder Ratshand nach außerhalb in den Urkunden vor. Gelegentlich sich bietende Kapitalanlagemöglichkeiten, die man entweder nutzte oder auch verstreichen ließ, dürften derartige Geschäfte von seiten der Erfurter also nicht gewesen sein. Dies entsprach auch der Politik des Rates, der in solchen Aktivitäten mehr sah, als lediglich Erwerbsgeschäfte. Nicht nur der Erfurter Zuchtbrief von 1351 verordnete den Bürgern das Vorkaufsrecht des Rates über Ländereien der Bürger.[28] Auch aus den Texten der Urkunden, die solche Geschäfte dokumentieren, scheint eine derartige Ratspolitik auf. Gelegentlich des Kaufes von 99 Hufen Land, eines Weingartens und

---

22) Vgl. HELD, Grundrentenerwerbungen (wie Anm. 3) S. 160.
23) Vgl. ebd.
24) Vgl. JOHANN ADOLPH VON SCHULTES, Diplomatische Geschichte des gräflichen Hauses Henneberg mit CCLV Urkunden und 9 Kupfertafeln. T. 2, Hildburghausen 1791, S. 30–62; vgl. auch WILHELM FÜSSLEIN, Die Anfänge des Kollegiatstiftes S. Egidii und S. Erhardi zu Schmalkalden. In: Festschrift des Vereins für Hennebergische Geschichte und Landeskunde in Schmalkalden anläßlich der Feier seines 50jährigen Bestehens 18 (1923) S. 14–16.
25) Vgl. auch HELD, Grundrentenerwerbungen (wie Anm. 3) S. 160–161.
26) Vgl. LÖSCHE, Lage (wie Anm. 19) S. 38–40.
27) Vgl. HELD, Grundrentenerwerbungen (wie Anm. 3) S. 162.
28) Vgl. Anm. 11.

einer Mühle in den Ortschaften Alach, Bindersleben, Gispersleben, Töttleben, Linderbach, am Stolberg, in Hochstedt und Tiefthal durch einige Bürger aus den Besitzungen des Erfurter Petersklosters im Jahre 1354 machte der Rat seine Zustimmung von der Klausel abhängig, daß im Falle der Weiterveräußerung diese Ländereien zuerst dem Erfurter Rat anzubieten waren.[29] Die Urkundentexte lassen in vielen Fällen das Streben des Rates erkennen, entsprechend den gegebenen ökonomischen Möglichkeiten seine Besitz-, Gerichts- und Rentenrechte im ländlichen Raum zu erweitern, um ein wirkungsvolleres Gegengewicht gegenüber Repressalien und Anfeindungen von seiten feudaler Kräfte zu schaffen. So avisierten die Erfurter Ratsgewaltigen 1375 den Markgrafen von Meißen die Fehde mit den Worten: *Wan ihr uns und den unsern lange zyt die strasse geenget habt, unser ein vor den andern hat lassen uffgehalden, die unsern uss uwern uffen slossen und weder daruff geraubet, gefangen, hinweg geführet und auch etzliche der unsern in ewern schlossen und stocken sin gelemet und davone gestorben, umb solch gedrengnisse und vel anders unrechten … wollen uns dessen hyrmete gegen uch allewohl bewart haben …*[30] Was kommt hier anderes zum Ausdruck, als das größer gewordene Sicherheitsbedürfnis des Handels- und Gewerbebürgertums, das auch anderenorts festgestellt wurde?[31] Der Rat komplettierte denn auch förmlich die recht planmäßig betriebenen Landerwerbungen durch den Kauf von Burg- und Wehranlagen in der Nähe stark frequentierter Handelsrouten. So kam es seit 1269 zur Übernahme der Burgen und Schlösser Stotternheim, Vieselbach, Neumarkt, Kapellendorf, der unteren Sachsenburg, Tonndorf, Mühlberg, Brandinberg, Vargula und Vippach.[32] Die über Jahrhunderte zielgerichteten Bemühungen der Erfurter und des Rates um Gerichtsrechts-, Land- und Grundrentenbesitzungen ließen schließlich ein Territorium entstehen, in dem in der beginnenden frühen Neuzeit der Rat vergleichbar einer Feudalgewalt landesherrliche Rechte ausübte. Die ungezählten Kaufaktionen einzelner Erfurter Bürger, Institutionen und des Ratsregiments lieferten die dazu erforderlichen „Bausteine“. Die Gerichtsrechte dürften der Natur der Sache nach dabei am stärksten im herrschaftspolitischen Sinne gewirkt haben.

Nach Schätzungen Theodor Neubauers standen im 16. Jahrhundert den etwa 18000 Einwohnern Erfurts im Territorium der Stadt etwa 24000 bis 32000 Bewohner gegenüber.[33] Eine Bevölkerung dieser Größenordnung, die zudem in etwa 100 Dörfern zu Hause war, bedurfte, sollte sie nach den Vorstellungen der Allgewaltigen im Erfurter Rathaus regiert werden, eines straff organisierten Verwaltungsapparats. Dazu schuf der Rat ländliche Verwaltungseinheiten, die im Aufbau durchaus Ähnlichkeiten mit Ämtern umliegender Territorialstaaten aufwiesen. So lassen sich sieben Landvogteien und fünf Schloßämter belegen, wozu noch in neun einzelnen Dörfern *gespelten*

29) Vgl. UB II Nr. 418; vgl. ähnlich auch Nr. 540 (1361).
30) Ebd., Nr. 755.
31) Vgl. Fritz Schnelbögl, Bedeutung (wie Anm. 19) S. 285.
32) Vgl. UB I Nr. 228, 445; UB II Nr. 42, 295, 342, 432, 478, 482, 875, 907, 952.
33) Vgl. Neubauer, Geschichte (wie Anm. 5) S. 11.

Gerichte kamen. Das waren Ortschaften, in denen nicht alle Bewohner dem Erfurter Rat unterstanden. Die Ämter lagen in der Regel weiter von der Stadt entfernt und wurden deshalb von einem befestigten Platz aus, einer Burg oder einem Schloß, regiert. Die Vögte und Amtleute waren dem Rat direkt unterstellt und diesem berichts- und rechenschaftspflichtig. Sie leiteten die Gerichtspflege ihres jeweiligen Verwaltungsbereiches, wobei sie mit den durch die Landgemeinde gewählten Heimbürgen zusammenarbeiteten.[34] Die Erfurter Ordnung des Jahres 1452 verpflichtete die Vögte *in die stadt vor eyn rath zu der hulde* und schärfte ihnen bezeichnenderweise ein, dafür Sorge zu tragen, *das unsern bürgern an ihren widen, weszen und anderley schade bewart.*[35]

Welche Wirkungen hinterließ ein Landgebiet dieser Größenordnung auf die Ökonomik der Stadt und auf die wirtschaftlichen Aktivitäten ihrer Bewohner? Was ergab sich daraus im Hinblick auf die Art und Weise der Korrelationen zwischen Stadt und Land? Die Folgen aus dem Territoriumsbesitz dürften für Erfurt vielfältig gewesen sein. Von der Sicherheit der Zufahrtsstraßen in die Handels- und Gewerbemetropole war schon die Rede. Mit dem Landgericht schuf sich Erfurt zudem insbesondere auf politischem und rechtlichem Sektor ein Gegengewicht gegen den Adel der Umgebung. Die Landkäufe und -pfandnahmen schwächten den Adel in der Nachbarschaft ohnehin in erheblichem Maße. Fritz Rörig bezeichnete die Erfurter Territorialpolitik als „eine ausgesprochene Schutzmaßnahme gegen den fürstlichen Territorialismus",[36] wobei er vermutlich vor allem den der Wettiner, der Henneberger, vielleicht der hessischen Landgrafen und sicher auch über weite Strecken den des Mainzer Hochstifts im Auge hatte. Wenn man bedenkt, daß der Erzbischof von Mainz als Stadtherr im 15. und 16. Jahrhundert in der unmittelbaren Umgebung der Stadt lediglich noch über fünf, die sogenannten Küchendörfer, mithin über Witterda, Hochheim, Daberstedt, Dittelstedt und Melchendorf, in uneingeschränkter Macht verfügte, d. h. dort allein die Wirtschaft, Verwaltung und die Rechtspflege in der Hand hatte,[37] so wird der Unterschied zur großen Anzahl der durch den Rat beherrschten Dörfer offenbar. Das heißt aber nicht, daß das Hochstift nicht auch in anderen Dorffluren über einzelne Ackerstücke gebot.

Ein weiterer Vorteil für Erfurt bestand in der ungehinderten Nutzung der Wirtschaftspotenz des Landgebietes und seiner Bewohner. Im Unterschied zu den Landstädten, die ohne eigenes Territorium auszukommen hatten, war das Landgebiet Erfurt dergestalt dienlich, daß dessen Bewohner ihre Lebensmittelerzeugnisse und gewerblichen Rohstoffe den Märkten dieser Großstadt zuzuführen hatten und gleichzeitig gezwungen waren, von ihnen benötigte Erzeugnisse zu den Bedingungen der Städter

34) Vgl. ebd., S. 12–13; Oergel, Gebiet (wie Anm. 2) S. 177–181; Andreas Ludwig Jacob Michelsen, Die Rathsverfassung von Erfurt im Mittelalter. Jena 1855, S. 43 f.

35) Vgl. ebd.

36) Fritz Rörig, Die europäische Stadt und die Kultur des Bürgertums im Mittelalter. Göttingen 1955, S. 114.

37) Vgl. z. B. Oergel, Gebiet (wie Anm. 2) S. 171.

größtenteils auf dem Erfurter Anger bzw. anderen Märkten der Stadt zu erwerben.[38] Das bekannteste Produkt aus dem Umland, das die Erfurter Stadtväter verstanden, auf den städtischen Markt zu zwingen, war der Färberwaid. Die Bauern in vielen Erfurter Dörfern stellten aus den Waidblättern etwa handtellergroße Waidbällchen her, die sie auf den Erfurter Anger brachten. Dort wurden sie den dazu vom Rat privilegierten Waidhändlern verkauft, die ihrerseits die Bällchen zum begehrten Farbpulver weiter verarbeiteten und hernach in verschiedene deutsche bzw. europäische Regionen verkauften.[39] Auf dem Gebiet der Waidproduktion zeigt sich in der beginnenden frühen Neuzeit eine Arbeitsteilung zwischen Land und Stadt, mithin vom Zeitpunkt der Aussaat in den dörflichen Fluren an bis zum Verkauf von seiten der Waidgroßhändler in Erfurt. Bis in die erste Hälfte des 14. Jahrhunderts schien der Waidhandel noch an keinen bestimmten Platz in der Stadt gebunden gewesen zu sein. Im Zuchtbrief von 1351 wird dann schließlich der Anger genannt, der sich auf Grund seiner Geräumigkeit sehr gut für das Aufstellen der Bauernwagen geeignet haben dürfte. Der Rat stellte die Obrigkeit für die Landbewohner im Territorium dar. Er setzte deshalb Waidmesser ein und erhob den Waidpfennig. Der Rat bestimmte auch den Platz, auf dem die Bauern ihre Waidbällchen anzubieten hatten. Nach wiederholten Angriffen von seiten der Mainzer Stadtherren gegen eine derartige Regelung formulierte denn auch der Rat in einem Anschlag vom Jahre 1480 unmißverständlich: *Der rath hat oberkeit des weitmarts in der statt Erffurt und macht, den in ader vor die statt nach irem gefallen zcu legen.*[40]

Die Bewohner der Erfurter Dörfer mußten insbesondere zudem ihr Getreide nach Erfurt zum Kornmarkt und auf den Anger bringen und dort veräußern. Zuwiderhandlungen wurden bestraft.[41] Drohte nach Mißernten Hungersnot, so verhängte der Rat für Bürger und Bewohner des Landgebietes strikte Ausfuhrverbote von Getreide, wie z. B. im Jahre 1437, wo verlautete, *daz vortmeher nymand keynerleye getreide, korn, gersten, haffern noch malcz uszme lande zcu furne, vorkouffe ader daz selbiz darusz fure ader fure lasze sulle ... wer ez darpobin tede, den wolde eyn raid darumme zcuchtigen ader busze.*[42] Mithin war eine Stadt wie Erfurt viel leichter in der Lage, eine Hungersnot der Stadtbevölkerung zu verhindern als jede andere landesherrliche Kommune. – Neben

38) Vgl. u. a. Erich Gaenschalz, Die Nahrungsmittelpolitik der Stadt Erfurt bis zum Jahre 1664. In: MVGAE 47 (1931) S. 1–132; Wiemann, Beiträge (wie Anm. 15) S. 16–17, 32–34; Werner Schoenheinz, Wirtschaftliche und soziale Verhältnisse des Dorfes Ermstedt bei Erfurt im 17. Jahrhundert. In: MVGAE 53 (1940) S. 78; Theodor Th. Neubauer, Wirtschaftsleben im mittelalterlichen Erfurt. In: Vierteljahresschrift für Sozial- und Wirtschaftsgeschichte 12 (1914) S. 546 f.

39) Vgl. u. a. Alfred Rach, Die zweite Blütezeit des Erfurter Waidhandels. In: Jahrbücher für Nationalökonomie und Statistik 171 (1959) S. 25–88; V. E. Majer, Soziale und ökonomische Wandlungen im Bereich der Waidproduktion und des Waidhandels im Deutschland des 14.–17. Jahrhunderts. In: Magdeburger Beiträge zur Stadtgeschichte 1 (1977) S. 43–60; Hansjürgen Müllerott, Das Thüringer Becken – ein bedeutendes europäisches Waidanbaugebiet. In: Zeitschrift für Agrargeschichte und Agrarsoziologie 39 (1991) S. 186–199.

40) Zitiert nach Wiemann, Beiträge (wie Anm. 15) S. 16.

41) Gaenschalz, Nahrungsmittelpolitik (wie Anm. 38) S. 26–33.

42) StAE 1-1 XXI, 1a, 1a (1437) Bl. 173.

diversen agrarischen Erzeugnissen hatten die Bewohner des Erfurter Landgebietes insbesondere Holzkohle nach Erfurt zu bringen und dort ganz offensichtlich auch einen guten Absatz dafür. Es wird berichtet, daß der Kohlehandel vor den Graden den Straßenbelag nahe der schwarzen Kemenate des Scharfrichters derartig schwarz färbte, daß der Scharfrichter und sein Diener regelmäßig nach den Markttagen kehren mußten. Dies führte zu Auseinandersetzungen zwischen dem Rat der Stadt und den erzbischöflichen Beamten wegen der Vergütung für diese Dienstleistung.[43]

Aber der Erfurter Rat mit seinen landesherrlichen Rechten über das Landgebiet erzwang nicht nur den Absatz der Erzeugnisse der Bauern auf den Erfurter Märkten. Verschiedenen Gewerbetreibenden der Stadt war es zudem erlaubt, ihre Produkte im Umland zu vertreiben. So findet sich beispielsweise in der Schmiedeordnung von 1466 der Passus: *aber sie mogen die uff das land furen und verkeuffen.*[44] Der Rat hielt es außerdem für angemessen, daß einzelne Gewerbe, wie z. B. die Holzschuhmacher, minderwertige Ware eigens für den Verkauf im Erfurter Umland herstellten.[45] Natürlich zogen letztendlich auch die dienstleistenden Gewerbe Erfurts viel Nutzen aus den regelmäßigen Besuchen der Landbewohner in geschäftlichen Dingen. Unter anderem zählten die Barbierer der Stadt sehr viele Dörfler zu ihren Kunden.[46] – Außerdem nutzte der Rat seine das Landgebiet dominierende Position, um die Wettbewerbsfähigkeit ländlicher Produkte zu neutralisieren. Dies wirkte zum Nachteil der bäuerlichen Bevölkerung und eindeutig zum Vorteil der kleinen Warenproduzenten in der Stadt Erfurt. So war den Ratsherren beispielsweise die schlechte Qualität Erfurter Biers bekannt. Das kommt letztlich auch darin zum Ausdruck, daß der Rat mitunter selbst Einbecker Bier bestellen ließ.[47] Doch statt mit geeigneten Maßnahmen auf eine Verbesserung der Qualität des Erfurter Biers bei den städtischen Bauern hinzuwirken, arbeitete der Rat mit Diktaten und Vorschriften. Mit Hilfe des sogenannten Braubannes wurde den Bewohnern des Landgebietes die Erzeugung des Bieres untersagt und nur ein Dünnbier herzustellen gestattet. Damit bekamen die Erfurter Brauer die Chance, weiterhin ihr minderwertiges Bier in der Stadt und im Landgebiet zu verkaufen. Doch blieb noch die Konkurrenz der Bierschenken in den Mainzer Küchendörfern. Besonders in Daberstedt muß es wohl ein gutes Bier gegeben haben, das viele Erfurter Bürger anzog. Außerdem sollen in der Daberstedter Schenke Karten- und Würfelspiele erlaubt gewesen sein. Doch in den sechziger Jahren des 15. Jahrhunderts wurde der Rat auch dieser Situation Herr. Eine Notlage des Hochstiftes ausnutzend erwarb die Stadt die

43) Vgl. Die älteren Weisthümer der Stadt Erfurt über ihre Stellung zum Erzstift Mainz, aus den Handschriften herausgegeben, erklärt und mit ausführenden Abhandlungen versehen. Ein Beitrag zur Verfassungs- und Culturgeschichte der deutschen Städte von Alfred Kirchhoff, Halle 1870 S. 272.

44) StAE 1–1 VIII, Aa, 93.

45) Vgl. ebd., 2/100–3 Anhg., Bl. XL; vgl. auch Wiemann, Beiträge (wie Anm. 15) S. 67f.

46) Vgl. StAE 0–0 A XXXV 16.

47) Vgl. ebd., 1–1 XXI, 1b, 1b (1504) Bl. 230.

Gerichtsgefälle und die Schankrechte in Daberstedt, wodurch Erfurt letztendlich die Schließung der Schenken Daberstedts und der anderen Küchendörfer erreichte.[48]

Der Rat von Erfurt hatte bereits seit dem ausgehenden 13. Jahrhundert das Recht der Regelung der Maße und Gewichte in seinem Besitz.[49] Im Laufe des 15. Jahrhunderts erreichte das Stadtregiment schließlich auch die Kontrolle über das Flüssigkeitsmaß[50] und stellte zwei Eichbeamte an. Diese Privilegien räumten dem Rat diverse Vorteile in den wirtschaftlichen und marktrechtlichen Prozessen ein, und zwar in der Stadt und im Umland, gaben der Stadt im Wege der eigenmächtigen Änderung von Gewichts- und Hohlmaßbemessungen sogar Möglichkeiten von Steuererhöhungen an die Hand. Um die Wende zum 16. Jahrhundert führte der Rat z. B. eine briefliche Auseinandersetzung mit dem Hochstift Mainz wegen der durch das Rathaus angeordneten Verringerung der Erfurter Wein- und Biermaße. Diese Maßveränderung brachte der Stadt nicht unwesentliche Steuern ein, zumal diese Regelung auch für das gesamte Erfurter Territorium galt.[51]

Die vorgenannten Folgen für Stadt, Rat und Bürger aus dem Vorhandensein eines eigenen Landgebietes sind relativ schnell zu ermitteln. Sie lassen sich aus den Quellen – so weit noch erhalten – verhältnismäßig rasch und auf direktem Wege, d. h. aus den jeweiligen Äußerungen bzw. Niederschriften, erkennen und zusammenstellen. Ein anderer Aspekt, resultierend aus der Existenz des Erfurter Territoriums, ist weitaus schwieriger und auf komplizierterem Wege aufzuhellen, nämlich der Landbesitz als Quelle bürgerlichen bzw. ratsherrlichen Reichtums. Auf der einen Seite ist klar, daß Grundbesitz, Gerichtsrechte oder Renteneinnahmen in den Fluren des Erfurter Landgebietes auch im 15. und 16. Jahrhundert weiterhin Objekte von Käufen, Verkäufen oder Verpfändungen waren und die Bürger der Stadt an der Gera dabei als Erwerber eine sehr große Rolle spielten. Wie die im Landeshauptarchiv Sachsen-Anhalt in Magdeburg vorhandenen ungedruckten Urkunden zeigen, erwarb beispielsweise im Jahre 1482 der Erfurter Bürger Hans Zinserlich von den Grafen von Gleichen die Geld- und Naturalrentenleistungen von 19 Bauern des Dorfes Zimmern, oder der Rat kaufte 1500 vom Peterskloster in Erfurt elf Hufen Land sowie Zinserträge und das Ober- und Niedergericht in Gottstedt.[52] Auf der anderen Seite ist es nicht einfach, eine Vorstellung über den städtischen bzw. bürgerlichen Land-, Renten- und Gerichtsrechtsbesitz im Erfurter Umland zu erhalten und die sich daraus ergebenden Folgen für Stadt- und Landbevölkerung im einzelnen auszumachen.

Verrechtsbücher helfen hier weiter. Das Verrechtsbuch der Stadt Erfurt vom Jahre 1569[53] sowie die Verrechtsbücher der Erfurter Ämter Tonndorf von 1563 und der

48) Vgl. ebd., 0–0 C Daberstedt 2; vgl. auch WIEMANN, Beiträge (wie Anm. 15) S. 38–40.
49) Vgl. StAE 2/100–3 Bl. XVI (Willkür von 1306).
50) Vgl. ebd., 1–0 A IX, 370 Vol. I, Nr. 84.
51) Vgl. LHASA Rep. A 37b I Abt. II Tit. XIII Nr. 1.
52) Vgl. ebd., Rep. U 15 Zimmern Nr. 492 a; Tit. IV Gottstedt, Nr. 11 b.
53) Vgl. StAE 1–1 XXIII a, 11 und 12.

Vogtei Büßleben von 1534[54] liefern für die bezeichneten Gebiete detaillierte Daten. Die Steuerbücher enthalten neben dem Namen des städtischen bzw. dörflichen Steuerzahlers, dessen Vermögensobjekten und dem geschätzten Geldwert derselben auch die Grundbesitzer der jeweiligen einzelnen Besitzteile. Es kann davon ausgegangen werden, daß die Verhältnisse in anderen Erfurter Ämtern und Vogteien im 16. Jahrhundert ähnlich gewesen sind. Während z. B. das Tonndorfer Verrechtsbuch die Zinsherren über die Vermögensbestandteile der Steuerzahler in den städtischen Amtsdörfern Klettbach, Tiefengruben, Gutendorf, Haufeld und Tonndorf nennt, verzeichnet die Steuerliste von 1569 dieselben der Bürger im städtischen bzw. stadtnahen Bereich. Es erweist sich, daß die Bürger Erfurts im Umland Grundeigentümer, Lehensinhaber, Inhaber von Gerichtsrechten bzw. Grundrenten sein konnten. Sehr viele Bürger nutzten das Land im Territorium aber auch als Ackerbürger, also als Bauern. So trat in Hunderten von Fällen die Situation ein, daß Bürger Erfurts Renten von Bauern in den Dörfern des Landgebietes und von Mitbürgern, die Landstücke in stadtnahen Landgemeinden kultivierten, kassierten. – Nach dem Tonndorfer Verrechtsbuch von 1563 bewirtschafteten in den fünf Dörfern 394 bäuerliche Existenzen insgesamt 104 Hufen. Mithin ist ein ausgesprochener Kleinbesitz zu registrieren. Auf den 104 Hufen lagen Rechte sehr vieler Grundherren. Sie verteilten sich zu über 51 Prozent auf 50 Bürger Erfurts, zu 28,5 Prozent auf das städtische Amt, zu 0,5 Prozent auf den Rat, zu 3,8 Prozent auf das Erfurter Große Spital, zu 4 Prozent auf zwei Adelige, zu einem Prozent auf den landesherrlichen Mainzer Hof und zu mehr als 10 Prozent auf Dorfkirchen und Dorfpfarreien.[55] Mithin befanden sich in den fünf Dörfern des Amtes 84,2 Prozent oder 87,5 der 104 Hufen der bäuerlichen Felder in der Gewalt bürgerlicher bzw. städtischer Grundherren.

Ähnlich gestalteten sich die Verhältnisse in der Erfurter Vogtei Büßleben im Jahre 1534. Eine ausgeprägte Streulage der bürgerlichen grundherrlichen Besitzungen im Erfurter Landgebiet ist hervorzuheben. Mattes Keyser aus Klettbach zinste ins Amt und an die Erfurter Bürger Hans Reinbot, Hans Schade und an Melchior Denstedts Witwe. Volkmar Schmidt aus Tonndorf führte seine Renten ins Erfurter Amt und an die Erfurter Hans Weßer, Christoph von der Sachsen und Jeronymus von der Sachsen ab, und der Haufeldener Christoph Heyder zahlte Grundzinsen an die Erfurter Jorge Encker, Johann Con und Jacob von der Sachsen.[56] Sicher hatten viele der im Verrechtsbuch Tonndorf genannten 50 Erfurter Bürger relativ wenige grundherrliche Besitzungen in diesem Amt. Dessen ungeachtet ist davon auszugehen, daß die meisten dieser Bürger auch in anderen Dörfern des Erfurter Territoriums von weiteren Lehen Renten einzogen. Zudem verfügten auch einige der betreffenden Fünfzig über umfangreichere Ländereien in diesem Amt. So hatten Hans Reinbot oder Jeronymus von der Sachsen hier einen Streubesitz von insgesamt mehr als 10 bzw. 9 Hufen.

54) Vgl. LHASA Rep. A 13, I Tit. IV 4, Nr. 10; StAE 1–1 XXIII c. 9.

55) Vgl. Wieland Held, Zwischen Marktplatz und Anger. Stadt-Land-Beziehungen im 16. Jahrhundert in Thüringen. Weimar 1988, S. 77 und Tab. 8, S. 203.

56) Vgl. LHASA Rep. A 43 I Tit. IV 4, Nr. 10, Bl. 7, 74, 42.

Ein ähnliches Bild offenbart das für die Bürger der Stadt Erfurt angelegte Verrechtsbuch Erfurts von 1569. Es zeigt sich, daß auch hier die Bürger einer Vielzahl von Personen und Institutionen grundherrliche Zinsen zu entrichten hatten, wobei ebenso Städter häufig mehreren, meist bürgerlichen Grundherren verpflichtet waren. Der größte Teil der durch die Bürger kultivierten Ackerländereien, Wiesen, Weiden, Wein- und Hopfengärten war Grundeigentum bürgerlicher, ratsherrlicher oder städtisch-institutioneller Provenienz. Das Hochstift Mainz oder der weltliche Adel spielten als Grundbesitzer eine untergeordnete Rolle. Wenn beispielsweise der Reichste Erfurts vom Jahre 1569, Asmus Fensterer, grundherrliche Rechte über Landparzellen von 134 Einwohnern der Stadt, nämlich 217 Acker Land, über 53 Stadthäuser, eine Scheune, 18 Gärten, eine Fleischbank, eine Mühle, eine Salpeterei und ein Backhaus wahrnahm und Heinrich Vasolt dieselben über 53 städtische Wohnhäuser, eine Scheune und insgesamt 123 Acker Land inne hatte, die durch 96 Bürger in eigener Regie genutzt wurden, so sind die Größenordnung und die starke Zersplitterung der Grundbesitzrechte im Erfurter Territorium angedeutet.[57] Dabei ist der Grund und Boden der Erfurter Bürger in den dörflichen Fluren jeweils noch hinzuzudenken. – Die Verrechtsbücher belegen eine äußerst komplizierte und polymorphe Struktur der grundherrlichen Rechte an den durch Bürger und Bauern kultivierten Ländereien in der Stadt und im Territorium der Stadt. Im Hinblick auf die an das Land gebundenen Rechte und Pflichten ergab sich eine vielfältige Verwobenheit zwischen der Stadt- und Landbevölkerung. Neben dem auf den Marktplätzen sich realisierenden Geld- und Warenfluß vom Dorf in die Stadt gab es in Erfurt den Strom von Münzen und Naturalien als Feudalrente in die Stadt, in die Bürgerhäuser, der seinerseits wohl auch eine bedeutende Größenordnung gehabt haben muß.

Diese Situation, die in Thüringen vor allem für Erfurt, mit gewissen Abstrichen noch für Mühlhausen zu registrieren ist, stellt gewiß mehr Fragen, als nach dem heutigen Erkenntnisstand Antworten zu finden sind. Einige seien angeführt: Wie wurde der Bürger, der grundherrliche und gerichtsherrliche Rechte in dieser enormen Streuung über viele dörfliche und auch städtische Fluren inne hatte, damit fertig? Wie war das verwaltungs- und finanztechnisch lösbar? Der Bürger hatte ja allenthalben noch einen Kaufmanns- oder Gewerbebetrieb in der Stadt. Lief das über einen Bevollmächtigten? Was bedeutete die grundherrliche und gerichtsherrliche Verwobenheit zwischen Bürgern und Bauern sowie zwischen Bürgern und Bürgern für das Zusammenleben der Stadt- und Landbevölkerung, aber auch innerhalb der Einwohnerschaft der Stadt bzw. im Rahmen der jeweiligen dörflichen Gemeinden? Was hatte diese konkrete, sich aus den Verhältnissen des Erfurter Landgebietes herleitende Situation wiederum für Wirkungen auf die Marktverhältnisse der Großstadt an der Gera?

Wenn auch gründlichere, die Probleme auslotende detaillierte Untersuchungen abzuwarten sind, so dürfte dennoch davon auszugehen sein, daß das umfangreiche Erfurter

57) Vgl. StAE 1–1 XXIII a, Nr. 11 und 12.

Landgebiet die Wirtschaftspotenz der Stadt prägte, über weite Strecken stärkte und förderte sowie auch die Versorgung der Stadtbevölkerung auf eine sicherere Basis brachte. Das Territorium stellte ein politisches Gegengewicht gegen benachbarte, sich formierende frühmoderne Staaten und Feudalgewalten dar. Es sicherte auf die Stadt zulaufende Handelswege. Zudem orientierte es die Wirtschaftsführung sowie Landbau und Viehhaltung der Bauern auf die Stadt, auf deren Belange und Interessen. Der Rat hatte es in der Hand, mit Verordnungen und Gesetzen den Wünschen und Bestrebungen der Bürger entgegenzukommen, mithin die Landbevölkerung zu zwingen, sich diesen städtischen Zielvorstellungen zu beugen. Die Stadt Erfurt schöpfte im Spätmittelalter und in der Frühneuzeit wohl einen beachtlichen Teil ihrer Existenz- und Lebenskraft aus dem Landgebiet. Es dürfte durchaus nicht überzogen sein, die große Ausstrahlung des Handels und Gewerbes dieser städtischen Kommune weit über Thüringen hinaus auch im Zusammenhang mit dem Vorhandensein eines als Kraftreservoir wirkenden Territoriums zu sehen.

RUDOLF ENDRES

# Die wirtschaftlichen Beziehungen zwischen Erfurt und Nürnberg im Mittelalter

„In der Mitte der Mitte", so umschreibt Martin Luther die zentrale Lage Erfurts im Lande Thüringen und im Deutschen Reich. Tatsächlich hatte sich die Bischofsstadt an der Gera und an der Fernhandelsstraße, die in den Geleitsakten als „die rechte Kreutzstraße"[1] bezeichnet wurde, im Laufe des Mittelalters unbestritten zum wichtigsten Stapel-,[2] Umschlags- und Handelsplatz in Mitteldeutschland entwickelt, bevor es sich im ausgehenden 15. Jahrhundert der starken Konkurrenz von Leipzig ausgesetzt sah, das durch die sächsischen Kurfürsten in starkem Umfang gezielt gefördert wurde und bald Erfurt überholte. Auch konnte Erfurt, trotz mehrmaliger Versuche, die Oberherrschaft des Mainzer Erzbischofs nicht völlig abschütteln und hat so, anders als Nürnberg, nie den Status einer Reichsstadt erlangt.

Die salisch-staufische Pfalzanlage von Nürnberg wurde wesentlich später als Erfurt auf einer Felserhebung über der Pegnitz gegründet. Der rasche wirtschaftliche Aufstieg der Stadt zu Füßen der Burg gründete sich hauptsächlich auf zahlreiche kaiserliche Privilegien, voran den „Großen Freiheitsbrief" von 1219,[3] aber auch auf ein ausgeprägtes Autonomiestreben der Bürgerschaft, der es schrittweise gelang, die zollerschen Burggrafen völlig aus der Reichsstadt zu verdrängen.[4] – Die günstige wirtschaftsgeographische Lage Nürnbergs bekam dann vor allem durch die besonderen Beziehungen zu Kaiser Karl IV. (1346–1378), dem König von Böhmen, neue Impulse. Kunst und Handel spiegelten bald den böhmischen Einfluß in der Reichsstadt wider.[5] Der Reichtum der Stadt beruhte dabei insbesondere auf der Spezialisierung des Handwerks, den strengen Qualitätskontrollen des Rates, dem Innovationsvermögen der nichtzünftisch organisierten Handwerke, dem sprichwörtlichen „Nürnberger Witz"[6] und der risikobereiten Kaufmannschaft, die dem „Nürnberger Tand" immer wieder neue Märkte erschloß. Doch die Entdeckung Amerikas verschob in einem längeren Prozeß

1) Luise Gerbing, Erfurter Handel und Handelsstraßen. In: MVGAE 21 (1900) S. 97.

2) Schon 805 wurde Erfurt von Karl dem Großen zum Stapelplatz erklärt (UB I Nr. 4, S. 2).

3) Nürnberger Urkundenbuch. Bearb. Gerhard Pfeiffer, Nürnberg 1959, S. 111–114.

4) Vgl. Werner Schultheiss, Politische und kulturelle Entwicklung. In: Nürnberg – Geschichte einer europäischen Stadt. Hg. Gerhard Pfeiffer, München 1971, S. 38ff.

5) Ebd., S. 73ff.

6) Zuletzt hierzu Rudolf Endres, Das Handwerk in Nürnberg im ausgehenden Mittelalter. In: Nürnberg und Bern. Zwei Reichsstädte und ihr Landgebiet. Hg. Rudolf Endres, Erlangen 1990, S. 49–81 (Lit.).

die Handelszentren nach Westen und machte schließlich die Seehäfen Europas zu den Schwerpunkten des Welthandels zu Lasten der früheren Handelsmetropolen im Zentrum des Reiches.[7]

Nürnberg und Erfurt sind zwar getrennt durch die Mittelgebirgszüge des Thüringer Waldes und des Frankenwaldes, doch für den Fernhandel waren dies keine unüberwindlichen Hindernisse. Wegen der wichtigen landwirtschaftlichen Produkte des Thüringer Beckens, vor allem aber wegen der idealen Lage Erfurts auf der Verbindungslinie zwischen Nürnberg und den in der Hanse zusammengeschlossenen Seestädten, voran Lübeck, entwickelten sich über diese Gebirgszüge hinweg sehr intensive wirtschaftliche Beziehungen. – Nürnberg war unbestritten einer der wichtigsten Knotenpunkte im mitteleuropäischen Fernstraßennetz, aber auch Erfurt war gleichsam als „Straßenspindel"[8] ein wichtiger Kreuzungspunkt der ost-westlichen Handelsverbindungen, voran der sogenannten „Hohen Straße", sowie der Verbindungen von Süden nach Norden, auf denen über Nürnberg der Levantehandel und der Handel aus den Mittelmeerländern mit den Gebieten an der Nord- und Ostsee abgewickelt wurde (Abb. 69).

Die Bedeutung der Straße Nürnberg-Erfurt und die wichtige Funktion Erfurts als Umschlagsplatz und als Verteiler für die Nürnberger Waren im ganzen norddeutschen Raum sowie in den Ländern an der Ostsee und Nordsee bezeugen bereits die ersten Straßenkarten von Deutschland, die von dem Nürnberger Kartographen und Rechenmeister Erhard Etzlaub aus der Zeit um 1500 stammen.[9] Neben den Romweg-Karten verdient hier besonders die Landstraßenkarte von 1501 Beachtung. Auf ihr sind zwischen Nürnberg und Erfurt die Stationen Erlangen, Forchheim, Bamberg, Coburg, Eisfeld, Ilmenau und Arnstadt eingetragen, wodurch die wichtigsten Städte an der Fernstraße über den Thüringer Wald festgehalten sind. In Erfurt teilen sich dann die für den Nürnberger Fernhandel wichtigen Routen nach Norden auf.[10] Die erste Route führt über Lüneburg und Lübeck bis nach Dänemark; die zweite Route verläuft über Magdeburg und Sternberg nach Rostock an die Ostsee, und die dritte Route führt über Mühlhausen und Minden nach Bremen an die Nordsee.

Von Nürnberg aus erstreckte sich auf dem Weg nach Erfurt vom Tiergärtner Tor bis Baiersdorf das markgräflich-bayreuthische Geleit, dann übernahm das bischöflich bambergische Geleit bis Güßbach, wo das würzburgische Geleit begann und in Gleußen im Itzgrund endete. Von Gleußen bis Coburg geleiteten die Herzöge von Sachsen, und bei Eisfeld übernahm die Stadt Erfurt das Geleit, die innerhalb der

7) Vgl. Hermann Kellenbenz, Gewerbe und Handel. In: Nürnberg (wie Anm. 4) S. 176ff.

8) Hektor Ammann, Die wirtschaftliche Stellung der Reichsstadt Nürnberg im Spätmittelalter. Nürnberg 1970, S. 142.

9) Vgl. Berühmte Nürnberger aus neun Jahrhunderten. Hg. Christoph von Imhoff, Nürnberg 1984, S. 176f.

10) Vgl. Herbert Krüger, Des Nürnberger Meisters Erhard Etzlaub älteste Straßenkarten von Deutschland. In: Jahrbuch für fränkische Landesforschung 18 (1958) S. 1–286, bes. S. 102ff. und S. 246.

69 Rom, Wegkarte von Erhard Etzlaub, Druck von G. Glogkendon, Nürnberg um 1500

Landgrafschaft Thüringen das Geleitsrecht ausübte.[11] Von Eisfeld aus führten über den Thüringer Wald zwei Routen: einmal die „Amtgehrener Straße", die über den Paß von Kahlert, Neustadt und Gehren nach Görbitzhausen nahe Arnstadt führte und zum anderen die sogenannte „Frauenstraße", die von Eisfeld über Steinbach und Frauenwald nach Ilmenau verlief und sich in Görbitzhausen mit der Amtgehrener Linie vereinigte. Die wichtigere Route von beiden war bei weitem die Amtgehrener Straße, da auf ihr keine schwierigen Steigungen zu überwinden waren und es auch keine Talengen gab, die leicht zu sperren waren oder Straßenräuber zu Überfällen verlockten.

Aus Erfurt strömte der Verkehr und Handel durch sechs Tore in alle Himmelsrichtungen. Durch das August-Tor oder auch Schmidtstedter Tor führte der Weg entweder weiter nach Weimar oder nach Saalfeld auf die sogenannte „Böhmische Straße". Mit beiden Straßen besaß Erfurt den Anschluß an die „Kupferstraße" von und nach Nürnberg und war damit in den europäischen Kupferhandel einbezogen. – Durch das Löber-Tor verließen die Fuhrwerke Erfurt zur „Waldstraße" in Richtung Süden zu den oberdeutschen Städten, insbesondere also in das befreundete Nürnberg. – Der Schutz und die Sicherheit auf den Geleitsstraßen waren Gegenstand vielfältiger Bündnisverträge. Umgekehrt war die Androhung, die Straßen zu sperren, ein beliebtes Druckmittel der adeligen Geleitsinhaber gegenüber den Handelsstädten.

Ein wichtiges Instrument beider Städte, die äußerst günstige wirtschaftsgeographische Lage voll zu nutzen und die Rolle als Drehscheibe des Fernhandels zu stärken, war der Aufbau eines Systems von Zollbefreiungen. Denn Meistbegünstigungsklauseln auf der Basis von Gegenseitigkeit dienten zur Erweiterung und Ausdehnung der Märkte und des Handels. Überraschenderweise gehörte Erfurt noch nicht zu den 73 Städten, in denen Nürnberg aufgrund eines 1332 von Kaiser Ludwig dem Bayern (1314–1347) ausgestellten Privilegs wechselseitige Zollfreiheiten genießen konnte.[12] Jedoch erleichterte Kaiser Ludwig die wirtschaftlichen Beziehungen zwischen Nürnberg und Erfurt durch einzelne gezielte oder spezielle Zollprivilegien. So existierte etwa in dem Dorf Plaue bei Arnstadt an der wichtigsten Erfurt-Nürnberger Straße ein altes Zollrecht für die Herren von Schwarzburg. Doch mit der Begründung, *daz alle lande und alle, die daz land und strazzen zwischen Nürnberg und Ertfurt bawend und arbeytend, ... von dem zole* [...] *vil gebrechen und liden, und groezlich besweret und gedrucket werden*, hob Kaiser Ludwig am 5. Dezember 1342 in Würzburg diesen Zoll *in dem dorff zu Plaue*[13] auf. Alle Kaufleute, insbesondere die aus Erfurt, sollten fortan an diesem Ort sowohl für sich selbst als auch für ihre Waren von jedem Zoll befreit sein, wodurch speziell der Handel mit Nürnberg erleichtert wurde.

---

11) Johannes Müller, Der Umfang und die Hauptrouten des Nürnberger Handelsgebietes im Mittelalter. In: Vierteljahrschrift für Sozial- und Wirtschaftsgeschichte 6 (1908) S. 14–18; Rudolf Endres, Ein Verzeichnis der Geleitsstraßen der Burggrafen von Nürnberg. In: Jahrbuch für fränkische Landesforschung 23 (1963) S. 108–138.

12) Wolfgang von Stromer, Handel und Gewerbe. In: Nürnberg (wie Anm. 4) S. 46–54.

13) UB II Nr. 224, S. 181 f.

Zuvor schon hatte um 1315 die Erfurter Geleitstafel für Nürnberger Tuche die gleichen Tarife eingeräumt wie für die einheimischen Tuche.[14] Aber auch in den ältesten Nürnberger Zolltarifen aus dem beginnenden 14. Jahrhundert findet sich die *Nota: zwyrn, flachs, veden, wayt, waytaschen, huet, eysenwerk, varb geben auch nicht.*[15] Die für die Tuchproduktion und Tuchfärbung in Nürnberg so wichtigen Rohstoffe, die überwiegend aus Thüringen stammten, waren somit von Einfuhrzöllen befreit. Wie diese Quellenbelege zeigen, gab es also nachweislich schon im 14. Jahrhundert einen regen Handelsverkehr zwischen Nürnberg und Erfurt, insbesondere mit Textilien und Farbstoffen, den man sich zudem gegenseitig zu erleichtern suchte. Als dann durch die Beteiligung Nürnberger Handelshäuser an den verschiedenen Bergwerksunternehmungen im Thüringer Wald seit dem ausgehenden 15. Jahrhundert der Verkehr zwischen Nürnberg und Erfurt noch zunahm,[16] erhielten die Nürnberger das besondere Vorrecht, daß sie von ihren eigenen Waren und Produkten, die sie in Erfurt niederlegten, nur das halbe Geleitsgeld zu bezahlen hatten.

Über die genannten bilateralen Absprachen hinaus förderten die Messen in Erfurt den Handel. Das erste Messeprivileg wurde den Erfurtern 1331 von Kaiser Ludwig jeweils für die Tage um Trinitatis erteilt, und 1443 erlaubte Kaiser Friedrich III. (1440–1493) eine zweite Messe zu Martini. Das 1497 erteilte dritte Messeprivileg von König Maximilian (1493–1519) wurde später zugunsten von Leipzig, das Erfurt den Rang ablief, wieder abgezogen.

Für den konkreten Umfang der Handelsbeziehungen liegen, solange die Geleitsregister nicht systematisch ausgewertet sind, bisher nur punktuelle Hinweise auf einzelne Gesellschaften und Händler vor. Hierzu gehören etwa die Fragmente eines Handelsbuches der Patrizierfamilie Schürstab in Nürnberg von 1364 bis 1383, die belegen, daß diese Gesellschaft bereits im ausgehenden 14. Jahrhundert im Waidhandel mit Erfurt tätig war.[17] Der Nürnberger Wechsler Wilhelm Scheuerpflug[18] wurde 1396 im reichsstädtischen Ämterbüchlein als *silbersmeltzer*, seit 1400 dann als Goldschmied geführt. Von 1419 bis 1427 aber war er schließlich Verwalter des städtischen Waidhauses und konnte offenbar durch diese Tätigkeit nähere Kontakte mit den Händlern aus Erfurt knüpfen. Er war außerdem auch noch im Montanwesen engagiert und führte

---

14) *Von gewande. [...] Item von eynem Suester tuche, von einem tuche hir in deme lande gemachit, dir von eynem tuche von Nuremberg, VI dn.* (Gerbing, Erfurter Handel [wie Anm. 1] S. 128–131). Erneut in: Gisela Möncke (Hg.), Quellen zur Wirtschafts- und Sozialgeschichte mittel- und oberdeutscher Städte im Spätmittelalter. Darmstadt 1982, Nr. 31, S. 157–160. In der späteren Geleitstafel von 1414 sind die Nürnberger Tuche nicht mehr eigens genannt.

15) Abschrift in Staatsarchiv Nürnberg, S. VII L. 123 Nr. 220. Vgl. auch Johannes Müller, Die Handelspolitik Nürnbergs im Spätmittelalter. In: Jahrbücher für Nationalökonomie und Statistik 3. Folge, 38 (1909) S. 604.

16) Kellenbenz, Gewerbe (wie Anm. 7) S. 187.

17) Wolfgang von Stromer, Das Schriftwesen der Nürnberger Wirtschaft vom 14. bis zum 16. Jahrhundert. In: Beiträge zur Wirtschaftsgeschichte Nürnbergs. Nürnberg 1967, S. 777, Anm. 134.

18) Ders., Oberdeutsche Hochfinanz 1350–1450. Wiesbaden 1970, S. 342–347.

spekulative Transaktionen durch, die schließlich seinen Bankrott verursachten. Für das Jahr 1484 weist das Inventar des Lang-Hans Tucher gleichfalls auf Geschäftsbeziehungen nach Erfurt hin.[19]

Diese regen wirtschaftlichen Verbindungen und Verknüpfungen zwischen beiden Städten, die von den jeweiligen Ratsherrn und durch verschiedene Maßnahmen erleichtert und geschützt wurden, erfuhren jedoch immer wieder von außen Gefährdungen und Schwierigkeiten, vor allem durch politische Ereignisse. So lag beispielsweise 1404 die Stadt Erfurt mit dem Burggraf Johann zu Nürnberg in einer Fehde. In deren Verlauf ließ der Burggraf durch seine Amtsleute, den Vogt von Baiersdorf, Wilhelm von Mayenthal sowie durch Albrecht, Graf zu Schwarzburg und Herr zu Leutenberg, einen Kaufmannszug beschlagnahmen, in der Annahme, es handle sich um Erfurter Ware.[20] Tatsächlich stellte sich heraus, daß die konfiszierten Güter den Nürnberger Kaufleuten Ulman Stromer, Jacob Granetel, Cunrad Saarwirt und Ulrich Gottschalck gehörten. Nachdem der Nachweis über die Besitzverhältnisse geführt worden war, wurden die Waren wieder freigegeben, doch war der Handel insgesamt zwischen Erfurt und Nürnberg durch diesen gewaltsamen Eingriff empfindlich gestört. Es verwundert daher nicht, daß der Nürnberger Rat sich zur Vermittlung zwischen beiden verfehdeten Parteien anbot und 1405 dem Burggraf wie der Stadt Erfurt schrieb: *sie süllen in derselben czeit einen freuntlichen tag mit einander hie suchen.*[21]

Während der Hussitenkriege gab es weitere massive und nachhaltige Störungen, obwohl die Stadt Erfurt selbst nicht unmittelbar bedroht war. Sie diente sogar als Sammelpunkt für die Beiträge zur Hussitensteuer. Später schuf besonders das Plackerunwesen Unruhen und Ängste unter den Kaufleuten. Bei den Straßenräubern ragt Michel Heider heraus, der in der Nähe von Erfurt Nürnberger Handelszüge überfiel, obwohl er zuvor Urfehde geleistet hatte. Nach einem Ausschreiben der Reichsstadt konnte er 1465 jedoch in Bamberg verhaftet werden und wurde schließlich als *Landszwinger* hingerichtet.[22]

Wie bereits erwähnt, lag der Schwerpunkt des Handels zwischen Nürnberg und Erfurt auf den Gütern der Tuchproduktion und Tuchfärberei. Denn die Reichsstadt Nürnberg war, was meist übersehen wird, neben ihren wichtigen metallverarbeitenden Gewerben, eines der führenden Zentren der Tuchproduktion und vor allem der Tuchfärbung[23] in Oberdeutschland. Deshalb war Nürnberg wesentlich und unverzicht-

19) DERS., Schriftwesen (wie Anm. 17) S. 797 Anm. 210; DERS., Oberdeutsche Hochfinanz (wie Anm. 18) S. 346.

20) JOHANNES MÜLLNER, Die Annalen der Reichsstadt Nürnberg von 1623. Hg. GERHARD HIRSCHMANN, 2. Tl., Nürnberg 1984, S. 192; JOHANN FERDINAND ROTH, Geschichte des Nürnbergischen Handels. Bd. 1, Leipzig 1800, S. 141 f.

21) WILHELM BIEBINGER, WILHELM NEUKAM, Quellen zur Handelsgeschichte der Stadt Nürnberg seit 1400. Erlangen 1934, Nr. 159, S. 126.

22) MÜLLNER, Annalen (wie Anm. 20) S. 557; ROTH, Geschichte (wie Anm. 20) S. 230.

23) Genaue Belege und Neubewertung jetzt bei HIRONOBU SAKUMA, Die Nürnberger Tuchmacher, Weber, Färber und Bereiter vom 14. bis 17. Jahrhundert. Diss. Bayreuth, 1991, S. 92 ff.

bar auf den Import der zum Färben nötigen Rohstoffe angewiesen. Die Farben Blau, Schwarz und Grün aber wurden durch das Färben mit Waid erreicht. Dieser bildete deshalb die „Grundlage einer frühen und intensiven Wirtschaftsbeziehung zwischen beiden Städten“.[24] – Das Gebiet um Erfurt bot wegen der lößreichen, sandigen Böden im Thüringer Becken beste Voraussetzungen und Bedingungen für den Anbau der Waidpflanze, und Erfurt wurde nicht zuletzt durch eine geschickte Territorialpolitik zum Mittelpunkt des umfangreichen thüringischen Gebietes, das ganz Deutschland mit Waid versorgte.[25] Schon 1269 kaufte die Stadt Erfurt das Dorf Stotterheim auf, und 1507 besaß sie nicht weniger als 83 Dörfer und das Städtchen Sömmerda.[26] Die Stadt Erfurt richtete in diesem ausgedehnten Landgebiet, das sich zwischen Gotha und Weimar im Süden und bis zur Unstrut im Norden erstreckte, sieben Vogteien mit Amtmännern und Dorfschulzen ein, nicht zuletzt, um die Kontrolle über die Waidfelder zu sichern. Jede mit Waid bebaute Ackerfläche mußte im Waidregister der Stadt registriert werden und wurde mit einem *Waidpfennig* besteuert.[27] Allein in Erfurts Umgebung wurden im Jahr 1579 in 57 Dörfern nicht weniger als 4344 Waidäcker bestellt. – Das zweite, jedoch in seiner Größe und wirtschaftlichen Bedeutung nicht mit dem Erfurter Landgebiet vergleichbare Waidanbaugebiet in Deutschland lag in der Umgebung von Köln und im Herzogtum Jülich. – Erfurt und die anderen thüringischen „Waidstädte“, Gotha, Arnstadt, Langensalza und Tennstedt, die gleichsam ein Kartell bildeten, verstanden es, die Verarbeitung und den Handel mit dem Waid weitgehend zu zentralisieren und zu monopolisieren. So verhandelte etwa Erfurt gemeinsam mit Naumburg, Arnstadt, Weißenfels, Laucha, Mühlhausen und Jena im 14. Jahrhundert auch mit den Städten Görlitz, Zittau, Schweidnitz, Liegnitz, Breslau, Pirna und Oschatz über die Organisation des Waidhandels in die großen Textilregionen im Osten.

In dem sogenannten Erfurter Zuchtbrief[28] wurde 1351 festgelegt, daß der gesamte Waidhandel, wie auch der Handel mit Getreide, Weizen und Hopfen, nicht vor den Toren, sondern innerhalb der Stadt stattfinden sollte: *Es ensal auch niemant anderswho weydt kauffen dan uff dem marckt.*[29] Damit übernahm die Stadt Erfurt die unmittelbare Kontrolle auch über den Waidhandel. Neben den Erfurter Bürgern wurde jedoch auch

---

24) Von Stromer, Oberdeutsche Hochfinanz (wie Anm. 18) S. 346.

25) Ammann, Stellung (wie Anm. 8) S. 142. Allerdings läßt sich kaum ein genaues Bild über Umfang und Zielorte des Waids gewinnen. Vgl. Alfred Rach, Die zweite Blütezeit des Erfurter Waidhandels. In: Jahrbücher für Nationalökonomie und Statistik 171 (1959) S. 33. Gegen eine Überschätzung auch Werner Mägdefrau, Zum Waid- und Tuchhandel thüringischer Städte im späten Mittelalter. In: Jahrbuch für Wirtschaftsgeschichte, Teil 2, 1973, S. 132.

26) Rach, Blütezeit (wie Anm. 25) S. 29.

27) V. E. Majer, Soziale und ökonomische Wandlungen im Bereich der Waidproduktion und des Waidhandels in Deutschland während des 14. bis 17. Jahrhunderts. In: Werner Mägdefrau (Hg.), Europäische Stadtgeschichte in Mittelalter und früher Neuzeit. Weimar 1979, S. 227–236.

28) Möncke, Quellen (wie Anm. 14) Nr. 51, S. 202 f.

29) Ebd.

auswärtigen Kaufleuten, darunter sicher einigen aus Nürnberg, der Kauf von Waid im Rohzustand oder bereits als Farbpulver ausdrücklich gestattet. Für die Kaufleute, *die da gesellschafft haben an weydtkauffen* galt eine Verteilung der Gewinne nach der Anzahl der Gesellschafter, nicht nach der Höhe ihrer Einlagen, so daß für alle, die an einer solchen *kompaneye* beteiligt waren, eine ausreichende und gleiche Nahrung gesichert sein sollte.[30] – Der Transport von Waid fand in genormten Fässern statt, wobei eingebrannte Zeichen genau Aufschluß gaben über den Inhalt und den für die Qualität verantwortlichen Kaufmann,[31] den sogenannten Waidjunker.[32]

Waid, das wertvolle Färbepulver aus Erfurt, das ebenso wie Eisen, Flachs und Zwirn bis zum 14. Jahrhundert in Nürnberg vom Einfuhrzoll befreit war, wurde in den Stadtrechnungen der Reichsstadt in den Größeneinheiten von Wagenladungen bzw. Karren berechnet und bezahlt.[33] Denn ebenso wie der Waidverkauf in Erfurt durch die städtische Obrigkeit reglementiert war, so hatte auch der Nürnberger Rat schon 1377 eine strenge Waidordnung erlassen, aufgrund welcher der Handel mit dem Waid genau überwacht wurde.[34] Als zentrale Einrichtung für den Waidimport und Waidhandel wurde in der Reichsstadt extra ein eigenes Waidhaus im Bauhof eingerichtet, das seit 1381 von bis zu vier Amtsleuten, den sogenannten Waidmessern geleitet wurde. Diese wurden vom reichsstädtischen Rat besoldet, der sie auch einen feierlichen Eid auf die korrekte Durchführung ihrer Arbeit schwören ließ.[35] Unter den „Waidmessern" oder Amtleuten im Waidhaus tauchen, ganz im Gegensatz zu den Waidhändlern, fast nur Namen aus den Ratsgeschlechtern auf, was nochmals die Bedeutung des Waidhandels in Nürnberg unterstreicht. Zwar war auch auswärtigen Kaufleuten der Handel mit Waid in Nürnberg erlaubt, doch mußten diese ihre Ware zunächst im Waidhaus aufschütten. Hier durfte der Waid bis zu einem vollen Jahr liegenbleiben, doch wurde für die

30) Ebd.

31) Paul Zschiesche, Der Erfurter Waidbau und Waidhandel. Ein kulturgeschichtliches Bild aus der Vergangenheit. In: MVGAE 18 (1896) S. 38.

32) Diese Waidjunker bildeten die städtische Oberschicht. Im 15. Jahrhundert wurde der Waidhandel für diese Schicht zum Monopol, indem man erst mit einem Vermögen, das mit 1000 Gulden versteuert wurde, in den Waidhandel einsteigen durfte. Im Jahr 1569 waren 1,2 % der Steuerzahler Waidjunker, wobei ihnen 26 % des gesamten besteuerten Vermögens in der Stadt gehörten. Davon war über die Hälfte (58 %) bewegliches Vermögen, also Handelsware. 1620 gehörten 31 % des Erfurter Vermögens den etwa 100 ansässigen Waidjunkern. Ein Handelsprofit von 20 bis 25 % verhalf ihnen zu solchem Reichtum (Werner Mägdefrau, Der Thüringer Städtebund im Mittelalter. Weimar 1977, S. 50–52).

33) Sakuma, Tuchmacher (wie Anm. 23) S. 90 f.

34) Älteste Gesetze den Handel mit dem Waid betreffend. In: Johann Christian Siebenkees (Hg.), Materialien zur Nürnbergischen Geschichte, Bd. 4, Nürnberg 1795, S. 475.

35) Vgl. *Dez Waitmessers ayd* vom Jahr 1377. In: Ebd. Die Bestimmungen des 14. Jahrhunderts wurden auch inseriert in die Handwerksordnung von 1629 (August Jegel, Alt-Nürnberger Handwerksrecht und seine Beziehungen zu anderen. Neustadt/Aisch 1965, S. 379–381: *Waidmesser Aide und Ordnung*).

Stapelung für jede Wagenladung Waid 1 Gulden und für jeden Karren ½ Gulden an Gebühren verlangt.[36]

Die Anzahl der Wagenladungen von Waid aus Erfurt, die in der Reichsstadt an der Pegnitz, „geschüttet", gestapelt und bezahlt wurden, lassen den zwingenden Schluß zu, daß Nürnberg als Handelszentrum für Waid in ganz Süddeutschland zu gelten hat. Dabei erreichte der Nürnberger Waidhandel im letzten Drittel des 15. Jahrhunderts seinen Höhepunkt, als er eine Monopolstellung für ganz Oberdeutschland besaß. Von 1469 bis 1478 wurden jährlich im Durchschnitt 473 Waidwagen gestapelt und gekauft, von 1482 bis 1489 durchschnittlich 416 Waidwagen und von 1490 bis 1499 durchschnittlich 396 Waidladungen. Der absolute Höhepunkt wurde im Jahre 1478 mit 629 Waidwagen erreicht.[37] Hinsichtlich des Umfangs und Ausmaßes kann Nürnberg als Handelsmetropole für Waid in Oberdeutschland nur noch mit Görlitz, dem Stapelplatz für Waid im Osthandel und in den östlichen Textilregionen verglichen werden. Von den 36 Waidhändlern, die 1476 auf dem Nürnberger Markt handelten, kamen einer aus Erfurt, zwei aus Langensalza, zwei aus Tennstedt und einer aus Weimar, alle anderen waren Nürnberger, die aber vielfach in Erfurt sich mit Thüringer Händlern in Gesellschaften zusammengeschlossen hatten.[38]

Zu einem nicht geringen Teil ging der durch Nürnberg transportierte Waid nach Nördlingen, dessen dortiges umfangreiches Tuchmachergewerbe seinen hohen Bedarf an Farbstoff direkt in Nürnberg deckte. Für das weit verbreitete Handwerk in der engeren oder weiteren Umgebung Nördlingens, wie in den Städten Dinkelsbühl, Bopfingen, Aalen, Lauchheim usw., war Nördlingen mit seiner Messe wieder letzter Verteilermarkt. Denn auf der Nördlinger Messe bestimmten die Nürnberger Waidhändler. So verkaufte der Nürnberger Eberhart Schön auf der Nördlinger Messe 1447 an die Nördlinger Zunft der Gewandmacher nicht weniger als 48 Gesetze Waid für 444 Gulden, also die gewaltige Menge von 13440 Liter Farbstoff. – Im Jahr 1572 verkaufte der reiche Wollgroßhänlder Gilg Ayrer von Nürnberg der Nördlinger Tuchmacherzunft 38 Gesetze Waid für insgesamt 826½ Gulden, doch hatte die Gesellschaft große Mühe, die Kaufsumme einzutreiben. Neben den großen Handelshäusern der Ayrer und Schweicker war auch noch der Wollgroßhändler Hans Höfler in der zweiten Hälfte des 16. Jahrhunderts als Waidhändler im Ries und auf der Nördlinger Messe tätig.[39]

Der Rückgang des Waidhandels zwischen Erfurt und Nürnberg, der gegen Ende des 16. Jahrhunderts einsetzte, läßt sich einmal an der rückläufigen Zahl der bebauten Äcker

36) Dieses Waidhaus existierte noch 1801, doch „nur dem Namen nach und ist nun ganz entbehrlich", wie Roth, Geschichte (wie Anm. 20) Bd. 3, S. 241 befand. Vgl. auch Paul Sander, Die reichsstädtische Haushaltung Nürnbergs. Dargestellt auf Grund ihres Zustandes von 1431 bis 1440. Leipzig 1902, S. 242f.

37) Stadtarchiv Nürnberg Rep. 54 Stadtrechnungen; Sakuma, Tuchmacher (wie Anm. 23) S. 91.

38) Ebd., S. 84.

39) Vgl. Rudolf Endres, Die Nürnberg-Nördlinger Wirtschaftsbeziehungen im Mittelalter bis zur Schlacht von Nördlingen. Ihre rechtlich-politischen Voraussetzungen und ihre tatsächlichen Auswirkungen. Neustadt/Aisch 1963, S. 170–176.

um Erfurt ablesen: baute man vor 1606 noch in den über 300 thüringischen Dörfern Waid an, so erfolgte dies 1629 nur noch in 30 Dörfern,[40] woran sicher die Wirren des 30jährigen Krieges die Hauptschuld trugen. Zum anderen ist diese rückläufige Tendenz auch am Umfang der Waidladungen, die von Erfurt nach Nürnberg kamen, abzulesen. Der Rückgang verstärkte sich noch im Laufe des 17. Jahrhunderts, als der Waidhandel bis zur Bedeutungslosigkeit herabsank. Findet man in den Stadtrechungen von Nürnberg im Jahr 1600 noch 200 bezahlte Wagenladungen, so sinkt diese Zahl zum Ende des Jahrhunderts zuweilen bis auf acht Wagen herab.[41] Der entscheidende Grund für den Niedergang des Waidhandels war die Überschwemmung der europäischen Märkte mit Indigo, nachdem der Seeweg nach Ostindien offen war und die Spanier diesen Farbstoff auch aus Westindien und Zentralamerika einführten. – Obwohl Indigo als *verdächtig Farb* lange Zeit zum Färben nicht erlaubt war, da Fehler in der Färbetechnik anfangs die Stoffe ruinierten, setzte sich dieses um etliches billigere Färbemittel schließlich doch nach und nach durch, wenn auch anfänglich nur für einzelne Stoffarten. Selbst in Erfurt bedrängte Indigo den einheimischen Waid. So kaufte die Stotternheimer Gesellschaft in Erfurt im Jahr 1617 für ca. 19045 Gulden 6841 Säcke Indigo ein und nur für ca. 18000 Gulden Waid. Gerade auch durch die Teuerungsphasen im und nach dem 30jährigen Krieg etablierte sich der billigere Indigo.[42]

Über Waren, die neben dem Waid in größeren Mengen von Erfurt nach Nürnberg gingen, geben vor allem die Geleitstafeln und das Bibra-Büchlein aus den Erfurter Weistümern Auskunft.[43] Das sind zum einen Rohstoffe oder Güter aus dem Textilgewerbe, voran Wolle, ungefärbte sowie auch gefärbte und gewalkte Wolle,[44] und zum anderen Gerbereiwaren, also Ledererzeugnisse. Daneben spielen, wie auch in Nürnberg, Schmiedewaren und Waffen, vom Kessel bis zum Harnisch, eine große Rolle. Engros-Ware findet sich dann nur noch im Bereich der Gewürze, wie Anis, Saflor, Wacholderbeeren oder Kümmel sowie Blumen- und Gemüsesamen. Über Erfurt liefen aber auch die von den Ländern an der Nord- und insbesondere der Ostsee kommenden Güter, wie Pelze oder gepökelter Fisch, der als Fastenspeise viel benötigt wurde, aber auch Wachs und Honig. Hinzu kamen noch Tuche aus den Niederlanden. Auf der Fernstraße von Erfurt über Ilmenau und Eisfeld wurden auch die großen Rinderherden getrieben, die Nürnberger Viehhändler regelmäßig auf dem Viehmarkt in Buttstädt aufkauften,[45] wie auch das Getreide, das in Notzeiten im Auftrag des reichsstädtischen

40) Zschiesche, Waidbau (wie Anm. 31) S. 44.

41) Stadtarchiv Nürnberg Rep. 54 Stadtrechnungen; Sakuma, Tuchmacher (wie Anm. 23) S. 94.

42) Zschiesche, Waidbau (wie Anm. 31) S. 47.

43) Gerbing, Erfurter Handel (wie Anm. 1) S. 133–147.

44) Die Wollweber gehören zu den ältesten Gewerben Erfurts. Über ihre selbstbewußte Stellung gegenüber anderen Handwerken berichtet Nikolaus von Bibera in seinem historisch-satirischen Gedicht *Carmen satiricum* Vers 1700–1710 (zit. nach Mägdefrau, Städtebund [wie Anm. 32] S. 61).

45) Endres, Wirtschaftsbeziehungen (wie Anm. 39) S. 183–188.

Rates in Thüringen erworben wurde.[46] In umgekehrter Richtung, von Nürnberg nach Erfurt, wurden vor allem kostbare Spezereien aus Venedig und Ostasien von den Nürnberger Kaufleuten weitertransportiert. Darunter befanden sich etwa Seidenstoffe oder exotische Früchte, wie etwa die *Äpfel de china*, Apfelsinen, Gewürze und Schmuck.[47] Auch Bücher wurden zunehmend zu einer wichtigen Ware. Die Faktoren des berühmten Verlegers und Buchhändlers Anton Koberger unterhielten in 16 Städten Läden bzw. offene Gewölbe, darunter selbstverständlich auch in der bedeutenden Universitätsstadt Erfurt.[48]

Die engen wirtschaftlichen Beziehungen zwischen Nürnberg und Erfurt färbten schließlich sogar auf die Sprache, den lokalen Dialekt, ab. In Nürnberg herrschte aufgrund des weitgespannten Handels ohnehin ein sehr gemischtes Idiom, und für den Erfurter Raum haben linguistische Studien ergeben und gezeigt, daß sich hier „ein temperiertes Ostmitteldeutsch" ausgeformt hat, das durch eine große Aufnahmebereitschaft für das, was von außen kam, charakterisiert war. Dies gilt insbesondere für die Einflüsse vom Südwesten, vom Main und vor allem von Nürnberg.[49]

---

46) Stadtarchiv Nürnberg Briefbücher Tom 102; ENDRES, Wirtschaftsbeziehungen (wie Anm. 39) S. 188–192.

47) CARL THEODOR VON DALBERG, Beiträge zur Geschichte der Erfurter Handlung. Mit Urkunden und Fürstlich Saechsischer von Kurmaynz und des Fürstlichen Hauses Sachsen renovirter Geleits-Tafel von 1441. Erfurt 1780, S. 16; ROTH, Geschichte (wie Anm. 20) S. 105f.

48) Ebd., Bd. 3, S. 33.

49) RUDOLF GROSSE, Die obersächsischen Mundarten und die deutsche Schriftsprache. In: DERS. und KLAUS JÜRGEN HUTTERER, Hochsprache und Mundarten in Gebieten mit fremdsprachigen Bevölkerungsteilen. Berlin 1961, S. 29.

HANS-JOACHIM KRASCHEWSKI

# Goslarer Blei und Erfurt

## *Thüringen zu Beginn des 16. Jahrhunderts*

Im Vergleich zu Kupfer und Eisen, den wichtigsten, weil am häufigsten verwendeten Nicht-Edelmetallen des 16. Jahrhunderts, gehörte Blei zu den minderen Metallen. Bei niedrigen Gestehungskosten und damit günstigem Marktpreis diente Blei als weicher Werkstoff speziellen Handwerken, so z. B. beim Bau von Orgelpfeifen oder im Druckgewerbe zum Letternguß. Das Baugewerbe nutzte diesen Werkstoff für die Herstellung von Platten, Ziegeln, Blechen, als Bindemittel für Steine, Säulen und Fußbodenplatten oder zum Vergießen von Zwingen und Bauklammern wie zur Dichtung von Rohrgelenken oder zur Erzeugung gekrümmter Rohrteile. – Der größte Bleinachfrager aber war das Hüttenwesen. Die Schmelzhütten nutzten die Eigenschaften des Bleis, wie den niedrigen Schmelzpunkt sowie die Fähigkeit, sich mit Gold und Silber zu verbinden. Ehe darauf genauer eingegangen wird, läßt sich wohl sagen, daß Blei in der Geschichte der Metalle des 16. Jahrhunderts in Europa nach Kupfer und Eisen den dritten Rang einnahm und seine Bedeutung und Rolle wesentlich größer waren als gewöhnlich angenommen wird.[1]

Technische Neuerungen beim Schmelzverfahren von silberhaltigen Kupfererzen und erhöhter Bedarf führten mit Beginn des 16. Jahrhunderts zu einer Expansion im mitteleuropäischen Bleibergbau. Wachstum und Bedeutung dieses Sektors der zentraleuropäischen Montanwirtschaft wurden in erster Linie von Entwicklungen auf dem europäischen Silbermarkt bestimmt: nach 1460 setzte in den Revieren Schwaz (Tirol) und Mansfeld ein Aufschwung der Silberproduktion ein, der seinen Höhepunkt um 1540 erreichte. Das aus dem Erz dieser Reviere erschmolzene Kupfer war ein Kuppelprodukt des im gleichen Schmelzvorgang erzeugten Silbers. Insofern bestand ein enger Zusammenhang zwischen Silber- und Kupferpreisentwicklung vom 15. bis zum 17. Jahrhundert.[2] – In seinen Studien zur Wirtschaftsgeschichte Mitteldeutschlands

---

1) Vgl. dazu Hans-Joachim Kraschewski, Zur Finanzierung des Bergbaus auf Blei am Rammelsberg im 16. Jahrhundert am Beispiel Wolfenbütteler Kammerrechnungen. Aus dem Rechnungsbuch des Landesfürsten – „Camer Rechnung Trinitatis 1585 bis wider Trinitatis Anno 1586“. In: Braunschweigisches Jahrbuch 70 (1989) S. 61–103.

2) Ekkehard Westermann, Silbererzeugung, Silberhandel und Wechselgeschäft im Thüringer Saigerhandel von 1460–1620. Tatsachen und Zusammenhänge, Probleme und Aufgaben der Forschung. In: Vierteljahrschrift für Sozial- und Wirtschaftsgeschichte 70 (1983) S. 192–214. Vgl. dazu auch Marián Skladaný, Der Anteil des slowakischen Kupferwesens an der Vervollkommnung der Technologie der Verhüttung von Kupfer im 15. Jahrhundert. In: Studia historica slovaca 15 (1986) S. 9–45.

weist Erich Wild darauf hin, daß die Bleitransporte von Goslar nach Sachsen, Thüringen und Mansfeld im Erfurter und Eisenacher Geleit für das erste Drittel des 16. Jahrhunderts recht genau erfaßt werden: bei einem Verkauf von 18000 Zentnern Blei im Jahr waren 360 Transporte zu je 50 Zentnern nötig, um das Blei von den Hütten des Rammelsberges zu den Zentren der sächsischen Schmelz- und thüringischen Saigerhütten zu verfrachten.[3] Für diese Transporte mußte, um Geleit zu erhalten, das in den Geleitsrollen nach dem Wert der Ware festgelegte Geleitsgeld gezahlt werden.[4] Mit diesem Verweis wird ein Rahmen für die Relation zwischen Produktion und Verbrauch von Goslarer Blei skizziert, den es unter der Frage nach dessen strukturellen Bedingungen, ökonomischen Implikationen und wechselseitigen Folgen zu analysieren gilt, um das Austauschverhältnis der genannten Reviere näher zu präzisieren.

Der Zeitraum der Untersuchung umfaßt die Situation Ende des 15./Anfang des 16. Jahrhunderts bis 1527, nämlich bis zur beginnenden Auseinandersetzung zwischen Herzog Heinrich dem Jüngeren von Braunschweig-Wolfenbüttel (1514–1568) und dem Rat der Stadt Goslar um die Rechte am Rammelsberg, die teilweise zum weitgehenden Stillstand und damit zu einer kritischen Wirtschaftslage des Goslarer Bleibergbaus führte (1527).[5]

Auf den in Frankfurt/Main gelegentlich der Messen abgehaltenen Bleimärkten wurde neben niederrheinischem und westfälischem (kölnischem) auch Blei aus dem Elsaß (Straßburg) und aus der Pfalz angeboten. Zu diesem westdeutschen Blei trat deutlich konkurrierend englisches Blei, das infolge geringer Transportkosten zur See vom Antwerpener Markt aus via Rhein und Elbe preisgünstig seine Bestimmungsorte

3) Erich Wild, Studien zur Wirtschaftsgeschichte Mitteldeutschlands in der Zeit des Frühkapitalismus. Geleitsrechnungen als wirtschaftsgeschichtliche Quelle. MS im Thüringischen Hauptstaatsarchiv (Thür. HStA) Weimar o. J. (ca. 1950), S. 492–494. Während die Namen der Fernhändler in den Geleiten nicht genannt werden, „geben die Erfurter Rechnungen wenigstens des öfteren das Ziel der Fuhren an und lassen den zu manchen Jahren recht bedeutenden Anteil einiger Erfurter Großhändler am Bleigeschäft recht gut erkennen". Als führende Erfurter Großhändler mit Goslarer Blei werden Heinrich Herbstein/Tutzenrodt und Pangraz Helbig genannt (für die Jahre 1546/47 bzw. 1549/50). „Der Bedarf für den erzgebirgischen Silberbergbau aber wird wesentlich durch Einfuhren aus dem Harz gedeckt, worüber die Rechnungen sich besonders klar aussprechen, indem sie als Herkunftsorte der Fuhrleute die Namen Zellerfeld, Wildemann, Andreasberg und Wernigerode verzeichnen oder als Ziel der hinabfahrenden Bleiführer Goslar nennen" (S. 494). Vgl. dazu auch die große Arbeit von Manfred Straube, Zum überregionalen und regionalen Warenverkehr im thüringisch-sächsischen Raum, vornehmlich in der ersten Hälfte des 16. Jahrhundert. Phil. Diss., Leipzig o. J. (1980), S. 115f. (zu den Erfurter Geleitsrechnungen mit Goslarer Blei). Die Arbeit steht vor der Veröffentlichung. Peter Moser, Mittel- und Nordwesteuropäischer Landtransport: Die Frammersbacher Fuhrleute und ihr Beitrag zur Transportgeschichte (15.–19. Jahrhundert). Phil. Diss. o. O., 1990. Zu dem Geleit Erfurt S. 150–158, zu dem Geleit Eisenach S. 145–150. Thür. HStA, Ernestinisches Gesamtarchiv (EGA), Reg. Cc 742, 743, 760–764.

4) Luise Gerbing, Beiträge zum Thüringer Geleitswesen im 16. und 17. Jahrhundert. In: Mitteilungen der geographischen Gesellschaft für Thüringen zu Jena 13 (1894) S. 50–62. Vgl. dazu auch die grundlegenden Ausführungen bei Manfred Straube, Warenverkehr (wie Anm. 3) S. 26.

5) Paul Jonas Meier, Der Streit Herzog Heinrichs des Jüngeren von Braunschweig-Wolfenbüttel mit der Reichsstadt Goslar um den Rammelsberg. Goslar 1928.

Nürnberg und Leipzig erreichte.[6] Bereits zwischen 1505 und 1515 lieferten englische Kaufleute jährlich 12000 Zentner Blei auf dem Wasserweg nach Antwerpen, von wo aus es über Frankfurt/Main nach Bamberg und von da zu Lande nach Nürnberg verhandelt wurde. Nürnberger Kaufleute versorgten dann böhmische und sächsische Bergwerke.[7]

Die Alpenländer hatten für ihre Silberbergwerke eigene Bleibezugsquellen (Kärnten mit Bleiberg bei Villach),[8] auch in Böhmen wurde sehr früh auf Blei Bergbau getrieben, das Bleibergwerk Bleistadt (bei Schlaggenwalde), das 1523 an die Regalherren von Joachimsthal, die Grafen Schlick, überging, war schon seit 1350 in Betrieb. Doch für den Bedarf des Joachimthaler Silberbergwerks und des Kuttenberger Kupferbergwerks reichten die produzierten Bleimengen längst nicht aus. Außer dem englischen Blei kamen Importe aus Schlesien (Beuthen, Tarnowitz), die seit 1528 auf den sächsischen Metallmärkten Leipzig, Dresden, Freiberg und Naumburg angeboten wurden, sie versorgten die Schmelzhütten und traten in scharfe Konkurrenz zum Goslarer Blei. Dann war es vor allem polnisches Blei aus Krakau und Olkusz, das für Goslar die Wettbewerbssituation zuspitzte: zwischen 1530 und 1540 betrug die Jahresmenge an exportiertem polnischem Blei 30–35000 Zentner.[9]

Sachsen besaß keine eigenen Bleibergwerke, denn im Erzgebirge wurde kaum erfolgreicher Bleibergbau betrieben, obwohl kiesige Bleigänge in der Gegend um Schneeberg, Annaberg, Marienberg und Freiberg gefunden wurden. So waren dessen Reviere gänzlich auf den Bezug fremden Bleis angewiesen. Der Schluß liegt nahe, daß sie ihr Blei auch vom Rammelsberg bei Goslar bezogen, denn die Stadt war relativ günstig gelegen, das dort gewonnene Blei, das bis zu 8 Lot Silber je Zentner enthielt und das rentabel auszuschmelzen der Stand der Verhüttungstechnik nicht zuließ, lieferte Goslar wohl schon vor dem 15. Jahrhundert den sächsischen Bergwerken. Aber erst an der Wende

6) Ian Blanchard, The British Silver-Lead Industry and its Relation with the Continent 1470–1570. An Outline of Research. In: Werner Kroker/Ekkehard Westermann (Bearb.), Montanwirtschaft Mitteleuropas vom 12.–17. Jahrhundert. Stand, Wege und Aufgaben der Forschung. Bochum 1984, S. 179–186.

7) Richard Dietrich, Untersuchungen zum Frühkapitalismus im mitteldeutschen Erzbergbau und Metallhandel. In: Jahrbuch für die Geschichte Mittel- und Ostdeutschlands 7 (1958) S. 141–206; Franz Irsigler, Rheinisches Kapital in mitteleuropäischen Montanunternehmen des 15. und 16. Jahrhunderts. In: Zeitschrift für Historische Forschung 3 (1976) S. 145–164.

8) Hermann Wiessner, Geschichte des Kärntner Bergbaues. 1. T.: Geschichte des Kärntner Edelmetallbergbaues. In: Archiv für vaterländische Geschichte und Topographie 32 (1950); 2. T.: Geschichte des Kärntner Buntmetallbergbaues mit besonderer Berücksichtigung des Blei- und Zinkbergbaues. In: Archiv für vaterländische Geschichte und Topographie 36/37 (1951); Rudolf Palme, Wolfgang Ingenhaeff-Berenkamp, Stollen, Schächte, Fahle Erze. Zur Geschichte des Schwazer Bergbaus. Schwaz 1990. Ekkehard Westermann (Hg.), Die Listen der Brandsilberproduktion des Falkenstein bei Schwaz von 1470 bis 1623. Wien 1988.

9) Danuta Molenda, Der polnische Bleibergbau und seine Bedeutung für den europäischen Bleimarkt vom 12. bis zum 17. Jahrhundert. In: Kroker/Westermann, Montanwirtschaft (wie Anm. 6); dies., W sprawie badań huty między w Mogile pod Krakowem w XV i XVI wieku. In: Przegląd historyczny 46 (1975) S. 375–384.

vom 15. zum 16. Jahrhundert lassen sich ausgedehnte und regelmäßige Handelsbeziehungen zu Goslar nachweisen.[10]

Den Anstoß zur intensiven Bleiförderung im Unterharz (Rammelsberg) und dem Wolfenbüttelschen Oberharz (Clausthal, Zellerfeld, Lautenthal) hatten entscheidende Verbesserungen in der Schmelztechnik gegeben, um Silber aus solchen Kupfererzen zu gewinnen, die zuvor nicht entsilbert werden konnten. Es handelt sich um das Saigerverfahren zur Abscheidung von Silber aus einer Kupfermatrix und zur Produktion von Garkupfer.[11] Dieses Kupfersaigerverfahren benötigte zur Umkristallisation des Kupfers das Lösungsmittel Blei. Um die Kupferabtrennung zu erleichtern, bedurfte es eines ca. 16fachen Überschusses an Blei beim Kuppellationsvorgang. Beim Kupfersaigern mit anschließender Treibarbeit war dagegen nur etwa eine drei- bis vierfache Menge an Blei erforderlich. „In der Geschichte der Metallurgie war die Einführung der Kupferseigerung das herausragende Ereignis, die bedeutendste technologische und folgenreichste montanwirtschaftliche Neuerung im Bereich der Nichteisentechnologie seit der Erfindung der Messingherstellung in der Antike", urteilt Lothar Suhling.[12]

Das innovative Verfahren der Umkristallisation des silberhaltigen Rohkupfers mit Hilfe von Blei war – nach gegenwärtigem Kenntnisstand – in Nürnberg Mitte des 15. Jahrhunderts zur anwendungsfähigen Technik entwickelt worden.[13] Infolge günstiger Standortbedingungen – vorhandene Ressourcen: nämlich Roherz (Kupferschiefer), Wasser (Energie), Holz (Kohle) – und der Abdrängungspolitik des Rates der Stadt Nürnberg[14] erfolgte um 1460 der Transfer der Saigerhüttentechnik in das Mansfelder Revier und nach Sachsen: zwischen 1460 und 1480 entstanden dort neun Saigerhüttenbetriebe (Schleusingen, Gräfenthal, Hohenkirchen, Steinach, Schwarza, Arnstadt, Ludwigstadt oder Chemnitz). Auch der Aufstieg Saalfelds zu einer Bergstadt muß im Zusammenhang mit der Gründung von Saigerhütten gesehen werden.[15] Diese Saigerhütten erzeugten als Kuppelprodukte Silber und Garkupfer. Sie mußten, als zwischen 1506 und 1526 die Rohkupferproduktion von 19270 auf über 33000 Zentner im Jahr anstieg (der Jahresdurchschnitt lag in dieser Phase bei 25385 Zentner), mit großen

---

10) Werner Hillebrand, Der Goslarer Metallhandel im Mittelalter. In: Hansische Geschichtsblätter 87 (1969) S. 31–57; Ursula Schmidt, Die Bedeutung des Fremdkapitals im Goslarer Bergbau um 1500. Goslar 1970.

11) Lothar Suhling, Der Seigerhüttenprozeß. Die Technologie des Kupferseigerns nach dem frühen metallurgischen Schrifttum. Stuttgart 1976.

12) Ebd., S. 172.

13) Franz Irsigler, Hansischer Kupferhandel im 15. und in der ersten Hälfte des 16. Jahrhunderts. In: Hansische Geschichtsblätter 97 (1979) S. 15–35; Ekkehard Westermann, Das Eislebener Garkupfer und seine Bedeutung für den europäischen Kupfermarkt von 1460 bis 1560. Köln 1971.

14) Ursprünglich befanden sich die Hütten- und Hammerwerke direkt in Nürnberg oder in dessen unmittelbarer Umgebung, doch der Holzverbrauch veranlaßte schon 1461 den Rat der Stadt zu Schutzmaßnahmen in der Holz- und Wasserwirtschaft, so daß die Hütten bis 1469 aus der Umgebung der Stadt verschwanden. Vgl. dazu Westermann, Garkupfer (wie Anm. 13) S. 183 f.

15) Wieland Held, Blei und Holz für den Saalfelder Bergbau in der Mitte des 16. Jahrhunderts. Versorgungsprobleme eines kleinen Reviers. In: Jahrbuch für Wirtschaftsgeschichte 1991/2, S. 21–39.

Mengen Blei versorgt werden: aus 1000 Zentnern Mansfelder Rohkupfer (bei einem Silbergehalt von ca. 16 Lot je Zentner) wurden nach Berechnungen von Ekkehard Westermann 1053 Mark Silber (= 245,5 kg) und 988 Zentner Eislebener Garkupfer ersaigert – bei einem Schmelzverlust von 373 Zentnern Blei.[16] Der jährliche Bleibedarf aller Thüringer Saigerhütten, die Mansfelder Rohkupfer saigerten, lag zwischen 10 und 12000 Zentnern. Im Mansfelder Revier erbrachte noch 1532 aus dieser Verbundproduktion, verstanden als zwangsläufiger Anfall verschiedenartiger Erzeugnisse in einem Produktionsprozeß, das Silber 58 % und das Garkupfer 42 % der Gesamterlöse der Thüringer Saigerhandelsgesellschaften, ursprünglich Zusammenschlüssen von kapitalkräftigen Kaufleuten aus Nürnberg, Leipzig, Erfurt und Coburg. Dennoch war das Garkupfer mit seiner besonderen Eignung für die Messingherstellung kein Nebenprodukt: Ende des 15./Anfang des 16. Jahrhunderts nahm die Mansfelder Kupferproduktion nach der Tiroler (Schwaz) die zweite Stelle in der Rangfolge der europäischen Reviere ein.[17]

Vergleicht man nun den Aufstieg der Mansfelder Saigerindustrie nach 1460 mit der Wiederbelebung des Harzbergbaus nach 1450, so wird ein ursächlicher Zusammenhang deutlich, der durch zwei Faktoren bestimmt ist: Während Goslars Kupferhandel zwischen 1350 und 1450 fast völlig zum Erliegen kam, bedingt durch die Verarbeitung minderer Erzqualität infolge erschöpfter Kupfervorräte und unzureichender Schmelztechnik,[18] drängte seit 1460 Mansfelder Garkupfer verstärkt auf die einschlägigen europäischen Metallmärkte. Und: über eine veränderte Nachfragestruktur der Mansfelder Saigerhütten seit Ende des 15./Anfang des 16. Jahrhunderts öffneten sich für Goslar durch seine Bleilieferangebote neue Chancen auf den Metallmärkten, die zu erheblich intensivierten Handelsbeziehungen zwischen Mansfeld und dem Rammelsberg führten, vermittelt über Leipziger Kaufleute und Metallhändler.[19]

Diese Aussagen beruhen auf Prämissen, die zu überprüfen sind. Einerseits wird für den Zeitabschnitt vor 1450 eine bereits entwickelte Handelsbeziehung zwischen Goslar und Thüringen unterstellt, die unabhängig von der neuen Saigerhüttentechnik bestanden habe. Folgt man den Ausführungen Luise Gerbings zum Erfurter Handel und dessen Handelswegen, so wurde Harzer Kupfer noch bis zur Mitte des 14. Jahrhunderts nach Thüringen verkauft.[20] Gemessen an der starken West-Orientierung des Goslarer

---

16) Westermann, Silbererzeugung (wie Anm. 2) S. 195.

17) Reinhard Hildebrandt, Augsburger und Nürnberger Kupferhandel 1500–1619. Produktion, Marktanteile und Finanzierung im Vergleich zweier Städte und ihrer wirtschaftlichen Führungsschicht. In: Hermann Kellenbenz (Hg.), Schwerpunkte der Kupferproduktion und des Kupferhandels in Europa 1500–1650. Köln 1977, S. 190–224, bes. S. 193.

18) Franz Rosenhainer, Die Geschichte des Unterharzer Hüttenwesens von seinen Anfängen bis zur Gründung der Kommunionverwaltung im Jahre 1635. Goslar 1968, S. 13–18.

19) Maximilian Schmid, Der Goslarer Bleikauf. Ein Beitrag zur Geschichte der kapitalistischen Wirtschaftsorganisation des 16. Jahrhunderts. Phil. Diss. Leipzig 1914 (nicht veröffentlicht).

20) Luise Gerbing, Erfurter Handel und Handelsstraßen. In: MVGAE 21 (1900) S. 97–148.

Kupferhandels (über Köln/Aachen nach Flandern und Holland), konnte es sich hierbei allerdings nur um geringe Mengen Goslarer oder um Ostharzer Kupfer handeln.[21]

Zum anderen mußte infolge der Nachfrage nach Goslarer Blei durch die Mansfelder Hütten die Bleierzförderung am Rammelsberg und der Bleimetallhandel Goslars einen starken Wachstumsimpuls erhalten haben, denn es genügt nicht der allgemeine Hinweis, daß insgesamt als Folge der neuartigen Technologie des Saigerns in Mitteleuropa die Silbergewinnung zwischen 1450 und 1540 um das Fünffache anstieg und bei gleichzeitig steigender Kupfererzeugung ein wachsender Bleibedarf die Folge war.[22] Um die Verhältnisse genauer zu bestimmen, sind verschiedene Voraussetzungen zu beachten. Zwei dürften wesentlich sein, nämlich die Bedeutung des Verkehrsnetzes und die Rolle von Handelsgesellschaften.

Daß der Fernhandel mit Goslarer Metallen (Kupfer, Blei) stets von auswärtigen Handelsgesellschaften übernommen wurde (das gilt für das gesamte 16. Jahrhundert), ist hinreichend zu erklären: Die Stadt besaß keine eigene leistungsfähige Handelsgesellschaft, die in der Lage gewesen wäre, das auf den Hütten des Rammelsberges produzierte Blei in dem genannten Umfang von 18000–20000 Zentnern jährlich zu den Zentren des Verbrauchs zu transportieren.[23] Die im Bergbau des Rammelsberges erwirtschafteten Überschüsse der Bürger der Stadt mußten in den Berg und die Hüttenbetriebe reinvestiert werden, um Bergbau auch weiterhin erfolgreich betreiben zu können. Zur Gründung einer Handelskompagnie fehlte das Geld, das zugleich dem Risiko des Vertriebs gewachsen war. Folglich übernahmen, abgesehen vom Verkauf kleiner Mengen durch städtische Händler, auswärtige Kaufleute und ihre Gesellschaften mit Zustimmung des Rates der Stadt den Absatz dieses Bleis.[24] Das Revier des Rammelsberges war mit den sächsisch-thüringischen Silberbergwerken und Schmelzhütten sowie den mansfeldischen Saigerbetrieben durch ein relativ dichtes Netz von Land- und Wasserstraßen (Elbe) verbunden.

Schon im September 1478 hatten Johann Thurzo aus Krakau, Johann Koler aus Nürnberg und Johann Pedick aus Bautzen mit dem Rat der Stadt Goslar einen Vertrag geschlossen, um die Entsilberung der Rammelsberger Kupferze durch Blei vorzunehmen und Garkupfer zu gewinnen – ein Unternehmen, das wenig erfolgreich war, da mit hohen Kosten und Verlust an Kupfer, Blei und Silber verbunden.[25] Im Mai 1496

---

21) Hillebrand, Metallhandel (wie Anm. 10) S. 36–40.

22) Ekkehard Westermann, Tendencies in the European Copper Market in the 15th and 16th Centuries. In: Hermann Kellenbenz (Hg.), Precious Metals in the Age of Expansion. Stuttgart 1981, S. 71–77.

23) Hans-Joachim Kraschewski, Quellen zum Goslarer Bleihandel in der frühen Neuzeit (1525–1625). Hildesheim 1990.

24) Hans-Joachim Kraschewski, Heinrich Cramer von Clausbruch und seine Handelsverbindung mit Herzog Julius von Braunschweig-Wolfenbüttel. Zur Geschichte des Fernhandels mit Blei und Vitriol in der zweiten Hälfte des 16. Jahrhunderts. In: Braunschweigisches Jahrbuch 66 (1985) S. 115–128.

25) Stadt-Archiv Goslar, Urk. Stadt Goslar 863.

verkaufte Thurzo seine Bergteile an den Leipziger Metallhändler Martin Bauer mit seinen Gesellschaftern, den Metallhändlern Ulrich und Hans Schütz aus Chemnitz und den reichen Leipziger Bürger Hans Leimbach, oberster ernestinischer Rentmeister.[26] 1501/1503 waren allerdings nicht mehr als 300–380 Zentner Kupfer am Rammelsberg erzeugt worden.[27]

Mit den eingelegten Kapitalbeiträgen der fremden und der Goslarer Gewerke und der technischen Erneuerung der Wasserkünste zum Sümpfen der Gruben setzte am Rammelsberg ein neuer Aufschwung ein – der Bergbau auf Blei. Infolge der Handelstätigkeit der genannten Kaufleute wurde Goslar wieder in den mitteleuropäischen Metallhandel eingebunden. Unklar bleibt in diesem Zusammenhang die Rolle Nickel Hackers *uffm Sneberghe mith sinem anhang*, der 1504/1505 mit seiner Gesellschaft den Bleihandel nach Sachsen und Thüringen besorgte. Mitte 1504 geriet er in Liquidationsschwierigkeiten, woraufhin sich der Zehntner des Schneebergs, Martin Fuchs, an den Kurfürsten mit der Bitte um Hilfe wandte, Bleimangel zu verhüten, *E.f.g. werden das Bergkwerg in gnediges bedencken nehmen, dann ane pley alda wenig fruchtpars mag ausgericht werden.*[28]

Der Bleitransport von Goslar nach Sachsen lief um 1505 auf dem Landweg über Zwickau[29] zu den Bergwerken Schneeberg, Geyer, Freiberg und St. Annaberg, besorgt von den Leipziger Bleihändlern Georg von Wiedebach, Hans von Leimbach, Hans Blasbalg und Heinz Probst. Der Leipziger Kaufmann Ulrich Lintacher und dessen Mitgesellschafter, die 1521 vom Rat der Stadt Goslar das Alleinvertriebsrecht auf Blei nach Sachsen erhielten, sollen die später gängigen Routen über Quedlinburg und Weißenfels nach Schneeberg und über Landsberg (bei Halle), Leipzig, Chemnitz nach St. Annaberg eingeführt haben (Abb. 70).[30]

Ulrich Lintacher, der schon nach 1500 eine stabile Handelsverbindung zu Goslar hatte und seit 1515 im Saalfelder Bergbau tätig war, wie Wieland Held ermittelt hat,[31] und seine Mitgesellschafter erhielten vom Rat der Stadt Goslar nicht nur den Alleinvertrieb des Bleis nach Sachsen, sondern auch zu den thüringischen und Mansfelder Saigerhütten übertragen. Durch eine Vortrittsklausel hatten sie sich das Vorkaufsrecht für die Zeit nach Ablauf des Vertrages gesichert. Hierauf stützte sich Lintacher, als er 1524 eine Verlängerung des Vertrages beim Rat der Stadt zu erwirken suchte. Dieser weigerte sich jedoch, das Blei zum alten Preis abzugeben und forderte eine Zulage, so

---

26) Stadt-Archiv Goslar, Urk. Stadt Goslar 961.

27) Rosenhainer, Geschichte (wie Anm. 18) S. 170.

28) Thür. HStA, Reg. T 1465, Schreiben des Zehntners Martin Fuchs an Kurfürst Friedrich und an Herzog Johann vom 12. Juni 1504.

29) Friedrich-Wilhelm Henning, Die zunehmende wirtschaftliche und soziale Differenzierung in einer obersächsischen Gewerbe-Exportstadt (Zwickau) bis zum 16. Jahrhundert. In: Scripta Mercaturae 2 (1968) S. 23–56.

30) Hillebrand, Metallhandel (wie Anm. 10) S. 43.

31) Held, Blei und Holz (wie Anm. 15) S. 37. Vgl. dazu auch Gerhard Fischer, Aus zwei Jahrhunderten Leipziger Handelsgeschichte 1470–1650. Leipzig 1929, S. 108f.

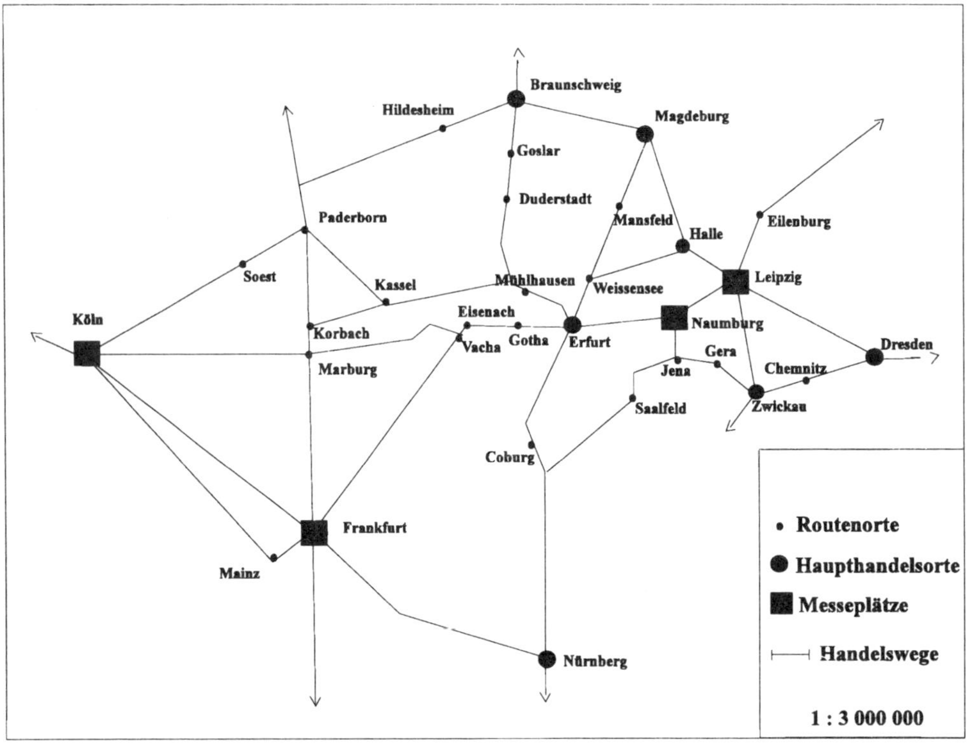


70 Haupthandelswege in Mitteldeutschland um 1525

daß Lintacher *uff dissmals keiner handelunge, der er erleiden mochte, bey inen bekomen hat moghen.*[32] Der Rat gab keinen Preisnachlaß, da auch andere Händler sich um den Bleikauf bewarben. Lintacher hoffte auf Vermittlung seines Landesherrn, Herzogs Georg von Sachsen (1500–1539), in Gestalt des Quedlinburger Amtmanns Veit von Trapstorf, diese blieb jedoch erfolglos, so daß Lintacher sich schließlich bereit erklärte, der geforderten Preiserhöhung zuzustimmen. Diese hätte er freilich allein tragen müssen, da Herzog Georg das Blei auf seinen Bergwerken zum alten Preis verkauft haben wollte. Goslar hatte einen höheren Preis gefordert, da die Transportkosten für Holz und Kohle gestiegen waren. Zwischenzeitlich hatten sich Herzog Georg und Graf Stephan Schlick, Regalherr von Joachimsthal, vergeblich um den Bezug von 20000 Zentnern englischen Bleis bemüht. Den Goslarer Bleihandel übernahmen Lintachers Leipziger Konkurrenten.

32) Schmid, Bleikauf (wie Anm. 19) S. 14.

Das Vertriebsmonopol auf Blei wurde 1524 in einem Vertrag zwischen dem Rat der Stadt Goslar und den Metallhändlern Wolf Wiedemann und Lukas Straub aus Leipzig, Hans Straub, Bruder des Lukas, aus Nürnberg und Kunz Tirolf aus St. Annaberg konkretisiert.[33] Dieser Vertrag bietet detaillierten Einblick in die Praxis des Goslarer Bleihandels zu Beginn des 16. Jahrhunderts, insofern soll darauf nun näher eingegangen werden.

Für die folgenden drei Jahre (1524–1527) verkaufte der Rat den Händlern im Jahr mindestens 18000 Zentner Blei und sagte ihnen zu, weiteres Blei zu liefern, so sie dafür Absatzmöglichkeiten hätten. Der Preis je Zentner Blei wurde mit 31 Groschen relativ hoch gestellt, wozu noch 4 Pfennig Waagegeld (Bleizise) kamen.[34] Die Bezahlung erfolgte quartalsweise, wobei zu jedem Termin 4500 Zentner fällig waren, die pränumerando, also vor Empfang des Bleis zu begleichen waren. Vor Schaden, z. B. bei Zahlungsunfähigkeit der Käufer, schützte sich der Rat, indem er die Abgabe von Blei sofort sperrte, wenn die Käufer innerhalb von zwei bis drei Wochen nach Terminablauf das Geld nicht hinterlegten. Damit erlosch auch jeder Rechtsanspruch auf Lieferung von Blei, das die Stadt dann beliebig anderen Händlern übertragen konnte. Als Gegenleistung sicherte der Rat den Händlern das Vertriebsmonopol seines Bleis zu für Böhmen, Thüringen, Franken (unter Einschluß von Nürnberg und Augsburg) und für alle Saigerhütten und Bergwerke, so daß mit den Städten Braunschweig – Magdeburg – Erfurt nun der engere Handelsrahmen mit Goslarer Blei abgesteckt war.[35] Der Transport des Bleis nach Nürnberg erfolgte auf der alten Reichsstraße von Braunschweig über Mühlhausen und Erfurt, denn Kauf- und Fuhrleute aus Mühlhausen verfügten aufgrund ihres Transithandels mit Tuchen[36] und Salz[37] im Hansegebiet über reiche Erfahrungen im Umgang mit Wagen- und Karrenladungen.

Trotz der Regelung des Alleinvertriebs durch die Händler behielt sich der Rat das Recht auf Verkauf geringer Quantitäten von Blei vor, z. B. an Handwerker, die Blei brauchten (Zinngießer, Töpfer, Glaser), oder an Kirchen und Klöster benachbarter Städte wie Braunschweig, Hildesheim, Erfurt, Magdeburg und Schmiedeberg.[38] Mit diesem Blei betrieb er Stichhandel, d. h. Ware wurde vom Rat gegen Ware aufgerechnet, Blei gegen Wein für den städtischen Ratskeller, oder die Fuhrleute von Eisenach, die Gußformen für die Hüttenherrn lieferten, erhielten den entsprechenden Gegenwert in

33) Stadtarchiv Goslar, B 6902, vgl. Anhang.

34) Zur Preisentwicklung des Goslarer Bleis vgl. Kraschewski, Quellen (wie Anm. 23) S. 32.

35) Leipzig blieb selbstverständlich weiterhin zentraler Umschlagplatz für Goslarer Blei. Nürnberger Kaufleute rückten erst im letzten Drittel des 16. Jahrhunderts (Georg Stempel, Julius und Wolf Hüter) an die Stelle der Leipziger Händler.

36) Wilhelm Auener, Mühlhausen und die Hanse. In: Mühlhäuser Geschichtsblätter 33/35 (1936) S. 1–12; vgl. auch Thür. HStA, EGA Reg Cc 77.

37) Hessisches StA Marburg, Best. 55 a, Ältere Berg-, Hütten- und Salzwerkssachen, Inländischer Salzhandel.

38) Es ist unklar, um welches Schmiedeberg es sich hier handelt, es könnte sowohl Schmiedeberg im Erzgebirge sein als auch Schmiedeberg in Böhmen bei St. Joachimsthal.

Form von Tafelblei.[39] Als Rückfracht auf dem Weg nach Goslar sollten die Fuhrleute Brotgetreide und Futterkorn mitbringen, ein Indiz dafür, daß eine ausreichende Versorgung der Bevölkerung der Stadt und des Bergdorfs mit Getreide allein aus dem Harzvorland nicht bestritten werden konnte und teure Landtransporte über weite Teilstrecken vermieden werden sollten.[40]

Wolf Wiedemann und seine Gesellschaft verhandelten – wie auch Ulrich Lintacher – direkt mit dem Rat der Stadt Goslar, eine Zustimmung der Regalherren der Bergwerke (Fürsten) mußten sie zu ihren Vertragsregelungen, auch zur Preisgestaltung, nicht einholen. In diesem Punkt handelten sie autonom, eine Regelung, die nach 1531 nicht mehr eingehalten wurde,[41] da infolge der Streitigkeiten zwischen Goslar und Herzog Heinrich dem Jüngeren um die Rechte am Rammelsberg und dem zeitweilig erfolgten Bleieinfuhrverbot nach Sachsen und Thüringen die Bergwerksherren den Bleikauf selbst übernahmen, um den Bleipreis in Goslar – es ging um den Aufschlag von 3 Groschen pro Zentner – zu drücken. Zu diesem Zweck wurden die Händler ausgeschaltet, denn hatten diese in Goslar abgeschlossen, dann mußten auch die sächsisch-böhmischen Bergherren deren Verhandlungsergebnis akzeptieren. Eine Alternative bestand lediglich im Bezug ausländischen Bleis, und diese war allemal teurer.

Wolf Wiedemann und Lukas Straub, Beteiligte am Mansfelder Kupferbergbau und an Saigerhüttenbetrieben, gelten als die Urheber des großen Leipziger Monopolprojekts, das Ende 1527 geplant wurde, um die negativen Folgen einer Konvention der Thüringer Saigerhändler vom September 1527 auszugleichen, nach der künftig der Leipziger Markt nicht mehr mit Eislebener Garkupfer beliefert werden sollte.[42] Das Projekt sah vor, für Leipzig die Goslarer Bleiproduktion, die gesamte böhmische Kupfer- und Silbererzeugung und die sächsische und böhmische Zinnausbeute zu sichern, also die Monopolisierung des gesamten mitteldeutschen Metallhandels in den Händen weniger Leipziger Kaufleute herbeizuführen. Die beabsichtigte Übernahme des Goslarer Bleihandels durch Wolf Wiedemann und dessen Gesellschaft war die entscheidende Voraussetzung dieses Plans. Als das nicht gelang, scheiterte das Projekt.

---

39) Blei, das in Mulden- oder Tafelform in den Handel kam. Es diente in erster Linie dem landesherrlichen Eigenbedarf, nämlich dem Zeughaus in Wolfenbüttel für die Munitions- und Feuerkugelherstellung.

40) Vgl. dazu Hans-Joachim Kraschewski, Provisioner und Commisse. Zur Deputatsreichung und Getreideversorgung im Harzer Bergbau in der zweiten Hälfte des 16. Jahrhunderts. In: Niedersächsisches Jahrbuch für Landesgeschichte 63 (1991) S. 251–281.

41) *E. F. G. geruhen mir mit zwaintzig taussent zenntner bleyss oben angezogener genugsamer Versicherung noch auff mein Leben und Ritterguther beneben des Churfursten zu Sachsen, meines gnedigen Herrn, gnedigsten Consens auch auff eine geraume Zeitt und Anzahll Jhare sich gnedigech zu erzeigen.* Begehren Appels von Ebeleben, mit Herzog Julius ein Termingeschäft auf Blei einzugehen, nachdem er die Zustimmung des Kurfürsten von Sachsen eingeholt hatte (1575 Juli 28). Hauptstaatsarchiv Hannover, Cal. Br. 21, Nr. 162.

42) Ekkehard Westermann, Das „Leipziger Monopolprojekt“ als Symptom der mitteleuropäischen Wirtschaftskrise um 1527/28. In: Vierteljahrschrift für Sozial- und Wirtschaftsgeschichte 58 (1971) S. 1–23.

Der Goslarer Bergbau hatte also – in Reaktion auf die Mansfelder Saigerindustrie mit deren Nachfrage nach dem Schmelzflußmittel Blei – nach dem Verlust seines Kupferhandels seine Stellung im Gefüge der sächsisch-thüringischen und mansfeldischen Hüttenbetriebe, aber auch in Oberdeutschland (Nürnberg), d. h. im mitteleuropäischen Raum als bedeutendes Montanrevier festigen können. Das Blei bildete im 16. Jahrhundert den zentralen Handelsgegenstand Goslars, gegenüber dessen Produktionsvolumen die ursprünglich bedeutsamen Metalle dieses alten Erzförder- und Verhüttungszentrums, Silber und Kupfer, weit zurücktraten.

# Anhang

Dreijähriger Kontrakt zwischen dem Rat der Stadt Goslar und den Metallhändlern Wolf Wiedemann und Lukas Straub aus Leipzig, Hans Straub aus Nürnberg und Kunz Tirolf aus St. Annaberg über die jährliche Lieferung von 18000 Zentnern Blei aus Goslar für den Alleinvertrieb der Händler in Böhmen, Thüringen und Franken unter Einschluß von Nürnberg und Augsburg sowie allen Saigerhütten und Bergwerken

Goslar, 1524 April 28

StadtA Goslar, B 6902

*Wy, Borgermestere unnd Radtmanne der Stadt Goßlar, Bekennen openbar In unnd mith crafft dusses breves vor uns, unse nakomen unnd alßwem, dat wy unns mith wetten, willen unnd fulbordt*[a] *unser frundt, Gilden unnd gemeinheit unser Stadt mith den ersamen unnd wolwisen wolffganck wydeman unnd Lucas Straub, borgere tho liptzik, hans Straub, borger tho Nurenberge unnd Cuntze Tirolff, borger up Sanct Annenberge unnd oren erven umme den blykoip, hute dato dusser Schrifft antogande, dusse negestvolgende drey Jar, went dath men nach Christi unnses herenn gebort viffteinhundert unnd Seven unnd twintich schrivende warth, durende voreiniget unnd vordragenn hebben.*

*Alßo dat wy gedachten wolffganck wydeman, lucaß Straub, Hans Straub unnd Cuntze Tyrolff de berorden drej Jar Iclikeß Jares 1800 Cintener blyes to entfangende, wo nach volget, vorkofft hebben. So se aver daß mher gesliten mochten*[b]*, dar tho schullen unnd willen se allen mogeliken vlith ankerenn*[c]*, schullen unnd willen wy ohne*[d] *effte oren erven In solkem kope des blyes mher bynnen genanter tidt folgen laten, yo einen Idernn Cintener vor 31 marien effte sneberger grossen unnd veir pennige Int wachus*[e] *to betalende unnd so fort darnach alle ferndel*[f] *Jares, alse nomeliken Johannis tho midden sommer, michaelis, winachten unnd paschen*[g] *4500 Cintener blyes to entfangende unnd alle vorgeschreven ferndel jares, eir ohne dat blyg thogewegen warth*[h]*, barover van stundt gewißlich tobetalende unnd eines Ickligen ferndel Jares ein* *dusent gulden an gudem, vulwichtigem Rinischen golde unnd den gulden vor 22 marien grossen effte sneberger unnd nicht hoger to rekende, unnd tweidusent gulden an Joachymes dalernn effte grote Schreckenbargernn, einen idernn vor 21 marien grossen effte sneberger unnd ok nicht hoger torekende, unnd weß alse denne van den vafftehalffdusent Cintenern eines Jowelken ferndel Jares boven de itz benomeden 3000 gulden nabehoren wolde*[i]*, mith marien effte mathiess grossen edder anderer Goslarscher Munte unnd snebargernn fort betalen, also dat sodan 4500 Cintener blyes eines icliken ferndel Jares genßlig vor der entfangige*[k] *des blyes vornoiget schullen werden.*

*Weret aver sake, dat gedachte kopere an der betalinge In mathen, wu vorgeschreven is, nicht endeden, Alse denne schullen unnd willen wy, genante Radt der Stadt Goßlar, des blygkopes, weme uns bequemet, wedderumme tovorkopende mechtich sin unnd de gemelte kopere solkes blygkopes so fort van stundt sunder alle Insage effte Jennich geverde vorfallen sin, Idoch veirteyn dage effte drej weken ungeverlich ohne unschedeligk schullen wesenn*[l]*.*

*Beholdenn unns ok hir Inne de macht, unse blyg an andere stedde, dar ith gedachten koperen unvorfruckligk*[m] *sy, etligk tafel blyg unnd etlike stucke blyes tobehoiff in stedenn unnd sust ummelanckhen kercken, Closternn alße Brunswigk, hildenßem, magdeborg, Erffurth unnd Smedebarge tho tiden teyn effte twolff stucke blyes tovorkopende den kannegeternn, fenstermakernn, Toppernn unnd andernn dergelikenn, ok Itligk blyg vor win*[n] *tobehoiff unnses winkellers In betalinge to gevende, Ok etlikenn fouerluden van ysenack*[o]*, de unsen hutteheren formen bringen, blyg In betalinge togevende, Ok unsen borgern, dede tho der Seeworth*[p] *handel hebenn, to tiden etligk blyg, so ohne tho orem behove nottorfftig, doch In deme desulfften uns sodans vorwissen, dat solkes an de ordere, dar ith den kopernn vorfruckligk unnd Schedeligk sin mochte, nicht ghefoireth werde, tovorkopende.*

*De kopere willen seck vorbehaldenn hebbenn, de krone tho behem, dat landt tho dorringen und francken mith sampt Nurenberge, augßborch ok andere ummeliggende stede dersulvigen lande ok alle seygerhutten unnd berchwarcke, unnd up dat vilgedachten kopere ovenbestimpten sumen blyes Jerlikes destebeth unnd unvorhindert sliten mogen, schullen und willen wy, genante Radt, dat vlitichliken bestellen, dat kein blyg bynnen den benompten dren Jaren an de ordere, dar ith den koperen vorfruckligk effte hinderlich sin mochte, nicht gefhoiret schal werden, dartho wy allen mogeliken vlith ankeren willen.*

*So ith aver yo by nacht tiden*[q] *vor den hutten buten*[r] *unser Stadt ane unser wetten und willen hemeliken geladen unnd vorpartheret*[s] *unnd an de ende, dar ith den koperen schedelick sin mochte, gebracht unnd angekomen worde, deß wy unns doch nicht vormoden, dat alsdenne dorch de kopere ein vlitich acht na dem teken gedan*[t] *unnd uns dat teken affgemacket unnd togeschicket moge werden, dar dorch wy welkerm unserm huttehernn solk teken to behore unnd de sodan blyg also vorpartheret hedde, vormerkken mogen, willen wy densulfften dermaten straffen, dat so dan partheringe vorbliven schal, Idoch sodans uns unnd unsen nakomen van upgemelten kopernn an dem handel effte der betalinge unschedelick schal wesen.*

*Kemet ok, dat eine gemeine landtveyde*[u], *dat godt gnedichliken affwende und vorhode, entstunde, dar doch wy 18000 Cintener itlikes Jares nicht hebben konden, ok dat de kopere dat blyg unfelicheit halven nicht vorfhoiren konden, dat scholde beiden parthien*[v] *unnd dusser vordracht sunder ghefer unnd nergen Inne tho na sin. Ock schullen unnd willen de upgenanten kopere upt alder vlitigeste by den fouerluden, de ohne solk blyg tofhoiren beschaffen, wen sie komen unnd blyg laden willen, dat se alsedenne korne unnd getrede bynnen unse Stadt, so ferne ith Jummer to doinde is, middebringen, doch dat solke fouerlude mith orem schaden, korne tobringende, nicht dar tho gedrungen werden.*

*Alle vorgeschreven stucke, puncte unnd artikele sampt unnd Inbisundern, Reden unnd loven wy, upgedachte Radt, vor uns unnd unse nakomen unnd wy, wolffganck wydeman, lucaß Straub, hans Straub unnd Cuntze Tyrolff vor uns unnd unse erven In guden, waren, truwen unnd geloven stede, vast unnd unverbroken wol toholdende ane alle Insage, behelp unnd jennich geferde.*

*Deß tho warer orkunde unnd seckerheit, So is dusse kopbreiff gelikes ludes getweivoldiget*[w] *unnd mith unserm, des Rades, hirunden upgedruckedem Secrete unnd obgedachter wolffganck wydemans, lucas Straub, hans Straub unnd Cuntze Tyrolff darnefen upgedruckeden gewonitliken pitzern befestiget worden, der wy einen in unser unnd velgemelte kopere den anderen Invorwarunge genomen hebben.*

*Gheschein nach Christi unnses hernn gebort veffteynhundert unnd Im veir unnd twintigesten Jaren am fridage nach dem Sondage Cantate.*

a) Zustimmung, Erlaubnis
b) noch über weitere Bleimengen abschließen wollten
c) Fleiß aufbieten
d) ihnen oder ihren Erben
e) Waaghaus
f) Vierteljahr
g) Ostern
h) ehe ihnen das Blei zugewogen wird
i) was jenseits der 3000 fl nachständig sein sollte
k) vor Empfang des Bleis bezahlt werden sollen
l) Karenzzeit von 2–3 Wochen
m) ohne Nutzen
n) Wein
o) Fuhrleute von Eisenach, die Gußformen für die Hütten bringen
p) seewärts, vor allem in den Küstenstädten Hamburg und Bremen
q) zur Nachtzeit
r) außerhalb der Stadt Goslar
s) aufgeteilt
t) auf den dem Rat zustehenden Zehnten achten
u) Streit, Landfehde
v) Vertragspartner
w) zweifach ausgefertigt gleichen Lautes

# Abkürzungen

| | |
|---|---|
| ADB | Allgemeine Deutsche Biographie. Bd. 1–56. Hg. von der Historischen Kommission bei der Bayerischen Akademie der Wissenschaften. Leipzig 1875–1912. |
| ARG | Archiv für Reformationsgeschichte |
| DA | Domarchiv Erfurt |
| DBI | Deutscher Biographischer Index. Bd. 1–4. Bearb. von H.-A. KOCH [u. a.] München [u. a.] 1986. |
| Ebd. | Ebenda |
| erw. | erwähnt |
| hg. | herausgegeben |
| JAW | Jahrbücher der Königlichen Akademie gemeinnütziger Wissenschaften zu Erfurt. Bd. 1–55. Erfurt 1860–1941. |
| Kleineidam I–IV | ERICH KLEINEIDAM, Universitas Studii Erffordensis. Überblick über die Geschichte der Universität Erfurt. Bd. 1–4. Leipzig 1964 (2. Aufl. 1985), 1969 (2. Aufl. 1992), 1980, 1981 (2. Aufl. 1988). |
| LHASA | Landeshauptarchiv Sachsen-Anhalt |
| LThK | Lexikon für Theologie und Kirche. Hg. J. HÖFER, K. RAHNER. 2. Aufl. Bd. 1–10. Freiburg/Breisgau 1957–1965. |
| MVGAE | Mitteilungen des Vereins für die Geschichte und Altertumskunde von Erfurt. Bd. 1–53. Erfurt 1865–1941. Bd. 54 ff. Weimar 1993 ff. |
| NDB | Neue Deutsche Biographie. Bd. 1 ff. Berlin 1953 ff. |
| StAE | Stadtarchiv Erfurt |
| Thür. HStA | Thüringisches Hauptstaatsarchiv Weimar |
| UB I–II | Urkundenbuch der Stadt Erfurt. Bd. 1–2. Bearb. CARL BEYER. Halle 1889, 1897. |
| UB Stifter I–III | Urkundenbuch der Erfurter Stifter und Klöster. Bd. 1–3. Bearb. ALFRED OVERMANN. Magdeburg 1926, 1929, 1934. |
| Vgl. | Vergleiche |
| W I–II | Acten der Erfurter Universität. Bd. 1–2. Bearb. J. C. H. WEISSENBORN. Halle 1881, 1884. |

# Autorenverzeichnis

Professor Dr. Horst Rudolf *Abe*, Erfurt
Dipl.-Archäologe Roland *Altwein*, Thüringisches Landesamt für Archäologische Denkmalpflege Weimar
Dipl.-Archivarin Dagmar *Blaha*, Thüringisches Hauptstaatsarchiv Weimar
Professor Dr. Peter *Blickle*, Universität Bern
Dr. Siegfried *Bräuer*, Berlin
Dr. Wolfgang *Burgdorf*, Universität Bochum
Professor Dr. Rudolf *Endres*, Universität Bayreuth
Professor Dr. Klaus *Friedland*, Heikendorf bei Kiel
Dr. Michael *Gockel*, Hessisches Landesamt für geschichtliche Landeskunde Marburg
Professor Dr. Karl *Heinemeyer*, Pädagogische Hochschule Erfurt
Professor Dr. Wieland *Held*, Universität Leipzig
Dipl.-Kunsthistorikerin Helga *Hoffmann*, Kunstsammlungen Weimar
Dr. Eberhard *Holtz*, Berlin
Dr. Franz *Jäger*, Universität Jena
Dr. Volkmar *Joestel*, Lutherhalle Wittenberg
Professor Dr. Jürgen *John*, Universität Jena
Dr. Hans-Joachim *Kraschewski*, Universität Marburg
Professor Dr. Ronald *Lutz*, Fachhochschule Erfurt
Professor Dr. Jürgen *Miethke*, Universität Heidelberg
Professor Dr. Bernd *Moeller*, Universität Göttingen
Professor Roland *Möller*, Hochschule für bildende Künste Dresden
Professor Dr. Peter *Moraw*, Universität Gießen
Dr. Holger *Nickel*, Staatsbibliothek Preußischer Kulturbesitz Berlin
Professor Dr. Volker *Press* †, Universität Tübingen
Dr. Konrad *von Rabenau*, Schöneiche bei Berlin
Dr. Holger *Reinhardt*, Thüringer Landesamt für Denkmalpflege Erfurt
Dr. Stefan *Rhein*, Melanchthonhaus Bretten
Dr. Renate *Schipke*, Staatsbibliothek Preußischer Kulturbesitz Berlin
Professor Dr. Walter *Schmidt*, Berlin
Professor Dr. Rainer Christoph *Schwinges*, Universität Bern
Dr. Wolfgang *Timpel*, Thüringisches Landesamt für Archäologische Denkmalpflege Weimar
Dr. Ulman *Weiß*, Pädagogische Hochschule Erfurt
Professor Dr. Markus J. *Wenninger*, Universität Klagenfurt

# Bildnachweis

Abbildung auf dem Schutzumschlag, 39, 54–56 Klaus G. Beyer, Weimar
1 Archäologische Denkmäler in Hessen. 2. 1978, S. 3.
2 Führer zu archäologischen Denkmälern in Deutschland. 8. 1986, S. 131.
3 1250 Jahre Bistum Würzburg. Würzburg 1992, S. 39.
4–10, 28–30 Thüringisches Landesamt für Archäologische Denkmalpflege Weimar
11–13 Rainer Christoph Schwinges, Bern.
14, 15, 17–27 Konrad von Rabenau, Schöneiche bei Berlin
16, 31, 42–50 Stadtarchiv Erfurt
32 Rheinisches Bildarchiv Köln
33, 34 Helga Hoffmann, Weimar
36–37, 40, 41, 57–58 Roland Möller, Dresden
38 Staatliche Grafische Sammlung München
51–53 Kirchliche Werkstätten für Restaurierung Erfurt
35 Hans Bruckschlegel, Erfurt
59 Angermuseum Erfurt
60, 63 Domarchiv Erfurt
61, 62 Wissenschaftliche Allgemeinbibliothek Erfurt
64 Stadtarchiv Gotha
65–68 Thüringisches Landesamt für Denkmalpflege Erfurt
69 Germanisches Nationalmuseum Nürnberg
70 Hans-Joachim Kraschewski, Marburg

# Personen- und Ortsregister

bearbeitet von Karin Müller

Abkürzungen: B. = Bischof, Eb. = Erzbischof, Frh. = Freiherr, Fst. = Fürst, Gf. = Graf, Ghg. = Großherzog, Hg. = Herzog, Hl. = Heilige(r), Kf. = Kurfürst, Kg. = König, Ks. = Kaiser, Lgf. = Landgraf, Mgf. = Markgraf, P. = Papst, Wb. = Weihbischof. Kursivzahlen verweisen auf den Anmerkungsbereich.